读条文 学民法

（第二版）

Dutiaowen Xueminfa

梁慧星◎著

人民法院出版社

图书在版编目（CIP）数据

读条文 学民法/梁慧星著．—2 版．—北京：人民法院出版社，2017.8

ISBN 978-7-5109-1805-6

Ⅰ．①读… Ⅱ．①梁… Ⅲ．①民法-基本知识-中国 Ⅳ．①D923.04

中国版本图书馆 CIP 数据核字(2017)第 090427 号

读条文 学民法(第二版)

梁慧星 **著**

责任编辑 兰丽专 赵作栋
出版发行 人民法院出版社
地　　址 北京市东城区东交民巷 27 号(100745)
电　　话 (010)67550626(责任编辑) 67550558(发行部查询) 65223677(读者服务部)
网　　址 http://www.courtbook.com.cn
E - mail courtpress@sohu.com
印　　刷 保定彩虹印刷有限公司
经　　销 新华书店

开　　本 787×1092 毫米 1/16
字　　数 546 千字
印　　张 31.75
版　　次 2017 年 8 月第 2 版 2017 年 8 月第 1 次印刷
书　　号 ISBN 978-7-5109-1805-6
定　　价 86.00 元

序言

本书的编撰源于作者对民法第三种学习方法的提倡。

所谓民法第三种学习方法，是相对于第一种方法即以民法概念为对象的方法（通称教义学方法）及第二种方法即以民法案例为对象的方法（通称案例分析方法）而言的。这种学习方法有三个要点：其一，以民法条文为对象，记忆条文、理解条文；其二，要求掌握条文与条文之间的逻辑关系；其三，以民法条文贯穿民法理论、规范构成、司法解释、裁判实务。

中国属于大陆法，法官必须按照立法机关制定的法律条文裁判案件。我们通过第一种学习方法掌握了民法理论体系，为我们从事法律职业奠定了知识基础，但我们担任法官或者律师，所理解、解释、适用的是民法条文，而不是民法理论。因此，须将所掌握的民法理论体系转换为现行民法条文体系。这是作者提倡第三种学习方法的理由。

本书作为民法第三种学习方法的推荐教材，由人民法院出版社于2014 年出版。因民法总则颁布施行，本版用“民法总则条文解读”，替换了原“民法通则条文解读”，请读者留意！

谨向为本书出版付出辛勤劳动的人民法院出版社的领导和同志们表示衷心感谢！

中国社会科学院学部委员

北京理工大学珠海学院民商法律学院名誉院长

2017 年 4 月 12 日

凡　例

一、法律、法规、规章和规范性文件名称中的“中华人民共和国”一律省略。例如，《中华人民共和国民法通则》简称为民法通则。

二、叙述法律、法规、规章和规范性文件，必要时在名称前标明其制定机关和制定、修改年份。例如，2013年消费者权益保护法。

三、对于本书以下出现较多的司法解释，使用缩略语：

1.《最高人民法院关于贯彻执行〈中华人民共和国民法通则〉若干问题的意见（试行）》，简称为《民通意见》。

2.《最高人民法院关于审理民事案件适用诉讼时效制度若干问题的规定》（法释〔2008〕11号），简称为《适用诉讼时效制度的规定》。

3.《最高人民法院关于审理买卖合同纠纷案件适用法律问题的解释》（法释〔2012〕8号），简称为《买卖合同解释》。

4.《最高人民法院关于适用〈中华人民共和国合同法〉若干问题的解释（一）》（法释〔1999〕19号），简称为《合同法解释（一）》。

5.《最高人民法院关于适用〈中华人民共和国合同法〉若干问题的解释（二）》（法释〔2009〕5号），简称为《合同法解释（二）》。

6.《最高人民法院关于适用〈中华人民共和国婚姻法〉若干问题的解释（三）》（法释〔2011〕18号），简称为《婚姻法解释（三）》。

7.《最高人民法院关于适用〈中华人民共和国担保法〉若干问题的解释》（法释〔2000〕44号），简称为《担保法解释》。

8.《最高人民法院关于审理人身损害赔偿案件适用法律若干问题的解释》（法释〔2003〕20号），简称为《人身损害赔偿解释》。

9.《最高人民法院关于确定民事侵权精神损害赔偿责任若干问题的解释》（法释〔2001〕7号），简称为《民事侵权精神损害赔偿解释》。

10.《最高人民法院关于适用〈中华人民共和国公司法〉若干问题的规定（三）》（法释〔2014〕2号），简称为《公司法解释（三）》。

Contents 目录

壹 民法总则条文解读

贰 合同法总则条文解读

叁 物权法基本条文解读

肆 侵权责任法条文解读

壹 | 民法总则条文解读

第一条【立法目的】

为了保护民事主体的合法权益，调整民事关系，维护社会和经济秩序，适应中国特色社会主义发展要求，弘扬社会主义核心价值观，根据宪法，制定本法。

本条通常称为立法目的条款。实际上，条文前段“保护民事主体的合法权益，调整民事关系，维护社会和经济秩序”是关于立法目的的规定；后段“适应中国特色社会主义发展要求，弘扬社会主义核心价值观，根据宪法”，是关于立法根据的规定。鉴于本法为民法典的总则编，故本条属于民法典的“立法目的、立法根据条款”。

关于立法根据，本法以宪法关于市场经济体制、平等保护公有制经济和私有经济的规定为立法根据，及以宪法授予最高立法权为立法根据，无须解释。对本法以社会主义核心价值观为立法根据，须稍作说明。实际上，所谓社会主义核心价值观的内容，大部来自近现代民法的基本精神和基本价值，例如自由、平等、公平、正义、诚信等，民法典应当充分体现这基本精神和基本价值，并可以经由充分体现这些基本精神和基本价值的民法各项制度、规则的贯彻实施，达到弘扬这些基本精神和基本价值的目的。

下面介绍民法总则的立法目的：

1. 保护民事主体的合法权益。这里的“合法权益”，既包括民事权利，也包括民事利益。民法保护一切合法的民事权利，包括人身权利、财产权利以及混合性权利（包含了财产权利和人身权利的因素），而民事利益是否受民法的保护，则取决于法律的规定。民法的主要任务即为捍卫民事主体包括自然人、法人和非法人组织的合法的民事权益，以建立稳定和谐的社会秩序和经济秩序，最终促进民主政治的形成以及个人的自由发展。

2. 正确调整民事关系。民法调整民事关系，是通过为民事主体设立行为规范，和为法院裁判民事纠纷案件设立裁判规范来实现的。法律规范，有行为规范与裁判规范之分。所谓行为规范，指法律主体从事活动所应遵循的规则；裁判规范，指法院裁判案件所应遵循的规则。例如，刑法、刑事诉讼法、民事诉讼法均属于裁判规范。如刑法第二百三十二条关于犯故意杀人罪处死刑、无期徒刑或十年以上有期徒刑的规定，非行为规范，而属于裁判规范。民法，首先是为一切民事主体规定的行为规则，无论经济生活如订立和履行合同，或家庭生活如结婚、离婚，均应遵循。此种行为规范，是以国家强制力为其保障。如不遵守此行为规范，发生民事纠纷，诉请法院裁判时，法院应以民法作为裁判之基准。因此，民法也是法官裁判民事纠纷案件的裁判规范。民法兼具行为规范与裁判规范的双重属性，是行为规范和裁判规范的统一体。民法正是通过为民事主体预设行为规范和为法官裁判民事纠纷案件预设裁判规范，以实现正确调整民事关系的立法目的。

这里要谈到民法的功能。目的与功能，是具有密切联系的不同概念。一方面，民法的目的决定民法所应发挥的功能；另一方面，正是通过民法功能的充分发挥，以实现民法的立法目的。本条明定中国民法的立法目的，也就决定了中国民法可能和应当发挥下述功能：

1. 为现代市场经济活动提供行为规范。民法为现代化市场提供一般规则及市场活动的行为规范。使市场参加者可以遵循这些规则从事活动，进行预测、计划和冒险，并建立和维护正常的市场秩序。例如，合同法规定市场交易的基本规则。一些特殊的市场，如证券市场和期货市场的特殊交易规则，则由作为民事特别法的证券法和期货法规定。可见民法的作用之一，是促进社会主义市场经济的发展。

2. 为人权提供基础性保障。所谓人权，指作为一个人应有的权利。什么是人权？1966 年联合国大会通过“国际人权两公约”，实现了人权的定型化。1977 年的 12 月 16 日，联合国大会第 105 次全体会议，通过 32/130 号决议，即《关于人权新概念的决议案》，明文规定了 12 类基本人权。① 这 12 类人权与民法典规定的民事权利，既有区别也有联系。例如，民事权利中的“生命权”（民法总则第一百一十条），就是“生存权”的基础，“自然人的人身自由”（民法总则第一百零九条），就是“基本自由”的基础。没有“生命权”，作为基本人权的“生存权”就无从谈起；没有“人身自由”，作为基本人权的“基本自由”也无从谈起。宪法第三十三条规

① 《联合国关于人权新概念的决议案》规定的 12 类基本人权是：第一，生存权；第二，平等权；第三，社会保障权；第四，环境权；第五，自决权；第六，发展权；第七，知情权；第八，接受公正审判权；第九，安全权；第十，基本自由；第十一，受教育权；第十二，和平权。

定："国家尊重和保障人权。"保障人权是公法和民法共同的任务。按照侵权责任法，无论侵害"生命权、健康权"还是侵害"人身自由"，均将被追究侵权责任。合同法第五十三条规定，免除人受伤害责任的免责条款无效。鉴于民事权利是享受基本人权的基础，民法保护民事权利，也就是保护基本人权。可见，民法为人权提供基础性的保障。

3. 维护社会公平正义。在现代市场经济条件下，民法担负着维护社会公平正义的重要作用，发挥着协调各种利益冲突的调节器的功能。所谓公平正义，指不同的人群、阶层、行业以及生产者、经营者、消费者和劳动者，在利害关系上大体平衡，不致过分悬殊。民法保护一切企业和个人在不损害他人利益和社会利益的前提下谋求自己的利益，不允许靠损害他人利益和社会利益而发财致富，妥善协调各种利益冲突，被称为社会利益冲突的调节器。

4. 促进民主政治。民法要求划分民事生活和政治生活，民事生活领域实行私法自治原则，有利于抑制行政机关的膨胀和限制行政权力滥用。行政机关侵害民事权利亦应依法承担法律责任。最终有利于实现政府职能转换，实现社会主义民主政治。

5. 维护公序良俗，促进物质文明和精神文明。中国民法的物质基础，是中国特色社会主义的市场经济和婚姻家庭关系。民法反映社会主义市场经济和婚姻家庭关系的本质特征和要求，通过对财产关系的民法调整，建立和维护竞争、公平、健康有序的市场经济法律秩序，通过对身份关系的民法调整，建立和维护和睦、健康、亲情的婚姻家庭生活秩序。中国已经确立全面建设小康社会和建设社会主义和谐社会的目标，民法所蕴涵的诸如自由、平等、博爱、公平、正义、法治、协商、自尊、自爱、自强、廉洁自律、人格尊严、意思自治、契约自由、自己责任、平等保护、诚实信用、公序良俗、利益衡量及禁止权利滥用等等理念和原则，当然是社会主义和谐社会的应有之义，应当吸收并融入正在建构的中国特色社会主义价值体系当中！应当重视和发挥民法的重要作用，促进社会主义物质文明和精神文明的发展，实现全面建设小康社会和社会主义和谐社会的伟大目标。

第二条【调整范围】

民法调整平等主体的自然人、法人和非法人组织之间的人身关系和财产关系。

本条规定包含两层意思：（1）明确了民法调整的社会关系包括两种，即人身关系和财产关系。本条所谓“人身关系”，是指婚姻、家庭关系，亦即传统民法理论所谓“身份关系”。须注意的是，不可将此“人身关系”误认为所谓“人身权关系”。因为，民法上本无所谓“人身权关系”或者“人格权关系”。本条所谓“财产关系”，包括物权关系、债权关系、遗产继承关系等。（2）明确了民法调整的社会关系的主体，包括自然人、法人和非法人组织。在传统民法理论和立法例，民事主体只有自然人和法人两种。须注意的是，民法通则制定时，曾发生所谓两主体说与三主体说的争论。民法通则第二章规定自然人、第三章规定法人，却在第二章自然人中规定了“个体工商户、农村承包经营户”（第4节）及“个人合伙”（第5节），在第三章法人中规定了“联营”（第4节），在形式上维持了两主体说，而在实际上承认了既不是自然人也不是法人的第三主体。后来制定合同法，将此第三主体称为“其他组织”，本法改称“非法人组织”。

民法是调整民事生活，包括经济生活和家庭生活的法律。按照现代法律思想，整个社会生活被划分为两个领域：民事生活领域和政治生活领域。民事生活领域涵盖了全部经济生活和家庭生活，亦称“市民社会”。政治生活领域包括国家的组织、国家的活动即立法、司法、行政以及公民政治权利的行使等，亦称“政治国家”。民事生活领域和政治生活领域所应遵循的法律规则不同，民法就是民事生活领域的法律规则，公法是政治生活领域的法律规则。

一个国家的全部法律规则，构成一个内部井然有序的法律体系。法律体系划分为若干重要构成部分，每一个重要构成部分，称为一个独立的法律部门。民法是中国统一的社会主义法律体系的一个重要构成部分。作为独立的法律部门的民法，以民事生活领域为其调整范围。但是，民事生活领域存在多种社会关系，并非都适于由法律调整，例如，社交、情感、友谊等关系，就既不适于也无必要由法律调整。适于且有必要由法律调整的，只是其中的财产关系和人身关系。根据本条规定，中国民法的调整对象包括两种社会关系，即发生在自然人、法人、非法人组织之间的财产关系和人身关系。中国民法是调整自然人、法人、非法人组织之间的人身关系和财产关系的法律规范的总称。

按照现代法律思想，法人、非法人组织，属于社会组织体，法律赋予其权利主体资格，是为了适应经济生活的需要。法人、非法人组织，只参加经济生活，只发生财产关系，不参加家庭生活，不发生人身关系；法人、非法人组织，只能成为财产关系的主体，不能成为人身关系的主体。民法调整的财产关系范围甚宽，包括物权关系、债权关系、知识产权关系、遗产继承关系。法人、非法人组织不能参加家庭生活，也就不能成为遗产继承关系的主体。本条规定的中国民法的调整对象，包括自然人、法人、非法人组织之间的财产关系，以及自然人之间的人身关系。

所谓“人身关系”，传统民法理论称为“身份关系”。民法通则改称“人身关系”，是受前苏联和东欧国家民事立法的影响。须特别注意，民法上所谓“身份”，特指夫妻、亲子、家庭成员和近亲属的身份。所谓“人身关系”，不涉及“人格权”。人格权与人格（主体资格）不可分离，作为人格权客体的自然人的生命、身体、健康、自由、姓名、肖像、名誉、隐私等，是人格的载体。人格权与人格（主体资格）相终始，人格不消灭，人格权不消灭，人格消灭，人格权同时消灭。人格权是存在于主体自身的权利，不是存在于人与人之间的关系上的权利。只在人格权受侵害时才涉及主体与他人之间的关系，但这种关系是侵权责任关系，性质上属于债权关系。故无所谓“人格权关系”。

所谓“调整”，是指运用民法的基本原则和各项具体规定，对现实生活中发生的属于民法调整范围的各种人身关系和财产关系，分别予以确认、保护、限制，旨在保障民事主体的合法权益，建立和维护竞争、公平、统一的经济生活秩序，及和睦、健康、亲情的家庭生活秩序。

最后补充一点，本条虽然是以民法通则第二条的规定为依据，却将“财产关系”和“人身关系”的顺序调换了。民法通则的规定是：民法调整“财产关系和人身关系”，现在的条文改为：民法调整“人身关系和财产关系”。这与此前民法学界关于民法调整对象的争论有关，当时有学者批评民法通则是“重物轻人”。但是，现在民法总则将“财产关系和人身关系”改为“人身关系和财产关系”，能否因此就认为民法通则的规定错了？能否因此认为人身关系比财产关系更重要？我认为不能。如前所述，民法是调整经济生活和家庭生活的法律，尤其对于自然人而言，同时生活在财产关系和人身关系中，既不能说财产关系比人身关系更重要，也不能说人身关系比财产关系更重要。但民法总则将两者的位置颠倒过来，把人身关系摆在财产关系的前面，也必定有其立法者意思！

中国经过30多年的改革开放，实现了经济起飞，国家强大了，人民生活富裕了，在这种情形下，民事立法应当更加关注人身关系的法律调整，更加关注人民群众非财产权利（人格权、人身权）的实现。这样理解，可以从本法第五章民事权利的安排顺序调整得到证明。民法通则第五章民事权利，其顺序是财产权在先、人身权在后（第1节物权、第2节债权、第3节知识产权、第4节人身权），本法第五章民事权利（不分节），其顺序是人身权在先（第一百零九条至第一百一十二条），然后依次规定物权（第一百一十四条至第一百一十七条）、债权（第一百一十八条至第一百二十二条）、知识产权（第一百二十三条）、继承权（第一百二十四条）、股权和其他投资性权利（第一百二十五条）、其他民事权利和利益（第一百二十六条）。按照本条规定所体现的立法者意思，则将来编纂民法典，可能会将“人身关系法”（婚姻家庭编、继承编）安排在“财产关系法”（物权编、合同编、侵权责任编）的前面。

第三条【保护民事权益原则】

民事主体的人身权利、财产权利以及其他合法权益受法律保护，任何组织或者个人不得侵犯。

本条规定法律保护民事权益的基本原则。

依据本条规定，法律保护民事主体的人身、财产权利及其他合法权益，是为民法之基本原则。但此项基本原则，亦有其例外，即：于具备法定条件时，将对民事权益予以限制。须特别说明的是，对于人身权利，民法不能规定任何限制。对民事权益予以限制，仅指民事权益中的财产权利。限制财产权利，必须符合两个条件：一是基于社会公共利益的目的；二是根据合法程序。例如，物权法第四十二条规定：“为了公共利益的需要，依照法律规定的权限和程序可以征收集体所有的土地和单位、个人的房屋及其他不动产。”

民法以保护民事权益为目的。因此，民法性质上属于“权利法”。民法思想上称为“私权神圣”，故保护民事权益，是民法的基本原理、基本原则、基本理念。

所谓民法是权利法，其含义是，与其他法律相比，民法规范基本上属于授权性规范。民法确立的是一种客观的权利，个人完全可以依据民法规范的指引，通过实施法律行为，把法律上规定的权利转化为自己实际享有的权利。因此，民法常常被称之为“权利宣言书”。

本法严格以权利为中心进行编排，第二、三、四章规定权利主体；第五章概括规定各种民事权利，包括人身权、物权、债权、知识产权、继承权、股权等；第六章规定作为取得权利主要方法的法律行为制度；第七章规定代理制度，第八章概括规定民事责任，即保护民事权利的民法方法；第九章规定诉讼时效，即向人民法院请求保护民事权利时间限制；第十章规定期间的计算。鉴于本法是即将完成的中国民法典的总则编，本法的编排体例也就决定了中国民法典的结构体例和中国民法的理论体系。

须补充说明，保护民事权益作为民法基本原则，是由刑法上的刑事责任制度和民法上的民事责任制度，予以切实保障的。侵犯民事权利的行为，包括非基于社会公共利益的目的或者非依法定程序对民事权利予以限制的行为，均属于违法行为，重者可构成刑事犯罪，轻者可以成立民事责任。

第四条【平等原则】

民事主体在民事活动中的法律地位一律平等。

平等原则的含义是，当事人在民事生活中，法律地位相同，不存在任何差异，当事人的人格完全平等。它是宪法中的法律面前人人平等原则的具体表现。最集中地反映了民法所调整的社会关系的本质特征，是民法区别于其他部门法的主要标志。在民事法律关系中，当事人的具体情况，如自然人的身份、性别、资产、年龄、识别能力、政治地位、文化程度、宗教信仰、民族和种族等，法人的具体组织形式、规模大小和经济实力强弱等，全都悬而不论，都拥有法律上平等的人格。具体表现在：其一，自然人的民事权利能力平等、法人和非法人组织法律地位平等。其二，在具体的民事法律关系中，当事人的法律地位平等，由当事人双方协商一致，决定各自享有的民事权利和负担的民事义务。其三，法律对民事主体实行平等的保护。其四，作为平等原则的一个逻辑结果，当事人的意思也是平等的，“任何一方不得将自己的意思强加给另一方”。本条规定属于强行性规范，任何人违背平等原则，将自己的意思强加于对方，均将承担对自己不利的法律后果。

平等原则要求，参加民事活动的当事人，无论是自然人或法人，无论其所有制性质，无论其经济实力强弱，其在法律上的地位一律平等，任何一方不得把自己的意思强加给对方，同时法律也对双方提供平等的法律保护。须特别注意，平等原则所要求的平等非指经济地位上的平等或经济实力的平等，而是“法律地位”的平等。

平等原则反映市场经济的本质特征，即自由的、平等的商品所有者之间的交换关系。这一原则，在许多著名的民法典中均未有明文规定，被学者称为“无须明文规定的公理性原则”。鉴于中国在实行计划经济体制时期曾经背离平等原则，靠隶属关系和行政手段组织生产和供应，改革开放以来也曾发生过“强迫交易”“霸王合同”等违反平等原则的现象，因此法律明文规定平等原则，有其重要意义。

第五条【意思自治原则】

民事主体从事民事活动，应当遵循自愿原则，按照自己的意思设立、变更、终止民事法律关系。

所谓意思自治原则，指参加民事活动的当事人在法律允许的范围内享有完全的自由，按照自己的自由意思决定缔结民事法律关系，为自己设定权利或对他人承担义务，任何机关、组织和个人不得非法干预。

意思自治是建立在19世纪个人自由主义之上的基本原则。意思自治原则，对于排除当时封建身份关系及各种封建法律对个人之束缚，废除法人尤其是公司之特许主义，保障私有财产之处分，实践营业自由，维护个人之自由与尊严，促进社会经济之发展、文化之进步，发挥了极重大的作用。中国在改革开放之前，实行单一公有制和计划经济体制，民法理论否定意思自治原则。改革开放以来，实行社会主义市场经济，为意思自治原则提供了物质条件。

意思自治原则，适用于一切私法关系和私法领域。在财产法领域，意思自治原则要求经济活动之运作不受国家行政权力的支配，经由个人意思之决定以体现自由竞争。个人自主、自决及自由竞争，在市场经济体制之下，可以将劳动力与资本导向能产生最大利益之场所，实现资源合理配置。国家行政权力的干预，应当限制在进行宏观调控和维护竞争有序的市场秩序的必要限度之内。超越此必要限度之国家干预，往往造成资源配置的不合理和低效率，且必然导致腐败。

在现代市场经济条件下，意思自治原则之发挥作用，须以当事人的法律地位平等、意思自由，及由此而产生的自由竞争、机会均等和正当程序为前提条件，才能确保法律行为内容之妥当性。一个离乡背井之劳动者，靠出卖劳动力换取工资以维持生活，如何能与企业主讨价还价，磋商劳动条件？一个无资力的市民，仅能购买最低廉之商品，合同自由原则，也就徒具虚名，而无多大意义可言。一般消费者，零散孤立，欠缺必要信息，怎么能够对抗在市场上居于优势地位之经营者？在这些情形，必须通过国家法律的介入，协调当事人之间的法律关系，对劳动者、消费者等社会生活中的弱者以特殊保护，维护社会正义。此即制定各种特别法的必要性之所在。民法本身对如何醇化意思自治，亦应设立规定。如规定法律行为内容违反强制性规定者无效，规定法律行为违背公共秩序或善良风俗者无效，规定诚实信用原则和禁止权利滥用原则，以限制意思自治原则之滥用。

须注意的是，意思自治原则在民法分则及特别法中有不同的称谓，在合同法称为合同自由原则，在物权法称为所有权自由原则，在婚姻家庭法称为婚姻自由（包括结婚自由和离婚自由）原则和收养自由原则，在继承法称为遗嘱自由原则，在商事特别法称为营业自由原则。其中，以合同自由原则为典型，多数立法例往往对合同自由原则设有明文规定，而对意思自治原则却鲜有规定。因此，民法理论和立法例常以合同自由原则代替意思自治原则。

例如，法国民法典第 1134 条：依法成立的契约，在缔结契约的当事人间有相当于法律的效力。前项契约，仅得依当事人相互的同意或法律规定的原因取消之。① 2013 年匈牙利新民法典第 6：59 条：双方当事人有订立合同和选择相对人的自由，有决定合同内容的自由，双方当事人可以合意改变关于其权利义务的条文，但本法对此有禁止规定的除外。美国统一商法典第 1 -302 条（a）款：除本条（b）款及本法另有规定外，合同可以变更本法的规定。俄罗斯联邦民法典第 421 条、白俄罗斯民法典第 391 条：自然人与法人在订立合同上享有自由……当事人可以订立法律或其他法律文件规定或未规定的合同……合同条款依据当事人的意思决定。此外，国际实体法文件如国际商事合同通则（PICC）第 1.1 条、欧洲合同法通则（PECL）第 1：102 条、欧洲民法典草案（DCFR）第二编合同及其他法律行为第 1：102 条均明定合同自由原则。其他国家民法典虽未就合同自由原则设置明文规定，但理论和实务均一致承认合同自由（意思自治）为民法基本原则。20 世纪以来，基于社会本位之立法思想，合同自由（意思自

① 2016 年法国债法修正后，条文序号变为第 1103 条。

治）原则受到民法和公法上的一定限制，但其基本原则地位并未动摇。

第六条【公平原则】

民事主体从事民事活动，应当遵循公平原则，合理确定各方的权利和义务。

所谓公平原则，指法律行为内容的确定，应当遵循公平的原则。由当事人一方或第三方确定法律行为内容的，其确定只在符合公平原则时，始得对他方当事人发生效力。公平原则在现行法上的根据，除民法总则第五条外，还有合同法第五条规定："当事人应当遵循公平原则确定各方的权利和义务。"

立法例关于公平原则大多设有明文规定，例如法国民法典第 1135 条：契约不仅依其明示发生义务，并按照契约的性质，发生公平原则、习惯或法律所赋予的义务。德国民法典第 315 条：由契约当事人一方确定给付者，在有疑义时，应依公平的方法确定之。依公平的方法确定给付者，其确定只于适合公平时始得对他方当事人发生拘束力。第 317 条：给付由第三人确定者，在有疑义时，第三人应依公平方法确定之。第 319 条：给付由第三人依公平方法确定者，如其确定显系不公平时，对于契约当事人不发生效力。

民法公平原则，主要是针对合同关系而提出的要求。是当事人缔结合同关系，尤其是确定合同内容时，所应遵循的指导性原则。现代民法设立公平原则之目的，在对于市场交易的合同关系，要求兼顾双方的利益，并为"诚实信用"原则、"情事变更"原则、"显失公平"规则树立判断基准。

民法总则第六条规定："民事主体从事民事活动，应当遵循公平原则，合理确定各方的权利和义务。"考虑到"民事活动"一语文义过宽，既包括合同的订立也包括合同的履行，而公平原则的实质是要求合同当事人之间在利害关系上大体平衡，系着重针对合同订立时权利义务的确定，至于合同的履行等则主要受诚信原则之支配，因此，民法总则第六条以"合理确定各方的权利和义务"限定公平原则的适用范围，值得注意。合同法关于公平原则的规定比较简明，其第五条规定："当事人应当遵循公平原则确定各方的权利和义务。"考虑到现实生活中存在依一方预先制定的格式合同条款签约的情形，因此，合同法第三十九条规定："采用格式条款订立合同的，提供格式条款的一方应当遵循公平原则确定当事人之间的权利和义务。”前已论及，公平原则不具有授权条款的性质，不得作为裁判案件的依据，此不赘述。①

第七条【诚信原则】

民事主体从事民事活动，应当遵循诚信原则，秉持诚实，恪守承诺。

诚实信用原则，简称诚信原则。诚信原则要求一切市场参加者遵循诚实商人和诚实劳动者的道德标准，在不损害他人利益和社会公益的前提下，追求自己的利益。诚实信用原则并没有固定的意义，作为民法最重要的原则，其含义不能从语义的角度来理解，它属于一般条款，外延和内涵都不确定。

依本条规定，当事人进行“民事活动”应当遵循诚实信用的原则。但“民事活动”语义过宽，应采限缩解释，解释为“行使权利、履行义务”应遵循诚信原则。民事活动中，无关权利行使和义务履行的活动（行为），不发生诚实信用问题。诚信原则在现行法上的依据，除本条规定外，还有合同法第六条：“当事人行使权利、履行义务应当遵循诚实信用原则。”以及消费者权益保护法第四条：“经营者与消费者进行交易，应当遵循自愿、平等、公平、诚实信用的原则。”

诚信原则在各国和地区大都有明文规定。如法国民法典第 1131 条：“契约应以善意履行之。”②德国民法典第 242 条：“债务人应依诚实信用之要求，并顾及交易习惯，履行其给付。”瑞士民法典第 2 条第 1 款：“任何人均应依诚实信用行使权利履行义务。”我国台湾地区民法第 219 条：“行使债权，履行债务，应依诚实及信用方法。”系将诚信原则的适用范围局限于债权债务。该民法于 1982 年修订时，在总则编第 148 条增设第 2 款：“行使权利，履行义务，应依诚实及信用方法。”将诚信原则的适用范围扩

---

① 法院审理案件查明法律行为（合同）成立时显失公平的，应当以民法总则第一百五十一条（合同法第五十四条）关于显失公平的规则为裁判依据；法律行为（合同）成立之后情事变更导致显失公平的，应当以最高人民法院关于情事变更的解释规则为裁判依据。属于依格式条款订立合同违背公平原则的，应当以合同法第四十条为裁判依据。

② 2016 年法国债法修正后，条文序号变为第 1104 条。

及一切民事权利义务。日本民法典本无关于诚信原则的规定，于 1947 年修订时增设第 1 条第 2 款："行使权利及履行义务，应恪守诚实信用。" 1994 年魁北克民法典第 6 条："任何人行使权利应遵守诚实信用。" 英美法上原无诚实信用的一般原则，美国统一商法典采此原则，规定在第 1 -304 条："履行或执行本法范围内的每一合同，应负诚实信用义务。"① 美国第二次合同法重述第 205 条："每一合同的每一方当事人在合同履行与执行中负有诚实信用与公平交易义务。" 国际法律文件如国际商事合同通则（PICC）第 1.7 条、欧洲合同法通则（PECL）第 1：201 条、欧洲民法典草案（DCFR）第一编总则第 1：103 条②，受美国第二次合同法重述及统一商法典影响，将公平与诚实信用合称为诚实信用与公平交易义务，或诚实信用与公平交易原则（good faith and fair dealing）。

诚实信用为市场经济活动中的道德准则。市场经济条件下，每一个有劳动能力的人，都应当通过市场交换获取利益和生活资料。第一种方式，是用已有金钱投资牟利；第二种方式，是用自己的技术、知识换取报酬；第三种方式，是用自己的体力劳动换取工资。靠这三种方式获取利益，即为诚实信用，是正当的、合法的，应受法律保护。法律绝不允许靠损害他人利益和社会利益，以获得利益。诚实信用原则，要求一切市场参加者符合于诚实商人和诚实劳动者的道德标准，在不损害他人利益和社会公益的前提下，追求自己的利益，目的是在当事人之间的利益关系和当事人与社会之间的利益关系中实现平衡，并维持市场道德秩序。诚实信用原则性质上属于一般条款，其实质在于，当出现立法当时未预见的新情况、新问题时，法院可依诚实信用原则行使公平裁量权。

诚实信用原则涉及两重利益关系，即当事人之间的利益关系和当事人与社会之间的利益关系。诚实信用原则的目标，是要在这两重利益关系中实现平衡。在当事人之间的利益关系中，诚实信用原则要求尊重他人利益，以对待自己事务之注意对待他人事务，保证法律关系的当事人都能得到自己应得的利益，不得损人利己。当发生特殊情况使当事人间的利益关系失去平衡时，应进行调整，使利益平衡得以恢复，由此维持一定的社会

---

① 主持统一商法典起草的卢埃林教授曾在德国从事研究，统一商法典上的诚实信用、显失公平等规定受到德国法影响。统一商法典此后又影响到欧洲民法。此亦为两大法系融合之适例。

② Principles, Definitions and Model Rules of European Private Law: Draft Common Frame of Reference (DCFR), Outline Edition, I. – 1: 103.

经济秩序。在当事人与社会的利益关系中，诚实信用原则要求当事人不得通过自己的活动损害第三人利益和社会公共利益，必须以符合其社会经济目的的方式行使自己的权利，履行自己的义务。

诚实信用原则是一项古老的道德戒律和法律原则。是大陆法系民法中重要的基本原则，被称为“帝王规则（条款）”。关于诚实信用原则之本质，学者间有不同认识。第一说，以诚实信用原则之本质为社会道德理想、法律伦理；第二说，认为诚实信用原则本质上为市场交易中，人人可得期待的交易道德之基础；第三说，认为诚实信用原则之本质，在于当事人利益之平衡。第一说未免过于抽象，难于适用。第二说与第三说较为具体，便于适用。将第二说与第三说结合考虑，可以准确把握诚实信用原则之本质：唯在市场经济条件下，方才发生交易双方利益冲突及双方与社会一般公共利益冲突的问题；诚实信用原则，旨在谋求利益之公平，而所谓公平亦即市场交易中的道德。

须注意诚实信用与善良风俗的界限。诚实信用与善良风俗均属于一种道德准则，但二者存在和发生作用的领域不同。诚实信用系市场交易中的道德准则，善良风俗系家族关系中的道德准则，亦即性道德和家庭道德。只要把握诚实信用原则为市场经济活动中的道德准则，便不至于与公序良俗原则发生混淆。

诚实信用，在被立法者规定为民法条文之后，已经不再是单纯的道德规则，而成为一项法律规范。但诚实信用与普通法律规范亦有不同，它是以道德为内容的法律规范。换言之，诚实信用原则，是将道德规则与法律规则合为一体，而同时具有法律调节和道德调节的双重功能，使法律获得更大的弹性，法官因而享有较大的公平裁量权。

诚实信用原则之特征在于，其内涵和外延的不确定性。它是概括的、抽象的、无色透明的。它所涵盖的范围极大，远远超过其他一般条款。究其实质，是立法者通过规定诚实信用原则，授予法官自由裁量权，使之能够应付各种新情况和新问题。

诚实信用原则，从仅适用于债之关系的原则，上升为涵盖整个私法领域的基本原则，由补充性规定上升为强行性规定，可不经当事人主张而由法庭依职权适用。诚实信用原则具有三项功能：指导当事人行使权利履行义务；解释评价和补充法律行为的功能；解释和补充法律的功能。

诚实信用原则的适用，应当遵循以下原则：当法律有具体规定时，应优先适用该具体规定，而不能适用诚信原则；虽无具体规定，如能够以类推适用等漏洞补充方法予以补充，亦不得适用诚信原则；只在依类推适用等漏洞补充方法仍不能解决时，才能适用诚信原则；虽无法律具体规定而有判例的情形，如适用诚信原则与适用判例，可得出同一结论，则应适用判例而不适用诚信原则；如适用诚信原则与适用判例，得出相反的结论，则应适用诚信原则而不适用判例。

第八条【公序良俗原则】

民事主体从事民事活动，不得违反法律，不得违背公序良俗。

公共秩序和善良风俗，简称公序良俗，是现代民法一项重要的基本原则。在现代市场经济条件下，有维护国家利益、社会公共利益及一般道德观念的功能。公序良俗属于不确定概念和一般条款，其内涵和外延均不确定。民法之所以需要规定公序良俗，是因为立法当时不可能预见一切损害国家利益、社会公益和道德秩序的行为而作出详尽的禁止性规定，故以公序良俗弥补禁止性规定之不足。公序良俗原则，性质上为授权型规定。目的在于，遇有损害国家利益、社会公益和社会道德秩序的行为，而又缺乏相应的禁止性法律规定时，法院可以违反公序良俗为由认定该行为无效。

公序良俗原则为现代民法一项重要的基本原则，在现代民法上占有极重要的地位，具有修正和限制私法自治原则的功能。这一重要功能正是通过使违反公序良俗的法律行为无效，来实现的。亦即，违反公序良俗，成为现代决定法律行为无效的最重要的原因。如法国民法典第 6 条规定：任何人不得以特别约定违反有关公共秩序和善良风俗的法律。德国民法典第 138 条规定：违反善良风俗的行为，无效。日本民法典第 90 条规定：以违反公共秩序或善良风俗的事项为标的的法律行为无效。荷兰新民法典第 3：40条第 1 款规定：内容或应有含义违反善良风俗或公共秩序的法律行为无效。我国台湾地区民法第 72 条规定：法律行为，有背于公共秩序或善良风俗者，无效。我国民法总则第一百五十三条第二款规定，违背公序良俗的民事法律行为无效。

下面介绍公序良俗原则的发展趋势：

1. 从政治的公序到经济的公序。自法国民法典规定公序良俗原则以来，在长达一个多世纪的时期，这一原则以保卫社会主要组织即国家和家庭为目的，因此称为政治的公序。政治的公序与财产和劳务的交换即市场经济活动无直接关系。因为，市场经济活动应由当事人依契约自由原则去决定，公序良俗原则仅在于防止无限制的契约自由损害国家和家庭秩序。二战后，由于市场经济的发展及国家经济政策的变化，导致公序良俗概念的扩张，即在传统的政治的公序之外，认可经济的公序。所谓经济的公序，指为了调整当事人间的契约关系，而对经济自由予以限制的公序。经济的公序，目的在于使国家可以介入个人间的契约关系。

经济的公序又分为指导的公序与保护的公序。指导的公序是统治经济所产生的概念，为了贯彻国家经济政策，从个人间的契约关系中强行排除不符合国家经济政策的东西。例如，认定违反国家定价的契约无效。从70年代以后，各国改变凯恩斯经济政策，废止价格管制法规之后，指导的公序已经不再占据重要位置，而让位于保护的公序。所谓保护的公序，指保护劳动者、消费者、承租人和接受高利贷的债务人等现代市场经济中的弱者的公序。指导的公序，是关系全体人民利益的公序，而保护的公序，则是对市场经济中的弱者个人利益予以特殊保护的公序。从判例学说来看，保护的公序是近年来最为活跃的领域。

2. 以公序良俗原则作为保护消费者的手段。以日本为例，自70年代中期以来，有关各种“恶德”交易方法受害，而给予受害消费者损害赔偿救济的判例增加。所谓“恶德”交易方法，如连锁贩卖交易或无限连锁推销方式（俗称老鼠会），使消费者蒙受重大损害。法院在这类判例中，运用公序良俗原则作为保护消费者的手段，以交易方法、交易结构本身的不当性、劝诱方法的不当性为由，认定构成公序良俗违反，使消费者获得损害赔偿。于是，在现代市场经济条件下，公序良俗原则，成为保护消费者的一种法律手段。

3. 以公序良俗原则作为保护劳动者的法律手段。战后判例实务的另一个突出特点，是法院运用公序良俗原则，强行干预劳动关系，以达到保护劳动者的目的。这方面的判例大致可分为两类：一是公司利用自己的经济优势，在与雇员签订的劳动契约、劳动协议中，给予雇员不当的不利益。例如，规定以雇员对公司无不利行为作为支付退职金的条件；关于奖金的不利于雇员的规定；对出勤率低的雇员不予加薪的规定，等等。二是公司在劳动契约中规定的男女差别条款，如女子提前退休条款；女雇员一经结婚视为自动离职的条款；男女劳动报酬差别的规定，等等。尤其20世纪70年代以来，各国法院频繁地作出上述条款和规定违反公序良俗原则而无效的判决，以实现保护劳动者的目的。表明法院为了改善劳动条件，维护劳动关系的公正，利用公序良俗原则，作为强行介入劳资关系的法律手段。

4. 从绝对无效到相对无效。公序良俗违反的效果，为该法律行为绝对无效。此系判例学说一贯的立场。所谓绝对无效，指从该法律行为成立之时起，当然、确定、全部无效，无论何人均可主张其无效。绝对无效，对于违反政治的公序及违反经济的公序中的指导的公序，均不发生问题。唯独对于违反经济的公序中的保护的公序，则有可能不利于应受保护一方的利益。因此，在违反保护的公序的情形，法院改采相对无效：使受保护一方有主张无效的权利；在无效的范围上，从全部无效改为部分无效，亦即依应受保护一方的利益，仅认定违反公序良俗的条款无效，而使其余条款继续有效；并允许有权主张无效的一方可以溯及地予以追认。在公序良俗违反的效果上承认相对无效，就使法院获得更大的机动性，可以更好地协调当事人之间的利害关系，达到保护经济上的弱者之目的。

补充一点，鉴于民法总则专设第一百五十三条第二款明文规定“违背公序良俗”的法律行为无效。第一百五十三条第二款性质上属于具体规定（裁判规范），而本条属于一般原则（基本原则），故法庭或者仲裁庭裁判违背公序良俗的案件，应当直接适用第一百五十三条第二款，而不得适用本条。此与传统民法理论认为公序良俗原则具有授权条款性质、可以作为裁判依据不同，值得注意。

第九条【绿色原则】

民事主体从事民事活动，应当有利于节约资源、保护生态环境。

本条作为一项民法基本原则，符合当今时代的要求。此项基本原则可以简称“绿色原则”。“绿色原则”是民事主体从事民事活动、生产活动和消费活动的行为准则。“绿色原则”是民法典侵权责任编规定、追究环境侵权行为的民事责任的法理基础和立法根据。当今，中国自然环境受到严重破坏，空气、水、土壤严重污染，本法要求一切民事主体从事民事活动均应遵循绿色原则，具有极为重大的现实意义。

第十条【民法的法源】

处理民事纠纷，应当依照法律；法律没有规定的，可以适用习惯，但是不得违背公序良俗。

本条是关于民法法源的规定。法源，亦称法的渊源，其含义是法律的来源或者法律的存在形式。依据该条规定，我国民法的法源分为两个层次：一是法律，二是习惯。

在民法典中规定法源，最早始于瑞士民法典，瑞士民法典第1条规定："本法有规定的法律问题，适用本法；无规定者，以习惯法裁判；无习惯法，依法官提出的规则；同时应遵循既定学说和传统。"制定时间在前的德国民法典、法国民法典都没有对法源的明文规定。瑞士民法典的这种做法对很多国家和地区的民事立法产生了影响，例如日本、韩国、我国台湾地区的民法典中都有对法源的规定。这些国家对法源的规定一般分为三个层次，第一是法律、第二是习惯、第三是法理。但是民法总则本条仅规定了法律和习惯，却没有规定法理。

本条所谓"法律"，不限于全国人大及其常委会制定的法律，还应该包括国务院依据行政立法权制定的行政法规，但不包括地方性法规和规章（部门规章及地方人民政府规章）。这样理解还不够，还应当注意法律规定（条文）的类型区分。

法律、行政法规的规定（条文）分为：（1）"原则性规定"，例如，本法第三条至第九条关于民法基本原则的规定、第十一条关于法律适用原则的规定、第一百三十二条关于禁止权利滥用原则的规定；（2）"概括性规定"，例如，本法第六十条关于法人独立承担责任的规定、第一百零四条关于非法人组织的出资人或者设立人承担无限责任的规定、第一百零九条关于一般人格权的规定、第一百四十三条关于民事法律行为有效要件的规定，物权法第十四条关于不动产登记生效主义的规定、第一百零六条关于善意取得制度的规定等；（3）"定义性规定"，例如，本法第五十七条关于法人定义的规定、第七十六条关于营利法人定义的规定、第一百三十三条关于民事法律行为定义的规定，物权法第二条关于物、物权定义的规定，合同法第一百三十条关于买卖合同定义的规定等；（4）"辅助性规定"，例如，本法第十五条关于出生时间、死亡时间认定的规定、第六十四条关于申请变更登记的规定，物权法第十九条关于变更登记、预告登记的规定等；（5）"法律具体规定"，即关于民事法律行为成立、不成立、生效、不生效、可撤销、解除的规定，关于民事主体享有权利、承担义务和责任的规定。

须特别注意，本条所谓“法律”，非指法律、行政法规一切规定（条文），仅指其中可以作为裁判依据的规定（条文），主要是“法律具体规定（条文）”，以及可以作为裁判依据的某些“原则性规定”，如诚信原则（本法第七条）、禁止权利滥用原则（本法第一百三十二条），和可以作为裁判依据的某些“概括性规定”，如本法关于非法人组织的出资人或者设立人承担无限责任的规定（第一百零四条）、关于民事法律行为有效要件的规定（第一百四十三条）、关于一般人格权的规定（第一百零九条），及物权法关于不动产物权登记生效主义的规定（物权法第十四条）、关于善意取得制度规定（物权法第一百零六条）等。

本条所谓“习惯”，指民事习惯。现行合同法仅规定交易习惯。本条中“习惯”的含义涵盖交易习惯及交易习惯之外的民事习惯。关于什么是交易习惯，《合同法解释（二）》第七条解释说：“下列情形，不违反法律、行政法规强制性规定的，人民法院可以认定为合同法所称‘交易习惯’：（一）在交易行为当地或者某一领域、某一行业通常采用并为交易对方订立合同时所知道或者应当知道的做法；（二）当事人双方经常使用的习惯做法。（第一款）对于交易习惯，由提出主张的一方当事人承担举证责任。（第二款）”理解本条所谓习惯（民事习惯），当然可以参考上述关于交易习惯的司法解释。按照本条规定，法庭采用来作为裁判依据（法源）的习惯，不得违背善良风俗，其不得违反法律、行政法规的强制性规定，自不待言。

虽然本条明文规定的民法法源仅有法律和习惯两项，但根据我国裁判实践，应当解释为，尚有第三项法源“最高人民法院司法解释”，及第四项法源“指导性案例”。我国最高人民法院制定了很多司法解释，司法解释被认为具有相当于法律的效力，在裁判中可以被援引为裁判依据，法庭可以直接依据某一个司法解释的某一条解释文对案件作出判决。

但须注意，司法解释可区分为两种类型：一是“法条解释型”司法解释，例如，对合同法第七十三条债权人代位权的解释（法释〔1999〕19号第十二条、第十三条）、对合同法第七十四条债权人撤销权的解释（法释〔2009〕5号第十八条、第十九条）、对合同法第五十二条第（五）项“法律、行政法规的强制性规定”的解释（法释〔2009〕5号第十四条）；二是“补充漏洞型”司法解释，例如，对买卖预约的解释（法释〔2012〕8号第二条）、对情事变更原则的解释（法释〔2009〕5号第二十六条）。

严格言之，具有民法法源地位的司法解释，仅指“补充漏洞型”司法解释。

除了制定司法解释之外，最高人民法院近年来还发布指导性案例。指导性案例类似于国外的判例。我们的指导性案例是经过最高人民法院筛选的，对案件事实、关键词、相关法条、裁判要旨等进行概括和归纳，赋予其某种法律效力。依据《最高人民法院关于案例指导工作的规定》第七条，各级人民法院审理的案件，在基本案情和法律适用方面，与最高人民法院发布的指导性案例相似的，应当参照相关指导性案例的裁判要点作出裁判。依此规定，法官对于指导性案例是参照适用，而不是直接适用。

换言之，法庭对于与指导性案例相似（类似）的案件，既可以按照指导性案例的裁判方案进行裁判，也可以不按照指导性案例裁判方案进行裁判。当法官选择不按照指导性案例的裁判方案裁判，作出与指导性案例不同甚至相反的判决时，应当在裁判文书中说明理由。而如果法庭选择按照指导性案例的裁判方案进行裁判，应当在判决书的裁判理由部分引述指导性案例的编号和裁判要点，但不能引用指导性案例作为判决依据，而应当引用指导性案例的同一判决依据，作为本案的判决依据。例如，该指导性案例以诚实信用原则作为裁判依据，则本案也同样引用诚信原则作为判决依据。

前面谈到，法庭在参照指导性案例之后，可以不采用指导性案例的裁判方案、作出与指导性案例不同的判决，这种情形法庭有说理的义务，应当在判决书中说明这样做的理由。法官当然不能说指导性案例错误，而应当说明本案事实与指导性案例的事实有差别，如果采用指导性案例的裁判方案将导致本案判决结果违背诚信原则（即未在当事人之间实现公平正义）。换言之，法官参照指导性案例，应当以诚信原则作为评价标准：凡采用指导性案例（的裁判方案）能够使本案判决结果符合诚信原则（在当事人之间实现公平正义）的，即应当按照指导性案例裁判本案；反之，则不应按照指导性案例而应当直接依据诚信原则裁判本案。

须注意，最高人民法院发布的指导性案例，亦可分为两种类型：一是“法条解释型”案例，例如，第 33 号案例解释合同法第五十二条第（二）项恶意串通行为无效、第 83 号案例解释侵权责任法第三十六条第二款的“通知”和“必要措施”；二是“补充漏洞型”案例，例如，第 50 号案例创设“夫妻同意人工生殖子女视为婚生子女”规则、第 65 号案例创设“专项维修资金不适用诉讼时效”规则。严格言之，具有民法法源地位的指导性案例，仅指“补充漏洞型”指导性案例。

此外，虽然本条未明文规定“法理”为法源，并不等于裁判中不能适用法理。应当肯定，法庭所裁判的案件，既没有可以适用的法律、习惯，也没有相应的司法解释、指导性案例时，是可以引用相关法理作为裁判依据的。例如，《最高人民法院公报》2012 年第 6 期刊载成都某法院判决的一个案件，就引用了关于代物清偿的法理作为裁判的依据。最高人民法院在 2014 年的民提字 71 号案民事判决，就引用民法关于虚伪表示无效不得对抗善意第三人的法理作为裁判依据。

民法总则制定时，有学者建议规定“政策”为法源。此项建议未被采纳，理由如下：按照马克思主义法学原理，法律是通过国家立法程序予以规范化（法律化）并以国家强制力保障其实施的国家意志。法律的本质特征，一是规范性，经立法机关制定为法律规范，具有明确的适用范围、构成要件和法律效果，可以作为法院裁判的依据（即“法源”）；二是国家强制性，即由国家强制机关（公安、法院、检察院、羁押场所、监狱等）作为后盾，对违法行为人予以惩戒，保障法律的实施。这是法律与其他一切意识形态、行为规则（风俗习惯、宗教教规、团体内部规范）的根本区别所在。

执政党的各项政策，经国家立法机关、通过立法程序，制定为国家法律予以颁布，使执政党的政策法律化、具有了法律的规范性和强制性，才能要求全体国民一体遵行，才能作为法院裁判案件的根据（即“法源”）。质言之，政策是法律的依据和内容，法律是政策的规范化（法律化）。现行各项法律，实质上大多是党的各项政策的法律化（规范化）。政策，在经立法机关、立法程序予以规范化成为现行法律之前，不具有规范性和国家强制性，不能在法院裁判中引用、作为判决依据。这是政策不能作为“法源”的根本原因。

即使在法律很不完备的条件下，党的政策在经立法机关、立法程序制定为法律规范（法律化）之前，法院裁判案件也不能直接适用，而是由最高人民法院通过司法解释权之行使，将党的各项民事政策制定为具有某种规范性的司法解释规则，才能作为法院裁判的依据，才能成为“法源”。例如，上世纪 60 年代初，民法领域仅有一部婚姻法，人民法院审理婚姻案件之外的民商事案件，缺乏裁判规范，因此，最高人民法院收集归纳整理当时党中央有关政策文件中涉及各类民事关系的政策精神，制定为具有某种规范性的司法解释文件，即《关于贯彻执行民事政策几个问题的意见（修正稿）》（1963 年 8 月 28 日），下发各级人民法院，作为裁判民商事案件的根据。当时法院裁判民事案件所适用的、判决书中所引用的“法源”

(裁判依据)，是此司法解释文件，而不是直接引用“政策”。可见，在中国走上法治之路、贯彻中共中央十八届四中全会《关于全面推进依法治国若干重大问题的决定》的当下，民法总则不规定“政策”为法源，值得肯定。

第十一条【特别法优先适用】

其他法律对民事关系有特别规定的，依照其规定。

先介绍什么是法律适用。如果对法律适用作广义的理解，则应指运用法律规范调整社会关系。因此，自然人和法人自觉按照法律规定从事民事活动，如缔结合同，履行义务，亦可称为法律适用。但通常所谓法律适用，属于狭义，其范围较窄，仅指法院或仲裁机构依据法律规范解决各类案件的活动。自然人和法人自觉按照法律规定从事活动，不称法律适用，而称为法律的遵守。

中国为成文法国家，虽未颁布民法典，但是仍有比较完善的民法规范体系。民法的适用，是指在查清案件事实的基础上，正确引用法律规范，采用逻辑方法，作出裁判或裁决。即以法律规范为大前提，案件事实为小前提，以求得正确的结论。

本条规定特别法优先适用原则。民法分为普通法与特别法。以适用之地域划分，则适用于一切地域的法律为普通法，而仅适用于特定地域的法律为特别法。如继承法的规定为普通法，而民族自治地方关于继承的特殊规定为特别法。以所适用之主体划分，则适用于一切民事主体的法律规定为普通法，而仅适用于特殊主体的规定为特别法。如民法总则关于民事责任的规定为普通法，而食品安全法第九章关于食品生产经营者、食品检验机构等特别主体侵权责任的规定为特别法。以法律规定的事项为标准，则关于一般民事关系的规定为普通法，而关于特殊民事关系的规定为特别法。如民法总则为普通法，票据法、海商法为特别法。须注意，普通法与特别法的关系是相对的。例如，保险法关于保险合同的规定，相当于合同法而言，是特别法；但相对于仅规定海上运输保险合同的海商法而言，保险法规定一切保险合同关系，因此又属于普通法。

须特别注意，何者为普通法，何者为特别法，在本法生效之前和生效之后，是有差别的。在本法通过生效之前，现行民事立法是以民法通则及若干民事单行法构成的立法体系，其中，民法通则是普通法，合同法、物权法、侵权责任法等民事单行法属于特别法。但在本法通过、生效之后，本法（民法总则）将作为民法典的总则编，合同法、物权法、侵权责任法、继承法、婚姻家庭法（婚姻法、收养法）等单行法将作为民法典的各（分则）编，经过适当立法程序组成一部完整的民法典。本法与合同法、物权法、侵权责任法、继承法和婚姻家庭法之间，不构成普通法（基本法）与特别法的关系。如本法的规定与合同法等的规定不一致，应适用“新法废改旧法的原则”，而不适用“特别法优先适用原则”。因此，本条所称“其他法律”一语，是指将置身于中国民法典之外的票据法、海商法、保险法、证券法、著作权法、专利法、商标法等民（商）事单行法。另须注意，现行公司法虽然与本法构成特别法与一般法的关系，但因本法第三章第一节关于法人的一般规定和第二节关于营利法人的规定吸收了现行公司法的许多规定并有所修改，故于本法规定与公司法的规定不一致的情形，应依新法（本法）废改旧法（公司法）原则适用本法的规定，而不能依特别法优先原则适用公司法的规定。

还须注意，民法适用原则非止一项，特别法优先适用原则，仅是其中之一。另有大家熟知的新法改废旧法原则等。下面介绍其他适用原则。

（一）强行法优先于任意法适用

法律规范均有强制性，但以其强制性之强弱不同而划分为强行法与任意法。强行法，因所规定的事项涉及国家安全及公共秩序的维持，或基于其他公益上的理由，不允许个人依自由意思予以变更，而要求必须遵守，即排除了当事人的意思自由。例如，宪法、刑法、行政法等属于公法的法律，原则上均为强行法。任意法因所规定的事项与公益并无直接影响，而允许当事人予以变更，以意思表示排除其适用，即任意法仅作为当事人意思之补充。民法兼有强行法规范和任意法规范，如本法关于权利能力、行为能力的规定，关于法人设立、终止的规定，关于民事法律行为无效的规定，关于诚信原则、公序良俗原则、禁止权利滥用原则的规定等，均属于强行法规范；物权法关于物权公示的规定，为强行法规范；合同法规范大多为任意法规范，少数为强行法规范（如关于合同无效的第五十二条、第五十三条，关于格式条款的第三十九条、第四十条、第四十一条等）。

民法的适用，以强行法优先于任意法为原则。凡对于该事项有强行法规范，即应适用强行法规范，而不能适用任意法规范。如民法总则关于民事责任的规定为任意法规范，而消费者权益保护法第二十六条第二款、第三款关于经营者减轻、免除其损害消费者合法权益所应负民事责任的格式合同条款无效的规定，则为强行法规范。在涉及消费者合同的免责条款时，应优先适用该第二十六条第二款、第三款的规定。

（二）例外规定排除一般规定

民法关于一般情形时适用之规定，为一般规定，而关于特别情形时适用的规定，为例外规定。一般规定与例外规定之区别，不同与普通法与特别法之区别。无论普通法或特别法均包含有一般规定和例外规定。如民法总则关于自然人民事权利能力始于出生的规定，为一般规定，而关于胎儿的规定为例外规定。如民法总则第一百八十条规定："因不可抗力不能履行民事义务的，不承担民事责任。法律另有规定的，依照其规定。"条文第一句规定"不承担民事责任"为一般规定，第二句法律另有规定的应承担民事责任，属于例外规定。同法第一百八十一条第一句规定正当防卫造成损害不承担民事责任，为一般规定，第二句规定正当防卫超过必要限度（防卫过当）的应承担适当的民事责任，属于例外规定。凡法律条文设有例外规定的，首先应考虑案件事实是否符合例外规定的适用范围，符合的应当优先适用例外规定，而不适用一般规定；只在案件事实不属于例外规定范围的情形，才能适用一般规定。

（三）无具体规定时方可适用原则性条文

法律由具体规范与原则性条文构成一个规范体系。凡有具体规定时，应适用具体规定，只在无具体规定时，才能直接适用原则性条文。值得注意的是，民法总则规定了私权保护原则（第三条）、平等原则（第四条）、意思自治（合同自由）原则（第五条）、公平原则（第六条）、诚实信用原则（第七条）、公序良俗原则（第八条）及禁止权利滥用原则（第一百三十二条），其中仅诚实信用原则和禁止权利滥用原则，于未有具体法律规定时，可以作为裁判的依据。

如诚实信用原则为原则性条文，但诚实信用原则之精神体现在许多具体规定中。例如，关于缔约过失责任的规定（合同法第四十二条），关于合同当事人负有附随义务的规定（合同法第六十条第二款）等。凡对于该事项有具体规定的，应适用具体规定，不能直接适用诚实信用原则；只在无具体规定时，才能直接适用诚实信用原则。于法律有具体规定情形，却适用原则性规定、不适用具体规定，即构成法律适用错误。

第十二条【民法的效力】

中华人民共和国领域内的民事活动，适用中华人民共和国法律。法律另有规定的，依照其规定。

本条是关于民法效力的规定。依据本条规定，民法适用于中华人民共和国领域内的民事法律关系。这里的“领域”包括领土、领空、领海以及依据国际法和国际惯例视为我国领土的驻外使馆等。我国所有的自然人、法人和非法人组织的民事法律关系，均应适用。依据本条的规定，民法关于自然人的规定，也适用于在我国的外国人和无国籍人。

本条中的“法律另有规定的，依照其规定”。是指我国所缔结或参加的国际条约或者按照国际惯例不由我国管辖的情况，以及依据现行涉外民事关系法律适用法不应由我国管辖的情况。

第十三条【民事权利能力的起止】

自然人从出生时起到死亡时止，具有民事权利能力，依法享有民事权利，承担民事义务。

本条是关于自然人民事权利能力的取得和终止的规定。民事权利能力是自然人具有法律人格的标志，是人类社会自由、平等观念的体现。民事权利能力不仅确定了自然人的法律地位，同时是自然人享有任何民事权利的前提条件。对于是否享有、何时享有财产方面的具体权利，自然人固然可以选择决定，但人格权等人身权利为法定权利，自然人一旦出生，即依法律规定而当然享有，既不可以转让或者放弃，非经法定程序，也不可以进行任何限制。因此，民事权利能力与自然人须臾不可分离，自然人一旦出生，即具有民事权利能力，而死亡，则是自然人丧失民事权利能力的唯一法定事由。

自然人因出生而取得民事权利能力。依本条规定，出生为民事权利能力之始期。关于何谓出生，学说上有一部露出说、全部露出说、独立呼吸说。通说为全部露出说。此所谓出生，须具备两项要件：其一，须胎儿身体之全部与母体分离。与母体分离之前为胎儿，分离之后即成为法律上的人。胎儿身体之全部与母体分离，谓之“出”。其二，须与母体分离之际保有生命。胎儿与母体分离之际已无生命者，谓之死胎。分离之际保有生命者，称为“出生”，而不论其出生后生命之久暂。

自然人因死亡而丧失民事权利能力。依本条规定，死亡为自然人民事权利能力之终期。古代法上有所谓法律上的死亡，即自然人生存之时依法强行剥夺其权利能力，如罗马法上的“人格大减等”。近现代民法贯彻民事权利能力平等原则，认为民事权利能力不可剥夺，以自然死亡为自然人民事权利能力消灭之唯一原因。此所谓死亡，为自然人生命的绝对消灭。死亡的时间，在法律上有重大意义。如决定继承开始、婚姻关系消灭、人身保险之保险金领取权发生。法律上判定自然人死亡的通行标准是：以呼吸断绝、脉搏消失且心脏鼓动停止之时为死亡之时。

须注意的是，本条规定以死亡为民事权利能力之终期，而对于死亡原因，是老死、病死或遭遇事故致死，则不予考虑。此所谓死亡为事实死亡，不包括宣告死亡。被宣告死亡的人如生存于他处，其民事权利能力不因在原住所地被宣告死亡而受影响（本法第四十九条）。

此外，二人以上同时遇难，其死亡之先后无法证明时，各国民法设有推定制度。如德国、瑞士推定为同时死亡；法国则依年龄、性别之不同推定其中一方先死。我国裁判实务中的做法是，区分同时遇难之人相互间是否有继承关系。相互间无继承关系的，推定为同时死亡。相互间有继承关系的，推定没有继承人的人先死亡。死亡人各自都有继承人的，如辈分不同，推定长辈先死亡；辈分相同，推定同时死亡。

第十四条【民事权利能力平等】

自然人的民事权利能力一律平等。

本条是关于自然人权利能力平等原则的规定。近代民法承认一切自然人在法律地位上平等，均得独立享有民事权利、承担民事义务，并由此赋予自然人以民事主体资格，这种资格就是民事权利能力。因此，是否具有民事权利能力，是自然人能否成为民事主体、能否参加民事法律关系并为自己创设民事权利义务的前提条件。自然人的民事权利能力，既包括自然人享有民事权利的资格，也包括自然人承担民事义务的资格。有人主张改称“民事权利义务能力”。考虑到民法以权利为本位，有享受民事权利的资格，当然也就有承担民事义务的资格。且民事权利能力或权利能力，为民法理论和立法固有概念，不宜轻率改变。

对于民事权利能力的本质，学者间有不同看法，有人认为民事权利能力是人格权之一种；有人认为是享有权利的资格。由于民事权利能力不同于具体的民事权利，如将之视为人格权，则无法解释自然人取得人格权的基础。因此，通说认为，民事权利能力是自然人据以充当民事主体、享受民事权利和负担民事义务的法律地位或者资格。法律赋予自然人以民事权利能力，目的在于确定自然人的民事法律地位即法律人格。质言之，自然人的民事权利能力，是自然人具有法律人格的前提。

在奴隶社会，只有奴隶主才享有民事权利能力，才能充当民事法律关系的主体。奴隶不具有民事权利能力，在法律上看，奴隶不是人，而是会说话的工具，其法律地位与牛马、器物相同，只能成为民事法律关系的客体。在封建社会中，人们享有的民事权利能力大小不等，取决于他们在封建等级制度中所处的地位。贫苦农民处于封建等级制度的最底层，其地位最低，因而其民事权利能力最小，实际上只是承担义务的能力。无论奴隶制家庭或封建制家庭，都只有家长才具有民事权利能力，才可以参加民事法律关系，才能够享有民事权利和承担民事义务。妻和子女不享有民事权利能力，其法律地位相似于奴隶。资产阶级在推翻封建统治之后，建立了资本主义的经济制度和政治制度，在法律上规定了自然人民事权利能力平等的原则。相对于奴隶社会和封建社会，无疑是一大进步。

近现代民法规定自然人的民事权利能力一律平等，即自然人的民事主体资格不因其性别、年龄、种族、宗教信仰、职业等而有任何差别。民事权利能力为对自然人民事主体资格的确定，并非对社会财富的分配，因此，平等的民事权利能力并不意味着实际享有财产权利的均等。且民事权利能力毕竟只是一种法律资格，享有这一资格并不等于实际取得民事权利。能否在实际上享有民事权利，除必须具备民事权利能力外，还必须实施法律行为或有其他法律事实，而最终取决于一定的物质条件。

第十五条【出生、死亡时间的认定】

自然人的出生时间和死亡时间，以出生证明、死亡证明记载的时间为准；没有出生证明、死亡证明的，以户籍登记或者其他有效身份登记记载的时间为准。有其他证据足以推翻以上记载时间的，以该证据证明的时间为准。

实务中判断一个人什么时候出生、什么时间死亡很重要。例如，自然人的出生时间，将决定其是否有继承权，是否第一顺序继承人。自然人的死亡时间，将决定其遗产的范围、决定遗嘱的生效。可见自然人的出生时间、死亡时间，属于重要的法律事实。原民法通则没有规定出生时间和死亡时间的认定标准。因我国实行户籍登记制度，户籍登记簿是记载和证明自然人的姓名、性别、出生时间、籍贯等身份资料的法律文件。实务中自然人的出生时间、死亡时间的确定，往往以户籍登记的时间为准。按照社会生活经验，绝大多数情形，自然人的出生、死亡均有医生在场，并出具出生证明、死亡证明。因此，医院的出生证明、死亡证明，应当是判断自然人出生时间、死亡时间最直接的证据。此前实务中一律以户籍登记的出生时间、死亡时间为准的做法，未必适当。并且，户籍登记簿是可能被修改的，实践中出于升学、提干等不正当目的修改户籍登记的出生时间的实例并不鲜见。因此，民法总则设置本条规定自然人出生时间、死亡时间的认定标准。

请看本条第一句规定："自然人的出生时间和死亡时间，以出生证明、死亡证明记载的时间为准"，即医院出具的出生证明、死亡证明，是判断自然人出生时间和死亡时间的第一位的证据。如有出生证明、死亡证明，就应当以出生证明、死亡证明记载的时间为准，而不采用户籍登记的时间。第二句规定："没有出生证明、死亡证明的，以户籍登记或者其他有效身份登记记载的时间为准。"明确规定，关于自然人出生时间和死亡时间之认定，户籍登记簿是第二位的证据，仅在没有出生登记、死亡登记的情形，才能采用户籍登记簿记载的出生时间或者死亡时间。考虑到凡中国公民均有户籍登记，条文中"其他有效身份登记"一语，应指在中国境内的外国人和无国籍人所持有的有效身份（登记）证件。

按照社会生活经验，并不是所有的自然人出生或者死亡都有医生在场，因此没有医院出具的出生证明、死亡证明，或者虽有出生证明、死亡证明后来遗失。因我国实行户籍登记制度，任何人都有户籍登记，因此本条第二句规定，如果没有死亡证明或出生证明的，以户籍登记或者其他有效身份登记记载的时间为准。

请注意本条第三句规定，"有其他证据足以推翻以上记载时间的，以该证据证明的时间为准"。第三句规定至关重要，涉及证据法上的证明效力问题。按照第三句规定，无论是作为第一位的证据的出生证明、死亡证明，还是作为第二位的证据的户籍登记或者其他有效身份登记，在证据法上的证明效力都是相对的，如果有其他的证据足以证明它们记载的时间是错误的，那就应当以该其他证据证明的时间为准。按照证据法原理，出生证明、死亡证明和户籍登记簿或者其他有效身份登记，均属于公文书，其在证据法上具有推定的（相对的）证明效力。法庭在判断一个人的出生时间或者死亡时间时，当事人提出医院出具的出生证明或者死亡证明作为证据，或者在没有出生证明和死亡证明的情形当事人提出户籍登记簿（或者其他有效身份登记）作为证据，如果相对方未对此主张异议，法庭应当以出生证明或者死亡证明记载的时间为准，或者在没有出生证明或者死亡证明时，以户籍登记（或者其他身份登记）记载的时间为准；一旦相对方对此主张异议（认为出生证明、死亡证明或者户籍登记记载的时间错误），法庭即应责令异议方就自己的主张举证并对异议方举出的证据进行真实性判断，经判断认定异议方举出的证据足以推翻前述证据的，法庭即应采纳异议方举出的证据，以该证据记载的时间为准。这种情形，出生证明、死亡证明和户籍登记（或者其他身份登记）的证据效力即被相反的证据所推翻。鉴于我们社会中一些人出于种种不正当目的，篡改户籍登记簿记载的时间或者出生证明、死亡证明记载的时间，造成法律关系、法律秩序的混乱，民法总则特设本条明文规定自然人出生时间、死亡时间的认定标准，明确规定出生证明、死亡证明及户籍登记（或者其他身份登记）仅具有相对的证据效力，具有非常重大的实践意义。

第十六条【胎儿利益保护】

涉及遗产继承、接受赠与等胎儿利益保护的，胎儿视为具有民事权利能力。但是胎儿娩出时为死体的，其民事权利能力自始不存在。

按照本法第十三条规定，人的权利能力始于出生，则出生前之胎儿，尚未成为法律上的人，自不享有权利能力，不得为民事权利之主体。但若严格贯彻此一原则，势将对行将出生之胎儿保护不周，不无违反人情之虞。因此，从罗马法以来，关于胎儿利益之保护，成为民法一大问题。

现今各国法制，关于胎儿之保护，有三种立法主义：（1）总括的保护主义。即就胎儿利益之保护，一般地将胎儿视为已出生。此为罗马法所采取之主义，瑞士民法典（第 31 条 2 款）从之。我国台湾地区民法亦采此主义，其第 7 条规定：胎儿以将来非死产者为限，关于其个人利益之保护，视为既已出生。（2）个别的保护主义。即胎儿原则上无权利能力，但于若干例外情形视为有权利能力。法国、德国、日本均采此主义。所谓例外情形有权利能力，如依德国民法典第 1923 条第 2 款规定，胎儿有继承权；依第 844 条第 2 款规定，在扶养义务人因侵权行为致死的情形，胎儿对加害人有损害赔偿请求权。依日本民法典第 721 条规定，胎儿有基于不法行为的损害赔偿请求权，依第 886 条、第 965 条规定，胎儿有继承权、受遗赠权等。(3) 绝对主义。即绝对贯彻胎儿不具有民事权利能力的原则，依此立法主义，胎儿不具有权利能力，不得为民事权利主体。1964 年的苏俄民法典属于此种立法主义。

上述三种立法主义，就对胎儿利益的保护而言，总括的保护主义最有力，而个别的保护主义次之，尤以第三种主义最次。原民法通则采第三种主义，未设置保护胎儿利益的特别规则，仅在继承法第二十八条规定分割遗产时应为胎儿预留份额的规定，对胎儿利益保护非常不利。实务界已经有认可胎儿损害赔偿请求权的案例。民法总则制定时，立法机关接受学术界和实务界的建议，创设本条规定胎儿利益特别保护规则。按照本条规定，凡涉及胎儿利益保护时，包括遗产继承、对胎儿的侵权损害、赠与或者遗赠等，是将胎儿视为具有民事权利能力，使其权利和利益可以受到法律的保护。将胎儿视为具有权利能力，目的在于保护胎儿的利益，并非一般地赋予胎儿以民事权利能力，且只在涉及胎儿利益保护的事项，才将胎儿视为具有民事权利能力。此胎儿的民事权利能力，仅指胎儿享有民事权利的资格，不得因此使胎儿承担民事义务。

条文中的“视为”一语，为民法技术性概念，其含义是，胎儿因为未出生、属于母亲身体之一部，按照自然人的权利能力始于出生的规定（第十三条），本不具有民事权利能力，但基于保护胎儿利益的法律目的，将胎儿当作具有民事权利能力的民事主体对待。换言之，胎儿因未出生，还不算一个民事主体（自然人），为了实现保护胎儿利益的法律目的，本法把胎儿当作已出生的自然人对待，使之具有民事权利能力。这样规定的结果，如果胎儿在母亲怀胎期间遭受侵害，就可以行使损害赔偿请求权，向法院提起人身伤害的侵权之诉；如果在出生之前父亲死亡，胎儿可以享有继承权，作为第一顺序继承人参与遗产分配，或者在继承权受侵害时，向法院提起侵害继承权的侵权之诉。如果胎儿娩出时是死体，因为胎儿利益保护的法律目的落空，因此视为其自始不具有民事权利能力。胎儿视为具有民事权利能力这个制度，非常重要，创设此项制度，体现中国民法对生命高度尊重的人道主义精神。

但胎儿尚未出生，不可能有民事行为能力，其权利的取得和保护，只能由他人代理。其地位相当于无行为能力人，应由其父母担任法定代理人。须注意的是，胎儿父母的法定代理权，较之未成年人父母的法定代理权，范围较窄：胎儿父母只能代理胎儿受让权利和利益，但不得为胎儿设定义务；非为胎儿利益，不得处分胎儿的财产。此外，胎儿尚未出生，尚无姓名，于签订合同及诉讼时，应以父母的名义进行（于合同、诉状中载明胎儿为权利主体）。因此，对于胎儿利益的保护，应准用本法有关监护的规定。

在胎儿被视为有民事权利能力的情形，如胎儿以后出生，则其应继续享有已经取得的民事权利；如胎儿未能出生，则应视为自母体怀孕之时起，胎儿从未具有过民事权利能力。其已取得的财产权益，应适用不当得利规则。

补充一点，条文“娩出”一语中的“娩”指“分娩”，不仅指自然分娩，还应包括人工分娩即“剖腹产”；所谓“出”指胎儿与母体分离之时，脐带是否剪断在所不问。

第六十一条【法定代表人及其越权行为】

依照法律或者法人章程的规定，代表法人从事民事活动的负责人，为法人的法定代表人。

法定代表人以法人名义从事的民事活动，其法律后果由法人承受。

法人章程或者法人权力机构对法定代表人代表权的限制，不得对抗善意相对人。

本条规定法人的代表人及代表人越权行为的效力。第一款规定谁是法人的法定代表人，几乎是民法通则第三十八条的原文，第二、三款为新增。

第一款规定，依照法律或者法人章程的规定，代表法人从事民事活动的负责人，为法人的法定代表人。条文所谓“从事民事活动”，是指实施民事法律行为。值得注意的是，在立法例上，法定代表人有多数制和单一制，有的国家规定法定代表人是多数，凡是执行董事都是公司的法定代表人。我国公司法制定时决定实行单一制，一个法人只有一个法定代表人。法定代表人之外的人例如总经理、部门经理，作为法人的代理人以法人名义对外从事民事活动。须注意，代表（人）制度与代理（人）制度，是不同的法律制度，不应混淆。

第二款规定，法定代表人以法人名义从事的民事活动，其法律后果由法人承受。按照法人组织体说，法定代表人和法人是一个主体，法定代表人是法人的（代表）机关，法定代表人的行为就是法人自己的行为，法定代表人以法人名义从事民事活动（实施民事法律行为），其后果（所产生的权利义务和责任）都应当由法人承担。这一款的意义有两点：其一，理论意义。表明中国民事立法采纳法人组织体说，法人与法定代表人是一个民事主体，法定代表人是法人的机关；其二，实践意义。本款明文规定，法定代表人的行为就是法人的行为，法定代表人的行为后果由法人承受，即法定代表人的行为产生的权利由法人享有、产生的义务由法人负担、产生的责任由法人承担，不受后来法定代表人更换的影响。任何法人不得因法定代表人更换而拒绝承担前法定代表人行为所产生的义务和责任。

第三款规定，法人章程或者法人权力机构对法定代表人代表权的限制，不得对抗善意相对人。按照民法原理，合同（双方法律行为）双方当事人，互为相对人。条文所谓相对人，指与法人实施法律行为（订立合同）之对方当事人。例如，法人章程规定法定代表人不得对外提供担保，若法定代表人为他人（主债务人）向某银行借款的合同担任保证人，所签订的保证合同即属于越权行为。按照本款规定，此保证合同是否有效，取决于相对人（该银行）属于善意或者恶意。于保证合同订立之时，该银行（被保证人、借款合同之债权人）不知法人章程有对法定代表人的代表权限制（不得对外担保）规定的，即属于善意相对人；反之，知道法人章程有此限制的，则属于恶意相对人。补充一点，判断相对人对于法定代表人超越代表权知道或者不知道的时点，为该越权行为（如保证合同）订立之时。订立时不知，订立之后知道，仍属于善意相对人。

本款所谓“不得对抗善意相对人”的意思是：如果该银行（被保证人）属于善意相对人，则法人（保证人）不得以法定代表人超越代表权为由主张该保证合同无效。这种情形，法庭应当依据本款驳回该法人关于确认该保证合同无效的请求；如果该银行（被保证人）属于恶意相对人，则法人（保证人）可以其法定代表人超越代表权为由主张该保证合同无效。这种情形，法庭应当依据本款支持该法人关于确认该保证合同无效的请求。另须注意，按照本款立法目的及社会生活经验，法庭应当责令以代表人超越权限为由主张该行为无效的原告（该法人），就相对人属于恶意（即知道或者应当知道存在对代表权的限制）履行举证责任，而不能要求该相对人就自己属于善意（不知道或者不应当知道存在对代表权的限制）承担举证责任。

本款明文规定法定代表人越权行为的效力（相对人善意则有效，相对人恶意则无效），具有重大的理论意义和实践意义。关于法定代表人越权行为的效力，取决于对法定代表人权限范围限制的性质。民法解释论上曾经有法人权利能力限制说、法人行为能力限制说与法定代表人之代表权限制说。按照法人权利能力限制说，法定代表人的越权行为属于绝对无效；按照法人行为能力限制说，法定代表人的越权行为属于相对无效；按照法定代表人之代表权限制说，则法定代表人的越权行为于相对人善意时有效。其中，代表权限制说为现今民商法学界之通说。本款明文规定采法定代表人之代表权限制说，有利于在社会主义市场经济条件下交易安全与交易公平两项价值之兼顾。

请特别注意民法关于“善意推定”的法理。因为“善意”是指“不知道”，而按照社会生活经验，“不知道”是难于通过证据加以证明的，而“知道”则是可以通过举证加以证明的。因此，诉讼中法庭不要求主张自己属于善意的当事人（被告）举证证明自己属于善意，而直接“推定”其为善意相对人。这种情形，如果对方当事人（原告）对此提出异议（主张被告属于恶意相对人），法庭即要求异议方（原告）举证证明被告属于恶意相对人（即知道原告法定代表人超越权限）。顺便指出，按照谁主张谁举证的一般原则，应当由主张者举证证明自己所主张的事实之存在，例如，主张不可抗力、时效期间经过、存在某种习惯等等，均应当由主张者承担举证责任，唯有主张自己属于“善意”（善意相对人、善意第三人）为例外，不要求主张者对于自己属于善意承担举证责任，而采用“善意推定”。

顺便指出，因民法通则未对法定代表人越权行为的效力设置规定，为弥补这一立法漏洞，不得已在合同法制定时参考代理制度中的表见代理规则，创设合同法第五十条越权行为效力规则，称为“表见代表”。因此，法院审理公司法定代表人超越权限订立合同（如担保合同）纠纷案件，须依据合同法第五十条表见代表规则进行裁判。本法生效之后，人民法院审理同类案件，应当适用本法第六十一条第三款关于法定代表人的越权行为规则，而不再适用合同法第五十条表见代表规则。在将合同法编纂为民法典的合同编时，可以考虑删除第五十条。

第六十二条【法定代表人的侵权行为】

法定代表人因执行职务造成他人损害的，由法人承担民事责任。

法人承担民事责任后，依照法律或者法人章程的规定，可以向有过错的法定代表人追偿。

按照民法原理，法定代表人为法人之机关，法定代表人以法人名义实施的行为即是法人的行为。故前条第二款规定，法定代表人以法人名义从事民事活动，其法律后果（权利、义务、责任）由法人承受。本条再补充规定，法定代表人因执行职务造成他人损害的，由法人承担民事责任。条文所谓“民事责任”，限于侵权责任。法定代表人执行职务造成他人损害，属于法人的侵权行为，理当由法人承担侵权责任。

须注意的是，原民法通则未规定本条，法院审理法定代表人执行职务造成他人损害的侵权案件，适用侵权责任法第三十四条关于使用人责任的规定。无论适用本条法定代表人侵权行为规定或者适用侵权责任法第三十四条使用人责任规定，其侵权责任均由法人承担，但二者承担责任之理论根据不同。本条的根据在于，法定代表人执行职务致人损害的侵权行为即是法人自身的侵权行为；使用人责任的根据在于，使用人既享受被使用人工作之利益亦应负担被使用人工作之风险。本法生效之后，法院审理法定代表人执行职务造成他人损害的侵权案件，应当直接适用本条，而不得再适用侵权责任法第三十四条。但法院审理法定代表人之外的法人工作人员的侵权行为案件，仍应适用侵权责任法第三十四条。法庭于判断法定代表人“执行职务”时，仍应当参考关于使用人责任“执行职务”之外观理论。

本条第二款规定，法人承担侵权责任后，可以依据法律或者法人章程的规定，对有过错的法定代表人行使追偿权。侵权责任法第三十四条使用人责任未明文规定使用人追偿权，立法机关将是否追偿委托法庭结合个案被使用人工资报酬、经济状况决定。

第六十五条【法人登记不一致】

法人的实际情况与登记的事项不一致的，不得对抗善意相对人。

法人登记是法人公示方法，是相对人了解法人情况的根据。但法人存续期间，法人登记事项难免发生变化，因此，本法第六十四条规定，法人在存续期间登记事项发生变化的，应当依法向登记机关申请变更登记。如果法人登记事项发生变化而未及时向登记机关办理变更登记，即出现法人实际情况与登记事项不一致。这种情形，如相对人根据登记事项与法人实施法律行为，其效力如何?

本条规定，法人实际情况与登记事项不一致的，不得对抗善意相对人。所谓“善意相对人”，指不知道（不应当知道）法人实际情况与登记事项不一致、信赖法人登记（事项）而与法人实施法律行为的相对方当事人；反之，知道（应当知道）法人实际情况与登记事项不一致，却仍按照登记事项与法人实施法律行为的相对方当事人，为“恶意相对人”。所谓“不得对抗善意相对人”的意思是，如果与法人实施法律行为的相对方当事人属于“善意相对人”，则法人不得以法人实际情况与登记事项不一致为由主张该法律行为无效；反之，如果与法人实施法律行为的相对方当事人属于“恶意相对人”，则法人可以法人实际情况与登记事项不一致为由主张该法律行为无效。

例如，某法人更换法定代表人后未及时向法人登记机关办理变更登记，造成法人实际情况与法人登记事项不一致：该法人实际的法定代表人（董事长）是甲，但法人登记记载的法定代表人（董事长）为乙。这种情形，假设乙仍以法定代表人身份代表法人与相对人丙订立合同。事后甲代表法人以乙不是法定代表人为由请求法院确认该合同无效。法庭应当判断本案合同的相对人丙于订立合同当时是否知道（应当知道）乙实际上并非该法人的法定代表人。如果法庭认定丙知道（应当知道）乙不是实际上的法定代表人，即丙属于恶意相对人，则应依据本条支持该法人的请求，作出确认本案合同无效的判决；反之，法庭认定丙不知道（不应当知道）乙不是实际上的法定代表人，即丙属于善意相对人，则应依据本条驳回该法人的请求，作出确认本案合同有效的判决。

须特别注意，本条的适用范围限于登记名义人以法人名义实施法律行为的案件，而登记名义人以自己名义实施法法律行为的案件，不适用本条。例如，有限责任公司登记的股东为甲（名义股东），而实际股东为乙（实际出资人），名义股东甲擅自将股权转让给相对人丙，实际股东乙向法院起诉请求确认（甲——丙）转让合同无效的案件，应当按照《公司法解释（三）》第二十五条解释，参照（准用）物权法第一百零六条关于善意取得的规定，处理善意相对人（受让人）的保护问题。① 补充一点，实际是对该股权转让合同准用合同法第五十一条无权处分他人财产合同规则，认定转让合同无效之后，再根据受让人的善意抗辩，准用物权法第一百零六条善意取得规则。

第七十五条【设立人的责任】

设立人为设立法人从事的民事活动，其法律后果由法人承受；法人未成立的，其法律后果由设立人承受，设立人为二人以上的，享有连带债权，承担连带债务。

设立人为设立法人以自己的名义从事民事活动产生的民事责任，第三人有权选择请求法人或者设立人承担。

法人之本质为组织体，须先经设立人设立法人（组织体），再经登记取得法人资格。设立人可以是自然人或者法人、非法人组织。本条规定设立人为设立法人从事民事活动的法律后果之归属。按照第一款第一句规定，如果设立法人成功（法人成立），设立过程中设立人从事民事活动的法律后果，由成立后的法人承受；如果设立法人不成功（法人未成立），则设立过程中设立人从事民事活动的法律后果，由设立人承受，设立人为二人以上的，享有连带债权，承担连带债务。例如，几个自然人发起设立某某有限责任公司，如果设立法人成功，经办理登记某某有限责任公司成立，则设立过程中设立人从事民事活动的法律后果，概由该公司法人承受（享受权利、负担义务、承担民事责任）；如果设立法人不成功，拟议中的有限责任公司法人并未成立，就应该由那几个设立人承受设立过程中全部民事活动的法律后果。这种情形，几个发起人之间实际是按照合伙关系处理，共享权利、共担义务和民事责任。

---

① 《公司法解释（三）》第二十五条第一款规定："名义股东将登记于其名下的股权转让、质押或者以其他方式处分，实际出资人以其对于股权享有实际权利为由，请求认定处分股权行为无效的，人民法院可以参照物权法第一百零六条的规定处理。"

请注意条文“享有连带债权，承担连带债务”一语，其语义稍嫌过窄，应不限于“债权”“债务”，应包括其他财产权利如动产、不动产所有权，以及民事责任（违约责任和侵权责任）。补充一点，即使设立人相互间预先有“份额”的约定，亦仅可按照约定份额享受权利（物权、债权），在义务、责任的承担上，必须由设立人承担连带责任（连带义务）。设立一人公司，其设立人为一人，公司未成立，权利、义务、责任归设立人一人承受，不发生“连带”问题，自不待言。

设立人为设立法人从事民事活动，可能以拟设立的法人的名义，也可能以设立人自己的名义。本条第二款规定，设立人为设立法人以自己的名义从事民事活动产生的民事责任（包括违约责任和侵权责任），该第三人享有选择权，他可以选择请求设立人承担责任或者请求成立后的法人承担责任。赋予第三人选择权，是出于保护第三人利益的目的，但如果法人未成立，第三人仅能请求设立人承担责任，自不待言。

第八十三条【小股东诉权与法人格否认】

营利法人的出资人不得滥用出资人权利损害法人或者其他出资人的利益。滥用出资人权利给法人或者其他出资人造成损失的，应当依法承担民事责任。

营利法人的出资人不得滥用法人独立地位和出资人有限责任损害法人的债权人利益。滥用法人独立地位和出资人有限责任，逃避债务，严重损害法人的债权人利益的，应当对法人债务承担连带责任。

本条第一款规定滥用出资人权利损害法人或者其他出资人利益，应当依法承担民事责任。实际是采用公司法第二十条第一、二款的规定，适用于一切营利法人（包括公司法人和非公司营利法人）。所谓“民事责任”，应属于侵权责任无疑。问题是，谁有权依据本条第一款向法院提起追究滥用人侵权责任之诉。分为两种情形：（1）在滥用出资人权利损害法人利益的情形，按照公司法第一百五十一条的规定，“……有限责任公司的股东、股份有限公司连续一百八十日以上单独或者合计持有公司百分之一以上股份的股东，可以书面请求监事会（或监事）或者董事会（或董事）向人民法院提起诉讼；监事会（或监事）或者董事会（或董事）收到该书面请求后拒绝提起诉讼，或者自收到请求之日起三十日内未提起诉讼，或者情况紧急、不立即提起诉讼将会使公司利益受到难以弥补的损害的，该单独或者合计持有公司百分之一以上股份的股东，有权为了公司的利益以自己的名义直接向人民法院提起诉讼……”按照民法原理，此属于小股东派生诉权。（2）在滥用出资人权利侵害其他出资人的利益（造成其他出资人损失）的情形，按照公司法第一百五十二条规定，遭受损失的其他出资人“可以向人民法院提起诉讼”。按照民法原理，此属于小股东直接诉权之行使。

本条第二款规定营利法人的出资人不得滥用法人独立地位和出资人有限责任损害法人的债权人利益，否则应当对法人债务承担连带责任。实际是采用公司法第二十条第三款的规定，适用于一切营利法人（包括公司法人及非公司营利法人）。此即民法理论上所谓“法人格否认”或者“揭开公司面纱”的法理。所谓“滥用法人独立地位和出资人有限责任”，通常表现为，出资人和法人之间非法转移利益或存在人格混同，或者同一出资人实际控制的两个法人（公司）之间非法转移利益或存在人格混同，以损害其中一个法人的债权人的合法权益。这种情形，该受侵害的债权人有权依据本款规定，以法人及其出资人为共同被告，或者以该两个法人为共同被告，诉请法院判决两被告（法人及其出资人，或者该两个法人）承担连带责任。

第八十四条【滥用关联关系】

营利法人的控股出资人、实际控制人、董事、监事、高级管理人员不得利用其关联关系损害法人的利益。利用关联关系给法人造成损失的，应当承担赔偿责任。

本条规定营利法人的控股出资人、实际控制人和高管通过关联交易损害法人利益。实际是采用公司法第二十一条规定，适用于一切营利法人（包括公司法人和非公司营利法人）。条文仅规定“应当承担赔偿责任”，而未明示由谁行使追究加害人赔偿责任的诉权。鉴于本条滥用关联关系侵害法人利益与第八十三条第一款规定的滥用出资人权利侵害法人利益类似，本条亦应采用小股东派生诉讼方式行使请求权。

第八十五条【决议撤销】

营利法人的权力机构、执行机构作出决议的会议召集程序、表决方式违反法律、行政法规、法人章程，或者决议内容违反法人章程的，营利法人的出资人可以请求人民法院撤销该决议，但是营利法人依据该决议与善意相对人形成的民事法律关系不受影响。

本条规定法人决议的撤销，亦即关于决议撤销权的规定。实际是将公司法第二十二条第二款的规定适用于包括公司法人和非公司法人的一切营利法人，并增加“但书”规定对善意相对人的保护。① 条文所谓“召集程序、表决方式”，应当包括：会议通知、股权登记、提案和议程决定、会议主持、投票、记票、表决结果宣布、决议形式、会议记录及签署等事项。但不包括修改法人章程的决议。

特别值得注意的是，本条末句“但书”规定：即使该决议被撤销，“营利法人依据该决议与善意相对人形成的民事法律关系不受影响”。换言之，依据本条规定撤销营利法人的决议（该决议因被撤销而归于无效），不能对抗依据该决议实施法律行为的善意相对人。例如，营利法人权力机构或者执行机构作出决议为公司股东或者实际控制人提供担保。该决议被依据本条撤销后，依据该决议所订立的担保合同（保证合同）是否无效，应取决于被担保债权人（贷款银行）属于善意或者恶意。如果被担保债权人不知道（不应当知道）借款人为该担保人的股东或者实际控制人，即属于善意相对人，则该决议被撤销不影响该担保合同的效力（担保合同仍然有效）；反之，被担保债权人知道（应当知道）借款人为该担保人的股东或者实际控制人，则属于恶意相对人，则该决议被撤销将影响该担保合同的效力（担保合同也无效）。

---

① 公司法第二十二条第二款规定：“股东会或者股东大会、董事会的会议召集程序、表决方式违反法律、行政法规或者公司章程，或者决议内容违反公司章程的，股东可以自决议作出之日起六十日内，请求人民法院撤销。”

第一百零九条【人身自由、人格尊严】

自然人的人身自由、人格尊严受法律保护。

本条是关于自然人一般人格权的规定。自然人的人格是自然人的法律地位，通过权利能力而予以具体表现。权利能力是自然人享有权利的资格，包括享有人身权利和财产权利的资格。而在人身权利中，某些权利伴随人格而当然存在，这些权利被称为“人格权”，具体表现为自然人对其生命、身体、健康、姓名、名誉、肖像、隐私等人格利益所享有的权利。与财产权利完全不同，自然人的人格权为固有权利，由法律直接确认，倘有人格，即有人格权；倘无人格权，则人格须臾不可存在。因此，如说人格为自然人与生俱来而当然拥有的法律地位，则人格权亦为自然人与生俱来而当然固有的权利。由此可见，自然人之人格权的确认与保护，实为民法最重要、最基本的任务。

本条采用“人身自由、人格尊严”代表自然人受法律保护的人格利益之总和。自由作为一种人格利益，包括：第一，人身自由；第二，信仰自由；第三，言论、出版等自由；第四，通信自由。其中，人身自由属于民事权利（私权），信仰自由、言论出版自由和通信自由属于公法权利。人格尊严作为一种人格利益，指作为一个“人”所应有的最起码的社会地位，及应受到社会和他人最起码的尊重。换言之，所谓人格尊严，即把人真正当作“人”。因此，无论一个人的职业、职务、政治立场、宗教信仰、财产状况、文化程度、民族、种族、性别有何差异，其人格尊严是相同的，决无高低贵贱之分。例如，一个普通劳动者和一个担任国家高级领导职务的人，其人格尊严是完全相同的。且人格尊严具有不可剥夺的性质，即所谓“可杀而不可辱”。因此，即使因违法而受刑罚制裁，其人格尊严同样应受尊重，不应遭受侮辱。须特别注意，本条是采用“人身自由、人格尊严”两种人格利益（两个法律概念）作为一般人格权的表彰（标识），而不是分别规定为两种特别人格权类型。

一般人格权为人格关系的法律表现，其标的为受法律保护的人格利益之总和，具体表现为自然人的自由、安全和人格尊严。同时，一般人格权为特别人格权的渊源。作为立法上明定的“特别人格权”，为各种具体人格权中的一些典型（姓名权、肖像权、生命权、健康权等），并非全部具体人格权之列举，其标的亦非全部具体的人格利益。一般人格权确定了应受法律保护的人格利益之基本属性，即凡属人格所生之合法利益，均受法律保护。在对立法上所规定的特别人格权进行必要解释时，一般人格权便成为解释之标准。一般人格权之主要功能，在于弥补法定的特别人格权之不足。本条关于一般人格权的规定，与本法第一百一十条关于特别人格权的规定，构成一般法与特别法的关系。当某种人格利益遭受侵害而不能依据已有的特别人格权规定予以保护时，可以直接根据本条关于一般人格权的规定予以保护。

第一百一十条【特别人格权】

自然人享有生命权、身体权、健康权、姓名权、肖像权、名誉权、荣誉权、隐私权、婚姻自主权等权利。

法人、非法人组织享有名称权、名誉权、荣誉权等权利。

本条是关于特别人格权的规定。包括自然人生命权、身体权、健康权、姓名权、肖像权、名誉权、荣誉权、隐私权、婚姻自主权等权利。及法人、非法人组织的名称权、名誉权、荣誉权等权利。以下分别讲解。

1. 生命权。生命为自然人之最根本利益，是人之所以为人，并进而成为法律主体之根基。因此，生命权受到刑法、民法和行政法的严密保护。生命权是自然人人格权中最为重要的一种。为此，本条将生命权作为自然人最基本的一种人格权予以明文规定。生命权的具体内容应为生命安全之维护。凡侵害自然人生命或者有可能导致生命丧失的非法行为，均构成侵害生命权的侵权行为。

2. 身体权。身体即自然人之躯体，包括五官、四肢及毛发指甲等。假肢、假牙已构成肢体一部而不可分离者，亦应属于身体，而得自由装卸者不属于身体。身体为生命和健康所附丽的载体。无身体也就无所谓生命、健康，无生命之躯体则为尸体。身体为自然人最根本的人格利益，是人之所以为人，并进而成为法律主体的根基，因此，身体权与生命权、健康权同受刑法、民法的严密保护。

民法对自然人身体权的保护，体现在四个方面：其一，对人体、人体各部分的保护。自然人的身体以及身体的各个部分，不能作为所有权的标的，也不能作为“财产”用于交易。凡以人体或者人体组成部分为标的物的合同无效。但法律有特别规定的除外。例如，在法律允许条件下的血液、骨髓、眼角膜、皮肤、器官等的转让有效；其二，对自然人身体的完整性的保护。自然人身体的完整性，指自然人身体各个部分所组成的整体性。非法侵害他人身体，损害身体完整性、造成残疾，为法律所禁止。正常的手术治疗，如为保护患者生命而不得不进行的截肢手术，须经患者本人、家属同意或者符合法律规定的条件；其三，对捐献人体器官的人的特别保护。法律许可以疾病治疗或者医学试验为目的并符合法律规定条件的器官捐献。但非经捐献人和受捐献人同意，有关医疗单位或者科研单位不得擅自披露有关双方身份的信息；其四，亲子鉴定或者其他对人的身份进行鉴别时对被鉴定人的保护。亲子鉴定是指对双方是否存在父母子女之血缘关系通过医学鉴定方法予以确认。亲子鉴定系通过人的遗传特征的认定而进行的。在符合法律规定的情况下，人民法院可以决定对有关当事人进行亲子鉴定。但亲子鉴定涉及对自然人身体和隐私，必须征得被鉴定人的同意，禁止强行或者违背自然人意愿作亲子鉴定。其他以医疗或者研究为目的而通过人的遗传特征对人进行鉴别，也必须征得被鉴别人的同意。

自然人的身体为其生命的载体，对生命的侵害，当然表现为对身体以及健康的侵害，因此，民法通则未提及身体而仅言生命、健康，称为“生命健康权”。虽说身体遭受侵害，往往会损及生命和健康，但也不尽然。例如，非经本人同意而剪其长发、强行在他人肢体上刺青等，即仅侵害身体而未损及生命和健康，似难以构成侵害生命健康权的侵权行为。因此，民法总则始将“生命健康权”，分解为生命权、健康权、身体权。

身体权是自然人维护其身体完整而不受非法侵害的权利。出于对人的尊严的维护，民法规定自然人不能处分自己的身体。中国古代亦有“身体发肤受之父母不能毁损”的说法。但近现代民法，于例外情形，承认自然人可以处分身体的某些部分。即对于某些可以与身体分离而不至影响健康或者生命的部分，如毛发、指甲、牙齿等，自然人得自由支配之；出于治病救人和发展医学的需要，许可自然人捐献或者转让某些身体器官或者组织成分，如血液、角膜、骨髓、皮肤、精子、卵子及某些器官。

随着现代医学的发展，人体器官移植成为重要的治疗手段。所移植的人体器官无论从人死后躯体中摘取，或者由活着的人捐献，不仅涉及自然人身体权的保护，同时还涉及对自然人人格尊严以及个人隐私的保护。因此，人体器官捐献应符合法定条件，有关机构和人员应负担保密义务，非经捐献人或者受捐献人同意，不得披露当事人的身份。

通过人的遗传特征对人的身份进行鉴别，亦涉及人格尊严和隐私。因此，无论是法院审理亲子关系纠纷须作亲子鉴定，或是有关机构为医学研究或其他科学研究目的需对当事人作人体遗传基因鉴别，均应当征得本人的同意；在涉及刑事侦查活动所须进行同类鉴别的，必须符合法律规定的条件。

3. 健康权。健康权是自然人维护其机体生理机能正常运行和功能正常发挥的权利。凡是以不法行为导致自然人健康受到损害，如患病、生理机能衰退等，均构成侵害健康权的侵权行为，加害人应承担民事责任。

自然人的生命、身体、健康，为最重要的人格利益。其中，健康与身体，关系最为密切。身体，指自然人的机体，即四肢、五官；健康，指自然人机体保有正常生理机能之良好状态。通常情形，侵害自然人的身体，也同时侵害其健康。但也有仅侵害身体而不侵害其健康者，如非法剪人头发；或仅侵害健康而不侵害其身体者，如致人患病。自然人一旦生命断绝，也就无所谓健康，但侵害自然人的健康，并不必然侵害其生命。考虑到民法通则不提及自然人的身体，仅谈生命和健康，并将生命与健康合为生命健康权有欠妥当，故民法总则始将所谓“生命健康权”，区分为生命权、健康权和身体权。

4. 姓名权。自然人享有姓名权，姓名权是自然人决定、使用以及变更其姓名并排除他人干涉、盗用、假冒的权利。自然人的姓名权包括：其一，姓名决定权。在不违背公序良俗的条件下，完全行为能力人得自行决定其姓名，未成年人的姓名由其监护人决定。新生婴儿之姓名，应根据《户口登记条例》第七条之规定，在其出生后一个月之内，由户主、亲属、抚养人或邻居向婴儿常驻地户口登记机关申报出生登记，并将其姓名登录于户籍登记簿，由此取得正式姓名。其二，姓名变更权。自然人得变更其姓名。正式姓名的变更，应履行法定程序。根据《户口登记条例》第十八条之规定，未满18周岁的人需要变更姓名时，由本人或者其父母、收养人向户口登记机关申请变更登记，18周岁以上的人需要变更姓名时，由其本人向户口登记机关申请变更登记。其三，姓名使用权。自然人得使用其姓名从事法律行为或者其他各种社会活动。自然人对其姓名的使用，应当符合法律规定。法律规定必须使用其正式姓名的（如办理身份证明、开设银行账户、起诉或者应诉等），不得使用其他姓名。

须注意，此所谓姓名，应作广义解释，不仅指身份证上所记载的姓名（正式姓名），还应包括曾用名、笔名、艺名，及所谓“字”“号”。但童年的乳名以及绰号，则不属于姓名。在网络上使用的网名，类似于“绰号”，恐难视为姓名。正式姓名之变更，应依规定申请户籍管理机关批准，并在户籍簿及身份证上作相应的变更。非正式姓名之改变不受限制。凡具有法律意义的证件、文书以及向法庭作证等，必须使用正式姓名。其他场合使用姓名不受限制。

侵害姓名权的行为有：干涉他人使用姓名；盗用他人姓名；假冒他人姓名。其中，干涉他人使用姓名的行为，只以违背本人意思为构成要件，而不论是否有不正当目的。但盗用他人姓名及假冒他人姓名，均以有不正当目的为要件。此所谓不正当目的，包括牟利、营私、加损害于他人及规避法律等。中国人口众多，幅员广大，同名同姓在所难免。使用与他人相同的姓名而无不正当目的者，不构成盗用他人姓名和假冒他人姓名。

5. 肖像权。自然人享有肖像权，未经本人同意，不得以营利为目的使用公民的肖像。自然人的肖像为其人格尊严的重要构成部分。自然人的肖像权包括：其一，肖像制作专有权。自然人得自行制作或者授权他人制作其肖像，非经本人同意，他人不得以任何方式制作本人之肖像。其二，肖像使用专有权。自然人得以合法方式自行使用其肖像或者许可他人使用其肖像，以满足其精神需要或者以此获得财产利益。其三，肖像利益维护权。自然人得对损害其肖像的一切行为予以制止并追究加害人的法律责任。但自然人之肖像权的行使，要受法律的某些特别限制，如因新闻报道、国家机关执行公务、为进行科学研究或者文化教育，以及为维护自然人本人的利益或者社会公共利益而使用自然人的肖像，原则上不构成侵犯肖像权的侵权行为。

肖像权的客体是权利人的肖像，但民法著作中关于什么是肖像却语焉不详。按照《最高人民法院公报》2003 年第 6 期（总第 86 期）刊登的《叶璇诉安贞医院、交通出版社、广告公司肖像权纠纷案》的裁判见解，所谓肖像，是指通过绘画、摄影、雕刻、录像、电影等艺术手段，在物质载体上再现某一自然人的相貌综合特征。肖像，应当具有完整、清晰、直观、可辨的形象再现性。所谓形象，是指原形人相貌综合特征给他人形成的、能引起一般人产生与原形人有关的思想或感情活动的视觉效果。画像、照片等载体，如其内容不能再现原形人的相貌综合特征，不能引起一般人产生与原形人有关的思想或感情活动，一般人不能凭直观清晰辨认该内容就是某一自然人的形象，这样的载体不构成肖像。如载体所表现的内容，唯有凭借高科技技术手段进行对比，才能确定其是某一自然人特有的一部分形象而非该自然人清晰完整的形象，一般人不能凭直观清晰辨认载体所表现的内容就是该自然人，则这一载体也不构成该自然人的肖像。

肖像权作为一种自然人对其肖像的权利，本质上为人格权，不具有可处分性。肖像权不得转让，也不得放弃。但自然人许可他人合法利用其肖像，本人并不丧失其肖像权。因此，与其他人格权不同，肖像权中的肖像利用权具有财产权的性质。

肖像权是自然人享有的一种基本的人格权。“以营利为目的”擅自使用他人肖像，属于侵害肖像权的典型行为，非以营利为目的而擅自使用或者丑化、歪曲、侮辱他人肖像，亦属于侵害肖像权的行为。为充分保护自然人的肖像权，不宜再将“以营利为目的”作为侵害肖像权侵权行为的构成要件。

6. 名誉权。自然人享有名誉权。自然人的名誉，是指有关自然人的道德品质方面的社会评价。道德品质之外的问题，如阶级出身、宗教信仰、财产状况、文化程度、政治立场、工作能力等，均不属于名誉范围。名誉权之受侵害，表现为对个人道德品质之社会评价的降低，故对自然人名誉权的侵害行为可以表现为各种形式，如以语言、文字、行动贬低、毁损他人名誉；以语言或文字散布谣言，对他人进行诬蔑诽谤；新闻报道严重失实，造成他人名誉受损，等等。此外，名誉权之受侵害，有时可能与姓名权、肖像权、隐私权等其他人格权受侵害发生竞合，如假冒他人姓名从事违法行为，即既侵害他人姓名权，又侵害他人名誉权；非法公布他人隐私，也可能同时侵害他人名誉权。

民法所谓名誉，指对一个人的道德品质的社会评价。此社会评价，有肯定与否定之别。其中，肯定的社会评价，属于名誉；否定的社会评价，属于不名誉。名誉一词，本来的含义是“令名美誉”，亦即肯定某人具有良好的道德品质的社会评价。民法规定名誉权的目的，在于保护自然人的肯定的社会评价即“令名美誉”不受贬损。因此，将一个本来具有良好道德品质的人说成是坏人，构成侵害名誉权的侵权行为；将一个道德品质恶劣的不名誉的人说成是坏人，不构成侵害名誉权的侵权行为。

另须注意，此所谓名誉，是指社会对个人的评价，与个人对自己的评价不同。个人对自己的评价，是个人内心的感受，可以称为名誉感。民法判断某个自然人的名誉是否受到侵害，着重于该自然人本来的社会评价是否因加害人的行为而降低，并不考虑该自然人的内心感受即名誉感如何。名誉权是自然人最重要的人格权之一，其重要性随着社会的进步、人的主体意识的加强而不断增强。因此，民法将名誉权作为一种具体的人格权进行保护。

7. 隐私权。自然人享有隐私权。隐私权为现代人格权的一种。所谓隐私，又称个人秘密，指个人生活中不愿为他人知悉的信息，包括私生活、日记、照相簿、生活习惯、储蓄、财产状况、通讯秘密等。但个人秘密并非全受保护，凡与社会或公众利益直接相关的重要事项，不属于隐私权范围。因此，法律不禁止基于社会或公众利益的需要而公开他人生活秘密。

如出于社会利益的要求而向公众披露国家公务员、人大代表、政协委员及其候选人私生活的某些内容，不构成违法。法律对隐私权的保护，着重于禁止未经本人同意而采用大众传播媒介公开属于他人隐私的秘密。因此，侵害隐私权的侵权行为，一般应以采用出版、电影、电视、广播、信息网络等方式为要件。

法律对人格权的保护与对创作自由的保护，是有冲突的。古往今来，小说创作尤其是历史小说、自传体小说、纪实小说，均不可避免地要损及个别人的隐私权。其他小说，也不可能全是作者杜撰，往往有人物原型在。法律应同时兼顾对隐私权、名誉权的保护和对创作自由的保护，绝不应因保护隐私权、名誉权而造成对创作自由的不当限制。反之，也不应容许滥用创作自由而损害个人隐私权和名誉权。因此，法律不可能要求作者在行使创作自由时绝对不损害（即使是轻微的损害）个别人的名誉权和隐私权，只应要求作者尽量避免造成超过社会容许限度的损害，只应要求作者不要滥用创作自由。如果作者已经尽了一定的注意义务，因情节故事所要求不可避免地涉及一些原型人物的隐私，不可轻易认定为侵害隐私权，否则将对创作自由造成不当限制。因此，法律对一部小说，尤其是纪实小说和自传体小说，判断其是否构成侵害隐私权的标准，不是看其中是否有损及隐私的文字或描写，而是看是否已构成滥用创作自由。而判断是否构成滥用创作自由的要件是，看是否已造成超过社会容许限度的重大损害，并具有故意加害的目的。

社会容许限度，应依具体案件进行判断。在具体判断是否超过社会容许限度时，应考虑以下要素：其一，作品的性质。区分作品之属于纪实小说、自传体小说或一般小说，纪实小说和自传体小说，由于性质所限，其社会容许限度应高一些。其二，作者与受害人之间的关系。作者与受害人之间存在或曾经存在亲属关系，其社会容许限度应相对提高；反之，其社会容许限度应降低。其三，作品故事涉及的事实与现在的时间距离。时间距离愈长，社会容许限度愈高；反之，时间距离愈近，则社会容许限度愈低。其四，作品的公益性。作品的公益性，指作品的社会教育作用。社会教育作用愈强，即公益性愈强，则社会容许限度愈高；反之，社会教育作用愈低，如所谓消闲小说，即公益性愈低，则社会容许限度也愈低。其五，避免损害发生的可能性。此可能性愈大，如将涉及他人隐私的内容全部删去也不会对小说故事及其价值有重大损害，则社会容许限度愈低。

8. 婚姻自主权。自然人享有婚姻自主权。所谓婚姻自主权，指自然人按照自己的意思决定婚姻关系，不受对方或他人干涉。本属于自由之一种，立法者将其与其他自由如人身自由、信仰自由相分离，成为一种独立的人格权。侵害婚姻自主权的行为，以违反本人意愿为构成要件。

9. 法人、非法人组织名称权。法人、非法人组织的名称，是法人、非法人组织设立的基本条件。名称权为法人、非法人组织人格权最基本的一种。对于自己的名称，法人、非法人组织在法定范围内享有独占使用的权利。与自然人的姓名权不同，法人、非法人组织（尤其是营利性法人）的名称具有财产价值，法人、非法人组织有权依法定程序转让自己的名称。假冒、盗用、侮辱、贬损法人名称的行为构成对法人名称权的侵害，加害人应依法承担损害赔偿责任。

10. 法人、非法人组织名誉权。法人、非法人组织的名誉权，是法人、非法人组织保有和维护其所获得的良好的社会评价的人格权。法人、非法人组织的名誉是法人、非法人组织维持其良好的社会形象的重要条件。营利法人的名誉涉及其商业信誉，对于法人的生存和发展具有重大意义。基于不正当竞争等不法原因，以造谣、诬蔑、诽谤等方式贬低、侮辱、毁损法人、非法人组织名誉的，构成侵害法人、非法人组织名誉权的行为，加害人应当承担损害赔偿责任。

第一百一十一条【个人信息保护】

自然人的个人信息受法律保护。任何组织和个人需要获取他人个人信息的，应当依法取得并确保信息安全，不得非法收集、使用、加工、传输他人个人信息，不得非法买卖、提供或者公开他人个人信息。

本条是关于自然人个人信息保护的规定。鉴于非法获取他人个人信息、滥用他人个人信息成为日益严重的社会问题，有必要规定对自然人个人信息的法律保护。但因对个人信息的本质及权利属性的研究不足，还难以明确界定自然人个人信息的性质及属于何种权利。因此，本条仅对个人信息保护作原则性规定。本条第一句正面规定自然人的个人信息受法律保护的原则，作为制定自然人个人信息保护法的立法依据及民法保护个人信息的法律根据。本条第二句前段规定，任何组织和个人需要获取他人个人信息的，应当依法取得并确保所取得的个人信息的安全。即取得人负有两项义务：依法取得的义务和保证所取得的信息安全的义务。第二句后段属于禁止性强制规定，禁止“非法收集、使用、加工、传输他人个人信息，不得非法买卖、提供或者公开他人个人信息”。违反此项禁止性强制规定，构成违法行为，行为人应当依法承担民事责任。所谓“依法取得”之“依法”，包括本法及将要制定的个人信息保护法。在个人信息保护法制定前，对非法取得及滥用他人个人信息的违法行为追究民事责任，应当依据本法及侵权责任法的规定。

顺便指出，在对个人信息的保护上，不仅本法有规定，在刑法上也有规定。刑法修正案（七）第七条在刑法第二百五十三条之后增加一条，作为第二百五十三条之一，该条规定：国家机关或者金融、电信、交通、教育、医疗等单位的工作人员，违反国家规定，将本单位在履行职责或者提供服务过程中获得的个人信息，出售或者非法提供给他人，情节严重的，处三年以下有期徒刑或者拘役，并处或者单处罚金。窃取或者以其他方法非法获取上述信息，情节严重的，依照前款的规定处罚。单位犯前两款罪的，对单位判处罚金，并对其直接负责的主管人员和其他直接责任人员，依照各该款的规定处罚。

第一百一十二条【身份关系上的人身权保护】

自然人因婚姻、家庭关系等产生的人身权利受法律保护。

本条是身份关系上人身权保护的规定。按照民法原理和立法例，婚姻、家庭关系属于身份关系，与财产关系相对应。本法第二条沿用民法通则的称谓，称为“人身关系”。自然人因婚姻、家庭关系产生的民事权利，包括财产性权利如继承权，非财产性权利如所谓“（对子女的）探视权”“（对已故亲人的）悼念权”，及兼有财产性和非财产性的权利如赡养权、抚养权等。本条“因婚姻、家庭关系等产生的人身权利”，包括非财产性权利如所谓“（对子女的）探视权”“（对已故亲人的）悼念权”，及兼有财产性和非财产性的权利如赡养权、抚养权等，不包括财产性权利如继承权。依据本条，侵害自然人因婚姻、家庭关系产生的人身权利的，应当承担民事责任。

第一百二十一条【无因管理】

没有法定的或者约定的义务，为避免他人利益受损失而进行管理的人，有权请求受益人偿还由此支出的必要费用。

本条是关于无因管理制度规定。依据本条规定，没有法定的或者约定的义务，为避免他人利益受损失而进行管理的，成立无因管理。进行管理的人，为管理人；其事务被管理的人，为本人。本条所称“管理人”，可以为自然人，亦可以为法人或者非法人组织。鉴于法人、非法人组织之本质和社会功能，法律不允许任何人（自然人、法人、非法人组织）未受委托而擅自管理（其他）法人、非法人组织的事务。故无因管理关系中的“本人”（事务被管理的人），仅限于自然人。因无因管理的存在，管理人和本人之间成立无因管理之债，管理人因实施无因管理所支付的必要费用，有权请求本人偿还。

管理他人事务的行为，包括实施法律行为和事实行为。无因管理所管理的事务，须本身与管理人没有经济上的利害关系。以下事项，不得为无因管理之对象：(1) 违法事项；(2) 纯粹的与宗教、伦理、习俗以及社会公益相关的事项；(3) 单纯属于管理人自己的事项；(4) 必须有本人授权或者本人同意始得管理之事项。

按照民法原理，构成无因管理，管理人须有管理意思。所谓“管理意思”，指为他人谋取利益的意思，或者使管理所产生利益归属于他人的意思。管理意思的有无，成为区分无因管理与侵权行为、不当得利的标志。管理人是否具有管理意思，可从管理人是否具有“为避免他人利益受损失”的动机、目的以及效果进行综合判断。对管理人是否有管理意思发生争议时，应由管理人承担举证责任。

依照法律规定或者合同的约定，管理人有为本人利益进行管理之义务，则管理人所进行之管理，属于履行法定或者约定义务，不成立无因管理。管理人在进行管理时没有法定或约定的义务，主要包括：(1) 管理人在开始管理时没有任何法律规定或者约定的义务，在管理过程中也没有此等义务发生；(2) 管理人所为管理之内容超出了其所承担的法定或约定义务的范围；(3) 管理人于管理所依据的法定或约定的义务消灭后，仍继续进行管理；(4) 管理人在法定或者约定的义务产生前所为之管理。

在古罗马法，无因管理被视为准合同。为德国普通法、法国民法所继受。但德国民法典将无因管理规定为债的独立发生原因，为瑞士债务法、日本民法典等大陆法国家的民法所仿效。本条亦将无因管理作为债的独立发生原因。

各立法例均肯定无因管理制度所具有的价值。鉴于无因管理具有干涉他人事务的性质，若不由法律作出特别规范，则难免发生滥用无因管理以损害他人利益的不良后果。因此，有必要规定无因管理的构成要件，以使无因管理在社会观念可以容许的限度内，发挥其应有的作用。

此外，无因管理要求管理人必须具有民事行为能力。未成年人与成年障碍者，因其不具有意思能力或完全的意思能力，从而无法具有为他人利益进行管理的意思，也不能准确地判断其所管理的事务是否为他人事务。在无因管理之债中，管理人为债之当事人，并对本人承担法定之通知义务和计算义务，没有行为能力的人不能独立实施管理行为，以致不能独立履行以上义务。无民事行为能力人，在事实上对他人事务进行管理的，不构成无因管理。其所支出费用或所受损失，应由受益的一方按照不当得利予以返还。

依据本条规定，管理人可以要求本人偿还的费用，限于必要费用，包括为进行无因管理或者服务直接支出的费用以及受到的实际损失。管理人支出的费用是否为必要费用，应当依据管理人为管理时的客观情况确定，属于事实判断问题，不同的管理内容、管理时间、管理地点、管理方式，其必要费用的构成并不相同。管理人在管理时或管理过程中支出费用的，以费用支出时的状况决定费用的支出是否必要。

管理人因无因管理而支出的必要费用，本人应当予以偿还，此为各立法例的一般原则。但究竟何者为必要费用，立法例并不相同。在日本民法，必要费用包括为本人支出的有益费用和负担的有益债务；我国台湾地区民法规定，必要费用包括管理人为本人利益而进行管理所支出的必要或有益费用、负担的债务以及受到的损害。本条没有明确规定必要费用的范围。但《民通意见》第132条，解释必要费用的范围包括管理人在管理活动中所受到的实际损失。

依据本条规定及上述司法解释，管理人可以请求本人偿还的必要费用，主要包括：（1）因管理事务而直接支出的费用。此费用属于本人节省的应当支出的费用，应当偿还管理人。直接支出的费用若为金钱或者应当折算为金钱的，本人并应偿还因该费用而产生的利息。（2）因管理事务而受到的实际损失。（3）因管理事务而负担之债务。管理人为管理本人事务而负担的债务，若该债务的负担为本人在通常的业务活动中亦应负担的，本人应当清偿管理人所负担的债务。

依据本条规定，管理人在管理时，其方法应当有益于本人之利益。管理人之有益本人义务，称为适当管理义务，指管理人所承担的按照本人的意思、以最适合于本人利益的方法进行管理的义务。管理人进行管理时，在客观上应当依从其所管理的事务的性质。管理事务的方法有二种或者二种以上时，管理人应当选择最有利于本人利益的方法进行管理。管理人已经知道或者可以推知本人的意思的，应当按照本人的意思进行管理。推知本人意思时，应依社会一般人的观念认为通常情况下符合本人利益。此所谓“本人意思”，并不包括本人违反社会公共秩序和善良风俗的意思。在这个意义上，管理人所为违反本人意思的行为，并不能全部排除于无因管理之外。若本人的意思违反社会公共秩序和善良风俗的，管理人违反其意思所进行的管理，具有无因管理的效果；本人在此情形下，对管理人支出的必要费用应当予以偿还。

按照无因管理制度的目的，应对管理人的利益给予充分保护，凡没有法定或约定的义务管理他人事务支出必要费用的，本人应当予以偿还。但对管理人如何进行管理不加约束，允许管理人按照其自己的意思管理他人事务，将不利于本人利益之保护。各立法例一般从管理人应当尽适当管理义务的角度，要求管理人的行为最适合于本人的利益和意思，本条亦应同一解释。

按照民法原理，管理人进行无因管理的，对本人承担通知义务。在开始管理时，管理人在可能和必要的情况下，应当将开始管理的事实及时通知本人。管理人通知本人的事实，仅以开始管理的事实为限；通知的方式可以是口头、书面或者其他方式。管理人通知本人开始管理的事实，应当及时，即在开始管理后的合理期间内为之。但有以下情形之一的，管理人对本人不负通知义务：（1）管理人无法通知的。包括管理人不知道本人是谁、本人的住址或下落不明，或者知道本人下落但因情况紧急而不能通知的。（2）本人已知的。

此外，无因管理之管理人负有报告义务，指管理人应当向本人报告其管理事务的过程及状态的义务。管理人在完成管理事务时，应当向本人报告管理情况。管理人开始无因管理后，因本人、其继承人或代理人自行管理其事务而中断管理的，应当将管理情况报告本人。在管理人为管理事务的期间，经本人要求，管理人应当向本人报告管理事务的进展或其状态等情况。管理人向本人履行报告义务，可以书面、口头或者其他形式为之；但本人对管理人为报告义务有形式要求的，管理人应当依照其要求。管理人在尽报告义务时，应当将其所持有的能够说明管理情况的一切资料，提交本人；管理人提交的资料，可以是原件，也可以是复印件。管理人向本人所为报告，其内容应当真实，并对其报告的内容承担责任。管理人因尽报告义务所支出的费用，属于管理人为无因管理所支出的必要费用，由本人负责偿还。

管理人若在事务完结、管理中断或应本人要求时，不向本人报告管理事务的结果或状态，本人将无法知晓管理人是否已尽管理人之法定注意义务。为了更好地保护本人的利益，同时，也强化管理人对本人事务管理之注意义务，以免发生不必要的争议，有必要规定，管理人在事务完结、管理中断或应本人要求时，应当向本人报告其管理事务的过程及状态。法律规定管理人的报告义务，对于管理人和本人利益的保护均有实益。管理人向本人为报告义务时，不限于以书面形式，如有涉及管理事务的资料或文件、物件，管理人应当一并移交本人。

第一百二十二条【不当得利】

因他人没有法律根据，取得不当利益，受损失的人有权请求其返还不当利益。

本条是关于不当得利制度的规定。因不当得利而形成的债的关系中，债权人为不当得利返还请求权人，即因不当得利而蒙受损失的人；债务人为造成债权人损失而直接受有不当利益的人。依照本条规定，不当得利的构成要件有四项：（1）取得利益；（2）致他人遭受损失；（3）取得利益与他人遭受损失之间有因果关系；（4）取得利益没有法律根据。

所谓“取得利益”，是指因一定的法律事实而增加了财产或者利益上的积累，但不能用金钱价值衡量的利益，不在此限。取得利益，表现为财产利益的积极增加，或者财产利益的消极增加。财产利益的积极增加，包括：（1）财产权利的取得。例如，所有权、用益物权、担保物权、知识产权、债权的取得。（2）占有的取得。占有人因占有的事实而取得持有财产利益的法律地位。（3）财产权利的扩张。财产权利人在原有权利的基础上扩张了行使权利的标的范围或者权利的效力范围，构成权利扩张。财产利益的消极增加，是指财产利益本应当减少而因一定法律事实并未减少。财产利益本应减少而未减少，客观上仍然可以归结为利益的增加。财产利益消极增加，包括：（1）财产利益上的负担消灭。（2）债务消灭。

所谓“他人受损失”，指因一定的法律事实而致财产利益减少或者丧失。不当得利构成要件所指“损失”，不同于因侵权行为或者违约行为所造成的“损失”，而应当作更为宽松的解释。不当得利制度的功能，不在于填补损害，而在于使受益人返还其没有法律上的原因所取得之利益。因此，不当得利制度所称“损失”，应与“赔偿损失”所称的“损失”严格区别。在给付不当得利之情形，一方因他方为给付而受利益，对他方即构成损失；在非给付不当得利之情形，一方取得依权利内容应当归属于他方的利益，他方即构成损失。

所谓“取得利益与他人受损之间有因果关系”，不能按照侵权责任构成要件的因果关系解释，不当得利法上的因果关系，仅以取得利益与他人受损之间有牵连关系即可。所谓“牵连关系”，是指取得利益与他人受损二者发生的原因事实之间的关联。不当得利构成要件之因果关系，不同于侵权责任法所要求的因果关系，即使取得利益和他人受损产生于不同的原因事实，若社会观念认为二者之间有牵连关系，即可认为存在因果关系。

所谓“没有法律根据”，亦即没有法律上的原因，其含义因不当得利之属于给付不当得利或者非给付不当得利而有不同。在给付不当得利，“没有法律根据”实际为给付原因欠缺，主要有给付原因自始不存在、给付原因嗣后不存在以及给付目的落空三种；在非给付不当得利，“没有法律根据”，或为侵害他人权益、或为欠缺受益基础、或为基于法律的直接规定。

所称“没有法律根据”，本应指受益人取得利益当时没有法律根据。考虑到受益人取得利益当时虽有法律根据，但此后法律根据丧失，在后果上与取得利益当时没有法律根据，并无实质上的差别。若仅对取得利益当时没有法律根据的受损失的人提供救济，而对取得利益后丧失法律上原因的受损失的人不提供救济，显然不符合公平原则的要求。因此，所谓“没有法律根据”，应当包括取得利益后法律根据丧失的情形。

不当得利制度起源于古罗马法。但在古罗马法并无现代意义所称不当得利之一般原则。法国立法对古罗马法的不当得利制度亦无重大改变。德国普通法受自然法学说的影响，建立了不当得利制度的一般原则，德国民法典将“无法律上的原因”作为不当得利的构成要件，为中华民国民法所继受。苏联及东欧社会主义国家民法，继承了由罗马法发展而来的不当得利制度，对新中国成立后的不当得利制度的确立，有直接的影响。民法通则规定的不当得利制度，仍属于继受源于古罗马法不当得利制度的范畴。

不当得利制度的目的，不在于制裁受益人的不当得利行为，而在于纠正受益人不当取得利益这种不合理的结果。故本条规定以取得利益为构成不当得利的要件之一。不当得利制度，是在衡平观念的基础上，比较衡量得利和受损的现象之后作出的法律选择。得利不当，相对于他方的受损事实而言，才有实际意义。虽一方得利，而他方没有损失，此一方之得利即无不当可言，当然不发生不当得利的返还问题。故不当得利返还的前提条件是：取得利益致使他人受有损失。

受益人知道没有法律上的原因，取得他人利益致他人受有损失的，为恶意受益人。恶意受益人应当返还的利益，包括受益人不当取得之动产、不动产、知识产权、物权、债权、证券权利等一切财产或者财产利益以及因该利益而产生的其他利益。若受益人所取得的物在返还时尚存在的，应当返还该物；对于尚能够移转的权利，应将该权利转移给受损人；已经设定物上权利的，应当予以涂销；成立债权的，应当予以撤销；移转占有的，应当返还占有。恶意的受益人所取得之利益，不论是否存在，受益人均应当将受领时所取得的全部利益以及因该利益所产生的孳息，返还受损失的人。所受之利益已不存在而造成债权人损害的，应当承担损害赔偿责任。

受益人不知没有法律上的原因，取得他人利益致他人受有损失的，为善意受益人。所谓不知，不以受益人无过失而不知者为限，受益人因过失而不知，亦包括在内。善意受益人应当返还现存利益，受益人所受之利益已不存在的，不再承担返还义务。现存利益不以善意受益人取得之利益的原形为限；受益人所取得之利益原形发生变化，不论其是否消失，只要其财产价值仍然存在，或者其代偿利益仍然存在，即存在现存利益。

兹补充说明，因侵权行为取得利益而致他人受损害的，即使在侵权责任损害赔偿请求权的诉讼时效完成后，受害人仍可以依照本条关于不当得利的规定，向加害人请求返还其所受利益。

第一百二十七条【数据和虚拟财产】

法律对数据、网络虚拟财产的保护有规定的，依照其规定。

数据指电脑或者其他设备之电磁记录，虚拟财产指网络游戏中的虚拟货币、宝物、装备。虚拟财产，还包括网络中的虚拟货币（比特币）。它们不是物质世界中真实存在的财产，是假想出来的、存在于一个由参与者形成的关系（圈子）里。加入这个关系（圈子）的人必须承诺遵守预先拟定的协议（合同）条款，并且按照协议的规定，认可、接受、交易该虚拟财产。无论网络游戏中的虚拟财产或者比特币，只在承诺遵守网络游戏、比特币的合同（协议）的参加者的关系（圈子）里，才被视为“财产”并互相交易；一旦超越其关系（圈子），不仅不被视为“财产”，而且将归于“虚无”。它与我们存在手机银行、支付宝里的金钱、手机上枪“红包”，是完全不同的。手机银行、支付宝里的金钱和手机上枪的红包，是因为我们在某个银行开立有一个实名账户，并且在账户里存入了一定数额的金钱。包括比特币在内的所谓虚拟财产，是虚拟的、假设的，不是客观存在的真实财产。

日本东京地方法院（平成 27 年 8 月 5 日）关于虚拟货币（比特币）的判决，值得重视。经营比特币的公司（被告）破产，原告要求行使取回权，法院驳回原告的请求。判决理由：作为所有权的客体须满足三项条件，其一，须是有体物；其二，须具有排他支配的可能性；其三，须非人格性。而虚拟货币，不符合有体物性，不具备排他支配的可能性，因此不能作为所有权客体，原告无取回权。

须特别说明的是，虽然数据、虚拟财产不能作为物权客体受物权法的保护，但决不能因此认为虚拟财产不受法律保护。本条规定：“法律对数据、网络虚拟财产的保护有规定的，依照其规定。”我国关于数据保护、虚拟财产保护的法律制定之前，裁判实务对于将数据和网络虚拟财产（包括比特币），仍继续作为合法“民事利益”，用侵权责任法或者合同法予以保护。将来制定了关于数据、虚拟财产保护的法律后，将“依照其规定”保护数据、虚拟财产。

补充一点，本条所谓“数据”涵盖了第一百一十一条所谓“自然人的个人信息（个人数据）”，立法中如何处理“一般数据保护法”与“个人信息（数据）保护法”的关系，值得重视。

第一百三十二条【禁止权利滥用】

民事主体不得滥用民事权利损害国家利益、社会公共利益或者他人合法权益。

所谓禁止权利滥用原则，指一切民事权利之行使，不得超过其正当界限，行使权利超过其正当界限，则构成权利滥用，应承担侵权责任或其他法律后果。

民法通则未规定禁止权利滥用原则。但宪法对禁止权利滥用设有规定，即宪法第五十一条："中华人民共和国公民在行使自由和权利的时候，不得损害国家的、社会的、集体的利益和其他公民的合法的自由和权利。"因此，学者和法官采合宪性解释方法，认为禁止权利滥用也当然是中国民法的一项基本原则。民法总则首次规定禁止权利滥用原则，弥补了民事立法的不足。考虑到此项原则是对权利行使的限制，因此，安排在规定民事权利的第五章。

禁止权利滥用原则在各国民法典上多有明文规定。德国民法典第226条以"禁止权利滥用"为题规定："专以损害他人为目的而行使权利的，不得行使权利。"瑞士民法典第2条第2款："显系滥用权利者，不受法律保护。"1994年魁北克民法典第7条："不得以损害他人之意图或悖于诚实信用的过度且不合理之方式行使权利。"1994年俄罗斯联邦民法典第10条第1款："公民与法人不得实施专以损害他人为目的的行为，亦不得以其他形式滥用民事权利。不得为限制竞争之目的而行使民事权利，亦不得滥用市场支配地位。"我国台湾地区民法第148条（权利行使之界限）第1款："权利之行使，不得违反公共利益，或以损害他人为主要目的。"

按照禁止权利滥用原则，一切自然人和法人在行使民事权利时，均负有不得超过其正当界限，即不得滥用其权利的义务。违反这一义务，即构成权利滥用，应承担损害赔偿责任或其他法律后果。权利滥用与侵权行为的区别如下：

其一，构成权利滥用，须有正当权利存在，且属于权利行使或与权利行使有关的行为；而侵权行为事先并无正当权利存在，不属于权利行使或与权利行使无关。

其二，权利滥用禁止之立法目的，在于对民事权利之行使予以一定限制，通过对权利滥用的禁止或制裁以保护社会公益或他人利益；而侵权行为制度并无限制民事权利的目的。

其三，权利滥用以当事人有损害他人或社会利益的故意为要件，在行使权利时仅仅因为过失造成他人或社会利益损害的，尚不构成权利滥用；而侵权行为不以故意为要件，仅因过失侵害他人合法权益亦可构成侵权行为。

民法理论上关于权利滥用与诚信原则的关系，有不同的学说：

其一，重复适用说。依此说，诚信原则为指导权利人行使权利的原则，权利滥用为权利人行使权利违反诚信原则的法律后果，亦即行使权利如违反诚信原则即构成权利滥用。

其二，重复适用否定说。认为诚信原则与禁止权利滥用原则，各有其不同的适用范围，称为重复适用否定说。至于不同适用范围之划分，学者间亦有差异。有学者认为，诚信原则适用于债权法领域，而禁止权利滥用原则适用于物权法领域；有的学者认为，诚信原则适用于契约当事人间、夫妻之间及父母子女之间等特别权利义务关系，而禁止权利滥用原则适用于上述特别关系以外的当事人之间的关系；有的学者主张将诚信原则适用范围中的特别关系扩及社会接触关系。

学说的发展趋势，最初是认为诚信原则与禁止权利滥用原则重复适用的学说占据了支配地位，成为通说，并为判例所采。但后来重复适用否定说出现并渐渐占了上风。①

禁止权利滥用原则的功能：

1. 作为侵权行为的判断基准

即以是否构成权利滥用作为侵权行为的认定标准。例如，土地租赁合同终止时，出租人对承租人的建筑物进行野蛮拆除而使其材料价值显著减少的案例，及工厂烟囱排放的亚硫酸气体使附近的农作物遭受损害的案例，法院均以权利滥用为根据认定土地出租人和工厂主的行为属于侵权行为。

2. 使民事权利的范围明确化

指在因法律过分概括或抽象，或存在漏洞，致使权利范围界限不明的情形，以是否构成权利滥用作为权利范围之界限。例如，相邻土地所有人均为营业目的而利用地下水的情形，其中一方打了一口深井而妨碍另一方利用地下水，这种行为被判定为权利滥用。

3. 据以缩小民事权利的范围

因时代变迁，为了满足某些立法当时未预见到的社会需要，而以权利滥用作为缩小权利范围的根据。例如，法律规定承租人擅自转租标的物时出租人有权解除合同，但因住房紧缺为帮助没有住房的穷人而将承租房屋之一部擅自转租的，出租人行使解除权被法院判定为权利滥用。②

4. 强制调停权利人与他人的利益冲突

指以权利滥用为根据，强行调停权利人与他人的利益冲突。例如，土地所有人请求拆除电力公司铺设的地下水管道，被判定为权利滥用。土地

---

① 参见［日］菅野耕毅：《信义原则与权利滥用的机能》，载《民法的争点1》，日本有斐阁昭和60年发行，第6～11页。

② 参见［日］菅野耕毅：《信义原则与权利滥用的机能》，载《民法的争点1》，日本有斐阁昭和60年发行，第6～11页。

所有人的权利行使，之所以被判定为权利滥用，是因为拆除地下水管道将导致相当大的损害。又如土地所有人要求拆除他人所建的变电设施，被判定为权利滥用。因为，该变电设施一旦拆除，将使该城区居民之生活陷于瘫痪，所有生产工厂均将停顿，而事实上复无其他适当土地取代，土地所有人仍本于所有权请求拆除地上变电设施，交还系争土地，其行使权利显然违反公共利益，应为法所不许。①

权利滥用之构成要件：

1. 须有正当权利存在或与权利之行使有关

权利滥用的构成要件之一，是须有正当权利存在。如果不存在正当权利，而加损害于他人，属于侵权行为，与权利滥用无关。

2. 须行使权利损害他人或社会利益

须行使权利损害他人或社会利益。有正当权利存在而行使权利的行为未损害他人利益或社会利益的，属于权利之正当行使，应受法律保护，当然不构成权利滥用。

3. 须具有损害他人或社会利益的故意

关于权利滥用是否以具有加害之故意为构成要件，学说有分歧。通说认为应有故意。但新近判例学说的发展，表现为否定此要件的趋势，值得重视。例如，日本学者主张以超过社会容许限度代替加害故意要件。民法学者北川善太郎指出：权利滥用的构成要件，因所涉及问题的情形而有不同，而作为共同的要件，须权利的行使超过了社会的容许限度。是否有加害目的等主观意图，并非必要条件。其次，关于社会容许限度的判断，应就具体情形依诚实信用原则对于权利人一方与对方的利益关系进行比较。②

我国台湾地区民法第 148 条规定：权利之行使，不得违反公共利益，或以损害他人为主要目的。此所谓以损害他人为主要目的，亦即所谓有加害故意。若采严格解释，应就权利人主观意图判断其是否具有加害故意（目的）。但新近判例学说有从客观方面判断的趋势，即将权利人所获得的利益与所造成他人或社会利益之损害进行比较。例如，我国台湾地区最高法院 1982 年台上字第 737 号判例认为："查权利之行使，是否以损害他人为主要目的，应就权利人因权利行使所能取得之利益，与他人及社会因其权利行使所受之损失，比较衡量以定之。倘其权利之行使，自己所得利益极少而他人及社会所受之损失甚大者，非不得视为以损害他人为主要目

① 参见王泽鉴：《民法物权》（第一册），台湾地区 1992 年版，第 7~8 页。

② 参见［日］北川善太郎：《民法总则》，日本有斐阁 1993 年版，第 20 页。

的，此乃权利社会化之基本内涵所必然解释。”有立法例采类似立场，如荷兰新民法典第3：13条第2款规定，权利滥用是指专以损害他人为目的行使权利，以及无理由地行使权利致行使权利所实现的利益与所致损害失衡。

权利滥用的效果，视权利行使之方法而有不同。如权利之行使为法律行为，则该法律行为应无效；如权利之行使为事实行为，则对因此遭受损害的他人，应成立损害赔偿责任；如该事实行为仍在继续，亦即权利滥用之状态持续存在，则受害人得请求停止之。概而言之，权利滥用之效果，以承认权利存在而否认其行使为原则，而以权利丧失为例外。例如，父甲禁止子乙祭扫位于甲土地内之母亲坟墓，德国法院认定甲之行为构成亲属权利之滥用，判决排除甲的权利滥用行为。① 再如，汽车批发商与汽车零售商签订附所有权保留条款的汽车贩卖契约，然后零售商将汽车出售给用户且价金支付完毕。由于零售商未向批发商支付价金，批发商基于所保留的所有权对用户请求交付汽车。日本最高裁判所昭和50年2月28日判决，认定此交付请求系批发商将自己所负担的价金回收不能的危险转嫁于用户，使已经支付了价金的用户遭受不测之损害，属于权利滥用。判决该批发商不得请求交付汽车。②

第一百三十三条【民事法律行为】

民事法律行为是民事主体通过意思表示设立、变更、终止民事法律关系的行为。

本条是关于民事法律行为定义的规定。法律行为，是德国民法学为追求法律体系化而创造的概念。法律行为，不同于契约、遗嘱这类现实的行为，而是对现实中各种行为的抽象和概括。对现实中产生法律效果的各种表意行为进行抽象，强化其共同点，排除其不同点，赋予一个统一的名称，即法律行为。法律行为概念，是由概念法学派创立的，而概念法学派是历史法学派发展的结果。1807年，德国法学家海瑟（Heise）在《供学说汇纂教程所用的普通民法体系概论》一书中所用的法律行为一词，作为统一概念获得普遍认可。

---

① 参见黄立：《民法总则》，中国政法大学出版社2002年版，第509页。

② 参见［日］北川善太郎：《民法总则》，日本有斐阁1993年版，第20页。

法律行为概念之采用和法律行为制度之创立，使民法典可以采取“总则—分则”的结构。民法总则是“人——物——行为”的三位一体。在立法技术上，因民法总则的设置，避免了民法典对各种具体法律行为的重复立法。因法律行为制度和民法总则的设置，使民法成为一个具有逻辑性的规范体系，且增强了法律规范的涵摄力，扩大了适用范围，使民法更具开放性，有利于实现司法的统一和公正，及司法对社会的理性化控制。

在立法例上，除了英美法系无法律行为概念外，大陆法系一些国家的民法也没有规定法律行为制度。属于法国法系的法国民法典、拉丁美洲国家的民法典、魁北克民法典等均未规定法律行为制度，甚至属于德国法系的奥地利民法典、瑞士民法典也未规定法律行为制度。此类民法典多采取准用合同制度的立法技术。在比较法研究中也一直存在法律行为制度存废的争论。

中国自清末改制，继受德国民法已有一百余年，德国民法的这套概念体系已经成为中国法律文化传统的重要组成部分，成为中国民事立法、民事司法、民法教学和民法理论研究的基础。大清民律草案、民国民法草案和民国民法典（现在的台湾地区民法典）均采用法律行为概念、规定法律行为制度。1986 年制定的民法通则，专设第四章规定法律行为制度。正是由于采用法律行为概念，决定了日本、韩国、我国及我国台湾地区属于大陆法系的德国法系。

民法通则发明“民事法律行为”概念，和“民事行为”概念。以“民事法律行为”指称合法有效的行为，用“民事行为”概念指称违法的、无效的、可撤销的行为。现在看来，这与制定民法通则当时民法教学和理论研究刚恢复不久，起草人还未能正确理解法律行为概念的本质有关。民法总则制定时，曾考虑采用“法律行为”概念取代“民事法律行为”概念，同时废弃“民事行为”概念。最终通过的民法总则，虽然沿用民事法律行为概念，却取消了民事法律行为概念的合法性要件，并同时废弃了“民事行为”概念。根据本法第一百三十三条的规定，所谓民事法律行为，是指民事主体之间，以意思表示为要素，以设立、变更、终止民事法律关系为目的的行为。质言之，民法总则所谓“民事法律行为”概念，已抛弃民法通则起草人赋予的特别含义，而与大陆法系民法“法律行为”（Rechtsgeschäfte）概念，毫无区别。“民事”二字，仅在表明专属于民法领域之法律概念而已。

第一百三十五条【法律行为的形式】

民事法律行为可以采用书面形式、口头形式或者其他形式；法律、行政法规规定或者当事人约定采用特定形式的，应当采用特定形式。

本条是关于法律行为的形式的规定。本条规定，当事人实施法律行为时，可以自由决定法律行为的形式。当事人可以选择书面形式、口头形式以及其他形式。本条同时规定了一个“但书”，即法律、行政法规或者当事人约定对法律行为的形式有特别规定的除外。

本条规定法律行为形式自由原则。依据意思自治及其下位的契约自由原则，当事人当然可以自由选择决定法律行为的形式。近现代民法之规定法律行为形式自由原则，不仅体现当事人的意思自治，也体现了市场经济对交易便捷的要求。但在某些种类的法律行为，法律对其形式有特别要求。

民法特别规定法律行为的形式，出于以下目的：（1）提醒当事人注意法律行为的意义和利害关系，避免匆促和轻率决定。（2）特定形式能够在诉讼中作为确定法律行为的成立及其内容的证据。（3）确保法律关系的公开性，尤其是不动产交易。（4）便于债权的流通，如有价证券。

20 世纪后期以来，各国民法对法律行为形式的要求虽然有弱化的趋势，但对于某些重大的法律行为类型，如不动产买卖，如遗嘱，仍然规定了严格的形式要求。本条参考市场经济发达国家和地区的经验，结合我国建立市场经济法律秩序的实际，规定法律行为形式自由为原则，形式强制为例外。

第一百四十三条【民事法律行为有效要件】

具备下列条件的民事法律行为有效：

（一）行为人具有相应的民事行为能力；

（二）意思表示真实；

（三）不违反法律、行政法规的强制性规定，不违背公序良俗。

本条是关于民事法律行为的一般有效要件的规定。本条规定，法律行为的一般有效要件有三：（1）行为人具有相应的民事行为能力。完全行为能力人可以独立从事所有的法律行为，未成年人与成年障碍者可以从事与其认识能力相应的法律行为，其他法律行为由其法定代理人代理；（2）意思表示真实。意思表示必须是对当事人主观真实意思的表达。如当事人意思表示不真实的，就无法发生其追求的私法上的效果。（3）不违反法律、行政法规的强制性规定，不违背公共序良俗。民事法律行为违反法律、行政法规强制性规定的无效，违背公共序良俗的无效。

本条以民法通则第五十五条规定为基础，文字稍有改动。须说明的是，在关于制定民法总则的讨论中，一些学者建议删去本条。理由是，法律已经明确规定了法律行为无效的条件、可撤销的条件，没有必要再正面规定有效条件。的确多数立法例并不规定法律行为的有效条件。例如，德国民法典未规定法律行为的有效要件，仅规定各种瑕疵法律行为的效力。但考虑到社会生活的复杂性和变动性，即使立法当时对社会生活中的各种案型均设有明确规定，随着社会生活的发展、变动，仍然还会出现一些在法律上没有具体规定的新型案件。因本条规定法律行为的有效要件，法庭遇到法律没有具体规定的新型案件，可以直接引为裁判依据。这就增加了法律的灵活性。此外，明文规定法律行为的有效要件，体现了民法对法律行为目的和内容的控制，符合现代民法本身的要求，较好地处理了国家强制与私法自治的关系，经长期实践证明有其适用价值。民法总则保留此项规定的理由在此。

传统民法理论要求意思表示真实和自由，本条仅要求意思表示真实，而未规定意思表示自由。其原因在于，意思表示不自由，其逻辑结果也就是意思表示不真实；意思表示不真实，其意思表示往往也不自由。这里的不自由不仅仅包括意志被强制，也包括意思被蒙蔽而陷于不自由的状态，如当事人受欺诈的情形。

值得注意的是，民法通则第五十五条规定中第（三）项要件是“不违反法律或者社会公共利益”。本条用“公序良俗”取代“社会公共利益”，理由已在介绍公序良俗原则时谈及。这里讲为什么将“违反法律”一语，改为“违反法律、行政法规的强制性规定”？按照民法立法和民法原理，法律规范有强制性与任意性之分，二者区别在于：强制性规范不允许当事人违反，而任意性规范不具有强制性，当事人的约定与法律任意性规定不同，不影响约定的效力。民法通则第五十五条、第五十八条未区分强制性与任意性，致民法通则刚刚实施的一段时间，法庭裁判合同纠纷案件，只要发现合同约定与法律规定不一致，便一律认定合同无效，损及交易安全和当事人合法权益。因此，合同法制定时，其第五十二条第（五）项明定违反法律“强制性规定”的合同无效，而将任意性规定排除在外。民法总则起草人采用了与合同法第五十二条相同的规定，仅“违反法律、行政法的强制性规定”的法律行为无效，违反法律、行政法规的任意性规定的法律行为并不无效。

值得注意的是，所谓强制性规定，尚有禁止性规定与命令性规定之分，按照民法原理及发达国家和地区的裁判实践，仅其中违反禁止性规定的行为无效，而违反命令性规定的行为并不一定无效。因合同法第五十二条未区分禁止性规定与命令性规定，致违反命令性规定的行为亦被认定为无效，仍不利于保护交易安全及相对人合法权益。《合同法解释（二）》（法释〔2009〕5号）第十四条解释说，合同法第五十二条第（五）项规定的“强制性规定”，是指效力性强制性规定。实际是将“强制性规定”区分为“效力性强制规定”与“非效力性强制规定”，仅违反“效力性强制规定”的合同无效。所谓“效力性强制规定”，亦即民法理论上所谓“禁止性规定”；所谓“非效力性强制规定”中的“管理性强制规定”，亦即民法理论上所谓“命令性规定”。故法庭或者仲裁庭于适用本条第（三）项要件时，仍应按照最高人民法院上述司法解释，将条文“法律、行政法规的强制性规定”，解释为“法律、行政法规的效力性强制规定”，而将“法律、行政法规的非效力性（包括管理性）强制规定”排除在外。

请特别注意，本条属于从正面规定法律行为有效要件的概括性规定，本条以下的条文（第一百四十四条至第一百五十四条）属于从反面规定违反法律行为有效要件的具体规定。在适用顺序上，应当优先适用违反法律行为有效要件的具体规定（第一百四十四条至第一百五十四条），只在待决案件均不能适用第一百四十四条至第一百五十四条具体规定的情形，才可以适用第一百四十三条关于法律行为有效要件的概括性规定。请特别注意适用的效果，适用第一百四十四条至第一百五十四条的效果为确认法律行为无效或者可撤销；而适用第一百四十三条的效果是确认法律行为有效。亦即对于社会发展变化产生的新型案件，不属于第一百四十四条至第一百五十四条的适用范围，可以依据第一百四十三条认定法律行为有效。从民法解释方法上说，对于第一百四十三条不能作反对解释（不能作为认定法律行为无效的依据）。

第一百四十四条【无民事行为能力人的行为】

无民事行为能力人实施的民事法律行为无效。

本条规定无民事行为能力人实施的法律行为无效。值得注意的是，本法第二十条规定未满8周岁的未成年人为无民事行为能力人，其实施民事法律行为必须由法定代理人代理，本条进一步规定无民事行为能力人实施的民事法律行为无效。但未成年人年满6周岁即应上小学，难免要独自乘坐公共交通工具、购买学习用品即玩具和零食，更为重要的是他们往往玩网络游戏、手机购物等，按照本法规定这些行为均应一律无效。这样处理显然违背社会生活经验，并且不合情理。有鉴于此，应当类推解释本法第十九条末句关于限制行为能力人“可以独立实施纯获利益的民事法律行为或者与其年龄、智力相适应的民事法律行为”的规定，认为不满8周岁的未成年人（无民事行为能力人）独立实施的“纯获利益的民事法律行为或者与其年龄、智力相适应的民事法律行为”有效。

此所谓“纯获利益的民事法律行为或者与其年龄、智力相适应的民事法律行为”，包括：（1）使未成年人纯获利益的行为，如接受无负担赠与的行为；（2）未成年人自由财产的处分行为。如学费、零用钱等由法定代理人预定使用目的的财产，及零用钱等未预定使用目的的财产。（3）日常生活中的定型化行为。如利用自动售货机，利用公共交通工具，购票进入公园。

第一百四十五条【限制民事行为能力人的行为】

限制民事行为能力人实施的纯获利益的民事法律行为或者与其年龄、智力、精神健康状况相适应的民事法律行为有效；实施的其他民事法律行为经法定代理人同意或者追认后有效。

相对人可以催告法定代理人自收到通知之日起一个月内予以追认。法定代理人未作表示的，视为拒绝追认。民事法律行为被追认前，善意相对人有撤销的权利。撤销应当以通知的方式作出。

本条规定限制民事行为能力人实施的法律行为。按照民法原理，限制民事行为能力人实施的法律行为，属于效力未定的法律行为，或称须第三人追认的法律行为，指行为之是否生效取决于有追认权的第三人是否追认的法律行为。本条第一款规定："限制民事行为能力人实施的纯获利益的民事法律行为或者与其年龄、智力、精神健康状况相适应的民事法律行为有效；实施的其他民事法律行为经法定代理人同意或者追认后有效。"按照本法的规定，限制民事行为能力人，包括8周岁以上的未成年人（第二十条），和不能完全辨认自己行为的成年人（第二十二条）。有权对限制行为能力人实施的法律行为予以追认的第三人，是指限制行为能力人的法定代理人，亦即监护人（第二十三条）。

按照本条第一款规定，该第三人是否追认，将决定限制行为能力人实施的法律行为是否生效。依民法理论，所谓追认，指有追认权人使他人所为法律行为发生效力的单方行为。追认作为一种单方行为，其作用在于使他人所为的法律行为发生效力，因此具有补助行为的性质。追认的效力在于，一经该第三人追认，即使该处于效力未定的法律行为，溯及于成立之时，发生完全的效力。反之，一经该第三人拒绝追认，即使该处于效力未定的法律行为，溯及于成立之时，成为无效的法律行为。

追认既属于单方行为，则依单方的意思表示即可成立，在有相对人的法律行为，则可向当事人之任一方以意思表示为之。且追认不须依一定方式。例如，限制民事法律行为能力人所实施的法律行为，即使属于要式行为，法定代理人的追认，也不须任何方式，且不论向该限制民事行为能力人或向其相对人表示，均发生追认的效力。

民法为保护相对人利益，使相对人在一定期间有催告权和撤回权。本条第二款规定："相对人可以催告法定代理人自收到通知之日起一个月内予以追认。法定代理人未作表示的，视为拒绝追认。民事法律行为被追认前，善意相对人有撤销的权利。撤销应当以通知的方式作出。"相对人此项撤销权，属于形成权，其行使效果，为使效力未定的法律行为确定无效。

第一百四十六条【虚伪表示与隐藏行为】

行为人与相对人以虚假的意思表示实施的民事法律行为无效。

以虚假的意思表示隐藏的民事法律行为的效力，依照有关法律规定处理。

本条第一款规定虚伪表示的法律行为。所谓虚伪表示，是德国民法、日本民法、韩国民法以及我国台湾地区民法都采用的法律概念。虚伪表示，亦称虚伪的意思表示、假装行为，指表意人与相对人都知道表示的意思非自己真意，而双方通谋而为与真意不一致的意思表示。虚伪表示的特征在于，当事人之间欠缺效果意思，都不想使其行为真正发生法律上的效力。如以逃避债务为目的假装的财产赠与，双方当事人都不希望发生赠与的效力。

虚伪表示构成要件：第一，须有意思表示。第二，须表示行为与效果意思不一致；第三，须表意人自知其效果意思与表示行为不一致；第四，须表意人与相对人通谋。所谓通谋，是指表意人与相对人共同故意为非真意的意思表示。因此，双方当事人必须有意思上的联络，才能构成通谋。如没有意思上的联络的，不构成虚伪表示。

虚伪表示的法律后果，分为两种情形：其一，在虚伪表示的双方当事人之间的法律效果为确定无效；其二，在虚伪表示一方当事人与第三人之间的法律效果，因第三人之属于善意或者恶意而不同。我国台湾地区民法第 87 条第 1 款："表意人与相对人通谋而为虚伪意思表示者，其意思表示无效。但不得以其无效对抗善意第三人。"日本民法典第 94 条："（1）与相对人通谋而进行虚伪意思表示者，其意思表示为无效。（2）前款意思表示的无效，不得以之对抗善意第三人。"韩国民法典第 108 条："（一）及相对人通谋的而作出的虚伪意思表示无效。（二）前项的意思表示无效，不得对抗善意第三人。"

值得注意的是，本条第一款仅规定虚伪表示的民事法律行为在双方当事人之间无效，而未规定在当事人与第三人之间是否无效，因此留下法律漏洞。故关于虚伪表示在当事人一方与第三人之间的法律效果，应当按照民法原理及参考前述立法例，分为两种情形：第三人知道当事人之间的意思表示为虚伪表示的，即属于恶意第三人，则虚伪表示的任何一方当事人均可以虚伪表示无效对抗该恶意第三人；第三人不知道当事人之间的意思表示为虚伪表示的，即属于善意第三人，则虚伪表示的双方当事人均不得以该虚伪表示无效对抗该善意第三人。

须特别注意，民法上的“第三人”，非指合同双方当事人之外的任何人，而是特指合同双方当事人之外的、与一方存在某种法律关系的特定人。其中，合同法上的“第三人”与物权法上的“第三人”，亦有不同。合同法上的“第三人”，指连续（交易）合同（A—B、B—C）关系中，后一合同（B—C）关系的受让人 C。如果 C 对于前合同（A—B）关系存在无效、可撤销事由“不知”，即为“善意第三人”；反之，如果 C 对于前合同（A—B）关系存在无效、可撤销事由“明知”，即为“恶意第三人”。

例如，为逃避债务而假装赠与，此赠与合同（A—B）为虚伪表示，假如 B 将该财产出卖给 C，则 C 为第三人。C 不知 A—B 间赠与合同为虚伪表示，即属于善意第三人；反之，C 明知该赠与合同为虚伪表示，即属于恶意第三人。在 C 为善意第三人情形，A 不得基于赠与合同（A—B）无效，而从善意第三人 C 取回该赠与物；反之，在 C 属于恶意第三人情形，A 可以基于赠与合同无效，并从恶意第三人 C 取回赠与物。

顺便谈及，物权法上的“第三人”，指重复交易（一物二卖）合同（A—B、A—C）关系中，后一合同（A—C）关系的受让人 C。如果 C 对于前一合同（A—B）关系的存在“不知”，即为“善意第三人”；反之，如果 C 对于前一合同（A—B）关系的存在“明知”，即为“恶意第三人”。例如，物权法第二十四条规定特别动产物权变动未经登记不得对抗“善意第三人”，其所谓“第三人”即指重复交易（A—B、A—C）后一合同（A—C）关系的买受人 C。最高人民法院物权法司法解释（一）第六条对此有解释。

本条第二款规定“隐藏行为”。所谓隐藏行为，是指为虚伪表示所掩盖的依当事人真实意思订立的法律行为。例如，为规避房屋买卖的税负而订立赠与合同，赠与合同为虚伪表示而买卖合同为隐藏行为。隐藏行为是与虚伪表示联系在一起的，无虚伪表示也就无所谓隐藏行为，有隐藏行为也就必定有虚伪表示。但存在虚伪表示，却不一定有隐藏行为，例如，为逃避债务、规避执行而订立虚假赠与合同、虚假买卖合同、虚假抵押合同，属于虚伪表示，但没有隐藏行为。

按照本条第二款的规定，为虚伪表示所掩盖的隐藏行为之是否有效，取决于该隐藏行为本身是否符合该行为的有效要件。例如，伪装赠与而实为买卖，赠与合同属于虚伪表示应当无效，所隐藏的买卖合同是否有效，应依有关买卖合同的规定判断。如该隐藏行为（买卖合同）符合法律关于买卖合同有效要件的规定，则该买卖合同有效，否则该买卖合同无效。

第一百四十七条【重大误解】

基于重大误解实施的民事法律行为，行为人有权请求人民法院或者仲裁机构予以撤销。

传统民法理论严格区别错误与误解两个概念。所谓错误，指表意人因误认或不知，致其表示与意思不一致。错误之构成要件：须表示与意思不一致；须其不一致出于表意人之误认或不知。其中，后一要件是区别于所谓真意保留和虚伪表示之标志。所谓误认，指认识不正确，如误甲为乙，误骡为马。所谓不知，指通常之笔误、口误，如应书一万元而误写为一元，应言租赁而误言借贷。所谓误解，指相对人对意思表示内容了解之错误。如受要约人误将出租房屋之要约理解为出卖房屋而为承诺。传统民法，为保护无过失的表意人，而规定错误的意思表示为可撤销。至于误解，因关于意思表示之生效采到达主义，不以相对人之了解为必要，故不允许因误解而主张无效或撤销。

民法总则之立法思想，在保护双方当事人利益上务求公平，另创“重大误解”制度。本条规定：“基于重大误解实施的民事法律行为，行为人有权请求人民法院或者仲裁机构予以撤销。”此所谓误解，是将表意人无过失的表示与意思不符（错误），和相对人对意思表示内容了解之错误（误解），均包含在内。

本条所谓“误解”可分为以下类型：（1）关于当事人本身之误解。如误甲为乙。仅于赠与、委任、雇用等注重当事人其人的法律关系，方构成意思表示内容的误解。（2）关于标的物本身之误解。如误骡为马，误英汉辞典为汉英辞典，当然构成意思表示内容之误解。（3）关于当事人资格之误解。如误某甲为会计师，而实际并非会计师。是否构成意思表示内容之误解，以该资格对于该法律关系是否重要为断。（4）关于标的物性质之误解。如误赝品为真迹，误进口散件组装为原装进口，是否构成意思表示内容之错误，以其在交易上是否重要为断。（5）关于法律行为性质之误解。如误典为卖，误卖为租。当然为意思表示内容之误解。（6）关于价格、数量、履行地、履行期之误解。以交易上认为重要者为限，构成意思表示内容之误解。

另有关于动机之误解。按照民法原理和裁判实务，动机之误解，原则上不影响法律行为的效力。因为，动机非意思表示之内容，且存在于当事人内心，相对人无从得知。但如动机已表示于外，则其动机已构成意思表示内容之一部，其动机错误自应构成意思表示内容之误解。

须注意的是，存在意思表示内容之误解，还须此误解达到“重大”程度，当事人才能够依据本条规定请求人民法院或者仲裁机构予以撤销。所谓“重大”，指因误解而给当事人一方造成“较大损失”。虽存在误解，如未造成“较大损失”，不构成本条重大误解。法庭或者仲裁庭在判断是否构成重大误解时，可参考《民通意见》第 71 条所作解释：“行为人因对行为的性质、对方当事人、标的物的品种、质量、规格和数量等的错误认识，使行为的后果与自己的意思相悖，并造成较大损失的，可以认定为重大误解。”

第一百四十八条【欺诈】

一方以欺诈手段，使对方在违背真实意思的情况下实施的民事法律行为，受欺诈方有权请求人民法院或者仲裁机构予以撤销。

按照民法原理，所谓欺诈，指故意欺骗他人，使其陷于错误判断，并基于此错误判断而为意思表示之行为。欺诈之构成要件如下：（1）须有欺诈之故意。所谓欺诈之故意，即欺诈意思，由两个意思构成：使被欺诈人陷于错误判断之意思，及使被欺诈人基于错误判断而为意思表示之意思。仅其中之一，尚不构成欺诈之故意。此欺诈之故意，不必有侵害相对人权益之故意。因法律关于欺诈之规定，旨在保护相对人的意思自由，非仅限于保护特定权益。（2）须有欺诈行为。所谓欺诈行为，指为使被欺诈人陷于错误判断，或加深其错误、保持其错误，而虚构、变更、隐匿事实之行为。在依法律、习惯或约定有告知义务的情形，沉默，亦应构成欺诈行为。（3）须被欺诈方因受欺诈而陷于错误判断。即欺诈行为与错误判断之间有因果关系。（4）须被欺诈人基于错误判断而为意思表示。即错误判断与意思表示之间也有因果关系。

欺诈在法律上的效力：（1）欺诈人为当事人之一方，表意人得撤销其意思表示。（2）欺诈人非当事人之一方，在无相对人之意思表示，表意人得撤销其意思表示，在有相对人之意思表示，则仅以相对人明知或应知表意人受欺诈为限，表意人得撤销其意思表示（本法第一百四十九条）。（3）

因欺诈而撤销意思表示，不得对抗善意第三人（本法未设规定）。

民法通则规定欺诈的法律效果为无效。1999 年通过的合同法对此有所修正，其第五十二条规定，一方以欺诈的手段订立合同，损害国家利益的，该合同无效；第五十四条第二款规定，一方以欺诈的手段，使对方在违背真实意思的情况下订立的合同，受损害方有权请求人民法院或者仲裁机构变更或者撤销。

合同法上述规定，依欺诈之是否损害国家利益而规定不同的法律效果，与民法理论及立法例不符，且在裁判实务中徒然增加操作困难。合同法施行以来的裁判实践表明，对于以欺诈手段订立的合同，人民法院、仲裁机构往往适用合同法第五十四条第二款的规定，而不适用第五十二条第（一）项的规定。如法律行为的目的或者内容损害国家利益，因国家利益属于“社会公共利益”的核心内容，则人民法院或者仲裁机构可依据第五十二条第（四）项的规定，认定其无效。有鉴于此，民法总则将欺诈的法律效果统一规定为可撤销。

法庭或者仲裁庭认定欺诈，可参考《民通意见》第 68 条所作解释：“一方当事人故意告知对方虚假情况，或者故意隐瞒真实情况，诱使对方当事人作出错误意思表示的，可以认定为欺诈行为。”

第一百四十九条【第三方欺诈】

第三人实施欺诈行为，使一方在违背真实意思的情况下实施的民事法律行为，对方知道或者应当知道该欺诈行为的，受欺诈方有权请求人民法院或者仲裁机构予以撤销。

欺诈分为当事人一方的欺诈、当事人之外的第三人的欺诈。前条规定当事人一方的欺诈，本条规定当事人之外的第三人的欺诈。按照本条规定，第三人实施欺诈行为，使当事人一方受欺诈而实施法律行为，该当事人能否撤销其法律行为，取决于相对人是否知道该欺诈行为。如果相对人知道该欺诈行为，则受欺诈的当事人有权请求人民法院或者仲裁机构撤销其法律行为；反之，相对人不知道该欺诈行为的，受欺诈的当事人不能撤销其法律行为。须注意，条文所谓“知道该欺诈行为”，应当解释为：不仅知道第三人实施该欺诈行为，并且知道该欺诈行为致当事人陷于错误判断而为此法律行为，即该欺诈行为与此法律行为之间存在因果关系（无该欺诈行为即无此法律行为）。

第一百五十条【胁迫】

一方或者第三人以胁迫手段，使对方在违背真实意思的情况下实施的民事法律行为，受胁迫方有权请求人民法院或者仲裁机构予以撤销。

按照民法原理，所谓胁迫，指以不法加害威胁他人，使其产生恐惧心理，并基于该恐惧心理而为意思表示之行为。胁迫之构成要件如下：（1）须有胁迫之故意。所谓胁迫故意，即胁迫意思。胁迫意思由两个意思构成：使被胁迫人产生恐惧心理之意思，及使被胁迫人基于该恐惧心理而为意思表示之意思。（2）须有胁迫行为。即以加害威胁被胁迫人。须达到使被胁迫人产生恐惧之程度。加害的对象，不限于被胁迫人自身，包括其亲友；受害之客体，包括生命、身体、自由、名誉、财产等有受损害可能者。（3）须其胁迫为非法。只须胁迫之目的或手段之一为非法，即可。目的或手段分别而言虽均属合法，但目的与手段结合而有悖于公序良俗的，亦构成非法，例如，以告发他人犯罪为威胁强迫他人签订合同。（4）须被胁迫人因受胁迫而生恐惧心理。此恐惧心理与胁迫间有因果关系。（5）须被胁迫人基于恐惧心理而为意思表示。此意思表示与胁迫之间有因果关系。

胁迫在法律上的效力：因胁迫之违法性较欺诈更严重，不论胁迫人是否为对方当事人，表意人均得撤销其意思表示，并且此撤销得对抗善意第三人。

民法通则第五十八条规定因胁迫所为的民事行为无效。显然系着眼于行为之违法性，在法理上并无不当。但考虑到民事生活之复杂性及民法之私法性，当事人不主动主张其无效时，国家不可能也不必要直接干预、主动确认其无效。因此，合同法对胁迫作了区分，仅规定一方以胁迫的手段订立合同，损害国家利益的，该合同无效［第五十二条第（一）项］；此外，属于可撤销（第五十四条第二款）。

但依胁迫之是否损害国家利益而规定不同的法律效果，与民法理论及各国立法例不符，且在裁判实务中徒然增加操作困难。合同法施行以来的裁判实践表明，对于以胁迫手段订立的合同，人民法院、仲裁机构往往适用合同法第五十四条第二款的规定，而不适用第五十二条第（一）项的规定。如法律行为的目的或者内容损害国家利益，因国家利益属于“社会公共利益”的核心内容，则人民法院或者仲裁机构可依据第五十二条第（四）项的规定，认定其无效。有鉴于此，民法总则将胁迫的法律效果统一规定为可撤销。

法庭或者仲裁庭于判断是否构成胁迫时，可参考《民通意见》第 69 条所作解释：“以给公民及其亲友的生命健康、荣誉、名誉、财产等造成损害或者以给法人的荣誉、名誉、财产等造成损害为要挟，迫使对方作出违背真实的意思表示的，可以认定为胁迫行为。”

第一百五十一条【显失公平】

一方利用对方处于危困状态、缺乏判断能力等情形，致使民事法律行为成立时显失公平的，受损害方有权请求人民法院或者仲裁机构予以撤销。

本法所谓显失公平行为，来源于德国民法典第 138 条第 2 款规定的“暴利行为”。构成暴利行为，须具备“双重要件”：（1）须双方给付显失均衡，称为客观要件；（2）一方乘对方穷迫、轻率或无经验，称为主观要件。中国民法通则制定时，受当时南斯拉夫债法的影响，将传统民法暴利行为一分为二：一为“乘人之危”行为，指一方当事人乘对方处于危难之际，为牟取不正当利益，迫使对方作出不真实的意思表示而成立的法律行为，其法律效果为无效（民法通则第五十八条），后合同法改为可撤销（合同法第五十四条第二款）；二为“显失公平”行为，指合同成立时双方给付显失公平，其法律效果为可撤销（民法通则第五十九条、合同法第五十四条）。按照法律规定，显失公平之构成，不要求主观要件，凡合同双方给付显失均衡，致一方受重大损害者，受害人均可主张显失公平而请求法院或者仲裁机构予以变更或者撤销（但最高人民法院则解释为须有主观要件①）。

民法总则制定时，考虑到现行法上的乘人之危与显失公平，共同本质均在于双方当事人的权利义务显失均衡。二者的差别仅在于，前者强调一方利用了对方处于危急等不利情势，即学说上所称的主观要件，而后者不要求主观要件。从理论上说，这样的区别规定似乎有其理由。但从裁判实

① 《民通意见》第 72 条规定，一方当事人利用优势或者利用对方没有经验，致使双方的权利与义务明显违反公平、等价有偿原则的，可以认定为显失公平。

务言之，则乘人之危的构成要件过严，而显失公平的构成要件过宽；主张乘人之危而获得法院支持的可能性极小，而主张显失公平获得法院支持的可能性相对较大。有鉴于此，民法总则遂将乘人之危与显失公平合并为一个条文（本条），仍称“显失公平”，实则将乘人之危作为构成显失公平的主观要件，不仅符合民法原理和立法例，且有利于双方当事人合法权益之保护及维护市场交易公正性。

按照本条的规定，显失公平行为的构成要件是：（1）须给付与对待给付之间显失均衡。学说上称为客观要件。（2）须一方利用了对方处于危困状态、缺乏判断能力等不利情势。学说上称为主观要件。其法律效果为可撤销，法律赋予因法律行为显失公平而受不利益的一方当事人以撤销权。须注意的是，显失公平之判断时点，为“法律行为成立时”。法律行为成立生效之后因情事变更导致双方给付显失公平的，不能适用本条，而应依最高人民法院关于情事变更的解释规则处理。①

第一百五十二条【撤销权的消灭】

有下列情形之一的，撤销权消灭：

（一）当事人自知道或者应当知道撤销事由之日起一年内、重大误解的当事人自知道或者应当知道撤销事由之日起三个月内没有行使撤销权；

（二）当事人受胁迫，自胁迫行为终止之日起一年内没有行使撤销权；

（三）当事人知道撤销事由后明确表示或者以自己的行为表明放弃撤销权。

当事人自民事法律行为发生之日起五年内没有行使撤销权的，撤销权消灭。

按照民法原理，撤销权属于形成权之一种。所谓形成权，是指权利人

---

① 《合同法解释（二）》（2009 年）第二十六条规定：“合同成立以后客观情况发生了当事人在订立合同时无法预见的、非不可抗力造成的不属于商业风险的重大变化，继续履行合同对于一方当事人明显不公平或者不能实现合同目的，当事人请求人民法院变更或者解除合同的，人民法院应当根据公平原则，并结合案件的实际情况确定是否变更或者解除。”

依自己的意思，使自己与他人间的法律关系发生变动的权利。形成权既有依权利人单方的意思而使已经存在的法律关系发生变更或者消灭的效力，则其长期存在必然不利于法律关系的稳定和相对人合法利益之保护。因此，形成权受除斥期间的限制。本条规定，除斥期间经过，为撤销权消灭之原因之一。除斥期间的作用，在促使撤销权人尽快地行使权利，并保护相对人利益，有利于交易安全。除斥期间经过，撤销权即归消灭，可撤销的法律行为因而成为完全有效的法律行为。

值得注意的是，本条依撤销权发生原因的不同，而规定了不同的除斥期间及不同的起算时点。按照本条第一款第（一）项规定，发生原因为重大误解的撤销权的除斥期间为三个月，其他原因（欺诈、胁迫、显失公平）的撤销权的除斥期间为一年；本条第一款第（二）项规定，发生原因为胁迫的撤销权的一年除斥期间，自胁迫行为终止之日起算；其他原因（重大误解、欺诈、显失公平）的撤销权的除斥期间自权利人知道或者应当知道撤销事由之日起算；考虑到社会生活的复杂性，可能有的当事人在可撤销法律行为成立若干年之后才知道撤销事由，因此，本条第二款特别规定：当事人自民事法律行为发生之日起五年内没有行使撤销权的，撤销权消灭。显而易见，本条实际上规定了双重除斥期间，即自当事人知道或者应当知道撤销事由之日起算的主观除斥期间（其中重大误解为三个月、其他原因为一年），和自法律行为发生之日起算的五年客观除斥期间。

须特别注意的是，本条第一款第（二）项规定胁迫原因的一年除斥期间，自胁迫行为终止之日起算，究竟属于主观除斥期间还是客观除斥期间，以及发生原因为胁迫的撤销权，是否亦应适用自法律行为发生之日起算的五年客观除斥期间。根据本条之立法目的，应当认为，本条第一款第（二）项规定的胁迫原因的一年除斥期间，仍属于主观除斥期间，且胁迫原因的撤销权亦应适用本条第二款规定的五年客观除斥期间。

按照民法原理，民事权利之是否行使取决于权利人自己的意思，撤销权人既可以行使撤销权，亦可以不行使即抛弃撤销权。故撤销权除因除斥期间届满而消灭外，还将因撤销权人放弃权利而消灭。本条第一款第（三）项规定，当事人知道撤销事由后明确表示或者以自己的行为表明放弃撤销权的，撤销权消灭。依解释，构成撤销权的放弃，须有两个条件：其一，当事人知道撤销事由（因而知道自己享有撤销权）；其二，当事人作出放弃撤销权的意思表示，此放弃撤销权的意思表示，可以是明示也可以是默示。条文所谓“明确表示”为“明示”放弃撤销权，即以书面或者口头形式向可撤销法律行为之相对人表示不行使（放弃）撤销权。条文所谓“以自己的行为表明”为“默示”放弃撤销权，即在知道自己享有撤销权之后仍然行使该法律行为创设的权利（如请求相对人付款或者交货）或者履行该法律行为创设的义务（如向相对人交货或者付款）。

顺便指出，合同法第五十五条关于撤销权消灭的规定与本条不同，按照新法废止旧法的原则，自民法总则生效之日起，合同法第五十五条已经废止。法庭或者仲裁庭审理（仲裁）民商事案件，关于撤销权消灭，一律不得再适用合同法第五十五条，而应当适用民法总则本条的规定，自不待言。

第一百五十三条【违反法律、公序良俗无效】

违反法律、行政法规的强制性规定的民事法律行为无效，但是该强制性规定不导致该民事法律行为无效的除外。

违背公序良俗的民事法律行为无效。

按照民法原理，法律行为制度是民事主体实现意思自治的手段，但民事主体之意思自治并非毫无限制，意思自治不得超越法律和道德的容许限度，实施法律行为不得违反法律、行政法规的强制性规定、不得违背公序良俗。法律、行政法规的强制性规定、公序良俗，即是对民事主体意思自治的限制。民法总则第一百四十三条已经将不得违反法律、行政法规的强制性规定、不违背公序良俗，规定为民事法律行为有效要件。本条再从反面规定，违反法律、行政法规的强制性规定，违背公序良俗的民事法律行为无效。

本条的实质包含三重授权：其一，授权立法机关于制定法律、行政法规之际，针对已经存在或者可能发生的危害国家重大核心利益的行为类型，设立效力性强制规定；其二，授权法庭和仲裁庭主动审查法律行为（合同）的目的和内容（条款、约定），凡违反现行法律、行政法规的效力性强制规定的，即依据本条确认（裁决）其无效；其三，于现行法律、行政法规未有效力性强制规定的情形，授权法庭和仲裁庭主动审查该法律行为（合同）的目的和内容（条款、约定）是否违背公共秩序、善良风俗，法庭或者仲裁庭认为违背公共秩序、善良风俗的，即依据本条确认（裁决）该法律行为（合同）无效。

须特别说明，第一百四十三条关于法律行为有效要件的规定属于概括规定（一般条款），本条属于具体规定（裁判规范）。法庭或者仲裁庭审理民商事纠纷案件，凡是本案事实，现行法律、行政法规有强制性规定的，或者现行法律、行政法规无强制性规定而本案事实违背公序良俗的，即应适用本条；仅在现行法律、行政法规无强制性规定并且本案事实不违背公序良俗时，方能适用第一百四十三条。此外，两个条文的适用效果不同：本条是作为认定行为（合同）无效的裁判依据；第一百四十三条是作为认定行为（合同）有效的法律依据。

另须注意，民法总则规定可以作为法庭或者仲裁庭认定行为（合同）无效的法律规定，除本条外，仅有第一百四十四条关于无民事行为能力人实施的行为无效的规定、第一百四十六条关于虚伪表示行为无效的规定及第一百五十四条关于恶意串通行为无效的规定。这三个条文，均须当事人（受害人）向法庭或者仲裁庭主张，法庭或者仲裁庭才可能予以适用。而本条授权法庭和仲裁庭，无论当事人是否主张无效，均应依职权主动对涉案行为（合同）的目的和内容进行审查，一经审查发现违反法律、行政法规的强制性规定、违背公序良俗，即依据本条裁决该行为（合同）无效，对于已经履行的则强制恢复原状。

法律上所谓强制性规定，尚有禁止性规定与命令性规定之分，按照民法原理及发达国家和地区的裁判实践，仅其中违反禁止性规定的行为无效，而违反命令性规定的行为并不一定无效。本条第一款后半句所谓“该强制性规定不导致该民事法律行为无效的除外”，应指违反“命令性规定”而言。

如前所述，因合同法第五十二条规定“违反法律、行政法规的强制性规定”的合同无效，而未区分禁止性规定与命令性规定，致违反命令性规定的行为亦被认定为无效，仍不利于保护交易安全及相对人合法权益。因此，《合同法解释（二）》（法释〔2009〕5号）第十四条解释说，合同法第五十二条第（五）项规定的“强制性规定”，是指效力性强制性规定。此项司法解释，实际是将“强制性规定”区分为“效力性强制规定”与“非效力性（包括管理性）强制规定”，仅违反“效力性强制规定”的合同无效。

最高人民法院上述解释所谓“效力性强制规定”，亦即民法理论上所谓“禁止性规定”；所谓“非效力性强制规定”中的“管理性强制规定”，亦即民法理论上所谓“命令性规定”。故法庭或者仲裁庭于适用本条第一款时，仍应按照最高人民法院上述司法解释，将条文“法律、行政法规的强制性规定”，限定为“效力性强制规定”，而条文后半句所谓“不导致民事法律行为无效”的“强制性规定”，理解为“非效力性强制规定”。

最高人民法院上述司法解释，将法律规定区分为效力性强制规定（民法理论所谓“禁止性规定”），与非效力性强制规定（民法理论所谓“命令性规定”），却未明确其区分的标准。这里依据民法基本原理及裁判实践，提出判断效力性强制规定的标准如下：（1）效力性强制规定的规范对象是法律行为（合同）。例如，本法第一百四十四条规范无民事行为能力人实施的法律行为，第一百四十六条规范双方以虚假的意思表示实施的法律行为，本条第二款规范违背公序良俗的法律行为，第一百五十四条规范恶意串通的法律行为；再如合同法第五十二条规范各种目的和内容违法的合同，第五十三条规范合同中的免责条款，第四十条规范免除自己一方责任、加重对方责任的格式合同。（2）效力性强制规定所规定的法律效果，或者直接规定该行为（合同）无效，或者“禁止”该行为（合同）。直接规定该行为（合同）无效的，例如，本法第一百四十四条、第一百四十六条、第一百五十四条，以及合同法第五十二条、第五十三条、第四十条，均明文规定该行为（合同）无效。规定“禁止”该行为（合同）的，例如，合同法第一百七十二条第三款“禁止分包”及“禁止再分包”。“禁止”和“不得”，是禁止性法律规定的标志性用语。凡是法律规定“不得”实施、“禁止”实施某种行为（合同），一旦实施该行为（合同）即当然无效。

凡符合上述两项判断标准，即规范对象为法律行为（合同）并且直接规定行为（合同）无效或者禁止该行为（合同）的，均属于效力性强制（禁止性规定）规定。不符合此两项标准的，一般应视为非效力性强制规定。须特别注意，所谓效力性强制规定的判断标准，是针对法律、行政法规的具体规定而言的，不包括原则性规定（基本原则、适用原则和概括性规定）。但按照民法原理及裁判实务经验，若干可以作为裁判依据的原则性规定，例如，本法诚实信用原则、禁止权利滥用原则，物权法上的物权法定原则、不动产物权变动的登记生效原则等，亦应视同效力性强制规定。此外，刑法关于犯罪行为的规定、行政法关于行政违法行为的规定，当然属于效力性强制规定，自不待言。

本条第二款规定违背公序良俗的法律行为无效。公序良俗，包括公共秩序、善良风俗。公序良俗，属于不确定概念。民法学说采类型化研究方法，将裁判实务中依据公序良俗裁判的典型案件，区别为若干公序良俗违反行为的类型。法庭或者仲裁庭于案件审理中，发现待决案件事实与其中某一个类型相符，即可依据本条第二款认定其行为无效。现介绍公序良俗违反行为类型如下：

1. 危害国家公序行为类型。国家公序，指国家政治、经济、财政、税收、金融、治安等秩序，关系国家人民根本利益，其违反行为无论过去和现代均属于公序良俗违反行为之重要类型。例如，以从事犯罪或帮助犯罪为内容的契约；投票用纸的买卖契约；身份证件的买卖合意；规避课税的合意；意图影响投票结果而为选举人提供免费饮料的合意等。

2. 危害家庭关系行为类型。家庭关系属于政治公序。这一类型在公序良俗违反行为中从来占有重要位置。例如，约定子女与父母别居的协议；约定子女对父母不承担扶养义务的协议；约定夫妻别居的协议；约定断绝亲子关系的协议；代理他人怀孕的所谓代理母协议等。

3. 违反性道德行为类型。性道德为善良风俗之基本内容。依公序良俗原则确认这类违反行为无效，对于维系社会起码的道德秩序，至关重要。例如，妓馆之开设、转让契约；为开设妓馆而购买或承租房屋的契约；以继续姘居关系为条件的财产移转等。

4. 射幸行为类型。指以他人的损失而受偶然利益之行为，因有害于一般秩序而应无效。例如，赌博、彩票、巨奖销售等。但经政府特许者除外。

5. 违反人权和人格尊重行为类型。人权和人格之尊重，为现代民主法制社会之前提条件。我国宪法明文规定保障人身自由和人格尊严不受侵犯。因此，依公序良俗原则规范违反人权和人格尊重的行为，具有重大意义。例如，过分限制人身自由的劳动契约；以债务人人身为抵押的约款；强制债务人在债主家作奴仆以抵偿债务的约款；企业或商店对雇员或顾客进行搜身检查的规定等。

6. 限制经济自由行为类型。经济自由为市场经济的基本条件，其违反行为当然无效。例如，过度的竞业禁止条款，限制职业自由的条款。经济体制改革以来，严重存在的利用经济地位或行政权力分割市场、封锁市场、限制商品和人员流动的规定或协议，亦可归入这一类，依公序良俗违反而认定为无效。

7. 违反公正竞争行为类型。公正竞争为市场秩序的核心，当然应受公序良俗原则的保护。属于这一类的行为有：拍卖或招标中的围标行为；以贿赂方法诱使对方的雇员或代理人与自己订立契约；以使对方违反其对于第三人的契约义务为目的的契约等。

8. 违反消费者保护行为类型。现代市场经济条件下，消费者为经济上的弱者，不能与拥有强大经济力的企业相抗衡，于是各国制定并执行消费者保护政策，由国家承担保护消费者的责任。因此，消费者保护成为公序良俗原则适用的重要领域。违反消费者保护的行为，主要是利用欺诈性的交易方法、不当劝诱方法，及虚假和易使人误信的广告、宣传、表示，致消费者遭受重大损害的行为。自改革开放以来，这类行为已达到泛滥程度，如无限连锁推销方式、交友热线电话等即其典型事例。

9. 违反劳动者保护行为类型。同消费者一样，劳动者也是现代市场经济条件下最易于遭受损害的弱者，因此，保护劳动者为现代保护的公序的重要领域。运用公序良俗原则保护劳动者，是各国依公序良俗原则处理的重要类型。例如，劳动关系中以雇员对企业无不利行为作为支付退职金条件的规定；女雇员一经结婚视为自动离职的所谓“单身条款”；“工伤概不负责”的约款；雇员须向雇主交纳保证金的约款；要求雇员为顾客对雇主的债务担保的约款；男女同工不同酬的差别待遇规定等。

第一百五十四条【恶意串通】

行为人与相对人恶意串通，损害他人合法权益的民事法律行为无效。

民法通则第五十八条第（四）项规定，双方恶意串通，损害国家、集体或者第三人利益的法律行为无效。合同法第五十二条第（二）项规定与之相同。本条以民法通则和合同法的规定为基础，文字稍有改动。

须特别注意，本条规定的“恶意串通行为”，容易与本法第一百四十六条规定的“虚伪表示”行为，发生混淆。因为，“虚伪表示”行为在民法理论上称为“通谋虚伪表示”，而“通谋”就是“双方串通”的意思。实则，传统民法上的“虚伪表示”与中国法上的“双方恶意串通”，是两项根本不同的规则。虚伪表示目的在规避法律规定和既有义务，而双方串通目的在损害国家、集体或者第三人利益；前者双方的意思不真实，是虚假法律行为，后者双方的意思真实，是真实的法律行为。

双方恶意串通行为，虽然在立法例上罕见其例，但在中国社会生活中却很常见。特别是改革开放以来的国有企业改制、采矿权出让、建设用地出让、公共工程发包等，双方串通压低合同价的实例所在多有，已造成巨额国有资产流失的严重后果。双方串通损害集体或者第三人利益的事例亦不少见。国家虽然拥有强大的公权力，但在面对双方串通损害国家利益的违法行为时，却往往力不从心、软弱无力，致国家利益、国有资产变成被侵吞、瓜分的“唐僧肉”。

本条“损害他人合法权益”一语之所谓“他人”，包括自然人、法人、非法人组织；所谓“他人合法权益”，包括国家利益、社会公共利益。于损害自然人、法人、非法人组织民事权益情形，受害人有权依据本条诉请人民法院确认恶意串通行为无效，并请求损害赔偿；于损害国家利益、社会公共利益情形，本条规定为人民检察院提起公益诉讼、将来开放纳税人公益诉讼，提供法律依据和请求权基础。

第一百五十五条【无效或者撤销的效力】

无效的或者被撤销的民事法律行为自始没有法律约束力。

本条规定法律行为无效或者被撤销的效果。因法律行为被撤销而归于无效，即成为无效的法律行为，故本条一并规定。条文所谓民事法律行为“自始”，应解释为民事法律行为“成立时”。

先介绍法律行为无效。所谓法律行为无效，指法律行为因欠缺生效要件，在法律上确定的、当然、完全不发生行为人预期之效力。兹将法律行为无效的意义分述如下：

1. 此所谓无效，指完全不发生法律行为之效力。无效的法律行为，指法律行为因具备全部成立要件已经成立，但因欠缺生效要件，因而在法律上看来，虽有法律行为之外形，而在实际上不发生该法律行为当事人所欲发生的法律效力。如订立买卖合同，因符合成立要件，合同已经成立，但因合同内容违反法律禁止性规定而致合同无效。因此，不发生买卖合同的效果。但须注意的是，此所谓不发生法律效力，仅指不发生该法律行为的效果，并不妨发生该法律行为效果之外的其他法律效果。例如，在具备侵权行为构成要件时将发生侵权责任的损害赔偿请求权，或在具备不当得利构成要件时将发生不当得利请求权。此外，如果当事人已为全部或部分履行，则将依本法第一百五十七条的规定，发生返还（恢复原状）请求权及赔偿损失责任，自不待言。

2. 此所谓无效，指自始完全不发生法律行为之效力。无效的法律行为，因不具备生效要件，自该行为成立之时即为无效，即自始不曾发生法律效力。可撤销的（意思表示有瑕疵的）法律行为，从成立时起已经具有不完全的效力，因此，与无效的法律行为自始不具有法律行为不同。但可撤销的法律行为一旦被撤销，其曾经具有的不完全的效力归于消灭，即溯及于该法律行为成立之时无效，实际上与自始无效的法律行为并无区别。

3. 此所谓无效，指当然的完全不发生法律行为之效力。无效的法律行为，其无效属于当然无效，不问当事人意思如何当然不生效力，既不需要当事人主张其无效，也不须经过任何程序。此与法律行为的撤销或解除须依当事人的意思并经一定程序，均不相同。须说明的是，无效的法律行为系当然无效，不待法院或仲裁机构之裁判，但当事人对于其是否无效有争议时，不妨提起无效确认之诉，请求法院予以确认。

4. 此所谓无效，指确定的完全不发生法律行为之效力。无效的法律行为，不仅于其成立时不发生法律效力，此后亦绝无再发生法律效力之可能。即其不生效力，已属确定。此与效力未定的法律行为，可以经过补正而生效不同。效力未定的法律行为，如代理人超越代理权所订合同，如经被代理人追认，即因此变为完全有效。无效的法律行为，例如，以法律禁止流通物为标的物的合同，纵然以后法律修改准予该类标的物流通，该合同也不能变为有效。因此，学说上称无效的法律行为犹如死胎，虽有妙手神医亦不能使之复生。这与效力未定的法律行为，完全不同。

法律行为，以无效原因系存在于行为内容之全部或一部，可分为全部无效与一部无效。全部无效，则该法律行为当然全部不生效力，别无问题。如属于一部无效，则应如何处置？本法第一百五十六条规定：民事法律行为部分无效，不影响其他部分效力的，其他部分仍然有效。依解释，法律行为部分无效的，无效部分除去后，将影响其他部分的效力的，该法律行为应全部均归无效；无效部分除去后，不影响其他部分的效力的，则其他部分仍然有效。可见，法律行为一部无效时，原则上应全部归于无效，例外情形，以无效部分除去不影响其他部分的效力为条件，可以认可其他部分为有效。

无效的法律行为，以其无效效果的范围为标准，可分为绝对无效与相对无效。绝对无效的法律行为，不以当事人为限，任何人均可主张其无效。相对无效的法律行为，其无效效果受到限制，仅当事人之一方可主张其无效。无效的法律行为，以绝对无效为原则，而以相对无效为例外。例如，违反公序良俗的法律行为，本属于绝对无效，近年来各国法院已改变态度，仅承认受不利益一方当事人有权主张其无效。

下面介绍撤销及撤销的效力。须特别注意，撤销一词在民法上较为常用，且有不同的含义。例如，法人之撤销、监护人资格之撤销，其意义在于使某种法律资格归于消灭；失踪宣告之撤销、死亡宣告之撤销，其意义在于取消某种决定。这两种撤销，撤销权均归授予法律资格或作出决定的国家机关，其实质属于司法权力或行政权力的活动。

所谓法律行为之撤销，与上述撤销的含义不同。约有三种情形：（1）以有效要件欠缺为由，使法律行为效力消灭，有溯及力，如法律行为因欺诈、胁迫、重大误解、显失公平、乘人之危而撤销；（2）使已生效的无瑕疵法律行为之效力消灭，有无溯及力依各行为而定，如赠与之撤销（合同法第一百八十六条第一款）；（3）使尚未生效的无瑕疵法律行为之效力不发生，无所谓有无溯及力，如遗嘱之撤销（继承法第二十条第一款），实际是“撤回”。民法总则第六章第三节规定的可撤销的法律行为之撤销（第一百四十七条至第一百五十二条），属于第一种情形。质言之，可撤销法律行为之撤销，指撤销权人溯及地消灭有瑕疵法律行为效力的权利行使行为。

另须注意，民法分则及民事特别法对若干有瑕疵法律行为撤销制度，设有特别的构成要件、行使方式或除斥期间。如本法第八十五条营利法人权力机构、执行机构决议之撤销；物权法第六十三条第二款集体经济组织、村民委员会或其负责人所作决定因侵害集体成员权益之撤销；物权法第七十八条第二款业主大会或业主委员会所作决定因侵害业主权益之撤销；合同法第七十四条诈害行为之撤销；信托法第十二条诈害债权人的信托之撤销。

可撤销的法律行为，区别于完全有效的法律行为，在于法律赋予当事人一方以撤销权，该当事人据此可以请求法院撤销该法律行为。可撤销的法律行为，经撤销后，则归于完全无效。可见，可撤销的法律行为，区别于有效的法律行为、无效的法律行为，既存在变成有效法律行为的可能性（撤销权人放弃权利或者撤销权消灭），也存在变成无效法律行为的可能性（撤销权人行使权利）。

按照民法原理，撤销权为溯及地使可撤销的法律行为归于消灭的权利。撤销权，在性质上属于形成权的一种，具有从权利的性质，因此不得与基于可撤销的法律行为所生的权利相分离而转让。

撤销的效力，在于溯及地使可撤销法律行为归于消灭。德国民法典第142条规定：可撤销的法律行为，被撤销者，视为自始无效。日本民法典第121条规定：可撤销之行为被撤销者，视为自始无效。欧洲民法典草案（DCFR）第二编第7：212条第1款规定：可撤销合同一经撤销，溯及地自始无效。我国民法与此相同。民法总则第一百五十五条规定，被撤销的民事法律行为自始没有法律约束力。条文所谓“自始没有法律约束力”，亦即德、日民法所谓“视为自始无效”、欧洲民法典草案（DCFR）所谓“溯及地自始无效”。

撤销权的行使，为撤销权人单方的行为，无须相对人表示同意。此从撤销权性质上属于形成权，即可明了，各国民法规定并无不同。但须注意，关于撤销权的行使，德国民法、荷兰民法、日本民法、英美契约法、欧洲民法典草案（DCFR）、国际商事合同通则（PICC）及我国台湾地区民法，均仅要求以意思表示向相对人为之（即发意思表示通知）。

但我民法与之不同，要求撤销权之行使必须采取诉或者仲裁的方式。按照民法总则及合同法的规定，撤销权人应向人民法院或仲裁机构提出请求，换言之，撤销权的行使应采取撤销之诉或仲裁申请的方式为之。因此，如果撤销权人不采取向法院起诉或向仲裁机构申请仲裁的方式行使其撤销权，而直接向相对人以意思表示为之，应不发生撤销权行使的效力（如相对人表示同意则可发生协议解除的效力）。

这里顺便介绍法律行为之撤销对第三人的效力。按照民法原理，法律行为撤销的效力，包括对法律行为当事人的效力，及对法律行为当事人之外的第三人的效力。民法总则起草人考虑到法律行为被撤销即成为无效的法律行为，因此，将法律行为的无效与法律行为被撤销合并规定为本条，却未规定法律行为之撤销对第三人的效力，留下法律漏洞。按照民法原理及立法例，法律行为因胁迫之撤销，可以对抗善意第三人；法律行为因重大误解、欺诈、显失公平之撤销，不得对抗善意第三人。

这里所谓“第三人”，是指在连续（交易）合同（A—B、B—C）关系中，后一合同（B—C）关系的受让人 C。在前合同（A—B）关系存在可撤销事由（重大误解、欺诈、显失公平）的情形，如果后合同（B—C）受让人 C“不知”前合同（A—B）存在可撤销事由，即为“善意第三人”；反之，如果 C 对于前合同（A—B）存在可撤销事由“明知”，即为“恶意第三人”。

所谓“不得对抗善意第三人”的其含义是，前合同（A—B）因被撤销而归于无效，但后合同（B—C）的效力不受影响。例如，动产或者不动产买卖合同（A—B）存在可撤销事由，假如 B 将该财产出卖给 C，则 C 为第三人。C 不知前合同（A—B）存在可撤销事由，即属于善意第三人。这种情形，前买卖合同（A—B）被撤销，无论 A 或者 B 均不得要求从善意第三人 C 取回该动产或者不动产。在 A 或者 B 向法院起诉要求 C 返还该项财产时，C 可依据本条主张“善意”抗辩、拒绝返还，法庭经审查认定 C 属于善意时，应驳回原告 A 或者 B 的请求，即判决确认 C 有权拒绝返还。反之，如果法庭经审查认定被告 C 属于恶意第三人，则应支持原告 A 或者 B 从恶意第三人 C 取回该项财产的请求，即判决责令 C 返还该项财产。

第一百五十六条【部分无效】

民事法律行为部分无效，不影响其他部分效力的，其他部分仍然有效。

本条是关于法律行为部分无效的规定。依民法理论，法律行为，以无效原因存在于行为内容之全部或部分，可分为全部无效与部分无效。全部无效，则该法律行为当然全部不生效力，别无问题。如属于部分无效，则应如何处置？本条规定：民事法律行为部分无效，不影响其他部分效力的，其他部分仍然有效。依解释，无效部分除去后，将影响其他部分的效力的，应全部均归无效；无效部分除去后，不影响其他部分的效力的，则其他部分仍然有效。可见，法律行为部分无效时，原则上应全部归于无效，例外情形，以无效部分除去不影响其他部分的效力为条件，可以认可其他部分为有效。

按照民法原理，依无效原因存在于法律行为之目的或者内容，分为目的违法与内容违法。法律行为之目的违法，其结果是法律行为全部无效；唯法律行为之目的合法、部分内容违法情形，才发生部分无效问题。本条所谓“部分无效”，指“部分内容违法无效”。所谓“部分无效，不影响其他部分的效力”，主要有下述情形：（1）法律行为标的之数量超过法律许可范围。例如，借贷合同约定利息超过国家规定的最高利率，其高于国家规定的最高利率的部分无效。又如，遗嘱将全部财产遗赠他人而剥夺了法定继承人的应继份额，违反继承法关于应继份的规定，则相对于法定继承人应继份额的遗赠部分因违反强制性规定而无效。（2）法律行为之标的，由数种不同事项拼合而成，其中一项或数项无效。例如，买卖合同标的物有数个，其中之一为法律禁止流通物，则该项买卖中仅买卖禁止流通物部分无效，其他部分仍可有效。（3）法律行为非主要条款，因违反法律禁止性规定或公序良俗而无效。例如，雇用合同约定“工伤概不负责”，该约款因违反公序良俗被法院认定无效，而雇用合同本身并不无效。

第一百五十七条【恢复原状及损害赔偿】

民事法律行为无效、被撤销或者确定不发生效力后，行为人因该行为取得的财产，应当予以返还；不能返还或者没有必要返还的，应当折价补偿。有过错的一方应当赔偿对方由此所受到的损失；各方都有过错的，应当各自承担相应的责任。法律另有规定的，依照其规定。

本条规定法律行为被确认无效、被撤销或者确定不发生效力后的恢复原状及损害赔偿。法律行为被确认无效、被撤销或者确定不生效，双方当事人实施法律行为所欲实现的目的注定不能实现，尚未履行的不得履行，已经履行的必须恢复原状，即恢复到成立该法律行为之前的利益状况。条文所谓“因该行为取得的财产，应当予以返还”，即返还（恢复原状）请求权，交货方请求退货、付款方请求退款。此属于就事论事之处理办法，不得再进一步分析返还请求权的性质（属于不当得利请求权或者取回权）。按照民法原理“不能返还”分为法律上不能返还与事实上不能返还，条文中“不能返还”一语，仅指事实上不能返还。所谓“不能返还或者没有必要返还的，应当折价补偿”，指有形财产和无形财产（知识产权、商业秘密），不包括价款（金钱不发生不能返还问题）。所造成损失的赔偿，仅指财产损失赔偿，实行过错责任原则，由对该行为被确认无效、被撤销或者不发生效力有过错的一方承担；双方都有过错，则按照各自过错比例分担。

须特别说明，本条规定法律行为被确认无效、被撤销或者确定不生效的法律效果（恢复原状、损失赔偿），不是一个独立的裁判规范，必须与本法关于法律行为无效、撤销或者不生效的法律规范，一并适用。换言之，法庭或者仲裁庭一旦依据本法相关条文作出确认法律行为无效、或者撤销法律行为、或者确认法律行为不生效的判决，如果合同已经履行或者部分履行，无论当事人是否提出请求，均应当依职权适用本条，判决相互返还财产（价款），不能返还的折价补偿，有损失的按照过错承担赔偿责任。

本条末句规定“法律另有规定的，依照其规定”，如本法或者其他法律有关于法律行为无效、被撤销或者确定不生效法律后果的特别规则，则应当优先适用该特别规则。例如，物权法第一百零六条关于善意取得制度的规定，就是法律行为（合同）无效法律后果的特别规则。但物权法第一百零六条规定的此项特别规则的适用范围，仅限于无权处分合同被确认无效的案型，此外的法律行为无效案型，以及法律行为被撤销案型、法律行为被确认不生效案型，均无适用物权法第一百零六条善意取得制度的余地，自不待言。

第一百五十八条【法律行为附条件】

民事法律行为可以附条件，但是按照其性质不得附条件的除外。附生效条件的民事法律行为，自条件成就时生效。附解除条件的民事法律行为，自条件成就时失效。

法律行为可以附条件，也可以附期限。所附条件或期限，称为法律行为之附款。本条是关于附条件的法律行为的规定。

所谓法律行为附条件，指当事人以将来客观上不确定之事实，作为决定法律行为效力的附款。（1）条件为法律行为之附款。所谓附款，即法律行为所附加之条款。条件本身并不构成独立的意思表示，而是法律行为的意思表示内容之一部。（2）条件为决定法律行为效力之附款。条件为当事人对法律行为效力所加的限制，即决定法律行为效力的附款。决定法律行为效力发生的条件，称为停止条件。决定法律行为效力消灭的条件，称为解除条件。（3）条件是以将来客观上不确定事实为内容之附款。条件须以事实为内容，此事实必须是将来的事实。此将来的事实必须是不确定的事实。虽属于将来的事实，而该事实已确定发生者，应作为期限，而不能作为条件。此所谓不确定，指客观上不确定，非指主观上不确定。如该事实在客观上已经确定，只是当事人主观上认为不确定，也不能作为条件。

生效条件与解除条件。是以条件的作用在决定法律行为效力之发生或消灭为标准。决定其效力发生者，为生效条件，亦称停止条件。附生效条件的法律行为虽已成立，但未生效，其效力处于停止状态。须待条件成就，方才发生效力。如果条件终不成就，则该法律行为终不生效。决定法律行为效力消灭者，为解除条件。附解除条件的法律行为一经成立就已生效，但因条件之成就而使其失效。如果该条件终不成就，则该法律行为一直有效，等于未附条件的法律行为。

积极条件与消极条件。是以作为条件的事实之发生或不发生为标准。以某事实之发生为条件之成就，属于积极条件。反之，以某事实之不发生为条件之成就，属于消极条件。例如，约定，你今年考上大学，我将如何如何，此属于积极条件。若约定，你今年考不上大学，我将如何如何，则属于消极条件。

应特别注意所谓非真正条件。即仅具有条件的外观而不具有条件之实质的条件。包括下面几种：

1. 法定条件。即以法律规定的法律行为效力发生或消灭的条件，作为法律行为所附条件。例如，对于法律规定须经国家机关批准生效的合同，双方约定：本合同在获得国家机关批准后生效。此种条件，徒具条件的外形，因此不影响法律行为的效力。

2. 不法条件。即以违反法律禁止性规定或公序良俗的事项为条件。以违反法律强制性或禁止性规定的事项为条件，如以杀人为赠与之条件；以违反公序良俗的事项为条件，如以女雇员之结婚为解除雇用合同的条件，以姘居关系之维持为赠与之条件。附不法条件的法律行为并非一概无效，应先根据法律规定认定，法律无规定时，依其行为之性质认定。

3. 确定条件。又称既定条件、既成条件，即在法律行为成立之时，其事实已经确定发生或不发生的条件。条件之本质，要求作为条件的事实为不确定的事实。因此，已确定的事实不能作为条件。附此种条件的法律行为，与未附条件同。

4. 不能条件。不能条件，即以法律行为成立之时已确定实现的事实之不实现为条件，或已确定不实现的事实之实现为条件。此与条件应以不确定事实为内容的要求不符，因此，其效果与未附条件同。

5. 矛盾条件。即因附条件致法律行为的内容互相矛盾。矛盾条件，非条件存在矛盾，而是条件与法律行为内容矛盾。因附矛盾条件，使法律行为效力意思被否定，故无论以矛盾条件为停止条件或者解除条件，其法律行为不成立。

附条件法律行为，其效力之是否发生或是否消灭，取决于条件之成就或不成就。所谓条件成就，指作为条件内容的事实已经实现。又因属于积极条件或消极条件而不同。在积极条件，其条件事实已经发生，为条件成就；在消极条件，其条件事实不发生，为条件成就。例如，约定，今年考上大学，则如何如何。到时果真考上大学，为条件成就。如约定，今年考不上大学，则如何如何。届时果真未考上大学，为条件成就。条件成就的效力，在决定法律行为效力之发生或消灭。在停止条件，因条件之成就，使法律行为效力当然发生；在解除条件，因条件之成就，使法律行为效力当然消灭。条件成就之效力，应自条件成就之时发生，以不溯及既往为原则。

所谓条件不成就，指作为条件内容的事实确定的不实现。亦因条件之属于积极条件或消极条件而不同。在积极条件，其条件事实不发生，为条件不成就；在消极条件，其条件事实已经发生，为条件不成就。例如，约定，明日下雨则如何如何。届时晴天，为条件不成就。如约定，明日不下雨则如何如何。届时雨天，为条件不成就。条件不成就的效力，在决定法律行为效力之不发生或不消灭。在停止条件，因条件之不成就，使法律行为效力确定的不发生；在解除条件，因条件之不成就，使法律行为效力确定的不消灭。

法律行为以可以附条件为原则，而以不许附条件为例外。不许附条件的法律行为，有下述两类：（1）依其性质不得附条件的法律行为。某些法律行为其性质决定必须即时地、确定地发生效力，不允许处于效力不确定状态，因此不得附条件。例如，票据行为，为保障其流通性，因此不许附条件。又如撤销、承认、解除及选择权的行使等单方行为，本为使不确定的法律关系变为确定而设，若附条件，则使本不确定的法律关系愈加不确定，不仅违背该类法律行为性质，并且使相对人地位不安定，因此不许附条件。（2）附条件违背公序良俗的法律行为。主要是身份关系上的行为或与身份密切相关的行为。例如，结婚、离婚、收养，收养关系之解除，继承之承认与抛弃，对非婚生子女的承认与否认等。此类法律行为，一经附条件即构成违反公序良俗，因此绝对不许附条件。

第一百五十九条【条件成就、不成就的拟制】

附条件的民事法律行为，当事人为自己的利益不正当地阻止条件成就的，视为条件已成就；不正当地促成条件成就的，视为条件不成就。

因条件之成就决定法律行为之是否生效或是否失效，事关当事人利益。因条件之成就而受不利益的当事人，如以不正当行为阻碍条件之成就，将损害对方当事人利益且使法律行为附条件制度之目的落空。因此，本条特设拟制条件成就、不成就之规定。除本条外，现行合同法亦有相同规定（第四十五条第二款）。

第一百六十条【法律行为附期限】

民事法律行为可以附期限，但是按照其性质不得附期限的除外。附生效期限的民事法律行为，自期限届至时生效。附终止期限的民事法律行为，自期限届满时失效。

所谓法律行为附期限。法律行为，除性质上不得附期限的外，都可以附期限。法律行为所附期限，分为始期和终期，始期亦称生效期限，终期亦称终止期限。除本条外，现行合同法亦有同样规定（第四十六条）。

所谓期限，指当事人以将来客观确定到来之事实，作为决定法律行为效力的附款。（1）期限为限制法律行为效力之附款。期限之作用，在于决定法律行为效力之发生或消灭。决定法律行为效力之发生者，称为始期；决定法律行为效力之消灭者，称为终期。始期类似于停止条件，终期类似于解除条件。（2）期限是以将来确定事实之到来为内容之附款。期限是以将来确定事实之到来为内容。此系与条件的区别所在。例如，约定，明日下雨，则如何如何。属于条件。而约定，至某月某日，则如何如何。属于期限。条件系以将来不确定的事实为内容，而期限系以将来确定的事实为内容。但期限不一定用时间表示。例如，约定，下雨则如何如何。是为期限，因终有下雨之时，属于确定的事实。又如，约定，某人结婚之日，则如何如何。是为条件，因某人之结婚属于不确定的事实。

须特别注意的是，此所谓期限，为决定法律行为效力发生或消灭之附款，应与法律行为的履行期限相区别。履行期限，是对当事人基于已生效法律行为所负义务之履行所加的时间限制。因法律行为之生效，当事人的权利义务已经发生，只是在履行期限到来之前，当事人所负义务不具有强制履行的效力。换言之，履行期限到来之前，义务人可以不履行义务，权利人也不得强制义务人履行义务。但一旦履行期限到来，该义务即具有强制执行的效力，义务人如不履行，权利人有权请求法院强制其履行或承担赔偿责任。切不可将作为法律行为附款的期限，与义务履行期限相混淆。

期限以其作用在决定效力之发生或消灭为标准，分为生效期限（始期）与终止期限（终期）。决定法律行为效力之发生者为生效期限。附生效期限的法律行为，因期限届至而发生效力，始期届至之前，法律行为虽已成立但未生效。决定法律行为效力之消灭者为终止期限。附终止期限的法律行为，因终期届满而失效，期限届满之前，法律行为一直有效。

期限以作为内容的事实发生之时是否确定为标准，分为确定期限与不确定期限。发生之时确定者，属于确定期限。例如，约定，某月某日则如何如何。属于确定期限。而约定，某人死亡之日，则如何如何。人必有死，属于确定发生的事实，但发生之时不确定，故属于不确定期限。

期限的效力，在于期限之到来时，法律行为的效力当然发生或当然消灭。所谓期限到来，指作为期限内容的事实业已发生。期限为客观上必定发生的事实，因此，期限只有到来，而无不到来。此与条件之有成就与不成就，显然不同。须注意的是，生效期限之到来，又称“届至”，终止期限之到来，又称“届满”。本条规定，附生效期限法律行为，当期限届至时，发生效力；附终止期限法律行为，当期限届满时，丧失效力。

法律行为以许附期限为原则，以不许附期限为例外。例如，身份上行为如结婚、收养及非婚生子女之认领等，债权行为如撤销、承认等，属于不许附期限的法律行为。但应注意的是，不许附条件的法律行为，未必不许附期限，如票据行为不许附条件，但可以附期限。

第一百六十一条【民事法律行为的代理】

民事主体可以通过代理人实施民事法律行为。

依照法律规定、当事人约定或者民事法律行为的性质，应当由本人亲自实施的民事法律行为，不得代理。

本条是关于代理的规定。第一款规定民事主体（自然人、法人或者非法人组织）可以通过代理人实施法律行为。此所谓法律行为，既包括双方法律行为，也包括单方法律行为和多方法律行为。特别要注意的是，与法律行为密切相关的准法律行为、事实行为和程序行为，亦可类推适用代理。具体言之，包括：（1）与合同密切相关的准法律行为，如要约邀请、要约撤回、承诺撤回、承诺迟到通知、合同履行的催告等；（2）与合同密切相关的事实行为，如样品买卖合同订立时样品的交付、受理与封存，实践合同中的标的物的交付、检验、受领等行为；（3）与合同密切相关的程序行为，例如，办理合同审批、合同公证、不动产物权登记等行为。

本条第二款规定不得适用代理的法律行为：（1）依照法律规定或者民事法律行为性质决定，应当由自然人亲自实施的法律行为，不允许他人代理。此类行为，包括但不限于人身性质较强的身份行为，如结婚、离婚、收养、遗嘱、遗赠扶养协议等行为。（2）按照双方当事人约定，应当由当事人亲自实施的法律行为。立法者本来允许这类行为由他人代理实施，但法律行为的当事人根据私法自治原则排斥了这类行为代理之可能。

在市场经济条件下，代理行为的范围与私法自治的范围一样，有逐渐扩张之趋势。代理立法也应顺应这一时代潮流，允许民事主体广泛地运用代理制度实施法律行为。但为实现法律政策的目标，确保民事主体的个体行为合乎社会公共利益，确保民事主体之间的个体利益相互协调，有必要适度限制代理范围。有鉴于此，本条第二款规定：依照法律规定、当事人约定或者民事法律行为的性质，应当由本人亲自实施的民事法律行为，不得代理。

第一百六十二条【直接代理】

代理人在代理权限内，以被代理人名义实施的民事法律行为，对被代理人发生效力。

民法代理概念，可分为直接代理与间接代理。所谓直接代理，指代理人以被代理人（本人）名义实施法律行为、其法律后果直接归属于被代理人（本人）之代理，即狭义代理。所谓间接代理，指代理人以自己名义为法律行为，其法律效果间接地归属于被代理人（本人）之代理。广义代理，既包括直接代理，也包括间接代理；狭义代理，仅指直接代理。

各国和地区关于代理的规定颇不一致。大陆法系民法，如德国、日本、我国台湾地区等，采狭义概念，所称代理，仅指直接代理，而不包括间接代理。英美法系，如英国、美国、澳大利亚等，系采广义概念，其所称代理，不仅包括直接代理，而且包括间接代理。值得注意的是，欧洲合同法通则（PECL）集合两大法系之长，对直接代理与间接代理分别设专节规定（第3：201 –3：304 条），国际商事合同通则（PICC）不区分直接代理与间接代理而统一适用有关代理之规定，仅就显名代理与隐名代理作出区分（第2.2.1 条、2.2.3 条、2.2.4 条）。

民法通则第六十三条规定：“公民、法人可以通过代理人实施法律行为。代理人在代理权限内，以被代理人名义实施法律行为。被代理人对代理人的代理行为，承担民事责任……”依对条文的解释，必须是代理人以被代理人名义实施的法律行为，方才称为代理；反之，代理人以自己名义实施的法律行为，不得称为代理。可知民法通则所称代理，仅指直接代理，系采狭义代理概念。但 1999 年通过的合同法，在第二十一章（委托合同）专设第四百零二条和第四百零三条，规定间接代理。表明中国代理制度，已突破大陆法系民法狭义代理概念，采用了包括直接代理和间接代理的广义代理概念。

制定民法总则，应如何对待合同法上的间接代理？有两个方案。第一个方案，将民法通则的直接代理，与合同法上的间接代理加以整合，制定符合现代化市场经济特别是发展国际经济贸易的要求，并与国际公约和惯例接轨的代理法。即：第一节一般规定中，规定广义代理概念；第二节规定直接代理；第三节规定间接代理。第二个方案，民法总则仅规定直接代理，作为中国代理法的一般规则，而将间接代理保留在合同法上，作为特别规则。立法机关最终采纳第二方案，民法总则第七章代理，仍然规定直接代理，而将间接代理保留在合同法（编）。

本条是关于直接代理的规定。本条规定，代理人在代理权限内为被代理人实施法律行为，对被代理人发生效力。此所谓“对被代理人发生效力”，应当理解为，代理行为创设、变更、终止民事法律关系的效果，包括权利、义务和责任，全部归属于被代理人。亦即代理行为所产生的权利归被代理人享有，义务由被代理人负担，民事责任由被代理人承担。代理行为的法律效果归属于被代理人，是依据法律规定自动发生的，无须被代理人明示或者默示地对代理人或者第三人表示愿意承受代理人代其创设的民事权利义务关系。且代理人自身不对第三人负有任何义务，自不待言。

按照本条规定，代理行为发生效力须有两项条件：（1）代理人在代理权限内代为或者代受意思表示。行为人缺乏或者超越代理权限而代他人作出或者接受的意思表示，除具备表见代理（本法第一百七十二条）的要件外，属狭义的无权代理（本法第一百七十一条），须经被代理人追认才对被代理人产生拘束力。（2）代理人为被代理人而与第三人实施法律行为。所谓“为被代理人”，既包括“以被代理人名义”而实施代理行为的情形，即显名代理；也包括按照情况可以断定系以被代理人的名义而实施代理行为的情形，即隐名代理。

这里顺便介绍间接代理。所谓间接代理，是指代理人在代理权限内以自己的名义实施法律行为。依解释，间接代理的构成条件是：（1）须代理人拥有被代理人授予的代理权；（2）须代理人在被代理人授予的代理权限内实施法律行为；（3）须代理人以自己的名义（不是以被代理人的名义）实施法律行为。前两项条件，直接代理和间接代理均须具备，二者的区别仅在第（3）项条件：以被代理人的名义，属于直接代理；以自己的名义，属于间接代理。

间接代理的法律效果分为两种情形：（1）第三人知道代理人与被代理

人之间存在代理关系的，该民事法律行为直接约束被代理人和第三人，即该代理行为的法律效果归属于被代理人，此与直接代理相同。(2) 即使第三人知道代理人与被代理人直接存在代理关系，如果有证据证明该法律行为只约束代理人和第三人，则该代理行为的法律效果应归属于代理人（而不是被代理人）。第（1）项约束被代理人和第三人（即归属于被代理人）是为原则，第（2）项只约束代理人与第三人（即归属于代理人）是为例外。证明该行为只约束代理人和第三人的“确切证据”，应当由被代理人或者第三人负担举证责任。

在第三人不知代理人与被代理人之间代理关系存在，及虽然知道此代理关系存在而有确切证据证明代理行为只约束代理人和第三人情形，代理行为的法律效果应当归属于代理人，再依代理人与被代理人之间的其他关系，间接归属于被代理人，自不待言。此外，合同法关于间接代理有关于代理人的披露义务（第四百零四条第一款）、被代理人的介入权（第四百零三条第一款）、第三人选择权（第四百零三条第二款）及被代理人与第三人相互主张抗辩权（第四百零三条第三款）等规定。

第一百六十三条【代理的类型】

代理包括委托代理和法定代理。

委托代理人按照被代理人的委托行使代理权。法定代理人依照法律的规定行使代理权。

本条规定代理的分类和代理权的依据。第一款规定代理分为委托代理、法定代理。第二款规定代理权的产生根据：被代理人的授权、法律规定。

我国民法理论，依代理权的产生依据不同，将代理划分为三种：委托代理、法定代理和指定代理。民法通则采纳民法理论上的分类，其第六十四条规定：代理包括委托代理、法定代理和指定代理。但关于指定代理是一种独立的代理类型，或者只是法定代理的一种特殊形式，学界存在争论。民法总则本条仅规定委托代理和法定代理两种类型，显然是将指定代理视为法定代理的特殊形式。但无论如何，不应无视指定代理的存在，例如，在法人解散的情形，由法院为解散的法人指定清算人（本法第七十条第三款末句）；在自然人失踪的情形，由法院为失踪人指定财产代管人（本法第四十二条第二款）。清算人和财产代管人的代理权均来自法院或者主管机关的指定，而与法定代理人的代理权来自法律的直接规定，是有区别的。

第一百六十五条【授权委托书】

委托代理授权采用书面形式的，授权委托书应当载明代理人的姓名或者名称、代理事项、权限和期间，并由被代理人签名或者盖章。

按照民法原理，授予代理权之意思表示，既可向代理人为之，也可向代理人与之实施法律行为的第三人为之。被代理人直接向代理人授予代理权，称为内部授权；被代理人向第三人表示授予代理人代理权，称为外部授权。内部授权与外部授权的区别在于：（1）关于代理权的范围，在内部授权情形，应当凭代理人的了解予以认定；在外部授权情形，应当凭第三人的了解予以认定；（2）代理权授予行为有瑕疵时，在内部授权情形，被代理人撤销代理权授予行为，应当向代理人为之；在外部授权情形，被代理人撤销代理权授予行为，则应当向第三人为之。

依据本法第一百六十五条，委托代理的被代理人向代理人授予代理权的意思表示，可以采用书面形式，也可以采用口头形式。本条规定，被代理人的代理权授予行为采取书面形式时，授权委托书应当载明代理人的姓名或者名称、代理事项、权限和期间，并由委托人签名或盖章。此授权委托书为单方法律行为，自不待言。

第一百六十七条【违法代理】

代理人知道或者应当知道代理事项违法仍然实施代理行为，或者被代理人知道或者应当知道代理人的代理行为违法未作反对表示的，被代理人和代理人应当承担连带责任。

本条是关于代理事项违法时的民事责任的规定。本条规定，代理人知道被委托代理的事项违法仍然进行代理活动的，或者被代理人知道代理人的代理行为违法不表示反对的，由被代理人和代理人承担连带责任。法律之所以作出这样规定，目的在于禁止、制裁违法行为，促使被代理人对代理人的行为进行监督和指导。

代理中的违法行为包括两种：一是被委托代理的事项本身违法；二是被委托代理的事项不违法，但代理人的代理行为违法。应当根据不同情形，而决定责任承担：（1）被代理人委托代理人进行违法行为，只要代理人不知道该事项违法的，就应由被代理人承担代理事项违法所产生的后果。（2）被代理人委托代理的事项本身不违法，但代理人的代理行为违法，只要被代理人不知道或知道后不予以追认的，就应由代理人承担代理行为违法的后果。（3）被代理人委托的代理事项本身违法，代理人知道并继续代理的，无异于代理人与被代理人共同实施违法行为，当然应由代理人和被代理人承担连带责任。同理，被代理人委托的代理事项本身不违法，而代理人的代理行为违法，但被代理人知道后不表示反对、不加以制止的，也应由代理人和被代理人承担连带责任。

其中，第（1）、第（2）种情形的责任承担，与普通法律行为的违法并无不同，无须特别规定，而第（3）种情形有其特殊性，与普通法律行为的违法有所不同，即违法行为的实施者与归属者不是一个人，有必要在代理制度中特别规定。无论是当事人自己实施法律行为，还是由代理人代为实施，都必须遵守法律的规定，任何借代理名义实施的违法行为都是被禁止的。即使代理行为的违法是由一方引起的，而另一方在知道违法而不作反对表示，也应对违法行为承担连带责任。

第一百六十八条【禁止自己代理、双方代理】

代理人不得以被代理人的名义与自己实施民事法律行为，但是被代理人同意或者追认的除外。

代理人不得以被代理人的名义与自己同时代理的其他人实施民事法律行为，但是被代理的双方同意或者追认的除外。

本条是关于禁止自己代理、禁止双方代理的规定。代理人的代理行为具有为本人设定负担之效力，因此，可能发生代理人利用代理权为自己或关联人谋利的风险。为保护本人利益，法律对代理权设有限制。本条第一款规定，禁止自己代理。代理人不得代理本人与自己为法律行为。基于自己代理所为法律行为，本人有权撤销，但本人同意、追认该行为或本人纯获利益者除外。本条第二款规定，禁止双方代理。代理人不得同时作为相对人的代理人与本人为法律行为。基于双方代理所为法律行为，本人有权撤销，但本人同意、追认该行为者除外。

第一百七十条【职务代理】

执行法人或者非法人组织工作任务的人员，就其职权范围内的事项，以法人或者非法人组织的名义实施民事法律行为，对法人或者非法人组织发生效力。

法人或者非法人组织对执行其工作任务的人员职权范围的限制，不得对抗善意相对人。

本条规定职务代理。按照民法原理，委托代理的基础关系可以是委托合同关系，也可以是法人、非法人组织的内部组织关系或者劳务合同关系。基于委托合同关系的代理，代理人与被代理人是两个平等的民事主体，被代理人是委托人，代理人是受托人，鉴于委托事务须实施法律行为（包括准法律行为），故被代理人（委托人）须授予受托人（代理人）代理权。代理权之授予，性质上属于单方法律行为，其书面形式为“授权委托书”（本法第一百六十五条）。基于法人、非法人组织之内部组织关系和劳务合同关系之代理，依通常习惯，代理权之授予，并不采取签发授权委托书的形式，而是与特定职务结合在一起：担任该特定职务即在其职权范围内拥有代理权。例如，法人、非法人组织之总经理、项目经理、部门经理、推销员、售货员等，拥有以法人、非法人组织名义，就其职权（职务）范围内的事项，与其他民事主体实施法律行为的代理权。此即职务代理权。

须注意的是，条文“执行法人或者非法人组织工作任务的人员”一语，文义过分宽泛，须加以限缩，仅限于承担与其他民事主体实施民事法律行为（签订合同）职务的人员。担任内部管理事务、技术工作的人员，并无此种职务代理权。虽有职务代理权，其代理权仅限于处理“职权范围内的事项”，超出此“职权范围”即无所谓代理权。本条第一款所谓“职权范围”一语，是指在内部组织关系、劳务合同关系中各种特定职务（工作任务、岗位）通常的“职权范围”。

本条第二款规定：“法人或者非法人组织对执行其工作任务的人员职权范围的限制，不得对抗善意相对人。”其中“职权范围”一语，指特定职务（工作任务、岗位）通常的“职权范围”。所谓对“职权范围的限制”，是指法人或者非法人组织内部对该通常的“职权范围”所加的特别限制。例如，公司总经理通常的“职权范围”是以公司名义实施民事法律行为（签订合同），该公司内部规定总经理不得签订担保合同，即是对总经理“职权范围”的限制，假如该总经理超越此内部限制为其他公司向银行借款担任保证人、订立保证合同，则该公司不得以其内部限制对抗善意相对人。

第一百七十一条【狭义无权代理】

行为人没有代理权、超越代理权或者代理权终止后，仍然实施代理行为，未经被代理人追认的，对被代理人不发生效力。

相对人可以催告被代理人自收到通知之日起一个月内予以追认。被代理人未作表示的，视为拒绝追认。行为人实施的行为被追认前，善意相对人有撤销的权利。撤销应当以通知的方式作出。

行为人实施的行为未被追认的，善意相对人有权请求行为人履行债务或者就其受到的损害请求行为人赔偿，但是赔偿的范围不得超过被代理人追认时相对人所能获得的利益。

相对人知道或者应当知道行为人无权代理的，相对人和行为人按照各自的过错承担责任。

本条第一款规定，行为人没有代理权、超越代理权或者代理权终止后以被代理人的名义实施的法律行为，被代理人有权予以追认，经被代理人追认的，溯及于实施行为时有效，其法律效果归属于被代理人。未经被代理人追认的，对被代理人不发生效力（应由行为人承担民事责任）。

民法理论上所谓（狭义）无代理权，不外三种：（1）自始就不存在代理权。即行为人从未获得被代理人的授权，也不存在获得代理权的其他根据，而以代理人身份，对相对人为代理行为。（2）一度有代理权，而该代理权因发生代理权消灭事由已经消灭。代理人在代理权消灭后仍以代理人身份对相对人为代理行为。（3）超越代理权范围。代理人始终有代理权，只是代理人所实施的代理行为超越了代理权范围。可相应区分为：自始无代理权的无权代理、代理权消灭后的无权代理及超越代理权的无权代理。

按照民法理论，无权代理行为本人不予追认的，该行为并非当然无效，只是不能依代理制度对本人发生代理行为的效力而已。这种情形，该无权代理行为，如果具备一般法律行为的有效要件，将发生一般法律行为的效力，并由该无权代理人自己作为当事人而承受其法律效果。无权代理行为经本人追认，即转变为有代理权之代理，发生代理行为的效力。

在无权代理的情形，本人享有对无代理权人实施的法律行为是否追认的权利，即追认权。此追认权系法律为保护被代理人的利益而设。因为，无权代理行为并不一定对被代理人不利，法律为保护被代理人利益及有利于经济流转秩序，特别设追认权制度，依被代理人的自由选择决定该无权代理行为之是否对自己发生效力。

本条第二款规定，于狭义无权代理情形，相对人有催告权。相对人可以催告被代理人自收到催告通知之日起一个月内予以追认。被代理人未作表示的，视为拒绝追认。无权代理行为被追认前，善意相对人有撤销的权利。撤销应当以通知的方式作出。所谓“善意相对人”，指对于代理人无代理权、超越代理权或者代理权已经终止不知道或者不应当知道的相对人。反之，相对人若对此知道或者应当知道，即属于恶意相对人。依本款第三句反对解释，恶意相对人不享有撤销权。相对人无论善意、恶意均享有催告权，自不待言。

须特别注意，本条第二款所谓“善意相对人有撤销的权利”，实际是撤回意思表示的权利（撤回权），其行使采用通知的形式，而无须采用起诉的形式。与本法可撤销法律行为的撤销权（第一百四十七条至第一百五十二条）不同，撤销权的行使必须采用起诉的形式（撤销之诉）。

本条第三款规定无权代理行为未被追认情形，善意相对人对于无权代理人的履行请求权和损害赔偿请求权。如前所述，无权代理行为未被追认的，该行为并非当然无效，只是不能依代理制度对被代理人发生代理行为的效力而已。这种情形，该无权代理行为，如果具备一般法律行为的有效要件，将发生一般法律行为的效力，并由该无权代理人自己作为当事人而承受其法律效果。本款规定，善意相对人有权请求该无权代理人履行该无权代理法律行为所发生的债务，或者就其受到的损害请求无权代理人赔偿。须注意的是，此履行请求权和损害赔偿请求权，仅善意相对人享有。恶意相对人知道对方无代理权仍与之实施法律行为，属于自甘冒险，理应自己承担被代理人不予追认的风险。补充一点，恶意相对人不享有履行请求权和损害赔偿请求权，只是不得请求法院或者仲裁机构判决（裁决）强制无权代理人履行债务或者赔偿损失，如果该无权代理人自愿履行债务或者自愿赔偿其损失，法律并不禁止，自不待言。

按照第三款规定，相对人如果知道或者应当知道代理人无代理权仍然与之为法律行为，即属于恶意相对人，不享有请求无权代理人履行债务的请求权和损害赔偿请求权。但从立法政策考虑，无权代理行为不被追认的损害后果全部由恶意相对人承受亦有悖于民法公平原则，且无权代理人与恶意相对人对于该损害结果之产生均有因果关系，故设本条第四款规定，这种情形，应当由（恶意）相对人与（无权）代理人按照各自的过错分担责任。

第一百七十二条【表见代理】

行为人没有代理权、超越代理权或者代理权终止后，仍然实施代理行为，相对人有理由相信行为人有代理权的，代理行为有效。

按照民法原理和立法例，无权代理分为表见代理和狭义无权代理。前条规定狭义无权代理，本条规定表见代理。按照本条规定，没有代理权的人以被代理人的名义订立合同，如果相对人有理由相信他有代理权，则该代理行为有效。亦即发生有权代理的效力。

前条和本条所规范的对象，同是没有代理权的代理，为什么本条规定发生有权代理的效力？本条着重考虑的是相对人利益的保护。如果一律按照狭义无权代理对待，有的时候将会使相对方遭受损害。按理相对人与代理人为法律行为之际，应当要求代理人出示授权委托书，查看其是否有代理权及代理权的范围，但这样的要求很难彻底贯彻。例如，代理人是对方的供销经理，有长期合作关系，一直都是对方供销经理来签订合同，你坚持要他出示授权委托书，就不合情理。即使要求他拿出授权委托书，也有这样的可能性，即他已经调离对方单位，原来的授权委托书（或工作证）没有缴销，这种情形你照样还会上当。

立法政策上产生保护善意相对人的必要。如果善意相对人得不到保护，代理制度就难于推行。民法创设表见代理制度，保护有正当理由相信行为人有代理权的善意相对人，保护了善意相对人，也就保护了市场交易的安全，保护了代理制度。现在的企业要签订很多合同，不可能让它的法定代表人成天地飞来飞去，专门签订合同。法定代表人只有一个，还有比签订合同更重要的工作需要他处理，企业大量的合同是通过代理人签订的。所以代理制度能否推行，关系到社会经济生活的正常运行。这就是创设表见代理制度的理由。

需要指出，表见代理制度，并不是无缘无故地让被代理人承担责任，而是有严格的构成要件的。成立表见代理，必须在行为人与被代理人之间存在某种看起来像有权代理的表象，使相对方相信行为人有代理权。通常是被代理人和行为人之间存在着某种关系，由于存在这种关系，就容易使相对人相信行为人有代理权。这种关系可能是各种各样的。

举例来说，需方从来是派其供销经理到供方去签订合同，后来该供销经理已经调离需方单位，却仍然以需方单位的名义到供方去签订合同，此前该供销经理一直作为需方的代理人到供方签订合同的这个关系，就会成为使供方相信他有代理权的表象。因为，有这种关系形成的表象，供方相信该供销经理有代理权，就有正当理由。如果没有这种关系存在，不构成有代理权的表象，就不能成立表见代理。一个骗子为了签假合同骗取定金、预付款，私刻印章的时候灵机一动，刻成某某单位，然后用这个单位名义与他人签订合同。假设这个地方或者在邻近的地方真有一个单位刚好叫这个名字，能不能让这个单位来承担责任呢？只要一审查，即可发现这个单位和这个骗子之间不存在任何关系，因此，不存在任何足以使相对人相信其有代理权的表象，就不应构成表见代理。

条文所谓“有理由”相信，应该理解为“有正当理由”相信。是否“有正当理由”相信，要根据社会生活经验判断，不仅原告相信行为人有代理权，假设换成别的人、别的单位在同样的情况下也会相信行为人有代理权，就是“有正当理由”相信；如果只是原告相信，换了别的人都不可能相信，原告相信其有代理权就没有正当理由。原告没有正当理由相信行为人有代理权，就不成立表见代理，不适用本条表见代理制度，而应该适用前条狭义无权代理制度。

第一百八十一条【正当防卫】

因正当防卫造成损害的，不承担民事责任。

正当防卫超过必要的限度，造成不应有的损害的，正当防卫人应当承担适当的民事责任。

所谓正当防卫，指对于现时不法侵害，为防卫自己或他人权利或公共利益，所为的行为。此种行为，虽致他人损害，行为人不负赔偿责任。但正当防卫超过必要限度，造成不应有的损害的，构成防卫过当，则防卫人应当承担责任。除本条规定外，侵权责任法第三十条的规定与之相同：“因正当防卫造成损害的，不承担责任。正当防卫超过必要的限度，造成不应有的损害的，正当防卫人应当承担适当的责任。”

依民法理论，正当防卫应具备下述要件：其一，须为现时不法之侵害。正当防卫的首要条件，是须有现时不法之侵害。若不存在侵害行为，当然谈不到正当防卫。而此侵害行为须具有违法性，即应属于不法侵害。法律所许可的侵害，例如，公务员之依法执行职务虽有侵害，也不成立正当防卫。其侵害行为仅须在客观上具有违法性即可，至于行为人之是否属于故意过失，均可不问。又此不法侵害须为现时之侵害，亦即其侵害行为已经开始实行而尚未完毕。换言之，对于正在进行的不法侵害，允许进行正当防卫，而对于尚未开始进行的不法侵害或已经进行完毕的不法侵害，均不允许进行正当防卫。其二，须为防卫自己或他人权利或公共利益。正当防卫成立要件之二，须为防卫自己或他人权利或公共利益。所防卫的权利，不分公权、私权，也不分财产权或人格权。且不限于防卫自己的权利，防卫属于他人的权利或者公共利益，亦可成立正当防卫。其三，须不超过正当防卫的限度。正当防卫行为，系针对正在进行的侵害行为而予以反击。因此，法律对正当防卫有程度的限制，要求不超过必要的限度。正当防卫行为，超过必要限度的，称为防卫过当，行为人应承担适当的责任。至于是否超过必要限度，应斟酌正当防卫人和不法侵害人双方具体情形及当时客观条件，决定之。大体言之，其防卫行为须具备两项条件：一是必要性。即以达到制止不法侵害之防卫目的为已足。例如，用威吓足以制止侵害者，不必加以实害；用腕力足以防卫者，不必用器械。二是相当性。即考量因进行正当防卫所生的损害与所欲避免的侵害，是否大体相当。如进行防卫行为所生损害与所欲避免的侵害，在社会一般人看来显失均衡者，即应属于防卫过当。

具备上述三项要件，即构成正当防卫行为。正当防卫行为，属于违法性阻却事由之一种。虽正当防卫行为使不法侵害人受有损害，亦不构成侵权行为，正当防卫行为人依法不承担任何损害赔偿责任。但防卫行为超过必要限度，即属于防卫过当，按照侵权责任法第三十条第二句的规定，正当防卫人对于所造成的不应有的损害，应承担适当的责任。此民事责任的成立，仅以防卫行为超过必要限度为要件，不考虑其是否具有过错，因此属于严格责任。如果本不存在现时不法之侵害，而误信为现时不法之侵害而进行防卫，属于所谓错觉防卫，或称假想防卫。错觉防卫行为人是否承担损害赔偿责任，应依侵权行为一般原则决定之。

第一百八十二条【紧急避险】

因紧急避险造成损害的，由引起险情发生的人承担民事责任。

危险由自然原因引起的，紧急避险人不承担民事责任，可以给予适当补偿。

紧急避险采取措施不当或者超过必要的限度，造成不应有的损害的，紧急避险人应当承担适当的民事责任。

本条规定紧急避险行为。所谓紧急避险，指为避免自己或他人生命、身体、自由、财产之急迫危险，所为躲避危险的行为。此种行为，虽致他人损害，不负赔偿责任。除本条外，侵权责任法第三十一条关于紧急避险亦有规定。

民法总则本条及侵权责任法第三十一条关于紧急避险的规定，并未明示紧急避险的构成要件。依据民法理论，紧急避险的构成要件如下：其一，须有急迫危险。成立紧急避险的第一项条件是，须有急迫危险。如果不存在危险，当然谈不到紧急避险。所谓"危险"，指一切危害而言，如天灾地变、战乱、强盗绑架、恶犬追逐均包括在内。所谓"急迫"，指近在眼前，刻不容缓。凡危险已达急迫程度，即可以实行紧急避险行为，至于此急迫危险系由何种原因引起，均可不问。又，此急迫危险之受危险对象应有限制，限于生命、身体、自由、财产四种。此与正当防卫不同。在正当防卫，只须权利受到不法侵害，而不问何种权利，均可实行正当防卫行为。而紧急避险唯限于生命、身体、自由和财产四种权利。此外之权利，例如，名誉、信用受到危险，纵然属于急迫危险，亦不构成紧急避险的条件。凡生命、身体、自由和财产四种权利遭受急迫危险，不论是属于自己或属于他人，或属于社会公共财产，均可构成紧急避险的条件。此与自助行为之仅限于自己的权利不同。其二，须为避免自己或他人生命、身体、自由、财产或公共财产上急迫危险而为避险行为。此系成立紧急避险的第二项要件。此要件系指紧急避险之本体。紧急避险是一种为躲避危险而损害他人财物的行为，简称避险行为。所谓"他人"，包括危险物之所有人及第三人。虽存在急迫危险，而未实行任何避险行为，当然不发生紧急避险问题。因此，讨论紧急避险，须有此避险行为。例如，为躲避肇事汽车而踏坏摊贩之商品，为避免大火延烧而拆毁邻人房屋。法律绝不允许借口紧急避险而损害他人生命、身体。又，此避险行为，须为避免自己或他人生命、身体、自由、财产或公共财产上急迫危险，无此避险目的而损害他人财物，不构成避险行为，而属于不法侵害他人，应成立侵权行为。其三，须避险行为不超过必要限度。成立紧急避险的第三项条件是，须避险行为不超过必要限度。法律设紧急避险制度的目的，在于允许当事人于面临急迫危险时以较小的损害为代价避免遭受较大的损害。因此，对于避险行为应有限制，即要求当事人所实行的避险行为不超过必要限度。此必要限度一语，属于不确定概念。应于具体案件结合避险行为所加于他人的实际损害及所避免的急迫危险可能造成的损害，并考虑危险发生时的具体情形，进行综合判定。

概而言之，避险行为须符合两项要求：一是必要性。要求当事人所实行的避险行为应为避免危险所必要，亦即以达到避免危险为止。不允许以避险为借口，滥行损害他人财物。能走避而不走避，损害危险物或他人财物的，不能成立紧急避险。二是相当性。虽实行避险行为有其必要，但对因此所加于他人的损害程度应有限制。须所加于他人的实际损害，不超过所避免的危险可能造成的损害程度。为避免自己财产上之较小损害而加于他人财产较大损害，为法所不许。超过必要限度的避险行为，称为避险过当，避险人应负赔偿责任。

具备上述要件，即可成立紧急避险，避险人对于所加于他人的损害，依法不承担赔偿责任。民法总则本条关于避险行为所造成的损害应由何人承担有较详细的规定。依本条规定，区分为以下情形：其一，如果危险是人为造成的，则应由引起危险发生的人承担赔偿责任。依解释，如果引起危险的人属于第三人，应由该第三人承担责任；如果引起危险的人是避险行为人，则应由避险行为人承担责任，换言之，这种情形避险行为人不能免责；如果引起危险的人是遭受危险的“他人”，则该“他人”既是引起危险的人，又是享受避险利益的人，当然应由他对避险行为所造成的损害承担责任。

其二，如果危险是由自然原因造成的，民法总则本条规定：“危险由自然原因引起的，紧急避险人不承担民事责任，可以给予适当补偿。”依解释，虽然危险是由自然原因造成的，但如果避险人是为避免自己所遭遇的危险，即避险人自己享受避险利益，则应由避险人对于避险行为所加于他人的损害给予适当的补偿，至于是否“适当”应衡量实际发生的损害与所避免的危险可能造成的损害及当时具体情形，决定之。如果避险人是为避免他人或公共财产所遭遇的危险，则避险人不应承担责任或给予补偿，这种情形应由享受避险利益的“他人”或“公共财产”的管理人对于避险行为所造成的实际损害给予补偿。

其三，因紧急避险采取措施不当或超过必要限度，即属于避险过当的，依本条规定，应由避险人对于所造成的不应有的损害承担适当的民事责任。此民事责任的成立，以避险措施不当或超过必要限度为要件，不考虑避险人是否具有过错，因此属于严格责任。

第一百八十四条【自愿紧急救助行为】

因自愿实施紧急救助行为造成受助人损害的，救助人不承担民事责任。

本法第一百八十四条新增自愿实施紧急救助的规定。本条规定："因自愿实施紧急救助行为造成受助人损害的，救助人不承担民事责任。"所谓自愿紧急救助行为，应指不承担救助他人义务（职责）的一般人（自然人），未受任何组织和个人的委托，见他人（限于自然人）处于紧急危险状态而自愿、主动实施救助的行为。实施紧急救助他人的行为，却反而造成受助人损害，本应构成侵权责任，但考虑到行为人的目的及本法鼓励帮助、救助他人之政策目的，故本条规定，紧急救助行为，造成受助人损害的，救助人不承担民事责任。

请注意两点：其一，本条所谓自愿实施紧急救助的人和受助人，均应当限于自然人。法人、非法人组织实施救助行为，不应适用本条。根据民法的价值取向，不应当允许任何人借口所谓"自愿实施紧急救助"干涉法人、非法人组织的事务。其二，本条性质上属于法定免责事由。如严格贯彻本条，即使因救助人重大过失造成受助人重大损害也不承担任何责任，难免有以目的正当性代替社正义之虞。可见本条存在法律漏洞。考虑到现行刑法有过失伤害犯罪，于救助人的行为已足以构成刑法上的过失伤害罪时，建议不适用本条而直接追究行为人过失伤害的侵权责任。

第一百八十五条【英烈人格保护】

侵害英雄烈士等的姓名、肖像、名誉、荣誉，损害社会公共利益的，应当承担民事责任。

本条规定侵害英雄烈士人格应当承担民事责任（侵权责任），为民法总则所首创。本条所谓"英雄烈士"指生前或者死后被公权力机关授予

“英雄”“烈士”称号的自然人（死者）。条文“英雄烈士”后面的“等”字，究何所指？是否涵盖中华民族历史上抗击外国侵略的英雄人物，不无疑问。本条所谓“侵害”，应当解释为采用文字作品、音像作品形式损害英雄烈士姓名、肖像、名誉、荣誉的行为；侵害人（责任人）应当是该文字作品、音像作品的作者及出版人、发行人。加害作品为影视作品（电影、电视剧）情形，似不应包括扮演英雄烈士的演员。依据条文，此项责任构成要件有二：其一，采用文字作品、音像作品形式损害英雄烈士姓名、肖像、名誉、荣誉；其二，（因此）损害社会公共利益。鉴于英雄烈士本身属于历史，关系到历史研究自由、文学艺术创作自由、公民的了解权等公法权利，而这些公法权利亦属于社会公共利益的重要内容。因此，法庭在判断加害作品是否损害社会公共利益时，须着重权衡系争作品对于历史研究自由、文学艺术创作自由及公民了解权的意义，绝对不能仅以“是否真实”作为判断标准。如果仅有要件之一，即采用文字作品、音像作品形式损害英雄烈士姓名、肖像、名誉、荣誉，而不具备要件之二，即并未因此损害社会公共利益，加害人当然不应承担民事责任。在构成侵害英雄烈士人格的民事责任情形，加害人所承担的责任，主要是消除影响、恢复名誉、赔礼道歉。此外，还应责令停止侵害（禁止发行、销毁加害作品），自不待言。

值得研究的是，本条所生诉权由谁行使，即谁有权担任侵害英雄烈士人格的侵权案件的原告？而谁可以充当案件原告，取决于对案件性质属于私诉（普通侵权诉讼）还是公诉（公益诉讼）的界定。按照《民事侵权精神损害赔偿解释》（法释〔2001〕7 号）第三条，“以侮辱、诽谤、贬损、丑化或者违反社会公共利益、社会公德的其他方式，侵害死者姓名、肖像、名誉、荣誉”，致其近亲属“遭受精神痛苦”的，属于私诉（普通侵权诉讼），死者的近亲属有诉权。按照最高人民法院关于审理名誉权案件若干问题的解答，其近亲属包括：配偶、父母、子女、兄弟姐妹、祖父母、外祖父母、孙子女、外孙子女。

由上可知，由近亲属充当原告的“私诉”（普通侵权诉讼），须有致其近亲属“遭受精神痛苦”要件，且无“损害社会公共利益”要件。显而易见，本条规定的侵害英雄烈士人格的侵权案件，不属于“私诉”（普通侵权诉讼）而属于“公诉”（公益诉讼），在当下应由各级人民检察院行使诉权、充当原告，将来开放纳税人公益诉讼之后，凡不属于英雄烈士近亲属的普通公民均有权以纳税人身份向人民法院提起本条规定的公益诉讼。

第一百八十六条【责任竞合】

因当事人一方的违约行为，损害对方人身权益、财产权益的，受损害方有权选择请求其承担违约责任或者侵权责任。

本条是关于违约责任与侵权责任竞合的规定。近现代民法，关于侵权责任与违约责任的关系，有承认竞合与不承认竞合两种立法例：（1）不承认竞合的立法例。其理论依据，是所谓“法条竞合说”。此说否认所谓“责任竞合”，认为只存在不同法律条文的“竞合”。认为违约责任所违反的是特别义务，侵权责任所违反的是一般义务，如同一行为既违反合同法也违反侵权法，应当依据特别法优先适用原则，适用合同法关于违约责任的规定，而不应适用侵权法关于侵权责任的规定。（2）承认竞合的立法例。根据承认竞合的学说，一个案件事实既符合侵权责任的构成要件，也符合违约责任的构成要件时，构成侵权责任与违约责任的竞合，当事人可以选择依据合同法追究违约责任（违约责任请求权），或者依据侵权法追究侵权责任（侵权责任请求权）。

在承认责任竞合的前提下，作为承认责任竞合的理论依据，又有两种：一是请求权竞合说。此说认为，在发生侵权责任与违约责任竞合的情形，存在两个相互独立的请求权（违约责任请求权与侵权责任请求权），权利人有权选择其一行使，选择行使任一请求权达到目的，则另一请求权因而消灭。二是请求权基础（规范）竞合说。此说认为，在发生侵权责任与违约责任竞合的情形，并不存在两个相互独立的请求权，只存在一个请求权（即损害赔偿请求权），而有两个法律规范作为该请求权的基础（依据）。如案件事实同时符合违约责任和侵权责任的构成要件时，只存在一个损害赔偿请求权，权利人可以选择合同法关于违约责任的规定作为请求权基础，也可以选择侵权法关于侵权责任的规定作为请求权基础。选择其一请求权基础之后，不得再选择另一个请求权基础。须特别说明，上述两种理论的差别，属于同一法律方案的不同解释，对当事人起诉和法庭裁判结果并无影响。

合同法制定时，起草人考虑到，同一案件事实符合违约责任和侵权责任构成要件的情形较为常见，而两种责任在归责原则、赔偿范围、过失相抵、免责约款等方面有差异。违约责任为严格责任，侵权责任有过错责任（包括推定过错）和无过错责任；违约责任承认免责约款，侵权责任不承认免责约款；违约责任赔偿可得利益，侵权责任只赔偿实际损失；违约责任一般不赔偿精神损害，侵权责任可以赔偿精神损害；违约责任不适用过失相抵，侵权责任适用过失相抵。不同选择，得到的结果不同。认可当事人有权选择，符合意思自治原理和处分原则。因此，设立本条规定，承认违约责任与侵权责任竞合，赋予当事人“选择权”。当事人“有权选择”依照合同法追究违约责任，或者依照侵权法追究侵权责任。至于依据本条规定，是产生一个请求权，抑或产生两个请求权？其理论基础是请求权竞合说，抑或是请求权规范竞合说？因对本条之适用及裁判结果没有实质影响，立法机关没有必要表态，而留给学说解释。

第一百八十七条【民事责任优先】

民事主体因同一行为应当承担民事责任、行政责任和刑事责任的，承担行政责任或者刑事责任不影响承担民事责任；民事主体的财产不足以支付的，优先用于承担民事责任。

本条规定民事责任优先于行政责任、刑事责任。按照本条规定，如果民事主体因同一行为应当承担民事责任、行政责任（罚款）甚至还应承担刑事责任（罚金、没收财产）的，其承担行政责任或者刑事责任不影响承担民事责任；但其责任财产不足以支付时，应当优先执行民事责任。

按照民法原理，民事主体的同一行为既构成民事责任（侵权责任或者违约责任），同时，也构成行政责任（罚款）甚至刑事责任（罚金、没收财产）时，发生两种或者三种责任的并存。本条第一句规定，发生民事责任与行政责任或者刑事责任并存时，责任人承担行政责任或者刑事责任，不影响承担民事责任。亦即并存的责任不得相互代替，即使责任人已经承担行政责任或者刑事责任，不得因此免除其应当承担的民事责任。

请特别注意，本条第二句规定的意思是：法院在审理某个民事责任（侵权责任、违约责任）案件的时候，发现被告不仅应当承担民事责任，还被行政机关追究行政责任（罚款），甚至还被刑庭判处刑事责任（罚金、没收财产），而被告的责任财产不足以支付的，法院应当优先执行本庭作出的民事责任判决、向原告（受害人）支付损害赔偿金。其前提条件是，本院对被告的财产采取了保全措施，其不动产已被查封、动产已被扣押、账户已被冻结，且被告应当承担的行政责任、刑事责任均还未执行。质言之，被告的责任财产处在本院控制之下。因此，行政机关执行行政处罚（罚款）、刑庭执行刑事责任（罚金、没收财产），均有待于本院解除保全措施。而按照本条第二句的规定，本院只在优先执行本院作出的民事责任判决（从保全财产中向原告支付损害赔偿金）之后，才对被告余下的财产解除保全措施，让行政机关去执行罚款、别的法院去执行刑事判决（罚金、没收财产）。

如果本院没有对被告的财产采取保全措施，则被告的财产不在本院控制之下，本院凭什么去阻止行政机关对被告执行罚款、别的法院对被告执行罚金、没收财产？如果在本院受理民事案件之前或者本院作出民事责任判决之前，行政机关已经对被告执行了行政处罚（罚款）、别的法院已经对被告执行了刑事处罚（罚金、没收财产），本院凭什么手段、怎么可能从该行政机关、该法院追回被执行的财产？须知本院因原告起诉而对本案当事人双方行使管辖权，对原、被告之间的民事纠纷案件行使裁判权，本院根本无权管辖、裁判已经对本案被告执行行政罚款或者刑事处罚的行政机关或者法院（法院依其性质是不受裁判的）。行政机关对本案被告执行罚款，别的法院对本案被告执行罚金或者没收财产，属于依法行使职权，是合法行为，并且被执行的罚款、罚金或者没收的财产已经上交国库，是绝对要不回来的。

本条第二句规定民事责任优先，是关于生效判决（裁决）如何执行的程序规则。其前提条件是：被告的责任财产处在本院控制之下，且被告应当承担的行政责任、刑事责任都还没有执行。在本案判决之前，被告已经被行政机关或者别的法院执行罚款、罚金或者没收的财产，已经不再属于本案被告的财产，本院根本没有权利去追索，也是绝对追不回来的。即使被告应当承担的行政责任、刑事责任还没有执行，如果本院没有对被告的责任财产采取查封、扣押、冻结等保全措施，本院也无权阻止行政机关或者别的法院对被告执行罚款、罚金或者没收财产。在本案判决之前，已经被执行行政责任、刑事责任把侵权人的财产罚走了或者没收了，被罚没的财产已经进了国库，不再属于被告所有，不再属于被执行的财产范围。

第一百八十八条【诉讼时效期间】

向人民法院请求保护民事权利的诉讼时效期间为三年。法律另有规定的，依照其规定。

诉讼时效期间自权利人知道或者应当知道权利受到损害以及义务人之日起计算。法律另有规定的，依照其规定。但是自权利受到损害之日起超过二十年的，人民法院不予保护；有特殊情况的，人民法院可以根据权利人的申请决定延长。

民法所谓时效，指一定事实状态在法定期间持续存在，从而产生与该事实状态相适应的法律效力的法律制度。时效为法律事实之一种。民法设时效制度，着眼于维护社会公共利益，维护社会经济秩序，因时效期间届满而发生与原权利人利益相反的法律效果。因此，时效制度的实质，在于对民事权利的限制。

按照民法理论，时效制度有三项功能：（1）稳定法律秩序。一定的事实状态，无论是权利不行使的事实状态或者占有的事实状态，如果长期持续存在，必然以此事实状态为基础发生种种法律关系，时过多年之后若允许原权利人主张权利，将不仅推翻此长期持续存在的事实状态，势必一并推翻多年以来基于此事实状态而形成的各种法律关系，必将造成社会经济秩序的紊乱。实行时效制度，因法定期间的经过而使原权利人丧失权利，使长期存在的事实状态合法化，有利于稳定社会经济秩序。（2）作为证据之代用。一种事实状态长期持续存在，必致证据湮灭，证人死亡，此事实状态之是否合法，殊难证明。实行时效制度，凡时效期间届满，即认不行使权利的人丧失其权利，此系以时效作为证据之代用，可避免当事人举证及法庭调查证据的困难。（3）促使权利人行使权利。实行时效制度，使长期不行使权利的人丧失其权利，除有利于维持法律秩序稳定及避免证明困难外，其重要作用还在于督促权利人及时行使其权利，有利于更好地发挥财产的效用及促进社会经济流转正常进行，促进社会经济的发展。

民法时效，分为取得时效与诉讼时效（消灭时效）。取得时效以占有之事实状态为要件，诉讼时效以权利不行使之事实状态为要件；取得时效为权利取得之根据，诉讼时效为权利消灭之原因。因此，有不同的立法例：（1）统一主义立法。日本民法典接受统一主义派的主张，在民法典上对取得时效和诉讼时效统一加以规定。日本民法典在第一编总则中设第六章时效，包含三节，第一节为时效通则，第二节为取得时效，第三节为消灭时效。魁北克民法典亦采统一主义。法国民法典原采统一主义立法，在第三编取得财产的各种方法中专设第二十章时效，对两者不加区分，并设统一的定义，即第 2219 条：时效谓依法律规定的条件，经过一定的期间，而取得财产的所有权或免除义务的方法。现已改采分别主义，除将第二十章改为消灭时效外，另在第二十一章规定占有与取得时效。(2) 各别主义立法。以德国民法典为代表。德国制定民法典时，采纳各别主义主张，对两种时效分别加以规定。即在第一编总则中，设第五章消灭时效；另在第三编物权的第三章所有权中，规定取得时效（第 937 ~945 条）。我国台湾地区民法、葡萄牙民法典、俄罗斯联邦民法典，均仿德国民法典，属于各别主义。值得注意的是，民法总则仅规定诉讼时效（消灭时效），现行物权法亦未规定取得时效。下一步编纂民法典物权编是否规定取得时效，尚未可知。

关于诉讼时效（消灭时效）的客体，也有不同立法例。德国民法典（第 194 条）、我国台湾地区民法（第 125 条）、俄罗斯联邦民法典（第 195 条以下）、我国澳门特别行政区民法典（第 293 条以下、第 291 条）和土库曼斯坦民法典（第 147 条以下）等，以请求权为诉讼时效的客体。日本民法（第 167 条以下），以债权、债权或所有权以外的财产权为消灭时效的客体。判例学说同样认请求权为消灭时效的客体。民法总则亦以请求权为诉讼时效的客体。

按照民法原理和立法例，诉讼时效期间分为普通诉讼时效期间和特别诉讼时效期间。本条第一款规定："向人民法院请求保护民事权利的诉讼时效期间为三年。法律另有规定的，依照其规定。"第一句规定的三年诉讼时效期间，属于普通时效期间。第二句"法律另有规定的，依照其规定"，指本条第二款第三句规定的 20 年长期时效期间，属于特别诉讼时效期间。

本条第二款规定，诉讼时效期间从知道或者应当知道权利受侵害以及义务人之日起计算。法律另有规定的，依照其规定。但是自权利受到侵害之日起超过 20 年的，人民法院不予保护；有特殊情况的，人民法院可以根据权利人的申请决定延长。显而易见，本款规定了三项制度：(1) 诉讼时效（期间）的开始计算；(2) 长期时效期间；(3) 诉讼时效期间的延长。

（一）诉讼时效（期间）的开始计算

诉讼时效（期间）的开始计算，简称诉讼时效的起算，或称诉讼时效开始进行。本款第一句规定："诉讼时效期间自权利人知道或者应当知道权利受到损害以及义务人之日起计算。”依此规定，诉讼时效开始计算须两项条件：一是权利人知道（应当知道）其权利受到侵害的事实；二是权利人知道（应当知道）侵害其权利的义务人。仅具备第一项条件，知道（应当知道）其权利受到侵害，而不具备第二项条件即不知道（不应当知道）义务人，诉讼时效不开始计算。条文所谓“义务人”，包括违约人、加害人，所谓知道（应当知道）加害人，不仅指知道（应当知道）义务人是谁，还应包括知道（应当知道）义务人的住所及联系方式。因为，知道谁是义务人及义务人的住所和联系方式，是权利人行使权利、向法院起诉的必备条件。如果法律对某些请求权诉讼时效起算另有规定的（本法第一百八十九条、第一百九十条、第一百九十一条），自应依照其规定。

须注意，本款第一句是关于诉讼时效起算的极原则规定。因具体请求权的根据及标的之不同，其诉讼时效期间的起算，亦即权利人对权利被侵害“应当知道”之时点之判断有种种差异。谨依民法理论和各请求权的差异，分述如下：（1）附条件、附期限的请求权，从条件成就、期限到来起算；（2）有履行期的请求权，从履行期到来起算；（3）无履行期的请求权，从权利人可行使权利之时起算。未约定履行期限或履行期限不明确的请求权，按照合同法第六十二条第（四）项的规定，债权人可以随时要求履行。因此，三年普通时效期间应当从债权人要求履行之次日起算。（4）物权请求权的起算，因请求权发生根据不同而有区别：无权占有财产的返还请求权，从该财产被无权占有之时起算；抵押物、质物和留置物的返还请求权，从所担保债务受清偿之时起算；租赁物的返还请求权，从租赁合同终止之时起算；合同无效、被撤销或者确定不生效的返还请求权，从合同被确认无效、被撤销或确定不生效之时起算；（5）标的为不作为的请求权，从义务人有违反行为之时起算；（6）因违约行为而发生的强制实际履行请求权、损害赔偿请求权和违约金请求权，从违约行为成立之时起算；（7）因侵权行为发生的请求权，从受害人知道有侵害行为并知道加害人姓名住址之时起算；（8）返还不当得利请求权，从债权人知道或者应当知道不当得利事实及债务人之时起算；（9）因无因管理发生的请求权，管理人对本人的给付必要管理费用请求权、损害赔偿请求权，从无因管理行为结束并且管理人知道或者应当知道本人之日起计算；因不当无因管理发生的本人对管理人的损害赔偿请求权，从本人知道或者应当知道管理人及损害事实之日起计算。

（二）长期时效期间

本款第三句是关于长期时效期间的规定。考虑到社会生活的复杂性，如果权利人只知道权利受侵害而不知道（不应当知道）加害人（义务人），或者未规定履行期的债权其债权人长期不要求履行，三年的普通时效期间将无从开始计算，势将违背民法设立诉讼时效制度的目的。因此，本款第三句规定20年的长期时效期间，无论何种请求权均应同时从该权利成立之日起计算20年长期时效期间，20年时效期间届满的，人民法院不予保护。条文所谓“人民法院不予保护”的意思是，该请求权因20年时效期间届满而成为理论上所谓“自然债”。

按照民法原理，依时效期间之起算不同，分为主观时效期间与客观时效期间。主观时效期间，自权利人知道（应当知道）权利受侵害及义务人（加害人）之日起算；客观时效期间自权利成立之日起算。并且，普通时效期间（短期时效期间）属于主观时效期间，长期时效期间为客观时效期间。例如，法国民法典规定主观时效期间为5年，客观时效期间为10年、20年；德国民法典规定主观时效期间为3年，客观时效期间为20年。本条第一款规定的3年普通时效期间属于主观时效期间，第二款第三句规定的长期时效期间属于客观时效期间，与民法原理及法、德等立法例相同，理论上称为“双重时效期间”。

3年普通时效期间与20年长期时效期间的区别如下：其一，时效期间的起算点不同。3年的普通时效期间，从当事人知道或应当知道权利受侵害及义务人之时起算；20年长期时效期间，从权利成立（权利受侵害）之时起算。其二，期间性质不同。3年的普通时效期间有中止、中断问题，性质上为可变期间；20年长期时效期间不发生中止、中断问题，性质上为不变期间，类似于除斥期间。

民法总则设双重时效期间，其重要意义在适用上：凡权利人知道或应当知道权利被侵害及义务人的，即应适用3年普通时效期间，期间进行中可因法定事由发生中止、中断，但无论如何不得超过从权利被侵害时起的20年。这种情形，20年的长期时效期间，为对3年普通时效期间因中止、中断而延长的限制。如权利人不知道或不应当知道权利被侵害及义务人的，则应适用20年长期时效期间，从权利被侵害时起算超过20年的，时效期间即届满；即使在20年后权利人知道权利被侵害及义务人，亦不得再适用3年普通时效期间。这种情形，20年时效期间应属于对3年普通时效期间的补充，因为，在权利人不知道（不应当知道）权利被侵害及义务人的情形，3 年普通时效期间并未开始计算。

特别要说明的是，民法通则规定了三种时效期间，即第一百三十五条规定 2 年普通时效期间，第一百三十六条规定 1 年特别时效期间，第一百三十七条规定 20 年长期时效期间，民法总则废止 1 年特别时效期间，保留普通时效期间（将 2 年改为 3 年）和长期时效期间（维持 20 年不变），构成双重时效期间。其中，3 年普通时效期间属于主观时效期间，20 年长期时效期间属于客观时效期间。

这里举一个适用长期时效期间的案例：受害人因变压器高压电击伤害失去两条胳臂，损害发生时受害人年仅 10 岁，不知可以要求损害赔偿，不久父亲因煤矿坍塌被压死，母亲改嫁，受害人与年迈的祖父母生活，祖父母均不识字，地处偏僻，交通信息闭塞，不知法律。受害人于损害发生第 14 年后的 1994 年在街边用脚趾画画请求帮助时，一位律师告知有民法通则规定可以向被告要求赔偿。一审、二审法院均以（2 年）诉讼时效期间经过为由驳回受害人的赔偿请求，最终再审法院依据民法通则关于 20 年长期时效期间的规定支持了受害人的损害赔偿请求。

（三）长期诉讼时效期间的延长

本条第二款末句规定：“有特殊情况的，人民法院可以根据权利人的申请决定延长。”可见，所谓时效期间的延长，只能适用于 20 年长期时效期间。3 年的普通时效期间，因有中止、中断的规定，不发生延长问题。

时效期间延长的决定权在法院。时效期间的延长，与时效期间的中止、中断的重要区别在于：时效期间的延长，须由法院根据权利人申请作出延长时效期间的决定，方才发生时效期间延长的效力。而时效期间的中止、中断则相反，只要有发生中止、中断的法定事由，即当然发生中止、中断的效力，无须由法院作出决定。须注意的是，在权利人提出申请后，法院对于决定时效期间是否延长，有完全的裁量权。法律上的用语是“可以”决定延长，而不是“必须”延长。依法律本意，系将决定是否延长的裁量权委托法院行使。即委托法院就当事人所提出的客观情况是否属于“特殊情况”作出裁量，及就该特殊情况下是否延长时效期间作出裁量。即使当事人所提出的客观情况被认定为属于法律所谓“特殊情况”，法院在就是否延长时效期间作决定时，还应考虑是否有予权利人特殊保护的必要，基于权利人长期不行使权利的事实状态所发生的其他法律关系是否更有应予保护的理由。

本条第二款末句规定，有特殊情况的，可以延长时效期间。法律未对所谓"特殊情况"作出明确规定。依解释，民法总则之所以规定20年长期时效期间，其立法者意思在于以此长期时效期间弥补普通时效期间对于权利人保护之不足，而关于时效期间延长的规定，又在于进一步弥补20年长期时效期间之不足。20年长期时效期间已经属于普通时效期间之例外，则20年长期时效期间在特殊情况下的延长，更属于例外之例外。有鉴于此，法庭对于时效期间的延长，当然应严格掌握，不允许滥用，对所谓"特殊情况"应作严格解释。

这里介绍一件以"特殊情况"延长20年长期诉讼时效的案例。吉林省通化市中级人民法院关于赵某某等诉通化市人民医院侵犯身份权赔偿案民事判决（2003年5月18日），案件事实是，原告乙于1981年10月29日在被告医院妇产科顺产一名男婴。按被告的规定，新生儿由院方医护人员在婴儿室看护3日。3日后，原告乙同被告交予的男婴一同出院，该男婴取名赵某，由二原告抚养至今。2001年4月6日，赵某在大学参加义务献血时，得知自己的血型为AB型，二原告方知赵某并非其亲生子。后经多方寻找，并经辽宁省公安厅进行DNA亲子鉴定，结论为二原告与赵某无血亲关系，与原告乙同在被告处生产的李某某之子孙某系二原告亲生子。造成这一后果的直接原因是被告疏于管理。二原告诉请依法判令被告赔偿直接经济损失及精神损害赔偿金。被告通化市人民医院主张原告的诉讼请求已超过20年法定最长诉讼时效期间，不应受法律保护。二审法院认为，本案原告20年的时间不知权利受到侵害和不能主张权利，属于民法通则第一百三十七条规定的"特殊情况"，本案可以延长诉讼时效期间，因此驳回被告的时效抗辩主张。①

下面介绍"禁止诉讼时效滥用"的法理。侵害自然人的生命、身体和健康的侵权行为，造成受害人的死亡或者严重残疾，如果仅因诉讼时效期间经过，即使事实证据确凿、因果关系清楚而加害人又有赔偿能力，却因适用诉讼时效的效果致受害人及其亲属得不到任何赔偿，不仅将使受害人或依赖其扶养的亲属堕入痛苦和绝望的深渊，也背离法律设诉讼时效制度的目的而违背社会正义。因此，发达国家和地区的法院，于这种情形，以诉讼时效滥用为由，拒绝加害人援用诉讼时效的抗辩，判决加害人承担损害赔偿责任。此项判例规则，受到民法学界的肯定，被称为禁止诉讼时效滥用的法理。

---

① 参见最高人民法院中国应用法学研究所编：《人民法院案例选》（2004年民事专辑，总第48辑），人民法院出版社2005年版。

鉴于科学技术和工业交通事业的高速发展，使人类面临各种各样的、防不胜防的不测之危险，造成死亡和严重残疾人数剧增。受害人多数属于社会生活中的弱者，因种种原因未及时主张权利，致时效期间届满而得不到任何赔偿的实例，比比皆是。本法第一百八十八条第二款末句规定："有特殊情况的，人民法院可以根据权利人的申请决定延长"，其立法意旨，与发达国家和地区所谓"禁止诉讼时效滥用的法理"相同。但人民法院以"特殊情况"为由决定延长诉讼时效期间，仅限于20年长期诉讼时效。现实生活中，受害人虽然知道权利受侵害及加害人（3年普通时效期间开始计算），而因种种原因在3年普通时效期间届满之后起诉，没有适用时效中止、中断的可能，将不能得到任何救济。尤其在受害人遭受人身伤害死亡、严重残疾情形，加害人明明有经济实力亦不予赔偿，实在有悖于社会正义及民法悲悯情怀。鉴于本法已经明文规定禁止权利滥用原则（第一百三十二条），人民法院审理侵害生命、身体、健康致受害人死亡或者严重残疾的侵权案件，即使3年普通时效期间已经届满，如果事实证据确凿、因果关系清楚且加害人有予以赔偿的经济实力，应当果断适用本法第一百三十二条禁止权利滥用原则，否定加害人的时效抗辩，判决加害人承担损害赔偿责任。

第一百八十九条【分期履行的请求权】

当事人约定同一债务分期履行的，诉讼时效期间自最后一期履行期限届满之日起计算。

本条规定分期履行的请求权，诉讼时效期间自最后一期履行期限届满之日起算。所谓"当事人约定同一债务分期履行的"，自债权人方面观察，称为分期履行的请求权（债权）。例如，分期付款买卖的价金请求权、借款合同的利息请求权、租赁合同的租金请求权，依据本条规定，其3年普通时效期间，应从最后一期履行期限届满之日起算。

第一百九十条【对法定代理人的请求权】

无民事行为能力人或者限制民事行为能力人对其法定代理人的请求权的诉讼时效期间，自该法定代理终止之日起计算。

本条是对法定代理人的请求权的时效期间起算的规定。无民事行为能力人、限制民事行为能力人，须由法定代理人代为实施法律行为及代为行使权利。其与法定代理人之间的债权债务，若由其法定代理人代为行使权利，法定代理人有滥用其代理权损害无民事行为能力人、限制民事行为能力人合法利益之虞。且由法定代理人代理权利人对法定代理人自己行使权利（起诉）构成自己代理，违背本法禁止自己代理之规则。因此，无民事行为能力人、限制民事行为能力人，将无法行使对于法定代理人的请求权。

本条规定，无民事行为能力人、限制民事行为能力人对其法定代理人之的请求权，在法定代理关系存续期间，诉讼时效不开始进行，自该法定代理关系终止之日起开始计算诉讼时效期间。所谓法定代理关系终止，包括两种情况：（1）无民事行为能力人、限制民事行为能力人取得（恢复）完全民事行为能力，其法定代理关系终止。这种情形，权利人已经享有完全民事行为能力，可以自己行使对原法定代理人的请求权；（2）法定代理关系因法定代理人被撤销监护人资格而终止，这种情形须待新法定代理人（监护人）就职之时起，诉讼时效期间开始计算。这种情形，可以由新法定代理人代理权利人行使对原法定代理人的请求权。

第一百九十一条【未成年人受性侵害的请求权】

未成年人遭受性侵害的损害赔偿请求权的诉讼时效期间，自受害人年满十八周岁之日起计算。

鉴于对未成年人的性侵害行为的特殊性，受害人自己属于限制行为能力人或者无行为能力人，不可能自己寻求法律救济。于监护人疏于履行监护职责甚至监护人自己就是加害人的情形，受害人往往得不到法律保护。受害人成年之后自己寻求法律保护，却因诉讼时效期间超过被法院拒绝受理或者予以驳回。为了给受性侵未成年人预留其成年之后寻求法律保护之机会，发达国家立法例有三种方案：方案一，为受性侵害的损害赔偿请求权规定足够长的时效期间，保障其成年之后能够寻求法律保护（诉讼时效期间尚未超过）。例如，法国民法典第 2226 条第 2 款规定：“对未成年人实施拷打或野蛮行为、暴力或性侵犯造成损害的，诉讼时效期间为 20 年。”方案二，规定受性侵害未成年人的损害赔偿请求权诉讼时效期间，于受害人成年且能够行使诉权之前，不开始计算，以确保其成年之后能够获得法律保护。例如，德国民法典第 208 条规定：“基于性的自主决定

（sexuellen Selbstbestimmung）受侵害的请求权，于受害人满 21 周岁前，时效不开始进行。时效开始时受害人与加害人处在家庭共同生活关系的，于共同生活关系解除前，诉讼时效不开始进行。”方案三，将受性侵未成年人损害赔偿请求权诉讼时效与性侵害犯罪行为的追诉时效相联系，规定于性侵害犯罪行为追诉时效届满之前诉讼时效亦不届满，以保障受害人可以行使损害赔偿请求权。例如，荷兰新民法典第 3：310 条第 4 款规定：“对不满 18 周岁的女性的性侵害犯罪行为，损害赔偿的诉讼时效在犯罪的追诉时效届满前不届满。”民法总则起草人参考德国民法典的经验，创设本条规定未成年人受性侵损害赔偿请求权诉讼时效期间，自受害人年满 18 周岁之日起算。

第一百九十二条【诉讼时效的效力】

诉讼时效期间届满的，义务人可以提出不履行义务的抗辩。

诉讼时效期间届满后，义务人同意履行的，不得以诉讼时效期间届满为由抗辩；义务人已自愿履行的，不得请求返还。

各国民法关于诉讼时效效力的规定，可区别为三种类型：（1）实体权消灭主义。此种立法，将诉讼时效的效力规定为直接消灭实体权。系采纳德国学者温特夏德（Windscheid）的主张。属于此种类型立法的代表为日本民法典。该法典第 167 条规定：债权，因 10 年间不行使而消灭，债权或所有权以外的财产权，因 20 年间不行使而消灭。（2）诉权消灭主义。此种立法，系采纳德国学者萨维尼（Savigny）的主张。萨氏认为，诉讼时效完成后，其权利本身仍然存在，仅诉权归于消灭，此为罗马法消灭时效之本旨。时效届满后的权利，因诉权消灭不能请求法院为强制执行，即所谓自然债。属于此种主义的立法，例如，1922 年苏俄民法典第 44 条规定：起诉权，逾法律规定之期间而消灭。1994 年俄罗斯联邦民法典亦采诉权消灭主义（第 195、199 条）。匈牙利民法典第 325 条第 1 款规定：时效完成的请求权，不能在法院强制执行。（3）抗辩权发生主义。系采纳德国学者欧特曼（Oertmann）的主张。欧氏认为，时效完成后，义务人因而取得拒绝履行的抗辩权。如义务人自动履行的，视为抛弃其抗辩权，该履行应为有效。此种主义的立法，例如，德国民法典第 222 条规定：消灭时效完成后，义务人有拒绝给付的权利。我国台湾地区民法、葡萄牙民法典、国际商事合同通则（PICC）、欧洲民法典草案（DCFR）的规定与此相同。1964

年的苏俄民法典第 87 条规定：诉讼时效在起诉前过期，是拒绝应诉的理由。

在民法通则生效后的一段时间，学界曾经认为民法通则关于诉讼时效的规定系采纳诉权消灭主义。后经比较法的研究注意到，无论属于何种立法主义，其诉讼时效的效力都是一致的，即诉讼时效完成后，债务人可以拒绝履行债务。例如，我国澳门特别行政区民法典第 297 条、我国台湾地区民法第 144 条、德国民法典第 214 条、土库曼斯坦民法典第 163 条，均明文规定，债务人可以拒绝履行债务。法国民法典、意大利民法典、日本民法典、俄罗斯民法典及越南民法典等虽无明文规定，因采实体权消灭主义，债权既已消灭，则债务人当然有权拒绝履行债务。在采请求权或诉权消灭主义的民法典，请求权或诉权既然消灭，权利人已不能通过法院强制义务人履行义务，则义务人有权拒绝履行，当是题中应有之义。2008 年，《适用诉讼时效制度的规定》（法释〔2008〕11 号）第三条规定："当事人未提出诉讼时效抗辩，人民法院不应对诉讼时效问题进行释明及主动适用诉讼时效的规定进行裁判。"此项司法解释，表明中国裁判实务由诉权消灭主义，改为抗辩权发生主义。因此，本条第一款明确规定："诉讼时效期间届满的，义务人可以提出不履行义务的抗辩。"即义务人因此享有抗辩权，可以据此对抗权利人的履行请求。

诉讼时效效力的另一个问题是，如何对待时效期间届满后义务人的履行？按照民法原理和立法例，时效完成的债务，自愿履行的，不得要求返还。此在我国民法通则第一百三十八条、我国台湾地区民法第 144 条、我国澳门特别行政区民法典第 297 条、德国民法典第 214 条、意大利民法典第 2940 条、俄罗斯联邦民法典第 206 条、土库曼斯坦民法典第 163 条、越南民法典第 389 条，均有明文规定。日本民法典虽无规定，但判例学说亦采此立场。法国民法典虽无明文规定，但依其第 2221 条的规定，对时效完成的债务仍为履行的，构成默示抛弃时效利益，当然不得再要求返还。

本条第二款规定："诉讼时效期间届满后，义务人同意履行的，不得以诉讼时效期间届满为由抗辩；义务人已自愿履行的，不得请求返还。"条文"义务人同意履行"，指对债务作出承认或者表示愿意履行的意思或者为债务履行提供担保。所谓义务人对债务作出承认，如与债权人达成分期或延期还款的协议，请求债权人准予延期还款的函件，及在债权人催款的函件上签名或盖章等。所谓义务人表示愿意履行的意思，是指义务人作出愿意履行该给付的允诺。所谓义务人为债务履行提出担保，包括义务人为担保债务的履行而提供人的担保、物的担保或其他担保方式。条文"义务人自愿履行”，指义务人已实际履行义务，如已交货、已付款。

顺便指出，诉讼时效的效力除本条规定外，还有第三项效力：诉讼时效的完成（时效期间届满），不影响时效完成前已经适于抵销的债务的相抵。此在我国台湾地区民法第337条、我国澳门特别行政区民法典第841条、德国民法典第215条、意大利民法典第1242条、日本民法典第508条、土库曼斯坦民法典第453条，均有明文规定。法国民法典虽无明文规定，但依其第1290条的规定，“债的抵销得依法律之效力当然发生，即使债务人不知，亦然。”则时效完成前适于抵销的债务，自两债务并存时起，已当然发生抵销的法律效力，自然不受此后完成的时效的影响。此项效力在民法通则虽无明文规定，但实务中已有据此判决的案例。①

第一百九十三条【法院不得主动适用时效】

人民法院不得主动适用诉讼时效的规定。

罗马法时效制度有一项重要原则，即时效只能由当事人主张而不能由法庭主动援用。发达国家和地区民法，均继承了这一罗马法原则，禁止法庭主动适用诉讼时效。例如，法国民法典第2223条规定：法官不得自动援用时效的方法。日本民法典第145条规定：除非当事人援用时效，法院不得根据时效进行裁判。意大利民法典第2938条规定：法官不得依职权提起没有主张的时效。但是，在苏联东欧社会主义国家，出于计划经济和单一公有制的要求，否定了这一罗马法原则。例如，1964年的苏俄民法典第82条规定：不论双方当事人申请与否，法院均应适用诉讼时效。

关于法院可否主动适用诉讼时效，民法通则并无明文规定，民法理论和裁判实践因受苏联东欧社会主义民法的影响，在民法通则施行后的一段时间，曾经认为法庭和仲裁庭可依职权主动适用诉讼时效，而无须当事人主张。20世纪90年代以来，民法理论和实务界已经认识到，法庭不待当事人主张而主动适用诉讼时效，违背民法时效制度的本质和市场经济的要

① 福建省福州市中级人民法院（2007）榕民初字第575号判决书（中国农业银行福建省分行营业部与福清华信食品有限公司侵权纠纷案）。【裁判要旨】“合同法第九十九条关于法定抵销所规定的可用于抵销的债务应指合法成立且尚未消灭的债务，只要满足标的物种类、品质相同、已届清偿期，且不属于依照法律规定或者按照合同性质不得抵销的债务，都可列入允许行使抵销权的债务范围，包括超过诉讼时效的自然债务。”参见《人民司法·案例》2011年第4期。

求，严重不利于人民和企业合法权益的保护，2008 年《适用诉讼时效制度的规定》第三条明确规定："当事人未提出诉讼时效抗辩，人民法院不应对诉讼时效问题进行释明及主动适用诉讼时效的规定进行裁判。"民法总则将此项司法解释上升为正式法律条文。本条规定："人民法院不得主动适用诉讼时效的规定"，当然也不得主动审查诉讼时效期间是否经过及不得就诉讼时效期间是否届满进行释明。

第一百九十四条【诉讼时效中止】

在诉讼时效期间的最后六个月内，因下列障碍，不能行使请求权的，诉讼时效中止：

（一）不可抗力；

（二）无民事行为能力人或者限制民事行为能力人没有法定代理人，或者法定代理人死亡、丧失民事行为能力、丧失代理权；

（三）继承开始后未确定继承人或者遗产管理人；

（四）权利人被义务人或者其他人控制；

（五）其他导致权利人不能行使请求权的障碍。

自中止时效的原因消除之日起满六个月，诉讼时效期间届满。

本条是关于诉讼时效期间中止的规定。所谓时效期间的中止，指在时效期间行将完成之际，有与权利人无关的事由而使权利人无法行使其请求权，法律为保护权利人而使时效期间暂停计算，待中止事由消灭后继续计算。

本条第一款规定：在诉讼时效期间的最后六个月内，因不可抗力或者其他障碍不能行使请求权的，诉讼时效中止。第二款规定，自中止时效的原因消除之日起满六个月，诉讼时效期间届满。

按照本条第一款规定，发生诉讼时效期间中止，须具备两项要件：第一项要件是，须有障碍权利人行使权利的法定原因（法定事由），包括：（1）不可抗力。所谓"不可抗力"，指"不能预见、不能避免且不能克服的客观情况"（本法第一百八十条第二款）。（2）无民事行为能力人或者限制民事行为能力人没有法定代理人，或者法定代理人死亡、丧失民事行为能力、丧失代理权。(3)继承开始后未确定继承人或者遗产管理人。(4)权利人被义务人或者其他人控制。(5)其他导致权利人不能行使请求权的障碍。第二项要件是,此障碍权利人行使权利的法定原因(法定事由),须发生在3年普通时效期间的最后6个月内。发生在最后6个月之前,不发生时效中止的效力。前已述及,20年长期时效期间,属于不变期间,不存在时效中止问题。

时效期间中止的效力,在于使时效期间暂停计算,待中止的原因消灭后,亦即权利人能够行使其请求权时,再继续计算时效期间。这里有一个问题,即继续计算的时效期间如果不足6个月,应否延长到6个月?各国民法诉讼时效制度关于时效期间中止,大抵有延长到6个月的规定。因此,本条第二款规定:“自中止时效的原因消除之日起满六个月,诉讼时效期间届满。”其意思很明确,自中止时效的原因消除(即权利人能够行使请求权)之日起,继续计算的时效期间须满6个月,时效期间才能终止。换言之,继续计算的时效期间如果不够6个月,必须延长到满6个月。

第一百九十五条【诉讼时效中断】

有下列情形之一的,诉讼时效中断,从中断、有关程序终结时起,诉讼时效期间重新计算:

(一)权利人向义务人提出履行请求;

(二)义务人同意履行义务;

(三)权利人提起诉讼或者申请仲裁;

(四)与提起诉讼或者申请仲裁具有同等效力的其他情形。

本条是关于诉讼时效期间中断的规定。所谓时效期间的中断,指在有法定事由发生时,此前已计算的时效期间全归无效,待中断事由消灭后时效期间重新计算。时效期间中断与时效期间中止,其立法宗旨均在于保护权利人利益,但二者有下述区别:其一,发生中止的原因属于与当事人无关的客观情况,而发生中断的原因系当事人的行为,亦即取决于当事人的意思。其二,在时效期间中止,中止以前已经进行的时效期间有效,应与中止原因消灭后继续计算的时效期间合并计算;在时效期间中断,中断以前已经进行的时效期间无效,中断原因消灭后重新计算时效期间。其三,时效期间中止,中止原因应发生在时效期间的最后6个月内,才能发生时效中止的效力;而时效期间中断,中断原因无论发生在时效期间的哪一段，均应发生时效中断的效力。

按照本条规定，引起时效期间中断的法定事由如下：（1）权利人向义务人提出履行请求。依解释，此所谓“向义务人提出履行请求”，应包括通知、催告义务人履行义务，要求侵权行为人承担责任。（2）义务人同意履行义务。（3）权利人提起诉讼或者申请仲裁。（4）与提起诉讼或者申请仲裁具有同等效力的其他情形。

其中第（1）项所谓“向义务人提出履行请求”，究何所指？根据《适用诉讼时效制度的规定》（法释〔2008〕11号），应当包括：（1）当事人一方直接向对方当事人送交主张权利文书，对方当事人在文书上签字、盖章或者虽未签字、盖章但能够以其他方式证明该文书到达对方当事人的；（2）当事人一方以发送信件或者数据电文方式主张权利，信件或者数据电文到达或者应当到达对方当事人的；（3）当事人一方为金融机构，依照法律规定或者当事人约定从对方当事人账户中扣收欠款本息的；（4）当事人一方下落不明，对方当事人在国家级或者下落不明的当事人一方住所地的省级有影响的媒体上刊登具有主张权利内容的公告的。还包括：权利人对同一债权中的部分债权主张权利，及向债务人发出债权转让通知。

其中第（2）项，所谓“义务人同意履行义务”，根据《适用诉讼时效制度的规定》（法释〔2008〕11号），应包括：义务人作出分期履行、部分履行、提供担保、请求延期履行、制定清偿债务计划等承诺。

其中第（4）项“与提起诉讼或者申请仲裁具有同等效力的其他情形”，根据《适用诉讼时效制度的规定》（法释〔2008〕11号），包括：申请支付令；申请破产、申报破产债权；为主张权利而申请宣告义务人失踪或死亡；申请诉前财产保全、诉前临时禁令等诉前措施；申请强制执行；申请追加当事人或者被通知参加诉讼；在诉讼中主张抵销。还包括：权利人向人民调解委员会以及其他依法有权解决相关民事纠纷的国家机关、事业单位、社会团体等社会组织提出保护相应民事权利的请求。还应包括：权利人向公安机关、人民检察院、人民法院报案或者控告，请求保护其民事权利的。

时效期间中断的效力，在于使此前已经进行的时效期间归于无效，“从中断、有关程序终结时起，诉讼时效期间重新计算”。因发生中断的原因不同，其重新计算时效期间的起算点亦有不同：（1）属于提起诉讼、提起仲裁、申请调解或向有关机构或机关要求保护民事权利等原因而致中断的，应从判决、裁定、裁决或调解协议生效或有关机构或机关作出决定之时起，重新计算时效期间。（2）属于以其他方式主张权利的，应从中断原因发生时起重新计算时效期间。(3)属于义务人同意履行义务的，亦应从中断原因发生时起重新计算时效期间。

第一百九十六条【不适用诉讼时效的请求权】

下列请求权不适用诉讼时效的规定：

（一）请求停止侵害、排除妨碍、消除危险；

（二）不动产物权和登记的动产物权的权利人请求返还财产；

（三）请求支付抚养费、赡养费或者扶养费；

（四）依法不适用诉讼时效的其他请求权。

本条是关于不适用诉讼时效的权利的规定。

本条第（一）项规定，停止侵害、排除妨碍、消除危险请求权，不适用诉讼时效。包括基于所有权及其他物权的停止侵害、排除妨碍、消除危险请求权，以及基于不动产相邻关系的停止侵害、排除妨碍、消除危险请求权。基于所有权及其他物权的停止侵害、排除妨碍和消除危险请求权，为所有权及其他物权的消极功能和重要内容，基于物权的性质和效力，不应适用诉讼时效。基于不动产相邻关系的停止侵害请求权、排除妨碍请求权，不适用诉讼时效，理由亦在于权利的目的，即这类权利的目的在解决权利纷争，及发挥物权的效用。

本条第（二）项规定，不动产物权和登记的动产物权的权利人请求返还财产请求权，不适用诉讼时效。不动产物权采登记生效主义，非经登记不生效力，若规定不动产物权及登记的动产物权的权利人请求返还财产的请求权适用时效，将与不动产、动产登记制度的基础相抵触。因此，不动产所有人和登记动产所有人的返还请求权不适用诉讼时效。

本条第（三）项规定，请求支付抚养费、赡养费或者扶养费的请求权，不适用诉讼时效。因为，受抚养、扶养或受赡养者一般是年幼、年老或其他缺乏劳动能力的人，抚养费、扶养费、赡养费是这些人生活的来源，若无此等费用，将严重影响他们的生活，甚至生存。

本条第（四）项规定“依法不适用诉讼时效的其他请求权”，是一个兜底条款。条文“依法”一语，并未明示“依照法律规定”，似应解释为，包括“依照法律原理（法理）”。这样解释，则下列请求权亦应不适用诉讼时效：其一，基于投资关系的收益分配请求权。是指投资人基于投资关系，请求分配收益的权利，如股东的红利分配请求权、合伙人的利润分配请求权等。其二，基于存款关系的支付存款本金和利息的请求权，是指存款人请求金融机构支付其所存款项的本金及利息的权利。其三，基于债券关系的还本付息请求权，是指债券的合法持有人请求债券发行人于债券到期时支付本金及利息的权利。如公司债券的合法持有人请求发行债券的公司届期支付本息的权利。此处的债券包括公司债券、企业债券、政府债券等法律允许发行的债券。

须注意的是，基于财产共有关系的请求权不属于诉讼时效客体。所谓基于财产共有关系的请求权，是指共有人基于共有关系请求分割共有物的权利。如分割合伙财产请求权和分割家庭财产的请求权等。民法理论认为，此项权利虽名为请求权，实质上是形成权，而非请求权。

第一百九十七条【诉讼时效的强制性】

诉讼时效的期间、计算方法以及中止、中断的事由由法律规定，当事人约定无效。

当事人对诉讼时效利益的预先放弃无效。

本条第一款规定，当事人不得变更时效期间的长短及其计算方法，变更时效期间及其计算方法的合意无效。立法例关于法律规定的时效期间，当事人是否可以合意变更，有三种立法主义：（1）时效规定属于强行性规定，不得由当事人依自由意思予以排除，时效期间不得由当事人协议予以加长或缩短，时效利益不得由当事人预先予以抛弃。当事人关于排除时效适用、变更时效期间或预先抛弃时效利益的约定，依法当然无效。瑞士、意大利、葡萄牙、希腊、俄罗斯、魁北克、巴西、我国台湾地区等民法采此规定。日本民法虽无明文规定，但民法学者作同样解释。（2）允许当事人约定减轻时效，尤其是缩短时效期间，但不允许约定加重时效，尤其是延长时效期间。奥地利、荷兰、丹麦等国民法采此规定。法国民法典2008年修正前、德国民法典2001年修正前原第225条亦同。（3）允许当事人约定减轻或加重时效，但设有一定限制。法国民法典2008年修正后第2254条第1款第1句、第2款规定：当事人可以协议缩短或延长时效期间，亦可协议在法定的时效中止与中断事由之外增加其他事由。德国民法典2001年修正后第202条第1款规定：在因故意而发生责任的情形，不得预先以法律行为减轻时效。第2款规定：不得超出自法定时效起算点起30年时效期间以外以法律行为加重时效。匈牙利民法典第325条第2款规定：

当事人得协议缩短时效期间，其协议须为书面始生效力；时效期间短于一年者，当事人得以书面形式延长，但最长不超过一年，其他情形下延长时效期间的协议无效。西班牙、瑞典、丹麦、爱沙尼亚等国民法亦属此列。国际统一私法协会国际商事合同通则（PICC）（2004 年新版）第 10.3 条第 1 款规定：当事人可以变更时效期间。欧洲合同法通则（PECL）第 14：601 条第 1 款、欧洲民法典草案（DCFR）第二编第 7：601 条第 1 款规定：当事人可协议变更时效的规定，特别是缩短或者延长时效期间。

民法通则对此未有明文规定，但学者意见及裁判实践，多认为诉讼时效期间的规定属于强行性规定，绝对不得变更。民法总则起草人考虑到，诉讼时效制度的本质是对民事权利的法定限制，关乎社会公共利益和法律秩序的统一，允许改变时效的立法效果如何，尚待观察研究。且考虑到我国特殊国情，刚走上法治之路，如允许变更时效，难免影响法律秩序及有处于优势地位当事人通过变更时效损害相对人合法权益之虞，决定维持时效规定的强行性。根据民法通则以来的裁判实践和民法理论，参考我国台湾地区民法、我国澳门特别行政区民法典及瑞士债务法、意大利民法典、俄罗斯民法典等立法例，制定本条。

本条第二款规定，预先抛弃时效利益的意思表示无效。按照对本款的反对解释，则事后抛弃时效利益的意思表示有效。所谓抛弃时效，是指时效完成（时效期间届满）后，债务人或其代理人作出自己不欲享受因时效完成而发生的法律上利益的意思表示。如债务人表示尽管时效已经完成，自己仍愿履行该债务，即为抛弃时效。抛弃时效，属于单方法律行为，须依意思表示为之，无须权利人接受或同意，自其成立时起发生法律效力。抛弃时效，可在诉讼中也可在诉讼外作出，可以是明示的也可以是默示的。明示的抛弃，是指债务人将其抛弃时效的意思以书面或口头的方式向相对人表示。默示的抛弃，是指债务人作出的、可以推定其有抛弃时效利益意思的行为。诉讼时效期间届满后，债务人自愿履行，即属于默示的抛弃。

时效抛弃的构成要件如下：（1）须于时效完成后为之。时效完成前，不得预先抛弃时效。（2）时效的抛弃，属于单方行为，抛弃人须有行为能力。（3）时效的抛弃，须由对时效完成所生利益有处分权的人，即债务人及其继承人为之。债务人为未成年人或者成年障碍者时，其监护人无权抛弃时效。

附录1：为中国民法典而斗争[①]

亨利·梅因爵士在《古代法》一书中指出，人类社会法律发展的进程是，先有习惯法，然后由习惯法进到成文的法典法。据法律史学者的研究，中国法律的历史可以追溯到公元前21世纪的夏代。古文献记载，夏代的法律称作“禹刑”，商代的法律称作“汤刑”，周代的法律有“九刑”和“吕刑”。这些法律，应属于梅因爵士所谓的习惯法。中国法律由习惯法向成文法的演进，发生在春秋战国（公元前770年~公元前256年）时期。这一时期，适应社会发展的要求，各诸侯国纷纷编纂、公布成文法。如郑国（公元前806年~公元前375年）于公元前536年“铸刑书于鼎”，公布成文法。晋国（公元前715年~公元前349年）于公元前513年“铸刑鼎”，公布成文法。魏国（公元前403年~公元前225年）的李悝（公元前455年~约公元前395年）在收集整理各诸侯国法律的基础上，著《法经》六篇，被认为是体系比较完整的成文法典。公元前221年秦统一中国，建立中央集权的专制帝国，以魏国的《法经》为蓝本，制定“秦律”。汉代在“秦律”基础上加以增删，制定“九章律”。此后的历代王朝，均重视成文法典的编纂，产生过诸如“隋律”“唐律”“明律”“清律”等杰出的成文法典，并对东北亚、东南亚诸国的法制产生过重大影响。中国法律，自春秋战国时期实现成文化，直至清代末期，经过2000多年的发展，形成沿革清晰、特点鲜明的法律体系，被称为世界五大法系之一——中华法系。

中国法律，从春秋战国时期魏国的《法经》，直到最后一部封建法典《大清律例》，都是以刑法规范为主，兼及民事、行政和诉讼等方面的内容。学者称为“诸法合体，以刑为主”。值得指出的是，历代成文法典，即使涉及民事生活关系，也以规定采用刑罚制裁为限，实质上仍属于刑法规范，而与现今所谓民法不同。现今所谓民法，特指近现代民法。其基本

① 《中国民法典草案建议稿附理由》的“序言”。

特征是：主体地位平等、意思自治、私权不受侵犯、过失责任。中国历史上不存在现今所谓民法，是因为在漫长的封建社会，自给自足的自然经济形态始终居于主体地位，历代封建王朝始终实行“重农抑商”政策，抑制商品生产和商品交换，并在政治上实行封建君主专制主义统治，不具备产生诸如自由、平等、权利、义务等近代民法观念的条件。现今中国民法，非中国所固有，而是清朝末期从外国继受而来。

进入19世纪，中国封建社会已经腐朽没落。中国在第一次鸦片战争（1840～1842年）和第二次鸦片战争（1856～1860年）中战败，被迫签订割地、赔款、丧权、辱国的一系列不平等条约。鸦片战争之后，中国逐步沦为半殖民地国家。中华民族开始了一百多年屈辱、苦难、探索和斗争的历程。两次鸦片战争的失败，表明中国与西方列强之间在军事和科学技术上存在巨大差距，促使清王朝统治集团内部分化出主张学习西方先进科学技术的洋务派。19世纪60年代至90年代末，贯彻洋务派的主张，中国兴起学习西方先进技术、购买西方新式武器、创建新式军队、创办军事工业和民用工业的“洋务运动”。在不长的时间，中国创建了近代的陆军和海军，建成近代军事工业体系和民用工业体系，中国资本主义有了初步的发展。

中国在公元1894～1895年的中日战争中被东邻日本战败，宣告“洋务运动”失败。中国人终于认识到：靠学习西方先进技术不能真正实现“自强”的目的，还必须学习西方政治法律制度。但统治集团内部“后党”与“帝党”之间，对于应否废弃中国传统法制意见冲突，不能达成共识。1900年8月，英、法、德、俄、美、日、意、奥八国联军攻占北京，慈禧太后和光绪皇帝仓皇出逃。次年，中国政府被迫与英、法、德、俄、美等11国签订不平等条约，其中规定中国政府支付赔款45000万两白银。此次事变，终于促使统治集团内部达成共识：中国要富强，非学习西方法律制度不可！1902年光绪皇帝颁布诏书，宣布实行“新政改革”。1907年委派沈家本、俞廉三、英瑞为修律大臣，设立修订法律馆，“参酌西洋法制”，起草民刑各法典。由此揭开中国继受外国法的序幕。

1908年民法典起草正式开始。由日本学者松冈义正负责起草总则、债权、物权三编，由曾经留学法国的陈箓与留学日本的高种、朱献文负责起草亲属、继承两编。1910年底，民法典起草完成，称为“大清民律草案”。设总则、债权、物权、亲属、继承五编，共1569条。1911年进入审议程序。因同年10月爆发辛亥革命，推翻清王朝，使这一民法典草案未能正式颁布生效。但是，通过这一民法典草案，德国民法的编纂体例及概念、原则、制度和理论体系被引入中国，对现代中国的民事立法和民法理论产生了深远的影响，且充分显示中华民族在外来压力之下，毅然决定抛弃固有传统法制，继受西方法律制度，以求生存的决心、挣扎和奋斗。

中华民国建立，北洋政府设立修订法律馆，主持起草民刑法典。于1925年完成民法修正案，称为“第二次民律草案”。该民法草案，是以“大清民律草案”为基础增删修改而成，共1745条。其总则编改动较少，仅增设关于“外国法人”“行为能力”的规定；债编改动较大，采纳了瑞士债务法的若干原则，尤其第二章关于“契约”的规定，与“大清民律草案”不同；物权编增加规定“抵押权”和“典权”；亲属编的篇目有所变动，使逻辑更清晰，并增加关于“家产”“亲子关系”“养子”“照管”的规定；继承编主要是文字和结构的改动，使逻辑更清晰严密。北洋政府司法部曾经通令各级法院，在裁判民事案件时可将“第二次民律草案”作为法理引用，但最终并未成为正式法律。

1927年4月，中国国民党在南京成立国民政府。1929年1月，国民政府立法院设立民法起草委员会，由傅秉常、焦易堂、史尚宽、林彬、郑毓秀五人任起草委员，从同年2月1日开始起草民法典。民法起草委员会，以“第二次民律草案”为基础，采取分编修订、分编提交立法院审议通过、分编公布实施的方式，至1930年12月26日，民法典各编先后审议通过、公布实施，称为《中华民国民法》。设总则、债、物权、亲属、继承五编，共29章，1225条。这一法典，着重参考德国民法典、日本民法典和瑞士债务法，对当时的苏俄民法典和泰国民法典也有所参考，是中国历史上第一部民法典。

近代各国制定民法典，都具有一定的政治目的。中国制定民法典的目的，在于废除领事裁判权。1843年签订的《中英五口通商附粘善后条款》和《中英五口通商章程》，开外国人在华享有领事裁判权之先例。此后法、美、挪、俄、德、荷等17国，均通过不平等条约取得在华领事裁判权。领事裁判权的存在，严重损害中国国家主权。因此，自清末以来，中国政府一直致力于废除领事裁判权。1902年，清朝政府与英、美、日、葡续订商约，四国先后承诺：以“中国法律制度皆臻完善”为放弃领事裁判权的条件。1927年南京国民政府与比利时、丹麦、西班牙、意大利续订商约，均规定以“1930年1月1日前颁布民商法典”为撤销领事裁判权的条件。可见，废除领事裁判权是导致中国继受西方法制、制定民刑法典的直接动因。但各国在华领事裁判权一直到抗战末期的1944年才被废除。而西洋法律之继受，对中国法制之现代化，具有深远重大的影响。

中国之继受大陆法系的德国民法，是受日本的影响。其所以不采英美法系，纯粹由于技术上的理由。大陆法系与英美法系，并无优劣高下之分，但英美法是判例法，不适于依立法方式予以继受。德国民法典和法国民法典，是大陆法系最著名的民法典。因德国民法典公布在后，其立法技术和内容比法国民法典进步。因此，中国继受德国民法。中国法制因继受德国民法而实现近代化、科学化，此为中国继受德国民法之真正意义。

1949 年，中国共产党领导的人民革命推翻国民党领导的国民政府，建立中华人民共和国。包括《中华民国民法》在内的国民政府“六法”被废除。1950 年，参考《苏俄婚姻、家庭及监护法典》，制定新中国第一部婚姻法。1954 年，全国人大常委会组织民法起草，至 1956 年 12 月完成“民法草案”，分为总则、所有权、债、继承四编，共 525 条。此后，发生“整风”“反右”等政治运动，致民法起草工作中断。这一“民法草案”，是以 1922 年的苏俄民法典为蓝本。例如，四编制体例的采用，将亲属法排除在民法之外；抛弃“物权”概念而仅规定“所有权”；不使用“自然人”概念而用“公民”概念代替；仅规定诉讼时效而不规定取得时效；强调对社会主义公共财产的特殊保护，等等。表明中国由此前继受德国民法，转而继受苏联民法。值得注意的是，虽然这一“民法草案”是以苏俄民法典为蓝本，但苏俄民法典本身也是参考德国民法制定的，这就决定了新中国民事立法和民法理论仍未脱离大陆法系的德国法系。

1962 年，中国在经历三年自然灾害和“大跃进”“共产风”造成的严重经济困难之后，调整经济政策，强调发展商品生产和商品交换，民事立法重新受到重视。同年开始第二次民法典起草，至 1964 年 7 月，完成“民法草案（试拟稿）”。起草人设计了一个既不同于德国民法也不同于苏俄民法的“三编制”体例：第一编“总则”、第二编“财产的所有”、第三编“财产的流转”。草案一方面将“亲属”“继承”“侵权行为”等排除在外，另一方面将“预算关系”“税收关系”等纳入其中，且一概不使用“权利”“义务”“物权”“债权”“所有权”“自然人”“法人”等法律概念。显而易见，此次民法典起草，企图既摆脱苏联民法的影响，并与资产阶级民法彻底划清界限，是受当时中国共产党与苏联共产党意识形态论战的影响。

1964 年起在全国范围内开展的“社会主义教育运动”（简称“四清运动”），导致新中国第二次民法起草工作中断。“四清运动”至 1966 年升级为“文化大革命”。“文化大革命”期间，各级人民法院、检察院和公安机关被撤销，称为“砸烂公、检、法”，包括政法学院在内的全部大学停办，法律教师和研究人员被驱赶到“五七干校”接受思想改造，致中国立法、司法、法律教学和法学研究完全中断。

1977 年，中国在经历十年“文化大革命”之后实行“改革开放”，从单一公有制的计划经济体制向市场经济体制转轨，民法的地位和作用受到重视。1979 年 11 月，在全国人大法制委员会设立民法起草小组，开始新中国第三次民法典起草。至 1982 年 5 月完成“民法草案（第四稿）”，包括：第一编“民法的任务和基本原则”，第二编“民事主体”，第三编“财产所有权”，第四编“合同”，第五编“智力成果权”，第六编“财产继承权”，第七编“民事责任”，第八编“其他规定”，共 8 编、43 章、465 条。其编制体例和主要内容，着重参考 1962 年的苏联民事立法纲要、1964 年的苏俄民法典和 1978 年修订的匈牙利民法典。此后，立法机关考虑到经济体制改革刚刚开始，社会生活处在变动之中，一时难于制定一部完善的民法典，于是决定解散民法起草小组，暂停民法典起草，改采先分别制定民事单行法，待条件具备时再制定民法典的方针。

1981 年颁布经济合同法，包括：第一章总则，第二章经济合同的订立和履行，第三章经济合同的变更与解除，第四章违反经济合同的责任，第五章经济合同纠纷的调解和仲裁，第六章经济合同的管理，第七章附则，共 47 条。该法采用“经济合同”概念，强调按照国家计划订立、履行合同，规定经济合同管理机关有权确认合同无效，及设立行政性经济合同仲裁制度，是受苏联经济法理论的影响。

1985 年颁布涉外经济合同法，包括：第一章总则，第二章合同的订立，第三章合同的履行和违反合同的责任，第四章合同的转让，第五章合同的变更、解除和终止，第六章争议的解决，第七章附则，共 43 条。由对外经济贸易关系的特殊性质所决定，该法不可能以苏联经济法理论为根据。除法律名称保留了“经济合同”概念，留有一点苏联经济法理论的痕迹外，整部法律的结构、基本原则和内容，主要是参考英美契约法和《联合国国际货物销售合同公约》（CISG）。是中国民法继受英美法和国际公约的开端。

1986 年颁布民法通则，包括：第一章基本原则、第二章公民（自然人）、第三章法人、第四章民事法律行为和代理、第五章民事权利、第六章民事责任、第七章诉讼时效、第八章涉外民事关系的法律适用、第九章附则，共 9 章、156 条。民法通则的起草是以民法草案（第四稿）为基础，但基于改革开放以来强化对私权保护的要求，该法许多内容已经超越苏联和东欧民法。例如，民法通则总结新中国建立以来、特别是“文化大革命”期间侵犯人民私有财产和人身权的教训，在第五章第一节专设第七十五条第二款明文规定：“公民的合法财产受法律保护，禁止任何组织或者个人侵占、哄抢、破坏或者非法查封、扣押、冻结、没收”；在第五章专设第四节明文规定人民享有“生命健康权”（第九十八条）、“姓名权”（第九十九条）、“肖像权”（第一百条）、“名誉权”和“人格尊严”（第一百零一条）。并在第六章第三节明文规定侵害财产权的侵权责任（第一百一十七条）、侵害生命健康权的侵权责任（第一百一十九条）、侵害姓名权、肖像权、名誉权的侵权责任（第一百二十条）及国家机关或者国家机关工作人员侵犯人民合法权益的民事责任（第一百二十一条）。民法通则的这些规定，具有极重大深远的历史意义，被称为中国的“人权宣言”。

进入20世纪90年代，中国从单一公有制的计划经济体制，向社会主义市场经济体制转轨，与此相应，民事立法亦由继受苏联东欧民法，转向继受市场经济发达国家和地区民法。为适应发展现代化市场经济的要求，实现交易规则的统一及与国际接轨，1993年开始起草合同法，于1999年3月15日获得通过，同年10月1日生效（经济合同法、涉外经济合同法和技术合同法同时废止）。合同法采用德国民法的概念体系，许多原则和制度直接采自德国民法、日本民法和我国台湾地区民法，例如，缔约过失（第四十二、四十三条）、附随义务（第六十条第二款）、后契约义务（第九十二条）、同时履行抗辩权（第六十六条）、不安抗辩权（第六十八、六十九条）、债权人代位权（第七十三条）、债权人撤销权（第七十四条）、承包人优先受偿权（第二百八十六条），等等。合同法参考借鉴英美契约法和《联合国国际货物销售合同公约》（CISG）、《国际商事合同通则》（PICC）、《欧洲合同法原则》（PECL）的内容也不少，例如，将违约责任原则从过错责任改为严格责任（第一百零七条），及规定预期违约［第九十四条第（二）项、第一百零八条］、强制实际履行（第一百一十条）、可预见规则（第一百一十三条）、间接代理（第四百零二、四百零三条），等等。

为了实现有形财产归属和利用关系的基本规则的完善和现代化，1998年开始起草物权法，经过全国人大常委会先后七次审议，于2007年3月16日经第十届全国人大第五次会议通过，同年10月1日起施行（同时废止担保法有关担保物权的规定）。物权法同样采用典型的德国民法的概念体系，其物权变动模式采法国民法“债权合意主义”与德国民法“登记生效主义”相结合的折中主义，主要内容参考借鉴德国民法、法国民法、日本民法和我国台湾地区民法、我国澳门特别行政区民法，也有继受英美财产法的制度。

中国之继受外国民法，迄今已逾百年。此百年继受过程，可划分为三期：从20世纪初至40年代末为第一期，其继受目标是大陆法系的德国民法，其立法成就是《中华民国民法》（迄今仅在我国台湾地区生效）；从20世纪50年代初至70年代末为第二期，因为政治经济体制和意识形态的原因，将继受目标转向苏联民法和东欧民法，两次民法典起草均以失败告终；从20世纪70年代末开始为第三期，由继受苏联民法和东欧民法，主动转向主要继受市场经济发达国家和地区民法，其立法成就是合同法和物权法。自合同法开始，我国对外国民法的继受，从“单一继受”转向“多元继受”，使我国民法日益呈现“多元复合”的色彩，表明我国民法进入了一个新的发展阶段。

至20世纪90年代后期，中国致力于建立与社会主义经济相适应的完善的法律体系。按照构想，宪法和民法、刑法、民事诉讼法、刑事诉讼法等基本法应当制定成文法典。宪法、刑法、刑事诉讼法、民事诉讼法均已制定了成文法典，唯独民法未制定法典，只有一个民法通则和各民事单行法。由民法通则和合同法、物权法、婚姻法、收养法、继承法等民事单行法所构成的现行民法体系，毫无疑问在保障公民和企业的民事权利、规范市场交易秩序、维护社会公平正义和促进社会主义市场经济发展等方面，发挥了极其重大的作用。但是，民法通则毕竟不能代替民法典的地位和作用，且因民法通则和各民事单行法制定的时间和背景的差别，难免造成现行民法体系内部的不协调，不能适应市场经济和社会生活对法律调整更高的要求。于是，中国民法典编纂，再次被提上日程。

1998年1月13日，第八届全国人大常委会主管立法工作的副委员长王汉斌邀请民法学者江平、王家福、王保树、梁慧星、王利明座谈民法典编纂事宜，一致认为起草民法典的条件已经成就。王汉斌副委员长遂决定恢复民法典起草，并委托江平、王家福、魏振瀛、王保树、梁慧星、王利明、费宗祎、肖峋、魏耀荣九人组成民法起草工作小组，负责起草中国民法典。同年9月召开的民法起草工作小组第二次会议决议：委托梁慧星拟定“中国民法典大纲”。1999年10月，梁慧星完成《中国民法典大纲》。

2000年，梁慧星在原“中国物权法研究课题组”基础上，成立“中国民法典立法研究课题组”。课题组由中国社会科学院法学研究所、北京大学法学院、清华大学法学院、人民大学法学院、烟台大学法学院、复旦大学法学院、山东大学法学院、深圳大学法学院、北京化工大学法学院、对外经济贸易大学法学院和中国建设银行总行法律部的民法学者26人组成。课题组根据全国人大常委会法制工作委员会的委托，按照《中国民法典大纲》，起草《中国民法典草案》。2002 年 2 月完成侵权行为编和继承编，4 月 9 日完成总则编，4 月 13 日完成债权总则编，5 月中旬完成合同编，8 月中旬完成亲属编，加上 1999 年完成的物权编（《中国物权法草案》），中国民法典草案（7 编 81 章 1947 条）全部完成，并正式提交全国人大常委会法制工作委员会。草案完成后，课题组继续为民法典条文附加“说明、理由和参考立法例”，编撰《中国民法典草案附理由》。

《中国民法典草案》的结构，是以潘德克吞式五编制为基础稍加变化。首先，将规范民事生活关系的规则，以法律关系为标准，划分为“物权”“债权”“亲属”“继承”四编；其次，采用“提取公因式”方法从四编内容中抽出共同规则，作为民法典的“总则”编，形成民法典的“总则—分则”结构；再次，考虑到现代市场经济和科学技术的发展，产生各种新的合同类型和新的侵权行为类型，致“债权编”内容膨胀而与其他各编不成比例，故参考荷兰新民法典的经验，将“债权编”分解为“债权总则”“合同”和“侵权行为”三编，由“债权总则编”统率“合同编”和“侵权行为编”，形成民法典的“双层”结构。草案从编纂体例、章节的安排、原则和制度的设计，到法律条文的文字表述，均特别着重法典的逻辑性、体系性和可操作性，以求确保法院裁判的公正性、统一性，及人民据以预测自己行为法律后果的可预测性。

考虑到人格权的特殊性，属于主体对自身的权利，因出生而当然取得，因死亡而当然消灭，其取得与消灭均与人的意思无关，且原则上不能处分，不适用民法总则的规定。因此，不采纳单独设“人格权编”的主张，而将人格权规定在总则编自然人一章。考虑到知识产权（特别是专利权、商标权）与行政程序不可分离，法律规则因科学技术的飞速发展而要求频繁修改，且现行专利法、商标法和著作权法已构成一个相对独立的知识产权法体系，因此，不设“知识产权编”，而使专利法、商标法和著作权法仍作为民事特别法。考虑到涉外民事关系的法律适用规则的国际私法性质，及 20 世纪以来单独制定国际私法法典渐成趋势，因此不设“涉外民事关系法律适用编”，而建议另行制定“中国国际私法法典”。

草案从中国实行改革开放、发展现代化市场经济和建立全国统一市场的实际出发，认真总结改革开放以来的立法经验、司法实践经验和理论研究成果，广泛参考借鉴发达国家和地区的立法经验和判例学说，顺应人类社会进步和法律发展潮流，并注意与国际公约和国际惯例协调一致。在价值取向上以权利本位为主，兼顾社会公共利益；兼顾对个人物质生活条件的确保与对人格尊严的尊重；充分贯彻意思自治原理，强调对人民私权的切实保护，非基于社会公共利益目的并依合法程序不得予以限制；尽量兼顾社会正义与经济效率，兼顾交易安全与交易便捷；切实贯彻两性实质平等与保护弱者的原则，对劳动者、消费者、妇女、儿童、老人和残疾者实行特殊保护；既着重于中国现实社会问题的对策，更着眼于中华民族的未来，旨在建立竞争、公平、统一的市场经济秩序，及和睦、健康、亲情的家庭生活秩序，为在中国最终实现人权、民主、法治国和现代化奠定法制基础。

附录2：我国民法是否承认物权行为[①]

民法通则颁布后出版的某些著作，在民事法律行为的分类中，提到物权行为概念，认为民事法律行为包括物权行为。[②] 这就向我们提出了一个重要问题，即我国民法是否承认物权行为？这绝不仅是纯粹的学术理论问题，而且是一个重大的实践问题。因为，它关系到对现行法若干重要制度和规定（例如民法通则第七十二条、第六十一条等）的正确解释和适用。

物权行为，是大陆法系中的德国民法及受德国民法影响的某些民法的一项重要概念。这一概念及有关理论，是极端的法律抽象思维的产物，其本身令人难于理解。要回答我国民法是否承认物权行为这个问题，须从物权行为概念的提出说起。

罗马法将法律行为区分为：一方行为与双方行为；有偿行为与无偿行为；要式行为与略式行为；死因行为与生前行为。无物权行为概念。甚至法律行为这一概念也是由德国学者胡果为解释罗马法便利起见，于1805年首创。[③]

在广泛采用了法律行为概念的基础上，由德国历史法学派创始人、著名的罗马法学家萨维尼，进一步提出物权行为概念。萨维尼在其早期的大学讲义中已经谈到，履行买卖契约之交付，并不是一种单纯的事实行为，而是包含一项以移转所有权为目的之物权契约。此后，在1840年出版的巨著《现代罗马法体系》中，萨维尼进一步阐述了物权契约概念。他写道，私法上的契约，以各种不同制度或形态出现，甚为繁杂。首先是基于债的关系而成立的债权契约，其次是物权契约。交付（tradition）具有一切契

① 原载《法学研究》1989年第4期。

② 徐开墅等：《民法通则概论》，群众出版社1988年版，第109页；王利明等：《民法新论》（上册），中国政法大学出版社1988年版，第370页。

③ 陈允、应时：《罗马法》，第19～201页；黄右昌：《罗马法与现代》，第371～373页。

约的特征，是一个真正的契约。一方面包括占有的现实交付，他方面亦包括移转所有权的意思表示。此项物权契约常被忽视。例如，在买卖契约，一般人只想到债权契约，但却忘记了交付（tradition）中亦含有一项与买卖契约完全分离的，以移转所有权为目的之物权契约。①

按照萨维尼的主张，债权契约与物权契约，是两种不同的法律行为。债权契约的效力，在于使双方当事人享有债权和负担债务，并不能发生物权的变动。要发生物权变动，有赖于独立于债权契约之外，以直接发生物权变动为目的的法律行为，即物权契约。以买卖为例，双方缔结的买卖契约属于债权行为，仅能使双方当事人负担交付标的物和支付价金的债务。要发生标的物和价金所有权的移转，须另有物权契约，由双方当事人就移转标的物和价金所有权达成合意。这样，债权行为与物权行为截然分开，各自独立。此即所谓物权行为独立性。②

既然承认物权行为概念，就应承认物权行为的独立性。在承认物权行为独立性之后，就应承认物权行为的无因性。所谓物权行为之有因或无因，是指立法和理论如何解决作为原因的债权行为与物权行为的关系问题，即物权行为的法律效力是否受债权行为的影响。如果物权行为之成立和有效，不受债权行为的影响，即为无因；反之，物权行为的法律效力受债权行为之是否成立和有效的影响，即为有因。按萨维尼的主张，应将物权行为“无因化”，使之不受债权行为的影响。例如，买卖在交付标的物后，买卖契约因意思表示有瑕疵或内容违反公序良俗而致无效或者被撤销，而物权行为的效力却不受影响，买受人对于所接受的标的物仍保有所有权。丧失所有权的出卖人只能依据不当得利的规定，请求返还。这就是所谓物权行为无因性理论。③

萨维尼的物权行为理论问世后，深受重视，为多数学者及实务所接受。时值德国民法典制定之际，尽管有少数学者如基尔克等坚决反对，立法者仍将物权行为无因性理论采为德国民法之基本原则。此项理论并为受德国立法影响的国家多数学者所接受。

---

① 王泽鉴：《民法学说与判例研究》（第1册），第282～283页；刘得宽：《民法诸问题与新展望》，第467页。

② 史尚宽：《物权法论》，第19页；刘得宽：《民法诸同题与新展望》，第465页；王泽鉴：《民法学说与判例研究》（第1册），第276页。

③ 史尚宽：《物权法论》，第22页；刘得宽：《民法诸问题与新展望》，第467～468页；王泽鉴：《民法学说与判例研究》（第1册），第280～281页；张龙文：《论物权契约》，载《民法物权论文选辑（上）》，第21页。

（一）肯定有独立物权行为的立法

以德国民法典为其典范。德国民法典第873条规定，为了移转土地所有权，或为了在土地上设定某项物权或移转此项权利，或为了在此项物权上更设定某项物权，除法律另有规定外，必须由权利人及相对人，对于此种权利变更成立合意，并必须将此种权利变更之事实，登记于土地登记簿内。第929条规定，动产所有权之出让，必须由所有人将物交付于取得人，而且双方就所有权之移转，必须成立合意。如取得人已经占有该物时，仅须就所有权之移转成立合意。其立法理由书中明确指出："以前的立法，特别是普鲁士普通邦法及法国民法将债权法上之规定与物权法上之规定混淆一起……此种方法未能符合债权行为与物权行为在概念上之不同，增加对法律关系本质认识之困难，并妨害法律适用。"① 上引条文中关于物权变动的合意，在法典第一次草案中曾明确使用物权契约概念，但受到批评，认为未臻精确。第二次草案以物权的合意取代物权契约一语，此物权的合意是否为物权契约，留给学说去决定。② 一些学者认为，所谓物权的合意与登记或交付相结合，才构成物权契约。而另外的学者则认为，所谓物权的合意本身即是物权契约，而登记或交付属于契约外的法律事实。③ 无论何种解释，均一致肯定，德国民法典采纳萨维尼的物权行为无因性理论，严格区分债权行为与物权行为，以无因性物权行为作为物权变动的根据。学者将此种立法称为物权合意主义。

这里有必要谈到国民政府所制定的"中国民法"，该法典虽在大陆被废除，却至今仍在我国台湾地区适用。该法典第758条规定，不动产物权依法律行为而取得、设定、丧失及变更者，非经登记，不生效力。第761条规定，动产物权之让与，非将动产交付，不生效力；但受让人已占有动产者，于让与合意时即生效力。该法未有明文规定物权行为之无因性，判例中亦未使用过"物权行为无因性"概念，但绝大多数学者承认物权行为无因性是该法之一项基本原则。④ 这是由于继受德国民法学说的结果。⑤

---

① 引自王泽鉴：《民法学说与判例研究》（第1册），第283页。

② 王泽鉴：《民法总则编关于法律行为之规定对于物权行为适用之基本问题》，载《法学丛刊》总第123期，第28页。

③ 史尚宽：《民刑法论丛》，第102页；《法学丛刊》总第123期，第29页。

④ 梅仲协：《民法要义》，第68页；史尚宽：《物权法论》，第22页；郑玉波：《民法物权》，第37页。

⑤ 王泽鉴：《民法学说与判例研究》（第1册），第282页。

（二）否定有独立物权行为的立法

以法国民法典为其代表。法国民法典第711条规定，财产所有权，因继承、生前赠与、遗赠以及债的效果而取得或移转。依此规定，物权变动为债权行为的当然结果，不承认有物权行为。以买卖契约为例，依照第1583条的规定，当事人就标的物及其价金相互同意时，即使标的物尚未交付、价金尚未支付，买卖即告成立，而标的物的所有权亦于此时在法律上由出卖人移转于买受人。所有权的移转以债权契约为根据，既不须另有物权行为，也不以交付或登记为生效要件。学者称之为纯粹意思主义。

日本民法典与法国法相似。日本民法典第176条规定，物权的设定及移转，只因当事人的意思表示而发生效力。依第177条和第178条的规定，物权变动，非经登记或交付，不得以之对抗第三人。其中所说意思表示，究竟属于债权行为，抑或属于物权行为，学者间难免发生歧见。而通说及判例采独立物权行为否认说。①

奥地利民法典在否认独立物权行为这点上，与法国民法相同。但按照奥地利民法典的规定，除债权契约之外，还须有交付或登记等形式要件，才发生物权变动的效力（第380、424、425条）。法国民法和日本民法只以交付或登记作为对抗第三人的要件。但奥地利民法则以交付或登记作为物权变动之生效要件。此在立法主义上属于意思主义与交付主义之结合。

（三）折中主义的立法

瑞士民法介于上述德国民法之物权行为肯定主义，与法国民法之物权行为否定主义之间，属于折中主义立法。瑞士民法以原因行为、登记承诺与登记相结合，而发生物权变动的效力。第657条第1款规定，移转所有权的契约，不经公证，无约束力。此所谓移转所有权的契约，究竟是债权契约，抑或是物权契约？学者解释为债权契约。但所有人所作登记承诺（第655条第1款）则兼有物权契约的意义；设定担保物权的契约（第799条第2款）兼有物权契约的内容。其所谓债权契约与物权契约，难作明确划分。② 根据第974条的规定，无法律原因或依无约束力的法律行为所作登记，为不正当。可见原因行为无效时，所有权移转行为原则上无效。此表明对于土地的转让不适用物权行为无因性理论。第714条规定，动产所

---

① 张龙文：《论物权契约》，载《民法物权论文选辑（上）》，第17~18页。

② 史尚宽：《物权法论》，第21页。

有权移转，应移转占有。此外，是否应有物权的合意，该合意是否为无因？立法者对此问题的态度故意暧昧，学者见解不一，但1929年的联邦法院判例采否定说。① 可见瑞士民法对于土地所有权及动产所有权之让与，并不适用物权行为无因性理论。这与德国民法典是不相同的。

（四）社会主义国家的立法

如所周知，1922年的苏俄民法典在制定时着重参考了德国民法典和法国民法典。其编制体例及主要制度，大抵仿照德国民法典。但关于所有权移转，立法者却不采德国民法物权行为无因性理论，而采取了法国民法的立场，以物权变动为债权行为当然结果，不承认有所谓物权行为。其第66条规定，物之所有权，依出让人与受让人间所缔订之契约而移转之。对于特定物，自缔订契约之时起，受让人取得所有权；关于依种类规定之物，自其交付之时起，受让人取得所有权。此规定显然参考了法国民法典第1583条。其中所称契约，当然是指买卖契约，即债权契约。毫无疑问，这一规定采取了纯粹意思主义。

法国、日本及苏俄（1922）民法所采纯粹意思主义，使物权变动基于当事人的债权行为，不承认有物权行为之存在，买受人因买卖契约之成立即取得标的物所有权，程序简单，便利交易活动，是其突出优点。惟不以交付登记为生效要件，使物权变动缺乏外部表征，致第三人无从辨识，因而对交易安全不利。② 比较起来，奥地利民法采意思主义与交付主义之结合，以交付或登记为物权变动生效要件，可避免纯粹意思主义的缺陷。这恐怕是1964年的苏俄民法典修正关于所有权移转立法方针的主要原因。1964年的新法典第135条规定，按合同取得财产的所有权，如果法律或合同没有其他规定，自财物交付之时起产生。如果关于转让物的合同须要登记，则所有权自登记之时起产生。显而易见，上述规定是意思主义与交付主义之结合，与奥地利民法相同。

鉴于前苏联的立法和理论对其他社会主义国家的影响，1964年苏俄民法典第135条也为其他社会主义国家民法所仿效。例如，1964年捷克斯洛伐克民法典第134条，1975年民主德国民法典第26条，1977年重新颁布的匈牙利民法典第117条，我国民法通则第七十二条。值得一提的是，民主德国在一个长时期内继续沿用1896年的德国民法典，其间，物权行为无

① 刘得宽：《民法诸问题与新展望》，第471～472页。

② 王泽鉴：《民法学说与判例研究》（第1册），第289～290页。

因性理论当继续有效，但新的法典断然抛弃物权行为无因性理论，而采取了意思主义。

由萨维尼所创立的物权行为概念及无因性理论，由 1896 年德国民法典采为立法基本原则，经过了将近一个世纪的实践检验，其优点和缺点经过长期争论，已显露无遗。物权行为无因性理论及物权合意主义立法的优点，依学者一致见解，有以下三项：

其一，有利于使法律关系明晰。以买卖为例，依物权行为无因性理论，被划分为三个独立的法律行为：一为债权行为即买卖契约；二为移转标的物所有权的物权行为；三为移转价金所有权的物权行为。三个行为截然分开，相互独立，概念清楚，关系明确，每个法律行为的效力容易判断，有利于法律适用。①

正是这一点受到反对者的尖锐批评。因为，它将生活中简单的财产转让，硬从法律上分解为相互完全独立的三个行为，显然违背生活之常情，与一般观念不符。即便是到商店购买一副手套，当场一手交钱一手交货，也硬要当事人把这一如此简单的过程设想成三个相互独立的法律行为。首先是缔结一个债权契约，由此产生一方交付手套和对方支付价款的债务；其次缔结一个转移手套所有权的物权契约，和一个转移价金所有权的物权契约；最后是一方交付手套和对方支付价款的事实，完成整个买卖过程。这完全是人为的拟制，极端的形式主义，不仅没有使法律关系明晰，反而使本来简单明了的现实法律过程徒增混乱，有害于法律的正确适用。② 这一理论，捏造了独立于债权行为之外的物权行为，又进一步割裂原因行为与物权行为的联系，极尽抽象化之能事，符合德国法学思维方式对抽象化之偏好，严重歪曲了现实法律生活过程，对于法律适用有害无益。毫无疑问是不足取的。

其二，有利于保障交易安全。此最为学者所注重。③ 仍以买卖为例，在标的物交付之后，若买卖契约未成立、无效或被撤销，依不承认物权行为无因性的立法，不发生标的物所有权的转移。买受人如果已将标的物转卖，属于无权处分。基于任何人不得将大于自己之权利让与他人的原则，第三人纵为善意亦不能取得标的物所有权。反之，依承认物权行为无因性

① 王泽鉴：《民法学说与判例研究》（第 1 册），第 284 页。

② 刘得宽：《民法诸问题与新展望》，第 468 页。

③ 史尚宽：《民刑法论丛》，第 110 页；王泽鉴：《民法学说与判例研究》（第 1 册），第 284 页。

立法，则物权行为不受买卖契约的影响，买卖契约虽未成立、无效或撤销，买受人仍取得所有权。从而其转卖属有权处分，第三人亦能取得标的物所有权。因而有利于保障市场交易之安全。

无可否认，物权行为无因性理论在一定程度上确有保障交易安全的功用，但这只是在未规定善意取得制度的条件下。在规定了善意取得制度的条件下，第三人可藉助于善意取得制度而受保护，而不必求助于物权行为无因性。例如，按照德国民法典第932、933条，其物虽非属于出让人，取得人属于善意时仍可取得其所有权。实际上，在法国、日本、瑞士等国，正是用善意取得制度保护善意第三人的利益，使交易安全获得保障。例如法国民法典第2279、2280（现为第2276、2277）条，日本民法典第192条，瑞士民法典第714条第2款，1922年苏俄民法典第60条，1964年苏俄民法典第152条等。就此点而言，物权行为无因性理论，可谓已失其存在之依据。①

其三，有利于减少举证困难。依德国民法典，动产物权移转以交付为要件，不动产物权的移转以登记为要件。其第891条关于土地转让规定，在土地登记簿上，登记某人为某项权利的权利人时，就推定其权利属于某人；从土地登记簿上涂销已登记之权利时，就推定其权利不存在。因此，物权取得之证明极为容易。

但减少举证困难，为登记或交付主义之功用，而与是否承认物权行为及其无因性理论没有关系。不承认物权行为及其无因性的法律，亦可采登记主义，赋予此种登记以推定力，使物权之变动易于证明。因而物权行为无因主义，在举证上并无多大利益。②

物权行为无因性理论和物权合意主义立法的最大缺点，在于严重损害出卖人利益，违背交易活动中的公平正义。③ 在交付标的物之后发现买卖合同未成立、无效或被撤销，因物权行为具有无因性，不受债权行为影响，买受人仍取得标的物所有权，而出卖人仅能依不当得利制度请求对方返还不当得利。这种情形，出卖人从所有权人变为债权人，不能享受法律对物权的特殊保护，其地位十分不利。（1）如果买受人已将标的物转卖，即使第三人为恶意，亦能获得标的物所有权。出卖人不能对第三人行使任何权利，他只能向买受人请求返还转卖所得价金。（2）如果买受人已将标

① 王泽鉴：《民法学说与判例研究》（第1册），第287页。

② 史尚宽：《民刑法论丛》，第113页。

③ 王泽鉴：《民法学说与判例研究》（第1册），第286页。

的物提供担保，即在标的物上设定担保物权，担保物权在法律效力上优于债权，因而出卖人不能请求返还标的物，只能向买受人请求赔偿。(3) 如果买受人的其他债权人对该标的物为强制执行，则出卖人不能依法提出异议之诉。(4) 如果买受人陷于破产，出卖人不能依物权行使别除权从破产财产中取回标的物。他只能同其他债权人一起，按照债权额比例受清偿。(5) 如果非因买受人的过失致标的物灭失毁损，买受人可以免责。

反之，若不适用物权行为无因性理论，在契约不成立、无效或撤销时，所有权不发生移转，出卖人仍保有标的物所有权。他可以得到物权法上的保护。在第（1）种情形，如第三人属于恶意，则出卖人得直接向该恶意第三人起诉，请求返还标的物；第（2）种情形，则担保设定行为应为无效；第（3）种情形，出卖人得依法提起异议之诉；第（4）种情形，出卖人可以行使别除权；在第（5）种情形，如买受人对于契约之不成立、无效或被撤销有过错，则不能免除责任。前四种情形，出卖人均可望依法取回标的物，第五种情形，亦可望获得赔偿。

鉴于上述缺点，德国判例和学说于是通过解释方法，对物权行为无因性理论之适用予以限制，即所谓物权行为无因性之相对化趋势，甚至主张废弃物权行为无因性理论，变更立法主义。

物权行为无因性之相对化，即以某种理由使物权行为的效力，受作为原因的债权行为的制约，限制物权行为无因性理论的适用。其一，共同瑕疵理论。即使物权行为与债权行为得因共同的瑕疵而致无效或撤销。例如，因当事人无行为能力或限制行为能力，因欺诈、胁迫、错误、显失公平及违反公序良俗，使物权行为与债权行为均为无效或一并撤销。其二，条件关联说。即使当事人依其意思，将物权行为的生效系于债权行为之有效。买卖契约无效时，物权契约亦无效。此种意思可以是明示也可是默示。其三，法律行为一体化理论。即依据德国民法典第 139 条关于法律行为一部无效，原则上应全部无效的规定，解释买卖契约与物权契约为统一的法律行为，则买卖契约无效时，物权契约亦应无效。①

德国学说和判例除想尽办法限制物权行为无因性理论之适用外，不少学者主张干脆抛弃物权行为概念及无因性理论，改变立法主义，采意思主义与交付主义之结合。在否认物权行为概念之后，将移转所有权的意思纳

---

① 王泽鉴：《民法总则编关于法律行为之规定对物权行为适用之基本问题》，载《法学丛刊》总第 123 期，第 41 页；刘得宽：《民法诸问题与新展望》，第 470 ~ 471 页。

入于债权契约的意思表示之中，同时表示之。其他如赠与、互易、设立担保之约定等，均作如此解释。① 我国台湾地区学者如史尚宽先生、郑玉波先生主张限制物权行为无因性理论之适用，即采相对的无因说。② 认为，主张物权行为无因性，实际上并无多大的实益可言。建议参考德国判例学说之趋向，对应否继续维持物权行为之无因性，进行检讨。③ 王泽鉴先生则主张改采意思主义与交付原则之混合制度，彻底抛弃物权行为概念及其无因性理论，而将发生物权变动的意思表示，纳入债权行为之中，与成立债权关系之意思一并表示之，不必加以独立化而自成一个法律行为。④

我国在民法通则颁布前，立法关于财产所有权转移未有明文规定。民法理论和实践所持立场是，允许双方当事人在买卖契约中就标的物所有权转移作出约定。当事人无约定时，则所有权转移时间依标的物是特定物或种类物而分别确定。标的物为特定物，所有权在契约成立时移转于买受人；标的物为种类物，则所有权移转时间以标的物实际交付时间为准。⑤ 这是采纳了苏俄 1922 年民法典第 66 条的立场。我国从 1979 年起开始第三次民法起草工作，着重参考苏俄 1964 年民法典、1964 年捷克斯洛伐克民法典、1975 年民主德国民法典及 1977 年修订重新颁布的匈牙利民法典，注意到这些法典关于所有权转移立法方针的改变并采纳了苏俄 1964 年民法典第 135 条的新规定。1981 年 4 月的民法草案（征求意见二稿）第七十三条规定，依照合同或其他合法方式取得财产的，除法律另有规定或当事人另有约定的以外，财产所有权自财产交付的时候起转移。正式颁布的民法通则第七十二条，与此相同。

民法通则第七十二条规定："按照合同或者其他合法方式取得财产的，财产所有权从财产交付时起转移，法律另有规定或者当事人另有约定的除外。"其中所说"合同"，当然是指债权合同，包括买卖合同、互易合同、赠与合同等。所说"其他合法方式"，首先是指民法方式，如继承、遗赠等，其次应包括法院判决、拍卖，最后应包括某些公法上的行为，如征收、没收等。法律不要求另有移转所有权的合意即所谓物权行为，系以所

---

① 刘得宽：《民法诸问题与新展望》，第 472 页注 19、20；王泽鉴：《民法学说与判例研究》（第 1 册），第 290 页注 35。

② 史尚宽：《物权法论》，第 26 页；郑玉波：《民法物权》，第 38 页。

③ 刘得宽：《民法诸问题与新展望》，第 475 页。

④ 王泽鉴：《民法学说与判例研究》（第 1 册），第 291 页。

⑤ 王家福、谢怀栻等：《合同法》，第 202 页。

有权转移作为债权行为（买卖合同等）及其他合法方式的当然结果，但要求以交付（动产）为生效要件。在立法主义上，非采德国民法之物权合意主义，也不是法国、日本民法之纯粹意思主义，而是采取奥地利民法及苏、捷、匈等民法之意思主义与交付主义之结合。虽然允许当事人就所有权转移时间作另外的约定，但这种约定属于债权行为的合同内容之一部，并不构成独立于债权合同之外的物权合同。另外，我国城市私有房屋管理条例规定私有房屋所有权转移应进行登记，我国土地管理法规定改变土地的所有权或者使用权应办理土地权属变更登记，即我国对于不动产物权变动，以登记为生效要件。此即属于民法通则第七十二条所谓“法律另有规定”。依城市私有房屋管理条例第七条的规定，办理房屋所有权登记，要求提交房屋所有权证，及债权文书包括买卖合同、赠与书、换房协议等，同样不要求另有物权契约，这与民法通则的规定完全一致。①

综上所述，我国现行法不承认有物权行为，以物权变动为债权行为之当然结果，并以交付或登记为生效要件，在立法主义上系采意思主义与交付主义之结合，与现代民法、判例和学说之最新发展趋势正相吻合。那种认为我国民法有独立物权行为的观点，不符合现行立法规定精神，且与法律发展潮流相悖，是不足取的。

---

① 民法通则颁行时，我国尚未对动产善意取得制度作明文规定，是为漏洞。但学说和实践向来承认有此制度。见章戈：《试论善意取得》，载《法学研究》1986 年第 6 期。

贰 合同法总则条文解读

第一条【立法目的】

为了保护合同当事人的合法权益，维护社会经济秩序，促进社会主义现代化建设，制定本法。

本条是关于立法目的的规定。1981 年颁布的经济合同法第一条关于立法目的的规定，明文表述为“保障国家计划的执行”。而合同法第一条关于立法目的的规定，丝毫没有提到“保障国家计划的执行”，表明本法是根据市场经济的要求制定的，反映了市场经济体制的本质特征。在计划经济体制之下，社会的经济生活，从生产、流通、分配，一直到消费，都是按照国家所制定的指令性计划来执行的。指令性计划对每一个企业的生产安排得非常具体，生产多少产品，什么品种，什么规格，什么型号，生产出来卖给谁，乃至销售价格等等，都作了具体规定。消费领域也是如此，每人一个月消费多少粮食，其中大米多少，面粉多少，杂粮多少，都是预先规定好的。因此，在计划经济条件之下，指令性计划的完成至关重要。如果完成了经济计划，整个社会经济生活就能正常运转。计划经济体制，就是靠指令性计划来指挥和运作的。而在市场经济条件下就不同了。

市场经济条件下有没有这样无所不包的指令性计划呢？没有。1998 年 7 月初在北京召开的合同法草案专家讨论会上，立法机关的负责同志介绍说，1997 年我国按照指令性计划管理的商品是 11 种，1998 年按照指令性计划管理的商品在 10 种以下。我国现在经济生活中，商品种类至少有数万种之多，其中按照指令性计划管理的商品不足 10 种。可见，整个社会，商品的生产、销售和劳务、服务的提供，都不是按照指令性计划，而是通过合同来实现的。当事人自愿地签订合同、履行合同，整个社会经济生活就能够正常运转。市场经济就是靠合同关系来连接、来保障执行的。因此，一些经济学家说市场经济社会是合同社会。

市场经济条件下，当事人签订合同，不是按照指令性计划、不是按照上级机关的意志，而是根据自己的需要、自己利益的考虑，自愿地签订合同。合同当中，首先体现的是当事人自己的合法利益。合同的履行，首先是实现了当事人自己的目的，实现了当事人自己的合法利益。同时，由于合同得到了执行，社会经济生活就能够正常地运转，社会经济也就发展了。可见，合同的订立和履行，不仅关系到当事人自己的利益，同时也关系到市场经济社会整体利益。这是市场经济的本质所决定的。因此，本法第一条明文规定保护合同当事人合法权益，把对合同当事人合法权益的保护，作为本法立法目的的首位。这一点反映了市场经济的本质。如果不从市场经济的本质以及市场经济与计划经济的差异来看，我们就难以理解。

有的同志可能会说，当事人合法权益不过是个人利益，我们不是从来就有一句话，个人服从集体，集体服从国家吗？当事人的合法权益，尽管合法，不过是个人的利益。而条文后段说到的社会经济秩序、社会主义现代化建设，才是国家利益，才是整体利益。如果按照我们过去的传统思维模式，就应该颠倒过来，将社会主义现代化建设和经济秩序放在首位，将保护当事人的合法权益放在后面。这是拘泥于传统的思维模式，这个思维模式在计划经济体制之下是有道理的，可是在市场经济体制之下就没有道理。所以，我们学习合同法要认识到，是市场经济的本质决定了合同法的立法目的，决定了第一条将保护当事人合法权益摆在立法目的的首位。

本法第一条的法律逻辑表现在，如果一个合同得到正确的执行，当事人的目的得以实现，当事人的合法权益得到保护，则不仅这个合同的当事人获得了利益，整个社会也同时获得了利益。整个市场经济社会，就是由各式各样的合同环环相扣、相互衔接起来的。其中一个合同当事人的合法权益得到了保障，其他的合同关系也会顺利地执行。反过来，其中一个合同没有得到履行，这个合同当事人的合法权益没有得到保护，不仅影响该当事人自身的利益，也必然影响到与之有关系的合同的实现，使整个社会的经济生活不能够顺利进行，造成经济秩序的混乱，社会主义现代化建设也不能够得到促进。换言之，合同当事人的个人利益和整体利益、国家利益是密切联系的。因此，根据市场经济的逻辑，合同法首先应该保护合同当事人的合法权益，而合同当事人的合法权益得到了保护，其结果，自然地就维护了社会经济秩序，促进了社会主义现代化建设事业的发展。这个逻辑关系不允许颠倒过来，如果颠倒过来就要得到相反的结果。

考虑到改革开放以来的一段时间，法院在执法过程当中经常受到一些法律外因素的影响。这些企图影响法院裁判的法律外因素，并不是赤裸裸的，总有一些似是而非的理由，诸如要保护地方经济，要有利于地方经济发展，要有利于维护社会经济秩序，要有利于维护整个社会安定，要顾全全局的利益，等等。如果法院、审判庭认可这些似是而非的理由，在裁判案件的时候颠倒过来，将保护地方经济、经济秩序、地方安定置于首位，就背离了保护当事人合法权益这个立法目标。如果当事人的合法权益没有得到保护，其结果会是一个什么样的局面呢？社会经济秩序必然不能够维持，社会主义现代化建设必然要受到障碍，必然会出现各种不安定事态。这对法院来说至关重要。因此，立法者设第一条明文规定合同法立法目的，再由这个立法目的决定整部法律的设计和起草，使各项制度、各个条文的设计和起草都紧扣这个立法目的，根据维护当事人合法权益的目标来设计和制定各个条文、各项制度。

这个立法目的同时也决定了，法院、法官在裁判合同纠纷案件中的职责，就是保护当事人的合法权益。其他任何目标都不能够凌驾于这个目标之上。这一点对法院、法官来说非常重要，千万不能动摇。一个法院，一个裁判庭，审理案件的首要目的，就是维护当事人的合法权益，其他的目标是第二位、第三位的，并且保护了当事人的合法权益，其他目标就能够顺理成章地实现；不保护合同当事人的合法利益，其他目标当然都实现不了，只能得到相反的结果。这一点在法律上规定下来非常重要。当然，要在裁判当中彻底地贯彻这一条还有待于司法体制的改革、法院地位的提高、法官素质的提高，自不待言。

第二条【合同定义】

本法所称合同是平等主体的自然人、法人、其他组织之间设立、变更、终止民事权利义务关系的协议。

婚姻、收养、监护等有关身份关系的协议，适用其他法律的规定。

本条规定合同法的调整范围。在立法技术上，是通过给合同下定义的方式来规定合同法的调整范围。这个条文与民法通则第八十五条的规定大同小异，是以民法通则第八十五条规定为基础，作了一些调整。

学习本条，有三个要点要注意。第一个要点，就是在平等主体当中，把原来所说的公民改为自然人。过去的法律，不区分公法和私法，主体都叫公民。在制定民法通则的时候，有的同志已经指出民法上的主体不应该叫公民。为什么不应该叫公民呢？因为，公民是指有中华人民共和国国籍的人。那些来华的旅游者，外国企业、外国机构驻华工作人员，他们不具有中国国籍，但是在中国的市场上活动，签订合同、履行合同，有的时候还要起诉、应诉，但从公民的角度来讲，他们不是中国公民。因此，建议合同主体应该叫自然人。这个正确的意见，民法通则没有完全采纳，只是在民法通则第二章的章名中的“公民”后面用一个括号写上了“自然人”，民法通则的具体条文关于作为民事主体的个人，仍然用的是公民。合同法把公民概念取消了，直接表述为自然人。这符合经济生活，符合民事法律的要求。

整个社会生活可以分为两个部分。一部分是政治生活，我们平常所说的管理国家、参政议政，这样的活动发生在政治生活领域当中。在这个领域当中的主体叫作公民，只有具有中国国籍的人才能够去参政议政，才能够行使选举权，被选举担任国家的干部、公务员等等。你要参政议政，没有中国国籍是不行的，一个来华的旅游者不能够去行使这样的权利。另外，除了政治生活，社会生活还有另外一半，这另一半就是我们平时所说的市场经济、经济生活，还有家庭生活。经济生活和家庭生活加在一起，在法律上称为民事生活。在马克思主义的著作当中，称为市民社会。马克思所说的市民社会就相当于经济生活和家庭生活，合在一起就叫民事生活。马克思著作中所说的政治国家，就是我们所说的政治生活。一个社会分为民事生活与政治生活两大部分，适用不同的规则。民事生活领域，适用民法总则、合同法、婚姻家庭法等民事法律。民事生活当中的主体，就不应该再叫“公民”，应该有一个专门的名称，叫“自然人”。

自然人就是有血肉之躯的，能够思考问题，有欲望，能够从事劳动等等这些活动的人类。自然人这个概念，把人类的一切具体的特征都抽象掉了。什么民族、种族、宗教信仰、政治态度、文化水平、经济地位、财产多寡，还有在政治领域担任什么干部，这一切全都被取消了，“自然人”是一个非常平等的、非常抽象的概念。在自然人这个概念上，是非常平等，看不到什么区别的。这里随便举一个例子。

有一位同志在国家政治生活当中担任干部，担任某某司长、某某部长这样的职务。在政治生活领域中，他是一个国家的公务员，是一个国家干部，他有各种职权。根据他的级别，享受各种待遇。这样一位干部，一旦下班回到家，进入家门站在他的妻子、他的子女面前的时候，就不再是某某司长、某某部长，他只是一个丈夫，一个父亲。他的那些职权、级别，全都没有了，就成了一个自然人。同样是这位同志，当他进入商场购买商品，站在商场售货员面前，或者在自由市场站在小商贩面前，别人是否把他当作一个领导干部呢？不是。只是把他当作一个平等的交易对方，就是一个自然人。自然人是现代民法一个非常重要的概念，是真正平等的概念。合同法第二条，不再用公民这个概念，而采用自然人概念，反映了民主法治发展的要求，也符合市场经济的要求。

第二个要点，条文当中增加了一个“其他组织”。其他组织是相对于法人而言的，因为法人本身就是一个组织体。一个组织体，取得了法人的资格，就叫法人，例如公司法人、企业法人，等等。同样是一个组织体，没有取得法人资格，没有办理法人登记，就称为其他组织。所谓其他组织，首先是一个组织体，其次要有一定的经费、财产，第三还要选择一个负责人来对外签订合同，代表组织体到法院起诉应诉。这样的组织体，民法教科书上称为非法人组织。所谓非法人组织，就是没有法人资格的组织体。合同法起草人没有采用非法人组织这样的概念，而是称为“其他组织”，作为另一种民事主体。民法总则已经明确采用非法人组织概念。

非法人组织与法人的区别在于：非法人组织的财产不足以清偿债务的，其出资人或者设立人承担无限责任。法律另有规定的，依照其规定。（民法总则第一百零四条）换言之，法人的股东、成员，对法人的债务承担有限责任，非法人组织的成员、合伙人，对非法人组织的债务承担无限责任。

第三个要点，是民事权利义务关系。本法所说的合同是平等主体之间设立、变更、终止民事权利与义务关系的协议。这里的民事权利义务关系，在民法通则第八十五条称为民事关系。民事关系和民事权利义务关系，是同一个概念，没有差别。学习合同法第二条的时候，理解民事权利义务关系至关重要。但在合同法起草过程中，使用的是债权债务关系，没有用民事权利义务关系。因为，民事权利义务关系的范围太宽，既包括经济生活中的市场交换关系，也包括家庭生活中的身份关系。而家庭生活中的身份关系并不受本法调整。按照本条第二款的规定，家庭生活中的身份关系即使采用了协议的形式，也不适用本法。民事权利义务关系这个概念宽了一些，合同法立法方案和各个草案都采用债权债务关系概念。

所谓债权债务关系，就是市场交换关系。诸如商品交换、提供劳务、服务、中介等等关系，在法律上就叫债权债务关系。但理解这一点不能绝对化，也有特殊情况，虽然是债权债务关系，但不体现市场交换，典型的例子，就是本法规定的赠与合同。一个人把自己的财产送给别人，无偿转让财产，叫赠与合同。赠与合同，不是市场交换关系，但采取了与市场交换同样的形式。赠与合同与市场经济有某种本质联系，因此本法作了规定。类似的情形，还有无偿借贷（本法有规定）、无偿借用（本法未规定）。除了赠与、无偿借贷、无偿借用，其他的合同关系可以说都是直接的市场交换关系，或者与市场交换密切相关的关系。所以，理解债权债务关系要把握住它的要点，它的本质就是市场交换，包括商品的交换和劳务、服务的提供。

正确理解民事权利义务关系的重要意义在于，决定一个案件是否适用本法，是否由法院民事审判庭受理。这就要看它这个关系的本质。因为，社会生活中，合同概念和合同形式，用得非常广、非常滥。例如，有的地方计划生育也签订所谓计划生育合同，社会治安工作也签订所谓治安责任制合同，社会综合治理工作也有所谓责任制合同，甚至还有所谓反腐倡廉的责任制合同。这些所谓的合同，与市场经济、市场交换根本没有直接的联系，却仍然用了合同的形式。我们当然不能够禁止别人使用合同概念和合同形式，但是我们应该明白，这些关系虽然采用了合同形式，名称叫某某合同、某某协议，但其本质不是债权债务关系，不是民事权利义务关系，因此不能适用本法，不能由民事审判庭受理。这些关系产生的纠纷，应该采取别的办法解决，或者应该由行政审判庭受理。这一点至关重要。

在本法制定过程中，有的人提出所谓行政合同概念。所谓行政合同，具备三项特征：首先，至少当事人的一方是行政管理机关；其次，合同目的是实现社会公共利益；最后，合同当事人中，作为国家行政管理机关的一方，有某种特权，凭藉这种特权，可以单方面决定合同成立、生效、解除，甚至单方面地决定追究对方当事人的责任，对对方当事人进行罚款、没收财产、给予制裁，等等。认为具备这三项特征的合同，就是行政合同。

按照他们提出的标准，好些合同就被认为是行政合同。首先是政府采购，采购战备物资、军用物资、备荒的物资，或者采购政府机关办公用品，这样的政府采购合同，被认为是行政合同。还有，诸如粮食、棉花、烟草的订购合同，社会工程的发包合同、重大的科技项目的开发合同，甚至国有土地使用权出让合同，都被认定为行政合同。针对这样的意见，在1997年6月的合同法专家讨论会上进行了认真的研讨。最后，与会学者和法官一致认为，这样的主张、这样的观点是错误的。合同名称、合同当事人，以及社会公共利益目的，均不足以成为是否行政合同的判断标准。判断一个合同是行政合同或者是民事合同，是否适用合同法，是否该民事审判庭受理的标准，只能是合同关系的本质，是债权债务关系，或者是行政管理关系。

按照政府采购法的规定，政府机关采购战备物资、军用物资、办公用品等等，必须采用招标投标方式，在订立合同的形式上有特殊要求，合同成立以后的变更、解除也有特殊的要求。政府采购法为什么要这样规定呢？就是为了解决一个问题，防止政府采购活动中的腐败行为，并保证政府所采购的设备、服务的质量。即使制定了政府采购法，也并未改变政府采购合同仍然是市场交换关系的本质。国家机关为一方，向企业、个人采购商品、采购服务，仍然遵循市场经济的原则，仍然是市场交易关系。与过去计划经济体制下，根据指令性计划的采购完全不同。因此，在1997年6月的专家讨论会上，参加会议的同志达成这样一个认识，这些合同，包括政府采购合同，烟草、粮食、棉花的订购合同，社会工程建设承包合同，以及国有建设用地使用权出让合同，都不是行政合同，而是典型的民事合同，所发生的纠纷应该由民庭审理，应该适用本法的规定。为什么？因为，这些合同关系的性质，是债权债务关系，是民事权利义务关系。政府采购法第四十三条第一款规定："政府采购合同适用合同法，采购人和供应商之间的权利和义务，应当按照平等、自愿的原则以合同方式约定。"

我国社会生活中究竟有没有所谓的行政合同呢？个别情况下确实有行政合同。例如，在改革开放初期，曾经实行所谓财政包干。中央财政和地方财政签订一个协议，规定地方财政每年上交多少，保留多少。这样的财政包干协议，就是典型的行政合同。合同关系的本质，是国家财政收支管理关系，是财政法上的关系，不是市场交换关系，不是民事权利义务关系。再如，某些国家机关拥有罚款、没收财产的权限，所罚款金额、没收财产，按照行政法的原则，应该全部上交，而机关的办公经费、公务员工资待遇等等，应该由国家统一划拨，即所谓"收支两条线"。但在改革开放的某个阶段，也采取了签订协议、签订合同的形式，规定这类罚没款收入上交多少，自己保留多少。虽然采取了合同形式，是否就变成了民事合同呢？没有，其本质仍然是行政法上的关系。这样的合同，可以称为行政合同，这样的合同发生纠纷，当然不适用合同法，当然不应该由民事审判庭受理，而应该用行政的手段去解决，或者由行政庭受理。

第三条【平等原则】

合同当事人的法律地位平等，一方不得将自己的意志强加给另一方。

本条规定平等原则。平等原则来源于第二条合同定义。第二条说本法所称的合同是平等主体之间设立、变更、终止民事权利义务关系的协议。当事人是平等的，这一点就决定了第三条平等原则。平等原则是本法调整的对象所决定的。理解本条，要掌握两个要点。

一个要点是平等原则的范围。平等原则的范围，是合同当事人之间的关系。在一个合同当中，当事人之间要求平等。不涉及合同当事人与合同之外的其他人的关系，不涉及这个当事人在社会生活中平等不平等。一些当事人，可能在政治生活领域是不平等的，但他一旦加入合同关系，成为合同当事人，他和对方当事人就是完全平等的。因此，第三条所说的平等，是指合同当事人之间的平等。不是讲这个当事人在其他社会关系中平等不平等，不应混淆。举例来说，一个国家机关，在管理社会、管理市场的时候，它与被管理的企业、个体工商户之间，当然是不平等的。国家机关有行政管理权，是管理者，企业、个体工商户是被管理者。这个国家机关代表国家行使行政管理权，与被管理的企业、个体工商户，当然是不平等的。但这不是本法规定的合同关系。如果这个国家机关要采购办公用品，或者建办公大楼、建职工宿舍，而与企业、个体工商户订立采购合同或者建设工程承包合同，在这样的合同关系中，这个国家机关就不是以国家机关的身份出现，而是以法人身份出现。国家机关参加市场交易，签订合同和履行合同，不是以行政主体的身份，而是以民事主体的身份，称为国家机关法人。因此，国家机关在订立合同和履行合同当中，与合同对方当事人是完全平等的。

另一个要点，平等原则所说的平等，是指法律地位的平等，不涉及经济实力上的平等和在政治生活领域的平等。法律地位的平等，体现在订约谈判、签订合同、履行合同的时候，双方当事人要平等相待，相互尊重，平等协商，不能够把自己的意志强加给对方，经过协商达成意思表示的一致，才能成立合同。任何当事人，利用经济生活或者社会生活中的优势地位，把自己的意志强加于对方，迫使对方接受不公平条款，订立所谓“霸王合同”，都是违反平等原则的。

正确理解第三条规定的平等原则，在实践当中有重要的意义。法院决定某个纠纷案件该不该受理，该不该由民庭审理，往往涉及对平等原则的理解和把握。例如，以村民委员会为被告的案件，是否应由民庭审理，关键看是什么样的关系。如果是村民委员会接受上级政府的委托，进行治安管理或者征收某种税费，所行使的上级委托的某种行政管理权限，就属于不平等的关系，当然不应由民庭审理。如果属于国家征收了土地，村民委员会代表被征收承包地的农户接受了国家支付的补偿费，因分配补偿费与村民发生纠纷，就应该属于平等主体之间的关系，应该属于民庭审理的范围。不能将合同法平等原则所说的平等，混同于政治生活或者行政管理领域中的平等或者不平等。

第四条【合同自由】

当事人依法享有自愿订立合同的权利，任何单位和个人不得非法干预。

本条是关于合同自由原则的规定。本条所谓当事人自愿订立合同的权利，就是民法理论上所说的合同自由。所谓合同自由，指当事人订不订合同，与谁订合同，以什么形式订合同，合同规定什么样的内容，都取决于当事人的自愿。合同自由与市场经济有密切的关系，是市场经济的本质决定的。前面已经提到，在市场经济条件下，市场主体完全按照自己的目的和意愿选择交易对方，与之签订合同，合同自由反映了市场经济的本质。如果没有合同自由，也就没有市场经济。市场经济条件下，平等的、自由的、独立的当事人通过平等协商达成协议，安排双方的权利和义务关系，这就叫合同。合同自由是合同法的本质，是市场经济的本质。因此，合同法的立法指导思想，要求充分尊重和保护当事人的合同自由。

请注意，现代民法所谓合同自由，并非不受限制的自由。首先须受法律的限制，是在法律范围内的自由，当事人的自由不能违反法律强制性规定。另外还有一个限制，立法方案上表述为，出于重大的正当事由可以限制当事人的合同自由。什么是重大的正当事由呢？立法当时所预想的重大的正当事由，主要是消费者保护，劳动者保护，及社会公共利益保护。出于这样的重大的正当事由，法律将限制当事人的合同自由。为什么出于保护消费者、保护劳动者的理由，可以限制当事人的合同自由呢？这是基于对现在的市场经济与历史上的市场经济的不同认识。

18、19 世纪的市场经济中，市场主体是农户、手工业者、小业主、小作坊主，还没有现在这样的大企业、大公司、跨国公司、跨国企业。在当时的市场经济条件之下，民法理论假定当事人都是平等的，而在实际上，一个小业主和一个农民，他们的经济实力差别并不大。他们在签订合同的时候，经济实力稍强的一方，可能使合同内容对自己有利，让对方吃点亏。例如小作坊主与农民签订买卖农具的合同，小作坊主有可能利用农民的急需，抬高农具的销售价格，使农民吃一点亏，但下一次小业主与农民签订购买粮食的合同，农民也可能抬高粮食的销售价格，使小作坊主也吃一点亏。在不发达的市场经济条件下，当事人总是相互交换位置，今天是买受人，明天就是出卖人。今天作为出卖人一方可能占了一点便宜，明天作为买受人一方可能吃一点亏，从长期来说，他们之间得失相抵。因此，民法理论上关于当事人“平等性”“互换性”的两个假定，在不发达的市场经济条件下，基本上符合事实。正是基于这两个假定，历史上的合同自由曾经是不受任何限制的，等同于自由放任。

但现在的市场经济与历史上不发达的市场经济不同，现在的市场经济的一个显著特征，是主体的“两极分化”。以大企业为一方，以消费者为另一方，作为生产者、销售者的大企业与消费者之间，经济实力悬殊。消费者是分散的、弱小的个人，难以与大企业相抗衡。大企业拥有雄厚的经济实力，掌握高端的科学技术，运用先进的营销手段，进行生产和销售。在产品销售合同关系中，法律虽然规定当事人法律地位平等，要求双方平等协商，不允许一方以势压人，把自己的意志强加给另一方，但因消费者与大企业力量悬殊，合同关系的内容往往取决于大企业一方的意思。两极分化还体现在劳资关系，以企业主为一方，劳动者为另一方，劳动者总是分散的、弱小的个人，靠出卖劳动力换取工资报酬，难于与企业主相抗衡，致劳动合同关系的内容往往取决于企业主一方的意思。

民法理论所谓“平等性”假定已不符合现实，且大企业永远是生产者、销售者，消费者永远是买受人，企业主永远是雇主，劳动者永远是受雇人，不发生所谓“互换性”问题。在现代市场经济条件下，理当由国家承担保护消费者、保护劳动者的职责，国家在制定法律时，出于保护消费者、劳动者的需要，就要限制企业一方的合同自由。因此，合同法立法指导思想，在宣示“充分尊重和保护合同自由”的同时，明示“出于重大的正当事由可以对合同自由进行限制”。合同法贯彻这一指导思想，在设计法律规则时，如果所涉及的当事人都是企业，就尽量地体现合同自由，凡双方平等协商，真实意思表示，所成立的合同一律有效，法律不予干涉；如果涉及当事人一方是劳动者、消费者，法律规则的设计，必须体现保护劳动者、消费者合法利益，相应限制企业一方的合同自由。

请特别注意条文后段“任何单位和个人不得非法干预”。所谓“任何单位”，包括国家机关在内。立法指导思想明示，本法不规定合同管理制度和合同管理机关，不规定行政制裁措施。市场经济的本质、合同法的本质决定了合同法不宜规定合同管理。这一点，在立法过程中也有分歧。国家工商行政管理局一再要求合同法设合同管理一章，赋予合同管理机关管理合同的权限。在整个起草过程中一直争论，最后决定采取折中办法。鉴于当时的市场经济秩序比较混乱，利用合同形式实施违法行为的现象比较突出，需要有管理机关负责查处，于是在草案上增加了一条（第一百二十七条），规定由工商行政管理机关查处利用合同的违法行为。但是工商行政管理机关方面还要求再增加一条，规定工商行政管理机关有监督合同的权限。在常委会第一次审议的草案当中，增加了这样的条文："工商行政管理机关按照法律、行政法规规定的职责，负责对合同的监督。"法工委副主任胡康生在常委会上解释说，这一条所说的"监督"只是"事后的"监督。但该条文没有体现"事后的"监督的意旨。

因此，在 1999 年 1 月的专家讨论会上，与会学者和法官一致认为，该条规定工商行政管理机关监督合同不妥，严重违背立法指导思想，违反合同自由原则，将导致行政权对当事人合同自由的障碍和限制。但是这一条如果不规定，可能影响法律案通过。最后决定采纳学者的意见，将规定工商行政管理机关查处违法行为的条文，与规定工商行政管理机关监督合同的条文，合并为一个条文。实际是把"监督"一词，移到现在的第一百二十七条，放在"处理"一词之前，并删除原来规定监督的条文。原来对"合同的监督"变成了对"违法行为的监督"，而工商行政管理机关依照法律规定的权限，对各种利用合同的违法行为进行监督，当然是应该的、合理的。

请特别注意，合同自由原则的上位概念是意思自治原则。意思自治原则规定在民法总则第五条。

第五条【公平原则】

当事人应当遵循公平原则确定各方的权利和义务。

本条规定公平原则。所谓公平，指合同各方当事人之间，在权利享有与义务负担上大体平衡。所谓公平原则，是当事人确定合同内容时必须遵循的指导原则。（1）在由双方当事人确定合同内容的情形，双方当事人应当按照公平原则的要求，平等协商、共同确定各方的权利和义务。判断所确定的合同内容是否公平，应依当事人主观的判断标准。即只须双方当事人在主观上认为己方给付与对方给付大体等值即可，至于双方给付是否在客观上确实等值，则在所不问。但在一方当事人因受欺诈、胁迫而订立合同的情形，则判断合同内容之是否公平，应依客观的判断标准，即判断给付与对待给付之间是否在客观上等值。（2）在合同内容仅由一方当事人确定的情形，该方当事人应当按照公平原则的要求，确定合同各方的权利义务。此种情形，判断合同内容之是否公平，应依客观的判断标准。(3) 在由第三人确定合同内容的情形，该第三人亦应按照公平原则的要求，确定合同各方的权利义务。如其确定的合同内容显失公平，则对合同当事人不发生效力。此种情形，判断合同内容的公平与否，亦应采客观的判断标准。

须说明的是，公平原则的要求，在双务合同中体现得最为明显。不仅要求一方的给付与对方的对待给付之间大体等值，且要求在当事人之间合理分配风险和负担。而在单务合同中，由于只有一方当事人负担义务，故合同内容之是否公平，往往依当事人意思表示之是否自由判断之。

公平是现代社会的基本理念，也是市场交易中应当遵循的基本准则。显失公平的市场交易，不仅严重损害一方当事人的利益，而且破坏正常的市场交易秩序，使市场经济陷于混乱。因此，当事人在订立合同时，应当遵循公平原则合理地确定各方的权利和义务，以兼顾双方当事人的利益。

公平原则，是当事人缔结合同关系，尤其是确定合同内容时，所应遵循的指导性原则。现代民法设立公平原则之目的，在于市场交易的合同关系中要兼顾双方的利益，并为“诚实信用”原则、“情事变更”原则及“显失公平”规则树立判断基准。民法通则第四条规定：“民事活动应当遵循自愿、公平、等价有偿、诚实信用的原则。”考虑到“民事活动”一语文义过宽，既包括合同的订立，也包括合同的履行，而公平原则的实质是要求合同当事人之间在利益关系上大体平衡，系着重针对合同订立时权利义务的确定，至于合同的履行等主要受诚信原则之支配。因此，本条将公平原则的适用范围限于“合同内容的确定”，以期明确。

公平原则的作用是什么？公平原则的作用，是用来衡量当事人之间的权利义务关系的。公平就是说双方当事人在利益关系上大体平衡。公平原则是从正面提出要求，要求当事人签订每一个合同的时候都要符合公平原则，维持双方当事人之间的利益关系平衡。公平原则的反面，即违反公平原则的法律效果，规定在本法第五十四条。第五十四条显失公平规则，和本条公平原则，一个从反面，一个从正面规定。本条正面规定要求当事人遵循公平的原则确定双方之间的权利义务，如果当事人确定的权利与义务不公平，利益关系严重不平衡，就应当适用第五十四条规定的显失公平规则予以纠正。

顺便讲到，本法立法的指导思想，要求兼顾经济效率和社会公正。所谓经济效率，就是有利于经济发展，有利于生产力提高。所谓社会公正，是指整个社会不同的阶层、行业、工种，及不同人群之间，利益关系维持大体上的平衡。社会公正是对整个社会范围提出的目标，而本条公平原则是针对每一个具体的合同关系的要求。如果每一个合同都符合公平原则的要求，则整个社会的公正也就能够维持。但不能将本条公平原则，混同于社会公正。

需要补充一点，本条属于指导性的基本原则，要求立法机关在制定合同法、设计某一个合同法制度、条文的时候，应当遵循公平原则，维持合同当事人之间利益关系的平衡；要求法院在裁判合同纠纷案件的时候，应当贯彻公平原则，尽量不偏不倚，一碗水端平，维持当事人之间利益关系的平衡；要求当事人在订立合同、约定合同条款的时候，应当贯彻公平原则，兼顾当事人双方的利益，不得利用自己一方的优势地位，订立显失公平的条款，损害对方当事人的合法利益。但本条公平原则本身，不具有裁判规范的性质，与诚实信用原则和公序良俗原则之属于裁判规范不同。人民法院和仲裁机构不得直接依据公平原则裁决案件。人民法院或者仲裁机构裁决案件，确认内容违反公平原则的合同或者合同条款无效或者予以撤销，不得直接适用公平原则，而应当依据本法体现公平原则的具体裁判规范，例如第五十四条第（二）项关于显失公平的规则、第三十九条和第四十条关于显失公平格式条款的规则以及最高人民法院通过司法解释创立的情事变更原则。

第六条【诚信原则】

当事人行使权利、履行义务应当遵循诚实信用原则。

本条是关于诚实信用原则的规定。所谓诚实信用，是市场经济社会中的道德规则。在改革开放之前的计划经济体制之下，不发生诚实信用的问题。因为在计划经济条件下，一切生产、流通、分配、消费都是按照国家的指令性计划进行的。只要严格执行了指令性计划，社会的经济生活就能够正常地运转、维持。评价一个单位、个人的最普遍的标准，就是完成指令性计划。一个劳动者能够完成计划，就被评为优秀工作者；一个企业能够完成国家计划，就被评为先进企业。在计划经济条件下，完成计划被作为最高的道德，无所谓诚实信用问题。对于企业、生产者甚至公务员，都不用诚实信用去衡量他，统一用完成计划（任务）作为评价标准。只是一个人下了班，在和朋友的交往中，有可能发生诚信问题。例如向朋友借钱，到下个月开工资的时候及时归还，朋友间就会说这个人讲信用，反之，就说这个人不讲信用。只在这样很窄的范围，才稍微谈到诚实信用。

在市场经济条件下就完全不同。市场经济条件下，整个市场的生产、流通、分配、消费不是靠指令性计划，而是靠签订合同。签订合同时，你说我的这个产品如何好，有什么优点，有什么效用，对方买回去一用，实际上不是那回事，就说你不诚实。签订合同的时候信誓旦旦，保证到期交货、到期付款，到合同的履行期满，却不交货、不付款，就是不守信用。签订了合同却不按照合同约定履行，就是不讲信用，签订合同的时候说假话，就是不诚实。诚实信用，在市场经济条件下尤其重要，是市场经济社会的道德规则。

诚实信用是一个道德规则，以法律的形式规定后，就成为一个法律规则，而不仅仅是一个道德要求。按照诚实信用原则，在市场经济条件下，任何一个人要谋取利益，要获得财产、生活资料，都必须通过市场。在市场经济条件下，凡是有劳动能力的个人，要谋取自己的利益，无非三种方式：一是用体力劳动去换取报酬、工资；二是用智慧、脑力劳动去换取报酬、工资；三是用现有的金钱去谋取利益，炒股票、炒期货、炒房地产、投资办厂、办小餐馆、做买卖等等。这三种方式在法律上都是正当的、合法的，法律给予保护。但是，法律绝不允许通过损害他人、损害社会公共利益来谋取利益。任何人通过损害他人、损害社会公共利益来谋取自己的利益，就违背了诚实信用原则。因此，诚实信用原则树立了一个评价个人、评价企业的标准。我们必须按照这个标准，去签订合同、履行合同。因此，诚实信用原则的第一个作用，是作为指导当事人签订合同、履行合同的一个行为准则。

诚信原则的第二个作用，是针对法官而言的。法官在审判案件的时候需要查清案情，在查清案件事实的时候需要判断证据，合同纠纷案件最主要的证据就是合同书，如果合同书上的某一个条款有两种不同的含义，原告说是这个意思，被告说是那个意思，这种情况下，法官就要运用法律上的方法来确定这个条款的真实含义，这叫解释合同。法官应该按照诚实信用原则来解释判断，如果存在两个解释意见，法官要采纳符合诚实信用的那个解释意见，抛弃违背诚实信用的那个解释意见。什么叫符合诚实信用呢？按照一个解释意见，能够使原被告之间的利益关系大体平衡，就是符合诚实信用的解释意见。

法官除了解释合同，还要解释法律。案情查清以后，究竟适用哪一个条文来裁判，这个条文是什么含义，要分析它的构成要件、适用范围、法律效果，就需要解释法律。在解释法律的时候，如果有两个不同的解释意见，都有一定道理，很难说哪一个绝对错误，哪一个绝对正确，这种情形，法官就应当用诚实信用原则作为判断标准。看哪一个解释意见符合诚实信用，哪一个解释意见违背诚实信用。采用符合诚实信用的解释意见，抛弃违背诚实信用的解释意见。诚实信用原则的第二个作用，是作为法官解释合同、解释法律的标准。

诚实信用原则的第三个作用，是补充法律漏洞。法官在查清案情事实之后，有可能发现这个案件在法律上没有具体规定。法律上没有规定裁判案件的具体规则，称为法律漏洞。在这种情况下，可否以法律上没有规定为由，不予裁判，或者要求原告撤诉？不能。现代法制有一个原则规定，法官不得以法律没有规定为由拒绝裁判案件。假设某个法官以法律没有规定为理由拒绝裁判案件，这个法官就是渎职。于是，法官就处在一个两难的境地，一方面要求裁判案件，以事实为依据，以法律为准绳，但这个案件在法律上没有可供引用的具体规定。这种情形，法官应该创设一个规则，据以裁判这个法律上没有具体规定的案件。这也是各国法官和法院经常采用的方法。法官创设规则有多种方法，其中之一是直接适用诚实信用原则，亦即直接用诚实信用原则作为裁判案件的依据。对此，从最高人民法院到各级法院已经达成共识，已经有不少直接适用诚信原则的判决。

这里举一个例子。即 1994 年最高人民法院经济庭第二号批复，一个债务人欠了好多债权人的债，已经陷入支付危机，这时，债务人与其中一个债权人达成抵押协议，以债务人全部资产设定抵押，担保这个债权人的债权。其他债权人知道，就向法院起诉，请求确认该抵押协议无效。这种情形的抵押协议应否有效，法律上没有规定。直到担保法颁布，担保法也没有规定，当债务人欠了许多人的债，陷入支付危机之后，是否可以将全部财产抵押给其中一个债权人。显然是一个法律漏洞。这个案件一直请示到最高人民法院，最高人民法院经济庭也发生争论，有的法官认为该抵押合同应当有效，因为是双方真实的意思表示，并且有真实的债权债务关系；有的法官认为该抵押合同应该无效，理由是这样的抵押协议损害了其他债权人的合法权益。最高人民法院经济庭最终达成一致意见，认定该抵押合同无效。至于认定无效的依据，先考虑依据公平原则，认定这个合同无效。经再三斟酌，改为依据诚实信用原则。

不能依据公平原则确认无效的理由，前面解读公平原则时已经谈到，一是公平原则的范围仅限于一个合同的双方当事人之间，而本案抵押人与抵押权人之间是公平的，问题是损害抵押合同之外其他债权人的合法权益，不在公平原则范围之内；二是公平原则不是裁判规范，不能直接引为裁判依据。本案抵押协议，其实质是通过损害其他债权人的合法利益，以确保一个债权人的利益，显然违背诚实信用原则。这是以诚实信用原则来填补法律漏洞的第一个实例。

合同法实施以来的裁判实践，针对同类案件，创设名为“事后抵押无效”的裁判规则。① 所谓事后抵押，指债务人有多个普通债权人，于债务人已陷入支付危机、濒临破产、其财产已不足以清偿全部债务的情形，债务人与其中一个债权人恶意串通，将其全部或者部分财产抵押给该债权人。事后抵押之设定，必然导致债务人降低或者丧失履行其他债务的能力，侵害其他债权人的合法利益。因此，应依据诚实信用原则，确认事后抵押协议（合同）无效。

第七条【公共秩序与善良风俗】

当事人订立、履行合同，应当遵守法律、行政法规，尊重社会公德，不得扰乱社会经济秩序，损害社会公共利益。

本条包括两部分内容。条文前半段要求当事人订立、履行合同应当遵守法律，有的学者称为“遵守法律的原则”。笔者认为，即使有这样的原则，也没有什么实质意义。国家制定合同法，当然是用来指导当事人的行为，要求当事人遵守的，这是应有之义。本条最重要的是后半段：“尊重社会公德，不得扰乱社会经济秩序，损害社会公共利益。”合同法立法方案和第一个草案，仅规定后半段内容，并且采用“公共秩序与善良风俗”概念，明定当事人不得违背公共秩序与善良风俗。后来修改中，考虑到民法通则和三个合同法已经用了社会公德、经济秩序、社会公共利益概念，因此改为现在这样的表述。虽然如此，仍应当肯定，本条相当于各国法律上的公共秩序与善良风俗规则。条文中的经济秩序、公共利益相当于公共秩序，所说的社会公德相当于善良风俗，简称公序良俗。民法总则明确采用公序良俗概念。

公共秩序和善良风俗是现代民法共同规定的一项规则。这个条文在法律上的意义，同样是授权法院去裁判法律没有规定的案件。就这一点来说，与诚实信用原则是一样的。现在问题是，既然已经规定了诚实信用原则，为什么还要规定公序良俗原则？这是因为，虽然诚实信用原则的适用

---

① 参见最高人民法院（2008）民二终字第135号民事判决书。

范围很宽，但毕竟有限制。前面讲到，诚实信用是市场经济的道德规则，如果案件涉及市场交易关系，或者与市场交换密切相关，当然可以依据诚实信用原则裁判。如果案件事实、当事人的行为，与市场交易无关，或者与市场交易离得较远，就很难援引诚实信用原则作为裁判依据。当事人的行为发生在市场交易之外，与诚实信用没有直接关系，这类案件就要用另外的规则去裁判它。起草人把各国民法所共有的公共秩序和善良风俗原则引进来，规定在本法第七条，立法目的就是授权法官据以裁判法律上没有具体规定的、不属于诚信原则适用范围的案件。

先举一个日本法院的案件，叫“服务员保证”。案情是餐饮业、娱乐业的老板与服务员签订的雇佣合同上有一个条款，规定每一个服务员为自己接待的顾客所欠债务承担保证责任。服务员接待的顾客吃饭、娱乐消费之后，不付账就走人，就应该由接待的服务员充当保证人，老板就依据这一条款扣该服务员的工资。一个服务员被扣工资后不服，起诉到法院。法院审理后作出判决，认定该服务员保证条款无效。判决书表述了认定无效的理由：在一些高档的娱乐餐饮场所，消费者中好些是有钱有势的，或者是地方上的头面人物，甚至是黑社会的人物，他们来消费的时候，老板都只能笑脸相迎，不仅不敢问他们要钱，还要恭恭敬敬地把他们送出大门、送上汽车。作为老板都不敢向这样的顾客要钱，却要求这些社会地位最低下的服务员去向这样的顾客要钱，服务员不敢要，就扣服务员的工资，这样的条款显然违背善良风俗。因此依据公序良俗原则认定为无效。

再举一个我国台湾地区的案件。原告是一个有钱人，他和一个年轻女子长期同居，送给女方一套房产，赠与合同上规定了一个条款：受赠人一旦终止同居关系，赠与人有权收回该房产。后来女方不愿和他继续同居，他就起诉到法院，要求收回不动产。案件一直上诉到台湾地区的最高法院，该法院判决驳回了原告收回房产的请求。判决书中说：原告依仗自己有钱有势，垂涎于年轻貌美的被告，为了达到长期霸占的目的，预先在赠与合同中规定，一旦女方不再与他同居，他就有权收回该不动产。此项约款，显然违背善良风俗，应认定为无效。顺便提及，我国大陆法院，在合同法实施后，已有以违背第七条规定的社会公德为由，认定赠与合同类似条款无效的判决。

第十条【合同的形式】

当事人订立合同，有书面形式、口头形式和其他形式。

法律、行政法规规定采用书面形式的，应当采用书面形式。当事人约定采用书面形式的，应当采用书面形式。

本条规定合同的形式，是本法关于合同订立的一项基本规则，即：合同“以不要式为原则，以要式为例外”。所谓不要式，指不要求特定的形式，例如书面形式，当事人可以订立口头合同。第一款是原则规定，明示订立合同可以采用书面形式、口头形式或者其他形式，亦即不要求特定形式。第二款是例外规定，如果法律、行政法规要求某类合同应采用书面形式，或者当事人约定采用书面形式，则应当采用书面形式。

本条改变了此前三个合同法的规则。原来的涉外经济合同法、技术合同法要求绝对的书面形式，经济合同法规定仅即时清结合同可以不要求书面形式。本法制定过程中，就是否认可口头形式有激烈争论。1999 年 1 月 13 日，全国人大常委会委员长李鹏亲自主持，在北京市丰台区人民法院召开调研会，就合同形式征求法官的意见。会上丰台法院院长介绍，1998 年该院受理的民事案件中，口头合同约占 1/3。李鹏委员长后来总结说，看来不能不承认口头合同。最终使本条得以确定。

按照本条规定，如果法律法规未规定采用书面形式，当事人也没有约定采用书面形式，即可采用口头形式订立合同。实际生活中，采用口头形式订立的合同是大量的，绝大多数口头合同能够履行。少数口头合同当事人间发生纠纷，起诉到人民法院，这就发生一个问题，法庭如何判断是否存在合同及合同的内容？

例如原告起诉说某年某月某日被告向他借了 1 万元，要求法庭判决被告偿还借款。法庭首先要判断原被告之间是否有口头借款合同，如果确有口头借款合同，还要判断借款合同的内容，即借款金额是不是 1 万元。法庭判断口头合同是否存在及合同内容，当然要靠证据，要求原告提供人证或者书证。如果借款是从银行汇付，原告应当提供银行汇款的凭条作为书证。另一个证据，就是被告在答辩和庭审中的“自认”，即被告承认向原告借款 1 万元的陈述。被告的“自认”可以作为法庭认定事实的依据。如果原告提不出任何证据（人证、书证）且被告坚持否认合同的存在，法庭没有证据认定口头合同的存在，就只能以原告起诉的证据不足为由，判决驳回原告的起诉。

补充一点，虽然合同法第十条规定订立合同以不要式为原则，以要式为例外，但实际上法律法规要求必须采用书面形式的合同种类不少。例如，合同法第二百一十五条规定租赁期限6个月以上的租赁合同应当采用书面形式，第二百三十八条规定融资租赁合同应当采用书面形式，第二百七十条规定建设工程合同应当采用书面形式，第三百三十条规定技术开发合同应当采用书面形式，第三百四十二条规定技术转让合同应当采用书面形式。再如，物权法第一百三十八条规定建设用地使用权出让合同应当采用书面形式，第一百四十四条规定建设用地使用权转让、互换、出资、赠与、抵押合同应当采用书面形式，第一百八十五条规定抵押合同应当采用书面形式，第二百一十条规定质权合同应当采用书面形式。合伙企业法第十九条规定："合伙协议经全体合伙人签名、盖章后生效……"可见，设立合伙企业的合伙合同（协议），必须采用书面形式。

法律法规规定应当采用书面形式的合同，而当事人未采用书面形式的，其法律效果如何？这样的合同，除法律有特别规定的外，应属于合同法第五十二条第（五）项"违反法律、行政法规的强制性规定"的合同，法庭应依据合同法第五十二条判决确认合同无效。此所谓"法律有特别规定"，首先是合同法第三十六条规定，法律、行政法规规定应当采用书面形式订立合同，当事人未采用书面形式但一方已经履行主要义务，对方接受的，该合同成立（并有效）；其次是合同法第二百一十五条第二句规定，对于未采用书面形式订立的租赁期限6个月以上的租赁合同，"视为不定期租赁"。

当事人约定应当采用书面形式的合同，却未采用书面形式订立，其法律效果如何？合同法第三十六条规定"一方已经履行主要义务，对方接受的"，该合同成立（并有效）。如果主要义务未履行，而双方当事人对于合同的成立无争议，则按照民法原理，应当解释为双方同意废除此前关于书面形式要件的约定，因而认定合同成立（并有效）。如果双方当事人对于合同是否成立发生争议，即一方坚持关于应当采用书面形式要件的约定，则应认定合同不成立。

第十二条【合同条款】

合同的内容由当事人约定，一般包括以下条款：

（一）当事人的名称或者姓名和住所；

（二）标的；

（三）数量；

（四）质量；

（五）价款或者报酬；

（六）履行期限、地点和方式；

（七）违约责任；

（八）解决争议的方法。

当事人可以参照各类合同的示范文本订立合同。

本条规定，合同内容由当事人约定，然后列举一般应包括的条款。在原来的经济合同法上就有这样的规定，后来在设计本法立法方案和起草第一个草案时，考虑到贯彻合同自由原则，合同的内容应由当事人约定，因此未规定这样的条文。在草案修改时，考虑到我国幅员广大，企业及民众的法律知识不足，当事人在订立合同时往往不知道应该约定哪些条款，因此决定保留原经济合同法的这一条。同时为了避免产生误解，采用“一般包括”这样的措辞，回避“应当”“必须”这样的措辞，避免将此八项条款视为合同必要条款、主要条款。

法律上的必要条款、主要条款，有其特殊含义，指决定合同成立的条款。与之对应的是一般条款，一般条款未规定，不影响合同的成立。本条列举的八项条款，不全是必要条款。例如，合同未约定第（八）项、第（七）项，甚至未约定第（六）项、第（五）项及第（四）项，合同亦可成立。未约定履行期限、履行地点和履行方式，可以通过合同的性质、种类、交易习惯来决定；未约定价款，当事人可以在事后履行时协商决定，协商不成的，法庭可以采用市场价格；即使未约定质量，可以采用国家标准、部颁标准、行业标准，实在不行还有企业标准可供参考。可见，从第（四）项到第（八）项，这些条款缺少了，都是可以补救的。须特别注意，第（一）项、第（二）项和第（三）项属于合同主要条款，缺少这三项中的任何一项，合同就不能成立。

请注意，本条第二款规定，当事人可以参考各类合同的示范文本订立合同，这是后来补充上去的。考虑到自上世纪80年代以来，合同管理机关曾推行合同示范文本制度，起到了一定的作用，因此规定。本款条文谨慎地使用“可以参照”这样的措辞，告诉当事人既可以参照，也可以不参照。

第十三条【要约、承诺】

当事人订立合同，采取要约、承诺方式。

本法从第十三条开始，用了多个条文来规定要约和承诺。这是把合同的成立分为要约和承诺这两个环节，通过这两个环节来判断合同什么时候成立，内容是什么。这个内容在以前的法律上没有，现在规定得非常详细。要约承诺规则在这里不适于详细讲解，这里只讲审理合同纠纷案件中，于何种情形须运用要约承诺规则。

过去的某个时期，法院裁判合同纠纷案件，判决书必须就本案合同是否成立、是否生效作出认定。这种硬性要求和做法，违背了民事裁判的基本规则，即当事人诉什么法庭就审什么。例如违约诉讼，原告提起违约诉讼，被告就是否违约进行答辩，表明双方对合同成立有效没有分歧，争议在被告是否违约。因此，法庭原则上只审查被告是否违约、是否应承担违约责任，而不必要审查合同是否成立、生效。此原则有两个例外：一是法庭审查中发现合同内容有违反本法第五十二条的情形，法庭可以主动审查合同成立不成立，生效不生效；二是原告以违约起诉，被告却以合同不成立、不生效作为抗辩，这种情形法庭必须审查合同是否成立、是否生效，因为法庭必须审查被告的抗辩理由是否成立。如果不属于这两种情况，按照民事裁判的原则，当事人诉什么法庭就审什么，而不能不加区分地一律审查合同是否成立、生效。

何种情形法庭须适用要约承诺规则？一是在原被告双方对合同的成立有分歧的情形，法庭须依据要约承诺规则判断合同是否成立。二是双方对合同的成立没有分歧，却对合同的内容有分歧的情形，一方说合同有某一项约定，另一方说没有该项约定，法庭须要依据要约承诺规则进行判断。后者，特别是一些缔约谈判过程很长的合同，因缔约过程中双方往来函电很多，有各种书面文件、合同草案、备忘录、确认书等，最后正式签订合同，在履行过程中双方就合同是否包含某项约定发生争议，一方主张谈判过程中的某个时候达成了该项约定，虽然没有写进合同书中，也应属于本案合同的内容。法庭在判断本案合同是否应当包含该项内容时，应当适用要约承诺的规则。这是适用要约承诺规则的两种情形。

第三十六条【形式欠缺的补正（一）】

法律、行政法规规定或者当事人约定采用书面形式订立合同，当事人未采用书面形式但一方已经履行主要义务，对方接受的，该合同成立。

本条讲的是合同的形式有欠缺。理解本条须联系到本法第十条的规定，假设严格按照第十条的规定推论，法律规定采用书面形式，当事人没有采用书面形式，或者当事人约定采用书面形式，而未采用书面形式，合同应不成立。但考虑到社会生活的复杂性，虽然当事人没有采用书面形式，但既然合同已经履行，法律就没有理由强制当事人恢复原状。因为合同毕竟是当事人实现目的的形式。根据合同自由原则，起草人确定了这样的立法思想，合同既然是实现当事人利益的法律形式，就应该尽量让它有效。这一立法思想所针对的是上世纪 80 年代以来的裁判实践的一种倾向，即法庭对合同形式的要求过分严格，有任何一点欠缺，都会认定合同无效。据了解，有的地方法院裁判合同纠纷案件，判决确认合同无效的案件，占案件总数的40%，有的地方甚至达到50%以上。这样的实践倾向，有悖合同自由原则，有悖本法保护当事人合法权益的立法目的。因此，立法方案规定了这一立法思想，一个合同即使在形式上有欠缺，如果已经全部或者部分履行、如果可能有效，就应当尽量使之成立、有效。

条文所谓“主要义务”是指什么？按照民法理论，合同上的义务分为主义务和从义务。以购销合同为例，供方的主义务是交付钢材，从义务是附带交付有关文件资料；需方的主义务是支付价款。如果供方已经交付了钢材，按照本条规定就应认定合同已经成立，如果需方亦已支付价款，就更不用说了。请注意，条文“已经履行主要义务”后面，有“对方接受的”五个字，这是后来添加的。加上这五个字，造成了概念和逻辑的矛盾。因为法律上的“履行”概念，已经包含“对方接受的”含义在内。供方履行交付钢材的义务，如采送货方式，将钢材交给承运人尚不构成“履行”，须承运人将钢材运到需方指定地点，经需方派人查验点收（接受），这才构成“履行”。需方履行付款义务也是如此，如果通过银行汇款，必须该笔金额进入对方指定账户（接受），如支付现金，必须将现金交到对方手上，等对方清点后说声“刚好”（接受），这才构成履行。既然履行概念已经包含对方接受，再加上“对方接受的”五个字，就成了画蛇添足。

第三十七条【形式欠缺的补正（二）】

采用合同书形式订立合同，在签字或者盖章之前，当事人一方已经履行主要义务，对方接受的，该合同成立。

本条也是对形式欠缺的补救。理解本条应结合本法第三十二条。第三十二条规定：“当事人采用合同书形式订立合同的，自双方当事人签字或者盖章时合同成立。”再看本法第二十五条的规定，“承诺生效时合同成立”。二者的逻辑关系是：本法第二十五条是合同成立的一般规则，第三十二条是书面合同成立的特殊规则。

假设对第三十二条作反对解释，则在以书面形式订立合同情形，如果既没有签字也没有盖章，应认定合同不成立。这样处理也过分严格。基于前述第三十六条的同一理由，也应该给予补救。虽然当事人没有签字、盖章，但当事人一方已经履行主要义务，就不能强使双方恢复原状，而应当认定合同已经成立。这样做符合合同法的本质，符合合同自由的原则，也有利于保护当事人的合法权益。本条条文也出现同一错误，加上“对方接受的”一语，造成了逻辑矛盾。

第三十九条【格式条款】

采用格式条款订立合同的，提供格式条款的一方应当遵循公平原则确定当事人之间的权利和义务，并采取合理的方式提请对方注意免除或者限制其责任的条款，按照对方的要求，对该条款予以说明。

格式条款是当事人为了重复使用而预先拟定，并在订立合同时未与对方协商的条款。

本条是关于格式合同的规定。我们购买的飞机票、火车票，与供电公司订立的供电合同，与保险公司订立的保险合同，到邮局发电报所订立的合同都有一个共同特征，即：合同条款是企业方面预先拟定的，签订合同的时候不允许修改。格式合同多数是针对消费者的，也包括大企业相互之间签订的格式合同。大企业签订合同的时候，各自都有格式条款，你发一个格式条款过来，我发一个格式条款过去，最后成立的合同，采用了哪一方的格式条款，往往发生争执。但是，格式合同主要还是针对消费者的。

格式合同的合理性在于，不可能要求企业与每一个消费者协商谈判拟定合同条款，这样做成本太高。例如航空公司，即使不计算成本，与每一个乘客谈判拟定合同条款，导致合同内容互不相同，也不合适。所以，格式合同有其合理性。但是，格式合同最大的问题，是剥夺了对方当事人的合同自由，因而隐藏着一个危险：可能损害对方当事人的利益。一旦当事人一方能够单方面决定合同内容，则按照人之本性，他必然是着重考虑自己的利益、过分考虑自己的利益，往往造成合同内容显失公平，损害对方当事人的利益。例如，上世纪 80 年代安装电话，要收一笔入网费、初装费，过去铁路部门规定收取车票金额 50% 的退票费，电信和铁路部门方面显然没有考虑过消费者的利益。说明格式合同往往包含有损害消费者利益的内容，因此立法方案规定，设置规制格式合同制度。

本条第一款规定："采用格式条款订立合同的，提供格式条款的一方应当遵循公平原则确定当事人之间的权利和义务……"该规定特别强调提供格式条款一方应遵循公平原则，因为格式条款是当事人一方决定的，法律特别提醒使用人在决定合同内容时，一定要遵循公平原则。如果格式条款的内容违背公平原则，构成合同内容显失公平，将有本法第五十四条第一款第（二）项规定的显失公平规则之适用，即受损害方有权诉请变更合同内容或者撤销合同。这是本法规制格式合同的第一项手段。

本条第一款接下来的条文，要求格式条款使用人"采取合理的方式提请对方注意免除或者限制其责任的条款，按照对方的要求，对该条款予以说明"。这是关于提示义务和说明义务的规定。所谓提示义务，就是要提请对方特别注意格式合同的免责条款。法律要求"采取合理的方式"履行提示义务。所谓"合理的方式"，须考虑合同性质、交易习惯等情况综合判断。《合同法解释（二）》对此作了解释，是指"足以引起对方注意的文字、符号、字体等特别标识"。例如，将免责条款采用黑体字、大号字体印在合同书比较醒目的位置，即可认为以"合理的方式"履行了提示义务。如果免责条款采用很小的字体，印在合同书不显眼的地方，即可认为未以合理的方式履行提示义务。如果对方要求，还应给予说明，说明免责条款的含义及理由。规定使用人履行提示义务和说明义务，是本法规制格式合同的第二项手段。

值得注意的是，本条未规定违反提示义务和说明义务的法律后果，最高人民法院在《合同法解释（二）》中对此作了解释。按照该司法解释第九条的规定，如果提供格式条款的一方当事人违反本条关于提示和说明义务的规定，导致对方没有注意免除或者限制其责任的条款，对方当事人有权申请法院撤销该格式条款。

本条第二款规定格式条款的定义。格式条款，是指提供者为与不特定多数的对方当事人订立合同而预先拟定，并在订立合同时不与对方具体协商的合同条款。格式条款，在德国法上称为一般交易条款，法国法上称为附合合同，日本法上称为普通条款，我国台湾地区称为定型化契约条款，《国际商事合同通则》称为标准条款，都是指使用者为与不特定多数的相对人订立合同而事先拟定的，并在订立合同时未与对方协商的合同条款。与格式条款概念相对应的，是非格式条款概念，即当事人双方经具体协商而达成一致协议的合同条款。在一个合同中，既存在格式条款也存在非格式条款的情形，如格式条款与非格式条款不一致，应以非格式条款为准，但以非格式条款为准将损害消费者合法权益的除外。

第四十条【格式条款的无效】

格式条款具有本法第五十二条和第五十三条规定情形的，或者提供格式条款一方免除其责任、加重对方责任、排除对方主要权利的，该条款无效。

本条直接规定三类格式合同条款无效，属于本法规制格式合同的第三项手段。第一类，是本法第五十二条规定的无效合同，这是对第五十二条规定的引用。即使这里不加以引用，格式合同具有第五十二条规定的无效原因，仍然会被确认无效。此项规定不具实质意义。第二类，是属于本法第五十三条规定的免责条款。第五十三条是很重要的条文，规定了两种免责条款无效。这里只是加以引用，即使在这里不加以引用，格式合同具有第五十三条规定的两种免责条款，仍然要依据第五十三条认定其无效。因此，本条真正具有重要意义的，是条文后段：“或者提供格式条款一方免除其责任、加重对方责任、排除对方主要权利的，该条款无效。”

签订一个合同，预先用一些条款“排除对方主要权利”，当然违背公平原则，理应规定这样的条款无效。在格式条款中“加重对方责任”，例如前面讲到的安装电话须交一笔“初装费”，即可理解为“加重对方责任”，这样的条款也因违背公平原则，直接规定为无效并无不当。至于规定“免除其责任”的条款无效，就有问题。本条草案原文是，格式条款使用人“免除其主要义务，排除对方主要权利”的条款无效。在大会通过之前，立法机关在“排除对方主要权利”之前增加了“加重对方责任”，这一增加尚可理解，不构成错误。但是，将“免除其主要义务”，改为“免除其责任”，这就不妥。预先在合同中把自己一方的主要义务免除了，当然违背合同的本质，违背公平原则，违背诚实信用，这样的条款理当无效。现在改为“免除其责任”，就变成了“免责条款”一律无效，不仅与第五十三条矛盾，也与第三十九条矛盾。后面将谈到第五十三条规定“免责条款原则有效，例外无效”，第四十条却规定格式合同的免责条款一律无效，岂不矛盾？第三十九条规定，格式合同的免责条款，如果履行了提示义务和说明义务就有效，第四十条却说格式合同的免责条款一律无效，也是矛盾。这属于立法中的逻辑矛盾，笔者建议，遇到格式合同的免责条款问题，应该按照本法第五十三条、第三十九条处理，不应该按照第四十条的“免除其责任”来处理。

值得注意的是，《合同法解释（二）》第十条解释说，如果提供格式条款的一方违反本法第三十九条第一款的规定，并有本法第四十条规定的情形之一的，应当认定该格式条款无效。此项解释意见，将第四十条与第三十九条联系起来，格式合同中的免责条款，如果不违反第三十九条的规定，不违反公平原则，并且履行了提示、说明义务，即应认定为有效；如果违反第三十九条的规定，或者违反公平原则，或者未履行提示、说明义务，即应认定为无效。此项司法解释意见，纠正了前面谈到的逻辑矛盾，使格式合同中的免责条款，仅在违反第三十九条规定情形被认定为无效，符合本法立法指导思想，可资赞同。

第四十一条【格式条款解释规则】

对格式条款的理解发生争议的，应当按照通常理解予以解释。对格式条款有两种以上解释的，应当作出不利于提供格式条款一方的解释。格式条款和非格式条款不一致的，应当采用非格式条款。

本条规定格式条款解释规则。对格式合同的理解发生争议，有两种不同的理解，应该采纳不利于提供格式条款一方的理解。此项解释规则，称为对使用人不利解释。因为格式条款是一方当事人预先制定的，制定格式条款时未征求对方当事人的意见，已经充分考虑了使用人一方的利益，这种情形对某个条款有两种不同理解，当然应采纳对格式条款使用人不利的理解，以维护当事人之间的公平。此项解释规则属于现代民法之通例。本条参考了《国际商事合同通则》的规定。条文第二句规定，格式条款和非格式条款不一致的，应当采用非格式条款。理由是，非格式条款是双方当事人协商约定的，体现了双方的意愿。

第四十二条【缔约过失责任】

当事人在订立合同过程中有下列情形之一，给对方造成损失的，应当承担损害赔偿责任：

（一）假借订立合同，恶意进行磋商；

（二）故意隐瞒与订立合同有关的重要事实或者提供虚假情况；

（三）有其他违背诚实信用原则的行为。

本条规定现代合同法的一项重要制度，称为缔约过失责任。按照传统民法，当事人进行缔约磋商最终未能订立合同，如果当事人一方因此受有损害，应当依据侵权法追究对方的侵权责任。但是，追究侵权责任，受害人须证明对方有加害的故意、过失，如果证明不了，侵权责任就不能成立。即使证明了对方有故意、过失，成立侵权责任，损害赔偿的计算也对受害人不利。为了规避追究侵权责任对受害人的不利，发达国家和地区的民法理论和实务创设缔约过失责任制度，将缔约过程中发生受害的赔偿问题，纳入合同法调整范围。但要用合同法来调整，由对方承担赔偿责任，至少对方应违反某种义务。合同没有成立，不可能有约定义务，只能是依据诚实信用原则产生的义务。双方当事人为了订立合同，相互接触，进行缔约谈判，按照诚实信用原则，双方负有相互保护、相互通知、相互协助的义务。违反这样的义务，给对方造成损失，应当对受害人承担损害赔偿责任。这种责任，属于合同法上的责任，为了与违约责任相区别，称为缔约过失责任。

立法者把缔约过失责任引入合同法，针对当时的两类案件。第一类案件，发生在吸引外资的谈判过程中。有的地方要成立合资企业，双方已经把合同的详细内容都谈好了，签订了合同书草案，只是还没有签署正式合同，当地的企业相信合同一定会成立，因此积极做准备工作，向当地政府申请土地使用权，预先签订了采购原材料的合同，预先招收员工并进行初步的培训。殊不知突然收到对方发来的电传，说总公司计划改变，原来的项目取消，或者有意提出一个难于接受的苛刻条件，导致合同不能成立。这种情形，当地企业遭受的损害往往是巨大的，这些损害如果采用侵权法来保护，要求受害方证明对方中断谈判出于故意或过失，非常困难，即使证明了对方有过错，在侵权责任损害赔偿的计算上对受害方也很不利。本法规定第四十二条的目的，就是用来保护这样的受损害方。

第二类案件，是在日常生活中经常发生的。比如一个高级商场，地面铺了大理石，非常滑，有的消费者年纪太大，走路时滑，一下摔一跤，摔断了腿、折了腰，花了一大笔医药费，当他向商场要求赔偿的时候，商场负责人说，你进入我的商场，还没有和我发生什么关系，你自己不小心摔伤，我们不应当承担责任。本法制定前，法院审理这类案件只能适用民法通则第一百二十五条关于公共场所发生损害的规定。但本案损害发生的地方不是真正的公共场所，而是当事人一方的经营场所。现在就可以用合同法第四十二条来解决这样的案件。依据本条规定，在订立合同的过程当中，当事人双方有相互保护的义务，首先是保护对方的人身安全。商场应该考虑到有各种各样的顾客，有的顾客年纪大了，走路不稳，商场就有保护的义务，应该铺设防滑的地板，避免顾客摔倒。商场未尽到保护义务，致顾客摔伤，商场应当对受害人承担缔约过失责任。

本条原来设计的条文比较概括，规定当事人在订立合同的过程中，根据诚实信用的原则负有相互保护、相互通知、相互协助的义务；违反这样的义务，给对方造成损害，应该承担损害赔偿责任。后来在修改过程中，参考了《国际商事合同通则》的相应条文,① 改为列举性规定。第一种情况是“假借订立合同，恶意进行磋商”。所谓恶意进行磋商，不是以订立合同为目的，中途必然中断谈判，因此“恶意进行磋商”包含“恶意中断谈判”。什么叫恶意进行磋商、恶意中断谈判？前面谈到的第一类案件，就是典型实例。第二种情况是“故意隐瞒与订立合同有关的重要事实或者提供虚假情况”。当事人故意隐瞒重要情况、提供虚假情况，如果最终成立合同，属于以欺诈手段订立合同，应当适用本法第五十二条第（一）项

---

① 《国际商事合同通则》（PICC）第2.15条（恶意谈判）规定：“……（2）但是，如果一方当事人以恶意进行谈判，或恶意终止谈判，则该方当事人对因此给另一方当事人所造成的损失承担责任；（3）恶意，特别是指一方当事人在无意与对方达成协议的情况下，开始或继续进行谈判。”

或者第五十四条第二款的规定；如果未成立合同，即属于本条第二种情况。列举的第三种情况，是“有其他违背诚实信用原则的行为”，属于概括性规定，前面谈到顾客在商场摔伤的案例，就属于第三种情况。

补充一点，当事人故意隐瞒重要事实、提供虚假情况所成立的合同，属于一方以欺诈手段订立合同，于民法总则施行后应当适用民法总则第一百四十八条，不再适用合同法第五十二条第（一）项、第五十四条第二款的规定。

第四十三条【违反保密义务】

当事人在订立合同过程中知悉的商业秘密，无论合同是否成立，不得泄露或者不正当地使用。泄露或者不正当地使用该商业秘密给对方造成损失的，应当承担损害赔偿责任。

本条规定保密问题，同样是属于缔约过失责任。缔约过失责任上讲的相互保护，不限于保护人身、财产安全，还包括保密的内容。现代社会对于商业秘密的保护特别重要，所以设专条规定。本条参考了《国际商事合同通则》规定保密义务的条文。①

第四十四条【合同的生效】

依法成立的合同，自成立时生效。

法律、行政法规规定应当办理批准、登记等手续生效的，依照其规定。

本条规定合同的生效。第一款规定合同生效的一般原则，第二款规定合同生效的特别规则（例外规则）。本条的重点是正确理解第二款，体现了本法立法方案确定的原则：一般情形，合同一经依法成立即生效，但一些重要的合同，即法律、行政法规要求办理某种手续的合同，作为例外，须待完成所要求的手续才发生效力。例如，探矿权、采矿权转让合同，应

---

① 《国际商事合同通则》（PICC）第2.16条（保密义务）规定：“在谈判过程中，一方当事人以保密性质提供的信息，无论此后是否达成合同，另一方当事人有义务不予泄露，也不得为自己的目的不适当地使用这些信息。在适当的情况下，违反该义务的救济可以包括根据另一方当事人泄露该信息所获得之利益予以赔偿。”

经主管部门批准才生效。

须特别注意，条文所谓“批准、登记”，属于法律、法规规定的特别生效要件。合同成立后，未按照法律要求办理“批准、登记”手续，即不具备此特别生效要件，其法律后果是合同不生效。此所谓“登记”，不能混同于合同生效之后的产权过户登记。不动产物权变动，例如房屋买卖，按照法律要求应办理产权过户登记。房屋买卖合同生效以后才发生履行义务，出卖人的义务包括向买受人交付房屋，并到登记机关办理产权过户登记。办理房屋产权过户登记，是房屋所有权移转（过户）的生效要件，不是房屋买卖合同的生效要件。按照物权法第十五条的规定，未到登记机构办理产权过户登记，买卖合同的效力不受影响。

在物权法颁布之前的一段时间，有的法院误将本条第二款作为合同生效要件的“登记”，混同于物权变动生效要件的产权过户登记和抵押权设立登记。于未办理产权过户登记或者抵押登记的情形，判决买卖合同无效、抵押合同无效。这样的判决当然是错误的。

某地方法院判决过一个案件，张三把房屋转让给李四，李四又把它转让给王五，已经经过了10年，该房屋已经被拆掉了，拆迁部门分给王五一套新房（安置房），这时张三向法院起诉，主张两个买卖合同无效，理由是未办理产权过户，产权证至今还在张三手里。法院居然支持张三的诉求，判决两个买卖合同无效，判令张三向李四返还原收取的房款，李四再把房款退还王五，王五把新房（安置房）交给张三。事过10年之后，标的物已经消灭（标的物消灭所有权消灭），法院居然否定合同效力，判决恢复原状，使奸诈的出卖人得售其奸，让诚实的买受人无辜遭受损害。错误在于将产权过户登记混同于合同生效的登记。

立法方案纠正混淆合同生效要件与物权变动要件的错误实践，从两方面着手：一是法律条文明示批准、登记等手续是合同生效要件，体现在本条第二款条文明示“应当办理批准、登记等手续生效的”。二是在本法第一百三十五条明确规定，出卖人应当履行交付标的物义务，及“转移标的物所有权的义务”。所谓“转移标的物所有权的义务”，在不动产买卖即是“办理产权过户登记”。此外，物权法制定时，第十五条明文规定，未办理产权过户登记的，买卖合同效力不受影响。既然买卖合同效力不受影响，当事人有权依合同法第一百一十条的规定向法院起诉，请求法院强制出卖人办理产权过户登记手续，如果客观上已经没有办法办理产权过户登记，还可以向法院起诉追究出卖人的违约责任。

本条第二款条文所谓法律和行政法规，其中的“法律”是指全国人大和人大常委会制定的法律，“行政法规”是指国务院依据行政立法权所制定的法规，不包括部委的规章和地方的法规。本法其他条文中的法律和行政法规，都应作同样理解。

最后补充一点，当事人未依照法律、行政法规办理批准、登记等手续的后果，只是合同不生效，并不构成违反法律、行政法规的强制性规定。换言之，本条第二款所谓“法律、行政法规要求办理批准、登记的手续”，不属于强制性规定。

第四十七条【限制行为能力人订立合同】

限制民事行为能力人订立的合同，经法定代理人追认后，该合同有效，但纯获利益的合同或者与其年龄、智力、精神健康状况相适应而订立的合同，不必经法定代理人追认。

相对人可以催告法定代理人在一个月内予以追认。法定代理人未作表示的，视为拒绝追认。合同被追认之前，善意相对人有撤销的权利。撤销应当以通知的方式作出。

本条规定限制行为能力人所签订的合同。本条变更了原来民法通则的规定。按照民法通则第五十八条第（一）项、第（二）项的规定，无民事行为能力人和限制民事行为能力人订立的合同，属于无效合同。本条规定，限制民事行为能力人订立的合同，经法定代理人追认后，即为有效。并且规定，使限制民事行为能力人纯获利益的合同，及与其年龄、智力、精神状况相适应而订立的合同，无须法定代理人追认。

一是所谓使限制行为能力人纯获利益的合同，例如一个10岁的孩子是限制行为能力人，他的一个远房亲戚送他一辆轿车，这样的赠与合同，就是使限制行为能力人纯获利益的合同，就不必经法定代理人追认。法律设限制行为能力制度，是为了保护限制行为能力人的利益，因其不知道自己的行为可能造成损害，所以需要法定代理人追认。纯粹使限制行为能力人获得利益的合同，不可能对其造成损害，因此不必要追认。二是与限制民事行为能力人的年龄、智力、精神健康状况相适应而订立的合同，例如孩子已经上小学、初中，要买学习用品、生活用品，上学要乘坐公共汽车，如果这些合同都要求他父母追认，不仅繁琐、难做，也不合情理。因此，本条规定这类合同不需要追认。请注意，虽然本条只提到限制行为能力人，基于同一理由，对无行为能力人订立的合同亦应同样对待。

本条第二款规定对相对人的保护。如相对人被动地等待法定代理人追认，使合同处于不确定的状态，对双方都不利。因此第二款规定，相对人可以催告法定代理人在一个月内予以追认，一个月内未作表示，视为拒绝追认。这一个月从什么时候起算，从催告到达法定代理人之日起算。如果相对人属于善意，他不愿意等待，可以在法定代理人追认之前，行使撤销权，撤销该合同。

这里说的善意，是指他不知道与其交易的对方，属于限制行为能力人或者无行为能力人。通常情形，这是很难的。一个12、13岁的孩子把家里的摩托车拿去卖，对方一看就应该知道他未成年，应属于限制行为能力人或者无行为能力人。要构成善意相对人，须是非常特殊的情况，例如，一个孩子15、16岁就长得身材非常高大，看起来像成年人一样，还有一种情况就是间歇性精神病人，发病的时候又打人又骂人，不发作的时候和精神健康的人完全一样。这两种情形，相对人可能成立善意。

第四十八条【狭义无权代理】

行为人没有代理权、超越代理权或者代理权终止后以被代理人名义订立的合同，未经被代理人追认，对被代理人不发生效力，由行为人承担责任。

相对人可以催告被代理人在一个月内予以追认。被代理人未作表示的，视为拒绝追认。合同被追认之前，善意相对人有撤销的权利。撤销应当以通知的方式作出。

本条规定没有代理权的人以被代理人的名义订立合同，民法理论上称为狭义无权代理。本条以民法通则第六十六条第一款规定为基础并予以完善。依据民法原理，没有代理权的人以被代理人名义订立的合同，如果被代理人不追认，只是对被代理人不发生效力，合同本身有效，应由没有代理权的订约人自己承担责任，他要么履行合同，要么承担违约责任。本条第一款对此作了明确规定。同样，本条第二款规定了相对人的催告、善意相对人的撤销权。理由同第四十七条。

请特别注意，本条所谓“追认”与第四十七条所谓“追认”含义相同，属于特定人使效力未定法律行为（合同）变成有效法律行为（合同）的意思表示。按照《合同法解释（二）》第十一条的规定，追认的意思表示自到达相对人时生效，因此使限制行为能力人订立的、无权代理人以被代理人名义订立的合同，自订立时起生效。按照该司法解释第十二条的规定，无权代理人以被代理人的名义订立合同，被代理人已经开始履行合同义务的，视为对合同的追认。

第四十九条【表见代理】

行为人没有代理权、超越代理权或者代理权终止后以被代理人名义订立合同，相对人有理由相信行为人有代理权的，该代理行为有效。

本条规定表见代理，是一项新制度。按照本条规定，没有代理权的人以被代理人的名义订立合同，如果相对人有理由相信他有代理权，则该代理行为有效。亦即发生有权代理的效力。

本条与第四十八条，同是没有代理权的代理，为什么本条规定发生有权代理的效力？本条着重考虑的是相对人利益的保护。如果一律按照第四十八条处理，有的时候将会使相对方遭受损害。在本法制定之前，工商行政管理机关曾经规定，在签订经济合同的时候，应要求代理人出示授权委托书，看一看他是否有代理权，是否超越了代理权。但这样的要求很难彻底贯彻。例如代理人是对方的供销科长，双方有长期合作关系，一直都是对方的供销科长来签订合同，你坚持要他出示授权委托书，就不合情理。即使要求他拿出授权委托书，也有这样的可能性，即他已经调离对方单位，原来的授权委托书（或工作证）还没有缴销，这种情形你照样会上当。

于是，立法政策上，产生保护善意相对人的必要。如果善意相对人得不到保护，代理制度就难于推行。因此，创设第四十九条表见代理制度，保护有正当理由相信行为人有代理权的善意相对人，保护了善意相对人，也就保护了市场交易的安全，保护了代理制度。现在的企业要签订很多合同，不可能让它的法定代表人成天地飞来飞去，专门签订合同。法定代表人只有一个，还有比签订合同更重要的工作需要他处理，企业大量的合同是通过代理人签订的。所以代埋制度能否推行，关系到社会经济生活的正常运行。这就是创设表见代理制度的理由。

需要指出，表见代理制度，并不是无缘无故地让被代理人承担责任，而是有严格的构成要件的。成立表见代理，必须在行为人与被代理人之间存在某种看起来像有权代理的表象，使相对方相信行为人有代理权。通常是被代理人和行为人之间存在着某种关系，由于存在这种关系，就容易使相对人相信行为人有代理权。这种关系可能是各种各样的。

举例来说，需方从来都是派其供销科长到供方去签订合同，后来该供销科长已经调离需方单位，却仍然以需方单位的名义到供方去签订合同，这种情况，此前该供销科长一直作为需方的代理人到供方签订合同的这个关系，就会成为使供方相信他有代理权的表象。因为有这种关系形成的表象，供方相信该供销科长有代理权，就有正当理由。如果没有这种关系存在，不构成有代理权的表象，就不能成立表见代理。一个骗子为了签假合同骗取定金、预付款，私刻印章的时候灵机一动，刻成某某单位，然后以这个单位的名义与他人签订合同。假设这个地方或者在邻近的地方真有一个单位刚好叫这个名字，能不能让这个单位来承担责任呢？只要一审查，即可发现这个单位和这个骗子之间不存在任何关系，因此不存在任何足以使相对人相信其有代理权的表象，就不应构成表见代理。这样的案件，不适用表见代理制度，而应当适用第四十八条狭义无权代理的规则。

北京发生过这样一个真实的案件。需方订立合同从来是由它的供销科长到供方去签订合同，合同签订以后定期结算，某一天供方的财会到需方去结算的时候，需方的负责人指出好些合同不是需方单位的。供方会计说，怎么不是你们单位的？不是某某科长签字的吗？需方说这个科长在这个时间之前已经调离了，你看合同书上只有他的签名，也没有盖我们单位的公章。供方当然不干了，就起诉到法院。法院在审理中查明存在两个事实，一是从来是这个供销科长代理需方到供方签订合同，二是过去也有些合同只有他的签字、没有盖需方公章，需方单位也照样结算。这两项事实就足以说明，需方单位（被代理人）与该供销科长（行为人）之间的这种关系，成为使供方相信该供销科长有代理权的表象，供方相信其有代理权是有正当理由的。于是法院适用表见代理制度，认定合同有效并判决需方承担责任。

条文所谓“有理由”相信，应该理解为“有正当理由”相信。是否“有正当理由”相信，要根据社会生活经验判断，不仅原告相信行为人有代理权，假设换成别的人、别的单位在同样的情况下也会相信行为人有代理权，就是“有正当理由”相信；如果只是原告相信，换了别的人都不可能相信，原告相信其有代理权就没有正当理由。原告没有正当理由相信行为人有代理权，就不成立表见代理，不适用本条表见代理制度，而应该适用第四十八条狭义无权代理制度。

本条所谓“代理行为”，仅指合同（双方法律行为）。“该代理行为有效”，指无权代理人以被代理人名义订立的合同有效，应当由被代理人作为合同当事人享受合同权利、履行合同义务及承担责任，如果被代理人因此受到损失，当然有权向无权代理人追偿。《合同法解释（二）》第十三条对此作了解释。

第五十条【越权行为】

法人或者其他组织的法定代表人、负责人超越权限订立的合同，除相对人知道或者应当知道其超越权限的以外，该代表行为有效。

本条规定的是法定代表人的越权行为。根据本条规定，法定代表人超越了他的权限签订的合同，“除相对人知道或者应当知道其超越权限的以外，该代表行为有效”。这是一个新创造的制度，所针对的是20世纪80年代以来，各地法院审理的超越经营范围的案件。超越经营范围的案件，在上世纪80年代各地法院都认定为无效，到了90年代，法院内部也发生不同意见，许多法官认为，超越经营范围的案件不能一律认定为无效，在一定条件下应该认定为有效，否则将损害相对方的利益，对维护市场秩序也不利。

举例来说，在市场上钢材紧缺的时候，很多企业都去购销钢材、进口钢材，市场上的钢材一下子多起来了，价格马上下跌。有的企业看到，如对方钢材交货，钢材将卖不出去，会有一大笔亏损，他原来预计钢材市场继续走俏，到时马上可以转卖牟利，现在的情况表明他对市场的预测失误。预测失误的风险损失本来应该由他自己承担，现在他就抓住法律上的这个空子，主动向法院提起诉讼，请求确认合同无效，理由是超越经营范围。是谁超越经营范围呢？是原告自己超越经营范围。这样的案件，在一段时间内，各地法院都满足了原告的要求，判决确认合同无效，使奸诈的企业把自己预测失误的风险和损失转嫁给对方的目的得以实现，使诚实的企业承担了本不应承担的市场风险损失。

同样的情况，假设原告在美国、英国、加拿大提起同样的诉讼，他的目的就不能够得逞。因为英美法上有一个特殊的规则，叫作“禁反言”，就是禁止说相反的话。根据这个规则，一个当事人从签订合同、履行合同，一直到起诉、应诉，他所作出的任何事实陈述，即使是不真实的，他自己不能事后加以否认，不能向法院说我前面讲的是假话，要求确认合同无效。我国的法律没有类似规定，致使奸诈的当事人的目的得逞，损害了诚实守信一方的合法利益，损及市场交易的安全。于是起草人创设本条，称为法定代表人的越权行为。

按照本条规定，如果在签订合同的时候，相对方知道或者应当知道他超越权限，则相对方也不值得特别保护，可以认定这样的合同无效。认定无效的依据，是本法第九条的规定，“当事人订立合同，应当具有相应的民事权利能力和民事行为能力”，企业的民事权利能力、民事行为能力就是指它的经营范围，超越了经营范围属于没有权利能力、行为能力，这样的合同应当无效。如果相对方不知道或者不应当知道他超越经营范围，法律就要保护相对方，认定这个合同有效。法律政策上的考虑和本法第四十九条完全是相同的。

基于同样的法律政策和目的，却要分别用两个制度来规定，是因为在民法上，“代表”和“代理”是两个不同的法律制度。代表制度适用于法人，依据法人制度，法定代表人的行为就是法人自身的行为，法定代表人的行为后果直接由法人来承担。代理制度适用于法定代表人之外的人。代理人的行为，不等于被代理人自己的行为，而是按照代理制度的规定，由被代理人承担代理行为的后果。按照立法方案的设计，第四十九条规定代理人超越代理权限订立合同的效力规则，第五十条规定法定代表人超越权限订立合同的效力规则。

本条条文中法定代表人、负责人“超越权限”，所谓“权限”范围，应指企业的经营范围、非企业法人的目的范围。非企业法人，包括机关法人、社会团体法人，不称经营范围，称为目的范围。经营范围、目的范围都是在章程上规定的。

补充说明，条文“法人或者其他组织的法定代表人、负责人”，应当理解为“法人的法定代表人”或者“其他组织的负责人”，将“负责人”限定为“其他组织的负责人”，例如合伙企业的负责人。超越权限之所谓“权限”，除企业法人和合伙企业经营范围、非企业法人的目的范围之外，还包括法律、章程或者合伙协议对法定代表人、负责人行为设置的限制。公司法第十六条规定，公司为公司股东、实际控制人提供担保，须经股东会或股东大会决议；合伙企业法第三十一条规定，合伙企业负责人处分合伙企业的不动产，必须经全体合伙人同意，均属于法律规定对代表人权限的限制。

如果公司为本公司的股东、实际控制人担保，未依公司法第十六条的规定经股东会决议，即构成法定代表人的越权行为，应当适用本条。如果债权人不知道或者不应当知道被担保人是该公司的股东、实际控制人，则该担保（保证）合同有效；反之，如果债权人知道或者应当知道被担保人是该公司股东、实际控制人，则该担保（保证）合同应当无效。合伙企业处分不动产，未依合伙企业法第三十一条的规定经全体合伙人同意，即构成合伙企业负责人的越权行为，应当适用本条规定。如果买受人不知道或者不应当知道未经全体合伙人同意，该处分不动产合同有效；反之，则该处分不动产合同无效。

请特别注意，合同法立法时，为填补民法通则未设法定代表人越权行为制度的漏洞而创设本条，现今民法总则已明文规定法人的法定代表人越权行为制度。民法总则生效后，人民法院审理法定代表人越权行为案件，应当适用民法总则第六十一条第三款，不得再适用本条。

第五十一条【无权处分合同】

无处分权的人处分他人财产，经权利人追认或者无处分权的人订立合同后取得处分权的，该合同有效。

本条规定无权处分合同规则。原来的经济合同法、涉外经济合同法、技术合同法和民法通则都没有类似规定。一个没有处分权的人把别人的财产卖了，按照道理，这样的合同应该无效，但是现实生活是很复杂的，例如张三有一个手机借给李四用，李四在某种情况下把这个手机卖给了王五，李四没有得到张三的授权把手机卖给了王五，这就是无权处分他人财产的合同。不应当简单地一律认定为无效。假设李四卖了手机以后把这个情况告诉了张三，张三说“卖了就卖了吧”，这就表示获得张三认可，应认为张三追认了这个行为。或者李四把手机卖了以后主动去找张三，说非常对不起，我不得已把你的手机卖了，现在我把钱给你，张三如果接受了这笔钱，不就等于张三和李四补订了一个买卖合同，李四已经取得了该手机的所有权吗？这两种情况，法律都要认定这样的无权处分合同有效，没有必要非要使它无效不可。这是创设这个制度的立法理由。

但要注意，无权处分只是合同法上的制度，只决定这个合同有效还是无效。如果法庭认定合同无效，张三可不可以从买受人王五手里把手机要回去呢？法院处理这样的案件就不仅仅是适用合同法第五十一条的规定，还要适用物权法上的另一项制度，即物权法第一百零六条规定的善意取得制度。物权法上的善意取得制度，是为了保护善意的买受人，因为法律不可能要求每一个买受人在订立买卖合同时，调查出卖人有没有处分权。既然这样的要求不合理，不能够要求买受人去调查出卖人有没有处分权，那就发生一个问题，在买受人不知道出卖人没有处分权的情况下，这个买受人是善意的，在法律上应该给予保护，如果法律不保护他的话，市场交易就不能够进行。保护善意的买受人就是保护交易安全，就是保护市场经济的发展，这就是物权法设立善意取得制度的理由。

合同法第五十一条规定的无处分权人“处分他人财产”的合同，处分的对象是他人享有所有权的财产，即他人之物；处分人既不是所有权人也没有获得所有权人授予的处分权，实际上就是因“恶意或误认”处分他人财产。所谓“恶意”就是明知是他人的财产而予以处分，所谓“误认”就是误将他人财产认为自己的财产而予以处分。还须注意这里所谓“处分”，并不是所谓“处分行为”，而是所有权的“占有、使用、收益、处分”四项权能中的“处分权能”。教科书说所有权的“处分权能”分为“事实处分”和“法律处分”。合同法第五十一条所谓“处分”当然是“法律处分”，亦即出卖和赠与。合同法第五十一条所谓“他人财产”，是指他人享有所有权的有形财产，即动产和不动产，不包括无形财产。《最高人民法院公报》2012 年第 5 期（总第 187 期）第 7 页刊登的一个案例（广东达宝物业管理有限公司与广东中岱企业集团有限公司、广东中岱电讯产业有限公司、广州市中珊实业有限公司股权转让合作纠纷案），明示“股权转让不适用无权处分”，值得注意。

合同法第五十一条无权处分合同规则，其适用范围是非所有人“处分他人财产”，但在合同法实施后的一段时间，法院在裁判实践中适用合同法第五十一条，超出了第五十一条的适用范围，对于本不属于第五十一条适用范围的两类案型适用了第五十一条。一是处分权受到限制的所有人处分自己的财产案型，二是共有人处分共有财产未征得其他共有人同意的案型。这两类案型都不是“处分他人财产”，本不在合同法第五十一条适用范围之内。对这两类案型适用合同法第五十一条，属于错误适用法律。

现实生活中，不属于合同法第五十一条适用范围的第一类案型，包括：（1）抵押人出卖抵押物。（2）国家机关和事业单位未经国务院等主管部门的批准出卖国家交给他们直接支配使用的动产和不动产。（3）融资租赁合同的承租人在付清租金之前转卖租赁设备。在融资租赁中，表面上看设备所有权属于租赁公司，但租赁公司并不是真正的所有权人。实际是企业自己购买设备，企业才是实际上的所有权人，仅仅因为租赁公司替企业垫付设备价款，这个设备的所有权被让渡给租赁公司，作为垫款债权的担保。(4) 保留所有权买卖的买受人在付清全部价款前转卖商品。从实质上看，买受人是所有人，出卖人只是担保权人，其保留所有权只起担保作用。与抵押人出卖抵押物类似。(5) 将来财产买卖。卖出时出卖人并不享有标的物所有权，是在签订买卖合同之后再去购买已经被出卖的商品，这叫将来财产买卖。在合同法制定时，中国刚开始向市场经济转轨，合同法起草人无法预见到将来财产买卖合同将成为最常见的商事买卖合同形式，所以合同法上没有设立规定，致将来财产买卖合同，被误认为无权处分他人财产合同。

应特别注意，最高人民法院制定《买卖合同解释》，针对上述五种案型，创设“买卖合同特别效力规则”（第三条）。该解释生效后，法院审理处分权受限制的所有人处分自己财产及将来财产买卖合同案型，应当适用《买卖合同解释》第三条，而不能适用本法第五十一条。

这里顺便讨论共有物的处分问题。共有人处分共有物未征得其他共有人同意的案件，不属于合同法第五十一条无权处分合同规则的适用范围。前面谈到，合同法第五十一条的适用范围是，既无所有权也无处分权的人“处分他人财产”的合同，而共有人处分共有物是“处分自己的财产”。处分人是所处分财产的所有权人。其特别之处在于，是处分人与他人共同享有的共同所有权，不是处分人个人独自享有的所有权。共有人处分共有财产，不属于“无权处分”，而是“有权处分”，此前有的法院适用合同法第五十一条裁判共有人处分共有财产案件，应属于适用法律错误。

现实生活中的共有财产，可以区分为两种类型：(1) 以合伙关系为基础的共有财产；(2) 以家庭关系为基础的共有财产，主要是以夫妻关系为基础的共有财产。

以合伙关系为基础的共有，可再分为两种情况：一种是在合伙合同关系基础上建立了合伙企业（组织）的共有。按照合伙企业法第二十六条的规定，合伙人可以推举合伙企业事务执行人，作为合伙企业的代表人，对外代表合伙企业实施法律行为。此合伙企业事务执行人，亦即民法通则第三十四条所谓“负责人”。因此合伙企业事务执行人处分合伙企业财产，当然是有权处分。但合伙协议甚至合伙企业法对合伙事务执行人的代表权限可能有所限制，例如处分不动产须经全体合伙人同意。如果合伙企业事务执行人处分不动产，未征得其他合伙人同意，即构成超越代表权限，应当按照民法总则第一百零八条的规定，参照适用民法总则第六十一条第三款关于法人的法定代表人越权行为的规定。

另一种以合伙关系为基础的共有，是以没有建立合伙企业的普通合伙合同关系为基础的共有。例如，二人合伙做小买卖，赚钱按照出资分配，没有建立合伙企业（组织）。再如，合伙建房，一方出地一方出钱，订个合伙协议，约定建成的房屋如何分配，并未成立合伙企业。这些合伙，相对于成立合伙企业的合伙，可以称为普通合伙。即使建立了合伙企业（组织）但未推举合伙企业事务执行人的，也应作为普通合伙对待。

普通合伙，因为没有推举合伙事务执行人（负责人），按照合伙合同的原理，视为合伙人相互授予代理权，各合伙人均有权执行合伙事务。此项原理规定在合伙企业法第二十六条：如果合伙企业未推举合伙企业事务执行人，则各“合伙人对执行合伙事务享有同等的权利”。因此，各合伙人处分共有财产，都属于有权处分。但是，合伙协议对合伙财产的处分可能设有限制，如处分共有房产要经全体合伙人同意，其中一合伙人擅自处分共有房产，就构成越权代理。

合同法第四十九条规定：行为人超越代理权订立的合同，“相对人有理由相信行为人有代理权的，该代理行为有效”。反之，相对人“没有理由相信”行为人有代理权的，该代理行为无效。所谓“没有理由相信”，应当是相对人“知道合伙协议对合伙人处分共有财产设有限制（须全体合伙人同意）并且知道处分财产的合伙人未得到其他合伙人同意”。应当由谁来证明相对人“没有理由相信”，法庭应当要求主张买卖合同无效的合伙人承担证明责任。

现在分析以夫妻关系为基础的共有财产的处分。实际生活中，夫妻关系存续期间购买房产，当然可以把夫妻双方登记为共有人，房产证上记载为共同所有，并载明夫或妻的所有权份额（各一半），但多数情形是，房屋产权登记在夫或妻一人名下，名义上是夫或妻个人的所有权，而实际上是夫妻共有财产。这就造成产权证（登记簿）记载与实际情形不一致。夫妻关系存续期间取得的财产，属于夫妻共有财产，是婚姻法明确规定的（婚后所得共同制），无论产权证或者登记簿记载的所有权人是夫或妻一方或者是夫妻双方，都不能改变婚姻法的规定，都属于夫妻共有财产。

为防止夫妻一方背着另一方处分财产，房产登记部门采取的办法是，凡个人出卖房屋的，需要证明是单身，如果不能证明是单身，则要求出卖人夫妻双方同时到场办理过户登记。因为社会生活的复杂性，夫妻一方背着他方处分房产的情形仍时有发生。例如，搞个假离婚证欺骗登记机关，导致有夫妻关系的另一方起诉到人民法院，要求确认他方处分共有财产的合同无效。

这里特别要指出，这类案件并不都是夫妻一方背着他方处分共有财产。常有这样的情况，夫妻一方处分共有财产，其实是对方同意的、双方共同决定的，因为后来房价涨了，出卖人认为吃亏了，想要反悔，就由他方出面向法院起诉，以出卖人事前未征得同意为由，要求法院认定房屋买卖合同无效。法院如果予以支持，判决宣告买卖合同无效，正好中了当事人的圈套，使不诚信的人得利，使诚实守信的相对人受害。

此前，各地人民法院裁判以出卖人未征得夫妻关系他方同意为由要求宣告合同无效的案件，往往适用合同法第五十一条，前面已经谈到这样做是错误的，因为夫妻一方处分共有财产，不属于合同法第五十一条的适用范围。现在的问题是，人民法院应当依据什么法律规则裁判这类案件？

要特别注意，婚姻法第十七条第二款明文规定：“夫妻对共同所有的财产，有平等的处理权。”条文所说的“处理权”，当然应理解为“处分权”。亦即，夫妻双方对于共有财产，享有平等的处分权。换言之，对于夫妻共有财产，丈夫可以处分，妻子也可以处分，双方的处分权是平等的。

顺便谈到，婚姻法为什么不规定夫妻双方“共同行使”处分权？因为，这样规定违背社会生活经验。中华民族的传统，不是丈夫当家就是妻子当家，无论买进或者卖出，通常都是一人出面，其实事前夫妻双方已经商量好了，即使事前未商量、是一方随机决定，也是为夫妻双方的利益。要求法律行为必须双方共同实施，或者出示另一方的授权书，一不合人情事理，二不利于市场交易。因此，婚姻法明文规定夫妻有平等的处分权。

既然如此，人民法院审理夫妻一方要求宣告他方处分共有财产的合同无效的案件，就不能仅仅因为出卖人未征得夫妻关系的他方同意，就判决宣告买卖合同无效。因为出卖人有处分权，且是否征得原告同意难于证明，即使未征得原告同意也未必不符合夫妻双方共同利益，如支持原告请求认定合同无效，将损害相对人合法利益，损及市场交易安全。

那么，是不是凡夫妻一方处分共有财产的合同，就绝对不能认定无效呢？当然不是。法庭认定合同无效必须有法定事由，这就是处分人“具有损害夫妻关系他方的恶意”，主要是为了离婚时侵占共有财产。可将人民法院审理夫妻一方处分共有财产案件的裁判规则概括如下：当事人或第三人以处分人未征得夫妻他方同意为由要求宣告合同无效的，人民法院不予支持；但处分人具有损害夫妻关系他方恶意的除外。换言之，夫妻一方处分共有财产的买卖合同，原则上有效，例外无效。这个例外，就是处分人“具有损害夫妻关系他方的恶意”，即意图在离婚时独占、侵占本属于夫妻共有的财产。

法院审理此类案件时，关键看处分人有没有损害夫妻关系另一方的恶意。如果不具有这样的恶意，夫妻感情不错，一家子和和美美地过日子，实质是因为后来房价上涨，双方或一方认为卖亏了，于是以出卖人未征得他方同意为由要求宣告买卖合同无效，则人民法院应不予支持，或者在受理后判决驳回原告请求。但如果查明的事实是，处分共有财产的一方具有损害他方的恶意，即为了离婚时独占共有财产，就应当支持夫妻关系另一方的请求，认定买卖合同无效。这种情形，法院认定买卖合同无效的法律依据，是合同法第五十二条。

合同法第五十二条规定了合同无效的五项法定事由，法庭可以考虑其中第（二）项“双方恶意串通，损害国家、集体或者第三人利益”和第（四）项“损害社会公共利益”的规定。法庭如果查明处分人有损害夫妻关系他方的恶意，即离婚时独占共有财产，而相对人对此明知的，即应依据合同法第五十二条第（二）项关于双方恶意串通的规定，判决宣告买卖合同无效。如果查明丈夫有损害妻子利益的恶意，即离婚时独占共有财产，而相对人并不知情（或难于认定相对人是否知道），则应依据合同法第五十二条第（四）项关于损害社会公共利益的规定，判决宣告买卖合同无效。因为婚姻法关于夫妻共有财产的规定、保护夫妻双方合法权益、保护妻子和子女合法权益、维护亲情有序和谐的婚姻家庭关系，属于社会公共利益，夫妻一方意图侵占夫妻共有财产，当然构成对社会公共利益的侵害，构成认定合同无效的法定事由。

补充一点，即使处分人具有损害夫妻关系他方的恶意，但相对人（买受人）并不知情，虽然符合合同法第五十二条第（四）项法定事由“损害社会公共利益”，如果买卖合同已经履行完毕，已经交房付款并且办理了过户登记，买受人已经合法取得该房屋的所有权，则法院不宜依据合同法第五十二条宣告合同无效，而应认定合同有效。这是审理这类案件规则的“例外之例外”。请注意，此项“例外之例外”规则，已为《婚姻法解释（三）》所确认，该司法解释第十一条第一款规定：“一方未经另一方同意出售夫妻共同共有的房屋，第三人善意购买、支付合理对价并办理产权登记手续，另一方主张追回该房屋的，人民法院不予支持。”

为什么要有这个“例外之例外”？理由如下：（1）婚姻法对此有专门规定。婚姻法第四十七条规定：“离婚时，一方隐藏、转移、变卖、毁损夫妻共同财产，或伪造债务企图侵占另一方财产的，分割夫妻共同财产时，对隐藏、转移、变卖、毁损夫妻共同财产或伪造债务的一方，可以少分或不分。离婚后，另一方发现有上述行为的，可以向人民法院提起诉讼，请求再次分割夫妻共同财产。”可以在离婚时或者离婚后通过适用婚姻法上述规定制裁出卖人。法庭认定买卖合同有效，不会导致对夫妻关系另一方的实质不公正。（2）因为买受人是无辜的，且已依法办理过户登记得到所有权，他的所有权受不动产登记的公信力和物权对抗力保护。要剥夺买受人已经合法取得的所有权，不仅侵害买受人合法权益，且损害市场交易秩序，损害整个法律秩序。（3）即使判决合同无效，也难于恢复原状，判决难于执行，必然使人民法院自己陷入困境：这样的判决执行不了，原告到处上访；要真的执行了，则买受人到处上访。

现在回到合同法第五十一条。本条规定，如果权利人追认，这个买卖合同就有效，因为权利人的追认，使原来的无权处分合同，变成了有权处分合同。买卖合同有效的结果，如果标的物是动产，则标的物一交付，所有权就移转，即发生买受人取得标的物所有权的效果；如果是不动产买卖，则根据有效的买卖合同，就可以向登记机构办理产权过户，将该不动产所有权移转给买受人。在买受人获得标的物所有权的同时，对无权处分合同进行追认的原权利人，其权利就消灭了。

追认后的权利人将处于什么样的法律地位呢？应当肯定，在这个买卖合同关系中，他没有法律地位，他不是买卖合同的当事人（出卖人），也不是买卖合同的第三人。只是因为他的追认，而使该买卖合同，从无权处分合同变成有权处分合同，从无效合同变成了有效合同。该合同履行的结果，买受人得到标的物所有权，他对标的物的权利消灭了。追认后的权利人，因权利消灭遭受的损害，应当由处分人予以赔偿，但这属于另一个法律关系。他可以向法院起诉这个处分人，要求该处分人赔偿他的损失，这是另一个案件。

法庭于案件审理中，发现当事人之间的买卖合同属于无权处分合同时，法庭不需要将该权利人纳入诉讼，法庭只是要求无权处分人提供权利人予以追认的证据。如果当事人主张买卖合同有效，出卖人主张合同有效，或者买受人主张合同有效，法庭就责令他出示证明合同有效的证据。按照合同法第五十一条，这样的证据，或者是权利人表示追认的证据（书证或者人证），或者是处分人事后已经取得处分权的证据（书证或者人证）。如果主张合同有效的当事人，举出了这样的证据，法庭就根据合同法第五十一条判决本案买卖合同有效，如果举不出这样的证据，法庭就判决本案买卖合同无效。法庭不必去寻找权利人，因为他不在本案法律关系当中，权利人的追认只不过是法庭据以认定事实的证据罢了，不发生第三人介入本案合同关系的问题。法庭审理的就是一个买卖合同纠纷案件，权利人既不是当事人，也不是第三人，如果权利人追认，其追认是法庭据以认定合同有效的证据。这样理解，符合立法本意。

根据本条立法目的和文义，应当肯定，是将权利人予以追认这一事实，和处分人事后取得处分权这一事实，作为决定无权处分合同有效的证据。绝不是将权利人视为无权处分合同的第三人，更不是赋予权利人以所谓“追认权”。并且，权利人予以“追认”，属于所有权权能中的“处分权能”之行使，无须法律特别授权，与合同法特别赋予法定代理人“追认权”（第四十七条）和被代理人“追认权”（第四十八条），是截然不同的。

在民法学者当中，有的人总是说合同法第五十一条不对，他们说第五十一条应该区分“处分行为（物权行为）”与“负担行为（债权行为）”，在权利人不予追认、处分人事后未得到处分权的情形，仅仅是“处分行为”无效，而买卖合同（负担行为）的效力不受影响。处分行为无效、买卖合同有效，这是德国民法的立法思路。而绝大多数国家的民法，都不采取这样的思路。

合同法制定时，先由 6 位学者和 2 位法官设计立法方案，然后由 12 个单位的学者按照立法方案分头起草，最后由 3 位学者统稿完成正式草案。特别要指出这样一个历史事实，当年参与设计合同法立法方案的 6 位学者、2 位法官，参与起草具体条文的 12 个单位的民法学者，以及草案的 3 位统稿人，都不赞成德国民法区分负担行为（物权行为）与处分行为（债权行为）的这套理论。正是这个历史事实决定了我国的合同法虽然采用了大陆法系的德国民法的概念体系，却没有采用德国民法区分处分行为（物权行为）与负担行为（债权行为）的理论和立法思路。因此，合同法第五十一条规定，无权处分他人财产的合同，如果权利人追认或者事后处分人得到处分权，是（买卖）合同有效；如果权利人不追认、处分人也没有得到处分权，是（买卖）合同无效。

按照德国民法，称为“无权处分行为”（不是无权处分合同），如果权利人不追认、处分人事后也没有得到处分权，只是“处分行为”无效，买卖合同仍然有效。为什么？因为他们采纳严格区分处分行为（物权行为）与负担行为（债权行为）的理论，认为合同只是使当事人负担债务（交付标的物并移转标的物所有权的债务），并不直接发生物权变动（所有权移转）；而物权变动（所有权移转）是处分行为的效果。出卖人在买卖合同之外，还须订立独立于买卖合同的物权合同（处分行为），然后根据物权合同，发生标的物所有权转移，使买受人得到标的物所有权。依据这套理论，无权处分行为，只是处分行为（物权合同）无效，买卖合同（负担行为、债权行为）的效力不受影响。当然，最终不能发生物权变动的效果，买受人仍然不能获得标的物所有权。

合同法起草人认为，这套理论和立法思路不符合中国国情，不符合中国人民的社会生活经验。按照德国的这套理论，把一个买卖（交易）区分为两个法律关系（债权债务关系、物权关系）、三个法律行为（一个买卖合同、两个物权合同）。在中国，你去商店购物，例如买一个茶杯，交钱付款就把茶杯拿回家，就一个法律行为（买卖合同）。同样买一个茶杯，按德国的法律，要三个法律行为，双方当事人讨价还价达成合意成立买卖合同，这是第一个法律行为，产生商场交付茶杯的债务、买受人付款的债务，及商场收取价款的债权、买受人得到茶杯的债权，这叫负担行为（债权行为）；但是，仅靠买卖合同买受人还不能得到这个茶杯的所有权，他要得到这个茶杯的所有权，还须与商场订立第二个法律行为（物权合同），约定双方一致同意移转这个茶杯的所有权于买受人某某某，根据这第二个法律行为（物权合同）买受人才能得到这个茶杯的所有权；此外，关于那笔价款（例如5元人民币）所有权的转移，还要订立第三个法律行为（物权合同），约定双方一致同意，移转这个茶杯的价款（5元人民币）的所有权于出卖人商场。你看，像买一个茶杯这样简单的交易，被设计为三个法律行为，一个买卖合同外加两个物权合同，是何等复杂、何等繁琐，中国的老百姓怎么能够理解得了?!

实际上德国的老百姓也照样理解不了。德国的不动产买卖，是由律师替当事人拟定书面合同，买卖合同中除了房价、交房、付款这些买卖合同的内容之外，一定要再加上一句话：双方一致同意移转某套房屋的所有权于买受人某某某。合同中如果没有这一句话，在公证时公证员仍然要添上这一句话。这一句话，就是所谓独立于买卖合同之外的物权行为（物权合同）。如果是普通动产买卖，不要求公证，也不要求书面合同，不可能写上双方一致同意移转标的物所有权那样的语句，法官将按照所谓默示条款理论，解释为：该项动产买卖，当然包含一个双方一致同意移转所有权的默示条款，即默示的物权合同。可见，这是一种极端的、绝对化的逻辑设计。所以，合同法的起草人决定不采用他们这套理论，而是采用与绝大多数国家相同的思路和方案。

第五十一条条文中所谓“处分”，是所有权定义当中的“处分”权能，而不是所谓“处分行为”。民法通则第七十一条规定所有权定义：“财产所有权是指所有人依法对自己的财产享有占有、使用、收益和处分的权利。”

合同法第五十一条所谓“处分”，就是所有权权能中的“处分”。这个处分，包括法律处分和事实处分，把财产卖掉或者赠与他人，这是法律处分；我们把食物吃掉，是事实处分。第五十一条所谓处分，是指所有权处分权能中的法律处分。绝不可误认为，合同法第五十一条用了“处分”这个词，就等于接受了德国民法所谓物权行为（处分行为）独立性那一套理论。

要证明我国民法没有采用德国民法的那套理论，其有力证据，首先是合同法关于合同定义的条文。如果接受了这套理论，买卖合同定义应当这样规定：买卖合同，是使出卖人负担向买受人交货并移转所有权的债务、买受人负担向出卖人支付价款的债务的协议。而我国合同法第一百三十条规定的买卖合同的定义是：“买卖合同是出卖人转移标的物的所有权于买受人，买受人支付价款的合同。”一方移转标的物所有权于对方，对方支付价款，这就非常清楚、非常直截了当，把买卖合同看成金钱与所有权的交换，而不仅仅是看成产生交货付款的债权债务的协议。合同法第一百三十三条更进一步明确规定，除法律另有规定或者当事人另有约定外，买卖合同的履行，直接发生标的物所有权转移。此外，更为有力的证据在物权法，物权法立法方案明确规定不采纳物权行为（处分行为）独立性理论。物权法规定“原因行为与物权变动的区分原则”（第十四、十五条），其所谓“原因行为”是指买卖合同、抵押合同、质押合同等债权合同，所谓“物权变动”是指产权过户、抵押权设立、质权设立等不动产物权设立、变更、转让和消灭的事实。按照物权法关于不动产登记制度的规定（第十、十一、十二条）和有关行政规章，当事人仅凭生效的房屋买卖合同、土地使用权转让合同、抵押权设立合同以及相关不动产权属证书、当事人身份证件，即可向不动产登记机构办理产权过户登记和抵押权设立登记，于是发生产权过户和抵押权设立的物权变动结果，自始至终没有给个别民法学者所谓“物权行为（处分行为）”的存在留下任何解释余地。

第五十二条【无效合同】

有下列情形之一的，合同无效：

（一）一方以欺诈、胁迫的手段订立合同，损害国家利益；

（二）恶意串通，损害国家、集体或者第三人利益；

（三）以合法形式掩盖非法目的；

（四）损害社会公共利益；

（五）违反法律、行政法规的强制性规定。

本条规定无效合同。条文规定了五种情况下合同无效，与民法通则的规定大同小异。哪些地方有了改变呢？第一种“一方以欺诈、胁迫的手段订立合同，损害国家利益”的合同无效，民法通则上说一方以欺诈、胁迫的手段订立的合同无效，现在增加了“损害国家利益”作为无效要件。

须联系到本法第五十四条第二款。第五十四条第二款规定，因欺诈、胁迫订立的合同可撤销。同样是欺诈、胁迫，为什么分为两处规定，发生不同的法律后果？这反映了在立法过程当中的重大争论。在立法过程中，关于以欺诈、胁迫的手段订立的合同是无效还是可撤销，发生尖锐分歧。立法方案及第一个草案，规定以欺诈、胁迫的手段订立的合同，属于可撤销合同。主要是考虑到，是否存在欺诈、胁迫只有当事人自己知道，若当事人不吭气，法官、仲裁员怎么可能知道？因为这一点，虽然民法通则规定以欺诈、胁迫的手段订立的合同无效，但是裁判实践中找不到一个判决是当事人不主张存在欺诈、胁迫，而由法官、仲裁员主动确认因存在欺诈、胁迫而导致合同无效的。同时也考虑到，在现实生活当中，有的当事人、消费者虽然受了欺诈，但是他考虑到各种因素，不去主张无效，不去退货，而是宁愿接受这个标的物。

举例来说，一个人买了一双高级的意大利牛皮皮鞋，买回家穿了一段时间，他的朋友说这是假的，一检验查明果然不是意大利的牛皮，但是这个消费者可能考虑到虽然不是意大利的牛皮，但是皮鞋的质量也不差，样式非常新颖，穿在脚上非常舒服，他就不去主张欺诈。根据合同自由原则，当事人最知道自己的利益，他宁愿保持这个标的物，法律没有必要非得使合同无效不可。如果法律规定因欺诈订立的合同一律无效，这个消费者就没有权利穿这双鞋，就不能够保持这个标的物，他非得去退货不可。这就造成法律规定和现实生活的严重脱节。因此，立法方案和第一个草案规定为可撤销。但是关于这一点，专家间仍有争论，最终采取了折中方案，即本条规定欺诈、胁迫加上损害国家利益，法律效果是合同无效，另在第五十四条第二款规定，欺诈、胁迫不损害国家利益，法律效果是合同可撤销。

这个折中方案在理论上有其合理性，但在实践上造成了困难，即在审判实践中，当事人主张欺诈、胁迫损害国家利益，应如何认定？如果一个购销合同的供方捏造了虚假的情况，就构成了欺诈，这时如果买受人是一个国有企业或者国家机关，能不能够仅仅因为自己是国有企业、国家机关就向法院起诉，要求认定合同无效？如果买受人是外资企业、个体工商户、消费者，显然不能要求适用第五十二条的第一种情况，而就应该适用第五十四条第二款的规定。因为买受人的所有制不同就认定为损害国家利益或者不损害国家利益，即使有某种合理性，在实践中也是很难操作的。

请特别注意，民法总则根据民法原理和立法例，并总结裁判实践的经验，将欺诈、胁迫的法律效果统一规定为可撤销。故民法总则生效后，合同法本条第（一）项即被废止。人民法院审理欺诈、胁迫手段订立合同案件，应当适用民法总则第一百四十八条、第一百四十九条或第一百五十条规定。

本条列举的第二、第三、第四种情况，都是沿用民法通则的规定。列举的第五种情况，“违反法律、行政法规的强制性规定”，要点在于强制性规定。民法通则和经济合同法、涉外经济合同法、技术合同法的规定是，违反法律或者行政法规的无效，现在加上了强制性规定这样的限制。考虑到法律规定，特别是民法，尤其是合同法的规定，一部分属于强制性规定，一部分属于任意性规定。任意性规定在本法占的比例很大，是用来指导当事人的，供当事人订立合同的时候予以参照，允许当事人不参照或者加以变更，如果当事人订立的合同与法律的规定不一致，合同效力不受影响。如果当事人订立的合同中遗漏了某一项内容，法官裁判案件的时候，可以用法律的规定予以补充。这就是任意性规定。

另外一类是强制性规定，在法律条文表述上采用“应当”“必须”这样的措辞来体现，称为命令性规定；在法律条文表述上采用“不得”“禁止”这类措辞，就属于禁止性规定。禁止性的规定和命令性的规定，都是强制性的规定。这样的规定，往往涉及对消费者和劳动者的保护，涉及社会公共利益，涉及交易秩序、经济秩序，因此必须强行贯彻，不允许当事人予以变更。当事人的合同违背了强制性规定，法律效果应该是合同无效。区分任意性规定和强制性规定，非常重要，可以把违反法律的无效缩小到很小的范围内，不至于出现上世纪 80 年代那样很多合同都被认定为无效的弊端。需要注意，所谓强制性规定仅指法律和行政法规的强制性规定，不包括部委规章和地方法规的规定。

请特别注意，《合同法解释（二）》第十四条将合同法第五十二条第（五）项“强制性规定”，解释为“效力性强制规定”。其所谓“效力性强制规定”亦即禁止性规定，非效力性强制规定亦即命令性规定。

有人问，如果合同违反了部委规章和地方性法规，应当如何处理？可以肯定的一点是，不能根据本条认定为违法，并否定合同的效力。法庭应当认定这样的合同有效，至于违反这样的规章的当事人应该受什么样的行政制裁，这是另外的问题，我们不能够因此否定合同的效力。

第五十三条【免责条款无效】

合同中的下列免责条款无效：

（一）造成对方人身伤害的；

（二）因故意或者重大过失造成对方财产损失的。

本条规定合同免责条款的无效。立法方案确定的原则是，合同上的免责条款原则上有效，例外无效。本条规定两种例外：第一种情况是，“造成对方人身伤害的”免责条款无效。原来的表述是“免除人身伤害责任的条款无效”，现在改为“造成对方人身伤害的”就可能造成误解，误解为被告造成原告人身伤害的，被告不能够免责。条文的意思是，不管伤害是谁造成的，都不能够在合同上预先用一个条款来免除责任。这是现代各国保护劳动者、保护消费者的一个重要规则。民法通则和经济合同法、涉外经济合同法、技术合同法未有类似规定。

1988 年，天津的法院审理了一个案件，一个雇工在施工当中受伤，后来死亡，家属起诉要求雇主承担医药费、丧葬费等。被告雇主主张合同上有一个条款，规定“工伤概不负责”。法庭审理中注意到，当时的法律上说，合同内容违反法律的无效，却没有哪一个法律规定“工伤概不负责”这样的条款违法。后来一直请示到最高人民法院，最高人民法院给了一个批示，认为这个条款违背了宪法第四十二条关于劳动保护的规定。该案合同预先规定“工伤概不负责”，剥夺了宪法规定的劳动者享受劳动保护的权利。因此构成违反法律，应当认定为无效。合同法起草人把这个判决中的规则加以整理，表述为本条列举的第一种情况。

第二种情况是，“因故意或者重大过失造成对方财产损失的”免责条款无效。这是为了贯彻诚实信用原则。任何人不能用免责条款来免除自己的故意或者重大过失造成对方损害的责任。若干年前有媒体报道，从境外的商人处进口设备，合同约定是先进设备，可是运回来一看，这些设备是以前中国出口出去的。结果我们的企业接受了这些旧设备后，没有办法主张退货退款，因为合同上有一个免责条款规定“概不退换”。现在，按照本条第（二）项，即使合同上有诸如“概不退换”这样的免责条款，如果是由于对方的故意造成的，对方仍然要承担责任。这里所说的重大过失是什么意思？比如说他的厂房里面有正品，有次品，结果他的工作人员在交货的时候马虎大意，把次品拿来当作正品交货。这虽然不是故意的，但也应该认定为是重大过失，就要让他承担责任。

第五十四条【可撤销合同】

下列合同，当事人一方有权请求人民法院或者仲裁机构变更或者撤销：

（一）因重大误解订立的；

（二）在订立合同时显失公平的。

一方以欺诈、胁迫的手段或者乘人之危，使对方在违背真实意思的情况下订立的合同，受损害方有权请求人民法院或者仲裁机构变更或者撤销。

当事人请求变更的，人民法院或者仲裁机构不得撤销。

本条是关于可撤销合同的规定。第一款规定：“下列合同，当事人一方有权请求人民法院或者仲裁机构变更或者撤销：（一）因重大误解订立的；（二）在订立合同时显失公平的。”第一种情况与民法通则的规定完全一致，改变的是第二种情况。关于第二种情况，民法通则规定“显失公平的”合同可以撤销，现在作了重大的修正，在“显失公平”前加了“订立合同时”。依据这一规定，订立合同时显失公平的，属于可撤销合同，受不利益的当事人可请求撤销。民法总则制定时，按照民法原理及立法例并总结裁判实践经验，将“乘人之危”和“显失公平”两项制度合并为显失公平一项制度，法律效果为可撤销，规定为民法总则第一百五十一条，请予注意。所留下的问题是，如果合同订立的时候是公平的，在合同生效后由于社会环境发生异常变化，使一方当事人遭受重大的损害，造成双方当事人显失公平，这样的合同应当如何处理？

按照立法方案和原来的条文，应该适用情事变更原则。草案规定：如果合同成立以后，因与双方当事人无关的原因，发生社会环境的异常变动，致当事人一方遭受重大损害，双方当事人应该重新协商变更合同内容，如果达不成协议，受损害的一方可以请求人民法院或者仲裁机构解除合同或者变更合同内容。这叫情事变更原则。情事变更原则的立法目的，就是借助法院的公权力来变更合同的内容或者解除合同，以此平衡由于社会异常变动所引起的当事人双方的利益失衡，实质上是由双方当事人来分担由于异常变动所造成的风险损失。

合同法草案上的这个情事变更原则，在表决之前被删掉了。因为，这个原则在审议的时候成为大家攻击的一个焦点，人大代表几乎一致反对这个原则。他们反对的理由是，现在没有这个授权还出了那么多不公正的裁决，关系案、人情案、地方保护主义，现在如果再给它一个授权，加之情事变更与正常商业风险的界限也不是那么好划清楚的，这样一来怎么得了？于是合同法删掉了情事变更原则。

删掉了情事变更原则以后就出现了问题，合同订立时显失公平的可以适用本条第一款第（二）项的规定，那合同成立以后因情事变更造成的显失公平怎么办？法庭可以采取两个方案来解决。第一个方案，把情事变更当作一个法理规则来适用，用来补充法律漏洞。第二个方案，可以根据本法第一章第六条规定的诚实信用原则判决。合同成立以后，因与双方当事人无关的原因发生了经济环境异常变动，造成了一方当事人遭受巨大的损害，这种情况下，原告或者被告仍然坚持按照原来合同的约定履行，这样的行为违背诚实信用原则。法庭可以直接适用诚实信用原则，判决变更合同内容或者解除合同。

应特别注意，合同法颁行10年之后，为补救合同法未规定情事变更原则的不足，《合同法解释（二）》特创设情事变更解释规则。该司法解释第二十六条规定："合同成立以后客观情况发生了当事人在订立合同时无法预见的、非不可抗力造成的不属于商业风险的重大变化，继续履行合同对于一方当事人明显不公平或者不能实现合同目的，当事人请求人民法院变更或者解除合同的，人民法院应当根据公平原则，并结合案件的实际情况确定是否变更或者解除。"现在法庭审理情事变更案件，应当直接适用此项解释规则，而不必采用前述方案。

本条第二款的规定已经在前面讲到了，此处不再赘述。

第五十七条【仲裁条款的效力】

合同无效、被撤销或者终止的，不影响合同中独立存在的有关解决争议方法的条款的效力。

本条规定合同无效、被撤销或者终止，合同中有关解决争议方法的条款仍然有效。条文所谓解决争议方法的条款，特指仲裁条款。按照本法第一百二十八条的规定，解决合同争议的方法有：和解、调解、仲裁和诉讼。当事人不愿和解、调解或者和解、调解不成的，可以根据仲裁协议向仲裁机构申请仲裁。没有订立仲裁协议或者仲裁协议无效的，可以向人民法院起诉。可见仲裁协议的效力在于排除人民法院的管辖权。当事人双方达成的采用仲裁方法解决合同争议的协议，即仲裁条款，是本合同之外的另外一个合同。因此，本合同无效或者丧失效力，不影响仲裁条款的效力。条文中“独立存在的”一语是赘文，仲裁协议当然是独立存在的。

第五十八条【合同无效的法律效果】

合同无效或者被撤销后，因该合同取得的财产，应当予以返还；不能返还或者没有必要返还的，应当折价补偿。有过错的一方应当赔偿对方因此所受到的损失，双方都有过错的，应当各自承担相应的责任。

本条规定合同被确认无效或者被撤销的法律效果。合同被确认无效或者被撤销，双方当事人订立合同所欲实现的目的注定不能实现，尚未履行的不得履行，已经履行的必须恢复原状，即恢复到订立合同之前的利益状况。动产买卖合同被确认无效或者被撤销，尚未交货、付款的，卖方不得交货、买方不得付款；已经交货、付款的，买方退货、卖方退款。不动产（如房屋）买卖合同，尚未交房（办理产权过户）、付款的，卖方不得交房（办理产权过户）、买方不得付款；已经交房（并办理产权过户）、付款的，买方退房、卖方退款，并由双方或一方持确认合同无效或者撤销合同的生效判决书，到不动产登记机关涂销产权过户登记。

须特别说明，本条规定合同被确认无效或者被撤销的法律效果，不是一个独立的裁判规范，必须与本法关于合同无效的规范或者关于合同撤销的规范一并适用。法庭可据以确认合同无效的法律条文，除第五十二条外，还有第四十九条（表见代理）、第五十一条（无权处分合同）、第六条（诚信原则）、第七条（公序良俗）；据以撤销合同的法律条文，除第五十四条外，还有第四十七条第二款（善意相对人撤销）、第四十八条第二款（善意相对人撤销）。法庭作出确认合同无效或者撤销合同的判决，如果合同已经履行或者部分履行，无论当事人是否提出请求，均应当依职权适用本条，判决相互返还财产（价款），不能返还的折价补偿，有损失的按照过错承担赔偿责任。

法庭审理合同案件，如果属于因违法导致合同无效，法庭依据合同法第五十二条关于违法无效的规定判决合同无效的同时，还应当依职权适用第五十八条处理合同无效的后果，处理恢复原状（相互返还）及损失分担问题。因为第五十二条是关于合同无效法定事由的规定，第五十八条是关于合同无效法律效果的规定，两个条文组成一个完整的裁判规范。有的法官不理解这一点，误将第五十二条当作一个裁判规范，而将第五十八条当作另一个裁判规范；或者在依据第五十二条判决合同无效之后，不依职权适用第五十八条处理恢复原状及损失分担问题，而是告知要求恢复原状的当事人另行提起请求返还财产之诉；或者在认为合同依据第五十二二条的规定应当无效情形，告知当事人变更事实请求，变更为请求返还财产之诉。这样的认识和做法当然是错误的，属于死抠条文，没有正确理解法律内部的逻辑关系。

要特别注意，合同法第五十八条是合同无效法律后果的一般规则，另有物权法第一百零六条是合同无效法律后果的特别规则。但物权法第一百零六条规定的此项特别规则的适用范围，仅限于无权处分合同被确认无效的案型。此外的合同无效案型，例如根据合同法第五十二条确认合同无效，及无行为能力人订立的合同因法定代理人未追认而无效（合同法第四十七条），均不发生善意取得问题，绝无适用物权法第一百零六条的可能。

法庭审理无权处分他人财产合同案件，在依据第五十一条判决确认合同无效情形，买受人有权根据物权法第一百零六条主张善意取得。主张善意取得，属于无权处分合同无效情形法律赋予买受人的权利，当然他也有权放弃此项权利。因此，如果买受人主张善意取得，法庭即应适用物权法第一百零六条，审查是否符合善意取得的要件，如经审查认定符合规定的要件，即应依据物权法第一百零六条判决买受人善意取得标的物所有权；经审查认定不符合善意取得的要件，则应依据物权法第一百零六条判决驳回买受人关于善意取得的主张，并且直接适用合同法第五十八条判决恢复原状（相互返还财产）及损失分担。如买受人未主张善意取得，法庭应当认为买受人放弃权利，而直接适用合同法第五十八条处理合同无效的后果，既不能依职权适用物权法第一百零六条，也不能就买受人是否主张善意取得进行释明。当然，如果权利人予以追认或者处分人事后获得了处分权，法庭依据合同法第五十一条判决确认合同有效，本案就与物权法没有关系了，买受人可以直接根据有效合同的履行（动产须交付、不动产须办理过户登记）得到所有权。

第五十九条【合同无效的特别效果】

当事人恶意串通，损害国家、集体或者第三人利益的，因此取得的财产收归国家所有或者返还集体、第三人。

本条规定，如果合同无效原因属于第五十二条第（二）项，则法庭在确认合同无效之后，应当将当事人取得的财产收归国家所有或者返还给受损害的集体、当事人，而不适用第五十八条关于合同无效后恢复原状（相互返还财产）及损失分担的一般规则。

依据本条，受损害的集体或者第三人享有返还财产请求权，当无疑义。但受损害的集体或者第三人，是否有权起诉要求确认合同无效？最高人民法院（2009）民申字第1760号民事裁定书，对此有肯定解释：合同法第五十二条规定“有下列情形之一的，合同无效：……（二）恶意串通，损害国家、集体或者第三人利益”，根据前述规定，法人与他人恶意串通订立合同，表面上损害法人自身利益，实质上损害第三人利益的，第三人有权提起确认合同无效之诉。①

第六十条【合同履行原则、附随义务】

当事人应当按照约定全面履行自己的义务。

当事人应当遵循诚实信用原则，根据合同的性质、目的和交易习惯履行通知、协助、保密等义务。

本条第一款规定合同履行的原则，要求当事人按照约定全面履行自己

---

①《中华人民共和国最高人民法院公报（2010年卷）》，人民法院出版社2011年版，第411～417页。

的义务。理论上称为“全面履行原则”。双方当事人既然根据意思自治原则订立合同，当然应按照合同约定全面履行自己的合同义务。按照民法原理，依法成立的合同，在缔结合同的当事人之间有相当于法律的效力。换言之，依法成立的合同，就相当于当事人为自己制定的法律。此在法国民法典设有明文（第 1134 条）。因此，要求合同当事人全面履行合同义务，被明文规定为合同履行原则。此项原则不难理解。

请特别注意本条第二款的规定：“当事人应当遵循诚实信用原则，根据合同的性质、目的和交易习惯履行通知、协助、保密等义务。”此所谓“通知、协助、保密等义务”，法律上称为“附随义务”。附随义务也是 20 世纪以来合同法的一项新制度。

按照传统民法理论，合同是当事人意思表示一致的协议，合同义务出于当事人的约定，在合同中有约定就有义务，没有约定就没有义务。本款规定突破了传统理论，合同义务之发生，不限于当事人的约定，除当事人在合同中约定的义务之外，还有一种合同义务，叫附随义务。附随义务的发生，不是出于当事人的约定，而是直接根据诚实信用原则、合同的性质和目的及交易习惯。附随义务包括：通知义务、保护义务、协助义务和保密义务。

须注意，本款条文采不完全列举方式，规定为“通知、协助、保密等义务”，未明文规定“保护义务”。其理由在于，合同法的立法者认为，“通知、协助、保密”义务，属于一切合同类型的双方当事人均负有的义务，而“保护义务”不是一切合同类型的当事人均负有的义务。仅有少数合同类型的当事人负有“保护义务”，且即使这些合同类型也往往只是一方当事人负有“保护义务”。例如，旅客运输合同、旅游合同，仅承运人、旅行社一方负有保护旅客、游客人身和财产安全的义务，不能说旅客、游客一方对承运人、旅行社负有所谓“保护义务”。注意条文中用了一个“等”字，使法庭审理旅客运输合同、旅游合同这类案件，可以适用本款规定，认定一方或双方当事人负有“保护”相对方人身财产安全的义务。

本款的适用范围是，合同履行中发生了损害却因合同未有约定而不能根据当事人约定进行裁判的合同纠纷案件。例如双方是一个长期的购销合同关系，需方的人员经常到供方提货，难免要参观供方的生产线，都是老熟人、老朋友，利用提货机会到供方生产车间看一看，也是人之常情。假设需方提货的人懂得技术，他到生产车间看一看或与车间工人交谈，就把供方的某个关键技术或者配方掌握了。他回去以后如果把这个技术或者配方泄漏、出卖给他人，最终使供方遭受重大损失。供方应当找谁赔偿？按照传统合同理论，他只能找需方提货的那个人，可能是供销科长、技术科长，但那个人赔得起赔不起呢？极大可能是赔不起。因此，现代合同法就发明了附随义务制度，认为根据诚实信用原则和交易习惯，需方负有保密义务。当事人在合同履行中负有相互保密的义务，你掌握了对方的信息、技术、配方或其他商业秘密，或者掌握了对方个人信息，你必须对此保密，你违反保密义务，泄漏、出卖这些秘密给对方造成损失，法庭将以本款关于附随义务的规定作为追究需方赔偿责任的法律依据。

除违反保密义务之外，最常见的还有违反通知义务。当事人了解到市场情况的变化，或者自己生产计划将发生重大调整，将不再购买供方的某种产品，应当及时通知供方以便供方调整生产计划。由于需方没有及时通知供方，最终使供方遭受重大损失，供方可以根据本款规定，以需方违反通知义务为由，请求法院追究需方的赔偿责任。

补充一点，前面谈到旅客运输合同和旅游合同，假如旅客乘坐交通工具过程中或者游客在旅游观光过程中发生人身伤害，按照本法第一百二十二条的规定将发生侵权责任与违约责任的竞合，如受害人选择追究承运人、旅行社的违约责任，应以本款关于附随义务的规定为法律依据；如选择追究承运人、旅行社的侵权责任，则应以侵权责任法第三十七条关于安全保障义务的规定为法律依据。

这里顺便介绍民法理论上所谓“合同义务扩张”。按照传统合同法理论，合同义务属于约定义务，是双方当事人在合同中约定的义务。因此，法庭审理违约责任纠纷案件，判断被告是否违约，先要看合同有无约定及如何约定。可以这样说，合同有约定就有义务，违反义务就构成违约，才有追究违约责任的可能；合同无约定就无义务，也就谈不到违约，也就不存在追究违约责任的可能。这就是传统的合同法原理。合同法制定中，广泛参考借鉴发达国家和地区的裁判经验和理论研究成果，其中之一就是所谓“合同义务扩张”的理论。因此，本法在原有合同义务之外，增加规定了传统合同法所没有的一系列义务：在合同缔结过程中有所谓“先合同义务”，违反此项义务发生“缔约过失责任”，规定在合同法第四十二条、第四十三条，适用于合同有效成立之前的缔约过程中发生损害的案件；在合同成立后至履行完毕之前的合同关系存续期间，有所谓“附随义务”，违反此项义务发生违约责任，规定在合同法本条第二款，适用于合同履行过程中发生损害的案件；在合同履行完毕、合同关系消灭之后，有所谓“后合同义务”，违反此项义务发生违约责任，规定在合同法第九十二条，适用于合同关系消灭后发生损害的案件。

本条第一款合同履行原则所谓“按照约定全面履行自己的义务”，是指本来意义上的合同义务，即当事人在合同中约定的义务，包括主义务和从义务。相对于本来意义上的合同约定义务而言，“先合同义务”“附随义务”和“后合同义务”均属于法定义务。合同约定义务和法定义务构成一个合同义务的系列，有的学者称为“合同义务群”。

这里对本来意义上的合同义务作一点补充。本来意义的合同义务指合同约定义务，理论上称为“给付义务”。给付义务，可以分为主给付义务（主义务）和从给付义务（从义务）。顺便指出，主给付义务是立法和理论上划分合同类型的依据。如买卖合同关系的主给付义务是，一方当事人付款的义务，另一方当事人交付标的物并移转标的物所有权的义务。具备此两项义务，即是买卖合同。仅有一方当事人交付标的物并移转其所有权的义务，而相对方当事人无付款义务，则属于赠与合同。如果是一方当事人负有付款义务，另一方当事人虽交付标的物却不移转其所有权（仅供对方使用、收益），即属于租赁合同。由于主给付义务是决定合同性质和类型的依据，因此是决定合同成立的必要条件（条款），合同未约定主给付义务或者约定不明确且难于通过各种补充方法予以明确的，法庭应当认定合同不成立。主给付义务以外，还会有从给付义务。

所谓从给付义务，是为了保障债权人合同目的之圆满实现的给付义务。从给付义务之发生，可由法律明文规定，亦可依据诚实信用原则、合同目的和交易习惯解释认定，当然也可由合同约定。例如，本法第一百三十六条规定的出卖人交付提取标的物单证以外的单证和资料的义务；第四百零一条、第四百零四条规定委托合同受托人的报告义务、财产转交义务。这些义务都是从给付义务，也都是由法律直接规定的。此外，这种从给付义务也可以由当事人约定。比如甲购买乙所经营的一家企业，购买时双方当事人就可以在合同中约定：乙应当向甲提供原来客户的名单。这就是一种由当事人约定的从给付义务。另外，这种从给付义务也可以通过合同的解释（如根据诚实信用原则解释合同）而产生。例如买卖的标的物是一匹血统很好的名马，就可以通过合同的解释得出出卖人除了交付马以外，还应当交付这匹马的血统证明书。这就是通过解释合同、解释当事人订立合同的意图来得出从给付义务。

主给付义务和从给付义务是合同关系中最重要的部分。主给付义务决定着合同关系的类型，作为合同义务中最核心的内容而出现。从给付义务可以理解为主给付义务外层的一种义务。而附随义务是在从给付义务之外，更外围的一层义务。本条第一款关于合同履行原则的规定，针对的是合同给付义务，第二款规定附随义务，两者构成合同有效成立至履行完毕之前的合同关系上的义务。

主给付义务与从给付义务和附随义务的区别：（1）主给付义务是决定合同成立之必要条件，从给付义务和附随义务则不是。主给付义务未约定，或者约定不明确且不能通过解释方法予以明确，应认定合同不成立。而从给付义务、附随义务，不影响合同成立。（2）不履行主给付义务，构成根本违约，不仅发生违约责任并可发生法定解除权。不履行从给付义务、附随义务，不构成根本违约，不发生法定解除权，仅发生违约责任。（3）在双务合同中，双方主给付义务构成对待给付关系，在合同未约定履行先后顺序情形，双方当事人有同时履行抗辩权，在合同约定履行先后顺序情形，先履行一方有不安抗辩权。一方的从给付义务、附随义务与相对方的主给付义务不构成对待给付关系，一方不履行从给付义务或附随义务，除导致合同目的落空外，相对方不得拒绝主给付义务之履行（相对方无同时履行抗辩权和不安抗辩权）。

另须注意从给付义务与附随义务的区别：债务人违反从给付义务，相对方既可要求债务人实际履行，亦可追究债务人违约责任；而债务人违反附随义务，相对方只能追究债务人违约责任，而不能要求实际履行。

第六十四条【向第三人履行的合同】

当事人约定由债务人向第三人履行债务的，债务人未向第三人履行债务或者履行债务不符合约定，应当向债权人承担违约责任。

本条规定“向第三人履行的合同”。这种合同在社会生活中很常见，例如与保险公司签订的以第三人为受益人的保险合同、与邮局或者快递公司签订的邮寄或快递包裹的合同、与运输公司签订的货物运输合同等。这类合同的特殊性在于，接受债务人履行（受领标的物）的第三人，不是合同当事人。此属于合同相对性原则之一种例外。合同约定的第三人虽然有权接受债务人履行（受领标的物），因其毕竟不是合同当事人（债权人），如发生债务不履行的情形，该第三人不能作为合同当事人（债权人）追究债务人的违约责任。因此，本条明文规定，发生债务人不履行，债务人应向债权人（而不是向该第三人）承担违约责任。

本条仅仅明确了一个问题，即债务人违约情形该第三人不能作为原告向法院请求追究债务人的违约责任。鉴于合同法第一百一十条规定的强制实际履行，属于违约责任形式之一种，因此于债务人违约情形，该第三人亦不能作为原告向法院请求强制债务人向自己实际履行。此外，这类案件还涉及以下问题：该第三人可不可以作为被告，或者在债权人作为原告起诉债务人的诉讼中，该第三人可否加入诉讼作为共同原告或者作为有独立请求权的第三人？《合同法解释（二)》解释说：人民法院审理向第三人履行的合同案件，可以根据具体案情，将合同约定的第三人列为无独立请求权的第三人，但不得依职权将其列为该合同诉讼案件的被告或者有独立请求权的第三人。

前述解释所谓“根据具体案情”，应当理解为“具体案情需要”，亦即法庭将该第三人列为无独立请求权第三人的目的是为了查清案情，如果该第三人不加入诉讼亦可查清具体案情，法庭就不应依职权将该第三人纳入诉讼。至于债权人起诉时主动将该第三人列为诉讼第三人，或者请求将该第三人列为诉讼第三人，则法庭应当准许。但债务人，无论本诉或者反诉，将该第三人作为被告，均属于被告不适格，法庭应予释明告知其变更当事人（被告)，如经释明而债务人拒绝变更，则法庭应予以驳回，自不待言。

补充说明，本条即是民法理论上所谓“利益第三人合同（契约)”。合同法制定中，草案本条曾参考发达国家和地区立法例明文规定第三人有请求权，后来改变立法角度，着重解决债务人不履行时向谁承担违约责任问题。本条明定债务人应向债权人而不是向第三人承担违约责任。换言之，由债权人而不是第三人行使追究债务人违约责任之诉权。这样规定，符合裁判规范的要求，方便裁判实务，且符合关于利益第三人合同的第三人非合同当事人之民法原理。

第六十五条【由第三人履行的合同】

当事人约定由第三人向债权人履行债务的，第三人不履行债务或者履行债务不符合约定，债务人应当向债权人承担违约责任。

本条规定“由第三人履行的合同”。双方当事人在合同中约定，由第三人向债权人履行债务，该第三人通常与合同债务人之间存在某种合同关系或者组织关系，实际是由该第三人代替债务人履行债务。由第三人履行的合同，也属于合同相对性原则之一种例外。

例如，电影学院与制片人订立演出合同，约定由电影学院的某个学生出演电视剧中的角色；建设单位与建筑公司订立建设工程承包合同，约定由与建筑公司有挂靠关系的某个施工队承担建筑施工；经销商与买受人订立销售合同，约定由自己经销产品的生产商直接向买受人交付货物。这类合同中，约定履行债务的人（学生、施工队、生产商）既不是合同当事人（债务人），也不是合同债务人的代理人。合同约定其应履行的债务，本不是自己的债务，而是合同当事人（债务人）的债务。理论上称为“履行辅助人”。

这类合同需要解决的一个重要问题是，当合同约定的第三人不履行债务或者履行债务不符合约定时，债权人应当以谁为被告追究其违约责任？对此，本条明文规定，应当以债务人作为被告，由债务人向债权人承担违约责任。上世纪90年代北京的法院审理过一个演出合同纠纷案，北京电影学院与原告订立演出合同，约定由在校学生赵薇参加原告的演出，赵薇因故未能出演，法院判决由电影学院承担违约责任。

本条明确了由第三人履行合同发生违约时，应由合同债务人而不是该第三人作为被告，对债权人承担违约责任。但在债权人起诉债务人的违约责任诉讼中，法院可否依职权将该第三人列为诉讼第三人？《合同法解释（二）》第十六条规定：人民法院审理由第三人履行的合同案件，可以根据具体案情，将合同约定的第三人列为无独立请求权的第三人，但不得依职权将其列为该合同诉讼案件的被告或者有独立请求权的第三人。

应特别注意这样一类建设工程承包合同纠纷案件，订立建设工程承包合同的建筑公司（承包人）自己并不实际承担建筑施工，实际承担建筑施工的是与承包人有挂靠关系的没有订约资质的施工队（第三人），合同相对方（发包人）对此是明知的，虽然合同上很可能没有明文提及该第三人。法院裁判实践认为，这类案型属于本条规定的由第三人履行的合同。这类案件审理中遇到的一个法律问题是，实际承担建筑施工的施工队在诉讼中的法律地位问题。如果严格解释本条及《合同法解释（二）》第十六条的规定，实际承担建筑施工的施工队属于履行债务的第三人，在诉讼中的地位是“无独立请求权第三人”，不能作为“有独立请求权的第三人”，更不能作为诉讼的“原告”。但近年来的法院裁判实践，不仅认可实际承担建筑施工的施工队作为“有独立请求权的第三人”参加诉讼，而且认可实际承担建筑施工的施工队可以作为“原告”对发包人提起追索承包费的违约诉讼。此实践做法，体现了特殊保护实际承担建筑施工任务的建筑工人（大多数是农民工）劳动报酬请求权的政策目的，值得肯定。但须特别注意，此基于特殊政策目的之特殊实践做法，不应适用于建设工程承包合同之外的其他由第三人履行的合同，理由是不存在此特殊政策目的。

第六十六条【同时履行抗辩权】

当事人互负债务，没有先后履行顺序的，应当同时履行。一方在对方履行之前有权拒绝其履行要求。一方在对方履行债务不符合约定时，有权拒绝其相应的履行要求。

从第六十六条至第六十九条是关于双务合同抗辩权的规定。在讲具体条文之前，先解释一下抗辩和抗辩权概念。在民事诉讼中，被告用一个正当理由对抗原告诉讼请求，称为抗辩。被告用来抗辩的正当理由，称为抗辩事由。抗辩事由，可以是某种事实，也可以是某项权利，因此分为“事实的抗辩”与“权利的抗辩”。

事实的抗辩，属于诉讼上的抗辩，例如在违约责任诉讼中，被告主张合同不成立、合同未生效、合同因违法无效，或者主张合同已经撤销、合同已经解除、合同已经履行完毕，均属于事实的抗辩。事实的抗辩，涉及原告的诉讼请求（请求权）之是否成立，本属于法庭依职权审查的范围，被告有抗辩事由而未主张事实的抗辩，法庭应当主动审查或者予以释明。

权利的抗辩，属于实体的抗辩，是指被告用法律规定的某项权利对抗原告的诉讼请求，实质是权利行使行为，被告有完全的处分自由。被告有某项权利而未主张权利抗辩，应视为其放弃权利，法庭不得主动审查，也不得予以释明。法律规定可以用来对抗原告诉讼请求的权利，有的直接以抗辩权为名，如本法第六十六条同时履行抗辩权、第六十七条后履行抗辩权、第六十八条不安抗辩权，以及担保法第十七条一般保证的先诉抗辩权，民法总则第一百九十二条诉讼时效抗辩权；有的不称为抗辩权，属于法律赋予当事人要求免除责任、减轻责任的权利，可称为实质上的抗辩权，如本法第一百一十四条第二款规定的违约金调整抗辩、第一百一十三条第一款末句不可预见规则抗辩、第一百一十九条第一款扩大损失抗辩，如民法通则第一百三十七条诉讼时效经过抗辩，如侵权责任法第二十六条过失相抵规则抗辩、第二十九条不可抗力免责抗辩、第三十条正当防卫抗辩、第三十一条紧急避险抗辩、第六十条法定免责事由抗辩。

这里顺便谈到“抗辩”与“反诉”的差别。所谓“反诉”，是相对于原告的“本诉”而言的概念。例如原告起诉被告侵犯其著作权，请求法院追究被告侵犯著作权的侵权责任，这就是“本诉”；被告在进行答辩中诉原告侵犯其名誉权，请求法院追究原告侵犯名誉权的侵权责任，就是“反诉”。再如，原告起诉被告拖欠货款，要求法院追究被告违约责任，这是“本诉”；被告反过来起诉原告产品质量不合格，要求法院追究原告瑕疵担保责任，这叫“反诉”。可见，“反诉”是被告针对原告提出的、与原告的诉讼请求相反的诉讼请求，而“抗辩”则是被告针对原告的诉讼请求，用一个正当理由予以对抗，两者是不同的法律概念。

但应注意的是，某些“事由”既可以作为“抗辩”主张，也可以作为“反诉”提起。这就需要了解法庭如何对待抗辩和反诉：对于被告主张的“抗辩”，法庭必须予以审查，如果经审查认为“抗辩理由”成立，将会作出有利于被告的判决；而对于被告提出的“反诉”，法庭有权决定与“本诉”合并审理或者不合并审理，如果法庭决定不合并审理，则法庭只审理“本诉”，很可能作出有利于原告、不利于被告的判决。因此，当某项事由既可以作为抗辩主张，也可以作为反诉提起时，被告应当结合具体案情，考虑法庭可能的态度，慎重选择。

下面讲抗辩权。本条是关于双务合同的同时履行原则和同时履行抗辩权的规定。本条的适用范围是“双务合同”。合同法理论上，以当事人双方均负担义务或者仅当事人一方负担义务为标准，区分为双务合同与单务合同。须特别说明，条文“当事人互负债务”一语不准确，因为本条规定的同时履行抗辩权，以及第六十七条后履行抗辩权，第六十八条、第六十九条不安抗辩权，均仅适用于双务合同。

条文只说“当事人互负债务”，未特别强调“在一个合同关系中”，易于引起误解。在一个合同关系中，双方当事人互负债务，这就是“双务合同”，才能够适用本条及后面条文规定的抗辩权。如果不强调“一个合同关系”，只说“当事人互负债务”，则一方是借款合同上的债务，另一方是租赁合同上的债务，甚至一方是合同上的债务，另一方是侵权责任的债务，能不能够行使同时履行抗辩权或者别的抗辩权呢？当然不行。因此，本条应当理解为“在一个合同关系中，当事人双方互负债务”（即双务合同），正确阐释本条同时履行抗辩权（及后面的后履行抗辩权和不安抗辩权）的适用范围。

本条第一句规定双务合同的履行原则，在双务合同中，如当事人未在合同中约定债务履行的先后顺序，即应当同时履行。理论上称为双务合同的同时履行原则。此同时履行原则，是同时履行抗辩权的前提条件。因为有双务合同的同时履行原则，才发生双务合同当事人的同时履行抗辩权。

本条第二句规定双务合同的同时履行抗辩权：双务合同，如果当事人未约定债务履行的先后顺序，则按照同时履行原则，当事人在对方履行债务之前，有权拒绝对方的履行要求。例如，货物买卖合同，未约定履行顺序，出卖人在买受人付款之前，有权拒绝交货；买受人在出卖人交货之前，有权拒绝付款。反面言之，按照同时履行原则，任何一方当事人，要求对方履行债务，均须以履行自己负担的债务为条件。买受人要求对方交货，必须自己先付款，买受人自己不付款，出卖人有权不交货；出卖人要求对方付款，必须自己先交货，出卖人自己不交货，买受人有权不付款。双方均可以对方未履行债务为由，拒绝履行自己负担的债务，这就叫行使同时履行抗辩权。

法庭审理双务合同纠纷案件，查明当事人未在合同中约定先后履行顺序，双方当事人均以对方未履行债务为由拒绝履行自己负担的债务，应当认定双方当事人拒绝履行债务属于同时履行抗辩权之正当行使，均不构成违约，而应依据本条第一句的规定，作出同时履行债务的判决，责令当事人双方同时履行自己负担的债务。例如货物买卖合同，法庭判决双方当事人同时履行，责令出卖人将货物交给法庭指定的保管场所，责令买受人将货款汇入法庭指定的账户，然后在法庭主持之下使出卖人得到货款、买受人得到货物。

但在现实生活中，双务合同的当事人通常都会在合同中约定双方履行债务的先后顺序，例如货物买卖合同，通常会约定“款到付货”即买受人先付款，或者“货到付款”即出卖人先交货。如果有这样的履行顺序的约定，当然就排除了本条同时履行原则和同时履行抗辩权的适用，而应当适用第六十七条或者第六十八条、第六十九条的规定。

要特别注意，按照法律规定，所谓同时履行抗辩权，是合同关系上的对抗权，其法律效力是：对抗合同对方当事人的履行请求，并使自己拒绝履行债务的行为不构成违约。因此，同时履行抗辩权，仅可以用来对抗合同对方当事人的履行请求。当事人可不可以用这种同时履行抗辩权对抗法庭（生效判决确定）的履行命令？当然不可以。法庭生效判决所确定的履行命令，是由国家强制力保障其执行的，是当事人所难于抗拒的。为什么国家要设立人民法院？为什么要制定民事诉讼法？民事诉讼法要专设强制执行程序？就是要通过国家强制力（公权力）强制当事人履行法庭的履行命令。有的同志认为，法庭判决双方当事人相互履行债务，或者判决双方恢复原状相互返还财产（或价款），如果判决中未确定先后顺序，当事人可以用所谓同时履行抗辩权予以对抗，当然是错误的。

第六十七条【后履行抗辩权】

当事人互负债务，有先后履行顺序，先履行一方未履行的，后履行一方有权拒绝其履行要求。先履行一方履行债务不符合约定的，后履行一方有权拒绝其相应的履行要求。

本条规定被称为“后履行抗辩权”。按照本条，如果当事人双方在合同中约定了各自履行债务的先后顺序，则约定应先履行一方未履行时，约定后履行一方有权拒绝其履行要求。此项抗辩权，在大陆法系合同法中并不存在。因为，按照大陆法系合同法原理，既然合同对于履行顺序有约定，即应当严格按照合同约定顺序履行，这是意思自治原则（第四条）和合同履行原则（第六十条第一款）的要求。合同约定先履行一方未履行自己负担的债务，就无权要求后履行一方履行其债务，因后履行一方的债务尚未发生应履行的效力，这是理所当然、不言自明之理。但合同法制定中，立法者参考借鉴《国际商事合同通则》第7.1.3条第（2）项规定，增设本条规定“后履行抗辩权”。

《国际商事合同通则》第7.1.3条（拒绝履行）规定：“（1）凡当事人各方应同时履行合同义务的，任何一方当事人可在另一方当事人提供履行前拒绝履行；（2）凡当事人各方应相继履行合同义务的，后履行一方当事人可在应先行履行的一方当事人完成履行之前拒绝履行。”其中，第（1）项相当于合同法第六十六条的规定；第（2）项即是合同法第六十七条后履行抗辩权的原型。

合同法增设本条关于后履行抗辩权的规定，按照大陆法系合同法原理，似有多此一举之嫌。但结合我国地域广大、人口众多，人民群众法律知识不足的国情考虑，本条明确规定，在合同约定先履行一方未履行债务时，后履行一方在约定履行期限到来时拒绝履行其债务不构成违约，属于抗辩权之正当行使，对于指导当事人正确履行义务、行使权利及人民法院裁判合同案件，应有其重要意义。

第六十八条【不安抗辩权（一）】

应当先履行债务的当事人，有确切证据证明对方有下列情形之一的，可以中止履行：

（一）经营状况严重恶化；

（二）转移财产、抽逃资金，以逃避债务；

（三）丧失商业信誉；

（四）有丧失或者可能丧失履行债务能力的其他情形。

当事人没有确切证据中止履行的，应当承担违约责任。

第六十八条、第六十九条规定双务合同的不安抗辩权。前面的第六十七条规定后履行抗辩权，所解决的是，如果合同约定应先履行的一方当事人不履行，则合同约定后履行的一方当事人行使后履行抗辩权，拒绝自己的履行。可见，第六十七条的立法目的在于保护合同约定后履行一方当事人的合法利益。而第六十八条和第六十九条规定"不安抗辩权"，其立法目的，则是保护合同约定应先履行一方当事人的合法利益。

因为，既然合同约定了债务履行的先后顺序，则履行顺序在先的一方当事人应当先履行自己负担的债务，这是意思自治原则和合同履行原则的要求。通常情形，应先履行一方当事人履行之后，后履行一方当事人即应当履行；如果后履行一方当事人不履行，当然构成违约，已先履行债务的一方当事人有权依据合同法第一百一十条的规定诉请强制其实际履行，或者依据第一百零七条的规定诉请追究其违约责任。

但也可能发生异常情形，即应先履行一方在约定的履行期限到来之时，发现后履行一方已经丧失履行债务的能力，例如供方已经陷于停产而不可能交货、需方因资金链断裂而不可能付款，这种情形，应先履行一方是否应当严格按照合同约定履行自己负担的债务呢？如果他履行了自己的债务，例如供方按照合同约定交货之后，将因需方不能付款，而陷于货款得不到、货物收不回的困境；需方按照合同约定付款之后，将因供方无货可交，而陷于货物得不到、货款退不回的困境。这种异常情形，法律对于先履行一方当事人应当有保护手段，这就是先履行一方的不安抗辩权。

第六十八条规定不安抗辩权发生原因及滥用不安抗辩权的责任。约定先履行一方，按照约定应当先履行付款义务，但他注意到对方当事人已经陷于停产，他要按照合同约定付款之后，对方很可能不能交货，而面临着"款、货两空"的危险，你说他能够"心安"吗？所以，针对这种特定情形，专门用来保护先履行一方当事人合法利益，使其规避“款、货两空”危险的法律手段，就叫“不安抗辩权”。本条第一款规定不安抗辩权的发生原因：（1）后履行一方经营状况严重恶化；（2）后履行一方转移财产、抽逃资金，以逃避债务；（3）后履行一方丧失商业信誉；（4）后履行一方有丧失或者可能丧失履行债务能力的其他情形。依据本款规定，有这四种情形之一的，先履行一方即可行使不安抗辩权。

为了防止不安抗辩权被滥用，例如，以行使不安抗辩权为借口掩盖其不能履行债务（违约）之实，本条第一款规定，就是否属于行使不安抗辩权发生争议时，须由行使不安抗辩权的当事人，对于不安抗辩权发生原因之存在，负担举证责任。行使不安抗辩权的一方，应举出“确切证据证明”不安抗辩权发生原因的存在。如果不能举出“确切证据证明”存在本条第一款规定的四种情形之一，即应认定先履行一方中止履行债务的行为构成违约，而否定其所谓行使不安抗辩权。因此，本条第二款进一步明确规定，如先履行一方“没有确切证据”证明不安抗辩权发生原因的存在，其中止履行债务，应当承担违约责任。

第六十九条【不安抗辩权（二）】

当事人依照本法第六十八条的规定中止履行的，应当及时通知对方。对方提供适当担保时，应当恢复履行。中止履行后，对方在合理期限内未恢复履行能力并且未提供适当担保的，中止履行的一方可以解除合同。

按照合同法原理，不安抗辩权的法律效力，包含中止履行和解除合同两个层次，因此不安抗辩权之行使，亦应分为“两步走”：第一步，中止履行；第二步，解除合同。不安抗辩权第一个层次的法律效力，已经规定在第六十八条：应当先履行债务的当事人，有确切证据证明对方有发生不安抗辩权的四种法定情形之一的，可以中止履行。但是，先履行一方当事人行使不安抗辩权中止履行，是否需要通知对方？中止履行后对方当事人可以采取什么措施？中止履行后对方不采取措施怎么办，亦即具备什么条件才能行使不安抗辩权第二步（解除合同）？这些问题规定在第六十九条。

第六十九条第一句规定，行使不安抗辩权中止履行的当事人，应当履行通知义务，即当事人行使不安抗辩权中止债务履行，应当及时通知对方。此项“通知”，性质上属于“意思通知”，即将行使不安抗辩权中止自己债务履行之意思，告知对方当事人，以便对方当事人了解并采取相应的措施，避免给对方造成不应有的损害。

应特别注意，此项“通知”不仅是行使不安抗辩权的当事人应履行的“义务”，并且是当事人行使不安抗辩权的“形式要件”。应先履行一方于合同约定履行期限到来时中止履行（不履行债务），究竟是不能履行（违约）抑或是行使不安抗辩权，相对方当事人不可能了解，因此法律要求行使不安抗辩权的当事人必须向对方发此项“通知”，明确告知对方自己中止履行（不履行债务）属于行使不安抗辩权。不仅如此，该项“通知”，也是诉讼中判断当事人行使不安抗辩权的关键“证据”。法庭先审查中止履行一方是否发出此项“通知”，如查明确曾发出此项“通知”，即认定属于不安抗辩权之行使；再审查中止履行一方是否依法享有不安抗辩权，如查明“有确切证据”证明存在不安抗辩权法定原因之一，即认定当事人中止履行，属于不安抗辩权之正当行使。反之，法庭一旦查明中止履行一方未发出此项“通知”，即应认定其中止履行（不履行债务）构成违约行为，而无须再审查其是否享有不安抗辩权。

本条第二句规定对方当事人可以采取的救济措施，亦即对方当事人得到通知，知道先履行一方中止履行属于不安抗辩权之行使后，可以通过提供适当担保，要求先履行一方恢复履行。“提供适当担保”是终止不安抗辩权行使的“要件”，只要对方提供了适当担保，中止履行一方就应当恢复履行，因为对方提供适当担保，已经化解了先履行一方面临的不能获得对待给付的风险。换言之，一旦对方提供适当担保，先履行一方的不安抗辩权即归于消灭，他必须恢复其债务之履行，即使在自己恢复履行后，对方不能履行（违约），也只能执行担保，而不能再行使不安抗辩权解除合同。

例如买卖合同约定款到付货，应当先履行付款义务的需方，有确切证据证明供方陷于经营状况严重恶化、丧失履行能力，因此依据第六十八条规定行使不安抗辩权中止付款，即在约定付款期限到来时不予付款，则按照第六十九条第一句规定，他应当履行通知义务，告知供方自己不予付款属于行使不安抗辩权，当然他也可以在通知中要求供方提供担保作为自己付款的条件。按照第六十九条第二句规定，供方可以向需方提供担保，担保在需方付款之后，自己能够履行交货义务或承担违约责任，据此要求需方恢复付款义务之履行。如果供方提供了适当的担保，则行使不安抗辩权中止付款义务的需方，就应当恢复履行，向供方支付货款。因为不安抗辩权已因对方提供适当担保而归于消灭，如果他不恢复履行（向供方付款），将构成违约。

第六十九条第三句规定，先履行一方行使不安抗辩权中止履行（并及时通知对方）后，对方当事人在一个合理期限内，既没有恢复履行能力，也没有提供适当担保的，先履行一方可以解除合同。解除合同，是不安抗辩权第二层次的效力。第一层次的效力中止履行，只是暂停债务履行，并不影响合同关系对双方当事人的拘束力。如果中止履行一段时间后，对方既没有提供适当的担保，又没有恢复履行能力，这时先履行一方可以在已经中止履行的基础上，行使不安抗辩权的第二步解除合同，消灭合同关系。在这种情形下，赋予先履行一方解除合同的权利，消灭实际上已不可能继续维持的合同关系，使双方当事人（享有不安抗辩权一方和丧失履行能力的相对方）及时获得解脱，避免造成更为严重的损失。

须注意的是，当事人行使不安抗辩权第二步解除合同，须具备的要件是：应先履行一方已依据本法第六十八条的规定行使不安抗辩权中止履行债务，并及时向相对方发出通知；相对方在一个合理期限内既未恢复履行能力，也未提供适当担保。其中，未提供适当担保和未恢复履行能力，属于事实问题，易于判断；唯“合理期限”属于不确定概念，因为立法者难于确定一个具体期限。于当事人双方就是否“在合理期限内”发生争议时，法庭应当遵循本法第一百二十五条规定的合同解释原则，按照涉案合同的目的、交易习惯及诚实信用原则，予以认定。

应特别注意，先履行一方依据第六十九条第三句规定“解除合同”，应当解释为不安抗辩权所内含的一项法定解除权，与本法第九十四条规定的法定解除权性质相同，应准用法定解除权有关规定。例如，中止履行一方解除合同，应准用第九十六条的规定，向对方发解除权行使通知，通知到达对方时合同解除，对方有异议的可以请求人民法院或者仲裁机构确认解除合同的效力；准用第九十七条的规定，合同解除后，双方均终止履行，基于不安抗辩权解除合同一方并有权要求赔偿损失。

第七十三条【债权人代位权】

因债务人怠于行使其到期债权，对债权人造成损害的，债权人可以向人民法院请求以自己的名义代位行使债务人的债权，但该债权专属于债务人自身的除外。

代位权的行使范围以债权人的债权为限。债权人行使代位权的必要费用，由债务人负担。

本条规定债权人代位权。因债务人怠于行使其对于次债务人的到期债权，对债权人造成损害的，债权人可以请求人民法院以自己的名义代位行使债务人的债权。所针对的是所谓“三角债”的关系。甲、乙、丙三方当事人，丙欠乙的债，乙欠甲的债，甲是乙的债权人，乙是丙的债权人，构成典型的“三角债”。按照债法一般原理，亦即债的相对性或称合同相对性，债权人甲只能向法院起诉自己的债务人乙，而不能起诉乙的债务人丙。因为丙不在甲乙之间的债权债务关系之中，不受甲乙之间的债权债务关系的拘束。只能是甲起诉自己的债务人乙，乙起诉自己的债务人丙，甲不能起诉丙，除非乙将自己对于丙的债权转让给甲（债权让与）。

假设丙欠乙 50 万元，乙欠甲 50 万元，而乙没有别的财产。按照常理，乙从次债务人丙讨回自己的 50 万元，不就可以清偿自己欠甲的 50 万元了吗？但现实生活中确有这样的情况，乙不主动向丙追讨那 50 万元，当然也就不能清偿自己欠甲的 50 万元债务。这种情形，甲明知乙的账户没钱，就是把乙告到法院也难获清偿。甲当然可以找乙协商，要求乙将对于丙的 50 万债权转让给自己，但如果乙不愿意签订债权转让协议怎么办呢？这就是债权人甲面临的困境。

我国在上个世纪 80 年代后期直到 90 年代，经济生活中发生企业相互拖欠货款、拖欠银行贷款的所谓“三角债”社会问题，以致严重妨碍国民经济发展，政府两次动用行政手段“清理三角债”，均未成功。因此，立法机关采纳民法学者建议，参考借鉴发达国家和地区的立法经验，特别创设债权人代位权制度（本条），以实现破解“三角债”社会问题的政策目的。债权人代位权制度，赋予债权人代位行使自己的债务人（对次债务人）的债权，对债权人给予特别保护，属于债的相对性原理的一个例外。

回到上述丙欠乙 50 万元，乙欠甲 50 万元的例子，如果乙怠于行使对丙的 50 万债权，乙当时又没有别的财产，这就损害了债权人甲的利益（使甲对乙的 50 万债权不能获得清偿），这种情形，根据本条关于债权人代位权的规定，甲就可以直接向法院起诉乙的债务人丙。甲行使的不是自己的债权，而是自己的债务人乙的债权。而甲既未从乙受让该项债权，亦未接受乙的委托，甲起诉丙的根据何在？根据法律强行性规定，甲以自己的名义代位行使自己的债务人乙对丙的债权，就叫债权人代位权。债权人代位权诉讼中，甲是原告，丙是被告，而乙则被列为第三人。债权人提起代位权诉讼，未将债务人列为第三人的，人民法院应当追加债务人为第三人。

按照本条第一款及《合同法解释（一）》的规定，发生债权人代位权的要件如下：(1) 须债权人对债务人享有债权，债务人对次债务人享有债权。亦即债权人、债务人、次债务人之间构成三角债关系。且鉴于本法创设债权人代位权的政策目的，债权人对债务人的债权，及债务人对次债务人的债权，均应解释为，属于“以金钱给付为内容的债权”。(2) 债务人对次债务人的债权，非专属于债务人自身的债权。所谓“专属于债务人自身的债权”，是指“身份关系上的扶养（抚养、赡养）请求权、继承关系上的给付请求权，以及劳动报酬、退休金、养老金、抚恤金、安置费、人寿保险、人身伤害赔偿请求权等权利”。(3) 债权人对债务人的债权，及债务人对次债务人的债权，均已到期（履行期限已经到来）。仅债权人对债务人的债权到期，而债务人对次债务人的债务未到期，或者债务人对次债务人的债权到期，而债权人对债务人的债权未到期，均不符合债权人代位权的要件。(4) 须债务人怠于行使其对次债务人的债权。所谓“怠于行使”其对次债务人的债权，是指“债务人不以诉讼方式或者仲裁方式”向次债务人主张债权，其是否在诉讼或者仲裁方式之外，曾口头或书面向次债务人主张债权，在所不论。诉讼中，被告（次债务人）否认债务人“怠于行使”其到期债权的，应当承担举证责任。(5) 须因债务人怠于行使其对次债务人的债权，对债权人造成损害。即债务人“怠于行使”债权为原因，“债权人受损害”是结果，二者之间存在因果关系。此项要件如何判断？关键在于，债务人是否有其他财产可供清偿其对债权人的债务？如债务人有其他财产可供清偿债务，则其“怠于行使”债权，不会对债权人造成损害。反之，如债务人别无其他财产可供清偿对债权人的债务，则其“怠于行使”债权，致使债权人的债权未能实现，即对债权人造成损害，即应肯定其“怠于行使”债权，造成债权人损害。如被告（次债务人）或第三人（债务人）主张抗辩“未造成债权人损害”，法庭应责令其举证证明债务人别有足以清偿对债权人债务的财产。如被告（次债务人）或第三人（债务人）举证证明了债务人“别有足以清偿对债权人债务的财产”，则法庭于认定抗辩理由成立的同时，应当对原告（债权人）释明，告知原告可以变更诉讼请求。原告（债权人）可以将原行使债权人代位权诉讼请求，变更为请求法院强制债务人履行债务（变更为以债务人为被告的履行债务之诉，次债务人退出诉讼）。

合同法颁布后，关于代位权行使效果之归属，即有两种不同解释意见：第一种意见认为，应归属于债务人，再由债务人的全体债权人按债权额比例分配，行使代位权的债权人不能优先受偿。因为，债权人虽以自己的名义起诉，但所行使的不是自己的债权，而是债务人的债权，效果当然应归属于债务人。按照传统民法理论，债权人代位权属于“债权保全”制度，性质上为“共同担保”制度，即通过债务人权利之代位行使，保全债务人的责任财产，维持其偿债能力，最终保护债务人的全体债权人的利益。按照债权平等原则，行使代位权的债权人只能与其他的债权人一同平等地、按比例地清偿各自的债权。第二种意见认为，应当归属于行使代位权的债权人，由其优先受偿。其根据在于，“代理受领”与“抵销权行使”相结合之法理构成，即代位债权人既然以自己名义行使债务人的债权，理当“代理受领”债权行使之效果，然后再将自己“代理受领”的金额与债务人欠自己的债务相互抵销，以实现自己债权的优先受偿。

考虑到合同法制定当时的背景，因所谓“三角债”社会问题之严重存在，已经严重影响市场经济的正常发展，立法者创设债权人代位权的政策目的，是要刺激处于三角债关系中的债权人，积极主动地行使债权人代位权，以解开“三角债”的死结。假如采第一种解释，行使代位权的效果先归属于债务人，再由其全体债权人按债权额比例分配，则债权人无须行使代位权亦可坐享其利，而积极行使代位权的债权人反而得不偿失，必然挫伤债权人行使代位权的积极性，而导致该立法目的的落空。且代位权诉讼，实质上是由债权人代位提起的债权之诉，不是破产诉讼，法院不必要也不应当通知债务人的其他债权人加入诉讼，而启动一个破产或者清产还债程序（债务人的其他债权人可加入成为共同原告代位权诉讼，自不待言）。

上述两种解释意见虽均有其理由，但衡诸本法创设债权人代位权制度之立法目的，应当肯定，第二种解释意见更为可采。我们看到，《合同法解释（一）》第二十条规定：“债权人向次债务人提起的代位权诉讼经人民法院审理后认定代位权成立的，由次债务人向债权人履行清偿义务，债权人与债务人、债务人与次债务人之间相应的债权债务关系即予消灭。”毫无疑问，这一规定采纳了上述第二种解释意见。

第七十四条【债权人撤销权】

因债务人放弃其到期债权或者无偿转让财产，对债权人造成损害的，债权人可以请求人民法院撤销债务人的行为。债务人以明显不合理的低价转让财产，对债权人造成损害，并且受让人知道该情形的，债权人也可以请求人民法院撤销债务人的行为。

撤销权的行使范围以债权人的债权为限。债权人行使撤销权的必要费用，由债务人负担。

在讲本条之前，先对债权人代位权和债权人撤销权作一点补充介绍。我国开始向市场经济转轨的某个时期，不仅发生严重的“三角债”社会问题，而且发生债务人故意赖账的社会问题，影响到国民经济的正常发展。立法者采纳民法学者的建议，参考借鉴发达国家和地区的立法经验，创设债权人代位权制度（第七十三条）以对应“三角债”问题，创设债权人撤销权制度（第七十四条），以对应“故意赖账”问题。第七十三条债权人代位权，与第七十四条债权人撤销权，同属于“债权保全”制度，即通过保全债务人的财产，维持债务人偿债能力，以保护债权人利益的民法制度。债权人代位权适用于债务人“怠于行使”债权的案型，债权人撤销权适用于债务人目的在于赖账的财产处分案型。债权人代位权制度，赋予债权人法定代位权，使其可以代位行使债务人“怠于行使”的债权；债权人撤销权制度，赋予债权人法定撤销权，使其可以撤销债务人目的在于赖账的财产处分行为。债权人代位权和债权人撤销权，均属于法律强制性规定，不允许权利人预先放弃，合同中预先约定放弃债权人代位权或债权人撤销权的，该约定无效。因具备法定条件而发生债权人代位权或者债权人撤销权后，其代位权或者撤销权之是否行使，则取决于权利人的自由意思，自不待言。

本条规定债权人撤销权。须说明，按照民法意思自治原则，债务人作为民事主体，当然可以自由处分自己的财产（和财产权利），包括有偿转让（出卖财产给他人）、无偿转让（将财产赠与他人）和放弃债权（免除他人债务）。但此财产处分自由并非不受限制，法律不允许债务人滥用财产处分自由以损害债权人的利益（赖账），不允许一边拖欠债权人的债，一边无偿处分自己的财产或财产权利。债权人撤销权的实质，就是对债务人财产处分自由的限制。关键在于，债务人是否有别的财产足以清偿对债权人的债务。如果债务人还有别的、足以清偿对债权人的债务的财产，则债务人的财产处分行为将不受限制；反之，如果债务人没有别的、足以清偿对债权人的债务的财产，而意图通过任意处分自己的财产达到赖账的目的，则根据本法第七十四条的规定，债权人即可行使债权人撤销权，撤销债务人的财产处分行为。

根据本条第一款规定，所谓债权人撤销权，是法律赋予债权人据以撤销债务人财产处分行为的权利，性质上属于形成权。债权人行使债权人撤销权，撤销债务人的财产处分行为，使债务人处分行为（转让财产的合同和免除债务的单方行为）归于无效，其效力及于该处分行为的相对人，使该相对人丧失既得之权利，可知债权人撤销权亦属于债的相对性原理之一种例外。有鉴于此，本条第一款明文规定，债权人撤销权必须采取诉讼方式行使，债权人向人民法院提起撤销权行使之诉，均应将所欲撤销财产处分行为的相对人列为诉讼第三人。

债务人意图赖账的财产处分行为，有两种情形：一种是无偿处分，包括放弃债权和无偿转让财产；另一种是有偿转让财产，却故意约定不合理的低价。这两种情形债权人撤销权的发生条件应有不同。本条第一款第一句，规定无偿处分情形的债权人撤销权；本条第一款第二句，规定以明显不合理低价处分情形的债权人撤销权。

按照本条第一款第一句及《合同法解释（二）》的有关规定，债务人无偿处分情形，发生债权人撤销权的要件如下：（1）须债务人有放弃债权（无论是否到期）或者放弃债权担保，或者恶意延长到期债权的履行期，或者无偿转让财产行为。放弃债权，亦即免除他人债务。无偿转让财产，亦即将自己财产赠与他人。值得注意的是，条文本限于“放弃到期债权”，考虑到债务人没有别的、足以清偿债务的财产情形，债务人放弃未到期债权、放弃债权担保甚至延长到期债权之履行期限，亦将损害债权人利益，而与“放弃到期债权”相同。有鉴于此，《合同法解释（二）》第十八条扩张解释“放弃到期债权”一语，解释为包括“债务人放弃其未到期的债权或者放弃债权担保、或者恶意延长到期债权的履行期”。（2）须债务人放弃债权（无论是否到期）或者放弃债权担保，或者恶意延长到期债权的履行期，或者无偿转让财产行为，对债权人造成损害。此项要件如何判断？关键在于，债务人是否有其他财产可供清偿其对债权人的债务？如债务人有其他财产可供清偿债务，则其无偿处分财产行为（放弃债权或者放弃债权担保，或者恶意延长到期债权的履行期，或者无偿转让财产行为），不会对债权人造成损害。反之，如债务人别无其他财产可供清偿对债权人的债务，则其无偿处分财产行为，致使债权人的债权未能实现，即应肯定

“造成债权人损害”。被告（债务人）或第三人（无偿处分行为之相对人）就此项要件主张抗辩的，法庭应责令其举证证明“债务人别有足以清偿对债权人债务的财产”，如被告（债务人）或第三人（无偿处分行为之相对人）举证证明了债务人“别有足以清偿对债权人债务的财产”，则法庭于认定抗辩理由成立之同时，应当对原告（债权人）释明，告知原告可以变更诉讼请求。这种情形，原告（债权人）可以将原行使债权人撤销权诉讼请求，变更为请求法院判决债务人履行债务（以债务人为被告、无偿处分行为之相对人退出诉讼）之诉讼请求。

本条第一款第二句规定债务人以明显不合理低价转让财产情形的撤销权。前面已经谈到，这种情形，属于债务人有偿处分财产，即他把自己的财产出卖给他人。债务人作为财产权人（有形财产所有权人、无形财产权利人），当然有权转让其财产。并且，债务人转让财产，如属于正常的市场交易，并不会损害债权人的利益。因为他转让了财产，收回了价款，可以用收取的价款清偿对债权人的债务。须注意，这里讲的转让财产，不是正常的转让财产，不是正常的市场交易，而是通过背离市场价格的不合理低价转让财产，以达到赖账（损害债权人）的不正当目的。有偿转让其名，其实是意图赖账。例如，价值上百万、几百万的房屋，象征性的几万、十几万就卖了，不是卖给不相识的买受人，而是卖给他的亲戚朋友。这不是正常的市场交易行为，法律绝不允许债务人以这种不正常的财产转让行为损害债权人利益。考虑到这种情形，债务人的财产处分行为毕竟采取了市场交易的形式，属于有偿转让财产，而与无偿转让不同，因此法律规定的发生债权人撤销权的构成要件，应该比无偿转让情形更严格，避免损及正常的市场交易行为。

按照本条第一款第二句及《合同法解释（二）》的有关规定，债务人有偿处分财产情形，发生债权人撤销权的构成要件如下：

1. 须债务人有以明显不合理的低价转让财产或者以明显不合理的高价受让财产的行为。条文虽仅规定债务人“以明显不合理的低价转让财产”，考虑到债务人“以明显不合理的高价受让财产”，同样会造成债权人损害，因此，《合同法解释（二）》采类推适用方法，将债务人“以明显不合理的高价收购他人财产”情形，同样作为发生债权人撤销权的原因，值得肯定。

所谓“明显不合理的低价”，属于“不确定法律概念”。鉴于社会生活复杂，立法者没有办法规定一个明确、具体的判断标准，立法者不得已采用不确定法律概念，将具体判断委托给审理案件的法官。首先是判断是否构成“低价”，应与当时当地市场价格对照，转让价格低于市场价格，即构成“低价”。这一步判断比较容易。考虑到市场经济条件下，与计划经济实行国家定价的情形不同，具体交易行为的具体价格不可能与市场价格相同，绝不能因为交易价格低于市场价格就撤销该转让。应当予以撤销的所谓“低价”转让，须达到“不合理”的程度，故条文规定为“不合理的低价”。

而判断一项转让之“低价”，究属“合理”或者“不合理”，应当以“交易当地一般经营者”（相当于民法理论上所谓“理智人”）的判断为准，“交易当地一般经营者”可能接受的“低价”属于“合理的低价”，反之“交易当地一般经营者”不可能接受的“低价”，即应属于“不合理的低价”。又考虑到，具体交易的当事人，其谈判能力和经验可能与“交易当地一般经营者”有差距，不符合理论上所谓“理智人”标准，或者有不得已之急迫事由，也可能以“不合理的低价”转让。仅因“不合理的低价”即撤销转让，有悖于维护市场交易安全之价值取向，因此应进一步予以限制，须达到“明显不合理的低价”才能予以撤销，否则不能撤销。此所谓“明显不合理的低价”，应指作为“交易当地一般经营者”，即使考虑到谈判能力和经验的差距，以及有不得已之急迫事由，也无论如何难于接受的“低价”。

如上所述，条文之所以采用“明显不合理的低价”这一不确定法律概念，不仅反映立法者能力之局限，而且说明设立一个统一的具体判断标准之不可能和不合理，因此将具体案件情形之判断，委托给审理案件的法官。《合同法解释（二）》针对此项要件，解释说“人民法院应当以交易当地一般经营者的判断，并参考交易当时交易地的物价部门指导价或者市场交易价，结合其他相关因素综合考虑予以确认”，当然是正确的。但该司法解释，却又试图替社会生活中纷繁复杂、千差万别、形形色色的案件，设立一个统一的判断标准：“转让价格达不到交易时交易地的指导价或者市场交易价百分之七十的，一般可以视为明显不合理的低价；对转让价格高于当地指导价或者市场交易价百分之三十的，一般可以视为明显不合理的高价。”此统一判断标准，固然具有可操作性，但其本身的“合理性”似可存疑。

2. 须债务人以明显不合理的低价转让财产或者以明显不合理的高价受让财产行为，对债权人造成损害。判断是否“对债权人造成损害”，其关键在于，债务人是否有其他财产可供清偿其对债权人的债务？如债务人还有其他财产可供清偿债务，则其“以明显不合理的低价转让财产或者以明显不合理的高价受让财产行为”，不会对债权人造成损害。反之，如债务人别无其他财产可供清偿对债权人的债务，则其“以明显不合理的低价转让财产或者以明显不合理的高价受让财产行为”，致使债权人的债权未能实现，即应肯定“对债权人造成损害”。被告（债务人）或第三人（转让行为之相对人）就此项要件主张抗辩的，法庭应责令其举证证明“债务人别有足以清偿对债权人债务的财产”，如被告（债务人）或第三人（转让行为之相对人）举证证明了债务人“别有足以清偿对债权人债务的财产”，则法庭于认定抗辩理由成立之同时，应当对原告（债权人）释明，告知原告可以变更诉讼请求。这种情形，原告（债权人）可以将原行使债权人撤销权诉讼请求，变更为请求法院判决债务人履行债务（以债务人为被告、转让行为之相对人退出诉讼）之诉讼请求。

3. 须受让人（或出让人）知道该转让行为对债权人造成损害。条文中的“受让人”，应当解释为，“以明显不合理的低价转让财产”合同的“受让人”，或者“以明显不合理的高价受让财产”合同的“出让人”。条文中的“知道该情形”，应当解释为，该“受让人或者出让人”知道债务人“以明显不合理的低价转让财产或者以明显不合理的高价受让财产”的行为，“对债权人造成损害”。相对人是否知道，属于主观心理状态，难于要求原告（债权人）举证证明，当然也不应要求该“受让人或者出让人”予以反证，应当由法官结合本案具体情形，依据一般社会生活经验进行判断。按照一般社会生活经验，任何人转让财产或者受让财产，如果相对方不是自己的亲戚朋友，都不可能接受“明显不合理的”低价或者高价。唯有相对方是自己的亲戚朋友时，才有可能接受“明显不合理的”低价或者高价。因此，如果查明受让人或者出让人是债务人的亲戚朋友，则按照一般社会生活经验，应当认定该受让人或者出让人“知道对债权人造成损害”。此即程序法教科书所谓“经验法则”，《最高人民法院关于民事诉讼证据的若干规定》（法释〔2001〕33号）谓为“按照日常生活经验推定”。

人民法院受理债权人提起的撤销权行使之诉，经法庭审查符合本条第一款规定的构成要件，当然应作出债权人胜诉的判决，即判决撤销债务人的财产处分行为。至于撤销的效果，应当适用本法第五十六条、第五十八条关于撤销效果的规定。按照第五十六条规定，债务人的财产处分行为被撤销的，其行为“自始没有法律拘束力”，如果债务人的财产处分行为属于“放弃债权”或者“放弃担保”，则视为自始未放弃，亦即该债权或者担保仍然有效；如果属于“延长债务履行期限”，则视为自始未延长，即恢复原履行期限；如果属于无偿转让财产（赠与），则视为该无偿转让行为（赠与）自始无效，再依据第五十八条的规定，判决受让人（受赠人）返还该财产；如果属于有偿转让或者受让财产，则视为该转让或者受让行为自始无效，再依据第五十八条的规定，判决当事人双方相互返还取得的财产或者价款。

债权人撤销权行使之目的，在于撤销债务人此前实施的财产处分行为，恢复债务人的责任财产（偿债能力）。债权人向人民法院起诉请求撤销债务人财产处分行为的同时，当然可以请求判决债务人履行债务或者追究其违约责任。因此，法庭审查符合本条债权人撤销权构成要件情形，应当在判决撤销债务人财产处分行为的同时，一并判决债务人履行债务或者承担违约责任。

裁判实务中发生这样的问题：法院审理债权人撤销权诉讼，经审理查明，符合本条第一款第二句规定的构成要件，法庭本应依法作出撤销该财产转让行为的判决，但是该明显不合理低价转让财产的受让人（诉讼第三人）主动提出，自愿将不合理的低价补足到正常的价格，使该转让行为有效，以排除债权人的撤销权，法庭是否允许？这是立法当时未预见到的问题，笔者的意见是：法庭应当允许。因为这样做对债权人没有害处，与债权人撤销权的立法目的并不违背。前面谈到，合同法创设债权人撤销权的立法目的，是为了对应债务人赖账，通过撤销债务人意图赖账的财产处分行为，最终保障债权人获得清偿。现在受让人提出自愿将不合理低价补足到正常价格，当然可以用受让人补足到正常价格的价款差额清偿债务人拖欠债权人的债务，以实现同一立法目的。因此，法庭应通过释明，使撤销权诉讼变更为债务清偿诉讼，判决该受让人向原告债权人支付正常价格与原转让价格的差额。

第七十五条【除斥期间】

撤销权自债权人知道或者应当知道撤销事由之日起一年内行使。自债务人的行为发生之日起五年内没有行使撤销权的，该撤销权消灭。

本条规定债权人撤销权行使的期间。债权人撤销权，性质上属于形成权，而形成权应受除斥期间的限制。即使债务人有放弃债权、无偿转让财产或者以明显不合理的价格转让或者受让财产的行为，如果该行为之发生已经过了很长的时间，债权人一直没有行使债权人撤销权，则基于维持社会关系稳定的考虑，不应再允许债权人行使撤销权。对债权人撤销权行使的这一时间限制，叫除斥期间。除斥期间与诉讼时效，均属于对权利行使的时间限制。二者适用的权利不同，除斥期间适用于形成权，诉讼时效适用于请求权。诉讼时效期间，可以发生中止、中断和延长，期间是可变的。除斥期间，无所谓中止、中断和延长，属于不变期间。除斥期间一旦开始计算，就不停地计算下去，直至期间届满权利即消灭。

根据本条的规定，债权人撤销权的除斥期间，因起算点不同，而有两种期间：一年期间与五年期间。一年期间，自债权人知道或者应当知道撤销事由之日起算，一年期间届满而债权人未行使撤销权的，该撤销权消灭。五年期间，自债务人的行为（撤销事由）发生之日起算，五年期间届满而债权人未行使撤销权的，该撤销权消灭。

请注意民法总则第一百五十二条区别撤销权发生原因的不同，规定了不同的除斥期间：原因为重大误解的，撤销权的除斥期间为 3 个月，其他原因的，为 1 年；原因为胁迫的，其 1 年除斥期间自胁迫行为终止之日起计算，其他原因的，自撤销权人知道、应当知道撤销事由之日起算。

第七十七条【合同变更】

当事人协商一致，可以变更合同。

法律、行政法规规定变更合同应当办理批准、登记等手续的，依照其规定。

本条是关于合同变更的规定。教科书关于合同变更，有主体变更与内容变更之分。本法规定的合同变更，仅指合同内容的变更，不涉及主体的变更。本条第一款规定，当事人协商一致，可以变更合同。这是关于合同变更的原则，即必须当事人双方协商一致，才能变更合同内容。既然当事人双方协商一致成立合同，当事人双方协商一致当然可以变更合同，这是理所当然的。但并不是说，本条明文规定合同变更的原则，不必要或者没有意义。此项原则规定的意义在于，合同变更必须当事人双方协商一致，仅当事人一方不能变更合同，当事人双方协商未达成一致，也不能变更合同。裁判实践中，法庭可以本条作为判断是否发生合同变更的裁判根据。

合同变更的实质是，当事人双方订立一个新合同，以取代原合同。因此，当事人双方协商变更合同，应遵循本法关于合同成立的要约承诺规则，法庭判断当事人双方是否达成变更合同的协议，亦即判断取代原合同的新合同是否成立，亦应依据本法关于合同成立的要约承诺规则。此外，还有一个问题，即法律、行政法规对于某项种类合同的成立，规定应当办理批准、登记等手续，往往规定这类合同的变更，也应当办理批准、登记等手续。因此，本条第二款明确规定，法律、行政法规规定变更合同应当办理批准、登记等手续的，依照其规定。

第七十八条【推定未变更】

当事人对合同变更的内容约定不明确的，推定为未变更。

本条规定合同变更后的内容不明确如何处理。前面已经谈到，合同变更的实质，是当事人双方订立一个新合同，以代替原来的旧合同。合同变更前，双方当事人受旧合同关系的拘束；合同变更后，旧合同关系已经消灭，双方当事人应受新合同关系的拘束，即按照变更后的合同内容履行。这就可能发生一个问题，万一变更后的合同内容约定不明确怎么办？本条就解决这个问题，条文比较简洁：当事人对合同变更的内容约定不明确的，推定为未变更。

请注意，条文规定“当事人对合同变更的内容约定不明确的”，即变更后的新合同内容约定不明确，“推定”为未变更，而不是“视为”未变更。此项“推定”，属于可以推翻的推定。应当适用本法第六十一、六十二条关于合同内容约定不明确情形的补救规则。即根据第六十一条的规定，双方当事人对“约定不明确”的内容，如质量、价款或报酬、履行地点等内容，可以协议补充；不能达成补充协议的，可以按照合同有关条款或者交易习惯确定；如果依照第六十一条的规定仍不能确定的，还可以按照第六十二条规定的有关补充标准，予以确定。只在依据第六十一条规定的方法和第六十二条规定的补充标准，仍然不能确定时，才确定为“未变更”。

再有一个问题，条文“推定为未变更”，究竟是整个合同未变更，还是仅约定不明确的该项合同内容未变更？如果是前者，则当事人双方应当按照变更前的旧合同履行；如果是后者，则双方当事人应该按照变更后的合同履行，仅其中约定不明确的该项内容，应当按照旧合同约定的相应内容履行。应当肯定，本条规定并不明确，上述两种理解均有其理由。

这里有必要联系到本法第十二条关于合同内容的规定。第十二条规定“合同的内容由当事人约定”，然后列举了“一般包括”的八项条款。其中，第（一）项当事人的名称或者姓名和住所、第（二）项标的、第（三）项数量，属于“主要条款”；其余的条款，包括第（四）项质量、第（五）项价款或者报酬、第（六）项履行期限、地点和方式、第（七）项违约责任、第（八）项解决争议的方法，均属于“一般条款”。按照合同法原理，“主要条款”是合同成立所必须具备的内容，任何一项“主要条款”未约定或者约定不明确，均将影响合同的成立；“一般条款”不是合同成立所必须具备的内容，“一般条款”未约定或者约定不明确，不影响合同的成立。

而本条条文只说“合同变更的内容约定不明确的，推定为未变更”，没有明文规定为“推定为合同未变更”，这就给裁判实践预留下灵活性：如果属于合同“主要条款”的内容，约定不明确，并且不能通过适用第六十一条、第六十二条的规定予以确定，法庭即应判决“合同未变更”，责令当事人按照原合同履行；如果属于合同“一般条款”的内容，约定不明确，并且不能通过适用第六十一条、第六十二条规定的方法予以确定，则法庭应判决该“约定不明确的内容未变更”，当事人应当按照变更后的新合同履行，仅该项不明确的内容，按照原合同的约定履行。

第七十九条【债权转让的原则】

债权人可以将合同的权利全部或者部分转让给第三人，但有下列情形之一的除外：

（一）根据合同性质不得转让；

（二）按照当事人约定不得转让；

（三）依照法律规定不得转让。

下面的条文是关于债权转让、债务转移和债权债务一并转让的规定。须说明的是，关于债权转让、债务转移和债权债务一并转让，本法之前的三个合同法均未设规定，仅民法通则有一个概括性条文。即民法通则第九十一条：“合同一方将合同的权利、义务全部或者部分转让给第三人的，应当取得合同另一方的同意，并不得牟利。”这个条文存在的问题是，未区分债权转让、债务转移和债权债务一并转让，一律规定必须取得合同相对方的同意，并且规定不得牟利。显而易见，这反映了计划经济时期的法律思想及受到当时民法理论研究水准的局限。合同法起草人，在民法通则第九十一条规定的基础上，总结民法通则实施以来的裁判实践经验和理论研究成果，参考借鉴发达国家和地区的立法经验，删去“不得牟利”这一限制条件，明确区分债权转让、债务转移和债权债务一并转让，第七十九条至第八十三条规定债权转让，第八十四条至第八十七条规定债务转移，第八十八条、第八十九条规定债权债务一并转让，分别规定其生效要件。

本条是关于债权转让的原则规定。本法所谓债权转让，在民法教科书上称为“债权让与”。本条规定，“债权人可以将合同的权利全部或部分转让给第三人”，紧接着设有“但书”，规定了三项“例外情形”：第一项“根据合同性质不得转让”；第二项“按照当事人约定不得转让”；第三项“依照法律规定不得转让”。

应如何理解本条规定？本条规定合同债权转让的原则，即合同债权，以可以转让为原则，不可转让为例外。作为不可转让的例外，限于本条规定的三项情形。换言之，除本条规定的三项例外情形之外的合同债权，均可以转让。因此，人民法院审理债权转让的案件，首先要审查本案所转让的债权，是否属于本条规定的三项例外情形。属于本条规定三项例外情形之一的，即应依据本法第五十二条第（五）项规定，判决债权转让无效；不属于本条规定三项例外情形的，才进一步审查其债权转让合同（协议）是否有效成立。

如何理解本条规定的三项例外情形？其中第一项“根据合同性质不得转让”，究竟有哪些合同种类其性质决定不得转让？主要是债权债务与特定人密切联系的合同。例如演出合同，好多年前北京某演出公司曾经请帕瓦罗蒂到北京故宫演唱，这个合同债权人某某演出公司可不可以把债权转让给某个地方的某个单位，叫帕瓦罗蒂到那个地方、那个单位去演唱？当然不可以。因为这类合同的债权债务与特定人的人身密切联系，其合同性质决定债权不宜转让。除演出合同外，还有讲课合同、劳务合同、技术开发合同、咨询合同、出版合同、著作权合同等等，均属于其性质决定不得转让的合同。为什么这类合同的性质决定不得转让？因为这类合同债权的转让，将侵害债务人的宪法权利（意思自由和人身自由）。

第二项“按照当事人的约定不得转让”，是指当事人订立合同时，在合同中约定该合同债权不得转让。合同中关于本合同债权不得转让的约定，称为禁止转让条款。判断是否属于“按照当事人的约定不得转让”的合同债权，法庭须审查合同书有无禁止转让条款：有即是，无则否。

第三项“依照法律规定不得转让”。须注意，条文所谓“依照法律规定不得转让”，是指法律规定某项“合同债权”不得转让，不同于法律规定某种“物”不得买卖（禁止流通物）。

第八十条【债权转让通知】

债权人转让权利的，应当通知债务人。未经通知，该转让对债务人不发生效力。

债权人转让权利的通知不得撤销，但经受让人同意的除外。

本条是关于债权转让通知的规定。特别要注意，本条并不涉及债权转让的生效。债权转让属于无名合同，当然须债权人与受让人（第三人）就转让债权达成协议（意思表示的一致）。鉴于债权人转让其债权不会对债务人造成损害之政策判断，因此，本法废弃了民法通则第九十一条关于债权人转让债权须取得债务人同意的规定。换言之，债权转让协议之成立、生效，无须取得债务人同意。法庭判断某项债权转让协议之是否成立、生效，应当依据本法关于合同成立、合同生效的规定。

本条规定，债权人转让权利应当通知债务人，未经通知该转让对债务人不发生效力。条文“对债务人不发生效力”，并非债权转让不发生效力。债权转让协议一经成立，即在债权转让协议的当事人之间已经发生效力：原债权人（让与人）已经丧失债权，不再是该项债权的权利人，而享有要求受让人支付价款的权利（有偿转让）；受让人已经取得债权，而成为新债权人，并负有向让与人支付价款的义务（有偿转让）。债权转让的受让人，既已成为该项合同债权的债权人，当然有权行使该债权，要求债务人向自己履行债务。但是，债务人并不知道该债权转让协议的订立和生效，他会按照新债权人的要求履行债务吗？

举例来说，债务人乙向银行甲借款100万元，即银行甲对债务人乙有100万元债权，银行甲与资产管理公司丙签订债权转让协议，将自己对债务人乙的该项债权转让给丙。银行甲与丙之间的债权转让协议已经生效，银行甲不再是该项债权的债权人，而丙已取代甲成为该项债权的债权人。债权人丙当然有权要求债务人乙向自己清偿该100万元债务。但是，债务人乙并不知道债权转让的事实，当然也就不会轻易把100万元还给丙，而坚持说自己只欠银行甲100万元，不欠丙任何债务。因此有必要通知债务人乙，告知银行甲已经将该项债权转让给了资产管理公司丙，债务人乙应当向新债权人丙而不再是向银行甲履行该100万元债务。这就是第八十条所要解决的问题：由谁通知债务人？该项通知的效力是什么？

按照本条第一款第一句规定，应当由转让债权的原债权人（银行甲）

通知债务人乙，告知已将该100万元债权转让给了资产管理公司丙这一事实。此项“通知”属于事实通知，区别于权利行使之“意思通知”。债务人乙得到通知，了解发生债权转让事实，当然也就知道了自己必须向新债权人资产管理公司丙履行该项债务，而不应当向原债权人银行甲履行该项债务。

本条第一款第二句紧接着规定：“未经通知，该转让对债务人不发生效力。”按照这一规定，该项“通知”的效果是，使在让与人与受让人之间已经生效的债权转让，对债权转让当事人之外的债务人发生效力。一经通知债务人乙，则甲与丙之间已经生效的债权转让对债务人乙发生效力，债务人乙必须向新债权人丙履行该100万元债务；未通知债务人乙，则甲与丙之间已经生效的债权转让，对债务人乙不发生效力，债务人乙有权以不知债权转让事实为由，拒绝资产管理公司丙的履行债务请求，而仍然向原债权人银行甲履行该项债务。换言之，如果债务人乙在得到通知之前，已经向原债权人银行甲归还了该100万元借款本金和利息，则债务人乙将免于承担对新债权人资产管理公司丙的该项债务及违约责任；如果债务人乙在得到通知之后，仍然将该100万元借款本金和利息归还给了已经不是债权人的银行甲，则债务人乙不能据此要求免除责任，他还须再向新债权人丙偿付100万元借款本金和利息。

按照本条第一款规定，债权转让通知送达债务人，债权转让已经对债务人生效，债务人即应向受让人（新债权人）履行债务，假如债权人又撤销该通知，将造成社会关系的混乱。因此，应当规定债权转让通知不得撤销，此项规定的目的，是避免给债务人履行债务造成困难。如果商得债务人同意，自应允许。这就是本条第二款的规定。另须补充说明，本条关于债权转让通知的规定，应仅适用于普通债权，不适用于票据债权（特殊债权）。票据债权的转让，应按照票据法的规定采用背书转让方式，而无须向债务人发债权转让通知。

第八十四条【债务转移的要件】

债务人将合同的义务全部或者部分转移给第三人的，应当经债权人同意。

本条规定债务转移。本法所谓债务转移，在教科书上称为“债务承担”，即由合同关系之外的第三人代替债务人承担对债权人的债务。本条规定："债务人将合同的义务全部或者部分转移给第三人的，应当经债权人同意。"此是债务转移（债务承担）的原则规定。按照这一原则规定，债务转移，以债权人同意为生效要件。因为，从法律政策上考虑，债务转移，直接关系债权人利益，如果债务人将债务转移给一个没有清偿能力的人，将使债权人的债权不能获得清偿，严重损害债权人的利益。此与债权转让不会损害债务人利益不同。因此，按照本条规定，债务人要将债务转移给第三人，除债务人与该第三人就债务转移达成协议（意思表示的一致）之外，还必须经债权人同意，才发生债务转移的效力，即该第三人成为新债务人对债权人负担该项债务，而原债务人从债权债务关系中退出。

举例来说，甲乙之间有债权债务关系，乙欠甲 100 万元，即甲是债权人，乙是债务人。乙与第三人丙商定，由丙替乙清偿对债权人甲的 100 万元债务，得到债权人甲的同意。于是甲乙丙三方当事人签订了一份协议，明文规定：乙欠甲的 100 万元债务由丙负责偿还。债务人乙与第三人丙之间是一个委托合同，即乙委托丙替自己还债的合同，因为得到债权人甲的同意，已经发生债务转移的效力：这个债权债务关系的债权人仍然是甲，但债务人变更了，第三人丙取代乙的债务人地位，成为新债务人承担对债权人甲的 100 万元债务，原债务人乙不再负担对甲的债务，实际是乙从该项债权债务关系中退出。

因此，债权人甲应当要求新债务人丙履行该 100 万元债务；如果丙不能清偿该 100 万元债务，则应追究丙的违约责任。当丙不能清偿该项债务时，债权人甲是否可以要求乙清偿该 100 万元债务或者追究乙的违约责任呢？当然不能。理由是：乙已经退出该项债权债务关系。要特别注意，这是债务转移区别于由第三人履行的合同（第六十五条）及"债务加入"制度的关键。

前面已经讲到，按照第六十五条的规定，当事人约定由第三人向债权人履行债务，该债权债务关系的双方当事人均不变，该第三人并不是债务人，理论上称为债务人的"履行辅助人"。该第三人不履行债务时，债权人有权要求债务人履行或者追究债务人的违约责任。其与债务转移的区别在于：在约定由第三人履行，债务人的地位不变（根本不可能退出债权债务关系）。

所谓"债务加入"，本法无明文规定，是人民法院裁判实践所创设的判例制度。《最高人民法院公报》2012 年第 5 期（总第 187 期）第 7 页刊载的最高人民法院（2010）民提字第 153 号民事判决书中说："合同外的第三人向合同中的债权人承诺承担债务人义务的，如果没有充分的证据证明债权人同意债务转移给该第三人或者债务人退出合同关系，不宜轻易认定构成债务转移，一般应认定为债务加入。第三人向债权人表明债务加入的意思后，即使债权人未明确表示同意，但只要其未明确表示反对或未以行为表示反对，仍应当认定为债务加入成立，债权人可以依照债务加入关系向该第三人主张权利。”

由此可知，所谓债务加入，是指第三人（受债务人委托或者未受委托）自愿代替债务人履行债务，因未经债权人同意而不构成债务转移的情形，该第三人与债务人成为共同连带债务人，对债权人承担连带责任。因此，债权人可以单独请求该第三人履行债务，也可以同时请求该第三人和债务人履行债务；如果单独请求该第三人履行债务，而该第三人未履行时，还可以再请求债务人履行债务。其与债务转移的区别在于：在债务加入，债务人并不退出债权债务关系，而是与加入债务的第三人成为共同连带债务人。顺便提及，因债务人承担债务在前，第三人加入在后，对二者的诉讼时效起算时点不同，如债权人单独起诉该第三人而不能获得清偿，再回过头来起诉债务人时，可能发生对债务人的诉讼时效期间经过，债务人有权主张免责抗辩。

第八十六条【从债务的转移】

债务人转移义务的，新债务人应当承担与主债务有关的从债务，但该从债务专属于原债务人自身的除外。

本条是关于债务转移时有关从债务是否随之转移的规定。依据本条，原则上从债务随主债务一并转移于新债务人，但有一个例外，即专属于原债务人的从债务不随之转移。条文所谓“专属于原债务人自身的从债务”，应指保证债务。因保证人是为原债务人提供担保，即保证原债务人履行对债权人的债务。债务转移后，原债务人已不再对债权人负担债务，原保证债务亦因而消灭。

第八十八条【债权债务一并转让】

当事人一方经对方同意，可以将自己在合同中的权利和义务一并转让给第三人。

本条规定债权债务一并转让。当事人将自己在合同上权利和义务一并转让给当事人，理论上称为债权债务概括转让。本条规定，债权债务概括转让，必须经合同对方当事人同意。因为债务转移须经债权人同意，概括转让中包含了债务转移，由此须以相对人同意为生效要件。因为概括转让，既包含债权转让，也包含债务转移，因此，第八十九条规定，应当分别适用本法关于债权转让、债务承担的具体规定。

第九十一条【合同终止的原因】

有下列情形之一的，合同的权利义务终止：

（一）债务已经按照约定履行；

（二）合同解除；

（三）债务相互抵销；

（四）债务人依法将标的物提存；

（五）债权人免除债务；

（六）债权债务同归于一人；

（七）法律规定或者当事人约定终止的其他情形。

本条规定了合同权利义务终止的原因，列举了七项原因。第一项原因，债务已经按照约定履行。合同既然已经履行了，当然权利义务终止，至于怎么样履行，要适用第四章关于合同履行的规则，此处不赘述。第二项原因是合同解除，合同的解除非常重要，在本章的第九十三条、第九十四条以及后面的条文有详细的规定，后文将具体阐述。第三项原因，债务相互抵销，就是用相互抵销的方法消灭债权债务。它的基本规则规定在第九十九条。

第九十九条【抵销】

当事人互负到期债务，该债务的标的物种类、品质相同的，任何一方可以将自己的债务与对方的债务抵销，但依照法律规定或者按照合同性质不得抵销的除外。

当事人主张抵销的，应当通知对方。通知自到达对方时生效。抵销不得附条件或者附期限。

本条规定“当事人互负到期债务，该债务的标的物种类、品质相同的，任何一方可以将自己的债务与对方的债务抵销”，按照这个规定，抵销不仅是消灭债权债务的方法，也是当事人任何一方都有的权利，在理论上把它叫作抵销权。该条有个“但书”，“但依照法律规定或者按照合同性质不得抵销的除外”。不允许抵销的第一种情形是，侵权行为产生的债务与合同产生的债务不得相互抵销。侵权行为产生的债务是为了弥补人身财产损害的，在有人身伤害的时候，是作医药费、住院费、治疗费、丧葬费之用的，一旦被抵销，将危及其人身权益。因此，从性质上说，侵权行为产生的债务和合同产生的债务不能相互抵销。第二种是工资债务。在原来的合同法草案上设有雇用合同一章，在这一章中规定，工资债务要抵销，每个月不得超过1/3。为什么要设这个限制呢？就是要保护劳动者和他一家人的生活需要。现在虽然雇用合同这章被删掉了，但是工资的抵销也一定有限制。还有关于劳务债务的抵销也是一个复杂的问题。

本条规定“债务的标的物种类、品质相同的”可以抵销，这是抵销的一般规则。第一百条规定“标的物种类、品质不相同的”也可以抵销，但须“经双方协商一致”，达成一个折价协议。因此，第一百条所规定的抵销，已经不是第九十九条规定的抵销权，而是经双方协商同意，相互冲抵债务，不是本来意义上的抵销。

本条所说的抵销最常用的实际上就是金钱债务，金钱债务最适于抵销。如果是种类债务要抵销，那么品种、质量都要相同，那就很难办，当然某些种类物还是可以抵销的。关于抵销，最常见的就是银行扣划企业账户上的资金。银行向企业发放贷款，企业到期未还，某一天企业在银行的往来账户上进来了一笔钱，可能是企业的交易对方汇来的预付货款、定金，银行一下子就把这笔钱从账户上扣掉了。在上世纪80年代的时候各地法院都遇到过这样的案件。交易对方说，其汇过去的钱是预付货款，是其本身的钱，银行凭什么扣呢？银行应该恢复原状。最高人民法院征求学者的意见，法院内部也经过了斟酌，最后的意见是，银行原则上可以扣企业账户上的资金，例外不能扣。该例外情形是在签订借款合同的时候银行作出过不经过企业同意就不能扣的承诺。

银行扣划企业账户上的资金是什么行为？就是这里说的抵销。企业从银行贷款是企业欠了银行的债务，现在企业账户上有了一笔钱等于是银行欠了企业一笔债务，银行把它扣掉就是银行行使抵销权。抵销权是法定的权利，但是银行为了强调它的这项权利在贷款合同上专门列一个条文说如果企业借款到期不还，银行有权从企业账户上扣资金，这叫作抵销权条款。有的银行还进一步地规定，如果银行扣了企业在一个账户上的资金还不够，还可以扣企业在银行的其他账户上的资金，直到扣完为止，这样的条款叫作结合账户条款。企业为了保护自己的利益，在订立贷款合同的时候和银行协商订立一个条款，说银行只有在征得企业同意的情况下才能够扣划企业账户上的资金，这是限制银行抵销权行使的条款。

现在还有一个问题，就是企业欠银行的钱超过了诉讼时效，银行向法院起诉，法院说超过了诉讼时效不予保护，驳回起诉，这时如果企业在银行有一个账户，某一天这个账户上进了一笔钱，银行可不可以扣？也就是说银行可不可以用自己对企业的超过了诉讼时效的债权来进行抵销？这一点在现行法律上没有规定，在现在各国的立法上都没有规定。但是在设计立法方案和起草第一个草案的时候参考日本法院的一个判决拟订了一个条文，该条文规定，诉讼时效经过的债权，如果本属于可以抵销的债权，它仍然可以抵销。什么叫可以抵销的债权呢？就是按照第九十九条规定属于可以抵销的债权。这是参考了日本的一个判决，特别是考虑到我国规定的诉讼时效较短，向银行贷款几十万、几百万超过了三年就可以堂堂正正地说有权不还，这无论如何是违背民法精神、违背公平正义、违背诚实信用的，有害于市场经济，有害于对当事人的保护，有损于市场经济中的道德规则。因此立法的时候尽量想弥补它，就设计了这个条文。这个条文现在虽然被删掉了，但在现实中如果遇到这样的案件，笔者建议法院一定要考虑到我国法律中的诉讼时效时间较短，要尽量保护债权人，应该认可这样的抵销。

请注意合同法实施以来的裁判实践，《合同法解释（二）》第二十三条规定："对于依照合同法本条的规定可以抵销的到期债权，当事人约定不得抵销的，人民法院可以认定该约定有效。"此项解释，认可当事人在合同中约定对抵销权进行限制的条款有效。

《人民司法》2011年第4期（总第615期）刊载的福建省福州市中级人民法院（2007）榕民初字第575号民事判决，认可诉讼时效期间届满的债权可以抵销。判决理由：被告"享有的上述债权属于超过诉讼时效的自然债权，债权人丧失了通过诉讼程序强制债务人履行的权利，但债权人的实体债权仍然存在，在合同法第九十九条关于法定抵销权规定中没有相反的禁止性规定的情况下，当事人可以以诉讼时效已经届满的债权与对方的等额债权进行抵销"。可见，裁判实践已经肯定诉讼时效届满的债权可以抵销。

第一百零一条【提存】

有下列情形之一，难以履行债务的，债务人可以将标的物提存：

（一）债权人无正当理由拒绝受领；

（二）债权人下落不明；

（三）债权人死亡未确定继承人或者丧失民事行为能力未确定监护人；

（四）法律规定的其他情形。

标的物不适于提存或者提存费用过高的，债务人依法可以拍卖或者变卖标的物，提存所得的价款。

本条规定了债务人可以将标的物提存的四种情况，在这四种情况下债务人没有办法履行债务，就应该把标的物交到提存部门，这样就消灭了自己的债务。其结果就等于是提存部门替债权人接受了标的物，提存部门就相当于债权人的代理人，这个代理是法律强制性的规定，不是债权人的委托。接受了标的物以后，提存部门又等于是作为债权人的保管人来保管标的物，于是在提存部门和债权人之间产生了一个保管合同，这个保管合同当然也是法律强制性的规定，不是基于当事人的意思产生的。既然是保管的关系，就发生第一百零三条规定的提存后的风险承担和孳息归属问题。

第一百零三条【风险承担、孳息归属】

标的物提存后，毁损、灭失的风险由债权人承担。提存期间，标的物的孳息归债权人所有。提存费用由债权人负担。

本条规定提存后的风险承担和孳息归属。民法的风险，是指与当事人没有关系的原因造成的财产毁损、灭失，像不可抗力或者其他意外的事件造成的。如果毁损、灭失是提存部门保管不善造成的，提存部门当然要承担赔偿责任，如果和提存部门没有关系，这样的毁损、灭失就叫风险，在法律上叫风险负担。风险负担是合同法上的一个重要的问题，在买卖合同一章有详细的规定。提存以后风险负担采用的规则是“所有权人承担风险”。债务人把标的物交到了提存部门，提存部门等于是代理债权人接受了标的物，标的物的所有权已经转归了债权人，债权人作为所有权人应该承担风险。同时本条又规定了“提存期间，标的物的孳息归债权人所有”，如果标的物是金钱，它在提存期间的利息应该归债权人所有。债权人作为所有权人既享受利息也承担风险。

第一百零四条【提存物的领取】

债权人可以随时领取提存物，但债权人对债务人负有到期债务的，在债权人未履行债务或者提供担保之前，提存部门根据债务人的要求应当拒绝其领取提存物。

债权人领取提存物的权利，自提存之日起五年内不行使而消灭，提存物扣除提存费用后归国家所有。

本条第一款规定：“债权人可以随时领取提存物，但债权人对债务人负有到期债务的，在债权人未履行债务或者提供担保之前，提存部门根据债务人的要求应当拒绝其领取提存物。”举例来说，一个购销合同，供方交货的时候找不到需方，就是属于第一百零一条所说的债权人下落不明，因此供方就把标的物提存，以消灭自己的债务。因需方还没有支付价款，供方就告诉提存部门，需方来提货的时候应该让他付款。在这种情况下，需方去领取标的物的时候，提存部门就要叫他拿钱，你不交价款，我就不给你这个标的物。第二款规定债权人领取权的除斥期间为5年，自提存之日起算。超过5年的，提存物在扣除提存费用后归国家所有。

现在回过头来看第一百零一条的第二款，该款规定：“标的物不适于提存或者提存费用过高的，债务人依法可以拍卖或者变卖标的物，提存所得的价款。”什么标的物不适于提存呢？例如这个债务是交付100辆载重卡车，100辆卡车都开到提存部门去，它摆在什么地方呢？这样就可能认为不适于提存。假设是100头牛、100只羊呢？把这100头牛、100只羊都赶到提存部门去，提存部门把它们圈养到什么地方呢？就是提存部门旁边正好有一块空地可以圈养，那这100头牛、100只羊要多少人来打草、来饲养呢？这就叫提存费用过高。这种情况下债务人就把标的物拍卖、变卖，提存其价款。这是关于提存的规定。

第一百零五条【债务免除】

债权人免除债务人部分或者全部债务的，合同的权利义务部分或者全部终止。

请看第九十一条规定的消灭债权债务的第五种原因，叫作“债权人免除债务”。债权人告诉债务人，你欠的这笔钱我不要了，这就叫免除债务。对于债务人来说叫作免除债务，对于债权人来说叫作放弃到期债权。

一个人当然可以放弃自己的债权，亦即免除债务人的债务，但是法律不允许任何人用免除债务人债务的办法来损害其他人的利益。这在本法第七十四条有特殊的规定。

第一百零六条【主体混同】

债权和债务同归于一人的，合同的权利义务终止，但涉及第三人利益的除外。

这是第九十一条规定的消灭债权债务的第六种原因——“债权债务同归于一人”。本条规定的债权债务同归于一人，在理论上叫作“混同”。需要注意的是“混同”这个概念在民法上不同的地方有不同的含义，这里讲的是债权人的身份和债务人的身份发生混同，因此属于“主体混同”。什么时候发生混同呢？例如甲乙两个企业互负债权债务，某天两个企业一合并，成了一个法人，这种情况就发生混同，债权债务就要消灭。但是有一个例外，“涉及第三人利益的除外”。

什么情况下叫作涉及第三人利益的呢？举个例子，甲乙两个企业，甲对乙有 50 万债权，要按照混同的一般规则，甲乙两个企业一合并，这 50 万债务就消灭了。但是在合并之前，甲已经就这 50 万的债权向银行设定了质押，这 50 万债权之上就产生了银行的质权，在这种情况下，甲乙两个企业即使合并这 50 万债权也不能消灭。因为这 50 万债权消灭了，质权的标的就没有了，银行的质权就没有了，这样会导致银行遭受损害。因此，本条规定，甲乙两个企业合并，债权人与债务人发生了混同，这 50 万债权债务也不消灭。这就叫作“涉及第三人利益的除外”。这 50 万债权债务，要等到合并后的企业把当年甲借银行的债务还清、银行对这 50 万债权享有的质权消灭以后，这 50 万债权才能消灭。

第九十二条【后合同义务】

合同的权利义务终止后，当事人应当遵循诚实信用原则，根据交易习惯履行通知、协助、保密等义务。

本条是关于后合同义务的规定。合同关系都消灭了，怎么还可能有这个义务呢？法律条文上写明了，这是按照诚实信用原则和交易习惯所产生的义务。义务的内容叫作通知、协助、保密，这和刚才说的前合同义务是类似的。都是在合同上没有约定的情况下，法律强加的，这个义务理论上叫作“后合同义务”。这和传统的合同法理论是不一致的。按照传统的合同法理论，合同关系一旦消灭，当事人之间就没有义务，合同终止以后，如果其中一方遭受损害，那只能按照侵权法去得到保护。根据侵权法去取得保护，在归责原则、责任要件、赔偿范围上对受害人不利，因此，随着合同法的发展，就把这样的义务纳入合同法，用合同法来保护。

把“后合同义务”引入合同法，可以解决许多类型案件中的问题。上海的无线电二十一厂，是一个有名的企业，有它的拳头产品，它的负责人被免职、离开二十一厂以后，自己办了一个企业。这个企业生产与二十一厂同样的产品，他还把二十一厂的一些技术员挖过去，用同样的技术生产同样的产品，很快就占领市场，挤占了二十一厂的份额，使二十一厂遭受了巨大的损害。后合同义务就可以用来解决这个案件。这个负责人离开了二十一厂以后，其与二十一的聘用合同关系虽然消灭，但是依照法律的规定，按照诚实信用原则，其仍负有保密的义务，不得使用、泄漏在原来单位掌握的技术。否则就违反了合同义务，应对因此给原单位造成的损害承担赔偿责任。法律依据是《合同法解释（二）》第二十二条的规定：“当事人一方违反合同法第九十二条规定的义务，给对方当事人造成损失，对方当事人请求赔偿实际损失的，人民法院应当支持。”本条的设计就是针对这样的案件，它是一个非常重要的制度。

第九十三条【协议解除、约定解除权】

当事人协商一致，可以解除合同。

当事人可以约定一方解除合同的条件。解除合同的条件成就时，解除权人可以解除合同。

从本条开始规定的是合同的解除。本条第一款规定：“当事人协商一致，可以解除合同。”按照本法第二条规定的合同定义，合同是平等的当事人成立、变更、终止民事权利义务关系的协议。本条第一款规定的不就是当事人协商一致终止民事权利义务关系吗？因此这个协议也是一个合同。用一个新的合同终止了原来的合同，这个新的合同的成立、生效当然也要遵循本法关于合同成立、生效的规则。这就叫作协商解除，协议一经达成、生效，原来的合同就消灭、解除。这是第一种解除合同的途径。

本法第四十五条规定“当事人对合同的效力可以约定附条件”。当事人在订立合同的时候可以附上一个条件来决定合同的效力，就是当事人在合同上规定了将来发生某种事实，或者不发生某种事实，这个合同的效力就发生、就消灭。如果用来决定合同效力的发生，就叫“生效条件”；如果用来决定合同效力的消灭，就叫“解除条件”。现在特别要指出的是，本法第四十五条规定“附解除条件的合同”，条件成就，合同就消灭。这是解除合同的第二种途径。

本条第二款规定：“当事人可以约定一方解除合同的条件。解除合同的条件成就时，解除权人可以解除合同。”要特别注意，这里规定的“解除合同的条件”和本法第四十五条规定的合同“附解除条件”，两者并不相同，不是一回事。第四十五条规定条件成就合同就消灭，而本条第二款规定，不是说条件一成就合同就马上消灭，而是条件成就时发生解除权，解除权人行使解除权，合同才消灭，解除权人不行使权利，合同不消灭。这就是二者的差别所在。

既然有了“附解除条件”，为什么还要搞一个“解除合同的条件”呢？这是因为从立法政策上考虑，按照附解除条件，条件一成就合同就消灭，当事人没有任何回旋的余地，当事人即使想保留这个合同的效力，他也无可奈何。因此法律上有另外一个制度，叫作约定解除权。这就是本条第二款，当事人约定的条件不是“解除条件”，而是“解除权发生的条件”。解除权发生以后，解除权人可以根据自己的利益考虑一下，是消灭合同呢，还是保留合同，要消灭合同就行使解除权，要保留合同就放弃解除权。约定解除权这个制度，比附解除条件制度有更大的回旋余地，使当事人比较主动，这是这个制度存在的理由。这是第三种解除合同的途径。此外还有第四种解除合同的途径，法定解除权。

第九十四条【法定解除权】

有下列情形之一的，当事人可以解除合同：

（一）因不可抗力致使不能实现合同目的；

（二）在履行期限届满之前，当事人一方明确表示或者以自己的行为表明不履行主要债务；

（三）当事人一方迟延履行主要债务，经催告后在合理期限内仍未履行；

（四）当事人一方迟延履行债务或者有其他违约行为致使不能实现合同目的；

（五）法律规定的其他情形。

本条是关于法定解除权的规定。本条规定与第九十三条第二款规定在解除权的问题上是一致的。按照本条规定，有了下列情形之一，当事人就有了解除权，如果行使解除权，合同就消灭；如果不行使解除权，合同就不消灭。差别在于第九十三条第二款的解除权是当事人约定的，因此叫约定解除权；而本条的解除权是法律直接规定的，叫法定解除权。本条规定了法定解除权发生的五种情形，即发生法定解除权的五项事由（原因）。

第一种情形是因不可抗力致使合同目的不能实现。根据民法通则和原来的经济合同法、涉外经济合同法和技术合同法，发生不可抗力，当事人可以要求免责。但是，以不可抗力作为免责事由是被动的，要等到对方起诉到法院追究他的违约责任时，他才能将不可抗力作为一个免责的理由主张免责。对方什么时候起诉呢？在 3 年的诉讼时效之内对方都可以起诉，如果对方一直不起诉，他就要一直等着，这个合同关系还存在，还未消灭，这样当事人就处在不利的地位。现在第九十四条规定不可抗力是发生法定解除权的法定事由。如果发生了不可抗力导致合同目的落空，当事人就不用等了，他可以主动地行使解除权，终止合同关系，这就避免了他处于被动地位。还有一个问题是，在发生不可抗力的情况下是一方有法定解除权，还是双方都有法定解除权？例如，1998 年长江流域发生大洪水，把工厂的厂房都淹了，供方不能履行交货义务，这时他当然有法定解除权。如果需方知道长江流域发生大洪水，把供方的厂房淹了，需方可不可以行使解除权呢？应该可以。原来的草案上明文规定，不可抗力的情况下双方都有解除权。按照合同法原理，因发生不可抗力致合同目的落空，双方当事人都应享有法定解除权。

第二种情况，“在履行期限届满之前，当事人一方明确表示或者以自己的行为表明不履行主要债务”，这种情况下对方当事人有法定解除权。例如，购销合同3月份签订，合同约定的履行期限是5月底，到了4月供方就说不履行合同了。如果按照传统的制度，需方要等到5月底履行期届满，才能解除合同，才可以向法院起诉，追究供方的违约责任。需方在4月份已经知道供方将不交货了，他可不可以另外到市场上去签订合同，购买同样的产品呢？如果他签订了合同，购买了同样的产品，他又担心供方可能到了5月底又交货了，因为合同关系还存在，供方交货，他还非接受不可，因此这种情况下，需方就处于一种非常被动的地位。现在根据本条第（二）项规定，只要供方明确宣布不履行或者有事实表明他将不履行，对方就可以行使法定解除权解除合同。这个制度在我们原来的法律上没有，在大陆法上也没有，是借鉴了英美法的制度。英美法上有一个制度叫作预期违约，在规定的履行期限到来之前，合同一方已经预先表示违反合同，这种情况下对方就可以马上解除合同。

第三种情形，条文规定，“当事人一方迟延履行主要债务，经催告后在合理期限内仍未履行”，这种情况下，对方有法定解除权。按照这个条文的规定，假设购销合同的供方在合同期满没有交货，需方还不能够解除合同，需方应该向供方发一个通知，催告供方尽快交货，或者指定延长10天、15天，要对方赶快交货，这就叫催告。催告中所指定的10天、15天叫“恩惠期”。发了催告通知之后，在指定的期限或者一个合理的期限内供方仍然没有履行，才发生需方的法定解除权。这个制度使在一方迟延履行的情况下的法定解除权变得比较符合人情。这个制度也是改变了传统大陆法上的制度。

按照大陆法国家民法的规定，如果合同规定了履行期限，双方就要严格地按照这个履行期限，如果一方到了期限不履行，那么对方就可以立即行使解除权，不需要发什么催告。理论上叫“期限代人催告”。这一点反映了不发达的市场经济的要求。在这样的市场经济条件下，一个当事人同时只有一、二份合同，如果有三、五份合同就不得了，他容易做到随时小心谨慎，使合同不要超过期限。而在现代市场经济条件下，一个企业同时何止有几十份合同，有的企业有上百份合同。企业的合同太多，稍不留意哪一份合同就超过了期限，超过了一天、两天，对方当事人就解除合同，固然会对这方当事人造成重大的损害，对对方也未尝有多大的利益。因此，在合同法起草的时候就借鉴了英美法上的制度，规定了在这种情况下，对方应该作出催告，催告后在指定的期限或者合理期限内仍没有履行的，才发生法定解除权。这符合现代市场经济的要求。

第四种情况，“当事人一方迟延履行债务或者有其他违约行为致使不能实现合同目的”。这种情况就马上发生法定解除权，不需要催告。这是考虑到有一类合同关系很特殊，只要超过了某个期限，当事人的目的就不能实现。举例来说，中国人过春节，商场为了准备供应春节市场的商品，订了很多采购合同，假设这些合同的供方都到大年三十才把货物送来，甚至大年初一才将货物送到商场，商场就卖不出去。因此，这样的合同一旦超过了期限，合同的目的就不能实现，这样的合同就不能再规定什么催告，不能再给一个“恩惠期”或者合理的期限，只要履行期满，构成迟延，就发生法定解除权。

本条规定的第五种情况是“法律规定的其他情形”。这样的情形，如本法第二百六十八条，承揽合同的定作人可以随时解除合同。这叫任意解除权。这个制度其实是一个非常不适当的制度。所有的合同当中唯有加工承揽合同的定作人有这样毫无限制的权利，可以随时解除合同，并且建设工程合同这章的最后一条规定“本章没有规定的，适用承揽合同的有关规定”，可见第二百六十八条还可以适用于建设工程合同。这就更不得了。盖一个大楼，修一条高速公路，修到一半，发包人就说要解除合同，就把对方撵走，这合适吗？这个条文是在第四个草案才加上去的，立法机关的理由是，日本民法、我国台湾地区民法、德国民法都有类似的条文，我们也应该有。例如，一个人到服装店去做西服，后来他不准备做了，他要解除合同，法律不能非要让他做不可。但需注意的是，这样的例子是在不发达的市场经济条件下，德国民法、日本民法和我国台湾地区民法反映的是一百年前不发达的市场经济的情况，所考虑的是诸如做衣服这些小的合同，在市场经济高度发达的现代社会，法律仍然规定这个解除权，没有任何的道理。现在要解除承揽合同、建设工程承包合同，一定要有正当理由。

本法没有讲到部分履行，即合同一部分已经履行，还有一部分没有履行，那发生法定解除权的时候是解除全部，还是解除没有履行的部分呢？这一点在第一个草案上有专门的一条规定，对于一部分履行，一部分没有履行的合同行使解除权，要看已经履行的部分对相对方有利益还是没有利益，如果已经履行的部分对相对方有利益，就只能解除没有履行的部分，如果已经履行的部分对相对方没有利益，就可以全部解除，已经履行的部分就恢复原状、退货退款。那什么叫有利益，什么叫没有利益呢？以购销合同来说，如果 50 吨钢材的合同，交了 30 吨，还欠 20 吨没有交，如果已经交的30吨需方已经用在生产上，早已经生产出成品、半成品了，我们就说这已经履行的30吨钢材对需方有利益，因此只能够解除没有交货的20吨。如果是一个生产流水线设备的购销合同，供方交了其中的几台设备，需方拿了这几台设备配不成套，市场上又没有什么通用的设备拿来配套，这在法律上就叫作对需方没有利益，因此需方可以全部解除，已经交的设备作退货处理。这就是部分履行的情况，在现在的条文上没有，这里介绍的是第一个草案上的规定。

第九十五条【行使期限】

法律规定或者当事人约定解除权行使期限，期限届满当事人不行使的，该权利消灭。

法律没有规定或者当事人没有约定解除权行使期限，经对方催告后在合理期限内不行使的，该权利消灭。

本条是关于解除权行使期限的规定。第一款规定，有法律规定或者当事人约定解除权行使的期限的，有解除权的当事人超过期限没有行使，解除权就消灭。这一款非常容易理解。

第二款规定："法律没有规定或者当事人没有约定解除权行使期限，经对方催告后在合理期限内不行使的，该权利消灭。"如果没有行使期限，就要反过来让对方来催告，还要经过合理的期限才消灭。联系第九十四条的第三种情况。这种情况下，假设一个购销合同履行期过了，供方没有交货，这时需要需方向供方发一个催告通知；这个催告经过了合理的期限，仍然没有履行，这时候就发生了需方的法定解除权。而按照本条第二款的规定，又要反过来，要求供方向需方发一个催告通知，催告需方行使解除权，这个催告通知发了以后又要经过一个合理的期限，需方仍然没有行使解除权的，这个解除权才消灭。你看，你催告过来，我催告过去，这个设计何等的复杂！特别是法庭受理这样的案件，需要两次判断合理期限，合理期限的判断本来就是很复杂、很困难的，现在一个诉讼当中就要两次判断合理期限，这使法院的操作陷于复杂化。

当初民法学者在设计草案的时候参考了日本和我国台湾地区的规定，本条第二款是抄过来的，但是后来发现这个规则不合适。在专家讨论会上笔者曾提出意见，建议参考本法第七十五条和第五十五条的规定，给解除权规定一个法定的期间。本法第七十五条规定，债权人的撤销权从债权人知道或者应当知道撤销事由之日起 1 年内不行使就消灭；如果债权人不知道撤销事由，从债务人的行为发生之日起超过 5 年撤销权消灭。规定一个法定期间，超过这个期间不行使，撤销权就消灭，非常容易操作。再看第五十五条规定，可撤销合同的有撤销权的一方当事人从知道或者应当知道撤销事由之日起的法定期间内没有行使撤销权，撤销权就消灭，同样非常容易操作。可撤销合同的撤销权、债权人的撤销权都是消灭已经存在的合同关系的，和本条规定的法定解除权、约定解除权在性质上类似，但合同法没有对法定解除权、约定解除权规定法定期间，设计为催告来、催告去，使操作极度的困难。

显而易见，这是颇具书呆子气的法律设计，实际生活中对方当事人向解除权人发催告通知的可能性很小，因对方没有催告，解除权人的解除权就将长期存在。这就会发生经过相当长的时间之后，是否许可其行使解除权的问题。而裁判实践针对此项问题，创设有“权利失效规则”，值得赞同。

《人民司法》2011 年第 12 期第 33 ~ 37 页刊登的 2010 青民二商终字 562 号民事判决书的裁判要旨中写道：“合同一方当事人因对方的迟延履行致使合同目的落空，依法享有法定解除权。在不具约定或法定除斥期间时，当相对人有正当理由信赖解除权人不欲再行使解除权时，则根据禁止权利滥用原则，不得再行使解除权。”一审 2009 崂民二商初字 415 号民事判决书中亦写到：“事隔 5 年，令被告以及第三人产生了合理信赖，认为原告已不行使该解除权。现原告起诉主张解除合同，返还股权，有违诚实信用原则。”本案两审法院判决，创设此项裁判规则：解除权人未行使解除权，经过相当时间，致相对人有正当理由信赖其将不再行使解除权时，不得再行使其解除权（权利失效）。两审法院认可权利失效规则的法律根据稍有不同：一审根据诚实信用原则，二审依据禁止权利滥用原则。

实务中提出如下问题：解除合同的条件成就发生（约定或法定）解除权后，如果解除权人不及时行使解除权，并且仍然接受对方继续履行的，是否应当视为解除权人放弃解除权？笔者的意见是，应当视为解除权人放弃解除权。理由是，依上述权利失效之判例规则，解除权人经过相当的期间不行使解除权，尚可使相对人产生解除权人不欲再行使解除权的合理信赖，则解除权人仍然接受对方继续履约的事实行为，更足以使相对人产生其不欲再行使解除权的合理信赖，当然应视为解除权人放弃解除权。

第九十六条【解除权行使、异议】

当事人一方依照本法第九十三条第二款、第九十四条的规定主张解除合同的，应当通知对方。合同自通知到达对方时解除。对方有异议的，可以请求人民法院或者仲裁机构确认解除合同的效力。

法律、行政法规规定解除合同应当办理批准、登记等手续的，依照其规定。

本条是关于解除权行使及异议的规定。第一款规定："当事人一方依照本法第九十三条第二款、第九十四条的规定主张解除合同的，应当通知对方。合同自通知到达对方时解除。"这是讲的解除权行使的方式。解除权行使的方式要不要求起诉？要不要求提起仲裁？不要求。第五十四条规定的可撤销合同的撤销权是要用起诉或提起仲裁的方式来行使；第七十四条关于债权人的撤销权规定得更严，债权人必须用向法院起诉的方式来行使。本条规定的法定解除权和约定解除权，当事人自己可以行使，发一个通知就行了，解除的效力从通知到达对方时发生。如果对方不同意怎么办呢？对方说你不符合解除权的条件，岂不是要发生争议？发生了这样的争议应该由谁向法院起诉？这时考虑到解除权人行使解除权，合同已经消灭，解除权人不必要再向法院起诉，而应该由有异议的对方向法院起诉。这个诉讼不是违约的诉讼，而是解除权行使的异议之诉。

可是要注意，当事人的起诉状上写的可能是违约诉讼，他可以以违约之诉的名义提起，实质上是解除权行使的争议。法院受理了这个案件审查什么？审查有没有解除权。如果审查认定有解除权，就应该作出确认合同已经解除的判决，而不是判决合同解除，即在判决中确认合同在解除权人行使解除权的通知到达之时已经解除。如果审查认定当事人没有解除权，这个案件就有可能转化为违反合同的诉讼。没有解除权而解除合同，当然应该承担违约责任。

但本条第一款未规定对方异议的时间限制。这就可能出现这样的情形，解除权人发出解除通知之后，合同已经解除，对方在经过相当长的时间，例如半年甚至更长的时间之后，突然向法院提起异议之诉，必然对行使解除权一方不利，且不利于经济秩序稳定。因此，有必要限定异议的期间。《合同法解释（二）》第二十四条规定，如果当事人预先约定了异议期间，在约定的异议期限届满后才提出异议并向人民法院起诉的，人民法院不予支持；当事人没有约定异议期间，在解除合同的通知到达之日起 3 个月以后才向人民法院起诉的，人民法院不予支持。此项解释，创设 3 个月异议期间，补充了本条的法律漏洞，值得赞同。

因为司法解释创设了异议期间，异议期间经过后提起异议之诉的，法院不予支持。实务中又发生这样的问题：当事人一方既无第九十三条第二款规定的约定解除权，亦无第九十四条规定的法定解除权，却向对方发出所谓“解除合同的通知”，因对方当事人对此置之不理，未就是否同意解除合同作出答复，当然也未向人民法院或仲裁机构请求确认解除合同的效力，因而主张合同已经自通知到达对方时解除，法庭应当如何处理？

从本条第一款条文“当事人一方依照本法第九十三条第二款、第九十四条的规定主张解除合同的，应当通知对方”可知，本条规定约定或法定解除权之行使，应当采用“通知”方式，此项“通知”为“解除权行使通知”；第二句明定“解除权行使通知”的效力，自到达对方时合同解除。如果当事人既无约定解除权（第九十三条第二款），亦无法定解除权（第九十四条），却向对方发出所谓“解除合同通知”，此所谓“解除合同通知”，应非本条第一款第一句所规定的“解除权行使通知”，当然不发生第二句所规定的“自通知到达对方时”合同解除的效力，也当然不适用本条第一款末句关于对方“异议”的规定，当然不适用《合同法解释（二）》第二十四条关于“异议期限”的解释规则。

进一步分析，不享有解除权的当事人发出的所谓“解除合同通知”，可解释为当事人依第九十三条第一款规定发出的“协商解除合同”的“要约”，须经对方作出“同意解除”的“承诺”，方才发生协商解除合同的效力。根据本法关于要约、承诺的规定，对方未就是否同意解除合同作出答复，表明对方不同意解除合同，属于本法第二十条第（三）项“受要约人未作出承诺”，发生“要约失效”的效果。

第九十七条【合同解除的效果】

合同解除后，尚未履行的，终止履行；已经履行的，根据履行情况和合同性质，当事人可以要求恢复原状、采取其他补救措施，并有权要求赔偿损失。

本条规定解除的效果。条文第一句说，合同解除后，尚未履行的终止履行，这容易理解，也非常容易操作。问题是第二句，已经履行的这部分，条文表述就非常复杂。什么叫根据履行情况？什么是合同性质？“当事人可以要求恢复原状”是不是说只要当事人要求恢复原状，法院就必须判决恢复原状？其他补救措施是指什么样的措施？这些都不清楚。

请注意，第六章原来的标题叫作“合同消灭”，现在用了“终止”来表述消灭这个概念。在原来的草案和立法方案中，“终止”是一个特殊的概念。如果一个合同中途解除，从解除之时起全部无效，已经履行的也无效，没有履行的也无效，这就叫“解除”；如果从解除之时起只是向后无效，已经履行的有效，没有履行的无效，这就叫作“终止”。把一个解除概念分成两种情况，是因为有一类合同是继续性的，合同生效以后存在很长时间，在这个时间当中一方或者双方不停地履行义务，这就叫作继续性合同。合伙合同、租赁合同、劳务合同、供电供水供气合同、订报刊的合同等等，就叫作继续性合同。这种合同有一个共同的特点，一旦解除很难恢复原状。即使要勉强地恢复原状，折算起来非常困难。因此按照原来的设计，这类合同的解除就叫作终止，没有履行的无效，已经履行的部分完全有效。这种情况下即使已经履行的部分有纠纷也不要紧，按照原先的合同来裁决它。这样容易作出公平合理的判决。

现在我们用“终止”概念去表示合同关系消灭，把这两种解除混在一起，这就发生了本条关于已经履行的部分怎么处理这个难题。合伙合同、租赁合同已经履行的部分怎么恢复原状？怎么才能做到公平合理？看来只能寄希望于最高人民法院通过解释来补救，即承认继续性合同已经履行的部分有效。继续性合同已经履行的部分，按照合同的性质当事人不能要求恢复原状。

第一百零七条【违约责任】

当事人一方不履行合同义务或者履行合同义务不符合约定的，应当承担继续履行、采取补救措施或者赔偿损失等违约责任。

本条是关于违约责任的原则规定。按照本条规定，当事人一方不履行合同义务或者履行合同义务不符合合同约定的，应当承担继续履行、采取补救措施或赔偿损失等违约责任。要特别注意，条文中并没有提到“过错”，与经济合同法的规定不同。经济合同法规定，违约责任以过错为构成要件，违约方有过错即承担责任，无过错不承担责任。即采过错责任原则。本条从违约责任的构成中删去过错要件，对违约责任作了重大修正，由过错责任原则改为严格责任原则。

当初合同法立法方案所设计的违约责任，并非严格责任，而是过错推定责任。所谓过错推定责任，即违约责任仍然以过错为构成要件，违约方有过错承担责任，没有过错不承担责任，只是在诉讼中，不要求原告（受害方）举证证明被告（违约方）有过错，而是反过来，要求被告（违约方）证明自己无过错。被告举证证明了自己无过错，即可不承担违约责任；不能证明自己无过错，即应承担违约责任。实际上是采用了举证责任倒置的方法，将按照本来意义上的过错责任，应该由原告负担证明被告有过错的证明责任，改为由被告负担证明自己无过错的证明责任。与本来意义的过错责任相比较，过错推定责任，因为采取了举证责任倒置的方法，免除了原告的证明责任，被认为向前进了半步。须补充说明一点，虽然大陆法系国家合同立法，明文规定违约责任采过错责任原则，但在法院裁判实践中，却并不要求原告证明被告有过错，而是采用了举证责任倒置的方法，要求被告证明自己无过错。名义上是过错责任，实际是过错推定责任。有鉴于此，合同法立法方案设计为过错推定责任。民法学者起草的第一个草案，关于违约责任原则是这样规定的："当事人不履行合同义务或者履行合同义务不符合约定的，应当承担违约责任。但能够证明自己没有过错的除外。"属于典型的过错推定责任。

在合同法草案的修改、讨论过程中，参加修改、讨论的民法学者和法官提出建议：草案规定过错推定责任，已经由过错责任向前进了半步，何不再向前跨半步，干脆将过错要件删去，使违约责任不以过错为要件，规定为严格责任？考虑到《联合国国际货物销售合同公约》《国际商事合同通则》《欧洲合同法通则》均规定为严格责任，说明严格责任是合同法发展的共同趋势，因此，合同法草案第三稿删去违约责任原则规定的第二句"但书"，成为标准的严格责任（即本条）。

当然，并不是所有民法学者都赞同严格责任。少数学者不赞成改为严格责任，主张维持第一个草案的过错推定责任。他们反对严格责任的主要理由是：（1）改为严格责任将破坏我国民事责任制度的统一。民法通则第一百零六条第二款规定，因过错侵害他人的财产、人身的，应当承担民事责任，是标准的过错责任。将违约责任改为严格责任，导致民事责任内部，违约责任（严格责任）与侵权责任（过错责任）的不协调。（2）改为严格责任，是受英美法的影响，是参考《联合国国际货物销售合同公约》，而该公约是在美国影响之下订立的。并且，这个公约规定的只是商事买卖合同，当事人双方都是商人，其交易能力平等，可以自己保护自己，违约责任不考虑过错对作为商人的双方当事人不至于发生太大的问题。而我国的合同法规定的合同类型很多，还有很多消费者、劳动者参加的合同，他们的交易能力不平等，严格责任对消费者、劳动者不利。（3）过错责任最大的优点是使违约责任与道德观念相联系，不是因为你造成他人损害就追究你的责任，而是因为你的过错造成他人损害才被追究责任，没有过错就不承担责任。法律上认为，因过错（故意、过失）损害他人利益是不道德的，因此要追究其责任。过错责任的最大优点在于，反对的是因过错损害他人利益的不道德行为，因此过错责任有利于促进道德，促进大家遵守合同。改为严格责任，把过错要件取消了，使违约责任与道德没有关系，产生的后果肯定是严重的。（4）我国经济合同法规定过错责任，已经过去十多年，过错责任已经深入人心，为法官、律师和普通民众所了解，有过错承担责任，没有过错不承担责任，已经成为人民法律意识的一个内容。现在突然把它取消了，改为严格责任，没有过错也要承担责任，人民群众能够接受吗?

本法最终按照多数学者和法官的意见，将违约责任规定为严格责任，理由如下：（1）将违约责任改为严格责任，不是本法的首创，在本法之前，涉外经济合同法和技术合同法，已经把违约责任改为严格责任。1985年的涉外经济合同法规定：“当事人一方不履行合同或者履行合同义务不符合约定条件，即违反合同的，另一方有权要求赔偿损失或者采取其他合理的补救措施。”（第十八条）显而易见，涉外经济合同法上的违约责任，没有“过错”要件，属于严格责任，参考借鉴了《联合国国际货物销售合同公约》和英美法的严格责任。1987 年制定的技术合同法，其违约责任同样不以过错为要件，规定为严格责任（第十七条）。

（2）将违约责任规定为严格责任，已是国际法律发展的共同趋势。过去大陆法系合同法是过错责任，英美法系合同法是严格责任，上世纪 80 年代初的《联合国国际货物销售合同公约》规定为严格责任（第 45 条、第 61 条），1994 年的《国际商事合同通则》也规定为严格责任（第 7.4.1 条），1998 年公布的《欧洲合同法通则》同样规定为严格责任（第 101 条）。如果《联合国国际货物销售合同公约》规定严格责任，还可以说是受了美国的影响的话，则后来的《国际商事合同通则》和《欧洲合同法通则》也相继采纳严格责任，应当肯定是两大法系的法学家经过长期共同研究，最终达成的共识。很难说是受美国的影响、屈服于美国的压力。特别是《欧洲合同法通则》更能说明这一点。欧洲主要国家都是大陆法系，属于英美法的仅有英国。现在英国的经济实力并不强大，甚至被称为最贫穷的发达国家，其在世界上的影响力也越来越小。《欧洲合同法通则》之规定严格责任，绝对不可能是屈服于英国的压力的结果。

（3）严格责任在诉讼和程序上有特别突出的优点。严格责任，不以过错为构成要件，其违约责任构成要件只有违约、损害、因果关系三项。这三项构成要件，都是客观方面的，诉讼中当事人易于证明，法庭易于判断。而过错是指人的主观心理状态，存在于人的主观方面，诉讼中当事人难于举证，法庭难于判断。因此，在诉讼中，过错的证明和判断非常困难。针对这个难题，法官和学者想尽了各种办法，例如举证责任倒置的方法、过错客观化的方法，均难于真正解决问题。归根到底，在于过错是主观方面的，难于举证，难于判断。在违约纠纷案件的审理中，既然违约责任以过错为要件，违约方总是要在这个问题上纠缠不休，总是要千方百计证明自己没有过错。明明自己违约，他首先想的不是依法承担责任，而是想方设法要证明自己没有过错而逃脱责任，最终实在证明不了，赖不掉了，才承担违约责任。这就必然造成诉讼程序的复杂化、冗长和诉讼资源的耗费。取消了过错要件，违约责任构成要件只有违约、损害和因果关系三项，都是客观方面的，当事人易于举证，法庭易于判断，使诉讼程序简化了、简便了，有利于及时认定责任，及时了结案件，提高了裁判效率。而且，取消过错要件之后，将改变有过错有责任、无过错无责任的传统观念，使责任与违约相联系，违反合同就要承担责任。因此，起草人认为，严格责任有利于促进当事人严格信守合同、履行合同。

（4）严格责任符合违约责任的本质。将违约责任与侵权责任相对照，我们注意到，侵权责任一般发生在没有法律关系的两个当事人之间，违约责任发生在预先存在有效合同关系的当事人之间。从立法政策考虑，社会生活中，相互之间不存在法律关系的当事人，各自追求自己的利益，发生权利和利益的冲突总是难免的，造成他人损害总是难免的。因此不能仅仅因为造成损害，就追究加害人侵权责任，还须要考虑加害人有无过错，有过错才追究侵权责任。这就使追究加害人责任具有某种合理性。违约责任与此不同，当事人之间存在合法有效的合同关系，合同关系上的权利义务是由双方当事人自愿协商约定的，当然符合于双方的意愿和利益。而违约责任是由合同义务转化而来，应当认为，违约责任也出于双方当事人的约定、符合双方当事人意愿，而不是法律强加的。依法成立的合同，相当于当事人为自己制定的法律。质言之，于一方违约时追究其违约责任，不过是执行当事人的意愿和约定而已，等于是执行当事人自己制定的法律。这就使违约责任具备充分的合理性和说服力，无须再要求任何理由。订立合同就应信守合同，违反合同就应承担责任。不需要有过错，当然也不搞什么过错推定。与过错责任和过错推定责任相比，严格责任更符合违约责任的本质。

应补充说明，严格责任原则的实质，仅在不以过错为违约责任构成要件，与过错责任相比较当然要严格得多，但并不等于没有免除责任的可能，违约方仍可通过证明有法定或者约定免责事由而免于承担责任。例如，因不可抗力导致违约，在过错责任或者过错推定责任体制下，不可抗力被作为证明违约方无过错的证据，而在严格责任体制下，不可抗力是法定免责事由。可见，不可抗力在两种体制下，均可使违约方获得免责，只是法律技术处理上的不同。此外，在严格责任体制之下，如果当事人约定有免责条款或者限制责任的条款，只要合法有效，违约方照样可以获得免责或者减轻责任。可见，在实际上，严格责任与过错推定责任的差别并不大。不应将严格责任误解为绝对责任原则或者所谓结果责任原则。合同法实施以来的实践表明，严格责任原则已为法官、仲裁员和律师等实务界人士正确掌握和熟练运用，较好地发挥了法律规范功能，并产生了良好的社会效果。

还须注意，本法没有单独规定违约行为的形态，而是纳入本条一并规定。本条规定，“当事人一方不履行合同义务或者履行合同义务不符合约定”。其中，所谓“不履行合同义务”，涵括了“履行不能”“履行迟延”和“拒绝履行”（预期违约）；“履行义务不符合约定”，是指“瑕疵履行”和“不完全履行”。顺便提及，理论上有所谓“债权人受领迟延”。本法未将“债权人受领迟延”作为违约行为对待。因债权人受领迟延，致债务人不能按照合同约定交付标的物的，不构成债务人履行迟延，并使债权人自受领迟延之时起，负担标的物毁损、灭失风险（第一百四十三条）。

第一百零八条【预期违约】

当事人一方明确表示或者以自己的行为表明不履行合同义务的，对方可以在履行期限届满之前要求其承担违约责任。

本条是关于预期违约的违约责任的规定。按照本条规定，当事人一方，在合同依法成立后、履行期到来之前，明确表示或者以自己的行为表明他将不履行合同义务的，即构成预期违约，对方当事人可以在履行期限届满之前要求预期违约方承担违约责任。条文所谓“明确表示”将不履行合同义务，应指以信函、电报、传真、电子邮件方式及对话（包括电话）方式向合同对方当事人明确表示将不履行合同义务的意思；所谓“以自己的行为表明”将不履行合同义务，例如已经陷于停产、关闭等足可表明将不可能履行合同义务的情形。依据本条，当事人一方构成预期违约的，相对方不必等待履行期限届满，即可向人民法院起诉或者向仲裁机构申请，追究其违约责任。相对方当然亦可等待履行期限届满后，再根据本法第一百零七条关于违约责任的一般规定，向人民法院起诉或者向仲裁机构申请追究其违约责任，自不待言。

须说明的是，前面已经提及，预期违约本属于英美法制度，大陆法系民法并无所谓预期违约。按照大陆法系合同法，即使债务人于合同成立后、履行期到来之前，已经明确表示将不履行债务，债权人也必须耐心等待债务履行期限到来后，始得追究其违约责任。这就使债权人处于十分不利的地位。而按照英美法系预期违约制度，如在履行期限到来之前一方当事人已经表示将不履行合同义务，或者客观情况表明他已经没有能力履行合同义务，即构成所谓预期违约（anticiparory breach）。这种情形，对方当事人可不必等待履行期限到来而立即提起违约诉讼、请求损害赔偿。可见，预期违约制度的优点是，有利于债权人尽早采取对策以避免或减少损失，并使双方当事人及时从已注定死亡的合同关系中解脱出来。有鉴于此，本法采纳民法学者的建议，引入预期违约制度。

值得注意的是，预期违约在英美法系是一项制度，合同法起草人依据预期违约所发生法律效果的不同，将其分解为三项制度：第一百零八条规定预期违约发生违约责任；第九十四条第（二）项规定预期违约发生法定解除权；第六十八条规定预期违约发生不安抗辩权。合同法实施以来的裁判实践已经表明，引入英美法系预期违约制度，将其分解为三项制度分别纳入自身的逻辑体系是成功的，已较好地发挥规范功能，产生良好的社会效果。

第一百零九条【金钱债务的履行】

当事人一方未支付价款或者报酬的，对方可以要求其支付价款或者报酬。

本条是关于金钱债务履行的规定。依据本条规定，当事人一方未支付价款或者报酬的，对方当事人可以（向人民法院起诉）要求其支付价款或者报酬。而按照合同法原理及本法第一百零七条的规定，合同债务，无论属于金钱债务或者非金钱债务，于债务人不履行时，债权人当然有权直接请求债务人履行或者诉请人民法院强制债务人履行，并追究其违约责任。本属于债权债务应有之义，而无须明文规定。因此，如严格按照条文词句理解，则本条难免给人以画蛇添足、多此一举的印象。而本条之立法本意，并不在此。

按照民法原理，债务以其标的物属于金钱或者金钱之外的物，分为金钱债务与非金钱债务。基于金钱（货币）作为支付手段、流通手段的本质，金钱债务不发生履行不能问题，因此有别于非金钱债务。不履行金钱债务，债权人可诉请法院强制执行（从债务人账户强行扣划或者拍卖其财产），债务人既不能援用关于履行不能的规定主张解除合同，亦不能援用关于不可抗力的规定主张免责。

本条参考借鉴自《国际商事合同通则》第7.2.1条。《国际商事合同通则》第7.2.1条规定："如果有义务付款的一方当事人未履行其付款义务，则另一方当事人可以要求付款。"通则起草人在该条"注释"中指出："本条反映了被普遍接受的原则：合同义务项下应支付的付款总是能够要求履行的，如果此要求没有满足，可向法庭提起诉讼来强制履行。本条中的'要求'一词，既指一方当事人向另一方当事人提出的要求，又指必要时由法庭对这一要求作出的强制履行。"显而易见，该条所反映的"被普遍接受的"原则，就是上述"金钱债务不发生履行不能"的法理；因"金钱债务不发生履行不能"，所以"总是能够要求履行的"，如果债权人的"此要求没有满足"，则债权人"可向法庭提起诉讼来强制"债务人履行。由此可见，合同法起草人参考《国际商事合同通则》的经验，设立本条，其立法本意在于强调：金钱债务不发生履行不能，金钱债务的债务人不得主张因履行不能而解除合同，不得主张不可抗力免责，债权人总是可以诉请法院强制实际履行。此外，本条适用于"金钱债务"，除条文提及的"价款或者报酬"，还应包括"租金""借款本金及利息"。

第一百一十条【强制实际履行】

当事人一方不履行非金钱债务或者履行非金钱债务不符合约定的，对方可以要求履行，但有下列情形之一的除外：

（一）法律上或者事实上不能履行；

（二）债务的标的不适于强制履行或者履行费用过高；

（三）债权人在合理期限内未要求履行。

本条规定非金钱债务的强制实际履行。依据本条，非金钱债务的债务人违约时，债权人可以诉请人民法院判决责令债务人严格按照合同约定履行债务，亦即债权人有请求强制实际履行的权利。所谓“强制实际履行”，即通过人民法院作出实际履行的判决，强制债务人按照合同约定的标的物履行债务，而不允许以支付损害赔偿金或者违约金予以替代。但本条在规定债权人有请求强制实际履行的权利之后，紧接着对债权人的强制履行请求权进行限制，即列举规定了债权人不得请求强制实际履行的三项例外情形。换言之，本条规定，非金钱债务，以可以强制履行为原则，不得强制履行为例外。此与本法第一百零九条规定金钱债务总是可以诉请法院强制实际履行，有所不同。下面请看本条规定不得强制实际履行的例外情形。

第一项例外情形，是“法律上或者事实上不能履行”的债务。“法律上”不能履行的债务，是指这样一些债务，法律不允许采用强制方式迫使债务人履行，否则将构成违法行为。例如，以提供劳务、智力劳动为标的的债务（如劳动合同、讲课合同、演出合同、技术服务合同、技术咨询、技术开发合同等合同），要强制实际履行，必须拘束债务人的人身，构成侵犯债务人人身自由的违法行为。例如演出合同，法院判决强制履行，势必要派法警押着这个演员去演出，这样就侵犯了债务人的人身自由。再如家庭服务的合同，派法警每天押着保姆到雇主家劳动，构成侵犯保姆人身自由的违法行为。什么叫“事实上”不能履行的债务，指那些已经陷于“履行不能”的债务，已经不存在实际履行的可能性。合同约定的标的物已经消灭或者不存在，债务人事实上不可能交付该项标的物。例如，房屋买卖合同，所约定的房屋在火灾或者地震中毁灭，或者已注定不可能建成，无房出卖人不可能履行交付房屋的义务。

第二项例外情形，是“债务的标的不适于强制履行或者履行费用过高”。所谓“债务的标的不适于强制履行”，指法院没有办法予以强制，例如委托合同，合同关系的基础是当事人之间的相互信任，因这类合同发生纠纷，当事人之间的信任已经不存在，你不能强制受托人履行债务。属于合同标的不适于强制履行。再如技术开发合同，委托创作剧本的合同，科学研究、文学创作的性质决定不适于强制履行。即使是建设工程合同，你也没有办法强制建筑公司履行建房、筑路、架桥的义务，也属于不适于强制履行。实际上，适于强制履行的，主要是买卖合同出卖人的交货义务。但判断其标的物是否适于强制履行，一定要考虑法院自身的方便，即是否方便法院判决的执行。即使是买卖合同出卖人的交货义务，其标的物凡是在市场上易于买到的，均以判决金钱赔偿为宜。

须判决强制履行的，主要是两种买卖合同：一是房屋买卖合同，消费者选定一套商品房，与开发商订立合同，以现金或者按揭方式付清房款，至少是支付了定金或预付款，因为房价上涨出卖人毁约想另外卖高价，买方依据本条向法院要求强制履行，这样的案件，法院应当判决强制履行。二是古董、艺术品的买卖合同，出卖人反悔不交货，该标的物不是市场上能够买到的，买方坚持要得到，这样的合同也应当判决强制履行。所谓“履行费用过高”，指债务标的按照其性质本适于强制履行，但真要强制债务人履行，所需代价、费用太大，在经济上没有合理性，且对于债务人失之苛刻。反之，采用金钱赔偿代替实际履行，即判决债务人支付损害赔偿金或者违约金，可以维持当事人之间利益关系的平衡。例如，强制债务人花费巨额资金进口某项专用设备以生产交付债权人很容易在市场上买到的标的物。

第三项例外情形，是“债权人在合理期限内未要求履行”。即使是适于判决强制实际履行的债务，如果债权人在合理期限内未诉请法院强制实际履行，应视为债权人放弃强制实际履行请求权。这种情形，法院只能判决债务人承担损害赔偿金或者违约金，而不得判决强制实际履行。所谓“合理期限”，属于不确定概念，应由法官根据本案合同种类、性质、目的及交易习惯判断，自不待言。

应特别注意，按照本条的规定，强制实际履行只是一种违约责任形式，而不是所谓基本原则。此与我国改革开放初期的民法教科书和经济合同法的规定不同，改革开放初期的民法教科书有所谓实际履行原则。按照实际履行原则，违约方在承担了损害赔偿金或者违约金责任之后，其合同义务并不消灭，还必须实际履行其合同义务，不允许以承担损害赔偿责任代替实际履行合同。经济合同法规定，违约方承担损害赔偿或者违约金责任之后，对方当事人要求实际履行的，还应当实际履行债务。显而易见，这是计划经济体制本质要求的法律反映。

合同法制定时，起草人注意到两大法系对所谓实际履行的不同态度。大陆法系民法，是以实际履行为原则，而以金钱赔偿为例外；英美法系合同法正好相反，是以金钱赔偿为原则，强制实际履行（specific performance）只是作为金钱赔偿原则之例外。尤其值得注意的是，从 20 世纪下半期开始，大陆法系国家的裁判实践呈现出严格限制强制实际履行的发展趋势。凡是可从市场上合理地得到替代品以实现合同目的，法院均不认可债权人关于强制实际履行合同的请求，而代之以判决违约方支付损害赔偿金或者违约金。起草人认为，以金钱赔偿为原则，以实际履行为例外，不仅符合现代化市场经济物质产品极大丰富的社会条件，并且能使法院尽量摆脱执行强制实际履行判决的繁重负担。有鉴于此，合同法将强制实际履行作为一种具体违约责任形式加以规定，并列举规定三项除外情形。前面已经谈到，本条在形式上，将不能强制实际履行的三种情形作为“例外”规定，但结合立法指导思想和价值判断，对法律条文细加分析，则应当肯定，本条之立法本意是：非金钱债务，以不可强制实际履行为原则，而以强制实际履行为例外。

第一百一十一条【瑕疵担保责任】

质量不符合约定的，应当按照当事人的约定承担违约责任。对违约责任没有约定或者约定不明确，依照本法第六十一条的规定仍不能确定的，受损害方根据标的的性质以及损失的大小，可以合理选择要求对方承担修理、更换、重作、退货、减少价款或者报酬等违约责任。

本条是关于瑕疵履行的违约责任的一般规定。所谓瑕疵履行，是指债务人履行债务不符合合同约定，通常称为质量不合格。不仅买卖合同有瑕疵履行（产品质量不合格）问题，建筑工程、承揽等合同也有瑕疵履行（所完成的工作物质量不合格）问题，就是或服务合同也有瑕疵履行（所提供的服务质量不合格）问题。因此，本法将瑕疵履行的违约责任，规定在总则（本条），作为瑕疵履行违约责任的一般规则；同时，在有的合同分则规定直接适用本条规定，如第一百五十五条关于买卖合同瑕疵履行的违约责任，或者为该类合同的瑕疵履行设立特别规则，如第一百九十一条规定赠与合同瑕疵履行的违约责任、第二百六十二条规定承揽合同瑕疵履行的违约责任、第二百八十一条规定建设工程合同瑕疵履行的违约责任等，构成本法关于瑕疵履行违约责任的规则体系。因此，法院审理瑕疵履行的违约责任案件，凡本法或其他法律、法规对于涉案合同的瑕疵履行设有特别规定的，应优先适用该特别规定；无特别规定的，则应当适用本条一般规定。

本条第一句规定："质量不符合约定的，应当按照当事人的约定承担违约责任。"须注意，条文中两个"约定"，含义不同。前段"质量不符合约定"中的"约定"，指当事人关于质量的约定，即合同"质量条款"。此"质量条款"，是法庭判断债务人的履行是否符合质量（是否存在瑕疵）的标准。如果当事人在合同中未约定质量条款，或者约定不明确，应当按照本法第六十一条和第六十二条的规定予以补充或者予以明确，自不待言。通常情形，当事人订立合同，在约定"质量条款"的同时，还会约定，如债务人的履行不符合"质量条款"（即质量不合格或者瑕疵）时，所应当承担的违约责任（违约金或者损害赔偿的计算方法）。后段"按照当事人的约定承担违约责任"中，所谓当事人的"约定"，即指当事人针对债务人的履行不符合"质量条款"约定的违约责任。按照本条第一句的规定，凡当事人在合同中关于履行质量不符合质量条款（质量不合格或者有瑕疵）的违约责任有约定的，应当按照当事人的约定承担违约责任。此项规则的法理依据，是本法第四条合同自由原则和意思自治的民法原理。

本条第二句规定："对违约责任没有约定或者约定不明确，依照本法第六十一条的规定仍不能确定的，受损害方根据标的的性质以及损失的大小，可以合理选择要求对方承担修理、更换、重作、退货、减少价款或者报酬等违约责任。"鉴于违约责任（包括瑕疵履行的违约责任），属于一般条款，此在解读本法第十二条时已经谈到，一般条款不是合同成立所必须具备的条款，缺乏一般条款并不影响合同的成立和有效。因此，如果当事人订立合同时未针对瑕疵履行约定违约责任，或者关于瑕疵履行违约责任的约定不明确，当然应依照本法第六十一条关于一般条款没有约定或者约定不明确的补充规则，予以补充确定。亦即，合同没有约定瑕疵履行的违约责任的，由双方当事人通过协商补充约定瑕疵履行的违约责任；合同约定的瑕疵履行的违约责任不明确的，由双方通过协商予以明确；如果双方协商不能达成补充协议，则应由法庭按照合同有关条款或者交易习惯予以确定。考虑到社会生活的复杂性，在双方当事人不能就瑕疵履行的违约责任达成补充协议的情形，也存在这样的可能性，即法庭按照合同有关条款或者交易习惯，也不能确定涉案合同瑕疵履行的违约责任。本条第二句后段规定，这种情形下，"受损害方根据标的的性质以及损失的大小，可以合理选择要求对方承担修理、更换、重作、退货、减少价款或者报酬等违约责任”，亦即在没有约定瑕疵履行违约责任（包括约定不明确且难于通过补充规则予以明确）的情形，规定（法定的）瑕疵履行的违约责任。亦即：修理、更换、重作、退货、减少价款或者报酬等违约责任。

前已述及，本条属于瑕疵履行违约责任的一般规定，所规定的责任形式，修理、更换、重作、退货、减少价款或者报酬等，并不是对于一切合同类型都同样适用。例如买卖合同标的物有瑕疵，买受人可以根据情况选择“修理”“更换”“退货”或者“减少价款”；承揽合同完成的工作物有瑕疵，定作人可以选择“重作”或者“减少报酬”；服务合同的服务质量不合格，债权人只能要求“减少报酬”。再者，应当肯定，本条规定赋予债权人（条文“受损害方”）选择适用违约责任形式的选择权，原则上应当尊重债权人的选择，条文用了“合理”请求，对债权人此项选择权之行使稍作限制。何谓“合理”请求，应当结合具体案情判断，如果瑕疵轻微，稍加修理即可，偏要请求退货，就“不合理”。例如商品房买卖，仅仅因为卫生间的一个澡盆不符合约定型号，就要求解除合同，甚至还有因为交付房屋比约定面积多出几平方米而要求解除合同的，显而易见，属于“不合理请求”（这两个例子都是因为房价下跌买方借口瑕疵履行而悔约）。对违约责任具体形式的选择，属于债权人的权利，除本条规定的“合理请求”限制之外，不得由行业规章、格式条款等予以限制，自不待言。

最后须补充说明，大陆法系民法所谓“瑕疵担保责任”，称为“物的瑕疵担保责任”，仅对特定物买卖适用。例如专用设备买卖，所交付的专用设备有严重缺陷，买受人可以“退货”（解除合同）。其责任性质，有法定责任说（旧说）与特别违约责任说（新说）。按照法定责任说，物的瑕疵担保责任是违约责任制度之外的一项特别制度，是专为特定物买卖而设。按照特别违约责任说，物的瑕疵担保责任，属于违约责任的一种特别责任形式，应不限于特定物买卖，对于种类物买卖亦可适用。合同法起草人，在设计本条瑕疵履行的违约责任时，对传统民法瑕疵担保责任有所参考借鉴，系采纳其新说，即作为违约责任的一种特别责任，本条的位置及条文明示违约责任，已表明这一点。更为重要的是，本条未用“瑕疵”概念，而称为“质量不符合约定”，使本条适用范围涵盖发生“质量不符合约定”（债务履行瑕疵）的各类合同，且规定的具体责任形式，远比传统制度（退货、减价）为多。有鉴于此，应特别注意本条与传统民法瑕疵担保责任的区别。

第一百一十二条【履行、补救措施后的损害赔偿】

当事人一方不履行合同义务或者履行合同义务不符合约定的，在履行义务或者采取补救措施后，对方还有其他损失的，应当赔偿损失。

本条是对第一百零九条、第一百一十条和第一百一十一条的补充规定。因为在适用第一百零九条金钱债务的强制履行、第一百一十条非金钱债务的强制实际履行及第一百一十一条瑕疵履行的违约责任的情形，都会有这样一个问题：如相对方当事人还受有其他损失怎么办？合同法草案曾经采取在上述各个条文增设一款予以规定的办法。如合同法第一个草案，规定瑕疵履行违约责任的条文（第一百四十五条），设有第二款："因瑕疵履行而给债权人造成人身或合同标的物以外的其他财产的损害的，应当承担损害赔偿责任。"合同法草案（征求意见稿），规定非金钱债务强制实际履行的条文（第八十四条），设有第二款："强制实际履行不影响当事人请求支付违约金或者赔偿损失。"为了避免重复，后删去上述条文的第二款，并设立本条，统一解决适用上述三项制度所可能遗留的损害赔偿问题。所以说，本条是前三项制度的补充规定。

本条条文"在履行义务或者采取补救措施后"，其中，所谓"履行义务"，是指依据第一百零九条履行金钱债务及依据第一百一十条强制履行非金钱债务；所谓"采取补救措施"是指依据第一百一十一条予以"修理""更换""重作""退货"或者"减少价款或者报酬"。条文"对方还有其他损失"一语，即指因债务人迟延履行或者瑕疵履行，致债权人的人身或者标的物之外的其他财产遭受的损害（损失）。依据本条，债权人的这些损失（损害），均应由债务人承担赔偿责任。

这里特别要谈到，瑕疵履行可能发生的"加害给付"。例如，买卖牛的合同，出卖人交付一头病牛，病牛不符合合同约定，属于瑕疵履行。如果这头牛患的是传染病，使买受人的其他的牛感染、死亡，这种情形，出卖人的瑕疵履行（交付病牛），就叫"加害给付"，买受人原有的其他牛的感染、死亡，就是"加害给付"给债权人造成的标的物之外的其他财产的损失。再如，供应食品的合同，出卖人交付食品不符合约定质量标准，构成"瑕疵履行"；如因该瑕疵食品致买受人及其家人患病、死亡，就构成"加害给付"，买受人及其家人患病、死亡，就是"加害给付"给买受人造成的人身损害。加害给付造成债权人的人身或者其他财产的损害，难于依据第一百一十一条关于瑕疵履行违约责任的规定获得赔偿，债权人可以依据本条请求债务人赔偿。

第一百一十三条【法定损害赔偿、不可预见规则】

当事人一方不履行合同义务或者履行合同义务不符合约定，给对方造成损失的，损失赔偿额应当相当于因违约所造成的损失，包括合同履行后可以获得的利益，但不得超过违反合同一方订立合同时预见到或者应当预见到的因违反合同可能造成的损失。

经营者对消费者提供商品或者服务有欺诈行为的，依照《中华人民共和国消费者权益保护法》的规定承担损害赔偿责任。

本条是关于法定损害赔偿的规定。损害赔偿（本法称为赔偿损失），是最主要、最常用的违约责任形式。本法将违约损害赔偿责任，区分为约定的损害赔偿与法定的损害赔偿：约定损害赔偿，包括违约金和约定损害赔偿的计算方法，规定在第一百一十四条；法定的损害赔偿，指在当事人既未约定违约金，也未约定损害赔偿金计算方法的情形，按照法定方法计算的损害赔偿（本条）。二者之间的适用顺序是：如果有约定的损害赔偿（当事人约定了违约金或者损害赔偿金计算方法），则应适用约定的损害赔偿；只在没有约定的损害赔偿（当事人既未约定违约金也未约定计算损害赔偿金的方法）时，才适用法定损害赔偿，即按照本条规定的计算方法计算损害赔偿金。

按照大陆法系民事立法和民法原理，所谓损害赔偿责任，目的在于填补受害人所受损害，属于补偿性损害赔偿，要求损害赔偿金额与受害人实际所受损害数额相当，不允许受害人获得超过实际损失（损害）的赔偿金。此与英美法有所不同。英美法不仅有补偿性损害赔偿（此与大陆法相同），更有惩罚性损害赔偿（此与大陆法不同）。所谓惩罚性损害赔偿，目的不是补偿受害人所受损害，而是对加害人进行惩罚。我国改革开放以来的立法，已经引入惩罚性损害赔偿制度。首先是 1993 年制定的消费者权益保护法关于“双倍赔偿”的规定（第四十九条），其次是 2008 年的食品安全法关于赔偿价款十倍的规定（第九十六条）。消费者权益保护法和食品安全法关于惩罚性赔偿的规定，与本条第一款关于补偿性损害赔偿（计算方法）的规定，构成特别法与普通法的关系。根据特别法优先适用原则，本条第二款明示应当优先适用消费者权益保护法（及食品安全法）关于惩罚性赔偿的规定。①

现在看本条第一款关于法定损害赔偿的规定。请特别注意条文前段，“当事人一方不履行合同义务或者履行合同义务不符合约定，给对方造成损失的，损失赔偿额应当相当于因违约所造成的损失”一句，明确表述了本条规定的损害赔偿的性质，属于补偿性损害赔偿，以填补因违约行为给对方当事人造成的损失（损害）为目的。“给对方造成损失”，是追究违约方损害赔偿责任的必要条件，同时也限定了本条的适用范围。“损失赔偿额应当相当于‘给对方造成损失’”，进一步明确本条法定损害赔偿的补偿性，及以违约所造成的损失作为法定损害赔偿的标准，损失多少即赔偿多少，多损多赔，少损少赔。

不仅如此，本款条文前段，还准确表述了违约损害赔偿责任的构成要件：“当事人一方不履行合同义务或者履行合同义务不符合约定”，即有“违约行为”；“给对方造成损失的”，即有“损害”；“损失赔偿额应当相当于因违约所造成的损失”强调违约行为与损害之间的“因果关系”。此即严格责任原则之下的违约损害赔偿“三要件”。顺便指出，教科书所谓违约责任三项构成要件，实质上是违约损害赔偿责任的三项构成要件，其他违约责任形式（如强制实际履行、瑕疵履行的违约责任、违约金责任等），均不须同时具备三项要件，仅有违约行为一项即可。

请看本款条文中段“损失赔偿额应当相当于因违约所造成的损失，包括合同履行后可以获得的利益”，这是关于损害赔偿的范围，亦即损害赔偿金计算标准的规定。“因违约所造成的损失”，即与违约行为存在因果关系的损失，这就是赔偿范围。亦即裁判实务中所说“实际损失”，因违约行为实际给对方造成的损失。

请注意，“实际损失”一语，在本法实施之前，最高人民法院在解释涉外经济合同法上的损害赔偿如何计算时，曾经将其解释为“现实财产的减少（财物的毁损和费用的支出）”，即现存财产的损失。本法实施以来，

---

① 2013年修改后的消费者权益保护法第五十五条规定：“经营者提供商品或者服务有欺诈行为的，应当按照消费者的要求增加赔偿其受到的损失，增加赔偿的金额为消费者购买商品的价款或者接受服务的费用的三倍；增加赔偿的金额不足五百元的，为五百元。法律另有规定的，依照其规定。”将原法第四十九条“双倍赔偿”即“一倍退款、一倍惩罚”，修改为“一倍退款、三倍惩罚”，并增加惩罚性赔偿金低限500元的规定，值得注意。

裁判实践和最高人民法院司法解释所说“实际损失”，是指因违约行为实际给对方造成的全部损失，包括对方原有（现存）财产的损失（财物毁损和费用支出），和可得利益损失。为避免将赔偿范围不适当地理解为“现存财产的损失”，条文特别强调“因违约所造成的损失，包括合同履行后可以获得的利益”。“合同履行后可以获得的利益”，简称“可得利益”。“因违约所造成的损失，包括合同履行后可以获得的利益”，这一句非常重要，不仅明确了法定损害赔偿的赔偿范围，而且明确了法定损害赔偿金的计算方法。即：“实际损失”等于“现存财产减少”加上“可得利益损失”。

顺便提及，本款关于违约损害赔偿责任的规定，完全符合大陆法系民法关于严格区分履行利益赔偿，与信赖利益（机会损失）赔偿的法理。作为违约责任主要责任形式的损害赔偿，所赔偿的是履行利益，即合同依约履行后对方所具有的利益；此外的损害赔偿（第四十二条、第四十三条缔约过失责任、第五十八条合同无效撤销的后果、第九十二条违反后契约义务、第九十七条合同解除的后果、第一百一十二条其他损失），所赔偿的是信赖利益（机会损失）。二者的区别在于，履行利益赔偿，包括可得利益；信赖利益赔偿，不包括可得利益。切不可混淆。

请注意本条第一款最后一句“但书”：“但不得超过违反合同一方订立合同时预见到或者应当预见到的因违反合同可能造成的损失。”此项规定在理论上称为“不可预见规则”。因为，按照本款规定的违约损害赔偿范围，包括现实财产的损失和可得利益的损失，有可能发生这样的情形，最后计算得出的损害赔偿金额，远远超过合同依约履行对方所可能获得的利益。例如，合同标的就几万元，如果依约履行，债权人不过获得几万元至多十几万元的利益，现在债务人违约，计算得出上百万元甚至几百万元的损害赔偿金。如果要求违约方全部赔偿，显然对违约方不公平，并且在当事人双方利益关系上也有失平衡。这种情形，就需要对损害赔偿金额进行限制。本款规定的违约损害赔偿范围，现实财产损失加上可得利益损失，可以说是损害多少赔偿多少，这是一般原则，但在特殊情形，计算得出的赔偿金额显然过高，让违约方承担太高的损害赔偿金，也不符合民法公平原则的要求，因此，依据不可预见规则对损害赔偿金额予以限制，这是例外。

按照条文可知，所谓不可预见规则，预见主体是“违反合同一方”，预见之时点为“订立合同时”，这就发生一个问题，违约方向法庭主张其在订立合同之时没有预见到自己一旦违约会给对方造成如此巨大的损失，应当如何举证？违约方于订立合同之时预见到或者预见不到，是违约方的主观心理状态，属于难于举证的事实，不应按照通常证据方法要求违约方举证。违约方依据不可预见规则主张减轻责任的抗辩即可。这种情形，法庭应当采用抽象的判断方法，即设想一个智力健全的有经验的当事人处于同样的情形，是否可以预见得到其一旦违约将会给对方造成如此巨大的损失。

质言之，由审理案件的法官按照社会生活经验，根据当事人之间的利益关系，对计算得出的损失金额，进行公平裁量。正如《国际商事合同通则》第7.4.4条的“注释”所说，不可预见规则“是一个弹性概念，它给法官留下一个较宽的自由裁量的范围”。法官自由裁量的结果，如认为计算得出的赔偿金额大体公平，即可以“可以预见”为由，不支持违约方的抗辩，而按照计算得出的金额判决违约方承担责任；如认为计算得出的赔偿金额显失公平，即可以“不可预见”为由，将计算得出的赔偿金额减至比较公平合理的数额。可见，不可预见规则的实质，是授权法庭以不可预见规则为法律根据，限制违约方的损害赔偿责任，使违约方不至于承担过重的（不合理）的赔偿责任，以维持当事人之间利益关系的平衡。而在实际违约诉讼中，不可预见规则之适用，须以违约方以抗辩方式主张为前提，法院不得依职权主动适用，自不待言。但对此不可过分拘泥。只要被告（违约方）于答辩状或者庭审中，表示“想不到”“金额太大”等意思，即应认为主张此项抗辩。于缺席审判情形，如法庭经公平裁量认为原告计算得出的赔偿金额显然过高，可推测被告一旦出庭将会主张此项抗辩，而直接适用不可预见规则，减少损害赔偿金额。

特补充说明，不可预见规则本属于英美法上的规则，大陆法系民法用来限制违约方所承担赔偿责任的是过失相抵规则。我国合同法之引进不可预见规则，始于1985年的涉外经济合同法。该法着重参考借鉴《联合国国际货物销售合同公约》（第74条第2句），创设不可预见规则，即第十九条：“当事人一方违反合同的赔偿责任，应当相当于另一方因此所受到的损失，但是不得超过违反合同一方订立合同时应当预见到的因违反合同可能造成的损失。”本法坚持涉外经济合同法的立法经验，规定不可预见规则和减损规则，不规定过失相抵规则。

顺便提及，依本法规定，不可预见规则之适用，不考虑违约方之是否属于故意或者重大过失。此与《联合国国际货物销售合同公约》（第74条）和《国际商事合同通则》（第7.4.4条）一致，而与《欧洲合同法通则》的规定不同。按照《欧洲合同法原则》（第9：503条）规定，违约方属于故意或者重大过失的，不得适用不可预见规则。

第一百一十四条【违约金】

当事人可以约定一方违约时应当根据违约情况向对方支付一定数额的违约金，也可以约定因违约产生的损失赔偿额的计算方法。

约定的违约金低于造成的损失的，当事人可以请求人民法院或者仲裁机构予以增加；约定的违约金过分高于造成的损失的，当事人可以请求人民法院或者仲裁机构予以适当减少。

当事人就迟延履行约定违约金的，违约方支付违约金后，还应当履行债务。

本条是关于违约金的规定。违约金与损害赔偿（金）均属于主要的违约责任形式。损害赔偿责任，前面已经谈到，有三项构成要件，即违约行为、损害、违约行为与损害之间有因果关系。请求损害赔偿金，须向法庭证明因违约使自己遭受损失及损失的数额，如果请求权人不能证明损失的存在及其数额，法庭将驳回其请求。违约金责任，仅以有违约行为为要件。请求违约金，请求权人无须证明因对方违约给自己造成损失及损失的数额。法庭只要查明合同约定了违约金且被告违约，即判决原告获得该约定的违约金。由此可见，相对于损害赔偿责任而言，违约金责任的优点有二：一是程序上非常简便；二是可以回避证明违约造成损失的存在及损失数额的困难。尤其第二点，对于那些损失难于证明、难于计算的合同种类而言，有更重大的意义。此是合同实践中违约金的运用日益普遍的原因。

大陆法系民法上的违约金，有赔偿性违约金与惩罚性违约金之分（英美法只认可赔偿性违约金）。赔偿性违约金，实际是双方当事人预先估计的损害赔偿总额，实质是约定的损害赔偿金。因此，受损害方当事人在获得赔偿性违约金之后，既不得再请求损害赔偿，也不得再请求实际履行债务。而惩罚性违约金，实质是双方当事人约定的对违约行为的制裁。因此，受损害方当事人在获得惩罚性违约金之后，还可以请求实际履行债务，或请求不履行的损害赔偿。基于赔偿性违约金与惩罚性违约金的区分，本条规定以赔偿性违约金为原则（第二款），以惩罚性违约金为例外（第三款）。

本条第一款规定，当事人可以约定一方违约时应当根据违约情况向对方支付一定数额的违约金。当事人在合同中约定违约金，可以约定一个固定金额，如约定违约方应向对方支付 5 万元的违约金；也可以约定计算违约金的标准，如约定每迟延一天应向对方支付合同总价千分之三的违约金。依照本款规定，当事人还可以在合同中约定损失赔偿额的计算方法。如果合同约定了损失赔偿额的计算方法，于庭审中，法庭不要求原告证明自己所受损失的金额，而直接按照合同约定的计算方法计算被告应承担的损害赔偿金额。

约定违约金与约定损害赔偿金计算方法的区别在于：约定违约金，如前所述，不要求原告证明损失的存在，即使违约未造成损失，原告也可以获得约定的违约金；约定损失赔偿额的计算方法，法庭仍要求原告证明损失之存在（只是不要求证明损失金额），如果违约未给原告造成损失，法庭将驳回原告的请求，而不理会合同约定的损失赔偿额计算方法。如合同中既约定了违约金也约定了损失赔偿额的计算方法，则相对方（原告）有权选择请求违约金或者请求依约定计算方法计算得出的损害赔偿金，自不待言。

前面已经谈到，无论合同约定的违约金属于赔偿性违约金抑或惩罚性违约金，均仅以有违约事实为执行违约金的条件，但在违约方根据合同免责条款或者法定免责事由主张免责抗辩的情形，法庭或者仲裁庭仍将免除其违约金责任。此外，鉴于赔偿性违约金属于约定的损害赔偿，有关限定损害赔偿责任的特别规则，如减损规则和损益相抵规则（但不包括不可预见规则），亦可适用于赔偿性违约金。

本条第二款规定："约定的违约金低于造成的损失的，当事人可以请求人民法院或者仲裁机构予以增加；约定的违约金过分高于造成的损失的，当事人可以请求人民法院或者仲裁机构予以适当减少。"实质是赋予违约方请求调整违约金的权利。如前所述，请求违约金，仅以合同约定了违约金且有违约事实为条件，而不考虑是否有损失，即使违约未造成损失，也可以获得约定的违约金。但从立法政策考虑，对于赔偿性违约金，如果约定的金额过分高于或者低于所造成的损失，将使双方当事人之间的利益关系失去平衡，有悖于民法公平原则的要求。且在改革开放以来的合同实践中，确有少数当事人利用经济上或者信息占有上的优势地位，滥用合同自由，通过约定高额违约金，为自己牟取不正当利益，而使违约金制度有发生异化之虞。因此，有必要设立对违约金数额进行调整的规则。合同法起草人参考法国民法典关于调整违约金的规定（第 1152 条第 2 款），创设本条第二款，规定违约方有权请求对过高或者过低的违约金进行调整。从合同法实施以来的实践看，本款规定对于纠正过高的违约金，维护双方当事人之间利益关系的平衡，贯彻民法公平原则，发挥了重要的规范功能，受到理论和实务界的充分肯定。

本条第二款条文，关于违约金的增减，明定“当事人可以请求”人民法院或者仲裁机构予以增减，与德国立法例相同。此种立法的特色，明定违约金调整属于债务人的权利，只在债务人提出调整违约金的请求时，法院才对约定违约金是否过高、过低予以审查；债务人不提出调整违约金的申请，应视为债务人放弃权利，法院不得依职权予以审查。按照《合同法解释（二）》第二十七条规定，当事人请求调整违约金，须采取反诉或者抗辩的方式提出请求。如当事人未以反诉或者抗辩方式提出请求，法庭不得依职权调整违约金。

本条第三款规定：“当事人就迟延履行约定违约金的，违约方支付违约金后，还应当履行债务。”这是关于惩罚性违约金的规定。前面已经谈到，本法规定的违约金，分为赔偿性违约金与惩罚性违约金，而以赔偿性违约金为原则，惩罚性违约金为例外。合同法第一个草案规定：“除当事人另有约定外，违约金视为预定的违约赔偿金”（第一百四十七条第一款），即明定惩罚性违约金属于例外，须由当事人特别约定。最终通过的条文，即本条，在技术处理上稍有不同，在第二款规定赔偿性违约金，在第三款规定惩罚性违约金，并且将惩罚性违约金限制在“迟延履行”的违约情形。换言之，仅针对“迟延履行”约定的违约金，如迟延一天支付总价千分之几的违约金，才是惩罚性违约金，除此之外的违约金，均属于赔偿性违约金。

按照第三款的规定，当事人针对迟延履行约定的违约金，属于惩罚性违约金，“违约方支付违约金后，还应当履行债务”。亦即明文规定惩罚性违约金与实际履行债务可以并用。条文虽然未提及惩罚性违约金可否与损害赔偿并用，按照民法原理，损害赔偿责任是由债务不履行转化而来，故应解释为：违约方支付违约金后，如债务可能履行，违约方还应当按照相对方的选择，实际履行债务或者支付不履行的损害赔偿金；如债务已陷于履行不能，则违约方应当支付不履行的损害赔偿金。

另外，如对第三款规定作反对解释，则应当得出下述论断：当事人针对“迟延履行”之外的违约情形约定的违约金，均属于赔偿性违约金，违约方支付赔偿性违约金后，不再实际履行债务或者支付损害赔偿金。亦即，赔偿性违约金不得与实际履行或者损害赔偿金并用。顺便提及，遇当事人一方利用优势地位，滥用合同自由，约定高额惩罚性违约金，谋取不正当利益的情形，相对方可根据本法第五十四条第（二）项关于“订立合同时显失公平”的规定，请求人民法院或者仲裁机构予以变更或者撤销，自不待言。

第一百一十五条【定金】

当事人可以依照《中华人民共和国担保法》约定一方向对方给付定金作为债权的担保。债务人履行债务后，定金应当抵作价款或者收回。给付定金的一方不履行约定的债务的，无权要求返还定金；收受定金的一方不履行约定的债务的，应当双倍返还定金。

本条是关于定金担保的规定。现今民法上的定金，依据其效力不同，分为：（1）证约定金，即以定金之交付作为合同成立之证据，德国、瑞士民法上的定金，属于证约定金；（2）解约定金，即以定金作为解除契约之代价，法国、日本民法上的定金，即是解约定金；（3）违约定金，即以定金作为违约损害赔偿之预定，交付定金一方违约，丧失定金，收受定金一方违约，应双倍返还定金。因定金之交付，均有证明合同成立的功能，故违约定金兼有证约定金的作用。我国台湾地区民法上的定金，即是违约定金。

特别应注意，本条不仅规定当事人可以采用定金担保，并且明确规定定金的性质。请看条文第三句，“给付定金一方违约，无权要求返还定金；收受定金一方违约，应双倍返还定金”，这是认定我国合同法上的定金属于违约定金的法律根据。违约定金，属于当事人预先约定的违约赔偿金，与赔偿性违约金性质相同。有鉴于此，本法第一百一十六条进一步明确规定，定金与违约金不得并用。

第一百一十七条【不可抗力】

因不可抗力不能履行合同的，根据不可抗力的影响，部分或者全部免除责任，但法律另有规定的除外。当事人迟延履行后发生不可抗力的，不能免除责任。

本法所称不可抗力，是指不能预见、不能避免并不能克服的客观情况。

本条是关于不可抗力免责的规定。近现代民法，认可不可抗力为法定免责事由。我国1981年的经济合同法，即有关于不可抗力免责的规定(第三十四条)。1986年制定民法通则第一百零七条规定不可抗力免责，第一百五十三条规定不可抗力定义。此项定义，遂成为裁判实务的判断标准，并获得学术界的肯定。民法总则制定时，将不可抗力免责的规定与不可抗力定义合并规定在第一百八十条。民法总则第一百八十条与合同法本条构成一般法与特别法的关系，请予注意。本条第一款第一句规定不可抗力免责的原则：因不可抗力不能履行合同义务的，可根据不可抗力的影响，部分或者全部免除违约方的责任。但此项原则，设有例外，即“法律另有规定的除外”。第一款第二句规定，“当事人迟延履行后发生不可抗力的，不能免除责任”，即属于第一句规定的不能免责的例外之一。

本条第二款规定关于“不可抗力”定义，实际是沿用民法通则的定义。所谓不可抗力，是指“客观情况”，不包括人的行为在内；但并非一切客观情况均属于不可抗力，仅其中“不能预见、不能避免并不能克服”的客观情况，才属于不可抗力；所谓“不能预见、不能避免并不能克服”，是指包括当事人在内的社会一般人不能预见、不能避免并不能克服。社会一般人能够预见、能够避免并能够克服，而仅当事人不能预见、不能避免并不能克服的客观情况，不构成不可抗力。本法第一百一十八条进一步规定，当事人主张不可抗力免责，应当及时通知对方并在合理期限内提供证明。

第一百一十九条【减轻损害规则】

当事人一方违约后，对方应当采取适当措施防止损失的扩大；没有采取适当措施致使损失扩大的，不得就扩大的损失要求赔偿。

当事人因防止损失扩大而支出的合理费用，由违约方承担。

本条是关于减损规则的规定。依据本条，合同当事人一方违约后，对方当事人即有采取适当措施防止损失扩大的义务，理论上称为“减损义务”。对方当事人未履行此项减损义务导致损失扩大的，不得就扩大的损失要求违约方赔偿。换言之，此扩大的损失应由对方当事人自己负担。对方当事人履行此项“减损义务”，采取适当措施防止损失扩大，其所支出的合理费用，当然应由违约方承担。至于所采取的措施是否“适当”，及其支出的费用是否“合理”，应根据合同种类、性质及交易习惯进行判断，自不待言。

按照民法原理，减轻损失规则的目的，在于限制损害赔偿金数额，避免赔偿义务人承担过重的赔偿责任，以维护双方当事人利益关系的平衡。须注意，对方当事人根据减损规则负有的“减损义务”，并不符合“义务”概念的本义。民法所谓“义务”，是指对于他人的义务。任何人均不可能对自己负有义务。所谓“减损义务”，是用来描述违约受害方依据减损规则所应为行为的习惯用语，不是真正的“义务”。故违约方无权请求对方当事人履行“减损义务”，违反“减损义务”的后果，只是违约方对扩大的损失不予赔偿。

须补充说明，减损规则（Mitigation），本属于英美法上的制度。大陆法系民法无所谓减损规则，同样的情形被纳入过失相抵规则。在英美法，过失相抵规则（与有过失 contributory negligence）适用于侵权责任，而减损规则（Mitigation）适用于违约责任。中国民法属于大陆法系，改革开放初期的民法理论认为，过失相抵规则应同样适用于违约责任和侵权责任。1985 年制定涉外经济合同法，出于与国际公约和国际惯例接轨的考虑，起草人参考借鉴《联合国国际货物销售合同公约》，规定了减损规则（第二十二条）和不可预见规则（第十九条），而未规定过失相抵规则。1986 年的民法通则，第六章民事责任，其中第二节违反合同的民事责任，第一百一十四条规定减损规则，却未规定过失相抵规则，而在第三节侵权的民事责任，第一百三十一条规定过失相抵规则。1993 年开始制定合同法，民法学者拘于大陆法系传统理论，建议废弃民法通则和涉外经济合同法的“减损规则”，恢复规定过失相抵规则。合同法草案修改讨论过程中，试图采纳《国际商事合同通则》的折中方案，“并行规定”减损规则和过失相抵规则，但最终放弃了这一方案，仍坚持涉外经济合同法和民法通则的立场。

第一百二十一条【合同相对性】

当事人一方因第三人的原因造成违约的，应当向对方承担违约责任。当事人一方和第三人之间的纠纷，依照法律规定或者按照约定解决。

本条规定合同当事人为自己一方的第三人负责原则，亦即民法理论上所谓“合同的相对性原则”。条文所说“第三人”，不是一般意义上的第三人（即合同关系之外的任何人），而是指与合同当事人一方有某种法律关系的第三人。例如，合同一方当事人的雇员、职工、下属机构、上级机关、受托人、代理人、合作伙伴、产品（及材料、设备、配件）供应商等。总之，这个“第三人”应与合同当事人一方有某种法律关系，这样的“第三人”的原因导致合同当事人一方违约，才应当适用本条。如果与合同当事人没有任何关系的、毫不相干的第三人的原因，导致合同当事人一方违约，可能涉及侵权责任问题，应适用侵权责任法的有关规定，而与本条无关。

改革开放初期，由于经济体制的原因，经常发生企业上级主管机关干预企业经营活动导致企业违约的案件，于是提出这样一个法律问题：该违约企业可否以上级机关的原因导致合同不能履行为由主张免责？为此，1981 年的经济合同法专设第三十三条规定：上级机关的原因造成合同不能履行的，该上级机关应当承担责任，但应“先由违约方按照规定向对方偿付违约金或赔偿金”，然后由应负责任的上级机关负责处理。合同法制定时，因为向市场经济转轨，企业作为独立市场主体和民事主体的法律地位已经确立，上级机关干预企业经营活动的现象显著减少，但又发生对司法的“行政干预”和“地方保护主义”问题。受到“行政干预”和“地方保护主义”影响的法院，审理追究本地企业违约责任的案件时，滥用程序法上的第三人制度，依职权将与本地企业（违约方）有合同关系的外地企业（如原材料供应商）作为第三人纳入诉讼，并判决作为第三人的该外地企业（如原材料供应商）承担责任，而本地企业（违约方）不承担责任。

这样的判决，当然是错误的、违法的。有鉴于此，合同法起草人总结经济合同法实施以来的裁判实践经验和教训，根据合同相对性（债的相对性）原理，对经济合同法第三十三条进行改造，创设本条，规定合同当事人为自己一方第三人负责的规则。

第一百二十二条【责任竞合】

因当事人一方的违约行为，侵害对方人身、财产权益的，受损害方有权选择依照本法要求其承担违约责任或者依照其他法律要求其承担侵权责任。

本条是关于违约责任与侵权责任竞合的规定。近现代民法，关于侵权责任与违约责任的关系，有承认竞合与不承认竞合两种立法例：（1）不承认竞合的立法例。其理论依据，是所谓“法条竞合说”。此说否认所谓“责任竞合”，认为只存在不同法律条文的“竞合”。认为违约责任所违反的是特别义务，侵权责任所违反的是一般义务，如同一行为既违反合同法也违反侵权法，应当依据特别法优先适用原则，适用合同法关于违约责任的规定，而不应适用侵权法关于侵权责任的规定。（2）承认竞合的立法例。根据承认竞合的学说，一个案件事实既符合侵权责任的构成要件，也符合违约责任的构成要件时，构成侵权责任与违约责任的竞合，当事人可以选择依据合同法追究违约责任（违约责任请求权），或者依据侵权法追究侵权责任（侵权责任请求权）。

在承认责任竞合的前提下，作为承认责任竞合的理论依据，又有两种：一是请求权竞合说。此说认为，在发生侵权责任与违约责任竞合的情形，存在两个相互独立的请求权（违约责任请求权与侵权责任请求权），权利人有权选择其一行使，选择行使任一请求权达到目的，则另一请求权因而消灭。二是请求权基础（规范）竞合说。此说认为，在发生侵权责任与违约责任竞合的情形，并不存在两个相互独立的请求权，只存在一个请求权（即损害赔偿请求权），而有两个法律规范作为该请求权的基础（依据）。如案件事实同时符合违约责任和侵权责任的构成要件时，只存在一个损害赔偿请求权，权利人可以选择合同法关于违约责任的规定作为请求权基础，也可以选择侵权法关于侵权责任的规定作为请求权基础。选择其一请求权基础之后，不得再选择另一个请求权基础。须特别说明，上述两种理论的差别，属于同一法律方案的不同解释，对当事人起诉和法庭裁判结果并无影响。

合同法制定时，起草人考虑到，同一案件事实符合违约责任和侵权责任构成要件的情形较为常见，而两种责任在归责原则、赔偿范围、过失相抵、免责约款等方面有差异。违约责任为严格责任，侵权责任有过错责任（包括推定过错）和无过错责任；违约责任承认免责约款，侵权责任不承认免责约款；违约责任赔偿可得利益，侵权责任只赔偿实际损失；违约责任一般不赔偿精神损害，侵权责任可以赔偿精神损害；违约责任不适用过失相抵，侵权责任适用过失相抵。不同选择，得到的结果不同。认可当事人有权选择，符合意思自治原理和处分原则。因此，设立本条规定，承认违约责任与侵权责任竞合，赋予当事人“选择权”。当事人“有权选择”依照合同法追究违约责任，或者依照侵权法追究侵权责任。至于依据本条规定，是产生一个请求权，抑或产生两个请求权？其理论基础是请求权竞合说，抑或是请求权规范竞合说？因对本条之适用及裁判结果没有实质影响，立法机关无须表态，而留给学说解释。

第一百二十三条【特别法优先适用原则】

其他法律对合同另有规定的，依照其规定。

本条是关于特别法优先适用原则的规定。本法为合同普通法，其他法律关于合同的规定，相对于本法而言，属于特别法。法庭审理的合同案件，如其他法律有规定，应当优先适用其他法律的规定，其他法律没有规定，则应当适用本法。

第一百二十四条【无名合同】

本法分则或者其他法律没有明文规定的合同，适用本法总则的规定，并可以参照本法分则或者其他法律最相类似的规定。

本条是关于无名合同如何适用法律的规定。依据合同自由原则，当事人可以约定千奇百怪的合同，法律上不可能也不必要一一详细规定。本法只是规定了15种合同类型，另外有一些合同类型由特别法规定。本法和特别法规定的合同类型，称为有名合同，现实生活中存在的、法律上没有规定的合同类型，称为无名合同。这就发生无名合同如何适用法律的问题。因此，起草人设立本条规定，无名合同应“适用本法总则的规定，并可以参照本法分则或者其他法律最相类似的规定”。

第一百二十五条【合同解释规则】

当事人对合同条款的理解有争议的，应当按照合同所使用的词句、合同的有关条款、合同的目的、交易习惯以及诚实信用原则，确定该条款的真实意思。

合同文本采用两种以上文字订立并约定具有同等效力的，对各文本使用的词句推定具有相同含义。各文本使用的词句不一致的，应当根据合同的目的予以解释。

本条规定合同解释规则。合同解释，即对于合同的内容含义所作的解释。合同之所以需要解释，最根本的原因在于语言文字的多义性。由于此多义性，使合同所使用的文字词句可能有不同的含义，不经解释不能判明其真实意思。当事人的文化水平所限及法律知识欠缺，也往往造成合同中的用词不当，使双方真实意思难以明确表达。有的当事人出于规避法律或其他不正当目的，故意使用不适当的文字词句，掩盖当事人的真实意思。因此，法院在审理案件时，往往需要先对合同的内容进行解释。虽然在诉讼中当事人双方往往提出各自不同的解释，但最终作为判决的事实依据的，是法庭所作的解释。法律上所谓合同的解释，仅指法庭所作的解释。

解释合同，目的在探求当事人于合同中所表示的真意。现代民法关于合同解释，采介于意思主义与表示主义之间的折中主义。一方面，应探求合同当事人之真意；另一方面，又不可拘泥于合同所使用之词句。

合同属于一种法律行为，合同解释属于法律行为解释。因民法通则关于法律行为解释未设规定，此前的三个合同法亦未规定合同解释规则，裁判实践中常见因解释不当导致错误判决的事例。因此，起草人专设本条规定合同解释规则。

本条规定：“当事人对合同条款的理解有争议的，应当按照合同所使用的词句、合同的有关条款、合同的目的、交易习惯以及诚实信用原则，确定该条款的真实意思。”其中，所谓按照合同所使用的词句解释，即文义解释；按照合同的有关条款解释，即整体解释；按照合同的目的解释，即目的解释；按照交易习惯解释，即习惯解释；按照诚实信用原则解释，即诚信解释。此外，本法第四十一条还规定了关于格式合同条款的特殊解释规则（公平解释）。

附录3 中国合同制度：从“三法并立”走向统一合同法[①]

一、改革开放之前的合同制度

1949年中华人民共和国成立后，鉴于多种经济成分[②]的存在，人民政府要加强农村与城市的联系，加强国营经济的领导作用，建立统一的国内市场，不能不提倡自由的国内贸易，因此需要利用合同制度。1950年9月27日，当时的政务院公布《机关、国营企业、合作社签订合同暂行办法》。这是中华人民共和国第一个合同法规，只适用于社会主义经济内部。[③]

至20世纪50年代末期，中国完成了对私营工商业和个体农业的社会主义改造，消灭了私营经济，建立了单一公有制的计划经济体制，商品交换关系被全面的计划调拨和计划分配所取代，国家采用指令性计划和行政手段管理社会经济活动，[④] 使合同制度失去存在基础。特别是在文化大革命时期，商品生产和商品交换完全被否定，农户的自留地被没收，家庭副业被禁止，农村集市被关闭，最终导致合同制度的消亡。[⑤]

二、改革开放初期的合同法

1976年中国结束了“文化大革命”的动乱时期。1978年12月的中国共产党十一届三中全会决定实行改革开放，发展商品生产和商品交换，合

① 本文完成于2007年7月25日。

② 包括国营经济、合作社经济、私营经济、公私合营经济及个体经济。

③ 这一法规，决定了当时中国合同制度的基本特征：（1）合同是法人之间关于其业务行为所订立的；（2）合同签订后要报告上级机关；（3）发生合同纠纷先由上级机关处理，然后才可以向法院起诉。

④ 如1951年1月4日中央财经委员会《关于统购统销棉纱的决定》；1953年11月23日政务院《关于实行粮食的计划收购和计划供应的命令》；1954年9月14日政务院《关于实行棉布计划收购和计划供应的命令》和《关于实行棉花计划收购的命令》。

⑤ 参见《谢怀栻法学文选》，中国法制出版社2002年版，第186～188页。

同制度重新受到重视。① 1981 年 3 月 6 日，国家经济委员会重新修订公布的《工矿产品合同试行条例》，将“市场需要”与国家计划并列为订立合同的根据，并且未规定签订合同应经上级机关批准或者向上级机关报告，承认了国营企业可以脱离计划而订立合同，使计划外的合同关系取得了合法地位。可见，中国合同制度，有了不同于 20 世纪 50 年代的合同制度的重大变化。

《工矿产品合同试行条例》属于部委规章，其法律效力较低，② 不能适应改革开放和发展市场经济的要求。1981 年 12 月 13 日，第五届全国人民代表大会第四次会议通过经济合同法，③ 自 1982 年 7 月 1 日起施行。这是中华人民共和国第一部合同法，适用于国内的经济合同关系，共 7 章 57 条。④ 从“经济合同”名称的采用，到强调按照国家计划订立、履行合同，规定经济合同管理机关拥有确认合同无效的权力，及采用行政性经济合同仲裁，可以看出经济合同法深受苏联经济法学理论的影响。

1985 年 3 月 21 日，第六届全国人民代表大会常务委员会第十次会议通过涉外经济合同法，⑤ 自 1985 年 7 月 1 日起施行。本法适用于中国的企业或其他经济组织同外国的企业、其他经济组织或个人之间的经济合同，但不适用于国际运输合同。⑥ 由于对外经济贸易关系的特殊性质，决定了该法不可能以苏联经济法学理论为根据。除法律名称保留了“经济合同”

---

① 1979 年 4 月 20 日国家基本建设委员会发布《关于基本建设推行合同制的意见》；1979 年 8 月国家经济委员会等发布《关于管理经济合同若干问题的联合通知》；1981 年 3 月国家经济委员会重新修改公布《工矿产品合同试行条例》。

② 按照中国立法体制，全国人民代表大会及其常务委员会制定的规范性文件称为“法律”，国务院制定的规范性文件称为“行政法规”，国务院下属部门制定的规范性文件称为“部委规章”，各地方人民代表大会制定的规范性文件称为“地方性法规”，人民法院审理民事案件可以“法律”和“行政法规”为裁判依据，审理刑事案件只能以“法律”为裁判依据。

③ 包括第一章总则；第二章经济合同的订立和履行；第三章经济合同的变更与解除；第四章违反经济合同的责任；第五章经济合同纠纷的调解和仲裁；第六章经济合同的管理；第七章附则。共 47 条。

④ 依据该法第五十六条的规定，国务院陆续制定了 7 个经济合同条例。

⑤ 包括第一章总则；第二章合同的订立；第三章合同的履行和违反合同的责任；第四章合同的转让；第五章合同的变更、解除和终止；第六章争议的解决；第七章附则。共 43 条。

⑥ 1992 年 11 月 7 日公布、1993 年 7 月 1 日起施行的海商法，其中第四章规定海上货物运输合同，第五章规定海上旅客运输合同。

概念，整部法律的结构、基本原则和内容，主要是参考英美契约法和《联合国国际货物销售合同公约》（CISG）。

1986 年 4 月 12 日，第六届全国人民代表大会第四次会议通过民法通则，① 自 1987 年 1 月 1 日起施行。民法通则的第一、二、三、四、七章的内容，相当于民法典的总则编，第五章是对物权、债权、知识产权和人格权的概括性规定。值得注意的是，该法第八十五条规定："合同是当事人之间设立、变更、终止民事关系的协议。"采用了"合同"这一民法概念，抛弃了在中国沿用 30 年之久的"经济合同"概念，并且切断了合同与国家计划的联系。这是中国合同法的一大转折。②

1987 年 6 月 23 日，第六届全国人民代表大会常务委员会第二十一次会议通过技术合同法，③ 自同年 11 月 1 日起施行。该法适用于法人之间、法人和公民之间、公民之间就技术开发、技术转让、技术咨询和技术服务所产生的合同关系，但不适用于当事人一方是外国的企业、其他组织或者个人的合同关系。值得注意的是，这一法律在承认"合同自由"的基础上，正式将个人之间的技术合同关系纳入法律规定的范围，是中国实行技术商品化政策的法律根据，具有重要意义。

鉴于中国未有民法典，民法通则具有相当于民法典总则编的地位，而经济合同法、涉外经济合同法和技术合同法，则相当于民法典债权编的内容。中国在经历近 30 年的曲折之后，终于有了自己的合同法律制度，但三部合同法相互独立、互不统率，构成"三法并立"的格局。④

"三法并立"的合同法，不能适应建立全国统一的大市场和统一市场交易规则的要求。三个合同法所采用的法律概念、基本原则和结构体例，

---

① 包括第一章基本原则；第二章公民（自然人）；第三章法人；第四章民事法律行为和代理；第五章民事权利；第六章民事责任；第七章诉讼时效；第八章涉外民事关系的法律适用；第九章附则。共 156 条。

② 参见《谢怀栻法学文选》，中国法制出版社 2002 年版，第 198 页。

③ 第一章总则；第二章技术合同的订立、履行、变更和解除；第三章技术开发合同；第四章技术转让合同；第五章技术咨询合同和技术服务合同；第六章技术合同争议的仲裁和诉讼；第七章附则。共 55 条。

④ 除三个合同法外，其他民商事法律、法规中也有属于合同制度的规定，例如，海商法有关于海上货物运输合同、海上旅客运输合同、船舶租用合同、拖航合同、海上保险合同的规定。

互不协调。① 尤其经济合同法制定于80年代初，较多地反映计划经济体制的要求，如强调国家指令性计划，对当事人合同自由限制过多，由专门的合同管理机关对合同的订立、履行进行监督管理，及合同管理机关可以确认合同无效等，日益与发展市场经济的实践发生冲突。因此，随着改革开放和市场经济的发展，提出实现中国合同法的统一化和现代化的要求。

三、统一合同法的制定

早在1987年，中国立法机关就已经意识到经济合同法与其他两部合同法和民法通则的不协调，决定修改经济合同法。② 经济合同法修改工作经过若干曲折，产生过几个修改草案。1992年春邓小平视察南方谈话公开发表，③ 最终确定中国改革开放的目标是建立社会主义市场经济体制，促使经济合同法修订工作的进度加快。曾经打算将经济合同法修订成为合同法总则，一举解决合同法的统一问题，因此在1993年春产生过一个名为"中华人民共和国合同法"的修改草案。此后，考虑到通过经济合同法的修订不可能解决市场经济条件下的合同法统一问题，于是放弃了这一方案，决定将经济合同法的修订和合同法的统一问题分开。

1993年9月2日，第八届全国人民代表大会常务委员会第三次会议通过《关于修改〈中华人民共和国经济合同法〉的决定》。该决定对经济合同法作了如下重要修改：（1）变更立法目的。将该法"立法目的"，由原来的"保证国家计划的执行"，修改为"保障社会主义市场经济的健康发展"，并删去诸如订立合同必须符合国家计划及违反国家计划的合同无效等规定；（2）扩大适用范围。将本法适用范围扩大到"平等民事主体的法人、其他经济组织、个体工商户、农村承包经营户"相互之间的经济合

---

① 如经济合同法和涉外经济合同法采用"经济合同"概念，而技术合同法采用"合同"概念；经济合同法规定的基本原则是"平等互利、协商一致、等价有偿"，涉外经济合同法是"平等互利、协商一致"，技术合同法是"自愿平等、互利有偿和诚实信用"；经济合同法和技术合同法均有"分则"规定，而涉外经济合同法并无"分则"规定；关于违约责任原则，经济合同法实行过错责任，而涉外经济合同法和技术合同法均实行严格责任。

② 1987年由当时的国家经济委员会和国家工商行政管理局牵头成立"经济合同法修改小组"。

③ 邓小平视察南方谈话有三个要点：其一，社会主义也有市场，资本主义也有计划，"姓社姓资"不要再争论；其二，让一部分人、一部分地区先富起来；其三，中国经济体制改革的目标是建立社会主义市场经济体制。

同，但仍不包括自然人之间的合同和消费者合同；（3）扩大合同自由，减少行政干预。特别表现在删去由合同管理机关确认合同无效的规定；（4）变更纠纷解决方式。将原规定仲裁为解决争议必经程序，经两次仲裁不服才能向法院起诉，改为由当事人选择仲裁或者诉讼，一旦选择仲裁即不得向法院起诉，并规定仲裁裁决有终局效力。

经济合同法的修订，只是使该法与市场经济体制不相适应的状况有所改善，不可能解决中国合同法的统一、完善和现代化问题。改革开放的深入和市场经济体制的确立，要求统一市场交易规则，要求从法律规则中剔除反映计划经济体制本质特征和旧的民法理论的内容，要求采纳反映现代市场经济客观规律的共同规则，要求采纳市场经济发达国家和地区成功的立法经验和判例学说，要求与国际公约和国际惯例协调一致，要求兼顾经济效率和社会正义、兼顾交易安全和交易便捷，要求实现合同法的统一化、现代化，并尽可能增强法律的可操作性。

1993年10月，在《关于修改〈中华人民共和国经济合同法〉的决定》通过后不久，立法机关适时地将统一合同法的制定提上立法日程，委托学者专家①设计了《合同法立法方案》，② 于1995年1月产生了由12个

---

① 中国政法大学江平教授、中国社会科学院法学研究所梁慧星研究员、中国人民大学王利明教授、烟台大学郭明瑞教授、吉林大学崔建远教授和中国社会科学院法学研究所张广兴研究员、最高人民法院李凡法官、北京市高级人民法院何忻法官。

② 该立法方案规定如下“指导思想”：（1）从中国改革开放和发展社会主义市场经济，建立全国统一的大市场及与国际市场接轨的实际出发，总结中国合同立法、司法实践经验和理论研究成果，广泛参考借鉴市场经济发达国家和地区立法的成功经验和判例学说，尽量采用反映现代市场经济客观规律的共同规则，并与国际公约和国际惯例协调一致；（2）充分体现当事人意思自治，在不违反法律和公序良俗的前提下，保障当事人享有充分的合同自由，不受行政机关及其他组织的干预。非基于重大的正当事由，不得对当事人的合同自由予以限制；（3）考虑到本法制定和实施的时代特点，本法应能适应中国建成社会主义市场经济后对法律特征的要求，同时应兼顾目前由计划经济体制向市场经济体制过渡时期的特点，但对落后的现实不应迁就；（4）本法在价值取向上应兼顾经济效率与社会公正、交易便捷与交易安全。即在拟定法律规则时，既要注重有利于提高效率，促进生产力发展，又要注重维护社会公益，保护消费者和劳动者权益，维护市场经济的道德秩序，不允许靠损害国家、社会利益，损害消费者和劳动者而发财致富；既要体现现代化市场经济对交易便捷的要求，力求简便和迅速，又不可因此损及交易安全，应规定必要的形式和手续；（5）应注重法律的规范性和可操作性，条文繁简适当，概念尽量准确，有明确的适用范围、构成要件和法律效果，以便于正确适用。

单位①的学者起草的《中国合同法建议草案》,② 在此基础上经过六年的修改，终于在 1999 年 3 月 15 日的第九届全国人民代表大会第二次全体会议上获得通过，自同年 10 月 1 日起生效，原经济合同法、涉外经济合同法和技术合同法同时废止。中国终于有了一部统一的、现代化的，既符合中国实际又与国际接轨的合同法。

合同法包括总则 8 章：即第一章一般规定；第二章合同的订立；第三章合同的效力；第四章合同的履行；第五章合同的变更和转让；第六章合同的权利义务终止；第七章违约责任；第八章其他规定；分则 15 章：即第九章买卖合同；第十章供用电、水、气、热力合同；第十一章赠与合同；第十二章借款合同；第十三章租赁合同；第十四章融资租赁合同；第十五章承揽合同；第十六章建设工程合同；第十七章运输合同；第十八章技术合同；第十九章保管合同；第二十章仓储合同；第二十一章委托合同；第二十二章行纪合同；第二十三章居间合同。共 428 条。

四、统一合同法的特色

1. 统一合同法，反映建立全国统一的大市场的要求，结束了“三法并立”的局面，实现了交易规则的统一。三个合同法是改革开放初期由不同的行政部门牵头起草的，分别规范不同的合同关系，相互间缺乏协调一致：（1）关于合同概念，两个法律使用经济合同概念，而技术合同法却没有使用经济合同概念，照理它应当叫技术经济合同法，这是概念不一致；（2）关于违约责任，经济合同法采过错责任原则，涉外经济合同法和技术合同法采严格责任原则，这是责任原则不一致；（3）关于合同主体，经济合同法是法人、其他经济组织、个体工商户、农村承包户，涉外经济合同法是企业、其他经济组织、外国的个人，技术合同法是法人之间、法人和公民之间、公民之间，这是主体不一致；（4）关于基本原则，经济合同法和涉外经济合同法是“平等互利、协商一致”原则，技术合同法是“自愿平等、互利有偿”和诚实信用的原则，这是基本原则不一致；（5）关于合

① 即北京大学、中国人民大学、吉林大学、中国政法大学、武汉大学、烟台大学、中南财经政法大学、西南政法大学、华东政法学院、西北政法学院、对外经济贸易大学和中国社会科学院法学研究所。

② 1994 年 11 月，12 个单位分头起草的条文汇总，由法制工作委员会委托梁慧星、张广兴、傅静坤三人统稿完成合同法建议草案，共 34 章 528 条，于 1995 年 1 月正式提交法制工作委员会。

同订立的形式，经济合同法至少认可即时清结的合同可以采取口头形式，而涉外经济合同法和技术合同法根本不认可口头形式，这是合同形式不一致；（6）关于法律结构，经济合同法和技术合同法是大陆法风格，即采取“总则——分则”结构，而涉外经济合同法是英美法风格，只有“总则”没有“分则”，这是风格不一致。统一合同法抛弃了“经济合同”概念，不区分国内合同、涉外合同、商事合同和民事合同，包括自然人、法人、非法人组织一切主体，调整范围涵盖一切合同关系，规定严格责任原则，实现了交易规则的统一。

2. 统一合同法，剔除了经济合同法、涉外经济合同法和技术合同法反映计划经济体制的内容，使法律规则符合社会主义市场经济的性质和要求。例如，“经济合同”概念，是从苏联拉普捷夫的现代经济法学派继受而来，本属于计划经济的产物。“经济合同”的特征：一是所谓“主体的特殊性”，即经济合同主体只能是所谓“社会主义经济组织”；二是所谓“计划性特征”，即经济合同是严格按照国家计划签订的合同。这一概念正好体现了计划经济体制的单一公有制和指令性计划的本质特征。随着改革开放和市场经济的发展，中国社会经济生活已经发生了根本性变化，已经由单一公有制的计划经济转变为多种所有制形式并存的社会主义市场经济，除国有企业外，有合资企业、外资企业、私人企业、合伙企业、个体工商户和个体农户。国家实行指令性计划管理的商品不超过10种，数万种商品的99.9%以上，都完全由当事人自由缔结合同，不受国家计划管制。因此，“经济合同”概念在立法上已经失去意义。统一合同法抛弃了反映计划经济体制本质特征的“经济合同”概念，明文规定以保护当事人合法权益为立法目的，规定反映市场经济本质特征的合同自由原则、公平原则和诚实信用原则，不规定合同管理、合同管理机关和合同管理机关对合同的监督，不规定行政制裁措施，符合了市场经济的本质特征。至于国家对市场经济的宏观调控和必要的行政管理，则应当在行政性法律法规中规定，自不待言。

3. 统一合同法，从中国改革开放、发展社会主义市场经济、建立全国统一的大市场和与国际市场接轨的实际出发，广泛参考借鉴发达国家和地区成功的立法经验和判例学说，采纳了现代合同法的各项新规则和新制度。例如，缔约过失责任（第四十二条）；附随义务（第六十条第二款）；后契约义务（第九十二条）；同时履行抗辩权（第六十六条）和不安抗辩权（第六十八条、第六十九条）；表见代理（第四十九条）和法定代表人的越权行为（第五十条）；无权处分行为（第五十一条）；要约承诺规则

（第十三至三十五条）；规定合同的成立以不要式为原则，以要式为例外（第十条）；合同中的免责条款原则上有效，例外无效（第五十三条）；借鉴英美法上的预期违约制度，规定拒绝履行立即发生解除权［第九十四条第（二）项］和违约责任（第一百零八条）；强制实际履行规则（第一百一十条）；合同的相对性原则（第一百二十一条）；违约责任请求权与侵权责任请求权的竞合（第一百二十二条）；无名合同的法律适用原则（第一百二十四条）；合同解释规则（第一百二十五条）；买卖合同的风险负担转移原则（第一百四十二至一百四十九条）；规定出卖人的瑕疵担保责任（第一百五十条）；承揽人的留置权（第二百六十四条）和建设工程承包人的法定抵押权（第二百八十六条）等。规定了各种新的合同，如赠与合同（第十一章）、融资租赁合同（第十四章）、委托合同（第二十一章）、行纪合同（第二十二章）、居间合同（第二十三章）等。

4. 统一合同法，在价值取向上兼顾经济发展和社会公正，强调对消费者和劳动者的特殊保护；既注重有利于提高效率，促进生产力发展，又注重维护社会公益，保护消费者和劳动者权益，维护市场经济的道德秩序，不允许靠损害国家、社会利益、消费者和劳动者牟利。例如，规定了对格式合同的规制手段（第三十九至四十一条）；预先免除人身伤害责任、免除故意和重大过失责任的免责条款无效（第五十三条）；买卖不破租赁原则（第二百九十二条）；房屋租赁合同承租人的先买权（第二百三十条）；房屋租赁合同承租人死亡后共同居住人的租赁权（第二百三十四条）；分期付款买卖合同的买受人迟延支付达到全部价款 1/5，出卖人才能行使解除权（第一百六十七条）；具有救灾、扶贫等社会公益或道德义务性质的赠与合同不得撤销，受赠人可以请求强制执行（第一百八十六条第二款、第一百八十八条）等制度。

5. 统一合同法，总结整理改革开放以来的立法经验和司法经验，凡民法通则、三个合同法经实践证明是正确、合理的制度和规则均予以保留，将司法实践中创设的合理的解释性规则和判例规则，上升为法律规定。例如合同法总则的公平原则、诚实信用原则、合同定义、合同权利义务转让均以民法通则的规定为基础；合同法分则以三个合同法及其实施条例为基础；规定违约损害赔偿包括可得利益（第一百一十三条），是采纳人民法院的司法经验；规定免除人身伤害责任的免责条款无效（第五十三条），是采纳天津市塘沽区人民法院关于工伤概不负责约款判决所确立的裁判规则。

6. 统一合同法，针对我国转轨时期的特点和社会生活中出现的各种社会问题，规定各种法律对策。例如，针对“三角债”问题规定债权人代位权制度（第七十三条）；针对债务人的赖账行为规定债权人撤销权制度（第七十四条）；针对拖欠承包费和工程款问题，规定承包人法定抵押权（第二百八十六条）；针对建设工程质量低劣造成人身财产伤害的严重社会问题，规定建设工程合同采用招标投标方式签订（第二百七十一条），必须实现监理制（第二百七十六条），禁止发包人将应由一个承包人完成的建设工程肢解分包（第二百七十二条第一款），建设工程主体结构必须由承包人自行完成（第二百七十二条第三款），因承包人的原因致使建设工程在合理使用期限内造成人身和财产损害的，由承包人承担严格责任（第二百八十二条）；针对裁判实务中滥用诉讼法关于第三人的规定的倾向，规定合同相对性原则（第一百二十一条）等。

7. 统一合同法，在制定过程中虽然广泛参考借鉴发达国家和地区的成功经验，但并不是盲目照搬，而是结合中国社会的实际，进行了比较、鉴别和取舍，并有所创造。例如规定违约责任实行严格原则（第一百零七条），虽说参考了《联合国国际货物销售合同公约》（CISG）和《国际商事合同通则》（PICC）的规定，但在大陆法系国家的国内法上仍属于新创；附随义务（第六十条第二款）和后契约义务（第九十二条），虽是发达国家法院创设的判例规则，却迄今未在法典上规定；规定法定代表人的越权行为（第五十条），是针对实际生活中企业法人超越经营范围问题，在参考发达国家民法学者理论研究成果的基础上设计的新制度；规定建筑物严格责任（第二百八十二条），是参考法国民法典新增直接请求权制度①设计的，体现了创新精神。

五、统一合同法的不足

1. 许多应当规定的合同法分则没有规定。例如，未规定合伙合同、储蓄合同、结算合同、旅游合同等，在实现市场交易规则的统一和完善上留下太多的遗憾。②

2. 若干应当规定的制度没有规定。《合同法立法方案》针对经济生活

---

① 法国民法典第1792条（1978年1月4日第78－12号法律）。

② 值得注意的是，2007年6月29日，第十届全国人民代表大会常务委员会第二十八次会议通过劳动合同法，自2008年1月1日起施行。该法包括：第一章总则；第二章劳动合同的订立；第三章劳动合同的履行和变更；第四章劳动合同的解除和终止；第五章特别规定；第六章监督和检查；第七章法律责任；第八章附则。共98条。

中存在的重大问题所设计的若干重要法律制度，后来被删去了。例如，针对一些由上级机关或党政领导促成的并非完全自愿的企业联合和合并，所设计的“不当影响”制度；针对风行的有奖销售、有奖储蓄、有奖球票等，所设计的“附获奖机会的合同”；还有“第三人侵害债权”“损益相抵”规则和“情事变更”原则。

3. 出现若干不应出现的逻辑混乱和体系违反。例如，关于合同形式欠缺补救措施的第三十六、三十七条，草案原规定“一方已经履行主要义务的”，视为合同成立，法律通过时加上“对方接受的”，反而造成概念逻辑混乱。再如代表与代理，本是两个有区别的概念，企业法定代表人的行为等同于法人自身的行为，直接由法人承担其后果，法定代表人以外的负责人是以法人的代理人身份代理法人订立合同，须通过代理制度的作用而由法人承受行为后果。因此，法定代表人超越经营范围签订合同，应适用第五十条法定代表人的越权行为制度，其他负责人超越权限订立合同应适用第四十九条规定的表见代理制度。在第五十条加上“负责人”，导致代表制度和代理制度的混淆，增加了法官适用法条的困难。再如关于免责条款的效力，按照第五十三条的规定，合同免责条款原则上有效，例外无效；而按照第四十条规定，则免责条款应绝对无效，与第五十三条的规定显然矛盾。再如第九十七条关于解除后果的含混规定①等。

六、结语：统一合同法与民法典编纂

中华人民共和国建立以来，曾经三次起草民法典而未获得成功。②1998 年 1 月 13 日，第八届全国人大常委会王汉斌副委员长决定恢复民法典起草工作，并委托九位学者专家组成民法起草工作小组。③ 同年 3 月 25～27 日召开民法起草工作小组第一次会议，议定“三步走”的规划：第一步，制定统一合同法，实现市场交易规则的完善、统一和与国际接轨；第二步，从 1998 年起制定物权法，实现财产归属关系基本规则的完善、统

① 第九十七条规定：“合同解除后，尚未履行的，终止履行；已经履行的，根据履行情况和合同性质，当事人可以要求恢复原状、采取其他补救措施，并有权要求赔偿损失。”

② 第一次是 1954～1956 年，第二次是 1962～1964 年，第三次是 1979～1982 年。

③ 民法起草工作小组的九位成员是：江平（中国政法大学）、王家福（中国社会科学院法学研究所）、魏振瀛（北京大学）、王保树（清华大学）、梁慧星（中国社会科学院法学研究所）、王利明（中国人民大学）、肖峋（法制工作委员会退休干部）、魏耀荣（法制工作委员会退休干部）、费宗祎（最高人民法院退休法官）。

一和与国际接轨;① 第三步，在2010年前制定民法典。现在，制定统一合同法和物权法的计划均已完成。按照立法机关的计划，还将制定民法总则，然后完成中国民法典的编纂。可以肯定的一点是，统一合同法在经过适当修订后，将成为未来的中国民法典的合同编。

① 物权法已经第十届全国人大第五次会议于2007年3月16日通过，将自2007年10月1日起施行。

附录4 如何理解合同法第五十一条①

合同法通过后，关于第五十一条规定的无权处分制度，在解释上出现分歧，特撰本文与理论和实务界同行讨论。

讨论第五十一条无权处分制度，须从本法关于买卖合同的定义说起。本法第一百三十条规定：“买卖合同是出卖人转移标的物所有权于买受人，买受人支付价款的合同。”此与我国台湾地区民法第345条关于买卖合同的定义，有重大区别。该条规定：“称买卖者，谓当事人约定一方移转财产权于他方，他方支付价金之契约。”区别在于：我国台湾地区民法将买卖合同定义在“约定”，即学说上所谓“负担行为”。负担行为指发生债权债务的行为，即债权行为。与之相对的是“处分行为”，指直接发生权利变动的行为，即所谓物权行为和准物权行为。按照台湾地区学者的解释，该条系采德国民法严格区分债权行为与物权行为的立法理论，买卖合同性质上属于债权行为，仅发生当事人间的债权债务，要发生标的物所有权移转，另须由双方就所有权移转达成物权合意，即区别于买卖合同的物权合同。鉴于我国大陆学界通说，不采德国民法关于物权行为的立法理论，及民法通则第七十二条将所有权变动作为合同的直接效力，因此合同法第一百三十条关于买卖合同的定义，对负担行为与处分行为一体把握，将处分行为纳入债权行为之中，视标的物所有权变动为买卖合同直接发生的效果。

此与法国民法典和日本民法典的立法思想是一致的。与买卖合同的定义相应，合同法第一百三十五条规定：“出卖人应当履行向买受人交付标的物或者交付提取标的物的单证，并移转标的物所有权的义务。”依据该条，买卖合同不仅产生出卖人交付标的物的义务，还产生移转标的物所有权的义务。移转所有权，直接依据买卖合同，而不须在买卖合同之外，再有什么关于所有权移转的合意即物权行为。

① 原载《人民法院报》2000年1月8日。

既然买卖合同的效力包括了标的物所有权移转，则当然要求出卖人对出卖之物有处分权。因此，合同法第一百三十二条规定，标的物应当属于出卖人所有或者出卖人有处分权。不属于出卖人所有且出卖人无处分权的物，不构成买卖合同的标的物。换言之，合同法立法思想，不承认出卖他人之物的合同的效力。这与拍卖法第六条的规定是一致的。该条规定："拍卖标的应当是委托人所有或者依法可以处分的物品或者财产权产利。"法律不允许出卖他人之物，是为了维护财产的静的安全。此与法国民法典第1599条的规定相同。该条规定："就他人之物所成立的买卖，无效。"违反合同法第一百三十二条，即属于无权处分行为。如果对第一百三十二条作反对解释，无权处分行为本应无效，似无专设规定的必要。但考虑到经济生活本身的复杂性，虽然属于无权处分，如果权利人追认或处分人事后取得处分权，没有理由强使其无效。故设第五十一条规定无权处分制度。

合同法第五十一条之拟定，也曾参考德国民法典和我国台湾地区民法的规定。德国民法典第185条规定："（1）非权利人对标的物所为的处分，经权利人事先允许者，也为有效。（2）前项处分如经权利人事后追认，或因处分人取得标的物时，或权利人成为处分人的继承人而对其遗产负无限责任时，为有效。"我国台湾地区民法第118条规定："（1）无权利人就权利标的物所为之处分，经有权利人之承认始生效力。（2）无权利人就权利标的物为处分后，取得其权利者，其处分自始有效。"德国民法典和我国台湾地区民法的上述条文，通常被解释为"处分行为有效"，以区别于"买卖合同有效"，在权利人未追认的情形，仅"处分行为无效"，而"买卖合同"的效力不受影响。这是以严格区分债权行为与物权行为的立法理论为根据的。如前所述，合同法不采该立法理论，而对买卖合同一体把握，将处分行为包含在债权合同之中，因此第五十一条不称"处分行为有效"，而规定为"合同有效"。依合同法第五十一条规定，出卖他人之物，权利人追认或者处分人事后取得处分权的，合同有效；反之，权利人不追认并且处分人事后也未取得处分权的，合同无效。这里说的无效，不是处分行为无效，而是无权处分的合同无效，即买卖合同无效。不能解释为买卖合同有效，仅处分行为无效。有的学者作这样解释，实际上是以债权合同与物权行为、负担行为与处分行为的区分为根据的，与合同法立法思想不符。

这里牵涉到物权法规定的物权变动与其原因行为的区分原则。该原则所说原因行为，当然是指债权行为，如买卖合同；所说物权变动，是指物权变动的事实，非指物权变动的合意或物权行为。物权法的立法思想，不采德国民法关于物权行为独立性与无因性的理论，将物权变动作为债权行为的法律效果。因此，所谓区分原则，只是在此前提之下，对作为原因行为的债权合同的生效条件及生效时间，与作为债权合同法律效果的物权变动事实的发生条件与发生时间，加以区分。按照区分原则，买卖合同的生效，与买卖合同生效后所发生效果的标的物所有权移转，应予区分并依不同规则：买卖合同自成立生效，标的物所有权依公示方法，动产依交付移转、不动产依登记移转。这与合同法第一百三十三条关于买卖合同标的物所有权移转的基本规则是一致的。该条规定："标的物所有权自标的物交付时起转移，但法律另有规定或者当事人另有约定的除外。"其中所谓法律另有规定，指不动产所有权依登记移转。所谓当事人另有约定，指保留所有权的买卖合同。

与无权处分制度有关的一个重要制度，是善意买受人的保护，即善意取得制度。无权处分制度规定在合同法，仅解决无权处分合同有效无效的判断问题，善意取得制度规定在物权法，解决善意买受人的保护问题。合同法建议草案曾经将两种制度联系起来，关于无权处分的条文草案规定："权利人不追认，处分人事后也未取得处分权的，合同无效。但其无效不得对抗善意第三人。"修改中考虑到善意买受人的保护，即善意取得制度，属于物权法制度，应当在物权法上作完整的规定。因此将无权处分条文的但书删除。物权法第一百零六条规定善意取得的一般规则："无处分权人将不动产或者动产转让给受让人的，所有权人有权追回；除法律另有规定外，符合下列情形的，受让人取得该不动产或者动产的所有权：（一）受让人受让该不动产或者动产时是善意的；（二）以合理的价格转让；（三）转让的不动产或者动产依照法律规定应当登记的已经登记，不需要登记的已经交付给受让人。受让人依照前款规定取得不动产或者动产的所有权的，原所有权人有权向无处分权人请求赔偿损失。当事人善意取得其他物权的，参照前两款规定。"第一百零七条规定占有脱离物的特别规则："所有权人或者其他权利人有权追回遗失物。该遗失物通过转让被他人占有的，权利人有权向无处分权人请求损害赔偿，或者自知道或者应当知道受让人之日起二年内向受让人请求返还原物，但受让人通过拍卖或者向具有经营资格的经营者购得该遗失物的，权利人请求返还原物时应当支付受让人所付的费用。权利人向受让人支付所付费用后，有权向无处分权人追偿。"因此，判断无权处分合同之是否有效，应当依据合同法第五十一条；在无权处分合同无效的情形，判断权利人可否从买受人取回标的物，应当依据善意取得制度。

与此有关的另一个问题是：第五十一条无权处分制度如何与第一百五十条关于权利瑕疵担保的规定相协调？第一百五十条规定："出卖人就交付的标的物，负有保证第三人不得向买受人主张任何权利的义务，但法律另有规定的除外。"可能出现第三人向买受人主张权利的情形，大概有四种：其一，出卖他人之物；其二，未得他共有人同意而出卖共有物；其三，出卖抵押物；其四，出卖租赁物。

在第一种情形，出卖他人之物，属于第五十一条所规定的无权处分行为。依照该条规定，买卖合同成立后，如果权利人追认或者处分人取得处分权的，买卖合同自始有效，不发生权利人（第三人）向买受人主张权利的问题；如果权利人未追认且处分人事后也未取得处分权，则买卖合同无效，可能发生权利人（第三人）向买受人主张权利的情形。这种情形，应当适用善意取得制度，如果买受人属于善意，则自交付时已经取得标的物所有权，原权利人已经丧失权利，自无适用第一百五十条权利瑕疵担保规定的余地。如果买受人属于恶意，则不能取得标的物所有权，而权利人可依对标的物的所有权行使取回权，从买受人处取回标的物。鉴于买受人属于恶意，即订立买卖合同时已知出卖人无处分权（存在权利瑕疵），因此买受人也不享有第一百五十条规定的权利瑕疵担保请求权。可见，出卖他人之物，属于第一百五十条但书"法律另有规定的除外"情形。

在第二种情形，未得他共有人同意而出卖共有物，出卖人为共有人之一，不属于无权处分，不适用第五十一条的规定，买卖合同应当有效。只是因为存在权利瑕疵，当他共有人向买受人主张权利时，出卖人应当依据第一百五十条的规定对买受人承担权利瑕疵担保责任。值得注意的是，合同法草案第三稿，曾经将未得他共有人同意而出卖共有物与无权处分行为一并规定，而后面的草案将其删去，说明立法思想有所修正，认为共有人未得他共有人同意而出卖共有物，不属于无权处分。因此，未得他共有人同意而出卖共有物，属于存在权利瑕疵，应当适用权利瑕疵担保制度。

第三种情形，出卖抵押物，抵押权人可能行使抵押权，扣押、拍卖标的物，显然应当适用第一百五十条，由出卖人对买受人承担权利瑕疵担保责任。第四种情形，出卖租赁物，依据第二百二十九条买卖不破租赁的规则，租赁合同继续有效，买受人不得以所有权对抗承租人的权利。如果买受人于订立合同时属于善意，即不知标的物已经出租，当然可以依据第一百五十条向出卖人主张权利瑕疵担保责任。由此可见，第五十一条关于无权处分的规定与第一百五十条关于权利瑕疵担保责任的规定，并无冲突。

附录5　合同法第二百八十六条的权利性质及其适用①

合同法第二百八十六条规定："发包人未按照约定支付价款的，承包人可以催告发包人在合理期限内支付价款。发包人逾期不支付的，除按照建设工程的性质不宜折价、拍卖的以外，承包人可以与发包人协议将该工程折价，也可以申请人民法院将该工程依法拍卖。建设工程的价款就该工程折价或者拍卖的价款优先受偿。"要正确适用本条，关键在于正确解释本条权利的性质。

迄今发表的文章，有的解释为留置权，有的解释为优先权，有的解释为法定抵押权。按照民法原理，留置权的对象仅限于动产。担保法第八十二条对此有明文规定。本条规定的权利客体是建设工程，属于不动产。因此，将本条解释为留置权是错误的。而要判断本条究竟属于优先权还是法定抵押权，必须考察本条的立法背景和过程。

合同法起草始于1993年。当年10月，立法机关委托包括笔者在内的8位民法学者拟定的合同法立法方案，针对社会上严重存在的拖欠承包费问题，规定："为保护承包人利益，可规定承包人对建设工程有法定抵押权。"据此，由12个单位的学者起草的合同法建议草案第三百零六条规定："建设工程完工后，发包人未按合同约定支付建设费用和报酬的，承包人对建设工程有法定抵押权。"由法制工作委员会在建议草案基础上提出的合同法草案（1995年10月试拟稿）也在第一百七十七条规定："承建人对其所完成的建设工程享有抵押权。"1996年5月27日至6月7日在北京西郊召开的合同法修改工作会议上，与会专家一致同意保留承包人法定抵押权。在后来的修改中，考虑到法律条文仅规定承包人享有法定抵押权，而该法定抵押权的内容、效力如何实现仍有待于解释，不如直接规定其内容、效力和实现方式，更有利于法律适用。

因此，1997年5月14日的合同法征求意见稿采取了直接规定其内容、

① 原载《人民法院报》2000年12月1日。

效力及实现方式的条文表述，其第一百六十一条规定：“建设工程完成后，建设人未按照约定支付价款的，承建人应当催告建设人支付价款，催告的期限不得少于两个月。建设人逾期不支付的，承建人可以与建设人协议将该工程折价，也可以将该工程依法拍卖。承建人就该工程折价或者拍卖的价款优先受偿。”这是按照法定抵押权的内容所作的规定。1997 年 6 月 9 日至 18 日在北京昌平召开的专家讨论会上，与会专家对本条未有任何异议。1998 年 7 月 10 日至 14 日在北京通县召开的民法起草工作小组会议上，笔者发言指出这一条即是“法定抵押权”时，亦未有任何人表示异议。可见，在这两次重要的专家会议上，对本条法定抵押权性质的认识未有分歧。

1998 年 8 月提交全国人大常委会第四次会议审议的合同法草案（第一次审议稿）第二百八十五条，只是将“完成”改为“竣工”，将“承建人”改为“承包人”，并用“合理期限”代替“不得少于两个月”的“催告期”。同年 12 月提交全国人大常委会第六次会议审议的合同法草案（第三次审议稿）第二百八十条，所作唯一修改是，规定承包人必须“申请人民法院依法拍卖”。这一修改具有重大意义。1999 年 1 月 7 日至 11 日在北京召开的合同法专家讨论会上，注意到有的建设工程不适于折价和拍卖，建议增设除外规定。因此，1999 年 1 月 29 日提交全国人大常委会第七次会议审议的合同法草案（第四次审议稿）第二百八十七条规定：“发包人未按照约定支付价款的，承包人可以催告发包人在合理期限内支付价款。发包人逾期不支付的，除按照建设工程的性质不宜折价、拍卖的以外，承包人可以与发包人协议将该工程折价，也可以申请人民法院将该工程依法拍卖。建设工程的价款就该工程折价或者拍卖的价款优先受偿。”此即合同法第二百八十六条。

从以上立法过程可知，合同法第二百八十六条，从设计、起草、讨论、修改、审议直至正式通过，始终是指法定抵押权。在历次专家讨论会上，也未有任何人对此表示异议，未有任何人提出过规定承包人优先权的建议。所谓在立法过程中曾发生激烈争论，形成三种不同观点，最后采纳了优先权主张的说法，是完全不符合事实的臆测。合同法第二百八十六条所规定的既然是法定抵押权，当然其成立直接根据法律规定，不须当事人间订立抵押合同，也不须办理抵押权登记。其成立条件是：（1）建设工程已竣工。建设工程若未竣工，则不发生法定抵押权。建设工程未竣工而中途解除建设工程合同的情形，亦不发生法定抵押权。（2）须是建设工程承包合同所生债权。这里所谓建设工程合同，应当作狭义解释，仅指第二百六十九条第二款中的施工合同，勘察合同和设计合同不包括在内。订立总承包合同后，再由总承包人订立分承包合同、转承包合同，仅总承包人享有法定抵押权，分承包人、转承包人无此权利。（3）其债权为依建设工程合同所应支付的价款。此所谓“价款”非指市场交易中的商品价款，而是发包人依建设工程合同约定应支付给承包人的承包费。包括承包人施工所付出劳动的报酬、所投入的材料和因施工所垫付的其他费用，及依合同发生的损害赔偿。亦即：报酬请求权、垫付款项请求权及损害赔偿请求权。（4）法定抵押权的标的物为承包人施工所完成的，属于发包人所有的建设工程（不动产）及其基地使用权。包括组装或固定在不动产上的动产。不包括建设工程中配套使用并未组装或固定在不动产上的动产。（5）须不属于“不宜折价、拍卖的”建设工程。此所谓“不宜折价、拍卖”的建设工程，应当解释为法律禁止流通物。包括：公有物，如国家机关办公的房屋建筑物及军事设施；公用物，如公共道路、桥梁、机场、港口，及公共图书馆、公共博物馆等。但国家机关的员工宿舍不属于公有物。法定抵押权的行使条件是：承包人向发包人发出催告通知后经过一个合理期限，而发包人仍未支付。此合理期限，应当从发包人收到催告通知之日起算。此催告通知应当采用书面形式。至于合理期限究竟是多少天，应由法院按照建筑行业习惯及建筑工程合同具体情形判断。

在发生法定抵押权与约定抵押权并存的情形时，无论约定抵押权发生在前或在后，法定抵押权均应优先于约定抵押权行使。主要理由是：（1）法定权利应当优先于约定权利；（2）从法律政策上考虑，法定抵押权所担保的债权中相当部分是建筑工人的劳动工资，应予优先确保；（3）建设工程是靠承包人付出劳动和垫付资金建造的，如果允许约定抵押权优先行使，则无异于以承包人的资金清偿发包人的债务，等于发包人将自己的欠债转嫁给属于第三人之承包人，违背公平及诚实信用原则；（4）承包人法定抵押权，是法律为保护承包人的利益而特别赋予的权利，具有保护劳动者利益和鼓励建筑、创造社会财富的政策目的。

如果建设工程为商品房，且在竣工之前发包人（开发商）已经分别与消费者订立房屋买卖合同，在发包人拖欠承包费用时，即可能发生承包人法定抵押权与消费者权利的冲突。在已经办理产权过户登记的情形下，消费者已经取得房屋所有权，就该房屋而言，法定抵押权已归于消灭，自不待言。在开发商尚未交房或虽交房但尚未办理产权过户的情形下，该房屋仍属于开发商所有，仍在法定抵押权的标的物范围内。但考虑到，如果允许承包人行使法定抵押权，无异于用消费者的资金清偿开发商的债务，等于开发商将自己的债务转嫁给广大消费者，严重违背特殊保护消费者的法律政策，因此应不允许承包人行使法定抵押权。实质是承包人利益与消费者利益比较，消费者属于生存利益应当优先，承包人属于经营利益应退居其次。

法定抵押权的行使方式：一是由发包人与承包人协议折价；二是承包人申请人民法院拍卖。此与担保法第五十三条规定的抵押权行使方式不同。该条规定："债务履行期届满抵押权人未受清偿的，可以与抵押人协议以抵押物折价或者以拍卖、变卖该抵押物所得的价款受偿；协议不成的，抵押权人可以向人民法院提起诉讼。"此诉讼的性质，属于对人诉讼，应以抵押人为被告，是抵押权人与抵押人之间关于抵押权行使的争议，当然适用诉讼程序。而按照合同法第二百八十六条的规定，承包人既可以与发包人协议将该工程折价，也可以直接申请人民法院将该工程依法拍卖。这里规定的不是"提起诉讼"，而是"申请法院拍卖"。立法意图是要改变担保法规定的抵押权行使方式，由"对人诉讼"改为"对物诉讼"，即向法院申请执行抵押权。2012 年修改民事诉讼法，专门规定实现担保物权程序（第十五章第七节）之后，应当适用该实现担保物权程序。法定抵押权人向法院申请，须提出证明法定抵押权存在及法定抵押权具备执行条件的证据。法院受理申请后，应当通知发包人。发包人就法定抵押权是否成立及是否符合执行条件提出异议的，应当终止执行程序，驳回承包人之申请。此种情形，应由承包人另外提起确认之诉，以确认法定抵押权之成立，待获得生效胜诉判决后，始能申请法院依法拍卖。

附录6 对《买卖合同解释》的解读和评论[①]

合同法于1999年颁布生效，十多年的司法实践经验，已经证明合同法的立法指导思想、价值取向、逻辑结构、各项制度设计是成功的，为中国经济的高速发展提供了法制基础和制度保障。十多年来，学术界和实务界为保障合同法的正确实施作了很大的贡献。

各地各级人民法院在适用合同法裁判合同纠纷案件的实践中，创设了若干新的裁判规则。这些判例规则，弥补了合同法的不足，丰富和发展了合同法理论，值得学术界和立法机关特别重视。

这里不讨论裁判实践所创设的判例规则，而是要对最高人民法院关于适用合同法的司法解释作一个述评，指出其成绩和不足。

合同法颁布以来，最高人民法院先后制定了三个司法解释文件，即《合同法解释（一）》《合同法解释（二）》和《买卖合同解释》。先对前两个解释作一个概述，然后着重分析第三个解释。

《合同法解释（一）》主要是解决适用合同法新旧法衔接、程序、时效问题，最重要的是对合同法第七十三条规定的代位权制度如何适用的解释。该项解释，抛弃了关于代位权行使的效果先归属于债务人的传统理论，采纳了由行使代位权的债权人优先取得的新理论，极具创造性。[②]

《合同法解释（二）》着重于对合同法若干制度的解释，如第七条解释什么是“交易习惯”；第八条解释有义务办理申请批准或者申请登记等手续的一方无故未办理有关手续的，属于“违背诚实信用原则的行为”，人民法院可以判决相对人自己办理有关手续；第十四条将“强制性规定”，

---

① 本文是作者2013年5月27日在北京师范大学法学院的讲座稿。

② 由次债务人向债权人履行清偿义务，债权人与债务人、债务人与次债务人之间相应的债权债务关系即予消灭。

区分为“效力性强制性规定”与“管理性强制性规定”；第十五条解释多重买卖的效力；第十九条解释合同法第七十四条债权人撤销权；第二十、二十一条解释债务清偿顺序；第二十二条关于违反后契约义务的责任的解释；第二十三条关于抵销权的解释；第二十四条为解除权行使和抵销权行使增设3个月异议期间；第二十七至二十九条关于违约金调整的解释。特别值得注意的是，《合同法解释（二）》为填补合同法的立法漏洞，新创两项解释规则：这就是第三条悬赏广告和第二十六条情事变更原则。

下面着重评述《买卖合同解释》①。最高人民法院在此项解释文件中，不仅对买卖合同的生效、标的物交付和所有权转移、标的物风险负担、标的物检验、违约责任、所有权保留等重要合同制度，作一般性的解释和释义，而且大胆运用司法解释权，总结合同法实施十多年来的民事裁判实践经验，并参考民法理论研究成果，新创了若干解释规则。例如，第二条买卖预约规则、第三条买卖合同特别效力规则、第九、十条动产多重买卖的履行顺序规则、第三十条违约责任的过失相抵规则、第三十一条损益相抵规则等。最能体现最高人民法院司法解释的创造性，具有重大实践意义和理论意义，值得实务界和理论界特别重视。

一、预约合同解释规则

《买卖合同解释》第二条规定：“当事人签订认购书、订购书、预订书、意向书、备忘录等预约合同，约定在将来一定期限内订立买卖合同，一方不履行订立买卖合同的义务，对方请求其承担预约合同违约责任或者要求解除预约合同并主张损害赔偿的，人民法院应予支持。”

鉴于合同法未规定预约合同，致我国经济生活中预约的法律地位不明，裁判实践中发生应否认可预约有效的问题。本条解释，创设关于买卖合同预约的解释规则，为裁判实践中判断买卖合同预约及认定买卖合同预约的效力，提供了判断标准，填补了合同法的不足，具有重要理论和实践意义。

（一）什么是预约

按照民法原理，合同（契约）有预约与本约之分，二者异其性质与效力。当事人订立本约的目的，是要通过本约的履行，满足各自生活目的；

---

① 2012年3月31日由最高人民法院审判委员会第1545次会议通过，于2012年5月10日公布，自2012年7月1日起施行。

而订立预约的目的，则是为了在一定期间内订立本约。可见，预约是与本约相对应的概念，预约亦可称为预备合同，本约亦可称为正式合同。质言之，所谓预约，是使当事人间产生将来订立本约（正式合同）之债权债务的合同。①

从民法发展史上看，之所以在买卖合同本约之外订立买卖预约，是因为早期的买卖合同属于要物合同（实践合同），须以标的物的实际交付作为合同成立条件，不具有将来交货、付款之约束的含义。假设当事人双方约定将来某个时间交货、付款，这样的约定将不具有法律拘束力。因此，发明了买卖预约，即在将来某个时间订立买卖合同的合同。

随着社会的发展和法律的进步，合同形式自由的观念逐渐得到承认，买卖合同由要物合同逐渐向诺成合同演变。合同自由原则最终确立之后，买卖合同成为典型的诺成合同，因当事人双方一方愿买、一方愿卖的合意而成立。双方达成将来买卖的合意，不再是所谓买卖预约，而是买卖合同自身。没有必要再像早期那样，先订立买卖预约，然后再根据买卖预约订立买卖合同本约。②

从近现代社会生活实践看，绝大多数情形，当事人都是直接订立买卖合同本约，通过履行买卖合同本约，实现各自的生活目的，无须订立买卖预约。须先订立预约，再通过履行预约而订立本约，最终通过履行本约以实现目的，应有其特殊原因。例如，买卖合同标的物尚未处于可以立即交付并移转所有权的状态，履行本约的某种条件尚未具备，履行本约的时间尚未到来。

但是，即便有这些特殊原因，也不是非先订立预约不可，可以订立附生效条件或者附生效期限的买卖合同本约，或者为当事人履行交货或付款义务规定期限（如商品房预售合同），而无须订立预约。有鉴于此，近现代民法，规定预约的立法例殊少。

据手边的资料，规定预约的民法典有：法国民法典（第1588～1590条）、日本民法典（第556条）、瑞士债务法（第22条）、意大利民法典（第79、1337、1351、1352、2932条）、墨西哥民法典（第2243～2247

① “预约是相对于正式契约的概念，是使当事人间产生将来订立正式契约的约束（债务）的契约。”参见［日］我妻荣：《债权各论中卷一》，徐进、李又又译，中国法制出版社2008年版，第36页。

② 参见［日］近江幸治：《民法讲义：契约法》，日本成文堂，第123页。

条）、智利民法典（第1553、1554条）、秘鲁民法典（第1414～1425条）。①

但须说明一点，民法典未规定预约，并不等于裁判实务中不承认预约。例如我国台湾地区民法未规定预约，裁判实务中亦承认买卖预约的效力，且台湾地区最高法院对买卖预约著有若干判例。②

（二）单方预约与双方预约

值得注意的是，就规定预约的立法例而言，法国民法典第1589条③、日本民法典第556条④仅规定买卖预约，瑞士债法典第22条⑤规定“预约合同”，而不限于买卖；日本民法典第556条明定为“买卖单方预约”，法国民法典第1589条虽称“买卖预约”，亦应属于“单方预约”⑥；瑞士债法典第22条规定的“预约合同”属于双方当事人就将来订立合同达成的合意，可以称为“双方预约”，而非所谓“单方预约”。

由此可知，预约有单方预约与双方预约之别。在单方预约，仅一方享

---

① 此处提及意大利民法典、墨西哥民法典、智利民法典和秘鲁民法典，系参考吴颂明：《预约合同研究》，载梁慧星主编：《民商法论丛》（总第17卷），金桥文化出版有限公司2000年版，第509页。

② 黄茂荣所著《买卖法》（植根法学丛书1992年增订4版，第200～203页）所录我国台湾地区最高法院关于买卖预约的判例有：1975年台上字第1567号判例、1972年台上字第964号判例、1956年台上字第414号民事判决、1976年台上字第1178号民事判决、1957年台上字第1500号民事判决。

③ 法国民法典第1589条第1款规定：“买卖预约，在双方当事人对标的物与价金已相互同意时，即等于买卖。”引自《法国民法典》，罗结珍译，中国法制出版社1999年版，第370页。

④ 日本民法典第556条（买卖的单方预约）规定：“（1）买卖一方的预约，自相对人表示完成买卖的意思时起，发生效力。（2）前项的意思表示未确定期间时，预约人可以确定相当的期间，催告相对人就所指定期间内是否完成买卖做出确切回答。如果相对人在该期间内没有确切答复时，买卖一方的预约丧失其效力。”引自渠涛编译：《最新日本民法》，法律出版社2006年版，第122页。

⑤ 瑞士债法典第22条（预约合同）规定：“双方当事人可以通过合同形式约定在将来订立合同。法律为保护当事人而规定将来订立的合同采用特定形式始得生效的，预约合同也应当采用该种形式订立。”引自《瑞士债法典》，吴兆祥、石佳友、孙淑妍译，法律出版社2002年版，第5页。

⑥ 法国民法典第1589条“买卖预约”原文为promesse de vente，意为“出卖人对出卖某物的许诺”，参见《法国民法典》，罗结珍译，中国法制出版社1999年版，第370页“译者注”。

有预约权，有预约权一方一经表示订立买卖合同本约的意思，相对方必须对此承诺而成立买卖合同本约。① 在双方预约，双方均有要求对方履行订立买卖合同本约义务的权利，亦均负有应对方的要求订立买卖合同本约的义务。单方预约，仅一方当事人负担义务，属于片务预约；双方预约，当事人双方均负担义务，属于双务预约。②

（三）本条解释对买卖预约的定性

依据《买卖合同解释》第二条，双方当事人约定在将来订立买卖合同（本约）的协议，称为“预约合同”，预约合同的双方当事人，均负有在约定期间订立买卖合同（本约）的义务。显而易见，本条解释所谓“预约合同”，非指一般的预约，仅指“买卖预约”，且属于“双方预约”“双务预约”。因此，既与瑞士债务法规定的一般“预约合同”有别，亦与法国民法、日本民法规定的“买卖单方预约”不同。③

依据本条解释，预约合同双方当事人的权利，是请求对方履行订立买卖合同（本约）的义务，而非请求对方履行买卖合同本约之交货或者付款义务。预约合同，通常约定所要订立买卖合同（本约）的标的物及价金的计算标准，以作为将来订立买卖合同的依据。简而言之，买卖预约，是双方“约定在将来一定期限内订立买卖合同”的合同。

（四）买卖预约的效力

1. 买卖预约双方均享有请求对方履行订立买卖合同本约的义务，而不得径依预约合同所预定之本约内容请求履行（交货或付款）。④

但须注意，此与日本民法上的买卖预约不同。按照日本的判例，如果预约义务人对于预约完结权人完成买卖的意思表示没有回应，预约完结权

---

① 此所谓“预约权”，在日本民法著作中，称为“预约完结权”，参见［日］近江幸治：《民法讲义：契约法》，日本成文堂，第123页；另参见［日］铃木禄弥：《债权法讲义》（四订版），日本创文社，第139页。

② 参见［日］近江幸治：《民法讲义：契约法》，日本成文堂，第123页。

③ 须补充说明，虽法国民法、日本民法规定的是单方买卖预约，但不等于不可以订立双方买卖预约。参见［日］铃木禄弥：《债权法讲义》（四订版），日本创文社，第140页。

④ 我国台湾地区最高法院1972年台上字第964号判例：“契约有预约与本约之分，两者异其性质及效力，预约权利人仅得请求对方履行订立本约之义务，不得径依预定之本约内容请求履行。”

人可向法院请求履行正式的买卖合同，如仅请求预约义务人承诺订立买卖合同，将被认为不具有法律上的利益而不予受理。①

2. 买卖预约双方所享有的此种权利，称为“预约权”，性质上属于债权，仅在预约当事人之间有效，不具有对抗第三人的效力。如买卖预约之出卖人将预约标的物出卖给第三人，预约买受人不得主张该买卖合同无效。②

但须注意，日本民法买卖预约上的权利，称为“预约完结权”，性质上属于“形成权”，其效力是：因预约完结权人行使权利的单方意思，即在预约双方当事人之间成立买卖契约关系。此预约完结权具有财产权的性质，可以转让，可以成为扣押的对象，经办理假登记（预登记），即具有对抗第三人的物权效力。③

3. 买卖预约一方当事人不履行订立买卖合同本约之义务，构成违约，但对方当事人不得依据合同法第一百一十条关于强制实际履行的规定，请求人民法院强制违约方当事人订立买卖合同。

本条解释未赋予预约权利人请求强制预约义务人履行订立本约之权，是因为：依据合同法关于合同自由原则的规定，当事人对于是否订立合同有完全的自由，不受他人和组织的强制。如法院强制当事人订立买卖合同，将剥夺当事人的意思自由，而与合同自由原则相悖。因此，强制订立本约，属于合同法第一百一十条第（一）项所谓“法律上不能履行”。

但须注意，我国台湾地区裁判实务的做法与此不同：预约债务人负有订立本约的义务，权利人得诉请履行，法院应命债务人为订立本约的意思表示，债务人不为意思表示者，视同自判决确定时已为意思表示。本约成立后，债权人即有请求给付的权利，基于诉讼经济原理，债权人得合并请求订立本约及履行本约。④

---

① 参见［日］我妻荣：《债权各论中卷一》，徐进、李又又译，中国法制出版社2008年版，第39页。

② 我国台湾地区最高法院1957年台上字第1500号民事判决：“不动产买卖预约虽已成立，而买主之物权尚未移转，仅发生一种请求订立正式契约之债权关系。倘预约之卖主将预约标的之不动产另卖与第三人时，该预约之买主，除得对于预约之卖主请求赔偿其损失外，要不能对于该第三人主张其已成立之买卖契约为无效。”

③ 参见［日］我妻荣：《债权各论中卷一》，徐进、李又又译，中国法制出版社2008年版，第39～40页；［日］铃木禄弥《债权法讲义》（四订版），日本创文社，第140～141页。

④ 引自王泽鉴：《债法原理》，北京大学出版社2009年版，第117～118页。

4. 买卖预约一方当事人不履行订立买卖合同本约之义务，构成根本违约，对方当事人可依合同法第一百零七条关于违约责任的规定，追究违约方之违约责任；亦可依据合同法第九十四条的规定，行使法定解除权，解除预约合同并主张损害赔偿。

但须注意，由预约合同之本质决定，无论追究违约责任的损害赔偿，或者解除预约合同后的损害赔偿，均仅限于赔偿机会损失（信赖损失），而不包括可得利益（履行利益）。

5. 有定金收受的预约合同发生违约，仅应依据合同法第一百一十五条的规定执行定金罚则：交付定金一方不履行订立买卖合同本约义务的，丧失定金；收受定金一方不履行订立买卖合同本约义务的，双倍返还定金。

（五）如何区分预约与本约

1. 判断标准之一：是否须另外订立买卖合同

当事人所订立的合同，究竟是买卖合同本约，抑或是买卖预约？应依当事人的意思决定。如果当事人的意思不明，则应通观合同全部内容决定之。

如买卖合同全部要素均已达成合意，据此双方均可履行各自义务，实现缔约目的（一方获得标的物所有权、他方获得价金），而无须另外订立合同，即使名为预约，亦应认定为买卖合同本约。反之，必须另行订立合同，才能实现各自的缔约目的，则应属于买卖预约。简而言之，无须另外订立合同，为本约；反之，为预约。①

2. 判断标准之二：交货付款义务是否直接发生

与判断标准之一，角度稍有不同，可以交货付款义务之是否直接发生，作为判断预约与本约的标准：依合同“直接发生”各自交货付款的义务，为买卖合同本约；“非直接发生”各自交货付款的权利义务，必须通过一个中间环节（签订正式合同），则为买卖预约。

3. 判断标准之三：违约时对方作何请求

违反买卖预约，拒绝订立买卖合同，构成根本违约。对方可依合同法

---

① 我国台湾地区最高法院 1975 年台上字第 1567 号判例：“预约系约定将来订立一定契约（本约）之契约。倘将来系依所订之契约履行而无须另订本约者，纵名为预约，仍非预约。本件两造所订契约，虽名为《土地买卖预约书》，但买卖坪数、价金、缴纳价款、移转登记期限等均经明确约定，非但并无将来订立买卖本约之约定，且自第 3 条以下，均为双方照所订契约履行之约定，自属本约而非预约。”

第一百零七条追究违约责任，亦可依据合同法第九十四条行使法定解除权。本条解释明示预约的两种救济手段及非违约方的选择权。据此，可以合同违反后对方当事人作何请求，作为判断预约与本约的补充标准：请求违约方履行订立合同的义务（然后再要求依所订立的合同履行交货付款义务），为买卖预约；请求违约方履行交货、付款的合同义务，或者以不履行交货付款义务为由追究违约责任或者解除合同，为买卖合同本约。

4. 区分买卖预约与买卖合同附条件（期限）

须待一定条件成就或一定期日到来，买卖合同才生效，才"终局地直接发生"各自交货付款的权利义务，属于买卖合同附生效条件（合同法第四十五条）、买卖合同附生效期限（合同法第四十六条）。

但须注意，不仅买卖合同本约可以附生效条件、生效期限，买卖合同预约也可以附生效条件、生效期限。因此，应当区别买卖合同附条件、附期限，与买卖预约附条件、附期限。

例如，合同内容，有合同须经批准，须待房屋腾空，须待出卖人取得房屋所有权等条件的约定，不能轻率认定为附条件买卖合同本约，或者附条件买卖预约。区别的关键，在合同内容中与所附条件（或期限）相匹配的"标志性文句"：有"订立正式合同"文句，为附生效条件（或附生效期限）的买卖合同预约；有"合同生效"文句，为附生效条件（或附生效期限）的买卖合同本约。

（六）预约与定金

现今民法上的定金，依据其效力的不同分类包括：证约定金，即以定金之交付作为合同成立之证据，德国、瑞士民法上的定金，属于证约定金；解约定金，即以定金作为解除契约之代价，法国、日本民法上的定金，即是解约定金；违约定金，即以定金作为违约损害赔偿之预定，交付定金一方违约，丧失定金，收受定金一方违约，应双倍返还定金。且定金之交付，有证明合同成立的功能，故违约定金兼有证约定金的作用。我国台湾地区民法上的定金，即是违约定金。

我国合同法第一百一十五条规定："当事人可以依照《中华人民共和国担保法》约定一方向对方给付定金作为债权的担保，债务人履行债务后，定金应当抵作价款或者收回。给付定金的一方不履行约定的债务的，无权要求返还定金；收受定金的一方不履行约定的债务的，应当双倍返还定金。"可见，我国合同法上的定金，性质上属于违约定金，兼有证约定金的功能。① 此与我国台湾地区民法上的定金，性质相同。

依民法原理，违约定金为损害赔偿之预定，性质上同于违约金，因此定金与损害赔偿不得并用。但最高人民法院对此有不同解释，即《买卖合同解释》第二十八条规定：“买卖合同约定的定金不足以弥补一方违约造成的损失，对方请求赔偿超过定金部分的损失的，人民法院可以并处，但定金和损失赔偿的数额总和不应高于因违约造成的损失。”此项解释是否适当，非无可议，此处不作深论。

显而易见，买卖合同本约可以有定金，买卖预约亦可有定金。定金之收受，可以作为成立买卖合同本约之证据，亦可作为成立买卖预约之证据。当然不得仅根据有定金之交付，而轻率认定为买卖合同本约，或轻率认定为买卖预约。

于存在定金收受情形，所成立之合同，究竟属于买卖合同本约，抑或买卖预约，区分的关键，在定金条款的内容：如约定交付定金一方“不订立”买卖合同，即丧失定金，收受一方“不订立”买卖合同，应双倍返还定金，则属于买卖预约；如约定交付定金一方“不履行合同义务（交货或付款）”则丧失定金，收受定金一方“不履行合同义务（交货或付款）”应双倍返还定金，则属于买卖合同本约。

（七）小结

最后须强调一点，切不可因本条解释谓“认购书、订购书、预订书、意向书、备忘录等预约合同”，而误认为，凡书面文件以“认购书、订购书、预订书、意向书、备忘录”为名，即属于买卖预约。

判断是否成立买卖预约，与判断是否成立买卖合同本约相同，仍应依据关于合同成立的“要约、承诺”规则。关键看受要约方的意思表示是否构成承诺。包含愿受合同约束的意思（实盘），即为承诺；没有愿受约束的意思（虚盘），不是承诺。虚盘不是承诺，而属于新的要约，绝无合同（预约或者本约）成立之可能。至于合同（预约或者本约）成立之前，如当事人之间发生损害，则有适用缔约过失责任（合同法第四十二、四十三条）之可能，自不待言。

---

① 此为一般原则，如特别约定“交付定金一方可抛弃定金而解除合同，收受定金一方可双倍返还定金而解除合同”，则属于解约定金，是为例外。

二、买卖合同特别效力解释规则

《买卖合同解释》第三条规定："当事人一方以出卖人在缔约时对标的物没有所有权或者处分权为由主张合同无效的，人民法院不予支持。出卖人因未取得所有权或者处分权致使标的物所有权不能转移，买受人要求出卖人承担违约责任或者要求解除合同并主张损害赔偿的，人民法院应予支持。"

（一）对合同法第一百三十二条的反面解释

合同法第一百三十二条规定："出卖的标的物，应当属于出卖人所有或者出卖人有权处分。"

本条之反面，包含四种案型：（1）国家机关或者国家举办的事业单位处分"直接支配的不动产和动产"，不符合"法律和国务院的有关规定"（物权法第五十三、五十四条）；（2）抵押人出卖抵押物未经抵押权人同意（物权法第一百九十一条第二款）；（3）融资租赁承租人付清全部租金之前出卖租赁设备（合同法第二百四十二条）；（4）保留所有权买卖合同的买受人在付清全款之前转卖标的物（合同法第一百三十四条）。

严格言之，本条之反面解释，还可以包括恶意及误认出卖他人之物。但在合同法制定时，起草人将恶意及误认出卖他人之物，与恶意及误认无偿转让他人之物合二为一，设立"无权处分（他人财产）合同"规则，规定在总则第三章第五十一条。① 因此，对合同法第一百三十二条作反面解释，仅包括上述4种案型。

合同法起草人将本应属于第一百三十二条反面解释范围之内的"恶意及误认出卖他人之物"，与"恶意及误认无偿转让他人之物"合并，设立第五十一条"无权处分（他人财产）合同"规则："经权利人追认或者无处分权的人订立合同后取得处分权的，该合同有效。"依反对解释，未经权利人追认或者无处分权的人订立合同后未取得处分权的，该合同无效。

依据合同法起草人创设"无权处分（他人财产）合同"规则之政策判断，对合同法第一百三十二条反面解释所包括的上述四种案型，属于"所有权或者处分权受到限制的所有人处分自己的财产"，并非"恶意及误认处分他人财产"，显而易见不在第五十一条适用范围之内，当然不能仅

---

① 合同法第五十一条不包括恶意及误认抛弃他人之物，因"抛弃"属于事实行为，而非合同。

"因出卖人在缔约时对标的物没有所有权或者处分权"而认定合同无效。于是产生《买卖合同解释》2011年7月修改稿第四条。该条规定："当事人一方仅以出卖人在缔约时对标的物没有所有权或者处分权为由主张合同无效的，人民法院不予支持。前款情形中出卖人因不能取得标的物的所有权或者处分权致使标的物所有权不能转移，买受人要求出卖人承担违约责任或者要求解除合同并主张损害赔偿的，人民法院应予支持。"

鉴于2011年5月在北京郊区举行的专家讨论会上，曾讨论本条解释规则与合同法第五十一条无权处分合同规则的关系，起草人特意在2011年7月修改稿第四条添加了两个"脚注"。第一款"脚注"原文："该条款系对合同法第一百三十二条的反面解释。"第二款"脚注"原文："违约责任能否包括解除合同并赔偿损失，也是一个问题。"

第一款"脚注"，明示创设本条解释规则的目的，是"对合同法第一百三十二条的反面解释"，并非解释合同法第五十一条无权处分合同规则，澄清了2011年5月专家讨论会上个别人对本条解释与无权处分合同规则关系的混淆。

第二款"脚注"表明，起草人还没有注意到，根据第一款解释规则，"出卖人因不能取得标的物的所有权或者处分权致使标的物所有权不能转移"，将构成根本违约，应发生违约责任（第一百零七条）与法定解除权（第九十四条）的竞合，因而对第二款规定买受人可以"要求出卖人承担违约责任或者要求解除合同并主张损害赔偿"，心存疑虑。

（二）创设"将来财产买卖合同"效力规则

所谓"将来财产买卖"，俗称"未来货物买卖"，属于典型商事买卖合同。此种买卖的特征在于，经销商与终端购买人签订货物买卖合同之后，经销商自己才与上端供应商（生产商、进口商、批发商）订立买卖合同，购进已经销售给终端买受人的货物。经销商与终端买受人之间的买卖合同签订之时，所出卖货物还在上端供应商（生产商、进口商、批发商）的占有之下或者还没有被生产出来，出卖人（经销商）还不享有对所出卖标的物的所有权或者处分权。特别在现代市场经济条件下，经销商为了节约成本，实行所谓"零库存"经销方式，致所谓"将来财产买卖"或"未来货物买卖"，成为最常见、最重要的商事买卖合同形式。

合同法起草于中国开始由计划经济向市场经济转轨之初，起草人无法预见到将来财产买卖是市场经济条件下重要的买卖合同形式，故合同法未设相应规则。致转轨到市场经济之后，将来财产买卖这种最常见、最重要的商事买卖合同形式，在现行法上没有相应的法律规则，构成立法漏洞。

鉴于将来财产买卖合同订立之时，出卖人（经销商）尚未占有所出卖的标的物，当然不可能享有所出卖标的物的所有权或者处分权，因而容易被混淆于"无处分权的人处分他人财产"，被误认为属于合同法第五十一条无权处分合同规则的适用范围。而根据合同法起草人之立法本意，合同法第五十一条无权处分合同规则的适用范围，并不包括将来财产买卖合同。为了纠正实践中误用合同法第五十一条无权处分合同规则裁判将来财产买卖合同纠纷案型的错误，最高人民法院制定《买卖合同解释》时，预定计划创设将来财产买卖合同解释规则。这就是《买卖合同解释》2011年7月修改稿第五条，起草人以"将来财产买卖合同的效力"，作为这一解释规则的名称。该条规定：以将来可能取得所有权或者处分权的财产为标的物的合同当事人，以出卖人未取得所有权或者处分权为由主张合同无效的，人民法院不予支持。出卖人在合同履行期限届至时仍未能取得标的物所有权或者处分权致使标的物所有权不能转移的，应当承担违约责任。①

将来财产买卖合同，是现代化市场经济条件下最常见、最重要的商事买卖合同，其本身属于合法行为，当然不得"仅以出卖人未取得所有权或者处分权为由"，认定合同无效。② 如果出卖人在合同履行期届至时仍不能取得标的物所有权或者处分权，理当构成根本违约，依据合同法第一百零七条，应由出卖人承担违约责任。另外，依据合同法第九十四条，还将发生买受人法定解除权。但在此时，起草人尚未注意到，将发生违约责任与法定解除权的竞合。

特别值得注意的是，起草人对2011年7月修改稿第五条"将来财产买

① 2011年5月专家论证修改稿中本条（第五条）名称仍为"买卖合同的效力"，与第四条的名称相同。2011年7月修改稿本条名称变更为"将来财产买卖合同的效力"，第四条名称仍为"买卖合同的效力"，但起草人为第四条加了一个"脚注"："本条是对第一百三十二条的反面解释。"意在明示两条解释规则不同的解释标的（对象）。

② 《国际商事合同通则》第3.3条（自始不能）第2款规定："合同订立时一方当事人无权处置与该合同相关联财产的事实本身不影响合同的效力。"该款注释："本条第二款所要解决的问题是，允诺转让或交付财产的当事人无权处置这些财产，因为在合同订立时他没有合法的所有权或没有处分权。""本条第二款认为这种合同有效。实际上，签约人的确经常在合同订立之后获得对财产的合法权利或处分权。若签约人事后未获得这些权利，则可适用有关不履行的规则。"参见《国际商事合同通则》，法律出版社1996年版，第54页。

卖合同”效力规则，特别加上了一个“脚注”：“如果第四条可以成立，那么第五条的情形可否并入第四条之中?”这说明起草人在按照制定本解释之预定计划，草拟了合同法第一百三十二条反面解释规则（第四条）和新创将来财产买卖合同效力规则（第五条）之后，已经注意到两个解释规则完全相同。既然如此，为什么不可以将两个解释规则合二为一呢？于是，就此问题征求参与本解释草案讨论的民法专家的意见。

鉴于合同法第一百三十二条反面解释规则（2011 年 7 月修改稿第四条），与新创将来财产买卖的效力规则（2011 年 7 月修改稿第五条）完全相同，起草人在征得参与讨论的民法专家同意之后，遂将两项解释规则加以合并，成为 2011 年 8 月稿第四条，亦即最后正式公布的《买卖合同解释》第三条。

(三)《买卖合同解释》第三条：理论意义和实践意义

以上对本条解释起草讨论修改过程的回顾已充分表明，《买卖合同解释》第三条是合同法第一百三十二条反面解释规则和新创将来财产买卖合同效力规则合并而成，是最高人民法院运用司法解释权新创的一项解释规则。

此项解释规则的适用范围，包括 5 种案型：（1）国家机关或者国家举办的事业单位处分“直接支配的不动产和动产”，不符合“法律和国务院的有关规定”（物权法第五十三、五十四条）；（2）抵押人出卖抵押物未经抵押权人同意（物权法第一百九十一条第二款）；（3）融资租赁承租人付清全部租金之前出卖租赁设备（合同法第二百四十二条）；（4）保留所有权买卖合同的买受人在付清全款之前转卖标的物（合同法第一百三十四条）；（5）将来财产的买卖。

前 4 种案型属于“处分权受到限制的所有人出卖自己之物”,① 第 5 种案型属于所有人出卖尚未取得所有权之物，相对于合同法第一百三十二条规定的出卖人有所有权或者处分权的通常买卖合同而言，属于买卖合同的特殊情形。因此，本条解释规则，应称为“买卖合同特别效力规则”。

《买卖合同解释》创设第三条“买卖合同特别效力规则”，填补了合同法两项法律漏洞：一是属于合同法第一百三十二条反面的前述 4 种案型，

---

① 第（3）、（4）两种案型，亦属于“所有人出卖自己的财产”，因为出租人享有设备“所有权”、前出卖人保留售出货物的“所有权”，仅作为所欠租金、价金的担保，属于“担保权人”，不是真正的所有权人。

其买卖合同效力（有效抑或无效）缺乏判断标准；二是“将来财产买卖合同”效力（有效抑或无效），缺乏判断标准。

由于此项解释规则之创设，使法院裁判获得明确无误的指引：处分权受到限制的出卖人“处分自己财产”的案型及将来财产买卖案型，应当适用《买卖合同解释》第三条“买卖合同特别效力规则”；无处分权的人（恶意或误认）“处分他人财产”案型，应当适用合同法第五十一条无权处分合同规则。于是，可以纠正此前裁判实践中，对于处分权受到限制的出卖人“处分自己财产”的案型及将来财产买卖案型，误用合同法第五十一条无权处分合同规则的错误。①

显而易见，《买卖合同解释》第三条创设“买卖合同特别效力规则”，具有重大的理论意义和实践意义，表明最高人民法院从事司法解释工作达到前所未有的水准，值得赞佩。

但此项解释规则公布之后，未能及时向法院系统进而向整个法律界准确阐发此项解释规则的解释标的（对象）、适用范围、规范意旨及与其他法律规则之间的界分，以发挥此项解释规则的规范功能，反而因自己的不当释义，招致法律界对本条具有重大理论意义和实践意义的解释规则的误解，被误解为对合同法第五十一条无权处分合同规则的修改，引起法律界思想混乱。不能不令人惋惜。

（四）如何看待合同法第五十一条

合同法实施以来，有关合同法第五十一条的争论一直没有停息。略加分析可以发现，民法学界多数学者和实务界对该条持肯定态度，批评第五十一条、认为该条立法错误的，只是少数学界精英。对第五十一条的主要批评有三：（1）所谓与“共同规则”不一致；（2）所谓片面保护财产静的安全对买受人不利；（3）所谓起草人故意标新立异。下面作简单回应。

关于批评（1）：合同法第五十一条规定无权处分他人财产的合同，须以权利人追认或者处分人事后取得处分权为有效条件，权利人不追认、处

① 合同法第五十一条的适用范围：无处分权的人因恶意或误认处分他人财产。其中所谓“财产”，仅指有形财产（动产、不动产），不包括无形财产（债权、知识产权、股权）；所谓“处分”，仅指有偿转让（出卖）及无偿转让（赠与），不包括设立担保权、使用权。裁判实践中常见误用合同法第五十一条的错误，除这里指出的误用于处分权受到限制的出卖人“处分自己财产”的案型及将来财产买卖案型之外，还有如误用于共有人处分共有物案型，非持股人转让股权案型，非所有人设立担保权、使用权案型。

分人事后也未取得处分权的，无权处分合同无效。并非起草人不了解所谓共同规则，而是起草人有意与所谓共同规则不一致。因此，仅指出本条规定与所谓共同规则不一致，尚不足以构成对本条的正当批评。

关于批评（2）：无权处分他人财产的合同，因权利人不追认，处分人事后也未取得处分权而致合同无效情形，买受人如属于善意，依物权法第一百零六条关于善意取得制度的规定，仍可获得标的物所有权；买受人非属于善意，则依合同法第五十八条关于合同无效的效果之规定，可要求出卖人如数返还买卖价金，如果因此受有损失，还可以要求有过错的出卖人予以赔偿。可见，合同法第五十一条无权处分合同规则，并非对买受人不利。所谓片面保护财产静的安全、对买受人不利的批评，实难谓公允。

关于批评（3）：毋庸讳言，包括合同法在内的中国民法，属于所谓继受法。但历史上所谓法律继受，有所谓主动继受与被动继受之分。所谓被动继受，指殖民地继受宗主国法律，实则宗主国将本国法律，强行地适用于殖民地，如历史上英国法适用于北美、日本法适用于朝鲜、日本法适用于我国台湾地区，当然是原封不动的继受，宗主国不允许作为殖民地的继受国有任何选择和改动的自由。中国继受外国法属于主动继受，尤其改革开放以来的民事立法，在广泛参考借鉴发达国家和地区成功的立法经验和判例学说之时，总是结合本国国情有所选择、有所变更、有所创新。在合同法、物权法、侵权责任法上这样的实例不少。合同法第五十一条只是其中一例。指为标新立异，亦无不可。

简而言之，合同法起草人在设计和拟定合同法第五十一条无权处分合同规则、第一百三十条买卖合同定义、第一百三十二条要求出卖人对所出卖之物应有所有权或者处分权，未遵从所谓共同规则，既非有意追求所谓的特色，也非有意要标新立异，只不过是在看到所谓共同规则与社会生活经验不一致之后，自觉选择了遵从社会生活经验罢了。

按照人们无数次的交易实践所积累的社会生活经验，买卖合同与现实交易行为，是一一对应的，例如购买一只茶杯，只是一个交易行为，亦即一个买卖合同。但按照所谓共同规则，你必须把购买一只茶杯的交易理解为三个法律行为：（1）你与出卖人购买茶杯讨价还价达成合意，成立一个买卖合同，属于债权行为。根据此债权行为，你享有请求出卖人交付你所选定的那只茶杯的债权，当然你也因此负有按照出卖人的要求支付价款的义务。但你与出卖人订立的买卖合同，尚不足以使你得到你所选定的那只茶杯的所有权。（2）你要得到那只茶杯的所有权，还必须与出卖人缔结另一个法律行为，将你所购买的那只茶杯的所有权移转到你的名下，此项法律行为以发生物权变动为目的，属于物权行为。（3）你还须与出卖人协商缔结第三个法律行为（物权行为），将你付出的购买茶杯的价款若干元人民币的所有权移转给出卖人。

按照所谓共同规则，① 你与出卖人订立的买卖合同，只是使双方负担交货付款的债务，性质上属于债权行为（负担行为），与你所购买的那只茶杯的所有权移转无关。因此，买卖合同，不应包含标的物所有权移转的效力；也不应要求出卖人对于所出卖的标的物，应有所有权或者处分权；无处分权的人（因恶意或者误认）出卖他人之物，即使权利人不予追认、处分人事后也没有得到处分权，买卖合同仍然应当有效。

中华民族属于擅长抽象思维的民族，但无论如何也难于想象，我们的十多亿普通人民，能够把哪怕是购买一只茶杯的交易，理解为缔结了三个法律行为！能够理解，合同法何以不要求出卖人对所出卖之物有所有权或者处分权！能够理解，一个人因恶意或者误认把别人的东西卖了，合同法居然规定买卖合同有效！

合同法制定中确曾讨论过这样的设例：假如有人把天安门城楼出卖给某个外国人，能否设想最高人民法院或者北京市高级人民法院依据中国的合同法宣告买卖合同有效？不幸而言中，今天就有真切实例摆在中国人民面前：日本右翼势力上演所谓“购买”我国神圣领土钓鱼岛的反华闹剧，这些人真要订立了以东京都或者日本国作为买受人的所谓的“买卖合同”，能否设想依据中国的合同法宣告该“买卖合同”有效?！应该庆幸，当年合同法的起草人遵从中国人民的社会生活经验，规定了不同于所谓共同规则的规则！中国政府新闻发言人严正声明：中国神圣领土钓鱼岛绝不允许任何人买卖！其法律根据，就是中国合同法第五十一条。

一只猫就是一只猫，你不能硬说成三只猫！买卖合同不仅发生交货付款的债权债务，当然还发生标的物和价金所有权的移转！出卖人须对所出卖之物有所有权或者处分权！无处分权的人因恶意或误认出卖他人财产，权利人不追认、处分人事后也未取得处分权的，当然买卖合同无效！合同法第一百三十条、第一百三十二条、第五十一条之所以不同于所谓共同规则，不过是起草人遵从社会生活经验的结果。如此而已！

（五）谁有权修改法律

就算退一万步，承认合同法第五十一条无权处分合同规则错误，也不

① 所谓共同规则，并非共同规则，实际采用此项规则的立法例很少。

能由最高人民法院通过制定司法解释予以修改！理由很简单：最高人民法院无权修改法律。

谁有权修改法律？唯有立法者有权修改法律。最高法院无权修改法律。即使是依据该国宪法拥有法律审查权的最高法院（或者宪法法院），也只是在审理违宪案件时，有权判断涉案法律（法规）是否违反宪法，有权作出涉案法律（法规）违宪与否的宣告，绝对不能对被宣告违宪的法律（法规）擅作修改！法院包括最高法院无权修改法律，这是法治发达国家和地区一体遵循的铁则！

尊重法律、维护法律，是法官和法院的神圣职责，绝对不能借口行使裁判权、解释权修改法律！法律有威信，法院、法官才有威信；法律有尊严，法院、法官才有尊严！法院、法官自己不尊重法律，不维护法律，把法律当成可以执行、可以不执行、可以随意修改的东西，也就否定了法院和法官自己！

三、关于违约金调整的释明

《买卖合同解释》第二十七条规定："买卖合同当事人一方以对方违约为由主张支付违约金，对方以合同不成立、合同未生效、合同无效或者不构成违约等为由进行免责抗辩而未主张调整过高的违约金的，人民法院应当就法院若不支持免责抗辩，当事人是否需要主张调整违约金进行释明。一审法院认为免责抗辩成立且未予释明，二审法院认为应当判决支付违约金的，可以直接释明并改判。"

解读和评论本条解释，须先介绍发达国家和地区关于违约金调整之立法例。以是否须债务人申请，关于违约金调整的立法例分为两种：

第一种立法例，无须债务人申请的立法例，以瑞士、意大利为代表。瑞士债务法第 163 条第（3）项规定："法官得依其裁量，酌减过高之违约金。"意大利民法典第 1384 条规定："主债务已被部分履行或者违约金的数额明显过大的，法官可以权衡债权人因履行所获利益而公平地减少违约金。"依瑞士、意大利立法，法院得依职权调整违约金，而无须以债务人申请为前提条件。

瑞士判决实务之见解是，虽不须债务人明示声请或要求，但至少须债务人提出酌减理由之事实而争执或指责违约金之数额，才可视为已要求酌减，而得由法院酌减过高之违约金。① 意大利旧有1990年之判决采取须经债务人明示请求才可酌减之见解，然而2003年之较新判决已推翻旧有见解而改采法院得依职权酌减违约金，但债务人须就违约金金额与契约给付之显不相当加以举证。②

我国台湾地区民法第252条关于违约金过高之酌减，参考瑞、意立法例，未明文规定以债务人声请为条件。解释上，认为立法者是有意采取不须经债务人声请，法院得依职权酌减违约金之规定。

我国台湾地区最高法院大多数判决采取法院得依职权酌减违约金的立场。但有少数判决认为，须债务人抗辩，而且违约金过高之利己事实应由债务人主张及举证，法院始得酌减违约金。③

第二种立法例，须债务人申请的立法例，以德国为代表。德国民法典第343条规定："违约金之金额过高者，在债务人提出申请时，得以判决减至适当之金额。违约金是否适当之判决，应考虑债权人之一切正当利益，不仅是考虑财产上之利益。已支付违约金者，不得请求减少。"依此规定，法院酌减违约金，须以债务人声请为条件，即使原告诉讼上提出之事实资料已显示违约金过高，但如诉讼上未经被告抗辩违约金过高且表示无意受拘束之意思，法院仍不得酌减违约金。④

我国合同法第一百一十四条第二款，关于违约金的增减，明定"当事人可以请求"人民法院或者仲裁机构予以增减，是采纳德国立法例。此种立法的特色，明定违约金调整属于债务人的权利，只在债务人提出减少违约金的申请时，法院才对约定违约金是否过高予以审查；债务人不提出减少违约金的申请，应视为债务人放弃权利，法院不得依职权审查。

《合同法解释（二）》第二十七条规定："当事人通过反诉或者抗辩的方式，请求人民法院依照合同法第一百一十四条第二款的规定调整违约金的，人民法院应予支持。"

此项解释解决了两个问题：（1）人民法院适用合同法第一百一十四条

---

① 杨芳贤：《民法违约金酌减规定之若干问题》，载台湾地区《台大法学论丛》第40卷第4期，第2147页。

② 杨芳贤：《民法违约金酌减规定之若干问题》，载台湾地区《台大法学论丛》第40卷第4期，第2148页。

③ 杨芳贤：《民法违约金酌减规定之若干问题》，载台湾地区《台大法学论丛》第40卷第4期，第2176页、第2157页。

④ 杨芳贤：《民法违约金酌减规定之若干问题》，载台湾地区《台大法学论丛》第40卷第4期，第2143页。

第二款的规定，对约定过高或过低的违约金进行调整，须以债务人请求为前提条件，债务人未要求的，人民法院不得依职权调整违约金；(2) 债务人要求调整违约金，须采取反诉或者抗辩的方式，换言之，调整违约金属于债务人的实体权利，此项权利之行使，必须在诉讼中采取反诉（处分原则）或者抗辩（辩论原则）的方式。

但须补充一点，对“通过反诉或者抗辩的方式”的解释不能死抠，债务人于答辩状明确请求依据合同法第一百一十四条第二款减少或者增加违约金的，应认为债务人以反诉方式行使权利，自无异议；此外，凡债务人在答辩状和辩论中有表示约定“违约金数额过高、过低”之意思的，无论其是否提及合同法第一百一十四条第二款、是否有要求减少、增加之语句，均应认为债务人以“抗辩的方式”要求调整违约金。

依据上述解释，调整违约金属于债务人的权利，债务人于诉讼中未提出调整违约金的反诉或抗辩的，视为当事人放弃权利，法庭不得依职权审查违约金是否过高过低，而应判决债务人支付约定的违约金。此后，债务人在上诉审或者再审，不得再行主张约定违约金过高、过低而要求调整。

但《买卖合同解释》第二十七条要求法庭对被告是否要求调整违约金进行释明，这就涉及“释明”与“抗辩”的关系问题，换言之，依《合同法解释（二)》，当事人必须采取“反诉”或者“抗辩”方式要求调整违约金，是否属于法庭“释明”的范围。

这里须介绍什么是“释明”及哪些事项可以“释明”、哪些事项不能“释明”。

所谓释明，是指法官于庭审中，认为当事人的诉讼请求、事实陈述、证据资料和法律观点存在模糊、瑕疵和疏漏时，通过发问或告知以提示当事人予以澄清或补充的诉讼行为。

关于法官释明的性质，有三种观点：(1) “释明权利说”，认为释明是法官的诉讼权利，法官可以自由决定是否释明。(2) “释明义务说”，认为释明是法官的诉讼义务，如法官对于应当释明的事项而不予释明，将构成违法，应当承担相应的法律责任。(3) “权利义务说”，认为既是法官的诉讼权利，也是法官的诉讼义务。我国多数学者倾向于第三种观点。

发达国家和地区的民事诉讼法关于法官释明大抵有明文规定：

德国民事诉讼法第 139 条规定：“1. 审判长应该使当事人就一切重要的事实作充分的说明，并且提出有利的申请，特别在对方所提事实说明不够时要加以补充，还要表明证据方法。为达此目的，在必要时，审判长应与当事人共同从事实上和法律上两方面对于事实关系和法律关系进行阐明，并且提出发问；2. 审判长对于应依职权调查的事项中存在的可疑之处，应予注意；3. 审判长在法院的其他成员要求时，应许其发问。”日本民事诉讼法第149条规定：“审判长为了明了诉讼关系，在口头辩论的期日或期日之外，就有关事实及法律上的事项对当事人进行发问，并且催促其进行证明。”法国民事诉讼法第8条规定：“法官得要求诸当事人提供其认为解决争议所必要的事实上的说明。”第13条规定：“法官得要求当事人提供其认为解决争议所必要的法律上的说明。”我国台湾地区民事诉讼法第199条规定：“审判长应注意令当事人就诉讼关系之事实及法律为适当完全之辩论；审判长应向当事人发问或晓谕，令其为事实上及法律上陈述、声明证据或为其它必要之声明及陈述；其所声明或陈述有不明了或不完足者，应令其叙明或补充之；陪席法官告明审判长后，得向当事人发问或晓谕。”

根据上述规定可见，法官行使释明权的范围，限于“诉讼关系之事实方面和法律方面”，具体言之，主要包括以下方面：（1）当事人主张事实或陈述有含义模糊和不明确之处，法官应通过释明提示当事人予以明确。（2）当事人主张事实或陈述有不当之处，包括诉讼请求不当和诉讼当事人不当，法官应通过释明促使当事人纠正、变更诉讼请求或增列、变更诉讼当事人。①（3）当事人就自己主张事实所提供证据资料不充分时，法官应通过释明提示当事人补充证据资料，并指定补充证据资料的时限。（4）当事人认为不重要而忽略或未提出某项法律见解，如法官认为该项法律见解与当事人利害关系重大时，应通过释明给予当事人陈述意见的机会，使双方当事人就法律适用范围、构成要件等进行充分讨论。

下面介绍浙江省高级人民法院关于规范法官释明的规定：②

1. 释明的三项基本原则：（1）释明应当遵循合法、公开、中立、适度、有利于诉讼的原则（第一条）。（2）释明的内容一般限于阐释法律规定、告知诉讼风险及诉讼相关的事项，但不得违反辩论原则、处分原则（第二条）。（3）法官不得帮助当事人提出权利抗辩事由和辩论理由原则（第五条）。

2. 释明的分类：（1）程序事项的释明。如告知当事人可能存在的诉讼

---

① 《最高人民法院关于民事诉讼证据的若干规定》（法释〔2001〕33号）第三十五条规定了对当事人变更诉讼请求进行释明。

② 《浙江省高级人民法院关于规范民商事案件中法官释明的若干规定（试行）》（浙江省高级人民法院审判委员会2009年12月1日第2161次会议讨论通过）。

风险、享有的诉讼权利及应履行的诉讼义务（第七条）。（2）诉讼请求及法律问题的释明。（3）事实和证据问题的释明。如释明案件的举证责任分配原则（第二十条）。（4）裁判的释明。如一审案件宣告判决时，应告知当事人上诉权利、上诉期限和上诉法院，以及逾期提出上诉和逾期预交二审案件受理费的法律后果（第三十二条）。

请注意，上述第（1）类"程序事项的释明"和第（4）类"裁判的释明"，为法官必须履行的程序义务，属于题中应有之义，与所谓"法官释明"无关。唯其中（2）、（3）两类，才属于本来意义上的"法官释明"。这里特别介绍"对诉讼请求及法律问题的释明"，包括以下六项：（1）对当事人提出的诉讼请求不明确、不充分、不正确的，法官可以要求当事人就诉讼请求的具体内容进行说明（第十四条）。（2）当事人主张的法律关系性质或民事行为的效力与法院根据案件事实作出的认定不一致的，法官应当告知当事人可以变更诉讼请求（第十五条）。（3）当事人主张的法律关系性质或民事行为效力明显有误的，法官可以视情况即时释明（第十六条）。（4）当事人的请求权基础不明确或存在竞合情形的，法官应当告知当事人予以明确或者作出选择（第十七条）。（5）当事人的诉辩意见不明确或自相矛盾，法官可以要求当事人陈述清楚，或经法官归纳、总结后，由当事人确认或补充。对双方当事人均未涉及但存在疑点且构成裁判基础的事项，法官应当进行释明（第十八条）。（6）当事人对法律用语、法律概念以及其他相法律事项不能理解或者表示疑惑的，法官应当随时进行释明（第十九条）。

我认为，浙江省高级人民法院关于法官释明事项和释明应遵循原则的规定，是正确的，值得重视。

建议最高人民法院关于"违约金调整"规定，应当按《合同法解释（二）》规定，当事人未以反诉或抗辩方式要求调整违约金的，法庭不得进行释明。这种情形，如果法庭审理中查明并认为合同约定违约金显然过高，不予调整将导致判决显失公平，可以直接适用合同法第六条关于诚信原则的规定，如属于格式合同则可适用合同法第四十条关于格式条款无效的规定，认定合同违约金条款无效，而改为按照合同法第一百零七条的规定判决损害赔偿金。

四、关于违约责任的过失相抵规则

《买卖合同解释》第三十条规定："买卖合同当事人一方违约造成对方损失，对方对损失的发生也有过错，违约方主张扣减相应的损失赔偿额的，人民法院应予支持。”

要评论此项解释规则，须先考察发达国家和地区立法及国际公约惯例如何对待违约责任的过失相抵问题。法国民法典和瑞士债务法未有规定。德国、意大利、日本、荷兰民法典及我国台湾地区民法规定违约责任的过失相抵，但所规定过失相抵的适用范围有所不同。①

英美法上的过失相抵规则，仅适用于侵权责任，而不适用于违约责任。英美法不承认违约责任的过失相抵，其理论根据在于，英美法认为违约与过失无关，认为当事人有订立合同的自由，也当然有违约的自由。美国权威合同法专家范斯沃思在《美国合同法》一书中，对于违约的自由有专门论述。他先引用上一辈权威学者霍姆斯（Holmes）的话。霍姆斯说："合同与当事人的主观意志毫无关系，我们只能通过当事人的外部行为来判断合同的约束力问题。""合同当事人只是或者履行合同，或者支付由此造成的损失，因此他选择由此造成的损失，他就没有过错。他只是在两种方式中选择一种来履行他的义务。"②然后范斯沃思作出论断："无论如何，与著名的订约自由一样，也应当有相当程度的违约自由。"③

---

① 第一种立法例，仅规定受害人过失（原因）助成债务人违约，亦即受害人对于违约方的违约行为（债务不履行）与有过失。如日本民法典第418条规定："关于债务不履行，在债权人与有过失时，对于定其损害赔偿的责任及其金额，由法院斟酌之。"

第二种立法例，仅规定受害人过失助成损害发生，亦即受害人对于损害的发生与有过失。如德国民法典第254条规定："被害人对损害的发生有共同过错的，应根据情况，特别是根据损害在多大程度上是由当事人的一方或者另一方造成的，确定赔偿义务和赔偿范围。"意大利民法典第1227条规定："因债权人的过失致使损害发生的，根据过失的程度及其所致后果的严重程度减少赔偿额。债权人只要尽勤勉注意即可避免的损失，不予赔偿。"荷兰民法典第6:101条规定："1.损失亦因可归责于受害人的原因造成的，应当根据受害人和赔偿义务人在造成损失中的可归责情形在双方之间分担应赔偿的损失，从而减轻赔偿义务人的赔偿义务。根据案件中的过错严重程度和其他情形，公平原则有此要求的，分担比例可以有所不同，或者赔偿义务可以全部消灭或者全部不被分担。"

第三种立法例，规定受害人过失助成损害发生或者扩大，亦即受害人对于损害的发生或者扩大与有过失。如我国台湾地区民法第217条规定："损害之发生或扩大，被害人与有过失者，法院得减轻赔偿金额，或免除之。"

② O. W. Holmes, The Path of Law, Harv. L. Rev. 4 (1897).

③ E·艾伦·范斯沃斯：《美国合同法》，葛云松、丁春艳译，中国政法大学出版社2004年版，第750页。

由此可见，按照英美合同法原理，既然当事人不仅有订约的自由，也有违约的自由，因此违约与过失无关，此区别于侵权行为。侵权行为人通常具有过失，因此可以适用过失相抵规则，以限制侵权人承担的赔偿责任，使其不至于承担过重的赔偿责任，平衡侵权人与受害人之间的利益关系；既然违约与过失无关，当然不能通过适用过失相抵规则，要限制违约方的赔偿责任，协调违约方与受害人之间的利益关系，只好采用别的方法，这就是减损规则和不可预见规则。

中国曾长期实行计划经济体制，无所谓合同法和合同法理论。1978 年改革开放政策，开始向市场经济转轨，将合同立法提上日程。1981 年制定的经济合同法第三十二条第二句规定，如属双方的过错，造成经济合同不能履行或者不能完全履行，应“根据实际情况，由双方分别承担各自应负的违约责任”，① 与过失相抵规则处理的是同一问题，但与过失相抵规则赋予违约方主张减轻赔偿责任的抗辩权不同。

1985 年制定涉外经济合同法。涉外经济合同法由当时的对外经济贸易部负责起草，《联合国国际货物销售合同公约》（维也纳公约）理所当然成为起草涉外经济合同法的主要制度依据。② 涉外经济合同法多数制度和条文均可从维也纳公约找到其渊源。

如前所述，维也纳公约不承认过失相抵规则，而规定减损规则（第 77 条）和不可预见规则（第 74 条第 2 句）。公约第 77 条规定：“声称另一方违反合同的一方，必须按情况采取合理措施，减轻由于该另一方违反合同而引起的损失，包括利润方面的损失。如果他不采取这种措施，违反合同一方可以要求从损害赔偿中扣除原可以减轻的损失数额。”公约第 74 条第 2 句：“这种损害赔偿不得超过违反合同一方在订立合同时，依照他当时已知道或理应知道的事实和情况，对违反合同预料到或理应预料到的可能损失。”

公约第 77 条的特色是，先规定他方违约情形受害人负有减损义务，然

---

① 经济合同法第三十二条规定：“由于当事人一方的过错，造成经济合同不能履行或者不能完全履行，由有过错的一方承担违约责任；如属双方的过错，根据实际情况，由双方分别承担各自应负的违约责任。”

② 《联合国国际货物销售合同公约》是联合国国际贸易法委员会（UNCIT－RAL）于 1980 年 4 月 11 日在维也纳召开的外交会议上通过的。该公约于 1988 年 1 月 1 日生效。1981 年 9 月 30 日中华人民共和国政府代表签署本公约，1986 年 12 月 11 日交存核准书。核准书中载明，中国不受公约第 1 条第（1）款（D）、第 11 条及与第 11 条内容有关的规定的约束。

后规定受害人不履行减损义务致使损失扩大时，违约方可要求从损害赔偿中扣除该扩大的损失。扣减损害赔偿的前提，是受害人“违反减损义务”，而不是所谓受害人“与有过失”，因此与所谓过失相抵规则不同。质言之，公约拒绝采纳大陆法系所谓过失相抵规则，而采纳了英美法系契约法的“减损规则”。

涉外经济合同法以公约第77条作为自己的立法基础。该法第二十二条规定：“当事人一方因另一方违反合同而受到损失的，应当及时采取适当措施防止损失的扩大；没有及时采取适当措施致使损失扩大的，无权就扩大的损失要求赔偿。”应当肯定，涉外经济合同法规定减损规则，拒绝传统过失相抵规则，严格遵循了维也纳公约的立场。①

1986年制定民法通则。民法通则起草人将违约责任和侵权责任合称民事责任，设第六章规定民事责任，下设三节：第一节规定民事责任的一般原则，第二节规定违约责任，第三节规定侵权责任。

假如立法者承认违约责任的过失相抵规则，可以有两种方案：一是在第一节规定过失相抵规则，使之同时适用于违约责任和侵权责任；二是在第二节和第三节分别规定过失相抵规则（缺点是重复）。但结果是，这两种方案均未被采纳。

我们看到，第六章民事责任，其第一节一般规定，未规定过失相抵规则；第二节违反合同的民事责任，也未规定过失相抵规则，却规定了减损规则（第一百一十四条）；第三节“侵权的民事责任”，明文规定了过失相抵规则（第131条）。显而易见，民法通则只规定侵权责任的过失相抵规则，拒绝规定违约责任的过失相抵规则，坚持了维也纳公约和涉外经济合同法的立场。②

值得注意的是，涉外经济合同法和民法通则否定违约责任的过失相抵

---

① 涉外经济合同法也规定了不可预见规则，该法第十九条规定：“当事人一方违反合同的赔偿责任，应当相当于另一方因此所受到的损失，但是不得超过违反合同一方订立合同时应当预见到的因违反合同可能造成的损失。”

② 1987年颁布的技术合同法亦采取同样立场，仅规定减损规则（第十七条）而不规定过失相抵规则。其第十七条规定：“因另一方违反合同受到损失的当事人，应当及时采取适当措施防止损失的扩大；没有及时采取适当措施致使损失扩大的，无权就扩大的损失要求赔偿。”

的立场，并未获得民法学界的认同。① 1993 年开始制定统一合同法，由六位学者和两位法官共同设计《合同法立法方案》，建议并行规定减损规则和过失相抵规则。②

但最后由 12 个单位学者根据立法方案起草的《合同法草案试拟稿》，在第八章违约责任的第三节损害赔偿责任中规定了过失相抵规则（第 152 条），却未规定减损规则。试拟稿第一百五十二条规定：“对于损害的发生或扩大，受害方也有过错的，可以减轻或者免除违约方的赔偿责任。”③

民法学者起草的《合同法草案试拟稿》，废弃民法通则和涉外经济合同法的“减损规则”，规定违约责任的过失相抵规则，这对于立法机关来说是难于接受的。恰好这这个时候，《国际商事合同通则》为中国立法机关提供了一个解决方案：就“损失扩大”规定减损规则，就“损失发生”规定过失相抵规则。④

我们看到，1997 年 4 月 1 日的合同法（征求意见稿）就采取了这一“并行规定”的方案。该征求意见稿第七十九条规定：“当事人一方因另一方违约受到损失的，应当及时采取措施防止损失的扩大；没有及时采取措施致使损失扩大的，无权就扩大的损失要求赔偿。”第八十八条规定：“受害人对于损失的发生也有过错的，可以减轻或者免除违约方的责任。”

此后的两个草案均坚持了“并行规定”方案。即：1997 年 5 月 14 日

---

① 民法通则一百三十一条虽规定于侵权责任中，但学说对于它在过错引起的债务不履行场合的适用一般并无异议。参见朱卫国：《过失相抵论》，载梁慧星主编：《民商法论丛》（第 4 卷），法律出版社 1996 年版，第 411 页；与有过失规则，适用于所有的损害赔偿请求权，不论是基于违约的损害赔偿还是基于侵权行为的损害赔偿。参见韩世远：《合同法总论（第三版）》，法律出版社 2011 年版，第 634 页；崔建远所著《合同法（第三版）》（法律出版社 2003 年版）第 268 ~ 271 页论述“与有过失规则”。

② 《合同法立法方案》第八章违约责任，第三节损害赔偿，“并应规定扩大损害规则；过失相抵规则”。前者所谓“扩大损失规则”，即减损规则。

③ 所参考的是我国台湾地区民法第 217 条：“损害之发生或扩大，被害人与有过失者，法院得减轻赔偿金额，或免除之。”

④ 《国际商事合同通则》第 7.4.7 条（部分归咎于受损害方当事人的损害）规定：“如果损害部分归咎于受损害方当事人的作为或不作为，是由该方当事人承担风险的其他事件所导致，在考虑到每方当事人的行为的情况下，损害赔偿的金额应扣除因上述因素导致的损害部分。”第 7.4.8 条（损害的减轻）规定：“1. 不履行方当事人对于受损害方当事人所蒙受的本来可以采取合理措施减少的那部分损害，不承担责任。2. 受损害方当事人有权对试图减少损害而发生的一切合理费用要求赔偿。”

的合同法（征求意见稿），第八十条规定减损规则、第八十九条规定过错相抵规则；1997 年 9 月 24 日的合同法（征求意见稿），第一百零四条规定减损规则、第一百零五条规定过错相抵规则。

但是，到了 1998 年，情况发生了变化，立法机关从合同法草案中删去了规定过失相抵规则的条文。1998 年 6 月 16 日的合同法（草案），删去了过错相抵规则，仅保留减损规则（第一百一十九条）；同年 8 月 24 日，提交第九届全国人大常委会第四次会议第一次审议的合同法（草案），亦仅规定减损规则（第一百二十二条），未规定过失相抵规则。

此后的第二次审议稿、第三次审议稿，直至 1999 年 3 月提交第九届全国人大第二次会议审议的法律案，均仅规定减损规则，未规定过错相抵规则。最终通过颁行的合同法，第一百一十八条规定减损规则，第一百一十三条末句规定不可预见规则。

回顾合同法草案的起草、修改、审议的全过程，我们可以看到，中国立法机关关于违约责任是否规定过失相抵规则，经历了一个从“否定——肯定——否定”的历程。涉外经济合同法、民法通则，采纳了维也纳公约否定过失相抵规则（仅规定减损规则）的立场，合同法草案修改讨论过程中，面对民法学者规定过失相抵规则（删除减损规则）的建议，试图采纳《国际商事合同通则》的方案，“并行规定”减损规则和过失相抵规则，但最终放弃了这一“并行规定”方案，回到涉外经济合同法、民法通则和维也纳公约的立场：否定过失相抵规则（规定减损规则和不可预见规则）。

需要回答的一个问题是，现行合同法（特别是合同总则部分）参考借鉴《国际商事合同通则》之处甚多，何以在违约责任的过失相抵问题上，不采《国际商事合同通则》并行规定减损规则和过失相抵规则的经验？下面是可能的理由：

其一，从违约形态分析，不宜规定违约责任的过失相抵规则。违约形态通常分为债务不履行、迟延履行和瑕疵履行。其中，迟延履行和不履行债务，给受害方造成的损失，不发生受害人与有过失问题；瑕疵履行给受害方造成的损失，通常是瑕疵标的物本身价值的减损，也不发生受害人与有过失问题；唯在瑕疵标的物造成受害人人身、财产损害情形，才有发生受害人与有过失的可能。

但在瑕疵标的物造成受害人人身、财产损害情形，如果适用过失相抵规则减轻违约方的赔偿责任，与民法公平原则和社会生活经验显然违背。例如，受害人驾驶过失致汽车撞到路旁石墙，因汽车安全气囊未启动，造成受害人人身损害案，可以认为“受害人对于损失的发生也有过错”，但公平原则和社会生活经验不允许减轻违约方的赔偿责任。

其二，《国际商事合同通则》第7.4.7条“注释”的两个举例，① 按照中国合同法，均不应适用过失相抵。

举例1：“特许经营连锁店合同限定A只能从B处进货，并规定可以在90天内付款，但B却要求A立即付款，A无法办到，只得从C处进货。于是B要求A支付违反排他条款的罚金。但B只能得到部分罚金，因为是他的行为导致了A的不履行。”

举例2：“豪华班轮的吊机没有按要求停落在甲板上，造成乘客A被砸伤。船主B对A被伤害的后果负有责任，B从该船起航前检修吊机的公司C处寻求补偿。然而事实证明，如果吊机较好地停落在甲板上，事故是可以避免的。既然这是B的责任，B不能从C那儿得到完全赔偿。”

按照中国合同法，举例1，B的行为导致A违约（不能遵守排他条款），应当认定A不构成违约。此在维也纳公约第80条设有明文规定。② 举例2，（船员）不按要求停落吊机造成乘客A受伤，属于船主B的责任，与检修该船的C无关，应当肯定C不构成违约。

《国际商事合同通则》就过失相抵规则所举两例均不适当，不能不令人深思。至少说明，很难就违约责任适用过失相抵规则举出适当的案例。因此，我们有理由怀疑违约责任过失相抵的正当性，如合同法贸然加以规定，将难免导致裁判实务之滥用。

其三，不规定过失相抵规则，并不造成违约方与受害方之间利益关系的失衡。大陆法系民法认可违约责任的过失相抵规则，其立法目的，在谋求违约方与受害方之间的公平。③ 我国合同法违约责任制度，以涉外经济合同法和民法通则关于违约责任的规定为基础，坚持维也纳公约不承认过失相抵规则，而以减损规则（第一百一十九条）和不可预见规则（第一百一十三条末句）协调违约方与受害方之间的利益关系，足以实现当事人之间的公平。且因减损规则和不可预见规则，采取客观化判断方法，回避了判断主观过错的困难，具有方便操作的优点，易于使法院裁判实现这一立

① 对外贸易经济合作部条约法律司编译：《国际商事合同通则》，法律出版社1996年版，第177～178页。

② 维也纳公约第80条规定：“一方当事人因其行为或不行为而使得另一方当事人不履行义务时，不得声称该另一方当事人不履行义务。”

③ 1999年台上字第2093号判决：“查民法第217条第1项规定之过失相抵原则，于契约所定之损害赔偿除有反对之特约外，亦有其适用（参见本院1965年台上字第2433号判例意旨）。因此项规定之目的，在谋求加害人与被害人间之公平。”

法目的。

由上可知，现行合同法制定时，就谋求实现违约方与受害方之间的公平这一立法目的，在认可过失相抵规则与否定过失相抵规则两个立法方案之间，经过再三斟酌之后，既未采纳学者建议采纳过失相抵规则（删除减损规则）的方案，也未采纳《国际商事合同通则》并行规定过失相抵规则和减损规则的方案，坚持涉外经济合同法、民法通则和维也纳公约的立场，其否定过失相抵规则的立法者意思十分明显，并未为适用过失相抵规则留下任何解释余地。

叁 物权法基本条文解读

第二条第二款【物的定义】

本法所称物，包括不动产和动产。法律规定权利作为物权客体的，依照其规定。

本法既然叫物权法，就不能不涉及“物”的定义。民法上关于物的定义，有广义和狭义之别。广义的物，包括有体物、财产权利和无形财产。罗马法以及法国法系各国立法，均采物的广义概念。狭义的物，仅指“有体物”，亦即有形财产。为德国、日本和我国台湾地区民法等采用。我国民法理论一直采用“有体物”概念。所谓“有体物”，指具有形体、占据空间，并能够为人感知的物。首先是客观存在的物，具有形体并占据空间，有固体、液体和气体的区别。其次，因人身为自然人人格之载体，受法律绝对保护，不得成为法律上的客体，故人的身体以及人体的任何组成部分均不是物。但是被捐赠的血液、器官和脱离人身的毛发除外。再次，必须是人力能够控制、有必要控制的有体物。人力所无法控制的物，如日月星辰，不属于民法上的物，任何人不得对其主张民事权利。

本法第二条第二款的规定虽然未使用“有体物”概念，因不动产和动产属于“有体物”的分类，可知本法所称物，是指“有体物”。鉴于科学技术的发展、建筑物高层化及海洋养殖业的发展，本法将“海域”“无线电频谱”及地上、地下“空间”均纳入“物”的概念之内。这就是第四十六条关于“海域”归属的规定、第五十条关于“无线电频谱资源”归属的规定、第一百三十六条关于在地上和地下“空间”设立建设用地使用权的规定。“无线电频谱”是看不见的，“空间”也是看不见的，不符合有体物的概念，属于物权客体“有体物”的例外规定。但“海域”有所不同，“海域”是看得见的，与有体物概念并不抵触。

按照《中国军事通信百科全书无线电管理分册》，所谓无线电频谱（radio spectrum），是指无线电波的全部频率范围。电磁场产生的波在空间以不同的频率传播，这些频率的集合，称为电磁频谱。电磁频谱中，适合无线电通信用的频率范围（9KHz～3000 GHz），称为无线电频谱。无线电频谱资源虽然是人类共享的自然资源，但对于一个主权国家而言，它是属于国家所有的稀缺的、有重要意义的战略资源和经济发展资源，它的开发利用关系到国民经济和社会可持续发展，还涉及国家主权和安全。《无线电管理条例》第三条规定："无线电频谱资源属国家所有。国家对无线电频谱实行统一规划、合理开发、科学管理、有偿使用的原则。"物权法第五十条规定"无线电频谱资源属于国家所有"，为国家对无线电频谱资源的统一规划、合理开发、有偿使用和科学管理，提供了法律根据。

作为物权客体的"空间"，分为"地上空间"和"地下空间"。按照《城市地下空间开发利用管理规定》解释（建设部 1997 年 10 月 27 日发布，2001 年 11 月 20 日修正），所谓"城市地下空间，是指城市规划区内地表以下的空间"。城市地下空间的开发利用，应贯彻统一规划、综合开发、合理利用、依法管理的原则，坚持社会效益、经济效益和环境效益相结合。国务院建设行政主管部门负责全国城市地下空间的开发利用管理工作。省、自治区人民政府建设行政主管部门负责本行政区域内城市地下空间的开发利用管理工作。直辖市、市、县人民政府建设行政主管部门和城市规划行政主管部门按照职责分工，负责本行政区域内城市地下空间的开发利用管理工作。许多大城市都在制定有关地下空间开发利用的法规。其中，《上海市城市地下空间建设用地审批和房地产登记试行规定》已于 2006 年 9 月 1 日施行。物权法将空间纳入物权客体的范围，明文规定，可以在地上或者地下"空间"设立建设用地使用权，就为城市地下空间的开发利用、依法管理提供了法律根据。

按照《海域使用管理法》（2001 年 10 月 27 日通过，2002 年 1 月 1 日施行）第二条第一款的规定，"海域"是指"内水、领海的水面、水体、海床和底土"。在法律传统中，民法只规定土地而不规定海域，海域属于公法规定的对象。所谓"土地"是指陆地，陆地上的水面如湖泊、水库、河流亦属于土地。"土地"与"海域"的分界线，称为"海岸线"。一般地图上的"海岸线"是指海水涨潮的"平均高潮线"，麦克特航海用图上的"海岸线"则是指海水退潮的"最低低潮线"。"最高高潮线"以下，"最低低潮线"以上的亦海亦陆的特殊地带，称为"滩涂"。鉴于"滩涂"属于"土地"的一部分，且本法第四十八条另就"滩涂"设有明文规定，因此"土地"与"海域"的区分，应以海水退潮"最低低潮线"为准，最低低潮线以上为"土地"，最低低潮线以下为"海域"。物权法第四十六条明确规定"海域属于国家所有"，为加强海域使用管理，维护国家海域所有权和海域使用权人的合法权益，促进海域的合理开发和可持续利用，提供了法律根据。

物分为不动产和动产。不动产和动产的划分，是物的最基本、最重要的划分。这种划分对民事权利尤其对物权制度具有决定性的意义。法律关于不动产物权和动产物权适用不同的公示原则，采用不同的公示方法。不动产物权的变动，以登记为公示方法；动产物权的变动，以占有交付为公示方法。不动产物权种类齐备，仅不动产上可以设立用益物权，动产上不能设立用益物权，动产物权只有所有权和质权。所以，不动产和动产的区分，对物权立法具有重要意义。

按照各立法例，一般是先界定不动产的范围，不动产之外均属于动产。不动产，指土地及其定着物。所谓“定着物”，指固定在土地上、不可移动之物，如房屋等建筑物、堤坝、桥梁、轨道、城墙等构筑物，及生长在土地上的树木、农作物等。凡不动产之外的物，如船舶、飞行器、车辆、家用电器、生活用品等，均属于动产。物权法虽然未明文规定不动产和动产的定义，亦应作同样的解释。

关于不动产概念，还有一个重要问题：土地和建筑物，究竟是一个不动产还是两个不动产？按照德国民法，土地和建筑物，是一个不动产，建筑物属于土地的构成部分，建筑物不是一个独立的不动产。按照日本民法，土地和建筑物，是两个不动产，即土地是一个不动产，土地上的建筑物，是另一个不动产。如果土地和建筑物是一个不动产，则只办理一个登记即土地登记，其登记比较简单，不发生土地与建筑物分别属于不同权利人（所有权人、抵押权人）的问题。如果土地和建筑物是两个不动产，就需要办理两个登记（土地登记和建筑物登记），且会发生土地与建筑物分别属于不同权利人（所有权人、抵押权人）的问题。而土地与建筑物分别属于不同的权利人，将导致法律关系的复杂化。我国改革开放以来的立法和实践，是将土地和地上建筑物作为两个不动产，办理两个登记，并以所谓“房随地走、地随房走”原则，尽量避免发生土地与其地上建筑物分别属于不同权利人的情形。物权法贯彻“房随地走、地随房走”原则的条文，有第一百四十二条、第一百四十六条、第一百四十七条、第一百八十二条、第一百八十三条、第二百条、第二百零一条。例如，第一百八十二条规定：“以建筑物抵押的，该建筑物占用范围内的建设用地使用权一并抵押。以建设用地使用权抵押的，该土地上的建筑物一并抵押。”“抵押人未依照前款规定一并抵押的，未抵押的财产视为一并抵押。”因此，于建立统一不动产登记制度和登记机构之后，仍应沿用两个登记，即土地登记和建筑物登记。

应当注意的是，虽然物权法颁布之前的立法和实践就已经规定了“房随地走、地随房走”原则，但因执行方面的原因，有的地方仍有“房、地分离”的现象存在。例如，有的人民法院适用清产还债程序仅拍卖债务人的建筑物，其土地使用权被地方政府收回另行出让他人，造成房地分离。正确处理的方法是：应当按照“房随地走、地随房走”原则，由双方当事人协商解决，或者是建设用地使用权人支付房屋价款取得房屋所有权，或者是房屋所有权人支付土地转让费取得建设用地使用权。协商不成的，可以诉请人民法院依法判决。再如，建设用地使用权多层次转让的情形，因未依法办理过户登记而造成房地分离。对此，应当通过补办过户登记而使最后受让人获得建设用地使用权，以消除“房地分离”，实现房地归一。

第五条【物权法定原则】

物权的种类和内容，由法律规定。

本条规定物权法定原则。物权法定原则的含义是，物权的种类及各类物权的内容，必须由法律明文规定，不允许当事人自由创设物权和改变物权的内容。我们很容易想到一个问题，物权法与合同法，同属于民法的财产法，为什么物权法要实行物权法定原则，而合同法却实行合同自由原则？

合同法为什么不规定“合同法定”原则，而是规定合同自由原则呢？因为合同上的权利属于债权，债权是相对权，不具有排他性，只在合同当事人之间有效，对当事人以外的人无效。因此，当事人之间的合同，原则上不会损害国家、社会和他人的利益。现实生活中的绝大多数合同，也的确对国家利益、社会公共利益、他人利益没有什么损害。既然这样，就完全可以实行合同自由原则，允许当事人自由创设合同类型、改变合同的内容，甚至可以把两种、三种合同内容结合在一起，签订一个很复杂的新合同。万一有人滥用合同自由，损害国家、社会和他人利益怎么办？只需预设一个例外规则：合同内容违反法律强制性规定的无效，合同内容损害社会公共利益的无效，这就够了。合同法不规定“合同法定”，而是实行合同自由原则，就是出于这样的政策考量。

（一）物权法定原则的意义

1. 物权法不规定“物权自由”，而规定物权法定原则，其理由主要有以下三个方面。

按照物权法第二条关于物权定义的规定，物权不仅是“直接支配”的权利，而且有“排除他人干涉”的效力，连国家的公权力都不能随意干涉。“直接支配性”，加上“排他性”，实质上就是一种“独占”的权利。谁享有某项物权，谁就把某项财产给“独占”了。鉴于物权是对现存有形财产的“独占权”，如果允许当事人自由创设物权，当事人今天创设一种新的物权，把某种财产独占了，明天再创设一种新的物权，再把别的财产独占了，社会生活必然陷入混乱！这就是为什么要规定“物权法定原则”的第一项理由。

2. 物权是市场交易的前提和结果。市场交易就是物权与物权的交易。马克思主义政治经济学教科书上举的例子，用两柄斧头和五只羊交换。羊是什么？就是物权。斧头是什么？也是物权。现实中是用商品房、机动车、家用电器与货币交换，商品房、机动车、家用电器、货币等等，也都是物权。合同法第一百三十条规定：“买卖合同是出卖人移转标的物的所有权于买受人，买受人支付价款的合同。”说的就是所有权与所有权的交易，就是物权与物权的交易。既然物权是市场交易的前提和结果，是市场交易得以进行的前提条件，作为市场交易的前提条件的物权种类和物权内容，就一定要统一化、标准化。就跟我们日常生活中的通用产品一样。通用产品的标准化、统一化，方便了市场交易。同理，既然物权是市场交易的前提，那么，所有权的定义、内容、效力及有无期限，抵押权的定义、内容、效力及如何行使，就一定要由法律明确规定，实现各类物权的统一化、标准化，不允许任何人发明新的物权和改变物权的内容。

物权法定原则所说的“法律”，是严格限定的，仅指全国人民代表大会和全国人民代表大会常务委员会制定的“法律”，不包括国务院制定的行政法规，当然更不包括地方性法规和部门规章。为什么不允许行政机关、地方政府规定物权的种类和内容呢？因为我国是一个统一的国家，一个统一的大市场。如果一个地方的所有权和另一个地方的所有权不同，这个部门的抵押权与另一个部门的抵押权不同，必然会影响市场交易，影响国内大市场的统一。所以说，基于保障市场交易顺利进行和建立全国统一的大市场的法律政策理由，必须实行“物权法定原则”，必须由“法律”规定物权的种类和内容。这与银行法实行“货币法定原则”和票据法、证券法等实行“有价证券法定原则”，是出于同样的政策考量。

3. 否定我国法律所未规定的、任何外国法律上的物权类型，以维护我国的国家主权和法律制度。如果不实行物权法定原则，而实行所谓“物权自由原则”，则在中国境内活动的外商、外资、外企和外国律师，就必然会在他们所参与的经济活动中，采用他们自己熟悉的本国法律上的物权类型，必将对我国的法律制度和国家主权造成冲击和损害。可见，物权法定原则的重要功能，在于否定我国法律未规定的、任何外国法律上的物权类型，以维护中国的国家主权和中国的法律制度。

（二）物权法定原则的内涵

其实物权法定原则的意思，主要不是“正面”而是“反面”，它“反面”的意思就是：当事人自己创设的物权无效；当事人变更物权内容的约定无效。

这里说的“无效”，就是不具有物权的效力。你去买商品房，你就享有房屋所有权，假设某个开发商在合同上规定这个房屋所有权只管 20 年，合同上如果有这句话，这句话无效。按照物权法，所有权是没有期限的权利，只要这个特定物（房屋）不消灭，你的所有权就不消灭。开发商规定 20 年期限，对所有权的内容作了变更，按照物权法定原则，物权的内容不能变更，所以开发商这个变更内容无效。你要发明一个物权行不行呢？也不行。由此可见，物权法定原则的意义，实际上就是排除当事人的意思自治，就是排除当事人创设、变更物权的自由，与合同法刚好相反。

有个问题是，当事人如果真搞了一个物权、创设了一种物权，怎么办？按照物权法定原则，它当然不具有物权的效力，也就是说，法律不承认它是物权。但是，它虽然不具有物权的效力，它可不可以发生别的效力？比如说，可不可以发生合同法上的效力呢？这是可能的。

举例来说明。改革开放过程中的公房出售，有的单位卖公房时规定，这个公房卖给你以后，你将来要调走，不能卖给他人，你只能卖给原单位，由单位收回。有的单位规定，如果买房的职工将来要调走，要出卖房子，原单位有“优先购买权”。这个“优先购买权”究竟有没有物权的效力呢？我们假设真的有个职工调走时悄悄把房子卖给别人了。原单位发现了，向法院起诉，请求保护它的“优先购买权”，要求人民法院认定被告转卖房屋的合同无效，并把房屋所有权收回来卖给它，它愿意支付同样的代价。如果它这样起诉，就是把这个“优先购买权”当作物权来对待，要求法院保护它的“优先购买权”。法官审查这个案件，按照物权法定原则，物权法上没有规定所谓“优先购买权”，因此，当事人在合同当中约定的“优先购买权”违反了物权法定原则，不具有物权的效力。于是作出判决，驳回原告的诉讼请求。为什么要驳回原告的诉讼请求呢？因为原告约定的“优先购买权”违反了物权法定原则，不具有物权的效力。既然不具有物权的效力，法院当然不能认定职工的买卖合同无效，不能强行拿回来卖给原单位。

但是，如果原单位换一个理由起诉，它要求法院追究被告人的违约责任。卖公房的时候，双方当事人真实的意思表示很清楚，职工不得转卖他人，职工要出售先得问原单位买不买，原单位享有优先购买权，这是双方真实的意思表示，因此，原单位以追究被告违约责任起诉，法官审查后认为，按照合同法，这个合同当中的约定是不是真实的意思表示呢？是真实的意思表示。既然是真实的意思表示，那就是有效的，因此，被告一方就有义务先问原单位买不买，被告现在未履行这个义务，悄悄地卖给了他人，被告就构成违约，因此，法院按照合同法判决被告承担违约责任。这个原单位的“优先购买权”，虽然不具有物权的效力，但它是合同上的一个条款，合同上约定的一个义务，既然约定了就要履行，职工违反了，就构成违约，原单位按照合同法追究违约责任，这是可以的。可见，违反了物权法定原则，创设的物权不具有物权的效力，并不等于不具有所有的效力。如果符合其他法律规定，例如，符合合同法的规定，可以产生合同法上的效力。

与此有关的是合同法第二百三十条规定的承租人优先购买权。该条规定，在租赁合同存续期间，如果出租人转让租赁物，承租人有优先购买权。这个“优先购买权”究竟属于什么性质的权利，法院究竟怎样对待它，就取决于物权法是否规定“优先购买权”。如果物权法规定了“优先购买权”，则合同法第二百三十条规定的“承租人的优先购买权”，就是一种物权，就当然具有物权的效力；如果物权法不规定“优先购买权”，则合同法第二百三十条规定的“承租人优先购买权”，就不是物权，就当然没有物权的效力，只有债权的效力。

值得注意的是，物权法没有规定“优先购买权”，表明物权法不承认作为一种物权类型的“优先购买权”。实际上，人民法院在合同法实施之前和合同法实施后的一段时间，曾经将“承租人优先购买权”当作“物权”对待，这就是《民通意见》第一百一十八条：“出租人出卖出租房屋，应提前三个月通知承租人，承租人在同等条件下，享有优先购买权；出租人未按此规定出卖房屋的，承租人可以请求人民法院宣告该房屋买卖无效。”一些法院裁判这类案件，如果出租人把房子卖给别人时，没有预先告知承租人，法院将根据承租人的请求，判决出租人与买受人之间的买卖合同无效，然后把房子收回来，强行卖给这个承租人。这样判决的根据，就是《民通意见》第一百一十八条的规定的这个解释。

因为物权法没有规定所谓“优先购买权”，《民通意见》关于承租人优先购买权的规定，当然丧失其效力。合同法上规定的“承租人优先购买权”，当然只具有合同法上的效力，不具有物权的效力。出租人违反合同法关于承租人优先购买权的规定把房子卖给别人，承租人向法院起诉，法院只能根据合同法去保护他，亦即只能追究出租人的违约责任，不能判决出租人与买受人之间的买卖合同无效，而把房子收回来强行卖给承租人。

须特别注意的是，合同法第二百六十四条规定的“承揽人留置权”，和第二百八十六条规定的“承包人优先受偿权”（即承包人法定抵押权），属于特别法规定的留置权和抵押权，当然具有物权的效力，此与承租人优先购买权不同。

第六条【物权公示原则】

不动产物权的设立、变更、转让和消灭，应当依照法律规定登记。动产物权的设立和转让，应当依照法律规定交付。

本条关于物权公示原则的规定。所谓“公示”，就是“公开表示”，即物权这种权利的存在和变动，必须以某种方式“公开表示”出来，让他人能够了解。这就叫物权公示原则。

物权法之所以规定物权公示原则，首先是因为物权是市场交易的前提和结果，物权的状态和变动，关系到交易对方的重大利益。例如，张三有一套房子要出卖，对于打算购买的李四来说，必须要弄清楚张三是不是这套房屋的所有权人，还要弄清楚这套房屋上面是否存在银行的抵押权。如果没有弄清楚就签订买卖合同并支付房款，可能使买受人李四遭受重大损失。所以，从交易对方来说，他一定要事先了解这个财产的物权状况，谁是所有权人，上面有没有抵押权，有没有别人的利益，有没有什么负担。物权法规定物权公示原则，就是要方便打算交易的对方了解财产的物权状况，避免遭受不测损害，维护市场交易的安全。

物权法规定物权公示原则，与法院执法也有关系。例如，原告申请对被告的某项财产采取保全措施，或者债权人申请强制执行债务人的某项财产，法院是不是马上就派执行法官去查封、扣押并予以拍卖呢？法院一定要弄清楚该项财产的物权状况，其所有权是否属于债务人，是否还有共有人，其上是否存在银行的抵押权等等。因为事先没有弄清楚，而查封、扣押、拍卖了别人的财产，受害人到处申诉、上访的实例并不少见。其结果是损害了人民法院的权威，使法院陷于尴尬境地。可见物权的状况，包括所有权人是谁、是独有的还是共有的、上面有没有抵押权这些问题，对人民法院执法非常重要。因此，物权法必须规定物权公示原则。本条规定，不动产物权以“登记”为公示方法；动产物权，以“交付”为公示方法。至于“登记”及“交付”的效力，将本法在第二章设专条规定（第九条、第二十三条）。

第九条【登记生效主义】

不动产物权的设立、变更、转让和消灭，经依法登记，发生效力；未经登记，不发生效力，但法律另有规定的除外。

依法属于国家所有的自然资源，所有权可以不登记。

物权法规定物权公示原则，对动产和不动产规定了不同的公示方法。动产物权以交付为公示方法，不动产物权以登记为公示方法。本条规定，对不动产物权的公示实行“登记生效主义”。所谓“登记生效主义”，就是必须登记、非登记不可，未经登记，不发生效力。例如，张三的房子卖给李四，虽然付了钱交了房，只要没到登记机构办理“产权过户”登记，房屋所有权就不转移，张三还是该房屋的所有权人，而李四不是所有权人。李四虽然占有了房屋，因为没有办理“产权过户”登记，就还没有得到房屋的所有权。这种情形，如果张三的债权人申请执行这套房屋，法院查明登记簿上该房屋的所有权人是张三，就会予以查封、扣押、拍卖，其结果使李四遭受损失，与法院无关。可见“登记生效主义”非常严格。

物权法关于不动产物权，之所以采取“登记生效主义”，首先是因为实行“登记生效主义”，可以使物权状态以不动产登记簿的记载为准，非常明确，有利于交易对方和执法机关查明物权状态，有利于建立不动产物权秩序和保障市场交易的安全。其次，我国自改革开放以来的登记实践，一直实行“登记生效主义”，并未发生什么弊端，不应当轻率变更。

须说明的是，根据第九条的规定，采取“登记生效主义”是原则，另有其“例外”，即条文末句“法律另有规定的除外”。这是指第一百二十七条关于土地承包经营权和第一百五十八条关于地役权，作为例外，实行“登记对抗主义”。所谓“登记对抗主义”，相对而言，要宽松得多，虽然要求以“登记”作为公示方法，但不是必须登记、非登记不可，当事人可以自己决定登记或者不登记，换言之，是“自愿登记”。如果当事人不登记，也可以取得物权，但是这个物权的效力较低，不能对抗“善意第三人”。万一别人的权利是登记了的，你的这个权利就要消灭。因为土地承包经营权和地役权，不进入市场交易，也不发生诉讼保全和强制执行等问题，实行“登记对抗主义”，不至于损害他人的利益，不至于损害市场交易安全。

第十二条【登记机构的职责】

登记机构应当履行下列职责：

（一）查验申请人提供的权属证明和其他必要材料；

（二）就有关登记事项询问申请人；

（三）如实、及时登记有关事项；

（四）法律、行政法规规定的其他职责。

申请登记的不动产的有关情况需要进一步证明的，登记机构可以要求申请人补充材料，必要时可以实地查看。

按照本条第一款第（一）项，登记机构的主要职责是“查验申请人提供的权属证明和其他必要材料”。条文所谓“权属证明”，当指证明登记申请人享有不动产物权的文书，如房屋所有权证、土地使用权证、人民法院确认物权、分割遗产、分割共有财产的生效判决等；所谓“其他必要材料”，当指“房屋买卖合同书”“抵押合同书”“土地使用权转让协议”、分割遗产和共有财产的协议等书面文件。按照本条第二款的规定，登记机构认为“必要时可以实地查看”，此“实地查看”属于登记机构的“职权”而非“义务”。因此，可以断言，本条规定登记机构的审查，不是所谓的“实质审查”，而属于“形式审查”。换言之，本条并不要求登记机构保证登记事项真实，只要达到经审查认为登记申请人所提交的“权属证明”和“其他必要材料”无误，并据此相信登记事项属实即可。

第二十一条【登记错误的赔偿责任】

当事人提供虚假材料申请登记，给他人造成损害的，应当承担赔偿责任。

因登记错误，给他人造成损害的，登记机构应当承担赔偿责任。登记机构赔偿后，可以向造成登记错误的人追偿。

按照本条第一款规定，登记申请人承担赔偿责任的构成要件有三：一是"提供虚假材料"，至于提供虚假材料究竟属于故意或者过失，均非所问；二是因登记申请人提供虚假材料导致登记错误；三是因此登记错误给他人造成损害。登记申请人在承担赔偿责任后，当然有权依据不当得利制度，向因此登记错误而获得不当得利的人追偿。

考虑到第一款已经规定了登记申请人提供虚假材料的赔偿责任，则第二款所谓"登记错误"，应解释为：除登记申请人提供虚假材料造成的登记错误之外的登记错误，亦即因登记机构自身的原因造成的登记错误。本条之立法意旨在于：凡属于登记申请人的原因造成的登记错误，均应当由登记申请人承担赔偿责任；凡属于登记机构自身的原因造成的登记错误，即在登记申请人提供的材料真实的前提下因登记机构内部工作人员的过错造成的登记错误，应当由登记机构承担赔偿责任。

因此，根据本条第二款的规定，登记机构承担赔偿责任的构成要件是：（1）登记申请人提供的材料真实；（2）在登记申请人提供材料真实的前提下仍发生登记错误；（3）因此登记错误给他人造成损害。实质上，登记机构是为自己内部工作人员的过错导致的登记错误承担责任，属于民法侵权责任中的使用人责任。其特殊之处在于，既不要求请求赔偿的受害人举证证明登记机构工作人员的过错，同时，登记机构也不能通过证明自己对于工作人员无监督管理过错而要求免责。

须注意的是，民法上的使用人责任，有不同方案。一是德国式使用人责任，在被使用人于执行职务中造成他人损害的，原则上应当由使用人对受害人承担赔偿责任，但使用人如果能够举证证明自己对被使用人的选任、监督并无过失的，可以免责。实质上属于使用人对于自己的选任、监督过错承担责任，因此，属于过错责任，理论上称为推定过错责任。二是英美法上的使用人责任，凡被使用人于执行职务中造成他人损害的，均应当由使用人承担赔偿责任，并不考虑使用人有无选任监督过失。实质上属于使用人替代被使用人承担赔偿责任，属于严格责任。

按照本条第二款规定，登记机构的赔偿责任属于使用人责任，既不要求请求赔偿的受害人举证证明登记机构工作人员的过错，同时，登记机构也不能通过证明自己对于工作人员无监督管理过错而获得免责，显然是采纳英美法替代责任，应属于使用人责任中的严格责任。此与2009年制定的侵权责任法关于使用人责任的规定相同，侵权责任法第三十四条、第三十五条规定的使用人责任，为无过错责任（严格责任）。但考虑到本条第一款关于登记申请人承担赔偿责任的规定，登记机构当然可以通过证明登记错误是由登记申请人提供虚假材料所造成，而获得免责。因此，第二款规定的登记机构的赔偿责任，不同于一般所谓严格责任，而在实质上仍然属于登记机构对于自己的工作人员的过错造成的损害负责。登记机构在承担赔偿责任后，除根据本条第二款第二句的规定，可以“向造成登记错误的人”（登记机构工作人员）追偿之外，还有权依据民法关于不当得利制度的规定，向因此登记错误获得不当得利的人追偿，自不待言。

值得注意的是，有的著作在解释本条时认为，即使是登记申请人提供虚假材料造成登记错误，也应当由登记机构对受害人承担赔偿责任，登记机构承担赔偿责任之后再向该登记申请人追偿，将第二款“造成登记错误的人”解释为包括“登记机构内部工作人员”和“提供虚假材料申请登记的当事人”。此种解释意见，是不正确的，因为不符合本条第一款规定申请人赔偿责任、第二款规定登记机构的赔偿责任，构成并立的两个完整法律规范的法律逻辑结构。

补充一点，本条规定未涉及申请人提供虚假材料与登记机构审查过失结合造成登记错误，及登记机构工作人员与第三人恶意串通造成登记错误，应当如何承担赔偿责任问题。《最高人民法院关于审理房屋登记案件若干问题的规定》（法释〔2010〕15 号），针对这两种类型，创设了解释规则，补充了本条规定的不足。该解释第十二条规定：“申请人提供虚假材料办理房屋登记，给原告造成损害，房屋登记机构未尽合理审慎职责的，应当根据其过错程度及其在损害发生中所起作用承担相应的赔偿责任。”第十三条规定：“房屋登记机构工作人员与第三人恶意串通违法登记，侵犯原告合法权益的，房屋登记机构与第三人承担连带赔偿责任。”

第十四条【物权变动与原因行为的区分原则（一）】

不动产物权的设立、变更、转让和消灭，依照法律规定应当登记的，自记载于不动产登记簿时发生效力。

第十五条【物权变动与原因行为的区分原则（二）】

当事人之间订立有关设立、变更、转让和消灭不动产物权的合同，除法律另有规定或者合同另有约定外，自合同成立时生效；未办理物权登记的，不影响合同效力。

以上两条是关于物权变动与原因行为的区分原则的规定。这里讲的“物权变动”就是指“产权过户”“抵押权设立”的“事实”。这里讲的

"原因行为"，是指导致物权变动的"法律行为"（债权行为），主要是买卖合同、抵押合同、质押合同。

以买卖房屋为例，我们先签订房屋买卖合同，然后根据买卖合同去办理产权过户，"买卖合同"是导致"产权过户"的"原因"，"产权过户"是其"结果"。"买卖合同"和"产权过户"之间就是"原因"和"结果"的关系。设立抵押也是如此，当然是先订立"抵押合同"，再根据抵押合同去登记机构办理抵押登记，于是成立"抵押权"。可见，"抵押合同"是"原因"，"抵押权设立"是其"结果"。"产权过户"和"抵押权设立"是具体的物权变动事实，买卖合同和抵押合同就是发生具体物权变动的"原因行为"。

物权法规定"区分原则"，究竟要解决什么问题呢？要解决把"买卖合同"成立的时间和条件，与"产权过户"发生的时间和条件，分开来对待的问题。所针对的是现实当中一些法院裁判案件的错误做法以及担保法上的错误规定。如房屋买卖合同，没有办理产权过户登记，有的地方法院就据此认定房屋买卖合同无效。这样判决，就把买卖合同生效的时间和条件，与产权过户的生效时间和条件弄混淆了。担保法第四十一条规定，当事人设定抵押的，"应当办理抵押物登记，抵押合同自登记之日起生效"。按照这一规定，订立抵押合同之后，如果没有办理抵押登记，就认定抵押合同不生效，同样是把抵押合同生效的时间和条件，与抵押权成立的时间和条件弄混淆了。

按照合同法第一百三十五条的规定，买卖合同生效才发生出卖人交付标的物和移转标的物所有权（即办理产权过户）的义务。买卖合同未生效，登记机构会给你办产权过户吗？可见，因未办理产权过户而认定买卖合同无效的做法，不符合法律的逻辑和基本原理。同时还要看到，这样的判决结果是不公正的。签订了买卖合同，合同生效后，市场变化了，房屋价格上涨了，开发商（出卖人）反悔，故意拖延不办产权过户登记，最后发生纠纷，如果法院以没有办产权过户为由判决买卖合同无效，无效就要恢复原状，即便买房人已经住进了新房，进行了装修，也不得不退房。这将会严重损害买房人的正当利益。

在设定抵押权的场合也是如此，如果借款的企业与银行的工作人员有关系，就请求说："你放心，我肯定会登记的，我现在急需钱，请你赶快把钱划到我的账上。"一旦银行把钱划到借款人的账上，有些借款人就会把钱转走或者使用，而不去办抵押登记。因为虽然不是办理抵押登记后房子就不能出卖，但是一旦办理了抵押登记之后再要出卖房子就有困难。房子上面有抵押权，买房人就担心，自己购买的房子有被抵押权人强行拍卖的危险，因此，人家就不买了。此外，一旦办理了抵押登记，房屋所有权上成立了抵押权，借款人要再拿该房屋到别的银行抵押借款，别的银行就会不愿意。最后借款人还不了银行的钱，银行起诉到法院。因为担保法第四十一条规定抵押合同自抵押登记之日起生效，没有办理抵押登记，法院于是判决抵押合同不生效。最终银行遭受重大损失。这样的判决也助长了一些企业的背信弃义，这与担保法的规定不无关系。

起草人针对司法实务中的错误做法和担保法上的错误规定，在物权法草案上明文规定了“物权变动与原因行为的区分原则”。物权法草案第十四条规定：“不动产物权的设立、变更、转让和消灭，依照法律规定应当登记的，自记载于不动产登记簿时发生效力。”其中所谓“应当登记的”，是指法律规定采“登记生效主义”的不动产物权，包括不动产所有权、不动产抵押权等。这些采登记生效主义的不动产物权变动，包括设立、变更、转让、消灭，从什么时候发生效力？本条专门规定：是自“记载于不动产登记簿之时”发生效力。

接下来，物权法应当明确规定“原因行为”的“生效时间”。这就是物权法第十五条的规定：“当事人之间订立有关设立、变更、转让和消灭不动产物权的合同，除法律另有规定或者合同另有约定外，自合同成立时生效；未办理物权登记的，不影响合同效力。”条文第一句明确规定“合同”的“生效时间”——“自合同成立时”。此与合同法的规定完全一致。合同法第四十四条第一款规定：“依法成立的合同，自成立时生效。”须补充说明的是“自成立时生效”是关于合同生效的“一般原则”。“法律另有规定或者合同另有约定”，是此“一般原则”的“例外”。

这样一来，物权变动的生效时间和生效条件与原因行为的生效时间和条件，就被区分开来。但是还有一个最重要的问题：因未办理登记而物权变动未生效，对原因行为的效力是否发生影响？而这正是物权法规定“区分原则”所要解决的关键问题。这就是草案第十五条第二句的规定：“未办理物权登记的，不影响合同的效力”。这一规定将合同的生效与物权变动的生效截然“区分”开来，准确体现了“区分原则”的立法目的。

从物权法第十四条和第十五条的规定可知，所谓“区分原则”，是指“区分”原因行为和物权变动的“生效时间和生效条件”。作为“原因行为”的“买卖合同”，应当按照合同法的规定，“自合同成立时生效”；而作为“物权变动”的“标的物所有权移转”，应当按照本法规定办理“产权过户登记”，“自记载于不动产登记簿之时”生效。作为原因行为的“抵押合同”，亦应按照合同法的规定，“自合同成立时生效”；而作为物权变动的“抵押权设立”，则应按照本法的规定办理“抵押登记”，“自记载于不动产登记簿之时”生效。订立房屋买卖合同，没有办理产权过户登记的，只是不发生“产权过户”的效果，买卖合同的效力不受影响；订立抵押合同，没有办理抵押登记的，只是不发生“抵押权设立”的效果，抵押合同的效力不受影响。

按照这个原则，买卖合同生效以后，交了房没有办理产权过户，打起官司来，法院就应当责令出卖人补办产权过户登记；如果出卖人既没有交房也没办理产权过户的，就应当责令出卖人交房并办理产权过户登记，从而切实保护买受人的利益。如果房子已不在出卖人的手里，比如说，已经卖给了别人，别人已经办理了产权过户，这时候买卖合同还有效，还可以追究出卖人的违约责任。如果合同约定有违约金，法院就判处违约金，如果合同没有约定违约金，法院就判处损害赔偿金。按照合同法的规定，给受害人一定的补偿，保护受害人的利益。

在抵押的情况也是这样，企业还不起银行的钱，银行向法院起诉，打起官司来，查明抵押合同生效以后，没有办理抵押登记。按照法律的规定，只是抵押权不发生，而抵押合同的效力不受影响。这个时候如果抵押物还在借款人（抵押人）的手里，法院应当责令补办抵押登记，使抵押权发生，并执行抵押权拍卖抵押物，使银行优先受偿，保障银行的利益。如果作为抵押物的房屋或者土地使用权已经不在借款人的手里，这个时候至少抵押合同还有效，还可以追究抵押人的违约责任。

质言之，物权法规定“区分原则”的重要意义就在于，要纠正混淆原因行为生效和物权变动生效的错误做法和担保法的错误规定。在原因行为有效，因未办理登记而未发生物权变动的情形，应当执行原因行为。按照合同法第一百三十五条和第一百一十条的规定，强制出卖人办理产权过户登记（或者抵押登记）；如果标的物已经被第三人合法取得、不可能办理产权过户登记（或者抵押登记），则应当按照合同法关于违约责任的规定，追究出卖人（或者抵押人）的违约责任。

第十六条【不动产登记簿的证据资格】

不动产登记簿是物权归属和内容的根据。

不动产登记簿由登记机构管理。

本条第一款规定“不动产登记簿是物权归属和内容的根据”，表明不动产登记簿具有证据资格，在诉讼中可以作为证明不动产物权的证据。如在房屋所有权发生争议时，这房子究竟是谁的，用什么证据来证明它？可以用不动产登记簿作为证据。当事人可以把不动产登记簿复印下来，由登记机构签字盖章，把复印件提交到法庭，因为不动产登记簿具有“证据资格”，当然法院就要接受。争议的一方张三到登记机构把登记簿复印下来，由登记机构签字盖章，拿到法庭上来，法官应当接受这个证据并认为当事人张三的举证责任已经完成。法官不得拒绝接受不动产登记簿这个证据，也不能再要求张三进一步对不动产登记簿记载的事实举证，如什么时候买的房，什么时候交的钱，有什么证人等等。之所以张三因提交不动产登记簿这个证据，就完成了举证责任，是因为物权法规定不动产登记簿具有“证据资格”。

第十七条【权属证书的证据资格及证据力】

不动产权属证书是权利人享有该不动产物权的证明。不动产权属证书记载的事项，应当与不动产登记簿一致；记载不一致的，除有证据证明不动产登记簿确有错误外，以不动产登记簿为准。

本条规定三个内容：一是不动产权属文书的证据资格；二是不动产权属文书和不动产登记簿证据效力的高低；三是不动产登记簿证据效力的性质。

在办理不动产物权登记时，不动产登记机构还向物权人颁发“不动产权属证书”，即房屋所有权证、土地使用权证、抵押权证等。这些“不动产权属证书”在诉讼当中又起什么作用呢？能不能够作为证据使用呢？如果可以作为证据使用的话，也应当由物权法承认它的诉讼证据资格。这就是本条第一句规定：“不动产权属证书是权利人享有该不动产物权的证明。”按照这一规定，不动产权属证书具有证据资格。

本条第二句规定："不动产权属证书记载的事项，应当与不动产登记簿记载的事项一致。"明确规定了不动产权属证书与不动产登记簿之间的关系，也是对登记机构的要求，必须根据不动产登记簿制作、颁发不动产权属证书，要求不动产权属证书的记载事项必须与不动产登记簿的内容一致。

在关于产权归属争议的诉讼当中就可能出现两种证据，一个是不动产登记簿，一个是不动产权属证书，如所有权权证。在大多数情形，不动产权属证书的记载事项与不动产登记簿的内容应当是一致的，但是不动产权属证书的记载和不动产登记簿的记载不一致，这时应该怎么办呢？这就需要物权法作出明确表态。这就是本条第三句的规定："记载不一致的，除有证据证明不动产登记簿确有错误外，以不动产登记簿为准。"按照这一规定，不动产权属证书的记载与不动产登记簿的记载不一致的，应当以不动产登记簿为准。实际上，是规定两种证据的证据效力的高低，不动产权属证书具有证据资格，不动产登记簿也具有证据资格，但两者的"证据效力"不同，不动产登记簿的证据效力高于不动产权属证书的证据效力。这即是"以不动产登记簿为准"的含义。例如，在一个产权争议的诉讼证据中，同时有产权证和不动产登记簿，产权证上记载"所有权属于张三"，不动产登记簿上记载"所有权属于李四"，法院应当判决系争房屋所有权属于李四。因为物权法规定"以不动产登记簿为准"，亦即不动产登记簿的证据效力高于产权证。

须特别注意的是，本条第三句规定不动产登记簿的证据效力高于不动产权属文书，是有条件的，这就是"除有证据证明不动产登记簿确有错误外"。而"除有证据证明不动产登记簿确有错误外，以不动产登记簿为准"，是明确告诉我们不动产登记簿的证据效力的性质，即不动产登记簿所具有的证据效力，不是绝对的证据效力，而是相对的证据效力。换言之，不动产登记簿的证据效力，属于推定的证据效力，是可以由相对方以相反的证据予以推翻的证据效力。这就是物权法关于不动产登记的另一项重要制度，叫做"不动产登记的权利推定效力"。

这涉及不动产登记簿上的内容在法律上应该怎样看待的问题。不动产登记簿上记载张三是所有权人，张三把不动产登记簿的复印件拿到法院，法官如何看待这个证据呢？前面说到不动产登记簿有"证据资格"，可以作为诉讼证据，法院应当接受这个证据。但是，不动产登记簿记载"张三是所有权人"，法官是否就必须判决认定"张三是所有权人"，是否必须将该房屋判归张三呢？这就是不动产登记簿的"证据效力"问题。按照证据法，诉讼中采用的证据，必须具有“证据资格”，但具有“证据资格”只是说可以在诉讼中作为证据使用，绝不是说只要具有“证据资格”，就具有相同的“证据效力”，法院就必须严格按照该证据认定待证事实。质言之，不同的证据，其“证据效力”是不同的。这就是“登记的权利推定效力”制度，所要解决的问题。

“权利推定的效力”，是什么意思呢？举例说明，张三把产权登记簿复印件提交到法庭，前面已经谈到不动产登记簿具有“证据资格”，是合格的证据，法官就应当认为张三的举证责任已经完成，不再要求张三进一步提供别的证据。但是，法庭究竟采不采纳作为证据的不动产登记簿上记载的内容，就取决于这个“权利正确性推定”制度。首先，法官应当“推定”不动产登记簿上的记载是真实的，不动产登记簿记载“张三是所有权人”，法官就“推定”“张三是所有权人”。

请注意“推定”这个概念，“推定”是一个技术性概念，它的含义是“把什么什么当作真实的”。“推定”“张三是所有权人”，就是“把张三当作所有权人”，并不是说“张三真的是所有权人”，至于法庭最后是否“认定”“张三是所有权人”，关键要看争议的对方能否举出相反的证据。因此，法官“推定”“张三是所有权人”之后，就应当问争议对方李四有没有“异议”。假设李四看见张三把产权登记簿复印件提交到法庭，登记簿上记载张三是所有权人，李四再也无话可说、不再争执，法庭就应当根据产权登记簿上的记载，作出判决“认定”“张三是所有权人”，亦即判决争议房产归张三所有。但在多数情形中，李四还会坚持争执，对不动产登记簿的记载的真实性提出“异议”，主张不动产登记簿上的记载不正确。他提出的这个“异议”，是对不动产登记簿记载“内容”提出的“异议”。虽然张三拿出产权登记簿作为证据，但李四主张产权登记簿的记载不正确，李四提出异议说，我们当初是合伙买房，只是登记的时候为了方便登记在张三名下。这种情形，法官当然不能直接根据登记簿上的记载就“认定”“张三是所有权人”，不能就这样“判决”争议房屋归张三所有，法官也不应当仅仅因为李四对登记簿上的记载有“异议”，就“否定”登记簿的记载、“否定”张三是所有权人，法官正确的做法是：“责令”提出“异议”的李四就自己的“异议”举证。因为这是李四提出的登记簿的记载不正确，所以就应当由李四举证证明不动产登记簿的记载不正确。

接下来，如果李四真的举出了充分的证据，证明了不动产登记簿上的记载不正确，例如，证明了的确是合伙买房，只是办理登记时图方便或者有别的原因，登记在张三的名下，则法庭应当采纳李四的反证，并直接根据此反证"认定"争议房产"属于张三和李四二人共有"。因为不动产登记簿上的记载，只具有"权利推定的效力"，法庭只是据以"推定""张三是所有权人"，现在这种"推定"已经被李四举出的"反证"予以"推翻"。反之，倘若李四不能向法庭举出充分的"反证"证明他关于登记簿的记载不真实的"异议"，则法庭应当直接根据不动产登记簿上的记载，"认定"张三是争议房产的所有权人，亦即判决该房产归张三所有。

可见，物权法上不动产登记的"权利推定效力"制度非常重要。由于有这个制度，在审理房屋产权争议的案件中，谁对产权证或产权登记簿的记载主张"异议"，就应当由谁承担举证责任。法官应当责令"异议"一方举出反证，这叫产权证和登记簿的"权利推定的效力"，"异议"一方能够举出反证，证明财产的产权状况和登记簿的记载不一致，法庭就直接采纳反证，登记簿上的记载就被推翻了。如果异议一方举不出反证或者举出的证据不足以推翻登记簿上的记载，法庭就应当按照产权登记簿的记载来认定产权归属。法院裁判产权争议案件，通常就靠这个制度。

特别要注意，不动产登记的权利推定，在物权法草案前四次审议稿均设有专门的条文，后因有人指责"使违法所得财产合法化"，立法机关将该专门规定不动产登记的权利推定效力的条文删去，但同时在本条第三句增加"除有证据证明不动产登记簿确有错误外"一段，规定为："记载不一致的，除有证据证明不动产登记簿确有错误外，以不动产登记簿为准。"这就使得本条第三句在规定不动产登记簿和不动产权属文书的证据效力高低的同时，明确了不动产登记簿证据效力的性质属于"推定的证据效力"，成为不动产登记簿具有权利推定的效力的法律根据。

第十九条【更正登记、异议登记】

权利人、利害关系人认为不动产登记簿记载的事项错误的，可以申请更正登记。不动产登记簿记载的权利人书面同意更正或者有证据证明登记确有错误的，登记机构应当予以更正。

不动产登记簿记载的权利人不同意更正的，利害关系人可以申请异议登记。登记机构予以异议登记的，申请人在异议登记之日起十五日内不起诉，异议登记失效。异议登记不当，造成权利人损害的，权利人可以向申请人请求损害赔偿。

本条第一款规定"更正登记"，这是以往就有的制度。特别要注意本条第二款规定的“异议登记”，是起草人新创设的制度。什么叫异议登记？如不动产登记簿上记载某一套房屋的所有权人是张三，而李四对此提出异议，认为该房屋不是张三的，这就形成产权纠纷。李四如果要向法院起诉解决争议，他还得搜集证据，还要聘请律师，准备起诉状等，要做好多准备工作，等他向法院起诉，法院经过审理作出判决，确定争议的房产归李四所有，这个时候李四拿着生效判决书到不动产登记机构要求变更登记时，发现这个房子早就被张三卖给王五了。当事人好不容易得到胜诉判决，最后却不一定能够得到房屋及其所有权。因此，能不能有一个制度防止不动产登记簿上记载的所有权人张三抢先下手出卖争议房屋？针对这一现实问题，物权法创设了异议登记制度。

请注意，本条第一款规定“更正登记”，这是房地产登记制度中已有的登记制度。前述房屋产权争议的双方，如果李四提出异议而登记簿上的所有权人张三承认登记错误，承认自己不是真正的所有权人，则可以通过更正登记解决问题。如果张三不承认存在错误，坚持认为自己是真正的所有权人，这种情形，按照本条第二款的规定，李四就可以向登记机构申请异议登记。

异议登记是一个简单的程序，只要李四到登记机构申请异议登记，登记机构受理了申请后，就将该异议记载于不动产登记簿，例如，记载“某年某月某日李四主张异议”。可想而知，只要登记簿上记载了这样一个“异议”，就算张三要抢先下手转让该房屋，打算买房的人发现不动产登记簿上登记有“异议”，自然就不敢购买该房屋。“异议登记”的作用，并不是“禁止”张三转让该房屋，并不是“限制”张三的“处分权”，而仅仅是“提醒”打算购买房屋的第三人注意：该房屋产权存在“争议”。按照社会生活经验，打算购买房屋的人看到该房屋产权存在“争议”，将不会贸然签订买卖合同，至少他会等待“争议”的解决。就是用这个办法来“阻止”张三抢先下手转让房屋产权，以保证将来李四胜诉后可以持判决书到登记机构变更登记，最终得到这个房子的所有权。

既然“异议登记”的作用在于“阻止”张三处分财产，则“异议登记”一定要有一个“期限”。不然的话，有的人在申请“异议登记”之后，就不会尽快地解决存在的“争议”，他既不向法院提起“确权之诉”，也不向登记机构申请“变更登记”，这种情形，已经登记的“异议”的存在，将一直“阻止”登记簿上的所有权人转让财产。因此，应该规定“异议登记”的有效期限，超过一定的期限，“异议登记”就失效。本条第二款规定，这个期限是“十五日”，并规定了异议登记不当的损害赔偿责任。

以避免没有任何根据就轻率地申请异议登记，损害真正权利人的合法权益。

第二十条【预告登记】

当事人签订买卖房屋或者其他不动产物权的协议，为保障将来实现物权，按照约定可以向登记机构申请预告登记。预告登记后，未经预告登记的权利人同意，处分该不动产的，不发生物权效力。

预告登记后，债权消灭或者自能够进行不动产登记之日起三个月内未申请登记的，预告登记失效。

物权法新创设的一个登记制度叫“预告登记”。针对现实生活中商品房预售的“一房多卖”现象，损害买房人（多数情形是消费者）合法利益的问题。按照这个制度，商品房预售合同的买受人，可以凭商品房预售合同到不动产登记机构申请“预告登记”。因为房子还没盖起来，还不可能办理“产权过户登记”。本条即为预告登记之规定。

按照本条规定，只要张三与开发商签订了商品房预售合同，张三就可以拿着合同书去登记机构办理预告登记，由登记机构在登记簿上作出“预告登记”，记载某号房子已经卖给了张三。办理预告登记后，开发商要把这套房子再卖给其他任何人，都将“不发生物权效力”。所谓“不发生物权效力”，就是说买房人不可能取得房屋所有权。只要办理了“预告登记”，其余的买房人就已经知道自己不可能获得房屋所有权，当然也就不买了。这就达到了限制“一房多卖”的目的。预告登记制度的立法目的，就是用这样的办法来限制开发商“一房多卖”。

从实质上说，“预告登记”是一种特殊的公示方法，而所登记的并不是“物权”，而是买房人根据买卖合同请求交付房屋和移转房屋所有权的债权。合同上的“债权”，因为办理了“预告登记”，就具有了对抗其他买房人的“物权效力”。预告登记制度，不仅可以保护商品房预售的买受人，还可以保护银行的抵押权。发放贷款的银行，只要把抵押合同拿到登记机构办理了“预告登记”，开发商再把同样的项目抵押给别的银行，别的银行的抵押权就排在后面，办理了“预告登记”的银行的抵押权就要排在前面。

本条第二款规定：“预告登记后，债权消灭或者自能够进行不动产登记之日起三个月内未申请登记，预告登记失效。”是为了避免权利人以“预告登记”代替正式的物权登记。须补充说明，预告登记制度已经在上海市的房地产登记实践中实施多年。

值得注意的是，本条规定以双方“约定”为预告登记的条件，属于错误。预告登记是专门保护商品房预售合同中的买受人的，而不是用来保护出卖人的。出卖人根据自己的经济地位可以保护自己的利益，无论采用“按揭”或者“付现”的支付方式，开发商在正式签订合同之时已经收讫全部价款，其利益已经得到了完全的保障。条文规定以双方“约定”为预告登记的条件，则没有约定、开发商不同意就不能进行预告登记，与物权法创设预告登记制度的政策目的冲突。

第二十三条【交付生效主义】

动产物权的设立和转让，自交付时发生效力，但法律另有规定的除外。

物权法上有一个与不动产登记的权利推定制度相对应的制度，这就是动产占有的权利推定制度。按照这个制度，动产的占有人被推定为该动产的“权利人”。这是直接根据动产的占有状态，推定其占有人为“权利人”，如所有权人。因此，当关于动产的权利归属发生争议时，占有人只须证明自己为占有人，即可受“权利推定”的保护。占有的权利推定制度，其作用在于使异议对方承担举证责任，亦即占有人之外的主张自己对该物享有权利的人，必须举出反证。此与不动产登记的权利推定制度相同，但其所要求“反证”的证明程度较低，只须对方当事人能够证明有某种与受推定的权利状态完全不相容的权利状态存在，即可推翻该项推定。此外，占有的权利推定制度，仅适用于占有人消极地维护自己的占有，而不适用于积极行使权利，如占有人不得以对物的占有证明自己对物享有所有权。法律已经明确规定应当办理登记的动产权利，如动产抵押权、船舶、飞机和机动车物权，不在受权利推定的范围。

物权法认可动产占有的权利推定制度的主要理由如下：

首先在许多情形下，要求占有人证明自己对占有物的权利颇为困难，例如，张三有一件祖传的价值连城的古董，突然名叫李四的当事人起诉主张该古董属于自己，这种情形要求张三举证证明自己的所有权就非常困难，因为他没法证明究竟是父亲买的还是祖父买的，什么时候买的，他难以举证。而按照占有的权利推定制度，张三只要证明自己对该古董的占有就够了，法官应当责令争执该古董的李四举出反证证明自己的所有权，如果李四不能举出反证，即判决李四败诉。可见，因为有占有的权利推定制度，就可以使占有人免除举证责任的困难，易于排除侵害，维护财产的秩序。

其次，如果没有占有的权利推定制度，则市场交易将难以顺利进行。因为在每一次交易之前，必须调查出卖人对所出售商品是否有正当权利，这就增加了市场交易的程序和手续，势必影响市场交易的顺利进行。并且，如果没有占有的权利推定制度，在购买了出卖人无处分权的商品的情形，买受人也没有得到善意取得制度保护的可能，势必增加市场交易中的不可预测风险，妨碍市场交易。可见，因为有了占有的权利推定制度，就免除了买受人调查出卖人权利的义务，使善意信赖占有而与占有人进行交易的买受人受到保护，有益于市场交易安全，使市场交易能够顺利进行。

最后，占有的权利推定制度，其目的在于维护物的事实秩序，有助于保护物上的权利，避免争议，减少诉讼，使物能尽其所用。此外，占有的权利推定制度，对法院裁判有重大意义。法院在判决盗窃罪、抢夺罪时，只要查明被告盗窃、抢夺受害人占有之下的财物就够了，并不审查受害人对该财物是否享有合法权利。

值得注意的是，物权法草案前四次审议稿关于动产占有的权利推定制度设有明文，后因有人指责“使违法取得财产合法化”而被删去。虽然如此，因物权法规定动产物权变动实行“交付生效主义”，“占有”的事实状态当然可以作为权利推定的根据。因此，人民法院裁判关于动产权利归属的争议案件，仍然要适用动产占有的权利推定制度，并直接以本条关于动产“交付生效主义”的规定作为法律根据。

第二十四条【登记对抗主义】

船舶、航空器和机动车等物权的设立、变更、转让和消灭，未经登记，不得对抗善意第三人。

本条是关于船舶、飞机和机动车物权变动实行“登记对抗主义”的规定。其中，规定船舶、飞行器实行“登记对抗主义”，是沿用海商法和民用航空法的规定。根本理由在于，对船舶、飞机这类特殊动产没有办法实行登记生效主义。因为船舶、飞机是满天下飞、满世界游动，船舶的登记簿只能保管在它的"船籍港"，飞机的登记簿只能保管在中国民航总局，不可能跟着它满世界跑。中国法律要规定船舶物权实行"登记生效主义"，外国的银行就不对中国籍船舶贷款、不接受中国籍船舶抵押。因此，物权法草案和海商法、民用航空法一样，对船舶、飞机物权变动规定采"登记对抗主义"，这是由船舶、飞机的特殊性所决定的。

物权法为什么对机动车采取"登记对抗主义"呢？主要的理由有二：一是汽车数量众多、转手频繁；二是汽车的价值相对较小。一艘船舶动辄几千万元，一架波音"737"价值 1.5 亿元人民币，一架波音 777 超过 10 亿元人民币，而汽车的价值，即使是名牌车也与之相差悬殊。价值动辄几千万的船舶、价值上亿元、10 亿元的飞机尚且采取比较宽松的"登记对抗主义"，价值相对小得多的汽车却要采取非常严格的"登记生效主义"，就显得轻重倒置、不成比例。况且机动车数量众多、买卖交易频繁，如果实行"登记生效主义"将会不胜其烦，很多人就会不去登记，使法律规定与现实生活严重脱节，现实情况不就是有很多机动车转手不登记吗？与其规定非常严格的"登记生效主义"而不能实行，倒不如规定比较宽松的"登记对抗主义"更符合现实，顺应人心。

对机动车物权变动规定采"登记对抗主义"，还有一个好处，即方便法院公正裁判交通事故损害赔偿案件。假设对机动车物权采"登记生效主义"，汽车卖给了李四，李四在驾驶过程中发生交通事故，因为没有办理汽车过户登记，张三就还是肇事汽车的所有权人，人民法院就将判决张三承担损害赔偿责任。这样判决于情、于理都说不通。物权法规定机动车实行登记对抗主义，张三可以通过举证证明汽车转手的事实而不承担责任。实际上，从 20 世纪 80 年代直到 90 年代初期，很多地方法院都把汽车过户登记当作"登记生效"，因此，就出现了一些不公正的判决。到 90 年代中期法院内部就已经注意到这样判决不合情理而改变态度，现在绝大多数地方法院对汽车物权变动已经不再采用"登记生效主义"，而是允许没有办理过户登记的出卖人以其他证据证明汽车转卖的事实，最后使应该承担责任的汽车实际所有权人承担赔偿责任。故可以说，物权法规定机动车物权采取"登记对抗主义"，是采纳了人民法院的裁判经验，使法律规定与人民法院的裁判实践相一致。

第二十五条【先行占有】

动产物权设立和转让前，权利人已经依法占有该动产的，物权自法律行为生效时发生效力。

本条是关于动产物权受让人先行占有的相关规定。因为在订立买卖合同之前，买受人已经占有该动产，在买卖合同成立生效之后，就没有必要把标的物先归还出卖人，再按照一般动产物权变动的规则来一次“交付”，所以本条规定这种情形“物权自法律行为生效时发生效力”。此即教科书上所谓“先行占有”。在现实生活中，“先行占有”发生在“先租后买”“先借后买”和“试用买卖”的情形。例如，张三的一台设备，出租给李四使用，在租赁合同存在期间，张三出卖该设备而与李四订立买卖合同，因为该设备已经在李四的占有之下，于是按照物权法第二十五条的规定，自买卖合同生效之时该设备所有权移转于买受人李四名下。

第二十六条【移转返还请求权代替交付】

动产物权设立和转让前，第三人依法占有该动产的，负有交付义务的人可以通过转让请求第三人返还原物的权利代替交付。

本条规定的是“以移转返还请求权代替交付”，这个例外规则所针对的是“运输中的动产”和“委托保管中的动产”的买卖、质押。先看“运输中的动产”买卖，买卖合同订立时，标的物还在承运人的轮船上，而轮船还在海上航行，没有办法进行“交付”，于是按照惯例，将“提单”交给买受人以代替“货物”的“交付”。按照海商法第七十九条的规定，“提单”分为“记名提单”“指示提单”和“不记名提单”，其中“指示提单”可以背书转让，“不记名提单”无须背书即可转让。海商法第七十一条规定：“提单，是指用以证明海上货物运输合同和货物已经由承运人接收或者装船，以及承运人保证据以交付货物的单证。”按照这一规定，“提单”既是证明运输合同成立的证据，也是“承运人保证交付货物的单证”，亦即“提单”是请求承运人交付货物的请求权凭证。教科书上称为“债权凭证”，谁持有“提单”，谁就享有请求承运人交付货物的债权请求权。

按照物权法第二十六条的规定，货主在转让运输中的货物时，不必等待轮船到达目的港自己去提取货物后再“交付”给受让人，他可以将“提单”交给受让人以代替实际货物的“交付”，因此，货物所有权自“提单”交付时同时移转于受让人。依本条规定，交付“提单”即等于“交付”货物，即发生货物所有权变动的效果，使“提单”因此具有了“物权凭证”的性质，谁持有“提单”谁就享有货物的所有权。与所有权移转相同，如货主以货物设定“动产质押”，他也当然可以“交付”提单代替货物的实际“交付”，质权亦于“提单”交付时成立。

再看“保管中的动产”，货主订立买卖合同之时，货物还保管在仓库经营者的库房里，此时货主与仓库经营者之间的仓储保管合同仍然存在。合同法第三百八十七条规定：“仓单是提取仓储物的凭证。存货人或者仓单持有人在仓单上背书并经保管人签字或者盖章的，可以转让提取仓储物的权利。”因此，谁持有“仓单”谁就有权提取仓储物，他还可以转让该提取仓储物的债权。存货人或者仓单持有人如果出卖保管中的货物，不必亲自去仓库提取货物后再将该货物实际“交付”于受让人，他只需将“仓单”交付给受让人以代替货物的实际交付。按照物权法第二十六条的规定，保管中的货物的所有权，亦于出卖人将“仓单”交付于受让人之时移转于受让人。因本条的规定，“仓单”不仅是债权凭证，同时也具有了“物权凭证”的性质，“仓单”持有人即是该货物的所有权人。

第二十七条【占有改定】

动产物权转让时，双方又约定由出让人继续占有该动产的，物权自该约定生效时发生效力。

本条是关于“占有改定”的规定。条文说“动产物权转让时，双方又约定由出让人继续占有该动产的”，人们不禁要问，既然要出卖该动产，又何以要继续占有该动产，这难道不是矛盾的吗？按照常理，要出卖就不能继续占有，要继续占有就不要出卖。为什么一方面要出卖，另一方面又要继续占有？这是针对融资租赁的一种特殊形式：——“售后回租”。

假设某个企业急需一笔生产资金，它向银行贷款，银行拒绝向其发放贷款，因为它此前的贷款都还没有还，或者银行虽然同意贷款，但要求设立抵押担保，而它的房地产早已抵押给银行了。该企业急需资金而又没有银行愿意贷款给它，这种情形它想到融资租赁中的“售后回租”，于是它找到一家租赁公司签订买卖合同，将自己最值钱的一条生产线的设备出卖给租赁公司，取得一笔价款以解决企业急需的生产资金；但是它并不是真的要出卖这套生产线，相反它还要靠这条生产线进行生产，因此，它“有必要继续占有”这些已经出卖给租赁公司的设备。这种情形，显然不能把这些设备“交付”给买受人租赁公司，以完成设备所有权的移转。怎么样才能够既使该企业“继续占有”这些设备又实现其所有权向租赁公司的移转呢？也就有了这样一种办法，即该企业再与该租赁公司签订一份租赁合同，将卖出去的这套生产线的设备再租回来。

合同法第二百四十二条明确规定：“出租人享有租赁物的所有权。承租人破产的，租赁物不属于破产财产。”虽然没有现实的“交付”，但因为签订了租赁合同，合同法明确规定租赁公司享有这些设备的所有权，可见，正是这个租赁合同代替了设备的实际“交付”，而实现了设备所有权向租赁公司的移转，并同时使该企业作为承租人继续占有这些设备。这一租赁合同关系的成立，代替了该项动产的“实际交付”，而使买受人以出租人的身份获得了该项动产的所有权。可见，关于“占有改定”的特殊规则，正是针对现实生活中的“售后回租”这种特殊融资租赁合同形式的，其实质是用一项“租赁合同关系”实现标的物所有权移转，并满足出卖人继续占有该标的物的需要。这样的法律关系，主要是租赁合同关系，还有借用合同关系。须特别注意，本条所谓“约定”，应当解释为关于“租赁合同关系”或者“借用合同关系”的“约定”。质言之，就是“租赁合同”或者“借用合同”。

第二十八条【因法院判决、仲裁裁决和征收决定发生物权变动】

因人民法院、仲裁委员会的法律文书或者人民政府的征收决定等，导致物权设立、变更、转让或者消灭的，自法律文书或者人民政府的征收决定等生效时发生效力。

本条规定，因人民法院、仲裁委员会的法律文书或者人民政府的征收决定等，导致物权设立、变更、转让或者消灭，属于非依法律行为发生物权变动。按照民法原理，非依法律行为发生物权变动，不经不动产登记和动产的占有交付而直接生效。因为依法院判决、仲裁机构裁决或者政府的征收决定发生的物权变动，具有比通常物权公示方法（不动产登记和动产交付）更强的公示效力，故各立法例均规定此种物权变动可以不经公示而直接生效，并同时规定，“非经登记不得处分其物权”，以限制物权取得人的处分权，目的在保障交易安全。本条参考瑞士及我国台湾地区的规定，但将非经登记不得处分的限制性规定，合并规定在本法第三十一条，值得注意。

须特别说明，本条所谓“导致物权设立、变更、转让或者消灭的”法律文书，是指“直接处分物权”的法院判决和仲裁裁决，例如，人民法院依物权法第三十三条作出的确权判决、依破产程序或者清偿还债程序分配财产的判决、依财产共有制度分割共有财产的判决、依婚姻法作出的有处分财产内容的离婚判决、依继承法分割或处理遗产的判决，及直接以特定物（动产、不动产）抵偿债务的法院判决或者仲裁裁决。但人民法院依据合同法、侵权责任法、物权法（第三十四条）作出的责令一方返还（交付）动产、不动产的判决，仲裁机构依据仲裁条款作出的责令一方返还（交付）动产、不动产的裁决，不属于本条所谓“导致物权设立、变更、转让或者消灭的”法律文书。

第二十九条【因继承发生物权变动的生效】

因继承或者受遗赠取得物权的，自继承或者受遗赠开始时发生效力。

本条规定，因继承发生的物权变动，从“继承开始”之时发生效力。“继承开始”是继承法上一个重要概念。继承法第二条规定：“继承从被继承人死亡时开始”。可见，“继承开始”就是“被继承人死亡”之时。按照继承法的规定，自“被继承人死亡”之时，被继承人的财产就成为“遗产”，其所有权就转移到继承人名下，如果只有一位继承人，“遗产”就归该继承人所有，如果继承人在二人以上，“遗产”就归全体继承人共有。如果有遗赠，则遗赠财产亦于继承开始之时转归受遗赠人所有。继承法只有“继承开始”而无所谓“受遗赠开始”，该条条文增加了“受遗赠开始”一语。

实际上，被继承人死亡之时，其是否留有“遗嘱”尚不确定，是按“遗嘱继承”还是按“法定继承”尚不确定，所以还不能确定继承人的人数，还不能确定继承人具体是谁，因此，没有办法“分割遗产”，没有办法办理“产权过户登记”。但是，被继承人已经死亡，权利主体已经消灭，不能让“遗产”处于无主状态，因此，本条规定：自“继承开始”（即被继承人死亡）之时，由继承人取得“遗产”的所有权。“遗赠”也准用同样的规定，从被继承人（遗赠人）死亡之时，即“继承开始”之时，遗赠财产的所有权就归了受遗赠人。到后来分割遗产时，如果受遗赠人“放弃”受遗赠，则该遗赠财产的所有权就归其他继承人。

须要注意的是，因继承而发生物权变动的这个规则，对法官裁判案件会有影响。例如，父亲去世以后房产没有分割，由母亲管理使用，直至最后母亲去世，财产由农村的老大继续使用，老二在国外几十年后回来向法院提起诉讼。假设他以“侵害继承权”为由起诉，老大自然会以诉讼时效经过作为抗辩，法院审查诉讼时效确已经过，于是判决驳回老二的诉讼请求。假设老二以“分割共有财产”为由起诉，他不说侵害继承权，因为父亲去世时遗产就归属于兄弟二人共有，只是共有财产一直在大哥的掌管之下，他现在请求分割共有财产，而请求分割共有财产的请求权不适用诉讼时效，如果老二以这个理由起诉，法院就不能驳回其诉讼请求。法院查明该遗产没有进行过分割，一直处于共有状态，法院就应当认可老二的请求，作出“分割共有财产”的判决。可见，因继承发生物权变动的这个规则，对当事人、对法院都关系重大。

请注意，本条在“继承开始”之外，增加规定所谓“受遗赠开始”，属于立法错误。继承法上只有“继承开始”，没有“受遗赠开始”。所谓“继承开始”是一个时间概念，亦即被继承人死亡之时。无论法定继承、遗嘱继承或者遗赠，遗产均于继承开始亦即被继承人死亡之时转归继承人或者受遗赠人所有。继承人放弃继承、受遗赠人放弃受遗赠的财产，则归属于其余继承人。条文同时规定“继承开始”和“受遗赠开始”，导致混淆。

第三十条【因事实行为发生物权变动的生效】

因合法建造、拆除房屋等事实行为设立或者消灭物权的，自事实行为成就时发生效力。

所谓“事实行为”，就是指用钢筋、水泥、砖瓦、木石建造房屋、用布料缝制衣服、用木料制作家具等行为。建成一栋房屋就发生房屋的所有权，制成一件衣服就发生衣服的所有权，完成一个书柜就发生书柜的所有权。房屋建成后还没有办理“登记”，但房屋所有权已经发生。制成一件衣服，还没有“交付”，但衣服的所有权就已经发生。完成一个书柜，还没有“交付”，但书柜的所有权就已经发生。条文所谓“事实行为成就时”，就是房屋建成之时、衣服制成之时、书柜完成之时。这些情形所有权之发生，属于法律行为之外的物权变动，按照本条规定自“事实行为”“成就”（完成）之时生效，而不是自“登记”或者“交付”生效。合伙建房，房屋建成即因分配比例发生争议，人民法院应作为财产共有纠纷案件受理。

事实行为，除建造房屋外，还有制造宇宙飞船、飞机、船舶、汽车、火车、机器设备，制作家具、玩具、生活用品及缝制衣服等等，难以一一列举，何以单举“建造住房”一项？不如不作列举，以“事实行为”一语涵盖无遗。条文中“合法”二字不妥。事实行为发生物权变动，自事实行为成就时生效，这是一个普遍规则。无论合法建房或者违章建房，均于事实行为成就之时，亦即房屋建成之时，产生所建成房屋的不动产所有权，建房所用的砖瓦木石的动产所有权亦同时消灭。即使属于违章建筑，也发生房屋所有权，建房所用的建筑材料的动产所有权也要消灭。唯有城市规划管理部门，才有权查处违章建筑行为，其他任何部门、任何人都无权拆除或者占有该违章建筑，否则，必然导致经济生活、法律秩序的混乱。

第三十二至三十八条【物权的保护】

第三十二至三十八条构成物权法第三章——物权的保护。

本章原名“物权请求权”，2001 年 5 月专家讨论会之后，定名为“物权的保护”。除规定了物权请求权之外，还规定了侵权责任。第三十三至三十五条规定物权请求权，第三十六、第三十七条是关于侵权责任的规定。

什么是“物权请求权”？“物权请求权”是专门针对“物权”的法律救济措施，是“物权”的特殊保护方法。我们知道，“物权”同样受侵权责任制度的保护，“物权”受侵害将发生侵权责任请求权。这样一来，“物权”既受“物权请求权”制度的保护，也受侵权责任制度的保护，我们就需要弄清楚：为什么民法在规定了侵权责任制度之外，还要规定“物权请求权”制度？“物权请求权”制度与“侵权责任”制度的区别何在？

二者的区别，主要是两点：一是保护对象不同，物权请求权制度的保护对象只是“物权”一种；而侵权责任制度的保护对象，包括“物权”“人格权”“知识产权”及其他具有“排他性”效力的民事权利，还包括不构成民事权利的民事利益；二是“构成要件”不同。“物权请求权”只有一个构成要件，即存在“物权”；而一般侵权责任的构成要件包括“加害行为”“损害后果”“因果关系”和“过错”，即使特殊侵权责任也须有前三项要件。

物权请求权的优点，也正是在于其“构成要件简单”，既然我是房屋的所有权人，我就根据这一点行使物权请求权，请求法院保护我的所有权，因为构成要件简单。因此，物权请求权行使的程序就特别方便，只需提供证明自己享有“物权”的证据就足够了，法院也仅凭我享有“物权”这一点就给予保护。这就使请求权人避免了就侵权责任的“构成要件”举证的麻烦。因此，民法在侵权责任制度之外，特别规定“物权请求权”制度，作为保护“物权”的特殊救济措施。

反过来，物权请求权也有一个限制，这就是行使物权请求权，一定要有“物权”存在。“物权”什么时候存在？“标的物”存在，“物权”就存在。标的物一旦“毁损、灭失”，例如，在房屋都已经烧毁，汽车已摔下悬崖变成一堆废铁，手机已经灭失等这类情况下，这时“物权”（所有权）已经消灭，就不能再行使物权请求权，而只能向法院提起侵权责任之诉。这种情形，如果你不按照侵权责任起诉而按照物权请求权起诉，法院查明标的物消灭导致物权消灭，当然无所谓“物权请求权”，于是法院将判决驳回你的起诉。因为没有物权也就没有物权请求权，你只能根据侵权责任起诉。这就是物权请求权和侵权责任的严格划分。为什么物权在受物权请求权保护之外，还要受侵权责任制度保护，其理由在此。

值得注意的是，本章第三十三条规定确认权利请求权，第三十四条规定返还原物请求权，第三十五条规定排除妨害请求权和消除危险请求权，但未规定物权请求权是否适用诉讼时效。按照民法理论，物权请求权中，基于立法目的，行使确认物权请求权、排除妨害请求权和消除危险请求权，不适用诉讼时效；行使返还原物请求权，原则上应适用诉讼时效，但请求返还登记财产的请求权应作为例外不适用诉讼时效。

第三十六、三十七条非关于物权请求权的规定，而是关于侵权责任的规定。但须注意的是，条文并未明确规定侵权责任的构成要件。于实际案件追究侵权责任时，还必须适用侵权行为法的具体规定。因此，第三十六、三十七条属于指引件规定。

第一百零六条【统一的善意取得制度】

无处分权人将不动产或者动产转让给受让人的，所有权人有权追回；除法律另有规定外，符合下列情形的，受让人取得该不动产或者动产的所有权：

（一）受让人受让该不动产或者动产时是善意的；

（二）以合理的价格转让；

（三）转让的不动产或者动产依照法律规定应当登记的已经登记，不需要登记的已经交付给受让人。

受让人依照前款规定取得不动产或者动产的所有权的，原所有权人有权向无处分权人请求赔偿损失。

当事人善意取得其他物权的，参照前两款规定。

按照物权法教科书，保护不动产交易的善意买受人，依靠不动产登记的公信力制度；保护动产交易的善意买受人，依靠动产善意取得制度。这是目的相同、政策判断相同的两个法律制度。物权法把不动产登记的公信力制度和动产善意取得制度合并起来，规定在第一百零六条，构成一个统一的善意取得制度。当然在这个统一的善意取得制度中，"善意"的构成条件，还是有区别的。不动产善意买受人的"善意"，以买受人信赖不动产登记并且没有过失为构成要件；动产的善意买受人的"善意"，以买受人信赖动产占有并且没有过失为构成要件。

值得注意的是，本条第一款第（二）项规定"以合理的价格转让"为善意取得的要件，显然不当。如果严格解释，就要求法院审查当事人的转让价格是否合理，偏离了善意取得制度的立法目的，并且增加了裁判的难度和不确定性。设立善意取得制度的目的，是特殊保护市场交易中的善意受让人，并维护市场交易安全。所针对的当然是正常的市场交易，只须规定以"有偿转让"（无偿转让不适用善意取得）即可。转让价格是否合理、有否侵占国有资产等违法行为，都不属于善意取得制度所要解决的问题。

须特别注意，物权法善意取得制度与合同法的关系。合同法第五十八条是合同无效法律后果的一般规则，物权法第一百零六条是合同无效法律后果的特别规则。物权法第一百零六条规定的此项特别规则的适用范围，仅限于无权处分合同被确认无效的案型。此外的合同无效案型，例如，根据合同法第五十二条确认合同无效，及无行为能力人订立的合同因法定代理人未追认而无效（合同法第四十七条），均不发生善意取得问题，绝无适用物权法第一百零六条的可能。无权处分他人财产的合同，因权利人予以追认或者处分人事后取得处分权，而依合同法第五十一条被认定合同有效情形，则买受人直接根据有效合同获得标的物所有权，亦不发生适用物权法第一百零六条的问题，自不待言。

法庭审理无权处分他人财产合同案件，在依据合同法第四十八条判决确认合同无效情形，买受人有权根据物权法第一百零六条主张善意取得。主张善意取得，属于无权处分合同无效情形法律赋予买受人的权利，当然他也可以放弃此项权利。因此，如果买受人主张善意取得，法庭即应适用物权法第一百零六条，审查是否符合善意取得的要件，如经审查认定符合规定的要件，即应依据物权法第一百零六条判决买受人善意取得标的物所有权；经审查认定不符合善意取得的要件，则应依据物权法第一百零六条判决驳回买受人关于善意取得的主张，并且直接适用合同法第五十八条判决恢复原状（相互返还财产）及损失分担。如买受人未主张善意取得，法庭应当认为买受人放弃权利，而直接适用合同法第五十八条处理合同无效的后果，既不能依职权适用物权法第一百零六条，也不能就买受人是否主张善意取得进行释明。

法庭依据合同法第五十一条认定合同无效，再依据物权法第一百零六条判决善意的买受人得到所有权，得到所有权的时间就是判决生效的时间。至于怎么判断善意呢？应区分动产和不动产，不动产在善意取得制度当中所说的善意，是指买受人“信赖不动产登记”。例如，李四买房子，他看到登记簿上记载张三是所有权人，而实际上张三不是所有权人，但李四不知道张三实际上不是所有权人，他信赖登记簿的记载相信张三是所有权人，而与张三订立买卖合同购买了这套房子，买受人李四就属于善意。登记簿的记载与实际产权状况不一致的情形较常见，例如，有的人委托朋友买房子，受委托人就干脆登记在自己名下，这种情形，张三只是这套房子的名义所有人而不是真正所有人，张三出卖房子的时候，买受人相信了产权证和产权登记簿的记载，而从张三手里购买了这套房子，因为物权法规定不动产登记簿是物权归属的根据（第十六条），不动产权属证书是权利人享有不动产物权的证明（第十七条），因此，信赖不动产登记和产权证的买受人属于善意。这个买卖合同属于无权处分合同，按照合同法第五十一条，权利人没有追认，处分人事后也没有得到处分权，法庭依据合同法第五十一条认定买卖合同无效，但是买受人是善意，法庭又依据物权法第一百零六条，判决买受人得到房屋所有权。

在标的物是动产情形的“善意”，是指买受人信赖动产的占有。例如，张三的手机借给李四，李四将手机卖给王五。王五看见李四占有手机，就相信李四是手机的所有权人，于是同李四订立买卖合同购买了这部手机。按照物权法第二十三条规定，动产物权的设立和转让，自交付时发生效力。所谓“交付”，指移转动产的占有，因此，动产的“占有”具有权利推定的效力。买受人看见李四占有这部手机，于是相信李四是这部手机的所有权人，是出于对占有的信赖，故属于善意。此外，在判断动产买受人是否善意时，不能仅凭占有，还要考虑交易价格和交易场所。例如，有人在街头巷尾以很低的价格向行人兜售手机，你应当怀疑他是偷的或者捡的，你不能买，你要贪便宜买了，你就不构成善意。

另外，本法第一百零七条规定关于遗失物善意取得的特殊规则，因立法过程中的争论而删去“盗窃物”，留下“盗窃物”是否可以善意取得的法律立法空间。

第一百零八条【善意取得动产的特殊问题】

善意受让人取得动产后，该动产上的原有权利消灭，但善意受让人在受让时知道或者应当知道该权利的除外。

无权处分他人不动产的合同，法庭认定合同无效，同时又依据物权法第一百零六条判决受让人善意取得所有权，导致真正所有权人的房屋所有权消灭。由于不动产物权实行登记生效主义，受让人因信赖不动产登记簿而成立善意，且已办理过户登记，所有权已经登记在自己名下，法庭判决其善意取得标的物所有权，相当于确认此前的所有权过户登记和原权利人的所有权消灭的结果，物权的取得和丧失十分简单明确，故无须另行规定。

但在动产发生善意取得情形，因动产物权变动不采登记生效主义，既有交付生效，亦有登记生效，甚至还可以约定，致权利的得丧要复杂一些，因此，有必要专设条文予以规定。本条规定，动产受让人之所谓善意，是相信出卖人对该动产的占有。例如，购买二手车，出卖人持有有关的单据、证件，受让人相信他是所有权人，构成善意。汽车、船舶的买卖要成立善意，要比普通动产复杂一些，因为有登记制度、管理制度。无权处分人出卖他人的汽车时，如果买受人属于善意，并且已经交付，因此，依据善意取得制度认定受让人得到了该二手汽车的所有权，原车主的所有权消灭，原车主遭受的损失只能找出卖人赔偿。但是，假如该汽车是采用按揭贷款方式购买的，车主尚未付清银行贷款本息，则该汽车所有权上还存在银行的担保权（抵押权），这种情形，如果善意受让人在受让该汽车时知道或者应当知道汽车上存在银行的担保权，则该担保权不消灭；反之，如果善意受让人在受让该汽车时不知道或者不应当知道该担保权的存在，则该担保权与原车主的所有权一并消灭。再如，无权处分他人动产（生产设备）的合同，该动产属于原权利人设定的财团抵押（物权法第一百八十条第二款）或者特别动产集合抵押（物权法第一百八十一条）的抵押物，则该动产上存在贷款银行的担保权（抵押权），如果善意受让人于受让时知道或者应当知道该动产上存在银行的担保权，则该担保权不消灭；反之，受让时不知道或者不应当知道的，则该担保权与原权利人的所有权一并消灭。

第一百一十七条【用益物权定义】

用益物权人对他人所有的不动产或者动产，依法享有占有、使用和收益的权利。

关于用益物权定义，应联系到物权法第二条第一款规定："因物的归属和利用而产生的民事关系，适用本法。"将条文颠倒过来，就是物权法的概念。所谓物权法，就是规定"物的归属和利用而产生的民事关系"的法律。其中，所谓"物的归属"，是指"所有权"；所谓"物的利用"，是指"用益物权"和"担保物权"。

物权法上所说"物的利用"，是指对他人之物的利用，不是指对自己之物的利用。利用自己的物，如所有权人利用自己的房屋、汽车，属于所有权的"使用、收益"权能，是所有权应有之义，无须单独规定。故条文所谓"利用"，是指非所有人利用他人之物，分为"利用"他人之物的"使用价值"，与"利用"他人之物的"交换价值"。

利用他人之物的"使用价值"的物权，称为用益物权。例如，建设用地使用权，是企业利用国有土地建房的权利；土地承包经营权，是农户利用集体土地耕种、养殖的权利；宅基地使用权，是农户利用集体土地建房的权利；地役权，是为自己的方便而利用他人土地的权利。利用他人之物的"交换价值"的权利，称为担保物权。包括抵押权、质权和留置权。例如，向银行抵押借款，设立银行对借款人房屋的抵押权，借款人到期不能归还借款，银行将行使抵押权，申请人民法院拍卖抵押房屋，从拍卖价款中扣抵借款本金和利息。作为抵押权人的银行，利用了借款人房屋的交换价值。

须注意，条文所谓“利用”，仅指采用物权方式对他人之物的利用，不包括采用债权形式对他人之物的利用。以租赁合同、借用合同等债权形式实现的“物的利用”，不属于物权法的范围。物权形式的利用和债权形式的利用，都是非所有权人利用他人之物的使用价值，二者的区别在于：物权形式的利用必定是长期利用，债权形式的利用必定是短期的利用。如土地承包经营权的期限是30年、50年、70年，建设用地使用权的期限是70年；债权形式的利用，都属于短期利用，合同法规定租赁合同期限最长20年，超过20年的，超过部分无效。因此，短期利用他人之物，无须采用物权形式，采用债权形式如租赁合同、借用合同即可；长期利用他人之物才有必要设立用益物权。

按照社会生活经验，如需长期利用某物，最好的选择是直接取得该物所有权，而无须设立用益物权。唯有市场上难于购买、不可能购买之物，才不得已采用订立用益物权方式。这就是绝大多数民法典规定仅不动产可以设立用益物权的理由。如我国台湾地区民法规定用益物权仅限于土地（地上权、永佃权和地役权）和房屋（典权），日本民法所规定的用益物权仅限于土地（地上权、永佃权和地役权）。本法第三编规定的用益物权，包括土地承包经营权、宅基地使用权、建设用地使用权和地役权，均属于长期利用他人土地的权利。这是因为，我国实行土地的公有制，不允许个人和企业取得土地所有权。如须长期利用土地，非采取设立用益物权形式不可。故本法关于用益物权的规定，是最具中国特色的物权制度。

这里要特别注意，物权法第一百一十七条在用益物权的定义中列入“动产”，属于立法错误。物权法草案前三次审议稿关于用益物权的定义均仅限于不动产，第四次审议稿增加动产，而物权法用益物权编具体规定的四种用益物权，均以土地为客体。如果有当事人根据第一百一十七条的规定设立动产用益物权，法院应该怎么对待？这个动产用益物权是有效还是无效？按照物权法定原则，“物权的种类和内容，由法律规定。”而本法用益物权编所规定的用益物权种类均属于土地用益物权，并没有规定动产用益物权，因此，人民法院将根据物权法定原则，判决当事人设立的动产用益物权不具有物权的效力。

第一百七十六条【人保与物保并存】

被担保的债权既有物的担保又有人的担保的，债务人不履行到期债务或者发生当事人约定的实现担保物权的情形，债权人应当按照约定实现债权；没有约定或者约定不明确，债务人自己提供物的担保的，债权人应当先就该物的担保实现债权；第三人提供物的担保的，债权人可以就物的担保实现债权，也可以要求保证人承担保证责任。提供担保的第三人承担担保责任后，有权向债务人追偿。

关于人保和物保的关系，在各国民法中无非是两种模式。一种是物保优先主义，即在兼有人保和物保时，强行规定物保优先执行，对物保所担保以外的债务才执行人保。物保优先主义的法理根据，是物权优先于债权原则。保证是一种债权，物保如抵押权属于物权，按照物权优先原则，应当先执行物权。另外一个模式，就是物保人保平等主义。即在兼有物保和人保的情况下，物保和人保二者是平等的，没有高低先后之分，究竟是实行物保还是执行人保，由受担保的债权人自由选择。物保人保平等主义，平等对待物保人和保证人，符合公平原则，由受担保的债权人行使选择权，符合意思自治原则。两种模式，各有其法律根据。例如，我国台湾地区最高法院 1997 年台上字第 268 号判决，采取物保优先主义。但我国台湾地区近年修改民法物权编，其第 879 条改为物保人保平等主义。

担保法第二十八条规定采物保优先主义。后来《担保法解释》第三十八条，区分债务人提供的物保与第三人提供的物保，并对第三人提供的物保与人保改采平等主义。物权法在总结担保法和《担保法解释》的基础上进一步完善了物保和人保的规则，规定在第一百七十六条，分为三个层次：首先是根据意思自治原则规定，在合同关于担保执行有约定的情形，债权人应当依照约定执行；然后规定在合同没有约定的情形，债务人自己提供的物保优先；最后是在合同没有约定，且由第三人提供物保的情形，采取物保与人保平等的原则，由债权人行使选择权。

可见，物权法并不是采取简单化的办法，或者采取物保优先主义，或者采取物保人保平等主义，而是区别合同有无约定及是债务人自己提供物保或者第三人提供物保的不同情形，相应规定不同的规则，尽可能尊重当事人意思自治并符合公平合理的原则。

须补充的是，在合同未有约定而由债务人自己提供物保情形，如此物保属于第二顺位抵押权，则应当视同第三人提供物保，适用平等原则；在合同未有约定而由第三人提供物保情形，如人保属于一般保证，且保证人行使先诉抗辩权，则其结果仍然是物保优先。

第一百八十一条【特别动产集合抵押】

经当事人书面协议，企业、个体工商户、农业生产经营者可以将现有的以及将有的生产设备、原材料、半成品、产品抵押，债务人不履行到期债务或者发生当事人约定的实现抵押权的情形，债权人有权就实现抵押权时的动产优先受偿。

这个制度是崭新的，有的学者把它解释为“浮动抵押”，是错误的。浮动抵押最重要的特点就是抵押物始终处于不确定的状态，必须到抵押权行使之时，通过法院发布抵押权实行公告，查封、扣押、冻结抵押人全部财产，抵押物才能确定。即借助于法院公权力确定抵押标的物。不仅如此，浮动抵押权的实行，一定要采用清产还债程序或者企业破产程序，而不能采取普通抵押权的实行方式，且实行浮动抵押权的结果必定是消灭抵押人的主体资格。

物权法第一百八十一条规定的抵押权，与所谓浮动抵押权有根本区别。第一百八十一条规定的抵押权采用一般抵押权的实行方式，由抵押权人与抵押人双方协商、折价、变卖抵押物，双方协商不成的，抵押权人可申请法院拍卖抵押物，而无须适用清产还债程序或者企业破产程序。另外，物权法第一百九十六条专门规定了抵押物确定的条件，该条列举的四种情形之一发生时，抵押物即归确定，无须由法院发布查封、扣押命令。因此，物权法第一百八十一条创设的抵押权，不同于所谓浮动抵押权，是该法针对我国经济生活的现实需要所创设的一项崭新的抵押制度，属于第一百八十条第二款规定的企业财产集合抵押制度的特别类型，应称为“特别动产集合抵押”。

第一百八十二条【房、地一并抵押原则】

以建筑物抵押的，该建筑物占用范围内的建设用地使用权一并抵押。以建设用地使用权抵押的，该土地上的建筑物一并抵押。

抵押人未依照前款规定一并抵押的，未抵押的财产视为一并抵押。

在物权立法中如何处理土地与建筑物的关系，有两个方案：其一，仅规定土地为物（不动产），建筑物被视为土地的构成部分，不是独立的物（不动产）。采取这一方案的物权法规定，不动产只是土地，不动产登记只是土地登记。其二，土地与建筑物，分别为独立的物（不动产），即土地是一个物（不动产），建筑物是另一个物（不动产）。采取这一方案的物权法规定，不动产包括土地和建筑物，不动产登记分为土地登记和建筑物登记。

我国实行土地国有和集体所有的基本经济制度，私人可以享有建筑物所有权，但宅基地所有权仍属于国家或者集体。因此，我国物权法采取以上第二种方案，规定土地是一个物（不动产），建筑物是另一个物（不动产）。在规定土地和建筑物是两个物（不动产）的前提下，为避免建筑物和宅基地分别归属于不同主体造成法律关系的复杂化，规定建筑物所有权与宅基地使用权必须同归一人，并且规定建筑物与宅基地必须一并处分的原则，通常称为“房随地、地随房”原则，规定在物权法第一百四十六、第一百四十七、第一百八十二条。

按照第一百四十六条的规定，建设用地使用权转让、互换、出资或者赠与的，附着于该土地上的建筑物、构筑物及其附属设施一并处分。按照第一百四十七条的规定，建筑物、构筑物及其附属设施转让、互换、出资或者赠与的，该建筑物、构筑物及其附属设施占用范围内的建设用地使用权一并处分。这两个条文规定了建筑物所有权与宅基地使用权一并处分原则，即权利转让情形的“房随地、地随房”原则。

按照物权法第一百八十二条规定，以建筑物抵押的，该建筑物占用范围内的建设用地使用权一并抵押。以建设用地使用权抵押的，该土地上的建筑物一并抵押。抵押人未依照前款规定一并抵押的，未抵押的财产视为一并抵押。本条规定建筑物与宅基地一并抵押的原则，即设立抵押情形的“房随地、地随房”原则。

物权法上述条文，对“房随地、地随房”原则的规定，十分准确，并无产生理解歧义之余地。关键在登记机构必须严格执行。可能是因为不动产登记机构未统一，房产登记机构专管房屋所有权过户登记和房屋抵押登记，土地登记机构专管土地使用权过户登记和土地抵押登记，这样的分头管理容易相互之间难以协调配合，造成现实中存在“房地分离”现象，即房屋所有权与土地使用权分属不同主体，房屋抵押权与土地抵押权分属不同主体的不正常现象。要彻底解决房地分离问题，有待于登记机构统一。但现实中存在的房地分离问题，并不难处理。

房屋所有权与土地使用权分属不同主体，各权利人均受限制，房屋所有人不能出卖房屋，土地使用权人既不能使用土地也不能出让土地。解决办法是：或者房屋所有权人受让土地使用权，或者土地使用权人受让房屋所有权。

房屋与土地分别抵押情形，往往其中一个抵押权担保债权先到期，所担保债权先到期的抵押权人，先向法院申请执行抵押权，而此时另一个抵押权担保债权尚未到期。解决办法是：法院一经受理其中一个抵押权的执行申请，即应视为另一个抵押权担保债权同时到期，法庭应一并执行两个抵押权，就该房产（对房屋所有权和土地使用权不加区分）委托拍卖。拍卖所得价款金额，如果超过两个抵押权分别担保的两个债权的总额，则执行比较简单，只须分别足额清偿两个债权（本金和利息），然后将剩余金额返还抵押人即可。

如果拍卖所得价款金额，不足清偿两个抵押权担保的债权总额，其执行要稍复杂一点，建议法庭类推适用物权法第一百九十九条第（一）项条文后段：“顺序相同的，按照债权额比例清偿”规则。假设房屋抵押权担保200万债权，土地抵押权担保100万债权，两债权比例为2∶1，拍卖所得价款金额为150万，则清偿房屋抵押权人100万，清偿土地抵押权人50万。按照民法原理，二抵押权人未清偿部分债权并不消灭，还可以作为无担保债权，向债务人求偿，自不待言。

第一百九十一条【抵押物的转让】

抵押期间，抵押人经抵押权人同意转让抵押财产的，应当将转让所得的价款向抵押权人提前清偿债务或者提存。转让的价款超过债权数额的部分归抵押人所有，不足部分由债务人清偿。

抵押期间，抵押人未经抵押权人同意，不得转让抵押财产，但受让人代为清偿债务消灭抵押权的除外。

在传统的民法中，设定抵押权不影响标的物的转让，这时抵押权有追及的效力。不管作为抵押物的房屋转归谁，抵押权依然存在，它依然存在于这个房屋的所有权上，抵押权人根据物权的追及效力，当然可以追及于买受人，拍卖该房屋优先受偿。值得注意的是，《民通意见》的解释第一百一十五条规定，设立抵押权的财产转让，非经抵押权人同意，其转让无效。后来的担保法对此作了修正，将“经抵押权人的同意”改为“通知抵押权人”。担保法第四十九条规定，“抵押期间，抵押人转让已办理登记的抵押物的，应当通知抵押权人”，“未通知抵押权人”的，其“转让行为无效”。但《担保法解释》第六十七条对此又有修正，“抵押权存续期间，抵押人转让抵押物未通知抵押权人或者未告知受让人的，如果抵押物已经登记的，抵押权人仍可以行使抵押权；取得抵押物所有权的受让人，可以代替债务人清偿其全部债务，使抵押权消灭”。实际是，将未通知抵押权人的转让视为有效，同时认可抵押权人有追及权及受让人有涤除权。

物权法在对担保法和《担保法解释》的规定和进行总结整理的基础上，创设关于抵押财产转让的新规则：区分经抵押权人同意的转让与未经抵押权人同意的转让，而规定不同的法律效果。按照第一百九十一条第一款规定：经抵押权人同意的转让，“转让有效＋价金代位”。实际上等于，转让一经成立，抵押权人不得对于原抵押标的物行使权利，只能对于标的物转让价金行使权利（代位）。这就要求抵押权人在同意抵押人转让抵押物时，为转让价金指定特别账户；按照本条第二款规定，未经抵押权人同意的转让，采取：“原则无效＋例外（受让人行使涤除权）有效”。即受让人直接将转让价金提存或者支付给抵押权人，而涤除抵押权，而使转让有效。

第二百零二条【抵押权的消灭】

抵押权人应当在主债权诉讼时效期间行使抵押权；未行使的，人民法院不予保护。

在传统民法理论，抵押权性质上属于物权，理应不受诉讼时效的限制。因此，主债权因诉讼时效届满消灭的，抵押权人仍然可以行使抵押权，而不受主债权诉讼时效的限制。这样一来就会产生一个问题：在受担保债权因时效消灭后，若抵押权人长期不行使其抵押权，将使财产关系长期处于不确定的状态。为了避免出现这样的结果，发达国家和地区采取了两种不同的方案。一种是使抵押权受所担保债权的诉讼时效的限制。例如，日本民法第396条规定，受担保债权因时效消灭，其抵押权也同时消灭。其法律依据是抵押权的附从性。另一种是为抵押权设立除斥期间。例如我国台湾地区民法第880条规定，主债权因时效经过而消灭之后，五年的除斥期间届满，抵押权消灭。中国民法学者起草的物权法草案建议稿，参考我国台湾地区民法为抵押权设立除斥期间的方案，但认为五年的除斥期间过长，而将除斥期间规定为二年。此即中国社会科学院物权法草案建议稿第三百三十二条："受担保债权诉讼时效完成后，两年内不行使抵押权的，抵押权消灭。"

担保法并未涉及抵押权的除斥期间问题，其第五十二条规定："抵押权与其担保的债权同时存在，债权消灭的，抵押权也消灭。"受学者建议稿的影响，《担保法解释》第十二条第二款明示："担保物权所担保的债权的诉讼时效结束后，担保权人在诉讼时效结束后的二年内行使担保物权的，人民法院应当予以支持。"物权法采取了与《担保法解释》和学者建议稿不同的方案，第二百零二条明确规定："抵押权人应当在主债权诉讼时效期间内行使抵押权，未行使的，人民法院不予保护。"使抵押权与受担保债权同受诉讼时效的限制，类似于日本民法第396条的规定。其立法目的显然在于，促使抵押权人尽快行使抵押权，避免抵押财产长期处于不确定状态，从而有利于市场交易的快捷和安全。

第二百二十三条【权利质押】

债务人或者第三人有权处分的下列权利可以出质：

（一）汇票、支票、本票；

（二）债券、存款单；

（三）仓单、提单；

（四）可以转让的基金份额、股权；

（五）可以转让的注册商标专用权、专利权、著作权等知识产权中的财产权；

（六）应收账款；

（七）法律、行政法规规定可以出质的其他财产权利。

这里讲应收账款质押。应收账款融资，在国际惯例上采取债权转让的方式，例如《联合国国际贸易应收款转让公约》。以应收账款债权融资，可以直接将应收账款债权转让给贷款银行，其转让规则规定在我国合同法第五章第七十九条至第八十三条。在物权法立法过程中，民法学者关于可否规定应收账款债权质押存在分歧。立法机关坚持将应收账款债权列入质押范围，显然是采纳金融机构方面的建议。应收账款债权质押在科学性和操作性上均有疑问。现在的问题是在物权法规定应收账款债权质押的框架下，如何确保应收账款质押的效用而避免发生弊端？

关键在于，应收账款债权，属于没有债权凭证的普通债权，仅凭债权人（出质人）与金融机构（质权人）之间的质押协议及登记而成立的应收账款质权，不具有强制应收账款债务人履行的效力。我曾经建议，于成立质押协议时，要求应收账款债权人（出质人）提交债务人同意质押的书面文件，这样成立的应收账款质权，于出质人不能清偿借款时，质权人可以直接要求债务人清偿应收账款债务。否则，按照2007年9月发布的《应收账款质押登记办法》第八条的规定，仅凭债权人与金融机构之间的质押协议及登记而成立应收账款质权，可能给中国经济造成灾难性的后果。

附录7 物权法解析：意义、对策、创新与不足①

一、如何认识物权法

（一）物权法与中国特色社会主义

中国特色社会主义与此前的社会主义的根本区别何在？根本区别就在于：对待私有财产的态度。此前的一切社会主义的理论和实践，均视私有财产为“万恶之源”，均以消灭私有财产为目标。既然否定私有财产，消灭私有财产，当然就不可能、不必要制定保护私有财产的法律。因此，我们看到过去的社会主义民事立法，无论是1922年的苏俄民法典还是20世纪60年代的苏俄民法典、苏联民事立法纲要、捷克斯洛伐克民法典、蒙古民法典、匈牙利民法典，以及我国改革开放前起草的民法草案，均不规定物权概念，没有物权法的一席之地，其根本原因在此。

中国特色社会主义的伟大实践，肯定私有财产的正当性、合法性，肯定非公有制经济即私营经济的正当性、合法性。现行宪法明文规定对私有财产和公有财产实行平等保护，规定非公有经济是社会主义市场经济的重要组成部分。肯定私有财产的合法性，在公有制经济和非公有制经济并存基础上实行真正的市场经济，这就是一定要制定和实施物权法的根本理由。提请第十届全国人大第五次会议审议物权法（草案）的说明中特别指出：“物权法是在中国特色社会主义法律体系中起支架作用、不可或缺的重要法律。”

在中国特色社会主义法律体系中“起支架作用、不可或缺的”重要法律，这一表述是前所未有的，意在强调物权法与中国特色社会主义之间的本质联系。胡锦涛总书记在十七大报告中指出，要“毫不动摇地巩固和发

① 本文是作者2007年10月10日在复旦大学举行的“长三角地区法学研究生论坛”上的报告录音整理稿。

展公有制经济，毫不动摇地鼓励、支持、引导非公有制经济发展，坚持平等保护物权”，同样是强调以平等保护为基本原则的物权法与中国特色社会主义之间的本质联系。这样一部物权法的制定和实施，关系到高举中国特色社会主义伟大旗帜，坚持中国特色社会主义伟大道路，关系到全面建设小康社会伟大目标和中华民族伟大复兴历史使命的实现。仅仅从法制完善和权利保护的角度认识制定和实施物权法的重大意义，是远远不够的。

（二）关于所谓“物权法违宪”的政治争论

从2005年秋开始的所谓“物权法违宪”的政治争论，是自改革开放以来围绕改革方向的第三次争论的重要部分。第一次争论发生在20世纪80年代初，第二次争论发生1989年到1993年。前两次争论都是由邓小平同志表态肯定改革方向而宣告结束的。第三次争论是从2004年开始的，因为改革开放和发展社会主义市场经济在取得伟大成就的同时，也出现了一些严重社会问题，如国有资产流失、两极分化扩大。在这个背景之下，一些人将这些问题归罪于改革，认为改革开放搞错了，从而形成一股反对改革开放的思潮。这一思潮由三部分组成：一是民粹主义倾向的滋长。一些人以社会底层的代言人自居，鼓吹一些不切合实际的方案，例如，主张在政治、经济、社会、文化各个领域全面强化政府管制。二是所谓新左派。多数是留学欧美的文学青年，根本不了解中国的实际情况，生搬硬套欧美左派杂志的观点，宣扬现在改革开放面临的主要问题是所谓反对殖民化，鼓吹单一公有制的计划经济体制的优越性。三是一直抱着极“左”观点，不认同改革的老左派。他们利用改革过程中产生的问题，重新挑起“姓社姓资”之争，要从社会主义市场经济体制往回倒退。

为什么一再发生争论？关键的原因在于，中国特色社会主义的理论和实践，即十一届三中全会以来的改革开放和建立社会主义市场经济体制，特别是承认私有财产的合法性，承认非公有制经济的合法性，在马克思主义和社会主义运动的历史上是没有先例的，与马克思、恩格斯和列宁所设想的社会主义理论模式不符，与斯大林和毛泽东所领导的在单一公有制基础上实行计划经济的社会主义实践经验不符。就像当年毛泽东领导起义军上井冈山，以农村包围城市，与马克思、恩格斯指导的巴黎公社和列宁领导的俄国十月革命，依靠中心城市的产业工人暴动夺取国家政权的实践经验不符一样。

恰好在这时，立法机关公布物权法草案征求意见，一些反对改革的人抓住这个机会掀起所谓第三次“旋风”，抨击物权法贯彻平等保护原则和规定国务院代表国家是所谓“违反宪法”，企图以物权法作为突破口，扭转改革开放的方向。物权法被推到这场政治争论的风口浪尖上，社会主义市场经济体制与单一公有制的计划经济体制的再次较量，被转换为要物权法还是要社会主义的二择一的选择。因此，物权法能否顺利通过，已经不再是一部民事法律本身的问题，而成为直接关系到中国改革开放和社会主义市场经济的前途命运的重大政治问题。

这场争论发生之后，党中央给予了密切关注，物权法最终在第十届全国人大五次会议上获得顺利通过。试想一下，如果物权法没有获得通过，或者虽然通过但删去了平等保护原则和国务院代表国家行使国家财产所有权这两个关键条文，将会导致一个什么样的混乱局面？改革开放和社会主义市场经济还能不能坚定不移地向前推进？物权法的顺利通过，表明中国人民明智而正确地选择了坚持社会主义市场经济体制，坚持走中国特色社会主义伟大道路，坚持十一届三中全会确定的思想政治路线。正是物权法的顺利通过宣告了关于改革方向的第三次政治争论的终结，将全党和全国思想统一到党中央的精神上来，为十七大如期胜利召开创造了良好的思想政治条件。

（三）物权法如何回应社会重大变革

改革开放以来，我们的社会生活发生的重大变革，主要有三项：第一项是农村的改革，耕地的集体所有、集体使用改为集体所有、农户使用；第二项是建设用地使用关系的改革，把过去国家的土地、国家出钱盖房分配给干部职工使用，改为地方政府将国有土地出让给企业建房；第三项是资金使用关系的改革，由原来的无偿拨款改为通过银行发放贷款，即采取融资的方式。这是改革开放以来所采取的最重大的三项改革措施。

物权法是如何因应这些重大改革措施的呢？首先，针对农村的农地使用关系的改革，物权法采取的对策是土地承包经营权的物权化，并规定期满自动延长（第一百二十六条第二款），使农户对承包土地的权利由原先的债权性权利转变为物权性权利，具有排除他人干涉的法律效力，强化农户对土地的权利（第十一章），保障农村经济长期稳定发展。其次，针对建设用地使用关系的改革，采取的对策是建设用地使用关系的物权化，完善物权性的建设用地使用权制度（第十二章），保障当事人的合法权益，建立建设用地使用关系的法律秩序。最后一项是针对资金使用关系的重大改革，采取了合同法上的借款合同制度，但合同法不能解决融资风险问题，规避融资风险要靠物权法上的担保物权制度，物权法在总结担保法实施以来的实践经验基础上，参考发达国家和地区的经验，规定了完善的担保物权制度（第四编）。物权法规定的用益物权制度和担保物权制度，为三项重大改革措施进一步巩固、发展和规范化提供了法律基础，为改革开放的继续深化和社会主义市场经济的进一步发展提供了牢固的法律基础。

值得指出的是，在许多发达国家和地区用益物权制度已趋于消亡，物权法紧密结合我国坚持土地公有制不变的国情，借鉴发达国家和地区的地上权、永佃权、地役权等用益物权类型，创设体现中国特色的土地用益物权制度（第三编），借以巩固改革开放的重大改革成果，进一步推进中国特色社会主义的实践，具有极重大的意义。

（四）物权法如何应对改革开放以来出现的社会问题

第一项是针对地方政府滥用征收制度剥夺农民承包的土地、剥夺居民的土地使用权，采取了重构国家征收制度的对策，把国家征收严格限定在公共利益目的范围内（第四十二条），将企业取得商业用地从国家征收制度之中排除出去。商业用地的取得，改为地方政府仅批给用地指标，再由获得用地指标的企业直接面对居民、农民，依照合同法的规定谈判签约，地方政府不插手。

第二项是多头登记和登记机构滥用登记权限侵夺企业和人民利益。一些地方规定，抵押权的登记按照标的物评估价值收费，甚至规定抵押权登记一次有效期一年，期满再登记再收费。物权法采取的对策是建立统一的、与行政管理脱钩的不动产登记制度，而且明文规定不得对标的物进行评估，不得按照标的物评估价值收费，登记费按件收取，登记费标准由国务院的有关部门制定（第十条、第十三条、第二十二条）。

第三项是针对改革开放以来司法实践中出现的问题所采取的几项措施。例如，针对登记簿上的权利人抢先下手转卖房产，使最后获得胜诉判决的当事人不能得到房屋及其产权，创设了异议登记制度（第十九条）；针对开发商一房多卖，损害买房人的利益，创设了预告登记制度（第二十条）；针对改革开放以来人民法院混淆合同生效与产权过户，凡是未办理产权过户的就认定买卖合同无效，针对担保法混淆抵押合同生效和抵押权的发生，规定抵押合同以办理抵押登记为生效条件的错误，创设物权变动与原因行为的区分原则（第十四条、第十五条），明确规定未办理物权登记不影响合同的效力。

二、物权法的制度创新

（一）采取折中主义的物权变动模式

所谓折中主义模式，即债权合意主义＋登记生效主义。债权合意主义来源于法国民法，登记生效主义来源于德国民法。法国民法是债权合意主义＋登记对抗主义。法国民法规定，买卖合同一经生效，标的物所有权就转移于买受人，是否办理登记取决于当事人自愿，未办理登记不能对抗善意第三人。德国民法是物权形式主义＋登记生效主义，亦即物权行为的独立性和无因性理论。在德国，房屋买卖合同只是一个债权行为，只发生交房和付款的债权债务，房屋所有权移转需要另外订立一个物权行为。何为物权行为？就是以移转标的物所有权为目的的法律行为。在德国办理房屋所有权过户登记，不是凭买卖合同而是凭物权合同。换言之，法国是拿买卖合同去登记，德国是拿物权合同去登记；法国是登记对抗主义，德国是登记生效主义。

中国民法学者经过自主研究之后，把这两种物权变动模式加以折中，从法国民法拿来债权合意主义，从德国民法拿来登记生效主义，把两者结合在一起，就是债权合意主义＋登记生效主义，即所谓折中主义的物权变动模式。2002 年在北京召开的物权法研讨会上，时任我国台湾地区司法院大法官的王泽鉴先生对此给予高度评价，认为这一物权变动模式符合现今法律发展潮流，与学者起草中的欧洲民法典物权编的物权变动模式一致。

须说明的是，这样一个折中主义的物权变动模式，不是在物权法起草的过程中决定的，而是在 1993 年合同法起草的过程中决定的。1993 年起草合同法，立法机关委托六名民法学者、两位法官设计合同法立法方案。六位民法学者和两位法官都不赞同德国的物权变动模式，决定采取折中主义物权变动模式并规定于合同法立法方案。从什么地方可以看出来呢？合同法第一百三十条明文规定："买卖合同是出卖人转移标的物所有权于买受人，买受人支付价款的合同。"这个买卖合同定义定下了债权合意主义的基调。如果我们采取德国模式的话，买卖合同就应该是双方约定一方交货、一方付款的债权债务的协议，它只讲交货、付款的债权债务，不涉及标的物所有权移转问题。而合同法第一百三十条明文规定，买卖合同是"转移标的物的所有权"的协议。根据买卖合同移转标的物所有权，这是借鉴法国的债权合意主义。

合同法进一步在第一百三十三条规定："标的物的所有权自标的物交

付时起转移，但法律另有规定或者当事人另有约定的除外。”所谓“交付时起转移”，即是动产物权变动的交付生效主义；所谓“法律另有规定”，是指法律规定不动产所有权移转采取登记生效主义；所谓“当事人另有约定”，是指合同约定的所有权保留条款。值得注意的，还有合同法第一百三十五条规定，买卖合同生效以后，出卖人负有两项义务，第一项是“交付标的物”的义务；第二项就是“移转标的物所有权”的义务。由此可见，合同法已经明确规定了债权合意主义+登记生效主义的物权变动模式，物权法只是沿袭这一折中主义模式罢了。

（二）创设统一的善意取得制度

按照物权法教科书，保护不动产交易的善意买受人，靠不动产登记的公信力制度；保护动产交易的善意买受人，靠动产善意取得制度。这是目的相同、政策判断相同的两个法律制度。物权法把不动产登记的公信力制度和动产善意取得制度合并起来，规定在第一百零六条，构成一个统一的善意取得制度。当然在这个统一的善意取得制度中，“善意”的构成条件，还是有区别的。不动产善意买受人的“善意”，以买受人信赖不动产登记并且没有过失为构成要件；动产的善意买受人的“善意”，以买受人信赖动产占有并且没有过失为构成要件。

（三）物权客体的拓展

物权法关于物权客体，既坚持了有体物的概念，同时又规定了例外情形。在大陆法系的德国法系，物权客体是有体物。什么是有体物？有体有形，看得见摸得着，这样的物叫做有体物。有体物是相对于无体物而言的，诸如专利技术、商标、作品、商业秘密之类就是无体物。物权法坚持了有体物的概念，表现在第二条第二款规定“本法所称物，包括不动产和动产”。不动产和动产，是有体物的分类，这一规定表明物权法坚持有体物概念。但值得注意的是，物权法在坚持有体物概念基础上规定了几个例外。

第一个例外是“空间”。空间是看不见摸不着的。特别是物权法第一百三十六条专门规定，可以在地上或者地下的空间设定建设用地使用权。这一关于空间建设用地使用的规定，有极其重大的理论意义和实践意义。例如，上海这样的大城市，土地资源有限，可以预见的将来，会广泛地利用城市地下空间。作为我国第一个规范地下空间用益物权的地方性规定——《上海市城市地下空间建设用地审批和房地产登记试行规定》，已于2006年9月1日施行。

另一个例外是"无线电频谱"。无线电频谱是一个无线电专业的概念。按照《中国军事百科全书》上的解释，所谓"无线电频谱"，是指无线电波的全部频率范围。按照现代的科学技术，人类只能利用9千赫兹（KHz）至3000吉赫兹（GHz）的频率范围。无线电频谱是一种宝贵的自然资源，《无线电管理条例》第四条规定，"无线电频谱资源属国家所有，国家对无线电频谱实行统一规划、合理开发、科学管理、有偿使用的原则。"物权法将无线电频谱纳入物权客体，作为有体物的例外，并明文规定无线电频谱资源属于国家所有，就为国家对无线电频谱实行合理开发，科学管理，有偿使用提供了法律的依据。

还有一个创新是将"海域"纳入物权客体。海域是有体、有形看得见的东西，但传统民法物权客体不包括海域，传统的民事立法不规定海域，海域属于公法的调整范围。为了适应改革开放以来海洋养殖业的发展，物权法第四十六条规定海域属于国家所有，将海域作为物权客体。海域是指领海基线与海岸线之间的范围。《海域使用管理法》第二条规定，"海域"是指"内水、领海的水面、水体、海床和底土"。海域与土地之间的界线，就是海岸线。但海岸线一般是指海水涨潮的最高线或是海水退潮的最低线。值得注意的是，物权法第四十八条规定了"滩涂"。所谓"滩涂"，是指海水涨潮的最高线和退潮的最低线之间的、亦海亦陆的特殊地带。既然物权法规定了滩涂，则作为海域与土地的分界线的海岸线，就只能以海水退潮的最低线为准了。

（四）土地与建筑物的关系

说起土地和建筑物，就不得不谈不动产的定义。在各个国家的法律规定中，所谓不动产是指"土地及其定着物"。所谓定着物，指固定在土地上不可移动之物。建筑物是最重要的定着物。当然，还包括诸如庄稼、长在土地上的树木及建筑物之外的构筑物。物权法虽然没有明文规定不动产的定义，但按照理论解释，我们应当采取相同的定义，即不动产指土地及其定着物。不动产之外的物，均属于动产。那么在不动产的定义中就会发生这样一个问题：土地和土地上的建筑物，究竟是一个不动产，还是两个不动产？

在大陆法系民法，有两种模式。一种模式是将土地及土地上的房屋作为一个不动产，例如，德国就采取这样的模式。在这样的模式之下，买房屋就是买土地，买土地还是买土地。只需要到一个登记机关、办理一个登记手续即可。另一种模式是将土地和地上建筑物分别作为两个不动产。如按照日本民法，土地和土地上的房屋，是两个不同的不动产，土地是一个不动产，建筑物是另一个不动产。如果我们买了一套房屋，取得了这套房屋的所有权，我们同时还买了房屋下面的土地，取得了这块土地的所有权。因此，需要同时进行房产登记和地产登记，领取两个产权证，即一个房产证、一个土地证。我国物权法采取的是日本的方案，将土地和土地上的建筑物作为两个不动产。

按照这种方案，就可能出现房屋和房屋下面的土地分别归属于不同人的情形，这样一来，法律关系就复杂化了。例如，土地使用权人张三，房屋所有权人李四，张三把土地使用权抵押给工商银行，李四把房屋所有权抵押给建设银行，而且抵押权还可以重复设立，这就可能涉及到四个权利人、八个权利人甚至更多的权利人，使法律关系高度复杂化。发生这样复杂的权利关系，必然给行政管理、当事人、法院裁判、执行、财产保全或是采取强制措施带来极大的麻烦。

物权法坚持此前的实践，把土地和地上建筑物作为两个不动产。在把土地和地上建筑物当作两个不动产的同时，我们又发明了一个特殊规则，强行使土地使用权和地上建筑物所有权归属于同一主体，即对土地和地上建筑物作“一体把握”，避免出现土地使用权和地上建筑物所有权分别属于不同权利人的情形，避免出现不动产法律关系的复杂化。这就是“房随地走，地随房走”的规则。这个规则在改革开放中已经实行，只不过在有些地方实行得并不严格。现在物权法严格贯彻“房随地走，地随房走”的原则，规定在第一百四十二条、一百四十六条、一百四十七条、一百八十二条、一百八十三条、二百条、二百零一条等。可见，我们在借鉴日本的经验将土地及地上建筑物作为两个不动产的前提下，又发明所谓“房随地走、地随房走”的规则，强行使两个不动产归属于同一权利人，避免出现法律关系复杂化的局面，这是物权法的创造。

（五）人保与物保的关系

关于人保和物保的关系，在各国民法中无非是两种模式。一种是物保优先主义，即在兼有人保和物保时，强行规定物保优先执行，对物保所担保以外的债务才执行人保。物保优先主义的法理根据，是物权优先于债权原则。保证是一种债权，物保如抵押权属于物权，按照物权优先原则，应当先执行物权。另一种模式，就是物保人保平等主义。即在兼有物保和人保的情况下，物保和人保二者是平等的，没有高低先后之分，究竟是执行物保还是执行人保，由受担保的债权人自由选择。物保人保平等主义，平等对待物保人和保证人，符合公平原则，由受担保的债权人行使选择权，符合意思自治原则。两种模式，各有其法律根据。例如，我国台湾地区最高法院1997年台上字第268号判决就采取物保优先主义。但我国台湾地区近年修改民法物权编，其修正案第879条改为物保人保平等主义。

我国担保法第二十八条规定采物保优先主义。后来《担保法解释》第三十八条，区分债务人提供的物保与第三人提供的物保，并对第三人提供的物保与人保改采平等主义。物权法在总结担保法和《担保法解释》的基础上进一步完善了物保和人保的规则，规定在第一百七十六条，分为三个层次：首先是根据意思自治原则规定，在合同关于担保执行有约定的情形，债权人应当依照约定执行；然后规定在合同没有约定的情形，债务人自己提供的物保优先；最后是在合同没有约定，且由第三人提供物保的情形，采取物保与人保平等的原则，由债权人行使选择权。由此可见，物权法并不是采取简单化的办法，或者采取物保优先主义，或者采取物保人保平等主义，而是区别合同有无约定及是债务人自己提供物保或者第三人提供物保的不同情形，相应规定不同的规则，尽可能地尊重当事人意思自治并符合公平合理的原则。

（六）抵押物的转让

在传统的民法中，设定抵押权不影响标的物的转让，这时抵押权有追及的效力。不管作为抵押物的房屋转归谁，抵押权依然存在，它依然存在于这个房屋的所有权上，抵押权人根据物权的追及效力，当然可以追及于买受人，拍卖该房屋优先受偿。值得注意的是，《民通意见》第一百一十五条规定，设立抵押权的财产转让，非经抵押权人同意，其转让无效。后来的担保法对此作了修正，将“经抵押权人的同意”改为“通知抵押权人”。担保法第四十九条规定，“抵押期间，抵押人转让已办理登记的抵押物的，应当通知抵押权人……”，“未通知抵押权人”的，其“转让行为无效”。但《担保法解释》第六十七条第一款对此又有修正，“抵押权存续期间，抵押人转让抵押物未通知抵押权人或者未告知受让人的，如果抵押物已经登记的，抵押权人仍可以行使抵押权；取得抵押物所有权的受让人，可以代替债务人清偿其全部债务，使抵押权消灭。受让人清偿债务后可以向抵押人追偿”。实际是，将未通知抵押权人的转让视为有效，同时认可抵押权人有追及权及受让人有涤除权。物权法在对担保法和《担保法解释》的规定进行总结整理的基础上，创设关于抵押财产转让的新规则：区分经抵押权人同意的转让与未经抵押权人同意的转让，而规定不同的法律效果。这就是物权法第一百九十一条：经抵押权人同意的转让有效＋价金代位；未经抵押权人同意的转让原则无效，受让人行使涤除权的作为例外有效。

（七）抵押权的消灭

在传统民法理论，抵押权性质上属于物权，理应不受诉讼时效的限制。因此，主债权因诉讼时效届满消灭的，抵押权人仍然可以行使抵押权，而不受主债权诉讼时效的限制。这样一来就会产生一个问题：在受担保债权因时效消灭后，若抵押权人长期不行使其抵押权，将使财产关系长期处于不确定的状态。为了避免出现这样的结果，发达国家和地区采取了两种不同的方案。一种是，使抵押权受所担保债权的诉讼时效的限制。例如，日本民法第396条规定，受担保债权因时效消灭，其抵押权也同时消灭。其法律依据是抵押权的附从性。另一种是为抵押权设立除斥期间。例如，我国台湾地区民法第880条规定，主债权因时效经过而消灭之后，五年的除斥期间届满，抵押权消灭。中国民法学者起草的物权法草案建议稿，参考我国台湾民法为抵押权设立除斥期间的方案，但认为五年的除斥期间过长，而将除斥期间规定为二年。此即中国社会科学院物权法草案建议稿第三百三十二条："受担保债权诉讼时效完成后，两年内不行使抵押权的，抵押权消灭。"

原先的担保法并未涉及抵押权的除斥期间问题，其第五十二条规定"抵押权与其担保的债权同时存在，债权消灭的，抵押权也消灭。"受学者建议稿的影响，《担保法解释》第十二条第二款明示："担保物权所担保的债权的诉讼时效结束后，担保权人在诉讼时效结束后的二年内行使担保物权的，人民法院应当予以支持"。物权法采取了与《担保法解释》和学者建议稿不同的方案，第二百零二条明确规定："抵押权人应当在主债权诉讼时效期间行使抵押权；未行使的，人民法院不予保护。"使抵押权与受担保债权同受诉讼时效的限制，类似于日本民法第396条的规定。其立法目的显然在于，促使抵押权人尽快行使抵押权，避免抵押财产长期处于不确定状态，从而有利于市场交易的快捷和安全。

（八）特别动产集合抵押

物权法第一百八十一条规定："经当事人书面协议，企业、个体工商户、农业生产经营者可以将现有的以及将有的生产设备、原材料、半成品、产品抵押，债务人不履行到期的债务或者发生当事人约定的实现抵押权的情形，债权人有权就实现抵押权时的动产优先受偿"。这个制度是崭新的，很多人都把它解释为“浮动抵押”，这是错误的。浮动抵押最重要的特点就是抵押物始终处于不确定的状态，必须到抵押权行使之时，通过法院发布抵押权实行公告，查封、扣押、冻结抵押人全部财产，抵押物才能确定，即借助于法院公权力确定抵押标的物。不仅如此，浮动抵押权的实行，一定要采用清产还债程序或者企业破产程序，而不能采取普通抵押权的实行方式，且实行浮动抵押权的结果必定是消灭抵押人的主体资格。

物权法第一百八十一条规定的抵押权，与所谓浮动抵押权有根本区别。第一百八十一条规定的抵押权采用一般抵押权的实行方式，由抵押权人与抵押人双方协商、折价、变卖抵押物，双方协商不成的，抵押权人可申请法院拍卖抵押物，而无须适用清产还债程序或者企业破产程序。另外，物权法第一百九十六条专门规定了抵押物确定的条件，该条列举规定的四种情形之一发生时，抵押物即归确定，无须由法院发布查封、扣押命令。因此，物权法第一百八十一条创设的抵押权，不同于所谓浮动抵押权，是物权法针对我国经济生活的现实需要所创设的一项崭新的抵押制度，属于第一百八十条第二款规定的企业财产集合抵押制度的特别类型，应称为“特别动产集合抵押”。

（九）应收账款质押

应收账款融资，在国际惯例上采取债权转让的方式，例如，《联合国国际贸易中应收款转让公约》的规定就采取了这种方式。以应收账款债权融资，可以直接将应收账款债权转让给贷款银行，其转让规则规定在我国合同法第五章第七十九条至第八十三条。物权法立法过程中，民法学者关于可否规定应收账款债权质押存在分歧。立法机关坚持将应收账款债权列入质押范围，显然是采纳金融机构方面的建议。应收账款债权质押在科学性和操作性上均有疑问。现在的问题是在物权法规定应收账款债权质押的框架下，如何确保应收账款质押的效用而避免发生弊端？

关键在于，应收账款债权，属于没有债权凭证的普通债权，仅凭债权人（出质人）与金融机构（质权人）之间的质押协议及登记而成立的应收账款质权，不具有强制应收账款债务人履行的效力。我曾经建议，于成立质押协议时，要求应收账款债权人（出质人）提交债务人同意质押的书面文件，这样成立的应收账款质权，当出质人不能清偿借款时，质权人可以直接要求债务人清偿应收账款债务。否则，按照2007年9月发布的《应收账款质押登记办法》第八条的规定，仅凭债权人与金融机构之间的质押协议及登记而成立应收账款质权，可能给中国经济造成灾难性的后果。

三、物权法的立法不足

（一）四个明显错误

第一个明显的错误，是在第一百一十七条关于用益物权的定义中列入“动产”。物权法草案前三次审议稿关于用益物权的定义均仅限于不动产，第四次审议稿增加动产，而物权法用益物权编具体规定的四种用益物权，均以土地为客体。如果有当事人根据第一百一十七条的规定设立动产用益物权，法院应该怎么对待？这个动产用益物权是有效还是无效？按照物权法定原则，“物权的种类”由法律规定，而本法用益物权编所规定的用益物权种类均属于土地用益物权，并没有规定动产用益物权，因此，法院将根据物权法定原则，判决当事人设立的动产用益物权不具有物权的效力。

第二个明显的错误，是第二十条规定以双方“约定”为预告登记的条件。预告登记是专门保护商品房预售合同中的买受人的，而不是用来保护出卖人的。出卖人根据自己的经济地位可以保护自己的利益，无论采用“按揭”或者“付现”的支付方式，开发商在正式签订合同之前已经收讫全部价款，其利益已经得到了完全的保障。条文规定以双方“约定”为预告登记的条件，则没有约定、开发商不同意就不能进行预告登记，与物权法创设预告登记制度的政策目的冲突。

第三个明显的错误，是第二十九条关于“受遗赠开始”的规定。继承法上只有“继承开始”，没有“受遗赠开始”。所谓“继承开始”是一个时间概念，亦即被继承人死亡之时。无论法定继承、遗嘱继承或者遗赠，遗产均于继承开始亦即被继承人死亡之时转归继承人或者受遗赠人所有。继承人放弃继承、受遗赠人放弃受遗赠的财产，则归属于其余继承人。条文同时规定“继承开始”和“受遗赠开始”，导致混淆。

第四个明显的错误，是第三十条关于事实行为发生物权变动的规则，规定了一个“合法性”要件。事实行为发生物权变动，自事实行为成就时生效，这是一个普遍规则。无论合法建房或者违章建房，均于事实行为成就之时，亦即房屋建成之时，产生所建成房屋的不动产所有权，建房所用的砖瓦木石的动产所有权亦同时消灭。即使属于违章建筑，也发生房屋所有权，建房所用的建筑材料的动产所有权也要消灭。唯有城市规划管理部门，才有权查处违章建筑行为，其他任何部门、任何人都无权拆除或者占有该违章建筑，否则，必然导致经济生活、法律秩序的混乱。

（二）善意取得以“合理价格转让”为要件

物权法第一百零六条规定“以合理的价格转让”为善意取得的要件。如果严格解释，就要求法院审查当事人的转让价格是否合理，偏离了善意取得制度的政策目的，并且增加了裁判的难度和不确定性。设立善意取得制度的目的，是特殊保护市场交易中的善意受让人，并维护市场交易安全。所针对的当然是正常的市场交易，只须规定以“有偿转让”（无偿转让不适用善意取得）即可。转让价格是否合理、有否侵占国有资产等违法行为，都不属于善意取得制度所要解决的问题。

（三）部分制度的缺失

另外就是一些本应规定的制度没有规定，造成法律漏洞。首先，没有规定宗教财产的归属，不利于宗教财产的保护和党的宗教政策、民族政策的执行。其次，没有规定营业质权，这使得现在各地存在的“当铺”和“典当行”，因违反物权法第二百一十一条关于禁止流质、第二百一十九条关于折价和拍卖、第二百二十一条关于清算的规定，而构成违法。最后，没有规定取得时效制度，没有规定先占制度，没有规定添附制度等，导致法律漏洞。

四、如何看待政治争论对物权法内容的影响

现在看来，所谓“物权法违宪”的政治争论，对物权法的内容也的确产生了一些影响，值得说明的是，这些影响有的是积极的，有的是消极的，切不可一概而论。

第一，物权法第一条关于立法目的的规定，增加了“根据宪法”一语。按照法律原理和我国立法体制，一部法律是否违宪与该法律第一条是否出现“根据宪法”四字无关。因为反对物权法的人士指责物权法构成所谓“形式违宪”，自第五次审议稿起，在物权法第一条增加“根据宪法”四字，会不会使人误解为立法机关承认了反对物权法人士的指责，并使此前未有“根据宪法”四字的100多部法律被视为“违宪”？我们注意到，十届全国人大五次会议同时审议、同日通过的两部法律，物权法第一条添加了“根据宪法”四字，而企业所得税法第一条却没有出现“根据宪法”四字。所得税法规定国家征税权的行使，当然必须以宪法为根据。可见，立法机关在同时审议、同日公布的企业所得税法第一条不写“根据宪法”四字，显然是有意为之，意在表明立法机关的主张：一部法律是否违宪与其第一条是否规定“根据宪法”四字无关。

第二，将第五次审议稿的第四十二条和第四十六条移到第一章，分别作为第三条规定“基本经济制度”和第四条规定“平等保护”的原则，并且将第一章章名由“一般规定”改为“基本原则”。在国际学术会议上，一些外国学者觉得不可理解，认为混淆了公法和私法。这是因为发生了所谓“物权法违宪”的政治争论，而平等保护原则成为争论的焦点，甚至个别宪法学者也指责平等保护原则违反宪法所规定的基本经济制度。立法机关作这样的改动，有重大的政治意义。

这里注意第三条关于基本经济制度的条文，第一、二款是宪法关于基本经济制度规定的原文，第三款前半句“国家实行社会主义市场经济体制”，是宪法第十五条第一款原文，后半句“保障一切市场主体的平等法律地位和发展权利”是中共十六届三中全会决定的原文。而紧接着在第四条规定平等保护原则，就直观地将宪法所规定的基本经济制度与平等保护这一物权法基本原则之间的本质联系，呈现于读者面前，使读者认识到，为什么中国物权法要规定平等保护原则，认识到物权法规定平等保护原则正是宪法确定的基本经济制度的必然要求。当然，这样安排也有向国内和国际社会郑重声明中国物权法和整个法律体系将始终坚持对一切市场主体一视同仁、平等对待、平等保护的政治和政策目的！

第三，增加了第五十六条有关“国家财产保护”的规定、第五十七条关于“管理机关职责”及“国有资产流失的法律责任”的规定。国家财产的管理和保护问题，就像私人和集体财产的管理和保护问题一样，属于作为财产所有权主体的国家的内部事务，本不应在物权法上规定，而应由另行制定的国家财产管理法和国有资产管理法规定。因改革开放过程中发生国有资产严重流失的社会问题，引起社会各界普遍关注，物权法增加这样的条文也有其现实意义，并为此后制定国家财产管理法和国有资产管理法提供法律根据。不可简单化地理解为一种让步。

第四，因为这场争论而删除了若干法律制度。例如，删除了第五次审议稿第四条关于“不动产占有的权利推定制度”和“动产占有的权利推定制度”，使这两项证据法上的重要规则失去法律明文规定，而变成解释性规则；删除了第三次审议稿和第四次审议稿关于“盗窃物发生善意取得”的规定，造成法律漏洞；删去了第三次审议稿第二百六十一条关于善意占有、恶意占有的划分及善意占有推定的规定，第二百六十五条关于有权占有推定的规定，使这些证据规则失去法律明文依据，而成为解释性规则。此外，在较多条文中增加“合法”一语，如第三十、六十四、六十五、六十六条等，给这些制度的解释适用造成障碍和麻烦。

附录8 关于质、押、典、当和按揭担保

典权、抵押权和质权都是权利人对别人的财产的权利。假设我们有一定的财产，例如，住房、汽车、股票、国库券、首饰等等，当我们急需一笔现金而又不愿意变卖自己的住房时，我们就可以通过在自己的财产上设定典权、抵押权、质权而取得一笔现金以解决急用。因此，它们是物权法上的重要制度。由于质押、抵押在担保法上已经有规定，这里一并介绍“典”和“当”，以便相互对照，正确理解。

人们习惯于将“典”与“当”并提，称为“典当”，最高人民法院的解释文件中常说“典当关系”，近年来，北京、上海、广州等城市也出现了“典当行”。其实，“典”和“当”是不同的两种民法制度。所谓“当”，就是“当铺”。《红楼梦》里的薛宝钗家里就是开“当铺”的。电视剧《大宅门》也有“当铺”。现在各地都开设有“当铺”，而“典当行”是“当铺”的另一种称呼。

“当”就是担保法上规定的“质押”。假设我们现在急用一笔钱，又不想向亲戚朋友告借，我们就可以把家里暂时不用的财产如首饰，拿到当铺去“当”一笔钱。实际是我们从当铺借款，把自己的财产（如首饰）交给当铺作为担保品（称为“质物”），当铺对该质物（首饰）享有一种担保物权，称为“质权”。我们从当铺取得借款的同时拿到一张“当票”，“当票”就是质押借款合同书。在我们与当铺之间的质押借款合同关系中，当铺是出借人和质权人，我们是借款人和出质人。“当票”上约定的期限届满，如果我们的经济情况好转，就可以拿一笔同样数额的钱附上约定的利息，到当铺把首饰“赎”回来。实际是清偿我们欠当铺的债务，使当铺在我们的首饰上的质权归于消灭，当铺当然会把首饰退还我们。如果我们的经济情况没有好转，拿不出钱去“赎当”，就成了“死当”，当铺即取得首饰的所有权，我们对首饰的所有权归于消灭，当然我们欠当铺的那笔债务也一笔勾销。换言之，就是以首饰的所有权“抵偿”了我们欠当铺的债务。

因为经营当铺是一种特殊营业，当铺对我们的首饰享有的担保物权，叫“营业质权”。“营业质权”是一种特殊的“质权”，要说明其特殊性，须先说明什么是“质权”。按照担保法第六十三条的规定：所谓“质权”，是指债务人将自己的动产交给债权人占有，作为债权的担保，债务人不履行债务时，债权人以该动产折价或者从拍卖、变卖该动产的价款优先受偿用动产如珠宝、首饰等设定的质权，称为“动产质权”，用财产权利如股票、汇票、存款单、国库券等设定的质权，称为“权利质权”。

关于“质权”，须注意三个要点：一是质物必须是动产和财产权利，不动产不能成为质物，换言之，不动产不能设立质权（只能设立抵押权）；二是设立质权时债务人（出质人）必须将自己的动产或者权利凭证交付给债权人（质权人）占有，债权人占有质物（动产或者权利凭证）是质权设立和存在的前提条件，债权人丧失对质物的占有（如质物灭失或者被出质人取回）时，质权随之消灭；三是质权的行使必须经过“清算”，即将质物（动产或财产权利）折价或者拍卖，债权人从变价金额中优先受偿，变价金额超过债权的部分应当退还出质人，如变价金额不足清偿债务，质权人仍可继续向债务人追偿其不足部分。

特别要注意，如果质押合同中约定，借款合同期满时债权人自动取得质物的所有权或者财产权利，这样的条款称为“流质约款”，是违法的，当然也是无效的。担保法第六十六条规定：“出质人和质权人在合同中不得约定在债务履行期届满质权人未受清偿时，质物的所有权转移为质权人所有。”这一规定，称为“禁止流质约款”原则。这是因为订立质押合同时，质物的实际价值往往大于债务金额，而借款人因急需资金不得不接受对自己不利的合同条款。例如，我们借款10万元，债权人可能要求我们以价值20万元的财产设定质押。民法禁止“流质约款”，是为了维护债权人（质权人）与债务人（出质人）之间的利益平衡。

前面已经谈到，当铺的“营业质权”属于特殊的“质权”，其特殊性表现在：首先，一般“质权”可以用动产和财产权利（权利凭证）设立，前者即动产质权，后者即权利质权，但营业质权只能用动产设立。法律不允许当铺（典当行）接受财产权利（权利凭证）质押，只能接受动产质押。如果当铺或者典当行接受权利凭证质押，则属违法，当然也是无效的。其次，法律对于当铺的“营业质权”，允许约定“流质约款”，这是与普通质权的最大不同点。因为当铺经营的是以动产质押担保的小额放款业务，金额不大，期限较短，如果要求当铺在行使营业质权时必须进行“清算”，势必增加交易成本，妨碍其业务开展，也与当铺营业的惯例不符。

因此，法律允许当铺在设立营业质权时约定“流质约款”。如果质押合同（当票）中约定了“流质约款”，则期满债务人不“赎当”的，当铺自动取得质物的所有权，债务人欠当铺的债务也一笔勾销；如果质押合同（当票）中没有约定“流质约款”，则期满债务人不“赎当”的，当铺拍卖或者变卖质物所得价款全部归当铺所有，债务人欠当铺的债务也一笔勾销，即使拍卖或者变卖质物所得价款不足清偿债务，当铺也不得再向债务人追偿。

当我们急需一笔现金时，如果金额不太大，并且有闲置的首饰、珠宝、衣物、电器等可以充当质物，则我们选择到当铺（典当行）质押借款，是比较方便的。考虑到法律对营业质权不禁止“流质约款”，当铺对质物的估价如果与实际价值差距太大，我们就不要轻率地同意。特别是没有市场价格可以参照、很难估价的动产，如家传的古董等，是否拿到当铺去质押借款，就要更慎重。

如果我们打算用财产权利（权利凭证）质押借款，我们就只能去银行，不能去当铺或者典当行，因为法律禁止当铺和典当行接受财产权利（权利凭证）质押。担保法第七十五条规定：“下列权利可以质押：（一）汇票、支票、本票、债券、存款单、仓单、提单；（二）依法可以转让的股份、股票；（三）依法可以转让的商标专用权，专利权、著作权中的财产权；（四）依法可以质押的其他权利。”

如果我们急需的金额较大，并打算用自己的住房作为担保借款，我们也只能去银行，不能去当铺（典当行），因为法律禁止当铺（典当行）接受住房（不动产）担保。要用自己的住房作为担保向银行借款，需要对抵押权制度有所了解。

抵押权和质权，同属担保物权，目的是担保借款人清偿债务。即在借款期限届满债务人不能归还借款时，债权人通过行使抵押权或质权优先受清偿。抵押权和质权都是存在于他人（通常是债务人）财产上的优先受偿权。二者最大的不同点在于：设定质权，必须将作为质物的动产和权利凭证交付给债权人（质权人）占有；设定抵押权，不须将作为抵押物的不动产交付给债权人（抵押权人）占有。

由于设定抵押权，不须将我们的住房交付给抵押权人（银行）占有，因此，我们将自己的住房抵押给银行后，依然可以照常在自己的住房内居住，不致对我们的家庭生活发生影响。假设抵押权也像质权一样，须将作为抵押物的住房交付给抵押权人（银行）占有的话，我们就要腾房、搬家并另找住处，将因此面临更大的困难。说设定抵押权对我们的家庭生活不致发生影响，这是以我们能够按期归还银行的借款为前提而论的，如果借款合同期满我们不能归还银行的借款，银行将行使抵押权拍卖我们的住房从所得价款优先受偿，当然我们也就只好腾房、搬家，另找住处了。

抵押权是债权人（抵押权人）对债务人不移转占有而供作担保的抵押物（不动产）的优先受偿权。到银行抵押借款，应当按照法律的要求订立书面抵押合同，并到房地产登记机关办理抵押权登记。办理抵押权登记，应当提交下列文件：

（1）申请书；（2）身份证明；（3）作为抵押物的住房的产权证；（4）借款合同书；（5）抵押合同书。

基于与禁止“流质约款”同样的理由，抵押权制度上有“禁止流抵押”原则。担保法第四十条规定：“订立抵押合同时，抵押权人和抵押人在合同中不得约定在债务履行期届满抵押权人未受清偿时，抵押物的所有权转移为债权人所有。”现实中有这样的例子，甲向乙银行借款1000万元，用自己价值1800万元的房地产设定抵押，合同上约定：借款合同期满如甲不能归还借款，由乙银行取得该房地产的所有权。最后发生纠纷起诉到法院，法院认定该约定无效，其依据就是担保法第四十条关于禁止流抵押约款的规定。

须特别注意的是，按照抵押权制度，同一个抵押物之上可以设立多个抵押权，换言之，法律允许重复抵押。假设我们有一套三居室住房，第一次用该住房向甲银行抵押借款之后，如有急需还可以用该住房再向甲银行或乙银行抵押借款。同一套住房上设立的多个抵押权，依办理抵押登记的时间先后，决定优先受偿的顺序。假设第一次向甲银行抵押借款20万元，第二次向乙银行抵押借款30万元，第三次再向甲银行抵押借款10万元。三次借款都不能归还，该住房拍卖得款60万元，则依抵押权登记的顺序，先清偿甲银行的借款20万元及利息，再清偿乙银行的借款30万元及利息，最后清偿甲银行的借款10万元及利息，如果还有剩余，则退给我们。顺便说一句，除住房可以设定抵押权外，土地使用权、机动车、机器设备也可以设定抵押权。

文章开头已经谈到，人们习惯于将“典”“当”并提，而其实“典”和“当”是不同的法律制度。“当”就是“当铺”，是“营业质权”。现在介绍“典”。“典”是“典权”，是中国特有的民法制度。中国传统思想认为，子孙如果出卖祖宗留下的产业（房屋、土地），就是“败家子”“不肖子孙”，将被众人耻笑。因此，非到万不得已，绝不轻易出卖祖产。如果急需一笔资金而又不愿出卖祖产背负“败家子”的恶名，这时应该怎么办？我们的先辈凭借智慧，发明了一种既能保持财产所有权又能够解决资金困难的两全其美的办法，这就是“典权”制度。

按照典权制度，急需资金的人把自己的不动产（房屋、土地）“典”给他人占有、使用、收益，并从该他人收取一笔差不多等于卖价的金额，以解决面临的资金困难。因急需资金而交出不动产的一方，称为出典人；以支付一笔金额为代价占有该不动产的一方，称为典权人；该不动产称为“典物”；该笔差不多等于卖价的金额，称为“典价”。典权人所享有的权利，就是“典权”，即因支付典价而对他人（出典人）的不动产进行占有、使用、收益的权利。

从出典人方面说，首先是取得了一笔差不多等于卖价的金额以解决燃眉之急。其次，因为采取的是“出典”而不是“出卖”，虽然典物的占有、使用、收益归了典权人，但出典人仍旧是所有权人，他仍旧保有典物的所有权，这就使他回避了出卖祖产的“败家子”的恶名。最后，待典期届满时，如果出典人的经济状况好转，他可以返还一笔与典价相同的金额，赎回“典物”；如果出典人的经济状况没有好转，他还可以要求典权人再支付一笔相当于典物时价与典价的差额的金额（找贴），最终把典物的所有权让与占有人。

从典权人方面说，首先是取得了对典物的占有、使用、收益之权。其次，他虽然名义上不是典物的所有权人，却有所有权人之实，他不仅有权对典物占有、使用、收益，于必要时还有权将典物“出租”或者“转典”他人，差别仅仅是不能将典物出卖。最后，典期届满时，如果出典人回赎典物，则典权人还可以取回当年所支付给出典人的“典价”；如果出典人无力回赎，则典权人只需再支付一笔相当于典物时价与典价的差额的金额，即可最终获得典物的所有权。

历史上，典权制度长期存在于人们的习惯中，属于习惯法制度。新中国成立后，人民群众依习惯法设立的典权关系，受到人民政府的承认和保护。例如《内务部关于土地改革地区典当土地房产问题的处理意见（草案）》（1950 年 9 月 30 日）规定：“农民间的典当关系，其契约继续有效，可继续承典，亦可依契约自由回赎。”《司法部关于典当处理问题的批复》（1951 年 11 月 9 日）规定：“一般的农村典当关系，今天仍准其存在……”《国家房产管理局关于私房改造中处理典当住房问题的意见》（1965 年 12 月 3 日）：“今后对于出典住房一般仍应按照典当关系处理。”《最高人民法院关于贯彻执行民事政策法律的意见》（1979 年 2 月 2 日）规定：“劳动人民的住房典当关系，应予承认。典期届满，准予回赎。”《最高人民法院关于贯彻执行民事政策法律若干问题的意见》（1984 年 9 月 8 日）第五十八条规定："对法律、政策允许范围内的住房典当关系，应予承认。"最高人民法院关于典当案件的批复也有数十件之多。这些文件中所说的"典当"，其实是指"典"和"典权"，与"当"和"当铺"无关。须注意的是，因为国家实行土地公有制度，私人不可能拥有土地所有权，已经不可能出典土地，只能出典房屋。

考虑到我国地域辽阔，各地经济发展不平衡，传统观念与习惯之转变不可能整齐划一，即使是少数人按照传统习惯设定典权，民法上也不能没有相应规则予以规定；典权制度较为灵活方便，对于出典人和典权人双方利益的保护均较有利；随着住房商品化政策之推行，人民群众都将拥有自己的房产，民法典规定典权，增加一种交易、融资方式，供人民群众自由选择采用，对于促进市场经济的发展和法律秩序的维护有益而无害。因此，我受委托起草的《中国物权法草案建议稿》规定了典权制度，该制度为 2002 年 12 月以法制工作委员会名义发出的《中国民法草案（征求意见稿）》所采纳（第十七章典权）。

现在假设在某个外资企业工作的张三，因为受到总公司主管的赏识被派到外地或者境外的分公司担当要职，张三当然不愿放弃这一难得机遇，但他现在的三居室住房应如何处置？他可以有四种选择：第一种是出卖。他如果选择将住房卖掉，可以得到一笔可观的资金（卖价），待许多年后回来再另买一套住房。但如果现在这套住房坐落于上佳的位置和优美的环境，并且张三并不缺少资金，他就可能不愿意出卖。第二种是出租。他如果选择将住房出租，则按照法律规定应当承担住房的维修义务，考虑到张三长期在境外或者外地，不用说，无论是履行维修义务还是定期收取租金，都会很麻烦，因此，他可能不选择出租。第三种是既不出卖也不出租，而委托朋友代管。这一选择的问题是，时事变易，情随事迁，不容易找这样的能够尽心尽责、长期替你看管住房的朋友，再说住房长年闲置反而会损坏，因此，张三可能不选择托人代管。第四种就是出典。张三如果选择将住房出典，不仅可以获得一笔差不多等于卖价的资金，他可能不缺资金，但钱多毕竟不是坏事，重要的是他可以保留该住房的所有权，待将来落叶归根时只须返还原典价，即可收回住房，并且在如此长的出典期间，由典权人承担了对房屋的保养、维修义务。可见，对于像张三这样准备去外地或境外长期生活，打算保留现有住房，而又想回避出租和委托他人代管的种种不便和麻烦的人而言，典权制度提供了一种两全其美的最佳选择。

如果张三选择了将住房出典，则应当与愿意承典的对方协商签订书面的典权合同，并到房地产登记机关办理典权登记。典权合同应当包括出典人和承典人的姓名、该出典住房及所在地、典价数额及收清典价的表示、典权期限等内容。按照规定，典权期限不得超过20年。如果约定了典权期限，在期限届满后，出典人可以向典权人返还原典价而赎回该住房。如果期限届满后经过两年而出典人未回赎的，回赎权即消灭，而由典权人取得该住房的所有权。如果未约定典权期限，则出典人可以随时向典权人返还原典价而赎回该住房，但自设定典权之日起经过20年未回赎的，回赎权即消灭，而由典权人取得该住房的所有权。如果在设定典权之后，张三改变主意决定在外地或境外永久定居，他不必等待期限届满，即可主动向典权人表示让与该住房的所有权，而由典权人支付该住房时价与原典价的差额后取得该住房所有权。这种情形，原设定的典权关系即因“找贴”而转变为买卖关系。

现在说按揭。按揭是从香港地区引进的，而香港地区实行的所谓“按揭担保”，来源于英美法上的一种叫mortgage的制度。英语“mortgage”一词，如果用普通话念应当是“摩给济”，但用广东话念就成了“按揭”。有的人把“按揭”解释为“抵押”，但实际上“按揭”与“抵押”有很大的差别。

关于“抵押”，前面已经进行了详细解释。例如，张三向银行贷款30万元，用自己的三居室住房作抵押，则这套三居室房屋的所有权仍然在张三手里，只是在这套房屋之上产生了一个新的权利，即银行的抵押权。如果贷款到期张三不能还款，则银行行使抵押权，拍卖该三居室房屋而从价金中优先受偿。

如果采用“按揭”担保的方式，则在张三的三居室房屋之上并不产生新的权利，而是张三将自己对该房屋的所有权“移转”给银行，使银行在“法律形式上”成为该三居室房屋的所有权人，而张三已经不是所有权人，虽然他仍然占有、使用该房屋。该三居室房屋的所有权虽然归了银行，但在借款合同到期之前，银行还不能够行使该“所有权”，既不能要求张三腾房，也不能将该房屋出卖。因此，我们说银行只是“在法律形式上”的“所有权人”，还不是真正法律意义上的所有权人。如果张三到期归还贷款，则银行必须将该三居室房屋的所有权“返还”给张三，使张三恢复其“所有权人”的身份。如果张三到期不能归还贷款，则银行有权直接行使对该三居室房屋的所有权，以“所有权人”的名义要求张三从该三居室房屋中搬出去。在这种情形下，银行才从“法律形式上”的“所有权人”成为“真正法律意义上”的所有权人。其结果是，张三以自己三居室房屋的所有权，抵偿了欠银行的债务。

可见，采用按揭担保方式比较简便。张三到期不能归还贷款时，银行直接行使“所有权”要求张三腾房，回避了采用抵押担保方式情形的向人民法院起诉或申请强制拍卖的程序手续，因此节省了时间和费用。并且，达到了“流抵押条款”所要实现的目的，即不经过向法院起诉或申请强制拍卖的程序，而直接以房屋所有权与借款债权相抵销。在抵押权制度中“禁止流抵押”的规定，就这样被“巧妙地绕过去”了。因此，对债权人（银行）而言，采用按揭担保方式就有莫大的好处：一是可以减少交易成本；二是可望获得额外的利益（房屋的实际价值往往大于借款金额）。

前面谈到，“按揭担保”是英美法上的制度，大陆法上类似的制度叫“让与担保”。值得注意的是，“让与担保”方式，在德国、日本等国，以及我国台湾地区，都经历过从“否定”到“肯定”的过程。

我国担保法只规定了“抵押权”“质权”和“留置权”三种担保物权，既没有所谓“按揭担保”，也没有所谓“让与担保”。但自20世纪80年代国家推行住宅商品化政策以来，在商品房预售中逐渐采用了通行于香港地区的“按揭担保”方式。通常是房地产开发商在开始预售之前，与某一银行商定，由该银行对购买商品房的人提供占购房款一定比例的贷款。因此，购房人在与开发商签订商品房预售合同的同时，还要与该银行签订一份分期还款的“按揭借款”合同。假设张三购买一套商品房，“七成按揭”，购房款总额30万元，则张三在签订两份合同后应当向开发商支付9万元（称为首付），其余21万元则由银行替张三垫付给开发商，实际上是张三向银行贷款21万元，张三应当按照按揭借款合同的约定，在规定期限（如20年）内按月向银行分期还款。每月所应还款的金额，俗称“月供”。所谓“按揭担保”体现在合同中的如下规定：该商品房的所有权直接由开发商转移给银行，待到购房人最后还清银行的借款本金（21万元）和利息时，银行将该商品房的所有权返还于购房人。

由于签订购房合同和按揭借款合同时，该商品房还没有建成，购房人所购买的实际上是“将来的”房屋，合同上仅约定所购买房屋的房号，俗称“买楼花”。这时房屋所有权还不存在，因此，银行要求张三将“购房合同书”正本交给银行占有。待房屋建成交付使用可以办理产权证时，开发商将该套房屋的产权证直接交给银行占有。待到张三还清银行借款本金和利息时，银行才将产权证还给张三。这是我国当前关于按揭担保还没有法律明文规定时的习惯做法。①

现在制定中国民法典，需要决定：是否明文规定“按揭担保”？考虑到“按揭担保”方式近年来已经在各地商品房销售中广泛采用，因“按揭担保”所发生的纠纷不少，如果民法典不规定相应的法律规则，怎么能够保证法院裁判的公正性和统一性？因此，我受立法机关委托起草的《中国物权法草案建议稿》，根据现实做法并参考英美法的 mortgage 制度和德国、日本及我国台湾地区的“让与担保制度”，明文规定了“按揭担保”，考虑到“按揭”是广东方言，难以作为法律概念使用，于是仿照德国、日本，称为“让与担保”。这一建议为立法机关采纳，规定在法制工作委员会分发征求意见的《中国民法草案（征求意见稿）》物权法编的第二十六章。

所谓“让与担保”，是指债务人为担保自己所欠债务，而将自己的财产权移转给债权人，如果到期清偿了债务，则债权人应当将该财产权返还于债务人，如果到期不能清偿债务，则债权人可通过行使该财产权优先受清偿。按照草案的规定，凡是依法可转让的财产权，都可以用来设定让与担保。因此，可以用来设定让与担保的“财产权”的范围很宽，除房屋所有权、汽车所有权、机器设备所有权外，还包括土地使用权、知识产权、债权，及有价证券如股票、国库券、汇票等等。甚至未办理所有权登记的建筑物、未完成的在建工程，也可以用来设定让与担保。

现在各地实行的“按揭担保”，是指用“房屋所有权”设定的让与担保（俗称“商品房按揭”），和用“汽车所有权”设定的让与担保（俗称“汽车按揭”），以其他财产权设定的让与担保，习惯上就叫“让与担保”，而不叫“按揭”。举例来说，有的地方政府向某个银行借款修高速公路，用该高速公路若干年限的“收费权”设定担保，即由该银行取得并行使该高速公路若干年内的“收费权”（属于将来的债权）。通常不叫“收费权按揭担保”，而叫“债权让与担保”或者“收费权让与担保”。可见，我们习惯中所说的“按揭担保”，性质上属于正在起草中的民法典草案所规定的“让与担保”，但法律草案上的“让与担保”的范围很宽，许多情形的“让与担保”在习惯上并不称为“按揭”。

按照草案的规定，设定“让与担保”必须采用书面形式。所谓“书面形式的让与担保合同”，既可以是规定在借款合同书上的一个“让与担保

---

① 现在的做法是，办理所有权证时同时办理抵押登记，按揭买房人持有所有权证，按揭银行持有抵押权证，待还清借款本金和利息后，银行将抵押权证交给所有权人，由所有权人到登记机构缴销抵押权证、涂销抵押登记。

条款”，也可以是在借款合同之外，另行签订的一份“让与担保合同书”。特别要注意的是，如果以不动产所有权（房屋所有权）和土地使用权设定让与担保，应当到房地产登记机关办理登记，即将房屋所有权或土地使用权移转登记在债权人名下；如果以动产设定让与担保，则双方应在合同中明文规定，该动产所有权已经属于债权人，而仍由债务人占有、使用，这叫“占有改定”；以其他财产权设定让与担保，除在合同中明文规定该财产权属于债权人外，有权利凭证的，还应当将权利凭证交付给债权人占有。

前面谈到，商品房预售中的按揭担保，在商品房建成之前，因房屋所有权还不存在、不可能办理所有权移转登记，现在的习惯做法是将“商品房预售合同书”正本交给银行占有。值得注意的是，现在的民法典草案设计了一种“预告登记”制度。按照这一制度，在商品房建成之前，购房人可以凭商品房预售合同到房地产登记机关办理“预告登记”，即在登记簿上明确记载将来建成的某楼某号商品房已经预售给购房人。在办理这种“预告登记”之后，开发商就不能将该商品房再出售给别人，开发商将该商品房另行出售给其他人的合同将一律无效。因为办理“预告登记”，使购房人根据商品房预售合同所享有的“债权”（请求开发商交房和移转所有权的权利），具有了对抗他人的“物权效力”。这就有望解决现实中的“一房二卖”“一房多卖”损害购房人利益的社会问题，保证购房人将来能够得到所预购的房屋及其所有权。

“预告登记”制度，同样也可以用来保护银行的利益。提供按揭贷款的银行，也可以凭按揭担保合同或者借款合同上的按揭担保条款，向房地产登记机关办理“预告登记”，保证该银行对将来建成的该房屋的按揭担保权益。物权法已经规定了“预告登记”制度，采用按揭担保方式预购商品房的购房人和提供按揭贷款的银行，现在就可以通过办理“预告登记”保护自己的合法权益。

现在回过头来谈“按揭担保权”（让与担保权）的实行。在债务人到期归还了银行贷款（本金和利息）的情形，银行必须将该商品房所有权返还给购房人。这时双方应当向房地产登记机关办理所有权移转登记，将房屋所有权移转登记于购房人名下。这是绝大多数的情形，按揭担保起到担保债务人还款的作用，但按揭担保权本身并不能够实行。按揭担保权的实行，是指在债务人到期不能归还银行借款的情形，银行通过行使按揭担保权优先受清偿。因此，要着重了解按揭担保权实行的条件和实行的方式。

按揭担保权实行的条件是，借款合同到期债务人不能归还借款。以前面举的张三按揭借款21万元购房的例子，20年期满债务人张三不能归还借款21万元本金及利息，银行当然可以实行按揭担保权，就是在20年期限的中间债务人已经确定不能归还余下的借款时，银行也可以实行按揭担保权。这里说的是“确定不能”，例如，张三因家庭发生变故，再也没有能力负担每月的还款（月供）。如果仅仅一次、两次不能“按时支付”当月的还款金额，这在合同法上称为“迟延履行”，不构成银行实行按揭担保权的条件。

按揭担保权实行的方式，可以由当事人在合同中约定。按揭担保合同可以约定“变价清偿方式”或者“归属清偿方式”。如果约定“变价清偿方式”，则银行应当将该三居室住房“变卖”（不要求采用“拍卖”方式），然后从变卖所得价金中受清偿。如果约定“归属清偿方式”，则银行应当委托评估机构对该三居室住房公正估价，以估价金额抵扣债务人的欠款，并将超过欠款部分的价额返还给债务人，由银行最终取得该三居室住房的所有权。如果按揭担保合同未约定实行方式，则银行有权自由选择实行方式，但无论如何，银行必须将当时该三居室住房的时价超过欠款金额的部分，退还给债务人张三，亦即法律要求银行必须履行“清算义务”。

特别要强调的一点是，无论按揭担保合同约定采用何种实行方式，或者在未约定实行方式时银行自己选择何种实行方式，银行均必须履行“清算义务”。因为设定按揭担保的通常情形，标的物的实际价值往往超过所担保的借款金额，法律规定“清算义务”，是为了防止银行借按揭担保谋取不当利益，以维护当事人间的利益平衡。这也是发达国家和地区法院判例所确立的原则。此“清算义务”的规定，属于强行性规定，不允许当事人以约定予以免除。如果按揭担保合同中约定免除清算义务，则这一约定是无效的。

附录9　特别动产集合抵押

——解读物权法第一百八十一条①

物权法第一百八十一条规定："经当事人书面协议，企业、个体工商户、农业生产经营者可以将现有的以及将有的生产设备、原材料、半成品、产品抵押，债务人不履行到期债务或者发生当事人约定的实现抵押权的情形，债权人有权就实现抵押权时的动产优先受偿。"

物权法通过后出版的著作，关于本条的理解和解释颇不一致。笔者认为，要正确理解和解释本条新创设的抵押制度，正确分析、解释其构成要件、适用范围和法律效果，须先辨析其与发达国家浮动抵押制度及本法第一百八十条第二款所规定的企业财产集合抵押制度的异同。

所谓浮动抵押，是以企业现在和将来所有的全部财产包括动产、不动产、知识产权和财产性权利设立抵押的一项担保制度。因抵押物包括现在所有的和将来所有的全部财产，从设定抵押权至执行抵押权的整个期间，抵押物一直处于"浮动不定"的状态，所以称为浮动抵押。因在浮动抵押权实行之前，企业仍可自由处分其财产，无论企业恶意转让财产或者企业经营失败，导致企业财产急剧减少，都将影响浮动抵押权之实现，使债权人设立担保权的目的落空，遭受严重损失。因此，对浮动抵押权的设定人和受担保债权均有限制，设定人限于股份有限公司，受担保债权限于发行企业债券和项目融资。

浮动抵押的基本特征是：(1) 抵押标的物为抵押人的全部财产。抵押人现在所有和将来所有的全部财产，包括全部有形财产（不动产、动产）、无形财产（知识产权、非专利技术、商业秘密、企业名称权等）和财产性权利（债权、股权、债券、票据、提单、仓单等），均属于浮动抵押标的物。(2) 抵押标的物"不特定"。设定浮动抵押，不必就各项抵押财产进行公示，也无须制作财产目录清单，甚至无须确定抵押财产的范围，仅须在浮动抵押合同中明示将"现在所有的和将来所有的全部财产"设定抵押

① 原载《人民法院报》2007年9月13日。

的意旨，并在企业法人登记机关进行登记即可，一直到抵押权执行之时，抵押标的物始终处于“不特定”状态。(3)鉴于浮动抵押权的标的物处于“不特定”状态，浮动抵押权的实行不能采用普通抵押权的实行方法，而应由浮动抵押权人向法院提出申请，由法院发布查封抵押人总财产的公告，同时指定财产管理人负责管理抵押人总财产，并适用公司破产程序或清产还债的程序。(4)鉴于浮动抵押的标的物为抵押人的全部财产，浮动抵押权的实行无论适用公司破产程序或者清产还债程序，其结果都必然导致抵押人公司法人资格的消灭。

按照物权法第一百八十一条的规定设定抵押权，是将一切无形财产（知识产权、非专利技术、商业秘密、企业名称权等）、财产性权利（债权、股权、债券、票据、提单、仓单等）、有形财产中的一切不动产和除“生产设备、原材料、半成品、产品”之外的其他动产，排除在抵押标的物范围之外，抵押标的物范围仅限于法律明确规定的“特别动产”（生产设备、原材料、半成品、产品），因此，与浮动抵押基本特征之（1）不同；按照本条规定，是将抵押人现有的和将有的各种“生产设备、原材料、半成品、产品”设定抵押，其抵押标的物是由不同种类的众多“特别动产”（生产设备、原材料、半成品、产品）所组成的“集合体”，其抵押权设定，虽不要求分别就各个抵押财产进行公示，也不要求制作财产目录清单，但必须在抵押合同中明确约定抵押财产的范围，且在抵押人所在地工商行政管理机关进行抵押权登记时，必须登记构成抵押标的物的现有的和将有的动产范围，而其中“将有的”动产须待抵押人“实际取得”之时才属于抵押物范围，因此不影响其抵押标的物的“特定性”，此与浮动抵押基本特征之（2）不同；按照本条设定抵押权，因其抵押标的物具有“特定性”，即于抵押权实行之时，凡抵押人当时所有的、属于抵押登记范围的特别动产（生产设备、原材料、半成品、产品）均属于抵押权标的物，当然可以采用一般抵押权的实行方法，而无须适用清产还债程序或企业破产程序，因此，与浮动抵押基本特征之（3）不同；按照本条所设定的抵押权，其标的物范围被严格限定于“特别动产”（生产设备、原材料、半成品、产品），于抵押权实行之后，抵押人将仍然保有其全部不动产（建筑物、建设用地使用权、土地承包经营权）和除特别动产之外的其他动产（如生活设备、交通运输工具等），还可能有无形财产（知识产权、非专利技术、商业秘密、企业名称权等）和财产性权利（债权、股权、债券、票据、提单、仓单等），除本法第一百九十六条第（二）项规定因“抵押人被宣告破产或者被撤销”导致抵押权实行的情形外，其抵押权的实行并不导致抵押人主体资格（法人资格）的消灭，因此与浮动抵押基本特征之（4）不同。

所谓企业财产集合抵押，是将企业所有的全部动产、不动产合为一体，作为一个物（集合物）而设定的抵押权。企业财产集合抵押的优点是，可以回避以企业各种动产、不动产分别设立抵押权的繁琐，且将企业全部动产、不动产合为一体，将充分发挥企业财产的担保价值，以便获得数额较大的融资。物权法第一百八十条第二款所谓“抵押人可以将前款所列财产一并抵押”，即是企业财产集合抵押。

企业财产集合抵押的基本特征是：（1）抵押标的物范围，限于抵押人现有的全部动产和不动产，而不包括抵押人将来可能取得的动产和不动产；（2）设定企业集合财产抵押，虽然无须分别就各个财产进行公示，但必须制定抵押财产目录清单，并在登记机构进行登记；（3）企业财产集合抵押权设定之后，抵押人新取得的动产和不动产并不自动进入抵押标的物范围，如须将新取得的动产或者不动产纳入抵押权，必须向登记机构申请办理变更登记，在抵押财产目录清单中添加新取得财产的名称；（4）企业财产集合抵押权设定之后，凡是抵押财产目录清单所记载的财产，均禁止抵押人处分，如经抵押权人同意处分某项财产，亦须向登记机构申请办理变更登记，即从抵押财产目录清单中删去该项财产；（5）按照物权法第九条和第十四条的规定，设立企业财产集合抵押权，以登记为公示方法，且实行“登记生效主义”，企业财产集合抵押权“自记载于不动产登记簿时发生效力”“未经登记，不发生效力”。

按照物权法第一百八十一条的规定设定抵押权，抵押标的物的范围限定于法律明确规定的抵押人现有和和将有的“特别动产”（生产设备、原材料、半成品、产品），而不包括全部不动产（建筑物和土地使用权）和“特别动产”之外的其他动产（如生活设备、运输工具等），因此，与企业财产集合抵押基本特征之（1）不同；按照本条设定抵押权，既不必就各个特别动产进行公示，也不必制定抵押财产目录清单，于抵押登记时仅登记作为抵押标的物的“特别动产”种类即可，因此，与企业财产集合抵押基本特征之（2）不同；按照本条设定抵押权之后，抵押人新取得的、属于登记种类的特别动产，将自动进入抵押标的物范围，而无须进行变更登记，因此，与企业财产集合抵押基本特征之（3）不同；按照本法第一百八十九条第二款的规定，依第一百八十一条设定抵押权之后，抵押人正常经营活动中对抵押物的处分不受影响，亦即抵押人于正常经营活动中仍可利用属于抵押标的物的原材料、半成品加工制作产品并将产品出售，而无须进行变更登记，因此，与企业财产集合抵押基本特征之（4）不同；按照本法第一百八十九条第一款的规定，依第一百八十一条设定抵押权，虽以登记为公示方法，但实行“登记对抗主义”，其抵押权“自抵押合同生效时设立；未经登记，不得对抗善意第三人”，因此，与企业财产集合抵押基本特征之（5）不同。

基于上述比较分析，我们有充分理由断言，物权法第一百八十一条规定的抵押制度，既不是发达国家浮动抵押制度之移植，也不同于本法第一百八十条第二款规定的企业财产集合抵押制度，而属于针对我国社会经济生活实际需要，参考20世纪90年代以来国际间企业动产非占有型担保制度之发展趋势，所创设之一种新型抵押制度。至于如何理解和把握这一新型抵押制度，特别是物权法创设此项抵押制度所欲实现的政策目的，仍须从本法第一百八十条有关“生产设备、原材料、半成品、产品”的规定入手。

本法第一百八十条第一款列举规定哪些财产可以抵押，特别应注意，其第（四）项“生产设备、原材料、半成品、产品”，与第一百八十一条规定的抵押财产“生产设备、原材料、半成品、产品”，完全相同；第二款规定“抵押人可以将前款所列财产一并抵押”，即所谓企业财产集合抵押。因此，抵押人既可以按照第一百八十条第一款的规定，以其“生产设备、原材料、半成品、产品”设立一般抵押权，亦可按照第二款的规定，以其“生产设备、原材料、半成品、产品”，与第一款所列举规定的其他财产合为一体，设立企业财产集合抵押权。既然如此，还有规定第一百八十一条专就“生产设备、原材料、半成品、产品”创设新型抵押制度的必要吗？显而易见，立法机关对此问题给出了肯定的答案。

关键在于，无论抵押人以其“生产设备、原材料、半成品、产品”设立一般抵押权，或者与其他财产合为一体设立企业财产集合抵押权，抵押权成立之后，均将限制抵押人对其“生产设备、原材料、半成品、产品”的任何处分行为，非经抵押权人同意并向登记机构办理变更登记手续，抵押人不仅不能出售其“产品”（法律处分），甚至不能用其“原材料、半成品”加工制作“产品”（事实处分），等于禁止抵押人从事正常的生产经营活动。这就使抵押人陷于一种两难困境：按照第一百八十条的规定，可以用“生产设备、原材料、半成品、产品”设定抵押，从金融机构取得从事生产经营活动所急需的资金，但在以“生产设备、原材料、半成品、产品”设定抵押，从金融机构获得所急需的生产资金之后，却因禁止处分“生产设备、原材料、半成品、产品”，致不能从事正常的生产经营活动！

可见，物权法第一百八十条关于“生产设备、原材料、半成品、产品”可以设立一般抵押权和企业财产集合抵押权的规定，对于许多急需资金的中小型工商企业、个体工商户和农业生产经营者而言，形同不能充饥的画饼，仍难于发挥其“生产设备、原材料、半成品、产品”的担保功能以满足正常生产经营活动中的资金需求。要解消这一两难困境，就必须针对中小型工商企业、个体工商户、农业生产经营者，创设一种既能够发挥其“生产设备、原材料、半成品、产品”的担保功能，解决正常生产经营活动中的资金需求，又不妨碍和影响抵押人正常生产经营活动的新型抵押制度！这就是立法机关通过本法第一百八十一条创设特别动产集合抵押制度所欲实现的政策目的！

第一百八十一条明文规定特别动产集合抵押的抵押人是“企业、个体工商户、农业生产经营者”。虽然条文对“企业”目的即经营范围未作限制，但考虑到创设此项新型抵押制度的政策目的，并考虑到本法第一百八十条第一款第（五）、（六）项关于建筑物、船舶、航空器和交通运输工具有专门规定，则应对本条所谓“企业”作限缩解释，而将房地产开发企业、建筑安装企业、船舶制造企业、航空器制造企业、交通运输企业、供电企业及各种服务性企业排除在外，仅指除船舶制造企业和航空器制造企业外的从事工业产品生产的工业企业，和从事工业产品、农业产品销售的商业企业，至于企业法律形式，是公司企业如股份有限公司、有限责任公司或者非公司企业如个体企业、合伙企业，则非所问；同理，所谓“个体工商户”，亦应解释为从事工业产品生产和从事工业产品、农业产品销售的个体工商户，而不包括从事建筑安装、交通运输及各种服务的个体工商户；所谓“农业生产经营者”，应指从事规模化经营的农业、渔业、养殖业、畜牧业的生产经营者，而不包括各种从事家庭承包经营的农户。此所谓“工业”，应包括重工业、轻工业、采矿业，但不包括造船、航空器制造业；所谓“农业”，应包括种植、养殖、畜牧业，但不包括渔业（近海、远洋捕捞渔业）。

依据本条设定特别动产集合抵押，其抵押标的物，是抵押人现在所有和将来所有的“生产设备、原材料、半成品、产品”。其中，所谓“生产设备”，仅指工业生产的各种机器、机床、仪器、工具、装置，采矿生产的各种采掘机械设备，及农业生产的各种农业机械；所谓“原材料”“半成品”，专指从事工业生产的抵押人用于加工、制作工业产品的原材料、半成品，而从事采矿业、商业经营或者农业生产经营的抵押人，则无所谓原材料、半成品；所谓“产品”应指从事工业和农业生产的抵押人自己生产的工矿产品和农业产品，以及从事商业经营的抵押人所经销的工矿产品和农业产品。如前所述，抵押人“将有”的“生产设备、原材料、半成品、产品”，须待抵押人实际取得时方才属于抵押物范围；反之，抵押人“现有”的“原材料、半成品”，将因在生产活动中被消耗、被加工而消灭（其价值将附着于所生产的产品）。

按照物权法第一百八十九条第二款规定：“依照本法第一百八十一条规定抵押的，不得对抗正常经营活动中已支付合理价款并取得抵押财产的买受人。”应解释为，抵押人在正常经营活动中出售的产品，将于所有权移转于买受人之时，自动退出抵押物的范围。同时，按照抵押权代位的法理，凡来自抵押财产之一切所得，包括出售抵押物所得之金额（应存入抵押权人指定专用账户）、天然孳息、因抵押物损害或灭失所获得的保险金、因抵押物发生的瑕疵担保债权及侵权行为损害赔偿请求权，均将作为抵押权的代位物而自动进入抵押标的物范围。所谓“正常经营活动”，是指向产品用户或者经销商出售产品，不包括“无偿转让”或者“以明显不合理的低价转让”（合同法第七十四条）。

按照本条设立抵押权，应当订立书面抵押合同。抵押合同应包含以下内容：（1）当事人姓名、地址；（2）所担保债务及最高限额；（3）抵押物的范围；（4）双方当事人签名（盖章）；（5）签字日期。其中“所担保债务”，可包括将来发生的债务；所担保债务的“最高限额”，与一般最高额抵押权相同。关于抵押物的范围，仅对抵押物种类作概括描述，而无须列明抵押物（生产设备、原材料、半成品、产品）的具体种类，当然更不用制作抵押物目录清单。例如，“现有和将有的全部生产设备、原材料、半成品、产品”，或者“现有和将有的全部采掘设备和全部铁矿石”，或者“现有和将有的全部库存商品”，或者“现有和将有的全部农机具和全部农产品”。鉴于抵押权自抵押合同成立之时生效，因此，当事人可以约定“生效日期”，如未约定“生效日期”，则以双方“签字日期”为“生效日期”，双方当事人的签字日期不同的，以在后签字的当事人的签字日期为“签字日期”。

按照本条设定抵押权，因不要求制作抵押财产目录清单，不要求对作为抵押物的“特别动产”作个别详细描述，加之抵押物具有流动性，如由原材料、半成品加工制成产品及出售产品，难于采用不动产登记制度（本法第十条），故本法第一百八十九条规定，“向抵押人住所地的工商行政管理部门办理登记”。此项登记的目的，仅在于提供某人现有和将有的全部生产设备、原材料、半成品、产品已经抵押给某人之信息，使第三人可藉此了解抵押权之标的物范围及双方当事人。因此，应采取“备案登记”（通知登记）方式，由抵押权人或者抵押人向抵押人住所地的工商行政管理部门递交“抵押权设定申报表（通知）”，其中应载明抵押人姓名、抵押权人姓名、对抵押物范围的概括描述、所担保债务的范围及最高限额。此项登记制度是由当事人一方申报，申报表无须对方当事人签名，为保障双方当事人之合法权益、确保登记内容之正确性，应许可他方当事人予以更正。

鉴于特别动产集合抵押制度之目的，其登记有效期间不宜过长，例如五年，五年期满登记失效，但许可当事人申请延长。债务人或抵押人清偿所担保的全部债务后，抵押权人和抵押人均可通知登记机构注销该项登记。按照本法第一百八十九条的规定，抵押权于抵押合同成立之时已经生效，此项登记仅为对抗第三人之要件。经登记的抵押权，当然可以对抗后次序抵押权人、无担保债权人及破产管理人。但有以下例外：（1）以采用融资租赁方式或者附保留所有权的分期付款买卖方式购买的抵押物（生产设备），其出售人或者出租人的购置款担保权优先；（2）抵押人应缴纳的税收债权和拖欠工人的工资债权优先；（3）因对抵押物维修、保管、运输而产生的留置权（合同法第二百六十四条、三百一十五条、三百八十条）优先。至于特别动产集合抵押权的实行，应当适用本法第一百九十五条和第一百九十六条的规定，自不待言。

肆 侵权责任法条文解读

本法的法律结构与立法模式

本法采“总则—分则”结构。“总则”三章：第一章一般规定（第一～五条）；第二章责任构成和责任方式（第六～二十五条）；第三章不承担责任和减轻责任的情形（第二十六～三十一条）；“分则”八章：第四章关于责任主体的特殊规定（第三十二～四十条）；第五章产品责任（第四十一～四十七条）；第六章机动车交通事故责任（第四十八～五十三条）；第七章医疗损害责任（第五十四～六十四条）；第八章环境污染责任（第六十五～六十八条）；第九章高度危险责任（第六十九～七十七条）；第十章饲养动物损害责任（第七十八～八十四条）；第十一章物件损害责任（第八十五～九十一条）；第十二章附则（第九十二条）。共12章，92个条文。

其中，第四章章名“关于责任主体的特殊规定”，并不妥当，例如，第三十三条规定行为人对于自己暂时没有意识或者失去控制致人损害的责任，在责任主体上毫无特殊之处。实际上本章是监护人责任、使用人责任、网络侵权责任、安全保障义务及未成年人受损害等内容的“大杂烩”，虽以“关于责任主体的特别规定”为章名，但仍属于分则性规定而不是总则性规定。法律草案之执笔人未必不知本章章名之不妥，问题是因本章内容之“杂”而难于确定一个适当的章名。这在我国古代立法亦不乏其例，如魏国《法经》第五篇“杂法”，汉《九章律》第五篇“杂律”，唐《永徽律》第十篇“杂律”，唐《开元令》第二十七篇“杂令”。可见，本章采用“关于责任主体的特别规定”这一章名，出于不得已。

众所周知，我国民法学界关于侵权责任法的制定，有两种立法模式。第一种立法模式，强调借鉴所谓英美法的经验，制定“涵盖社会生活中的全部损害类型”、甚至包括物权请求权在内的所谓“大侵权法”。此所谓“大侵权法”模式，后来进一步发展成为所谓“类型化”立法模式，主张“尽可能穷尽社会生活中的一切侵权行为类型”。杨立新教授起草的《侵权责任法草案（第二稿）》，规定了66种侵权行为类型，共182个条文；王利明教授起草的“侵权行为编草案”，共235个条文，所规定的侵权行为类型更多。即是所谓“类型化”立法模式的代表。

第二种立法模式，即“一般条款+特别列举”模式。主张借鉴欧盟民法典侵权行为编的经验，设立一项一般条款作为统一的侵权责任请求权基础，然后列举规定社会生活中最主要、最常见的侵权行为类型和准侵权行为类型。这些列举性规定，不重复规定侵权责任请求权基础的共性问题，仅着重解决各类侵权行为或准侵权行为在归责原则、免责事由、损害赔偿或者责任承担等方面的特殊问题。中国社会科学院中国民法典立法研究课题组起草的中国民法典草案侵权行为编（共99个条文），即采所谓“一般条款+特别列举”立法模式。

我们注意到，本法并未涵盖社会生活中的全部损害类型，其第五章规定产品责任、第六章规定机动车交通事故责任、第七章规定医疗损害责任、第八章规定环境污染责任、第九章规定高度危险责任、第十章规定饲养动物损害责任、第11章规定物件损害责任，再加上第四章规定的监护人责任、使用人责任、网络侵权责任和违反安全保障义务的责任，总共是11种侵权责任类型。显然不符合第一种立法模式即所谓“大侵权”或者“类型化”立法模式，而接近于第二种立法模式即所谓“一般条款+特别列举”立法模式。

第二条【一般条款、保护客体】

侵害民事权益，应当依照本法承担侵权责任。

本法所称民事权益，包括生命权、健康权、姓名权、名誉权、荣誉权、肖像权、隐私权、婚姻自主权、监护权、所有权、用益物权、担保物权、著作权、专利权、商标专用权、发现权、股权、继承权等人身、财产权益。

民法理论上所谓侵权法“一般条款”，或称“概括条款”，是指侵权责任法基础性的规定。“一般条款”，应当包含三项要素：保护客体、归责事由、责任形式。例如，日本民法第709条规定：“因故意或过失侵害他人权利者，负因此而产生损害的赔偿责任。”其中，“权利”是保护客体，“故意或者过失”是归责事由件，“赔偿责任”是责任形式。

本条第一款规定：“侵害民事权益，应当依照本法承担侵权责任。”其中，“民事权益”为保护客体，并由本条第二款进一步对“民事权益”予以限定；“依照本法”指本法关于侵权责任之归责事由的规定，至于哪些案型须以“过错”为归责事由，哪些案型不以“过错”为归责事由，应当“依照本法”关于过错责任原则（第六条）和无过错责任原则（第七条）的规定；因本法规定的侵权责任形式非止“损害赔偿”一种，故本条仅言“侵权责任”而未进一步明示责任形式，至于具体案件应当适用何种责任形式，亦应“依照本法”关于责任形式的具体规定。毫无疑问，第二条为侵权责任法“一般条款”。

由此可知，本条第一款“依照本法”四字，至关重要。要求人民法院于审理侵权责任案件时，必须严格“依照本法”关于责任原则、责任构成要件、免责减责事由、责任形式、赔偿项目及计算标准等各项具体规定，遇其他法律关于该类案型有特别规定时，则应当“依照本法”第五条关于特别法优先适用原则的规定，优先适用该特别规定。

关于侵权法保护客体，德国民法（第823条）、日本民法（第709条）及我国台湾地区民法（第184条）均规定为“权利”。早期法院裁判实践，拘泥于概念法学思想，采取严格解释，认为侵权法保护客体以“权利”为限，侵害权利之外的“利益”不构成侵权行为，加害人不应承担侵权责任。二战以后，法院裁判实践，因受自由法学和现实主义法学思潮影响，适应社会发展变化的要求，改采弹性解释，认为侵权法保护客体不以“权利”为限，应当包括“合法利益”，侵害尚不构成权利的“合法利益”，亦应成立侵权行为，由加害人承担赔偿责任。迄今规定侵权法保护客体的法律条文未变，但民法理论和裁判实践已将“合法利益”纳入保护客体范围，无论“权利侵害”或者“法益侵害”，均可成立侵权责任。

我国民法通则第一百零六条规定“侵害国家的、集体的财产，侵害他人财产、人身”，并未限定于“财产权”“人身权”。据此，我国民法理论和裁判实践，解释侵权法保护客体不以“民事权利”为限，包括“财产权”“人身权”及尚不构成权利的“财产利益”“人身利益”。无论侵害民事权利，或者侵害民事权利之外的合法利益，均可成立侵权责任。

本条第一款，在民法通则第一百零六条规定基础上，根据民法通则实施以来的民法理论和实践经验，用“民事权益”概念代替原文所谓“财产、人身”，作为侵权责任法保护客体。并且设立第二款，以列举方式规定“民事权益”定义。作为侵权法保护客体的“民事权益”，包括“民事权利”和尚不构成民事权利的“合法利益”。从本条第二款所列举的18种民事权利可知，此“民事权利”，以“绝对权”为限。

现行民法通则未规定“隐私权”，属于立法漏洞。《最高人民法院关于审理名誉权案件若干问题的解答》（法发〔1993〕15 号），对此项漏洞进行弥补，将“隐私”作为一种人格利益予以保护，使“披露他人隐私”，构成侵害名誉权的侵权责任。此项解释，受到学术界和实务界的一致肯定。但所谓“隐私”，属于当事人不愿他人知悉的个人生活秘密，披露他人隐私并不一定损及他人名誉。按照最高人民法院此项解释，如披露他人隐私而未损及他人名誉，则行为人仍将不承担侵权责任。20 世纪 90 年代以来，学术界、实务界和社会舆论，呼吁立法机关以法律形式规定“隐私权”为一种特别人格权。本条第二款明示“隐私权”概念，表明我国法律肯定“隐私权”为一种特别人格权，适应了社会发展和广大人民群众的权利要求，体现了立法的进步。

立法过程中，就本条第二款应否规定“继承权”曾发生争论。本款规定“继承权”的主要理由是：继承权虽在性质上属于期待权，而与其他民事权利之属于既得权不同，但仍属于民事权利；侵害继承权，仍然构成侵权责任，在法院审理中属于侵权之诉；法院审理侵害继承权案件，判断原告之有无继承权应适用继承法的规定，判断侵害继承权之是否构成侵权责任及如何追究侵权责任，则应适用本法规定。

对于民法理论上关于“监护权”是否属于一项“民事权利”，有不同意见。民法通则第十八条第一款规定：“监护人应当履行监护职责，保护被监护人的人身、财产及其他合法利益……”单从这一规定看，监护应属于一种“职责”，监护人履行“监护职责”，对其自身似乎没有什么利益可言。因此与权利观念不合。但民法通则第十八条第二款规定：“监护人依法履行监护的权利，受法律保护。”此明文规定监护为一种“权利”。联系到我国长期以来拐卖儿童犯罪行为猖獗的社会现实，本条第二款规定“监护权”属于“民事权利”，属于侵权法保护客体范围，侵害“监护权”构成侵权责任，使监护人可以直接根据监护权向人民法院起诉，要求归还被拐卖的儿童并制裁犯罪行为人，有其重要意义。

按照第二款规定，民事权利之外的“合法利益”，包括人身利益和财产利益。究竟有哪些人身利益和财产利益，法律难以列举规定。根据民法通则实施以来的裁判实践，受法律保护的所谓人身利益，如死者名誉、死者隐私、家庭生活安宁等；所谓财产利益，如可得利益（所谓纯经济损失）、财产的占有、网络虚拟财产、虚拟角色的商品化，等等。有的合法利益，如冒名上学案件的合法利益，兼有财产和人身的性质。

须特别说明的是，某种利益即使属于合法利益，其受侵害时是否成立侵权责任，不能一概而论，应由审理案件的法庭结合具体案情进行判断：

第一步，判断本案受侵害的利益，是否属于合法利益。法庭据以进行判断的标准，是现行法律体系。第二步，判断本案受损害的合法利益，是否适宜用侵权责任法予以保护，是否适宜对加害人追究侵权责任。法庭据以进行判断的标准，是社会生活经验。例如，近年所谓“亲吻权”案件，原告所谓“亲吻”当然属于合法利益，但法庭并未予以保护。法庭不予保护的根据是社会生活经验。按照社会生活经验，妻子享受丈夫亲吻的利益，并非独立存在，系附属于原告丈夫的人身权，考虑到已对原告丈夫人身损害进行赔偿，不宜另外再用侵权责任保护所谓亲吻权，因此，法庭判决驳回原告的赔偿请求。类似的案例，还有所谓侵害“生育权”案件、所谓侵害“性权利”案件。而所谓“悼念权”案件，法院认为原告悼念亡父属于合法人身利益，依据社会生活经验应受保护，判决被告支付一笔精神损害抚慰金。

须补充一点，按照我国民法理论和实践，关于侵权责任之成立，无所谓“违法性”要件，民法通则关于侵权责任的规定，亦仅规定“侵害”而未规定“不法侵害”或者“违法侵害”，裁判实践中，凡“侵害”他人民事权益，均可成立侵权责任。民法教科书在论述侵权责任构成要件时，鲜有论及所谓“违法性”要件者，民法理论和裁判实践迄今未发生所谓“违法性要件之要否”的争论。因此，本法第二条及以下条文均仅言“侵害”，而不论“侵害”之是否属于“不法”。此与德国民法（第823条）、日本民法（第709条）及我国台湾地区民法（第184条）关于侵权行为之规定明示“不法侵害”不同，值得注意。

第四条【侵权责任优先原则】

侵权人因同一行为应当承担行政责任或者刑事责任的，不影响依法承担侵权责任。

因同一行为应当承担侵权责任和行政责任、刑事责任，侵权人的财产不足以支付的，先承担侵权责任。

按照侵权责任法第四条第二款关于侵权责任优先于行政责任、刑事责任的规定，如果侵权人同时应当承担侵权责任、行政责任（罚款）甚至还应承担刑事责任（罚金、没收财产），但其责任财产不足以支付时，应当优先执行侵权责任。应当如何理解这一规定？

应特别注意一点，第四条第二款规定的意思是：某法庭在审理某个侵权案件的时候，发现被告人不仅应当承担侵权责任，还被行政机关追究行政责任（罚款），甚至还被刑庭判处刑事责任（罚金、没收财产），但被告人的责任财产，应当优先执行该法院作出的侵权责任判决、向原告（受害人）支付损害赔偿金。其前提条件是，该法院对被告人的财产采取了保全措施，其不动产已被查封、动产已被扣押、账户已被冻结，且被告人应当承担的行政责任、刑事责任均还未执行。质言之，被告的责任财产处在该法院控制之下。因此，行政机关执行行政处罚（罚款）、刑庭执行刑事责任（罚金、没收财产），均有待于该法院解除保全措施。而按照第四条第二款之规定，该法院只在优先执行该院自己作出的侵权责任判决（从保全财产中向原告支付损害赔偿金）之后，才对被告余下的财产解除保全措施，让行政机关去执行罚款、别的法院去执行罚金、没收财产。

如果该法院没有对被告的财产采取保全措施，则被告的财产不在其控制之下，该法院凭什么去阻止行政机关对被告执行罚款、别的法院对被告执行罚金、没收财产？如果在该法院受理侵权案件之前或者其作出侵权责任判决之前，行政机关已经对被告执行了行政处罚（罚款）、别的法院已经对被告执行了刑事惩罚（罚金、没收财产），该法院凭什么手段、怎么可能从该行政机关、该法院追回被执行的财产？须知该法院因原告起诉而对本案当事人双方行使管辖权，对原被告之间的侵权纠纷案件行使裁判权，该法院根本无权管辖、裁判已经对本案被告执行行政罚款或者刑事处罚的行政机关或者法院（法院依其性质是不受裁判的）。行政机关对本案被告执行罚款，别的法院对本案被告执行罚金或者没收财产，属于依法行使职权，是合法行为，并且被执行的罚款、罚金或者没收的财产已经上交国库，是绝对要不回来的。

最后概括一下，侵权责任法第四条第二款规定侵权责任优先的原则，其前提条件是：被告的责任财产处在该法院控制之下，且被告人应当承担的行政责任、刑事责任都还没有执行。在本案判决之前，被告已经被行政机关或者别的法院执行罚款、罚金或者没收的财产，已经不再属于本案被告的财产，该法院根本没有权利去追索，也是绝对追不回来的。即使被告应当承担的行政责任、刑事责任还没有执行，如果该法院没有对被告的责任财产采取查封、扣押、冻结等保全措施，该法院也无权阻止行政机关或者别的法院对被告执行罚款、罚金或者没收财产。在本案判决之前，若侵权人已经被执行行政责任、刑事责任，被罚没的财产已经上缴国库，不再属于被告人所有，对此，该法院将毫无办法。审理被侵权人起诉侵权人的民事案件的法庭，绝对不可能也不应该将对侵权人执行罚款的行政机关纳入诉讼。

第五条【特别法优先适用原则】

其他法律对侵权责任另有特别规定的，依照其规定。

本条是关于特别法优先适用原则的规定。因本法未采学者所谓“大侵权”或者“类型化”立法模式，不打算规定社会生活中的全部侵权行为和准侵权行为类型，本法所规定的仅是其中最主要、最常见的类型，因此，特设本条规定特别法优先适用原则，以处理本法的规定与其他法律关于侵权责任的具体规定之间的适用关系。依据本条规定，本法与其他含有侵权责任规定的法律，构成一般法与特别法的关系，人民法院应当优先适用特别法关于侵权责任的具体规定。

现行包含关于侵权责任具体规定的法律主要是：产品质量法（第四十一~四十六条）；道路交通安全法（第七十六条）；环境保护法①（第四十一条）；水污染防治法（第八十五条）；大气污染防治法（第六十二条、第六十三条）；固体废物污染环境防治法（第八十五条、第八十六条）；民用航空法（第一百二十四条、第一百五十七条）；放射性污染防治法（第五十九条）；电力法（第六十条）；铁路法（第五十八条）、食品安全法（第五十五条、第九十六条）等。此外，行政诉讼法（第六十七条、第六十八条）、国家赔偿法，亦应属于本条所谓“其他法律”，与本法构成特别法与一般法的关系，值得注意。

须特别注意，本条所称“其他法律”，严格限定于全国人大及全国人大常委会制定的“法律”，不包括国务院制定的“行政法规”。此与合同法规定“法律、行政法规”，将全国人大及其常委会制定的“法律”与国务院制定的“行政法规”并提，是不同的。从本条规定可知，本法一经生效，医疗事故处理条例有关医疗损害侵权责任的规定将同时失效，人民法院审理医疗损害责任案件，应当适用本法第七章关于医疗损害责任的规定，而不再适用医疗事故处理条例。

---

① 此处指1989年环境保护法。

第六条【过错责任原则】

行为人因过错侵害他人民事权益，应当承担侵权责任。

根据法律规定推定行为人有过错，行为人不能证明自己没有过错的，应当承担侵权责任。

我国民法学界关于侵权责任的归责原则一直存在分歧。有所谓“三原则说”“二原则说”和“一原则说”。所谓“三原则说”，认为侵权责任法并存过错责任、无过错责任和公平责任三项归责原则。所谓“二原则说”，认为侵权责任法只有过错责任和无过错责任两项归责原则。所谓“公平责任”，实质是在极特殊情形下，法律规定由双方当事人分担意外事故所造成的损害，属于“特殊救济措施”，并非归责原则。所谓“一原则说”，认为我国侵权责任法仅有过错责任一项归责原则，法律规定不以过错为承担责任的要件，亦属于“例外规定”，不得称为归责原则。

应特别注意的是，在第十一届全国人大常委会第六次会议上，法律委员会就《侵权责任法草案（第二次审议稿）》所作说明，明确指出“我国侵权责任制度实行过错责任和无过错责任相结合的原则”。第六条是关于过错责任原则的规定；第七条是关于无过错责任原则的规定。可见本法采取“二原则说”，应无疑义。

第六条第一款关于过错责任原则的规定，是以民法通则第一百零六条第二款的规定为基础，加以简化而成：以“行为人”概念涵括原文“公民、法人”两个概念；以“侵害他人民事权益”一语，涵括“侵害国家的、集体的财产”及“侵害他人财产、人身”，这样一来，使关于过错责任原则的表述，更加简明、准确，符合过错责任原则的本意。本条第二款关于“过错推定”的规定，是新增的。从第二款的编排位置可知，起草人并未将“过错推定”作为一项单独的“归责原则”，而是作为本条第一款“过错责任原则”的特别规定。

按照本条第一款关于过错责任原则的规定，凡属于适用过错责任原则的案件，原则上须由原告（受害人）证明被告（加害人）有过错；按照本条第二款的规定，如果属于“法律规定推定行为人有过错”的案型，则不要求原告就被告有过错举证，而是要求被告就自己“没有过错”举证；如果被告“不能证明自己没有过错”，法庭即应认定被告有过错，而判决被告承担侵权责任。质言之，属于法律规定“推定过错”的案型，适用本条第二款规定，举证责任及举证不能的后果由被告（加害人）负担；属于法律未规定“推定过错”的案型，则应适用本条第一款规定，举证责任及举证不能的后果由原告（受害人）负担。

本法规定“推定行为人有过错”的案型，主要是第八十五条规定的建筑物管理瑕疵损害责任、第八十七条规定的所谓高楼抛物损害责任、第八十八条规定的堆放物倒塌损害责任、第九十条规定的林木折断致人损害责任、第九十一条第二款规定的窨井等地下设施损害责任、第八十一条规定的动物园的动物致人损害责任。应特别注意的是，第五十八条关于医疗机构“过错推定”的规定，与前述“推定过错”规定不同。第五十八条所谓“推定医疗机构有过错”，不允许医疗机构举证证明自己没有过错而获得免责，属于法理上所谓“不可推翻的推定”。

第七条【无过错责任原则】

行为人损害他人民事权益，不论行为人有无过错，法律规定应当承担侵权责任的，依照其规定。

按照本法内部逻辑关系，本条关于无过错责任原则的规定，其法律意义仅在排除第六条过错责任原则之适用。本条关于无过错责任原则的规定本身，并不具有作为裁判根据的意义。要对于某种赔偿案件适用无过错责任原则，必须法律明确规定该类案型不以过错为承担责任的条件。因此，一切追究无过错责任的案件，所适用的是本法或者其他法律法规关于无过错责任的具体规定，而不是适用本条关于无过错责任原则的规定。凡是本法或者其他法律法规未明确规定为无过错责任的案型，均属于本法第六条规定的过错责任原则的适用范围。

本法规定适用无过错责任原则的案型，包括：第四章第三十四条、第三十五条规定被使用人因工作致人损害由使用人承担无过错责任；第五章规定因产品缺陷致人损害由产品生产者承担无过错责任（但产品销售者承担过错责任）；第六章规定机动车交通事故致人损害由机动车所有人、使用人承担无过错责任；第八章规定污染环境致人损害，由污染者承担无过错责任；第九章规定高度危险作业或者高度危险物致人损害由经营者或者占有人承担无过错责任；第十章规定饲养动物致人损害，由饲养人或者管理人承担无过错责任（但动物园的动物致人损害由动物园承担过错责任）；第十一章第八十六条规定建筑物、构筑物倒塌致人损害，由建设单位与施工单位连带承担无过错责任。须说明的是，法律规定适用无过错责任原则的案型，如法律规定有免除责任或者减轻责任事由，加害人可以通过证明存在免责事由或者减责事由而获得侵权责任之免除或者减轻，自不待言。

现代侵权法上的无过错责任原则，是作为过错责任原则的例外规则。相对于过错责任原则须以行为人具有过错作为承担侵权责任的条件而言，无过错责任原则不以行为人具有过错作为承担侵权责任的条件。换言之，在法律规定适用无过错责任原则的案型，法庭在判断被告应否承担侵权责任时，根本不考虑被告有无过错。既不要求原告证明被告有过错，也不允许被告主张自己无过错而请求免责。只要法庭审理查明，加害行为与原告所受损害之间存在因果关系，即应判决被告承担侵权责任。

现代侵权立法，之所以对某些案型规定适用无过错责任原则，其法律政策上的考虑是：在某些案型，例如，缺陷产品致损案件、企业劳动者受害案件，要求受害人证明加害人过错有其困难，有使受害人难于获得赔偿、加害人逃脱责任之虞；而在更多的案型，例如，高度危险物致损案件、饲养动物致损案件、环境污染致损案件、建筑物倒塌致损案件，要求受害人证明加害人过错，纯属没有必要、多此一举。显而易见，现代侵权法规定无过错责任原则的政策目的，绝不是要使"没有过错"的人承担侵权责任，而是要免除受害人证明加害人过错的举证责任，使受害人易于获得损害赔偿，使加害人不能逃脱侵权责任。

第八条【主观共同侵权】

二人以上共同实施侵权行为，造成他人损害的，应当承担连带责任。

第十一条【客观共同侵权】

二人以上分别实施侵权行为造成同一损害，每个人的侵权行为都足以造成全部损害的，行为人承担连带责任。

共同侵权行为人应当承担连带责任，为各国民法共同制度，且多数民法典设有明文规定。民法通则第一百三十条规定："二人以上共同侵权造成他人损害的，应当承担连带责任。"民法理论和实践，关于共同侵权行为之成立，是否以各行为人间存在"意思联络"为要件，存在分歧意见。多数学者主张，不要求"意思联络"，只要有"行为上的关联性"和"结果的统一性"，即可成立共同侵权行为。

《人身损害赔偿解释》以民法通则第一百三十条为根据，进一步将共同侵权行为区分为两种："共同故意或者共同过失"的共同侵权，"侵害行为直接结合发生同一损害后果"的共同侵权。前者相当于"有意思联络"的共同侵权，后者指存在"行为上的关联性和结果统一性"的共同侵权。本法大体沿袭民法理论和裁判实践的上述思路，就共同侵权行为，分设为两个条文，第八条规定"有意思联络"的共同侵权行为，第十一条规定"行为关联"的共同侵权行为。与德国民法（第830条）、日本民法（第719条）及我国台湾地区民法（第184条）仅以一个条文规定共同侵权行为，稍有不同。

值得注意的是，第八条所谓"共同实施"一语，指行为人就侵权行为之实施有"意思联络"。若无"意思联络"，不得称为"共同实施"，而应属于"分别实施"。故本条所谓"共同实施"，亦即《人身损害赔偿解释》所谓"有共同故意或者共同过失"，相当于日本及我国台湾地区法院判例解释共同侵权行为之所谓"主观共同"。

第十一条所谓"二人以上分别实施侵权行为造成同一损害"，亦即《人身损害赔偿解释》所谓"侵害行为直接结合发生同一损害后果"，相当于日本及我国台湾地区法院判例所谓"行为关联共同"或者"客观共同"。"分别实施"一语，指行为人间不存在"意思联络"、各自分别实施侵权行为。若"分别实施"的侵权行为造成"不同"损害，应当属于一般侵权行为，由各人对自己的行为造成的损害结果承担侵权责任，不发生"连带责任"问题。仅在"分别实施"的侵权行为造成"同一损害"情形，才有作为共同侵权行为处理，使行为人承担连带责任的必要。

考虑到符合"二人以上分别实施"侵权行为造成"同一损害后果"的，并不都构成共同侵权行为，还可能构成所谓"原因竞合"。共同侵权行为与"原因竞合"的区别在于：分别实施的各个侵权行为，是否都足以造成全部损害？各个侵权行为都足以造成全部损害的，构成第十一条"行为关联"的共同侵权行为；各个行为不足以造成全部损害，须相互结合才造成全部损害的，则不构成共同侵权行为，而属于"原因竞合"。因此，第十一条在"二人以上分别实施"和"造成同一损害"两项要件之外，特别增加第三项要件："每个人的侵权行为都足以造成全部损害"。此第三项要件，为区别行为关联的共同侵权行为与"原因竞合"的关键，应特别留意。

第九条【教唆和帮助】

教唆、帮助他人实施侵权行为的，应当与行为人承担连带责任。

教唆、帮助无民事行为能力人、限制民事行为能力人实施侵权行为的，应当承担侵权责任；该无民事行为能力人、限制民事行为能力人的监护人未尽到监护职责的，应当承担相应的责任。

我国民法所谓"教唆"，在我国台湾地区民法称为"造意"。各民法典均有"教唆人和帮助人视为共同侵权行为人"的规定，如德国民法第 830 条第 2 款、日本民法第 719 条第 2 款及我国台湾地区民法第 185 条第 2 款。值得注意的是，本法未采取"视为"这一立法技术，而是在共同侵权行为概念之外，将"教唆、帮助"规定为一种独立的侵权行为类型，并且以教唆、帮助的对象之属于成年人或者未成年人，而分设两款规定。

本条第一款规定"教唆、帮助"成年人，教唆人、帮助人"应当与行为人承担连带责任"。此是将教唆、帮助他人实施侵权行为，视为共同侵权行为。本条第二款第一句规定"教唆、帮助"未成年人实施侵权行为，教唆人、帮助人仅"应当承担侵权责任"，而非承担"连带责任"。第二款第二句规定，在他人"教唆""帮助"未成年人实施侵权行为的情形，如监护人未尽到监护职责，则监护人"应当承担相应的责任"。此所谓"相应的责任"，是指与"监护过失"程度相当的责任。法律明文规定，存在监护人过失时，监护人不得免责，有利于促使监护人履行监护职责，有其实质意义。

本条第一款规定教唆、帮助"他人"实施侵权行为，教唆人、帮助人"应当承担连带责任"。条文中所谓"他人"，属于"泛指"，包括成年人和未成年人。严格解释，教唆、帮助未成年人实施侵权行为，已经被第一款所"涵括"，则教唆人、帮助人亦应与行为人承担连带责任。此外，仅须补充规定教唆、帮助未成年人情形的"监护人责任"即可。但本条第二款针对教唆、帮助"未成年人"设立特别规则，既不明确规定教唆人、帮助人承担连带责任，亦未采第二次审议稿的办法，明确区别规定为承担"全部责任""主要责任""相应的责任"，而是笼统规定为教唆人、帮助人应当"承担侵权责任"，其立法理由何在?

从本条第二款条文之修改情形，可以推知立法者所作政策考虑是：如本款明确规定教唆人、帮助人与行为人"承担连带责任"，将难于体现对教唆人、帮助人惩戒之目的，且在被教唆、帮助的未成年人（其家庭或监护人）经济地位较优时，受害人将选择请求该未成年人承担全部赔偿责任，而有使教唆人、帮助人逃脱责任之虞；如果区别规定为承担“全部责任”“主要责任”“相应的责任”，则在教唆人、帮助人无赔偿资力的情形下，受害人有难于获得全部赔偿甚至难于获得赔偿之虞。有鉴于此，立法者为摆脱此两难困境，干脆将教唆、帮助未成年人实施侵权行为的侵权责任承担，委托人民法院根据具体案情予以裁量，故本款仅笼统规定为“应当承担侵权责任”。人民法院依据此项委托授权，在审理教唆、帮助未成年人实施侵权行为案件时，如教唆人、帮助人有赔偿资力，当然可以判决其承担“全部责任”“主要责任”或者“相应的责任”；反之，如教唆人、帮助人不具有赔偿资力，则可判决教唆人、帮助人与行为人承担连带责任，保障受害人能够获得完全的赔偿，自不待言。

第十条【共同危险行为】

二人以上实施危及他人人身、财产安全的行为，其中一人或者数人的行为造成他人损害，能够确定具体侵权人的，由侵权人承担责任；不能确定具体侵权人的，行为人承担连带责任。

民法理论和裁判实践上有所谓“共同危险行为”，指二人以上实施加害行为，各加害行为均可能造成损害，而不能确定具体加害人的情形。德国民法（第 830 条）、日本民法（第 719 条）及我国台湾地区民法（第 185 条）均规定准用关于共同侵权行为的规定，使各行为人对受害人承担连带责任。因此，有人称为“准共同侵权行为”。我国民法通则并未规定“共同危险行为”，但民法理论和裁判实践在共同侵权行为之外，认可“共同危险行为”之存在。

《人身损害赔偿解释》第四条规定：“二人以上共同实施危及他人人身安全的行为并造成损害后果，不能确定实际侵害行为人的，应当依照民法通则第一百三十条规定承担连带责任。共同危险行为人能够证明损害后果不是由其行为造成的，不承担赔偿责任。”起草人在总结民法理论和实践经验的基础上，将“共同危险行为”作为一种单独的侵权行为类型加以规定，而与德国民法、日本民法及我国台湾地区民法稍有不同。

按照本条的规定，构成共同危险行为的要件有三：一是行为人为多数，即条文所谓“二人以上”；二是行为本身具有危险性，即条文所谓

“危及他人人身、财产安全的行为”；三是“不能确定具体加害人”。符合这三项要件，即应成立“共同危险行为”，而由各行为人对受害人承担连带责任。至于究竟属于“共同实施”或者“分别实施”及有无“意思联络”，均不在考虑之列。

须补充一点，本条规定“能够确定具体侵权人的，由侵权人承担责任”一句，目的在于方便实践操作及明确“共同危险行为”与其他侵权行为的界限。如“能够确定具体侵权人”，则已不属于“共同危险行为”的范围。这种情形，如确定的具体侵权人为一人，应属于一般侵权行为，由该行为人对受害人承担侵权责任；如确定的具体侵权人为二人以上，则应构成“共同侵权行为”，应依据本法第八条、第十一条的规定，由各行为人对受害人承担连带责任。

第十二条【原因竞合】

二人以上分别实施侵权行为造成同一损害，能够确定责任大小的，各自承担相应的责任；难以确定责任大小的，平均承担赔偿责任。

侵权法上所谓“原因竞合”，是指多个原因造成同一损害而不能按照共同侵权行为处理的侵权行为类型。既可能是二人以上分别实施的行为发生“竞合”，也可能是一个或者多个行为与危险物发生“竞合”。“原因竞合”，是“共同侵权行为”之外的独立“类型”，其侵权责任之承担，不能采取“连带责任”形式，而是按照各个原因（“行为”或者“物”）对于损害后果的发生所起“原因力”（“作用力”），以确定各个原因（“行为”或者“物”）所应分担的侵权责任份额。

民法通则未规定“原因竞合”，而民法理论和裁判实践在“共同侵权行为”之外认可“原因竞合”的存在。《人身损害赔偿解释》第三条第二款规定：“二人以上没有共同故意或者共同过失，但其分别实施的数个行为间接结合发生同一损害后果的，应当根据过失大小或者原因力比例各自承担相应的赔偿责任。”起草人在总结民法理论和裁判实践的基础上，专设第十二条规定“原因竞合”。

《人身损害赔偿解释》首先以“没有共同故意或者共同过失”一句，将“有意思联络”的共同侵权行为排除在外；然后以数个加害行为的结合“态样”之属于“直接结合”抑或“间接结合”，作为区别“无意思联络”

的共同侵权行为（“行为关联共同”）与“原因竞合”侵权行为的标准：如属于“直接结合”，应构成“无意思联络”的共同侵权行为（“行为关联共同”）；如属于“间接结合”，则应构成所谓“原因竞合”侵权行为。实践表明，上述解释以结合“态样”之属于“直接结合”或者“间接结合”作为划分标准，在裁判实践中仍然难于掌握，故为本法起草人所不采。

按照本条规定，构成“原因竞合”的要件有三：一是“二人以上分别实施侵权行为”。此项要件之着重点在“分别实施”，据此区别于第八条规定的“共同实施”的共同侵权行为，即“有意思联络”的共同侵权行为。另须说明的是，对于“二人以上分别实施”之“二人”不应拘泥，实际情形可能是“二人以上”分别实施的行为发生“竞合”，也可能是“一人”或者“数人”的行为与“一物”或者“数物”的“危险性”发生“竞合”。

还须注意一点，民法上所谓“行为”有“积极行为”（“作为”）与“消极行为”（“不作为”）之别。本条所谓“行为”，仅指“积极行为”（“作为”），而不包括“消极行为”（“不作为”）。例如，根据本法第三十六条的规定，网络服务提供者“未及时采取必要措施”，仅“对损害的扩大部分”与该实施侵权行为的网络用户承担连带责任，而不构成“原因竞合”；根据本法第三十七条的规定，在第三人的行为造成他人损害情形，负有安全保障义务的人“未尽到安全保障义务”的，仅应“承担相应的补充责任”，而不构成“原因竞合”；根据本法条第二款的规定，在教唆、帮助未成年人实施侵权行为的情形，如监护人“未尽到监护职责”，仅应“承担相应的责任”，而不构成“原因竞合”。

二是“造成同一损害”。此项要件之着重点在损害之“同一性”，即造成的损害是“一个”，而不是“两个”或者“多个”。实际生活中，常有这样的案件，前一行为造成受害人倒地受“脑震荡”伤害，后一行为造成受害人大腿“骨折”伤害，属于造成“两个”损害，应当由前一行为人对“脑震荡”伤害承担侵权责任，后一行为人对“大腿骨折”伤害承担侵权责任，而不应按照“原因竞合”处理；前一行为造成受害人人身伤害，受害人住院治疗中因诊疗过错导致死亡，属于“两个”损害，应当由前一加害人对人身伤害承担侵权责任，医疗机构对受害人死亡承担侵权责任，而不应按照“原因竞合”处理。

三是各个原因“都不足以造成全部损害”。此项要件的着重点是，各个原因（“行为”或者“物”）都不足以造成“损害”或者不足以造成“全部损害”，必须各个原因（“行为”或者“物”）“结合”才造成“全部损害”。反之，如果各个原因“都足以造成全部损害”，则应根据本法第十一条的规定成立“行为关联”的共同侵权行为，而由各行为人承担连带责任。补充说明，此项要件是区别“原因竞合”与“行为关联”共同侵权行为的标志，已经规定在本法第十一条，故本条予以省略。

按照本条规定，构成“原因竞合”的法律效果是：“能够确定责任大小的，各自承担相应的责任；难以确定责任大小的，平均承担赔偿责任。”条文未明示“确定责任大小”的标准，按照《人身损害赔偿解释》第三条第二款，应当以“过失大小”或者“原因力比例”为标准。在由数个“行为”竞合造成同一损害情形，可以比较各个行为人的“过失大小”，据以确定各行为人应当承担的赔偿责任份额；在行为与“物”竞合造成同一损害情形，因“物”无所谓“过失”，因此只能比较各原因对于损害结果发生所起作用即“原因力比例”，据以确定各原因的责任人所应当承担的赔偿责任份额。如果既难于比较“过失大小”，也难于比较“原因力比例”，则应当根据本条末句，使各责任人平均承担赔偿责任。

在20世纪90年代，中央电视台《今日说法》报道了北京某法院审理的一个十岁小孩被高压电击伤害的案件。案件事实是，被告甲所有的配电房既未设置隔离围墙或者栅栏，亦未设置高压危险的警示标志；从高压输电线路连接该配电房的高压连接头按原设计距配电房顶的垂直距离为2米，被告乙施工队在进行检修时擅自将高压连接头下移至距屋顶1.4米；被告丙紧靠该配电房违章建房，该违章建筑房檐与配电房顶处在同一水平面，且相距仅半米。受害人为捡拾落在配电房顶的玩具（风筝），先爬到被告丙的违章建筑房顶，再跨过半米距离到达被告甲的配电房顶，被距房顶仅1.4米的高压连接头放电击伤致两臂截肢。本案三个原因（配电房、违章建筑、将高压连接头下移）分别均不足以造成原告损害，三个原因相结合（竞合）方才造成原告损害，属于典型的“原因竞合”。

第十三条【连带责任的承担】

法律规定承担连带责任的，被侵权人有权请求部分或者全部连带责任人承担责任。

第十四条【责任份额与追偿权】

连带责任人根据各自责任大小确定相应的赔偿数额；难以确定责任大小的，平均承担赔偿责任。

支付超出自己赔偿数额的连带责任人，有权向其他连带责任人追偿。

连带责任，就是共同侵权行为人承担连带债务，本应适用民法通则第八十七条关于连带债务的规则。即：负有连带债务的每个债务人都负有清偿全部债务的义务，履行了全部债务的债务人，有权要求其他连带债务人偿付其应当承担的债务份额。考虑到民法通则第八十七条规定太简单，因此本法设第十三、十四条规定连带责任人如何承担责任的规则。

特别要注意，在理解第十三条规定时，切忌死抠文字，该条规定应当理解为："经法院审理查明"，属于法律规定承担连带责任的，被侵权人有权请求部分或者全部连带责任人承担责任。不是受害人"自己认为"。

共同侵权案件，如果受害人只选择其中一侵权人起诉，法院应当告知其增列其他侵权行为人为共同被告。受害人拒绝增列某个或某几个侵权人为被告的，视为"放弃"对其他侵权人的请求权，亦即免除该其他人的赔偿责任。此属于原告处分权范围，故原告明确拒绝追加的，法庭不得依职权追加。在这种情形下，法院审理查明属于共同侵权或者准共同侵权，只能判决被告承担在连带责任中被告自己的责任份额，不能判决被告承担全部赔偿责任。

属于共同侵权行为的案件，假设被侵权人仅起诉某一位共同侵权人，而法庭认为其他侵权责任人不到庭参与诉讼，可能难于查清案情，这种情形，法庭应当予以释明，告知原告追加其他侵权人为共同被告，否则可能难于查清案件事实。经法庭释明，原告通常会同意增列共同被告。假设经法庭释明，原告仍不同意追加，法庭可区分情况处理：其一，虽未增列被告，仍然能够查清案情，应认为原告放弃对其他共同侵权人的请求，即免除其他共同侵权人应负担的份额债务，仅判决被告承担自己应负担份额；其二，如因原告不同意追加，最终难以查清案情（如被告是否加害人、是否存在因果关系等），则应认定原告诉讼请求不成立，判决驳回其诉讼请求。

第十四条规定共同侵权人各自承担的责任份额的确定。但应注意，即使被侵权人将全部侵权人起诉至法院，法院审理后认为构成共同侵权行为，共同侵权人应承担连带责任，也仅判决全体共同侵权人承担连带责任，而无须在判决书中确定连带责任人各自应负担的责任份额。因为确定共同侵权人之间的责任份额，非本案诉讼标的。

一般原则，应在其中一人承担全部赔偿责任后，依据第十四条第二款的规定向其他共同侵权人行使追偿权，即向法院提起追偿权行使之诉时，法庭才必须确定共同侵权人（连带责任人）各自的责任份额。例外情形，如前所述，受害人起诉个别共同侵权人，经法庭释明后仍拒绝增列其他共同侵权人为被告时，视为放弃对其他共同侵权人的请求权（如果能够查清案情）法庭在查清案情之后，须先确定共同侵权人之间的责任份额，据以判决被告仅承担自己的责任份额。

第十六条【人身损害的赔偿项目】

侵害他人造成人身伤害的，应当赔偿医疗费、护理费、交通费等为治疗和康复支出的合理费用，以及因误工减少的收入。造成残疾的，还应当赔偿残疾生活辅助具费和残疾赔偿金。造成死亡的，还应当赔偿丧葬费和死亡赔偿金。

第十七条【多人死亡情形的死亡赔偿金】

因同一侵权行为造成多人死亡的，可以以相同数额确定死亡赔偿金。

第十六条规定侵权行为造成人身伤害、死亡的赔偿项目。但在同一事故造成多人死亡时，为便于解决纠纷，避免所谓“同命不同价”的不合理结果，实践中往往采用同一死亡赔偿金数额。起草人将此项实践经验，上升为法律规则，规定为第十七条。

按照民法原理及发达国家和地区的侵权法，人身损害赔偿案件，受害人（包括死者遗属）依法可以得到两项赔偿金：一是精神损害赔偿金，称为抚慰金、慰谢金。因为人的生命、身体、健康是无价的，判决加害人支付一笔抚慰金、慰谢金的目的是抚慰受害人，所以法律未规定计算标准，而是由法庭斟酌案件事实自由裁量，通常金额较小。二是逸失利益赔偿，即受害人受伤致残或者死亡所失去的利益，相当于合同法上的可得利益损失，法律规定或者裁判实务中有明确的计算标准。概而言之，是以受害人受伤致残或者死亡前的收入为基础，计算伤害时的年龄，致可能生存年限，可能获得的收入（包括退休金），减去必要的生活费用和税金，得出一笔总的金额，叫逸失利益赔偿。通常逸失利益赔偿金额很大，相当于假如受害人未残疾、未死亡所可能获得的收入总额。

我国民法通则第一百二十条规定了精神损害赔偿，但限于姓名、肖像和名誉等人格损害，而对于人身伤害致死致残情形却未规定精神损害赔偿。后来的产品质量法第四十四条对于缺陷产品造成残疾、死亡的，规定了残疾赔偿金和死亡赔偿金。但残疾赔偿金和死亡赔偿金，究竟属于精神损害赔偿，或者属于逸失利益赔偿，并不明确。

值得注意的是，《民事侵权精神损害赔偿解释》第九条将残疾赔偿金和死亡赔偿金，定性为精神损害赔偿。此后，《人身损害赔偿解释》进一步为死亡赔偿金、残疾赔偿金规定了计算方法，即按照受害人死亡或受伤时的年龄、当时收入标准、剩余生存年限加以计算。这个计算方法，恰好是发达国家和地区法院计算逸失利益赔偿的计算方法。

因此，我国侵权责任法上的死亡赔偿金、残疾赔偿金，并不等同于发达国家和地区的精神损害赔偿（抚慰金、慰谢金），而具有自己的特色，即可以同时起到两种作用：一是安慰死者的亲属、安慰残疾者本人；二是补偿受害人因受害致残、死亡所减少的收入。换言之，我国侵权责任法上的残疾赔偿金、死亡赔偿金一个赔偿项目，相当于发达国家和地区的精神损害赔偿（抚慰金、慰谢金）和逸失利益赔偿两个赔偿项目。残疾赔偿金、死亡赔偿金不是一笔很小的金额，往往是几十万元甚至更多，当然可以用这笔钱来赡养受害人的父母，抚养受害人未成年的子女。这也正是侵权责任法第十六条删去“被抚养人生活费”的理由。

还应当注意，在发达国家和地区的刑事附带民事案件审理中，不判精神损害赔偿（抚慰金、慰谢金），理由是对加害人的刑事制裁，已经足以起到对受害人（包括死者遗属）的抚慰作用。这样的裁判实践经验和理论被介绍到我国，影响了我国刑事附带民事的审判实践，最高人民法院关于刑事附带民事诉讼范围问题的规定（法释〔2000〕47号）第一条第二款规定：“对于被害人因犯罪行为遭受精神损失而提起附带民事诉讼的，人民法院不予受理。”显而易见，此项解释意见，未能正确体现我国死亡赔偿金和残疾赔偿金的本质。

我国的死亡赔偿金、残疾赔偿金，往往是一笔巨大的金额，相当于发达国家和地区的精神损害赔偿（抚慰金、慰谢金）和逸失利益赔偿两个赔偿项目。发达国家和地区的刑事附带民事诉讼，不判精神损害赔偿（抚慰金、慰谢金），是因为受害人已经获得一笔金额巨大的逸失利益赔偿金。我国的刑事附带民事诉讼，不判死亡赔偿金或者残疾赔偿金，受害人就几乎什么也得不到。按照侵权责任法的立法目的和有关残疾赔偿金和死亡赔偿金的具体规定，无论适用刑事附带民事诉讼程序或者民事诉讼程序，法庭都应当支持原告有关死亡赔偿金或者残疾赔偿金的请求。前述刑事附带民事诉讼中不判死亡赔偿金和残疾赔偿金的司法解释，应当废止。

第十九条【财产损失的计算】

侵害他人财产的，财产损失按照损失发生时的市场价格或者其他方式计算。

损害赔偿责任的目的在于填补受害人所受损害，故应根据受害人实际受到的财产损失，确定侵权人所应支付的损害赔偿金数额。在财产权受侵害的案型，根据本条规定，可以按照受侵害财产当时的市场价格计算、确定赔偿金额。条文明示“损失发生时的市场价格”，此与我国台湾地区法院解释“应以请求时之市价为准”不同，值得注意。

条文所谓“其他方式”，应当指依法不能自由买卖的“财产”，因无“市场价格”，只能采用别的计算方式。至于究竟采用什么方式，难于明示。依解释，此所谓“其他方式”包括：于法律、法规、规章规定有计算标准的情形，指采用该法律、法规、规章所规定的计算标准；无法律、法规、规章规定计算标准，当然可以由当事人协商约定计算标准或者协商确定财产损失金额；在既没有法律、法规、规章规定的计算标准，也不能通过协商约定计算标准或者确定损失金额的情形，法庭可以根据公平原则确定赔偿金额。

应特别注意，本条规定“财产损失按照损失发生时的市场价格或者其他方式计算”，按照立法者意思，如果财产有市场价格，就应当按照损失发生时的市场价格计算，财产没有市场价格才采用其他方法计算。在市场经济条件下，财产的市场价格总是波动的，有的财产如汽车买到手就贬值，有的财产如不动产则是不断升值。例如，房屋毁损，损失发生时的市场价格是每平方米2000元或者3000元，但到法庭审理案件的时候同样的房屋价格已经涨到了每平方米 8000 元或者 1 万元。按照损害发生时的市场价格每平方米两千块钱来计算行不行？再如汽车毁损，假设损失发生时的市场价格是 20 万元，到法庭判决时，同型号新车的价格已经降到 15 万元，难道非要判 20 万不可？

侵权责任法本来没有必要明文规定财产损失的计算方式，问题是本法第十九条已经这样规定了怎么办？笔者建议通过解释方法来弥补其失误。可以把按照市场价格计算和采用其他方式计算，解释为供法庭选择的两种计算方式，可以按照损失发生时市场价格计算财产损失，也完全可以采用其他方式计算财产损失。如果按照损失发生时的市场价格计算，不足以赔偿受害人，达不成公正的判决的，就应当采用其他计算方法。

第二十条【侵害人身权益造成财产损失的赔偿】

侵害他人人身权益造成财产损失的，按照被侵权人因此受到的损失赔偿；被侵权人的损失难以确定，侵权人因此获得利益的，按照其获得的利益赔偿；侵权人因此获得的利益难以确定，被侵权人和侵权人就赔偿数额协商不一致，向人民法院提起诉讼的，由人民法院根据实际情况确定赔偿数额。

人身权益受侵害，因人的生命、身体、健康、姓名、肖像、名誉、隐私不能计算金钱价值，往往难以计算受害人所遭受实际财产损失。裁判实践中采取以侵权人所获财产利益作为被侵权人所受财产损失的办法。若干年前，某地方人民法院在审理的商业广告擅自采用某著名田径运动员肖像的案件时，即已采用这一办法。本条将此项实践做法规定为法律条文，具有意义。但这一办法之采用，是否仅限于“人身权受侵害”，有斟酌余地。在侵害知识产权，如侵害著作权、商标专用权情形，多有“被侵权人的损失难以确定”的情形，似亦有采用之必要。

第二十二条【精神损害赔偿】

侵害他人人身权益，造成他人严重精神损害的，被侵权人可以请求精神损害赔偿。

民法通则第一百二十条规定姓名权、肖像权、名誉权等人格权受侵害，可以判决精神损害赔偿。而未规定生命、身体、健康权受侵害，可否请求精神损害赔偿。为弥补此项漏洞，《民事侵权精神损害赔偿解释》规定，生命权、身体权、健康权、人格尊严权、人身自由权及其他人格利益受侵害，受害人均可请求精神损害赔偿。① 起草人肯定该解释之规定，设立本条规定凡侵害他人人身权益，造成他人严重精神损害的，受害人可请求精神损害赔偿。此与我国台湾地区民法第194条规定"侵害生命权"之非财产上损害赔偿、第195条规定"侵害其他人格或身份法益之非财产上损害赔偿"，其立法精神应当是一致的。②

但须注意，本条所谓"人身权益"概念，包含"生命、身体、健康"在内。侵害他人"生命、身体、健康"致人残疾或者死亡，按照第十六条规定，受害人或者其近亲属有权请求残疾赔偿金或者死亡赔偿金，如前所述，此残疾赔偿金和死亡赔偿金性质上属于精神损害赔偿。因此，结合第十六条关于残疾赔偿金和死亡赔偿金的规定进行解释，侵害他人人身权益致他人残疾、死亡情形，受害人或者其近亲属在依据第十六条的规定获得残疾赔偿金或者死亡赔偿金之后，不得再依据本条的规定请求精神损害赔偿。

第二十一条【停止侵害等请求权】

侵权行为危及他人人身、财产安全的，被侵权人可以请求侵权人承担停止侵害、排除妨害、消除危险等侵权责任。

我国民法理论和实践认可对于进行中的侵权行为，受害人有停止侵害、排除妨害、消除危险请求权。民法通则第一百三十四条规定的承担民

---

① 《民事侵权精神损害赔偿责任若干问题的解释》第一条规定："自然人因下列人格权利遭受非法侵害，向人民法院起诉请求赔偿精神损害的，人民法院应当依法予以受理：（一）生命权、健康权、身体权；（二）姓名权、肖像权、名誉权、荣誉权；（三）人格尊严权、人身自由权。违反社会公共利益、社会公德侵害他人隐私或者其他人格利益，受害人以侵权为由向人民法院起诉请求赔偿精神损害的，人民法院应当依法予以受理。"

② 我国台湾地区民法第194条："不法侵害他人致死者，被害人之父、母、子、女及配偶，虽非财产上之损害，亦得请求赔偿相当之金额。"第195条："不法侵害他人之身体、健康、名誉、自由、信用、隐私、贞操，或不法侵害其他人格法益而情节重大者，被害人虽非财产上之损害，亦得请求赔偿相当之金额……"

事责任的方式，包括“停止侵害、排除妨碍、消除危险”等。本法特设本条规定。须注意的是，本条规定了三项请求权，其中排除妨害请求权和消除危险请求权，与物权法第三十五条规定的排除妨害请求权和消除危险请求权相同，人民法院受理请求排除妨害和消除危险的案件，可以适用民事诉讼法规定的一审普通程序。但本条规定的停止侵害请求权，所针对的是进行中的危及人身、财产安全的侵权行为，其立法目的在于通过停止侵害请求权之行使，及时制止那些刚发生的、进行中的侵权行为，以避免造成严重损害后果。如果人民法院按照一审普通程序进行审理，在查明事实后作出责令被告停止侵害的判决，待判决生效之后再由受害人依执行程序申请执行判决，必致本法设立停止侵害请求权之目的完全落空。可见，本条规定停止侵害请求权，将导致现行民事诉讼程序法律变革，要求创设一种类似于英美法申请禁止令（Injunction）那样的新程序。但在民事诉讼法创设类似禁止令之程序前，按照《民通意见》第一百六十二条之规定，人民法院可以根据受害人的申请先行作出停止侵害的裁定。①

第二十四条【双方均无过错时的损失分担】

受害人和行为人对损害的发生没有过错的，可以根据实际情况，由双方分担损失。

民法通则第一百三十二条规定：“当事人对造成损害都没有过错的，可以根据实际情况，由当事人分担民事责任。”此条被不少学者、法官解释为“公平责任原则”。一段时间，裁判实践甚至出现滥用“公平责任原则”的倾向。如前所述，本法明确否定所谓“公平责任原则”，对于本属于过错责任原则适用范围的某些特别情形，因行为人与受害人均无过错，法庭根据实际情况判决双方分担损失，属于损失之公平分担，而非侵权责任。故本条明示“由双方分担损失”，以避免歧义。须特别说明，按照本法内部的逻辑关系，凡属于法律规定为“无过错责任”的案型，及法律规定为“推定过错”的案型，均不能适用本条。

---

① 《民通意见》第一百六十二条：“在诉讼中遇有需要停止侵害、排除妨害、消除危险的情况时，人民法院可以根据当事人的申请或者依职权先行作出裁定。”

第二十六条【过失相抵规则】

被侵权人对于损害的发生也有过错的，可以减轻侵权人的责任。

过失相抵是大陆法系民法的共同规则，在德国民法称为“与有过失”。民法通则第一百三十一条已规定过失相抵规则。本条基本上是沿用民法通则第一百三十一条的规定。过失相抵规则的法理依据是公平原则。在具体的侵权案件中，如果受害人自身的过失助长了损害结果的发生和扩大，则按照公平原则的要求，应当比较加害人与受害人各自过失的大小以确定各自应当承担的责任。民法通则实施以来的民法理论和裁判实践，不仅认可过失相抵规则在过错责任侵权案件中适用，也认可其在无过错责任侵权案件中的适用。并且，在受害人属于未成年人的场合，因受害人的监护人有监护过失而适用过失相抵规则。但须注意的是，在侵权人因故意或者重大过失致人损害的案件中，如果受害人或者其监护人仅属于一般过失，则不应当适用过失相抵规则。①

法庭审理侵权纠纷案件，用来协调当事人双方利益关系的法律手段，主要是过失相抵规则。过失相抵规则，实质是立法者给予法庭的授权，授权法庭干预当事人之间的利益关系，根据社会生活经验进行公平裁量，最终判决一个对当事人双方都比较合理公平的赔偿金额，以实现当事人之间利益关系的平衡。因为按照市场价或者评估价计算出来的赔偿金额过高，如果判决被告全部赔偿有失公平，因此，才有必要适用过失相抵规则，也才有必要审查和认定受害人对损害的发生有过错。理解和适用本条时一定不能死抠条文。如果计算出来的赔偿金额，按照社会生活经验认为是比较公平合理的，就不再审查受害人有无过错。

例如，原告的一个贵重花瓶被加害人打碎了，加害人可能想不到这个花瓶有多珍贵，原告说这个花瓶是祖传宝贝，请专家评估价值几十万元。显而易见，法庭要判加害人赔偿几十万元肯定不公平，更不要说加害人根本赔不起。法庭应当怎么公正判决？完全按照原告的要求判决肯定不行，完全按照加害人认为的只值两三千也不行。衡量判决公正不公正的标准，

---

① 《人身损害赔偿解释》第二条：“受害人对同一损害的发生或者扩大有故意、过失的，依照民法通则第一百三十一条的规定，可以减轻或者免除赔偿义务人的赔偿责任。但侵权人因故意或者重大过失致人损害，受害人只有一般过失的，不减轻赔偿义务人的赔偿责任。”

首先不在判决的金额上，而是在普通人的立场上，在法官有没有偏向哪一方。只要法官没有偏向，根据社会生活经验，结合具体案情，确定一个自认为比较公正、比较合理的赔偿金额，是完全能够的。

按照原告的主张，既然是如此贵重的宝贝花瓶，那为什么不小心谨慎地妥善收藏保管？为什么不采取特别保护措施？即使摆放在客厅里，至少也要放在玻璃柜子里，不能让人随便拿、随便摸。不采取任何安全措施、随便摆放，以致被人损坏，这就足以表明被侵权人对损害的发生也有过错。再说，既然是祖传的物品，当然没有市场价格，所谓专家鉴定、评估的价值也不等于市场价格，市场价格是要在市场上购买人可以接受的价格。因此涉案损坏的花瓶属于没有市场价格的财产，应当采用其他方法来确定损失金额。如果原被告双方协商不成，则由法庭确定一个损失金额，再考虑被侵权人对损害的发生也有过错，打个折扣，例如，三七开、四六开或者对半开，判决被告赔偿损失金额的七成、六成或者五成行不行？

第三十四条【单位使用人责任】

用人单位的工作人员因执行工作任务造成他人损害的，由用人单位承担侵权责任。

劳务派遣期间，被派遣的工作人员因执行工作任务造成他人损害的，由接受劳务派遣的用工单位承担侵权责任；劳务派遣单位有过错的，承担相应的补充责任。

第三十五条【个人使用人责任】

个人之间形成劳务关系，提供劳务一方因劳务造成他人损害的，由接受劳务一方承担侵权责任。提供劳务一方因劳务自己受到损害的，根据双方各自的过错承担相应的责任。

民法通则未规定“使用人责任”。为弥补这一漏洞，《人身损害赔偿解释》专门规定了雇用人责任①。起草人在总结裁判实践经验基础上，首先将“使用人责任”区分为“用人单位”与工作人员之间的使用关系以及个

① 《人身损害赔偿解释》第九条第一款：“雇员在从事雇佣活动中致人损害的，雇主应当承担赔偿责任；雇员因故意或者重大过失致人损害的，应当与雇主承担连带赔偿责任。雇主承担连带赔偿责任的，可以向雇员追偿。”

人之间的使用关系，第三十四条规定用人单位与工作人员之间的使用关系，第三十五条规定个人之间的使用关系；其次，考虑到“劳务派遣”的特殊性，在第三十四条设第二款规定被派遣的工作人员致人损害的责任。

关于使用人责任，有两种立法模式：（1）德国民法模式。按照德国民法典第 831 条的规定，被使用人因执行事务造成他人损害时，原则上应由使用人承担赔偿责任；但使用人如能证明自己对于被使用人之选任、监督“已尽相当的注意义务”，即可不承担赔偿责任。使用人不承担责任时，受害人仅可请求被使用人承担赔偿责任。日本民法（第 715 条）、瑞士债务法（第 55 条）采用德国模式。在德国模式中，使用人承担责任的根据是有“选任、监督过失”，属于使用人对自己的行为承担责任，属于过错责任。考虑到社会生活中被使用人大多缺乏赔偿能力，故可以肯定，德国模式对于受害人不利。①

（2）英美侵权法“替代责任”模式。按照英美侵权法，被使用人因执行事务造成他人损害时，应当由使用人对受害人承担赔偿责任，而不考虑使用人对于被使用人之“选任、监督”是否存在过失。使用人是“替代”被使用人承担责任，属于无过错责任。“替代责任”模式的法理根据，一是“享受利益者负担风险”的法律原则，即所谓“报偿理论”；二是保障受害人能够获得赔偿，即所谓“大钱袋”规则。显而易见，“替代责任”模式能够确保受害人获得赔偿。

在现代市场经济条件下，使用人多数是现代化企业，其对于雇员之招聘、选任、监督、管理，往往有严格制度。于雇员执行事务中造成他人损害的情形，使用人易于举证证明自己对于雇员之选任、监督不存在过失而逃脱责任，最终使遭受损害之他人不能获得赔偿，致使用人责任制度救济受害人的法律目的落空。有鉴于此，本法关于使用人责任制度之设计，采取英美法“替代责任”模式，而不采用德国民法模式，无论第三十四条规定用人单位与工作人员的使用关系，还是第三十五条规定个人之间的劳务关系，均明确规定由使用人承担侵权责任，而不考虑使用人是否有“选任、监督过失”，值得注意。

关于使用人责任的另一个问题是，使用人对于受害人承担赔偿责任之

---

① 日本民法第 715 条第 1 款但书规定“使用者在对被使用人的选任及监督上尽到了注意义务的则可以免责”，但在日本的判例上实际却很难认定免责。参见［日］圆谷峻：《判例形成的日本新侵权行为法》，赵莉译，法律出版社 2008 年版，第 280～281 页。

后，可否对造成损害的被使用人行使“追偿权”？日本民法（第715条第3款）和我国台湾地区民法（第188条第3款）均规定，使用人时承担赔偿责任后，对于被使用人有追偿权。全国人大常委会审议草案时，亦有常委建议第三十四条和第三十五条增加关于追偿权的规定。考虑到现代社会生活的实际情形，被使用人大多数属于工薪劳动者，依赖工薪收入维持自己和家庭生计，其工薪报酬本来就很低，使用人行使追偿权之结果，往往导致被使用人及其家庭生活陷于困境。因此，即使在法律明文规定追偿权的国家和地区，其裁判实践中也往往严格限制雇主对于雇员行使追偿权。① 在一些工薪报酬较高的行业，使用人行使追偿权仍然有其合理性，自不待言。法律委员会认为，哪些使用关系可以认可追偿权，哪些使用关系不宜认可追偿权，情况比较复杂；即使适宜认可追偿权，其追偿条件如何设置，哪些以“故意”为条件，哪些以“重大过失”为条件，哪些有“一般过失”即可追偿，难以具体规定。故法律委员会决定，本法不就追偿权作一般规定，而将应否认可追偿权及追偿权行使条件，委托人民法院于裁判实践中根据具体情况处理。

根据本法第三十四条和第三十五条的规定，被使用人“因执行工作任务”（“因劳务”）造成他人损害，由使用人承担侵权责任。被使用人“非因执行工作任务”造成他人损害，应当由被使用人自己承担侵权责任，而使用人不承担责任。裁判实践中，应当如何把握“因执行工作任务”与“非因执行工作任务”的界线？本法所谓“因执行工作任务”，相当于日本民法（第715条）和我国台湾地区民法（第188条）所谓“执行职务”，因此，人民法院于判断被使用人是否属于“因执行工作任务”时，可以参考日本和我国台湾地区法院判断是否属于“执行职务”之“行为外观”理论。

按照“行为外观”理论，使用人通过使用被使用人而扩展其活动范围，并享受其利益，且被使用人执行职务之范围，非与其交易之第三人所能分辨，为保护交易之安全，被使用人之行为在客观上具备执行职务之外观，而造成第三人损害时，使用人即应承担赔偿责任。所谓被使用人“因执行职务”，不仅指被使用人执行使用人之命令、委托职务本身或者执行职务所必要的行为，即使滥用职务或利用职务上的机会及与执行职务之时间或处所有密切关系之行为，在客观上足以使他人相信被使用人执行职务

---

① 参见［日］圆谷峻：《判例形成的日本新侵权行为法》，赵莉译，法律出版社2008年版，第300~303页。

者，即使是为自己的利益所为之违法行为，均应认定为“执行职务”行为。①

例如，甲证券公司雇员乙，利用职务上的机会，在甲公司之营业时间和营业场所，将丙委托甲公司买卖证券之价款予以侵占，法院认定甲因执行职务造成他人损害，判决甲证券公司对受害人丙承担侵权责任。再如，A 公司雇员 B 违反公司内部禁止私用汽车的规定，驾驶公司汽车回家途中发生事故致行人 C 受损害，法院认定 B 因执行职务造成他人损害，判决 A 公司对受害人 C 承担侵权责任。

最后须说明的是，第三十四条第一款所谓“用人单位”，应解释为包含公、私企业及国家机关和事业单位在内，鉴于民法总则第六十二条规定了法人的法定代表人执行职务致他人损害的侵权责任，本条所谓“用人单位的工作人员”应指法定代表人之外的一切工作人员。因此，侵权责任法第三十四条为一切公私单位使用人责任之一般法，民法总则第六十二条关于法定代表人侵权责任的规定，行政诉讼法（第六十七条、第六十八条）关于行政机关工作人员侵权责任的规定，② 及国家赔偿法（1994 年 5 月 12 日通过），③ 均应属于第三十四条的特别法。

---

① 日本裁判实务上的“行为外观”理论，参见［日］圆谷峻：《判例形成的日本新侵权行为法》，赵莉译，法律出版社 2008 年版，第 283 页以下；我国台湾地区裁判实务上的“行为外观”理论，参见陈忠五主编：《新学林分科六法·民法》，台湾地区新学林出版股份有限公司 2008 年版，第 B－128 页。

② 行政诉讼法第六十七条：“公民、法人或者其他组织的合法权益受到行政机关或者行政机关工作人员作出的具体行政行为侵犯造成损害的，有权请求赔偿。”第六十八条：“行政机关或者行政机关工作人员作出的具体行政行为侵犯公民、法人或者其他组织的合法权益造成损害的，由该行政机关或者该行政机关工作人员所在的行政机关负责赔偿。”根据 2014 年 11 月 1 日第十二届全国人民代表大会常务委员会第一次会议通过的《全国人民代表大会常务委员会关于修改〈中华人民共和国行政诉讼法〉的决定》，第六十七条、第六十八条现已删去。

③ 国家赔偿法已于 2010 年 4 月 29 日修正，于 2012 年 10 月 26 日第二次修正。

第三十二条【监护人责任】

无民事行为能力人、限制民事行为能力人造成他人损害的，由监护人承担侵权责任。监护人尽到监护责任的，可以减轻其侵权责任。

有财产的无民事行为能力人、限制民事行为能力人造成他人损害的，从本人财产中支付赔偿费用。不足部分，由监护人赔偿。

要特别注意法律条文的逻辑关系。单个法律条文的逻辑关系：如果有两款（或多款），则第一款是一般原则规定，第二款（及以下）是特别规则；第一款（只有一款）如果有两句（或多句），则第一句是原则规定，第二句（及以下）是特别规则。

本条关于未成年人的侵权责任的规定，由两款组成一个制度，第一款是原则规定（第二款是特别规定）；第一款条文由两句构成（第一句是原则规定，第二句是特别规定）。因此，第一款第一句是本法关于未成年人侵权责任的原则规定，亦即：未成年人的侵权行为，“由监护人承担侵权责任”。这一原则规定，明确了两个问题：其一，责任主体（诉讼中的被告）；其二，责任性质，监护人责任属于无过错责任（顺便提及，判断一项侵权责任制度是过错责任抑或无过错责任的判断标准：凡条文有“过错”概念的，是过错责任；凡条文未出现“过错”概念的，是无过错责任）。第一款第二句属于特别规定：减轻监护人责任的法定事由。

按照本条第一款规定的原则，应由监护人作为未成年人侵权责任案件的被告，对受害人承担无过错责任。第二款是此项原则的特别规定：如果未成年人有财产，则从本人财产中支付赔偿费用。第二款仅解决赔偿费用从谁的财产中支付的问题，而不改变第一款确定的原则（谁是责任主体、被告）。换言之，按照第一款确定的原则，既然由监护人承担责任，本应由监护人自己的财产支付赔偿费用，鉴于监护关系的特殊性，既然被监护人有财产，则第二款规定从被监护人财产中支付赔偿费用，作为特别规定但仍然是由监护人充当被告，仍然是由监护人承担责任，要特别注意第一款与第二款的逻辑关系，特别注意第二款并没有说“由本人承担责任”。

综上所述，本条属于传统民法“监护人责任”制度，未成年人的侵权行为由监护人承担侵权责任，一般情形下（被监护人没有财产）监护人应从自己的财产中支付赔偿费用（无须明文规定、不言自明）；特别情形下

（被监护人有财产）监护人从被监护人财产中支付赔偿费用，不足部分再从监护人自己财产中支付（须法律明文规定，第二款）。

应当肯定的是，无论被监护人有无财产，均只有一个被告——监护人。不能将有财产的被监护人列为“共同被告”或者“第三人”。理论根据在于：实体法上，未成年人（无行为能力、限制行为能力）不具有侵权责任能力，不能作为责任主体承担侵权责任；程序法上，未成年人（无行为能力、限制行为能力）不具有诉讼行为能力，不能作为诉讼主体（原告、被告、诉讼第三人）参加诉讼。

实务中，如受害人起诉以未成年人为被告，法庭应当予以释明，提示其变更诉讼当事人（被告）；如原告或者被告（监护人）要求将未成年人列为共同被告，法庭应当予以释明，提示其正确理解法律规定。

顺便提到，被告（监护人）要求减轻责任的，须采取抗辩方式主张，并举证证明自己“已尽到监护责任”。被告未主张减轻责任抗辩的，法庭不能主动审查是否有减轻责任事由。

按照第二款规定，对于有财产的未成年人侵权致人损害，从被监护人财产中支付赔偿费用的，应当由当事人举证证明被监护人“有财产”的事实。被告（监护人）主张并证明被监护人有财产，法庭应在判决书中载明：被告（监护人）“从被监护人财产中支付赔偿费用”（民法通则第十八条规定监护人不得处理被监护人的财产）。于监护人不具有赔偿能力情形，原告（受害人）向法庭主张依据本条第二款规定，从被监护人财产中支付赔偿费用的，法庭应要求原告（受害人）举证证明被监护人“有财产”的事实。如果被告（监护人）和原告（受害人）均未主张从被监护人财产中支付赔偿费用，法庭无须审查被监护人是否有财产的事实，而直接判决被告承担赔偿责任。

第三十六条【网络侵权行为】

网络用户、网络服务提供者利用网络侵害他人民事权益的，应当承担侵权责任。

网络用户利用网络服务实施侵权行为的，被侵权人有权通知网络服务提供者采取删除、屏蔽、断开链接等必要措施。网络服务提供者接到通知后未及时采取必要措施的，对损害的扩大部分与该网络用户承担连带责任。

网络服务提供者知道网络用户利用其网络服务侵害他人民事权益，未采取必要措施的，与该网络用户承担连带责任。

近年来，利用网络侵害他人名誉、隐私等人格权的问题日益引起社会广泛关注，要求通过立法规制网络侵权。本法适应这一要求，设立本条。本条设三款：第一款规定网络用户和网络服务提供者的侵权责任。依据本款规定，网络用户、网络服务提供者利用网络侵害他人民事权益，该网络用户或者网络服务提供者应当对受害人承担侵权责任。常见的案型是利用网络侵害他人名誉权、隐私权、肖像权。此与利用其他媒体侵害他人隐私权、名誉权、肖像权，在责任构成要件、责任形式及免责事由上并无区别。在责任形式上有依据本法第十五条适用“停止侵害”“赔礼道歉”“消除影响、恢复名誉”的余地，及依据本法第二十二条适用精神损害赔偿的可能。且侵权人亦可主张与其他媒体侵权相同的免责事由，例如，主张“基本事实真实”、主张“有理由相信基本事实真实”、主张“未造成原告社会评价降低”、主张“言论自由之正当行使”、主张所谓“公众人物”规则。这些免责事由，虽然未有法律明文规定，但为民法理论和裁判实践所认可，理当继续有其效力。顺便指出，于被告主张包含侵权内容的署名文章不是自己撰写时，法庭应当要求该被告负担举证责任，而不能要求原告负担举证责任。

第二款规定受害人要求网络服务提供者采取必要措施的权利，及网络服务提供者未采取必要措施情形应当承担的侵权责任。依据本款规定，网络服务提供者接到受害人通知后及时采取“删除、屏蔽、断开链接等必要措施”的，即可免于承担侵权责任；未及时采取必要措施的，应当对损害的扩大部分与网络用户承担连带责任。判断采取措施之是否“及时”，及计算“损害的扩大部分”，应当以网络服务提供者“接到通知”之时点为准。

第三款规定网络服务提供者的连带责任。依据本款规定，网络服务提供者与实施侵权行为的网络用户承担连带责任的要件：一是网络服务提供者“知道”网络用户利用且网络服务侵害他人民事权益；二是网络服务提供者“未采取必要措施”。判断被告是否“知道”，应采客观标准即网络服务行业的其他经营者处于同一情形是否“知道”，而不是主观标准即被告自己当时是否知道，自不待言。但考虑到现代互联网信息爆炸的实际情形，要求网络服务提供者承担过高、过严的注意义务并不现实，从本条三款规定的内容及安排顺序解释，无论是判断被告网络服务提供者是否“知道”，或者判断其是否“及时采取必要措施”，均可以“接到通知”为基准。“接到通知”，即构成“知道”，“接到通知”后仍“未采取必要措施”，即应判决该网络服务提供者与实施侵权行为的网络用户承担连带责任。

按照本条立法政策考虑及三款之间的逻辑关系，人民法院依据本条审理网络侵权案件，其适用顺序如下：（1）如网络服务提供者“接到通知”后，直至受害人向人民法院起诉前，一直“未采取必要措施”，则应当适用本条第三款的规定，判决网络服务提供者对受害人所受“全部损害”，与实施侵权行为的网络用户承担连带责任；（2）如网络服务提供者“接到通知”后，于受害人向人民法院起诉前，已经“采取必要措施”，但“采取必要措施”不符合本条关于“及时”的要求，则应当适用本条第二款的规定，判决网络服务提供者对受害人所受“损害的扩大部分”，与实施侵权行为的网络用户承担连带责任；（3）如网络服务提供者“接到通知”后，已经“及时采取必要措施”，则应当适用本条第一款的规定，判决实施侵权行为的网络用户对受害人所受损害承担侵权责任，同时依据第二款的规定判决网络服务提供者免于承担侵权责任。

第三十七条【安全保障义务】

宾馆、商场、银行、车站、娱乐场所等公共场所的管理人或者群众性活动的组织者，未尽到安全保障义务，造成他人损害的，应当承担侵权责任。

因第三人的行为造成他人损害的，由第三人承担侵权责任；管理人或者组织者未尽到安全保障义务的，承担相应的补充责任。

我国民法理论和裁判实践，引进德国法院判例形成的“交易安全义务”理论，以解决某些公共场所发生的损害赔偿问题。但德国判例上的“交易安全义务”的适用领域很宽，① 几乎涵盖了本法全部分则（第五至十一章）规定的侵权类型，而我国民法理论和裁判实践创设的“安全保障义务”，只是用来弥补现行法律规定的不足，其适用范围很窄，仅限于提供公用服务的营业服务场所和群众性活动。② 本法在总结有关理论研究和裁判实践基础上，设立本条规定“安全保障义务”。

按照本条的规定，负有安全保障义务的人被限定于公共场所的管理人和群众性活动的组织者。条文列举规定的所谓“公共场所”是“宾馆、商场、银行、车站、娱乐场所等公共场所”。从条文列举规定可见，本条所谓“公共场所”，是指向公众提供各种公用服务的“营业服务场所”，而非普通意义上的“公共场所”。普通意义上的公共场所，是指“公有公用”的场所，如街道、公路、广场等。考虑到许多大型群众性活动在公共场所举行，例如，在体育场馆举行演唱会，可能发生“管理人”责任与“组织

---

① 据德国原最高司法法院第六庭庭长 Steffen 介绍，交易安全义务常见类型有 11 类，分别发生在以下领域：街道和广场；水路；建筑基地；设施；庆典、市场和类似集会；职业上的危险领域；商品制造者；对道路交通的参与；铁路；有轨电车；航运和体育活动等。参见李昊：《交易安全义务论》，北京大学出版社 2008 版，第 144 页。

② 《人身损害赔偿解释》第六条规定：“从事住宿、餐饮、娱乐等经营活动或者其他社会活动的自然人、法人、其他组织，未尽合理限度范围内的安全保障义务致使他人遭受人身损害，赔偿权利人请求其承担相应赔偿责任的，人民法院应予支持。因第三人侵权导致损害结果发生的，由实施侵权行为的第三人承担赔偿责任。安全保障义务人有过错的，应当在其能够防止或者制止损害的范围内承担相应的补充赔偿责任。安全保障义务人承担责任后，可以向第三人追偿。赔偿权利人起诉安全保障义务人的，应当将第三人作为共同被告，但第三人不能确定的除外。”

者”责任的竞合，如果损害的原因属于公共场所及其设施本身的缺陷，则应由场所管理人承担责任；如果损害的原因不属于场所本身，而属于组织管理瑕疵或者因组织群众性活动临时增设设施的缺陷，则应由组织者承担责任。此外，本条未如《人身损害赔偿解释》第六条限定于“人身损害”，因此，对于“财产损失”亦应承担赔偿责任。

须说明的是，本条关于安全保障义务的规定中，原列举了“公园”一项。全国人大法律委员会审议中决定删去。理由在于：（1）现代侵权法创设安全保障义务，所针对的是“宾馆”“商场”“银行”“车站”等营利性服务场所，要求经营者或者管理人承担较一般情形更高的注意义务，确保进入该服务场所的消费者或服务对象的人身安全。而“公园”，即使是收费的“公园”，绝大多数属于公共服务，不以营利为目的，在注意义务上应当与营利性服务场所有所区别。（2）“公园”概念太泛，有收费的公园有不收费的公园；有的公园四周封闭、适于管理；有的公园，如森林公园、地质公园等，方圆数十公里甚至数百公里，根本不可能进行封闭管理；有的名为“公园”，实际是供人们自由出入的公共场所。可见，虽同样称为“公园”，实际情形差别悬殊，一律要求承担与商场、宾馆、银行、车站同样的安全保障义务，显然不合理。

按照本条第二款的规定，如果损害是由第三人造成的，则应当由该第三人对于受害人所受全部损害承担赔偿责任，未尽到安全保障义务的管理人或者组织者，仅在该当事人不能承担赔偿责任或者不能承担全部赔偿责任时，承担与其未尽安全保障义务的程度相应的补充责任。换言之，如果造成损害的该第三人对全部损害承担了赔偿责任，则未尽到安全保障义务的管理人或者组织者将不承担任何责任；或者，即使该第三人逃逸或者因无赔偿能力根本不能承担赔偿责任，未尽到安全保障义务的管理人或者组织者亦仅承担与其未尽安全保障义务的程度相应的赔偿责任，而不应承担全部赔偿责任。例如，20 世纪 90 年代某地一家银行营业部发生一位储户被抢劫银行的凶犯杀害的案件，法院审理认定该银行营业部未尽到安全保障义务，最后判决该银行营业部赔偿死者家属 30 万元，即是管理人承担相应的补充责任之适例。

应特别注意，本条虽然参考了德国的裁判经验，但与德国裁判实践创设的安全保障义务理论是完全不同的。德国裁判实践创设的安全保障义务（或称交易安全义务）是一个宽泛的理论，没有明确限定的适用范围。因为，德国民法典制定于 100 年前，其侵权法很简单，仅有 32 个条文，实行过失责任的一元归责。德国法律中虽有无过错责任，但规定在特别法，并且仅限于高度危险责任，其适用范围很窄。二战以后，随着科技发展，经济起飞，社会生活中出现了很多新的侵权案件类型，法院裁判这样的案件，按照侵权法，应当适用过错责任原则，受害人不能证明加害人有故意过失，就得不到赔偿，而真要这样判决，受害人得不到赔偿，加害人不承担责任，又于情理不合。实则这些侵权案件是100年前所没有的，100年前的侵权法不能解决100年后发生的新型案件。于是德国的法官在裁判新型侵权案件时，为了规避侵权法上的过失责任原则，而发明安全保障义务理论。根据这个理论，违反安全保障义务，就应当承担责任，不考虑责任人是否有过失，实际上就是无过错责任。德国的裁判实践中，用安全保障义务理论裁判的案件非常多，凡是法官认为不应当适用过失责任原则的案件，就按照安全保障义务理论去处理。可见，德国的安全保障义务是一个宽泛的理论，没有明确的适用范围，其弹性非常大，完全由法官掌握。

本条就不一样，其适用范围是明确限定的，限于“宾馆、商场、银行、车站、娱乐场所等公共场所的管理人或者群众性活动的组织者”。本条所谓“公共场所”，应当解释为向社会公众提供服务的经营场所，并不是真正的公共场所。真正的公共场所，是指公有公用的场所，如广场、街道、公路、公园、图书馆、博物馆。所以对“公共场所”一词不能死抠。还有，就是“群众性活动的组织者”，所谓“群众性活动”没有进一步限定是营利性的或者公益性的，应当解释为，无论营利性或者公益性群众性活动，其组织者均负有安全保障义务。因为本条严格限定了适用范围，就变成了一个具体的无过错侵权责任。本条安全保障义务不是一个理论，不是什么都可以往里装的筐子，而是一个有明确的适用范围、构成要件和法律效果的裁判规则。正是因为这一点，决定了本条不能通过解释扩大其适用范围。

有人会说，条文中不是有一个“等”字吗？请注意，条文中这个“等”字也是限定的，一定要是向社会公众提供服务的经营场所，例如，条文没有提到“医院”，发生医院产房刚出生的婴儿被盗的案件，就可以解释条文中的“等”字包括“医院”，而依据本条判决该医院承担责任。因为现在的医院属于向公众提供服务的场所。但是，条文中的这个“等”字，不包括街道、道路、广场、河道、海滩等真正意义的公共场所。发生在街道上的伤害案件，例如，游行时砸汽车，应当由加害人承担责任，有人认为可以扩张适用本条，让地方政府来承担赔偿责任，这是绝对不行的。因为本条的适用范围是严格限定的，限于向公众提供服务的经营场所，街道、道路不在其适用范围之内。所以我们一定要理解，本条的适用范围是严格限定的，不能扩张适用。

第三十八条【校园伤害（一）】

无民事行为能力人在幼儿园、学校或者其他教育机构学习、生活期间受到人身损害的，幼儿园、学校或者其他教育机构应当承担责任，但能够证明尽到教育、管理职责的，不承担责任。

第三十九条【校园伤害（二）】

限制民事行为能力人在学校或者其他教育机构学习、生活期间受到人身损害，学校或者其他教育机构未尽到教育、管理职责的，应当承担责任。

第四十条【校园伤害（三）】

无民事行为能力人或者限制民事行为能力人在幼儿园、学校或者其他教育机构学习、生活期间，受到幼儿园、学校或者其他教育机构以外的人员人身损害的，由侵权人承担侵权责任；幼儿园、学校或者其他教育机构未尽到管理职责的，承担相应的补充责任。

上述三个条文规定的是未成年人在幼儿园、学校或者其他教育机构（以下统称“学校”）学习生活期间遭受人身损害的责任承担制度。这样的制度，在传统民法上是没有的，传统民法将未成年人受害作为一般侵权案件处理。本法之所以创设第三十八条、第三十九条、第四十条规定未成年人在校园受伤害的侵权责任制度，是因为国内外校园伤害案件的频繁发生和后果特别严重。立法目的在特别保护脱离监护人监护的未成年人的人身安全。

立法者将未成年人校园伤害案件分为三种：（1）非他人原因伤害（如自己摔倒受伤）；（2）未成年人相互伤害；（3）校园外人员伤害。顺便提及，这里不涉及学校建筑物造成学生伤害案件（本法第十一章）、校方人员造成伤害（本法第三十四、三十五条）。

第三十八条、第三十九条规定第（1）种伤害案件和第（2）种伤害案件，第四十条规定第（3）种伤害案件。按照第三十八条、三十九条的规定，校园内发生的非他人原因伤害（如自己摔倒受伤）案件和未成年人相互伤害案件，由学校承担管理瑕疵责任；按照第四十条规定，校园外人员造成未成年人伤害案件，由加害人承担侵权责任，学校承担补充责任。

下面先解读第三十八条、第三十九条。

第三十八条与第三十九条规定的相同之处，在于学校承担侵权责任，须以学校“未尽到教育、管理职责”（即存在管理瑕疵）为条件，因此，两条同属于管理瑕疵责任。两条的差别，在适用范围不同，因而在“管理瑕疵”的证明上有所不同。

第三十八条规定的适用范围，是无行为能力人（不足八岁幼儿、儿童）在校园（幼儿园、小学等）受害案件，关于“管理瑕疵”的证明，采取举证责任倒置的方法，即法律“推定”学校具有“管理瑕疵”，而允许被告学校反证自己“尽到教育、管理职责”（即不具有管理瑕疵）。如被告学校举证证明“尽到教育、管理职责”（无管理瑕疵），法庭即判决其不承担责任；被告学校不能证明“尽到教育、管理职责”（即具有管理瑕疵），法庭即应判决其承担侵权责任。

第三十九条的适用范围，是限制行为能力人（八岁以上的未成年人）在小学、中学校园受害案件，须由受害人方面举证证明被告学校“未尽到教育、管理职责”（即存在管理瑕疵），当然被告学校也可以反证自己“尽到教育、管理职责”（即不存在管理瑕疵）。法庭查明存在管理瑕疵，即应判决被告学校承担侵权责任；查明不存在管理瑕疵，则应判决被告学校不承担侵权责任。

“校内学生之间的伤害案件”，应看受害人之属于无行为能力（八岁以下的未成年人）抑或限制行为能力（八岁以上的未成年人），而决定应当适用的条文。如受害人在八岁以下，应当适用第三十八条；如受害人是八岁以上的未成年人，则应当适用第三十九条。前面谈到，两个条文的差别在适用范围和证明责任的负担不同，其他方面没有区别。总之，“校内学生之间的伤害案件”，不能适用第四十条。

这里顺便对适用第三十八条、第三十九条规定情形，因伤害原因不同，作进一步分析：在第（1）种非他人原因伤害案件（如学生自己摔伤），经法庭审查查明被告学校存在管理瑕疵（“未尽到教育、管理职责”），法庭即应判决被告学校承担侵权责任；反之，学校已“尽到教育、管理职责”，即不存在管理瑕疵，法庭即应判决被告学校不承担侵权责任（这种情形应由学生人身伤害保险解决）。而第（2）种未成年人相互伤害案件，要稍微复杂一些，因为涉及受害人的选择：受害人可以选择依据第三十八条或者第三十九条的规定告学校，追究学校管理瑕疵责任；或者选择依据本法第三十二条的规定告加害人的家长，追究其监护人责任。如受害人将学校和加害人的家长作为共同被告，法庭应当予以释明，提示受害人正确理解法律规定，选择追究学校管理瑕疵责任，或者选择追究加害人家长的监护人责任。

受害人选择依据第三十八条或者第三十九条追究学校管理瑕疵责任，被法庭判决败诉（被告学校不承担责任）的，受害人（原告）还可以依据第三十二条的规定另案起诉加害人家长，追究其监护人责任。因为第三十二条监护人责任与第三十八条、第三十九条学校管理瑕疵责任，不构成责任竞合关系。

从受害人方面看问题，选择追究学校管理瑕疵责任，优点是学校有赔偿能力，缺点是一旦法庭认定被告学校不存在管理瑕疵，将获得败诉判决；选择依据第三十二条规定追究加害人家长监护人责任，因监护人责任属于无过错责任，优点是责任容易成立，缺点是被告加害人家长，可能依据第三十二条第一款第二句，以尽到监护责任为由请求减轻赔偿责任，或者依据第二十六条关于过失相抵规则的规定，以受害人对于损害的发生有过错为由，请求减轻赔偿责任。

现在介绍第四十条。第四十条规定的适用范围：第（3）种校园伤害案件，即校园外人员造成未成年人伤害案件。条文第一句规定，未成年人在校园内受到校园外人员伤害的，由侵权行为人承担赔偿责任（赔偿全额）。此是处理校园外人员伤害校园内未成年人案件的原则。条文第二句规定此项原则的特别规则：侵权行为人（加害人）不能承担责任或者不能承担全部责任的，由学校承担“相应的补充责任”。适用本条规定，应当区分下述层次：

1. 如果加害人（校外人员）能够承担责任（有赔偿能力），法庭应当判决被告加害人承担全部赔偿责任，而不考虑学校是否存在管理瑕疵。

2. 如果加害人不能承担责任、不能承担全部责任（或者找不到加害人），则应由学校承担“补充责任”。条文的立法本意，加害人能够承担全部赔偿责任，则不发生学校承担补充责任的问题。学校承担补充责任，以监护人不能承担责任或者不能承担全部责任，为前提条件。这是本法“补充责任”的应有之义，不言自明。

3. 法律对学校的补充责任设有限制，即学校只承担“相应的”补充责任，而不是“全部”补充责任。即使在加害人完全没有赔偿能力或者找不到加害人的案件中，也不能判决学校承担全部赔偿责任（补充全部）。理由是：毕竟学校不是加害人，且按照本法的立法政策和制度设计，加害人的加害行为与学校的管理瑕疵（不行为）不构成共同侵权行为。请特别注意：按照本法，加害行为与加害行为构成共同侵权，加害行为与不行为（如管理瑕疵）不构成共同侵权。而唯有构成共同侵权时，才发生连带责任。

4. 此“相应的”补充责任，如何掌握？授权法庭结合案件事实，根据社会生活经验，自由裁量：可以是百分之三十，百分之四十，或者百分之五十，甚至更多，但无论如何不能是百分之百。

5. 第四十条条文“未尽到管理职责”一语，如何掌握？要特别注意，此与第三十八条、三十九条，“未尽到教育、管理职责”，有所不同。在第三十八条、第三十九条“未尽到教育、管理职责”（即存在管理瑕疵），是学校承担侵权责任的构成要件，庭审中需要原告举证证明（第三十九条）或者被告反证（第三十八条）；而在第四十条，依据设立本条的立法目的，“未尽到管理职责”之判断，既不要求受害人举证证明被告学校“未尽到管理职责”，也不允许被告学校反证自己“已尽到管理职责”，而由法庭按照社会生活经验予以认定：校园外人员进入校园造成未成年人人身伤害的事实本身，就足以表明被告学校“未尽到管理职责”；假设被告学校“已尽到管理职责”，就绝不会发生本案伤害事实。此项判断方法，称为“事实自证”规则，亦称“事实本身说明问题”规则。顺便提及，第四十条判断“未尽到管理职责”，与第三十七条判断“未尽到安全保障义务”，均采“事实自证”规则。

6. 学校承担相应的补充责任之后，如果找到加害人，可否追偿？可以追偿。追偿多少？加害人承担赔偿责任的全额。理由在于非连带责任。既然找到加害人且加害人有赔偿能力，就应当由加害人承担全部责任，而不发生补充责任问题。

第四十七条【惩罚性赔偿】

明知产品存在缺陷仍然生产、销售，造成他人死亡或者健康严重损害的，被侵权人有权请求相应的惩罚性赔偿。

我国民法理论和立法，沿袭德国民法理论，坚持民法责任与公法责任的严格区分，因而民法通则未规定惩罚性损害赔偿。民法总则第一百七十九条第二款规定“法律规定惩罚性赔偿的，依照其规定。”依此规定，侵权责任法本条关于惩罚性侵权赔偿规定，及消费者权益保护法、食品安全法关于惩罚性违约赔偿的规定，属于我国民事责任损害赔偿之特别规则。

因上世纪80年代中、后期，发生“假冒伪劣、缺斤短两”的损害消费者利益的严重社会问题，民法学者和消费者协会建议借鉴美国法上的惩罚性损害赔偿制度，1993年制定消费者权益保护法，设第四十九条规定惩罚性赔偿。① 但该法第四十九条规定的惩罚性赔偿金额仅为合同价金的两倍，此与我国台湾地区消费者保护法第51条规定的惩罚性赔偿金数额不同②。但二者的重要差别不在惩罚性赔偿金的数额③，而在于其惩罚性赔偿制度的法律性质：大陆地区消费者权益保护法第四十九条规定的惩罚性赔偿属于违约责任补偿性损害赔偿之例外规则；我国台湾地区消费者保护法第51条规定的惩罚性赔偿属于侵权责任补偿性损害赔偿之例外规则。2008年，我国发生“三鹿奶粉致婴幼儿受害事件”，当年颁布的食品安全法第九十六条规定“价款十倍”的惩罚性赔偿金④，其性质亦属于违约责任补偿性赔偿之例外规定。

顺便指出，判断某项损害赔偿究竟属于违约责任的损害赔偿，还是属于侵权责任的损害赔偿，关键在于是否以人身、财产损害之发生为构成要件。其中所谓财产损害，按照产品质量法第四十一条的规定，是指“缺陷产品以外的其他财产”损害。未造成人身损害或者问题产品以外其他财产损害的，仅可发生违约责任的损害赔偿，唯在造成人身损害或者问题产品以外的其他财产损害情形，才可能发生侵权责任的损害赔偿。补充一点，

---

① 1993年消费者权益保护法第四十九条：“经营者提供商品或者服务有欺诈行为的，应当按照消费者的要求增加赔偿其受到的损失，增加赔偿的金额为消费者购买商品的价款或者接受服务的费用的一倍。”根据2013年10月25日第十二届全国人民代表大会常务委员会第五次会议《关于修改〈中华人民共和国消费者权益保护法〉的决定》第二次修正，该条内容修改为第五十五条第一款。

② 我国台湾地区消费者保护法第51条：“因本法所提之诉讼，因企业经营者之故意所致之损害，消费者得请求损害额三倍以下之惩罚性赔偿金；但因过失所致之损害，得请求损害额一倍以下之惩罚性赔偿金。”

③ 2013年修改后的消费者权益保护法第五十五条第一款将原第四十九条规定的“双倍赔偿”即“一倍退款、一倍惩罚”，修改为“一倍退款、三倍惩罚”，并增设惩罚性赔偿金低限500元规定，值得注意。

④ 食品安全法第九十六条：“违反本法规定，造成人身、财产或者其他损害的，依法承担赔偿责任。生产不符合食品安全标准的食品或者销售明知是不符合食品安全标准的食品，消费者除要求赔偿损失外，还可以向生产者或者销售者要求支付价款十倍的赔偿金。”根据2015年4月24日第十二届全国人民代表大会常务委员会第十四次会议修订通过的《中华人民共和国食品安全法》修订，本条修订为第一百四十八条。

在侵权责任法实施前，我国大陆唯有属于违约责任之特别规则的惩罚性赔偿，而侵权责任性质的惩罚性损害赔偿制度始于侵权责任法第四十七条。

本条创设属于侵权责任特别规则的惩罚性损害赔偿制度，却将其适用范围限定于"产品责任"，对于产品责任之外的侵权行为，不得适用惩罚性损害赔偿，其立法目的值得重视。本条未规定惩罚性赔偿金的计算（标准），仅规定被侵权人有权请求"相应的"惩罚性赔偿，其立法者意思是将惩罚性赔偿金数额（计算）之决定，留给特别法规定。在特别法未作规定前，应由审理案件的人民法院结合具体案情予以裁量。①

要特别注意，2013 年修订后的消费者权益保护法第五十五条第二款规定："经营者明知商品或者服务存在缺陷，仍然向消费者提供，造成消费者或者其他受害人死亡或者健康严重损害的，受害人有权要求经营者依照本法第四十九条、第五十一条等法律规定赔偿损失，并有权要求所受损失二倍以下的惩罚性赔偿。"显而易见，与本条第一款规定违约责任的惩罚性赔偿不同，本款是关于缺陷产品致消费者受害时，如何计算损害赔偿金，特别是如何计算惩罚性损害赔偿金的规定。构成要件是，经营者"明知"产品或者服务存在缺陷，且缺陷产品或者缺陷服务造成受害人"死亡或者健康严重损害"。符合此构成要件，则受害人有权要求实际损害赔偿和惩罚性赔偿。其中实际人身损害赔偿金，按照同法第四十九条的规定计算；② 惩罚性赔偿金为实际人身损害赔偿金的"二倍以下"。③

还须注意，侵权责任法和产品质量法关于缺陷产品致损侵权责任的规定，仅规定"产品缺陷"，未规定所谓"服务缺陷"。考虑到社会生活中

---

① 人民法院适用本条裁判案件，于决定惩罚性赔偿金额时，有两个标准可以参考：一是食品安全法第九十六条规定惩罚性赔偿金不超过价款的十倍；二是中国社科院课题组《中国民法典草案建议稿》第一千六百三十三条规定惩罚性赔偿金不超过实际损害赔偿金的三倍。

② 2013 年修改后的消费者权益保护法第四十九条："经营者提供商品或者服务，造成消费者或者其他受害人人身伤害的，应当赔偿医疗费、护理费、交通费等为治疗和康复支出的合理费用，以及因误工减少的收入。造成残疾的，还应当赔偿残疾生活辅助具费和残疾赔偿金。造成死亡的，还应当赔偿丧葬费和死亡赔偿金。"

③ 2013 年修改后的消费者权益保护法第五十五条第二款条文中提到"第五十一条等法律规定"，但第五十一条规定的是经营者"侮辱诽谤、搜查身体、侵犯人身自由等"侵害情形赔偿精神抚慰金，不属于侵权责任法第四十七条限定的惩罚性赔偿的适用范围，也不符合本款明确规定的构成要件，显然是立法不当。在"侮辱诽谤、搜查身体、侵犯人身自由等"侵害情形，受害人只能依据第五十一条主张精神抚慰金，不得再请求所谓惩罚性赔偿，请特别注意。

“服务”一语，范围很广，应限于其中存在“危及人身、财产安全的不合理危险”，例如，餐饮服务所提供餐食、饮料具有不合理危险，维修服务造成汽车或家电器具具有不合理危险，造成消费者“死亡或者健康严重损害”的情形。

第五十三条【道路交通事故社会救助基金】

机动车驾驶人发生交通事故后逃逸，该机动车参加强制保险的，由保险公司在机动车强制保险责任限额范围内予以赔偿；机动车不明或者该机动车未参加强制保险，需要支付被侵权人人身伤亡的抢救、丧葬等费用的，由道路交通事故社会救助基金垫付。道路交通事故社会救助基金垫付后，其管理机构有权向交通事故责任人追偿。

道路交通安全法第十七条创设“道路交通事故社会救助基金”。① 合同法第 75 条规定，“医疗机构对交通事故中的受伤人员应当及时抢救”，“抢救费用”超过机动车第三者责任强制保险责任限额的，未参加机动车第三者责任强制保险或者机动车肇事后逃逸的，由道路交通事故社会救助基金先行垫付部分或者全部抢救费用。② 考虑到现今关于机动车交通事故损害赔偿存在的严重社会问题是，依法应当承担损害赔偿责任的责任人没有赔偿能力，致受害人不能获得不到赔偿或者不能获得足额赔偿。且不说近年接连发生的醉酒驾车、“飙车”造成死伤人数众多的恶性事件，即使普通交通事故，多数责任人属于个体经营，靠一张卡车跑运输维持一家生计，发生交通事故造成他人损害的同时，往往自己也人伤（亡）车毁，根本不具备赔偿能力。有的地方法院统计，交通事故损害赔偿案件中，责任人不具备赔偿能力的占一半以上。

---

① 道路交通安全法第十七条：“国家实行机动车第三者责任强制保险制度，设立道路交通事故社会救助基金。具体办法由国务院规定。”

② 道路交通安全法第七十五条：“医疗机构对交通事故中的受伤人员应当及时抢救，不得因抢救费用未及时支付而拖延救治。肇事车辆参加机动车第三者责任强制保险的，由保险公司在责任限额范围内支付抢救费用；抢救费用超过责任限额的，未参加机动车第三者责任强制保险或者肇事后逃逸的，由道路交通事故社会救助基金先行垫付部分或者全部抢救费用，道路交通事故社会救助基金管理机构有权向交通事故责任人追偿。”

按照现行规定，由救助基金垫付抢救费和丧葬费当然是必要的，但对于死者遗属和残疾受害人而言，保障其及时、足额获得法律规定的残疾赔偿金和死亡赔偿金，显得更加重要。因此，有必要进一步扩大交通事故社会救助基金的垫付范围，以包括因机动车逃逸及因责任人无资力而致受害人难以获得赔偿情形，垫付残疾赔偿金和死亡赔偿金。本法第五十三条规定垫付范围为“人身伤亡的抢救、丧葬等费用”，其中增加一“等”字，为裁判实践中扩大交通事故社会救助基金垫付范围，例如因机动车逃逸或者责任人无资力赔偿的情形，判决由交通事故社会救助基金垫付“死亡赔偿金”“残疾赔偿金”预留空间。①

第五十四条【医疗损害的过错责任原则】

患者在诊疗活动中受到损害，医疗机构及其医务人员有过错的，由医疗机构承担赔偿责任。

特别应当注意的是，本条明确规定“医疗机构及其医务人员有过错的，由医疗机构承担赔偿责任”，将使医疗损害赔偿责任“回归于”过错责任原则的适用范围。按照本条规定，人民法院审理医疗损害赔偿案件，将以本条作为裁判根据，“有过错即有责任，无过错即无责任”，而不再以构成“医疗事故”为承担赔偿责任的必要条件。联系到本法第五条关于特别法优先适用原则的规定，第五条所称“其他法律”，仅指全国人大及全国人大常委会制定的“法律”，而将国务院制定的“行政法规”排除在外。因此，本法一经生效，《医疗事故处理条例》有关医疗损害侵权责任的规定将同时丧失效力，人民法院审理医疗损害责任案件，应当适用本法第七章关于医疗损害责任的规定，而不再适用《医疗事故处理条例》。

---

① 2009年10月10日上午全国人大法律委员会审议侵权责任法草案，梁慧星委员建议本条增加一款规定：“因机动车逃逸或者责任人无资力致不能支付死亡赔偿金或者残疾赔偿金的”，由交通事故社会救助基金垫付。主持会议的胡康生主任决定：在本条救助基金垫付项目“抢救费用、丧葬费用”后增加一“等”字，为今后扩大垫付项目范围预留空间。

第五十五条【说明义务及患者同意】

医务人员在诊疗活动中应当向患者说明病情和医疗措施。需要实施手术、特殊检查、特殊治疗的，医务人员应当及时向患者说明医疗风险、替代医疗方案等情况，并取得其书面同意；不宜向患者说明的，应当向患者的近亲属说明，并取得其书面同意。

医务人员未尽到前款义务，造成患者损害的，医疗机构应当承担赔偿责任。

本法基于患者自主决定权之尊重，参考国外所谓“知情同意”规则，设第五十五条明确规定医务人员的“说明义务”和患者的“同意权”。按照本条的规定，医务人员未履行说明义务、未取得患者或其近亲属同意，实施诊疗行为造成患者损害的，应当依据本条第二款的规定承担赔偿责任。须特别注意，对本条不能作反对解释，不能误认为只要履行了本条规定的说明义务、取得了患者或其近亲属的书面同意，就可以不承担赔偿责任。虽然履行了本条规定的说明义务、取得了患者或其近亲属书面同意，如果医疗机构和医务人员有本章第五十七条、第五十八条、第五十九条规定情形之一，仍然应当对患者遭受的损害承担赔偿责任。

第五十六条【紧急情况下的抢救措施】

因抢救生命垂危的患者等紧急情况，不能取得患者或者其近亲属意见的，经医疗机构负责人或者授权的负责人批准，可以立即实施相应的医疗措施。

考虑到因抢救危急患者等紧急情况，难于取得患者或者其近亲属的意见，增设本条规定，这种情形实施医疗措施应“经医疗机构负责人或者授权的人批准”。条文所谓“不能取得患者或者其近亲属意见”，据时任全国人大法工委副主任王胜明在法律委员会上的说明，是指患者不能表示意见且难于取得患者近亲属的意见，例如，在汶川地震中，许多从废墟挖出的重伤员不能表达意思，且难于联系、找到其近亲属以征求其意见，即可由医疗机构负责人（医院负责人）或者授权的负责人（医疗队负责人）批准，实施救治措施。如果患者明确表示“不同意”，或者患者不能表达意见时其近亲属明确表示“不同意”，则医疗机构和医务人员不得借口“紧急情况”而强行实施抢救措施。这里体现了对“患者自己决定权”的充分尊重，值得注意。

第五十七条【一般注意义务】

医务人员在诊疗活动中未尽到与当时的医疗水平相应的诊疗义务，造成患者损害的，医疗机构应当承担赔偿责任。

本条规定医务人员在诊疗活动中应尽之注意义务，未采用“高度注意义务”“专家的注意义务”等概念，而表述为“与当时的医疗水平相应的诊疗义务”。

特别值得注意的是，第二次审议稿和第三次审议稿本条均为两款。第一款规定：“医务人员在诊疗活动中应当尽到与当时的医疗水平相应的注意义务。医务人员未尽到该项义务，造成患者损害的，医疗机构应当承担赔偿责任。”第二款规定：“判断医务人员注意义务时，应当适当考虑地区、医疗机构资质、医务人员资质等因素。”设置第二款的考虑是，我国地域辽阔，不同地区的医疗水平存在差别，同一地区不同资质的医疗机构的医疗水平亦有差别，在判断医疗机构应尽之注意义务标准时，应当适当考虑这些差别。

2009 年 10 月 28 日，第十一届全国人大常委会第十一次会议第三次审议中，一些常委针对本条提出意见：一是条文采用的“注意义务”概念，“难以理解”；二是第一款规定与第二款规定有冲突。吕薇委员指出，第一款规定“医务人员在诊疗活动中应当尽到与当时的医疗水平相应的注意义务”，但第二款又规定“应当适当考虑地区、医疗机构资质、医务人员资质等因素”，“好像是说水平低犯了错误就不承担责任”，建议删去第二款。12 月 2 日法律委员会审议稿采纳上述意见，删去本条第二款，并将第一款“注意义务”改为“诊疗义务”。

从法理上说，“注意义务”概念与“诊疗义务”概念，二者是种概念与属概念的关系，改为“诊疗义务”，强调医疗服务领域医疗机构和医务人员必须履行的注意义务的行业特点，可以方便医务人员理解和裁判实践中法官进行判断，有其意义。考虑到，迄今为止的医疗纠纷案件裁判实践中，一些地方法院和法官受法律外因素影响，作出偏袒医疗机构的判决，并不鲜见。本条第二款之设，不仅不利于此种偏袒倾向之纠正，而且可能起反作用，一些受法律外因素影响的地方法院和法官，可以第二款规定为借口，通过降低诊疗义务判断标准，作出偏袒医疗机构的判决，使依法应当承担赔偿责任的医疗机构逃脱责任，使受害人及其家属依据本法享有的损害赔偿请求权落空，背离设立本章之政策目的。由此可知，删去本条第二款规定，有其重大意义。

第五十八条【不可推翻的过错推定】

患者有损害，因下列情形之一的，推定医疗机构有过错：

（一）违反法律、行政法规、规章以及其他有关诊疗规范的规定；

（二）隐匿或者拒绝提供与纠纷有关的病历资料；

（三）伪造、篡改或者销毁病历资料。

总结裁判实践经验，本条明文规定，凡具备本条列举的三种情形之一时，应当“推定医疗机构有过错”。特别应当注意，本条所谓“过错推定”，属于“不可推翻的推定”，而与通常所谓“推定”允许以反证加以推翻不同。

现代民法上的“推定”（presumption），属于一种技术性法律概念，是立法者于制定法律规范时预先作出的“假定”，即基于法定的某种事实之存在，而“假定”存在另一种事实。民法上有两种“推定”：一种是许可被推定人以反证予以推翻的推定（rebuttable presumption）；一种是不允许被推定人以反证予以推翻的推定（irrebuttable presumption）。

二者在法律条文表述上有明显区别。第一种过错推定，即许可被推定人以相反的证据予以推翻的推定，法律条文通常表述为“不能证明自己没有过错的，应当承担侵权责任”，如本法第八十五条、第八十八条和第九十条的规定。第二种过错推定，即“不可推翻的过错推定”，如本条规定，在法律条文表述上仅规定为“有下列情形之一的”，“推定为有过错”。第二种过错推定，严格言之，不是真正的推定，实际是立法者预先作出的“直接认定”而非“假定”，其法律效力等同于另一个技术性概念“视为”。

所谓“视为”，是法律的直接认定，不允许被告推翻此项认定。例如，合同法第一百五十八条第一款规定：“当事人约定检验期间的，买受人应当在检验期间内将标的物的数量或者质量不符合约定的情形通知出卖人。买受人怠于通知的，视为标的物的数量或者质量符合约定。”依据本条规定，法庭查明买受人未在“检验期间”向出卖人发出“质量异议通知”，即应作出标的物质量符合约定的事实认定，并驳回买受人关于标的物质量不合格的主张（或抗辩）及进行质量鉴定的申请。本条所谓“推定医疗机构有过错”，亦是如此。法庭一经审理查明，本案存在条文规定的三种法定情形之一的，即应认定被告医疗机构有过错，并驳回被告医疗机构关于不存在过错的主张（或抗辩）。

有人会问，既然如此，本条何以不采用“视为”概念，明文规定“视为医疗机构有过错”呢？这是因为，在民法立法习惯上，“视为”用于“客观事实”的认定，即基于某种“客观事实”之存在，而直接认定另一种“客观事实”之存在；“推定”用于“主观事实（状态）”之认定，即基于某种“客观事实”之存在，而假定某种“主观事实（状态）”之存在。本章虽然采取了“过错客观化”的判断方法，但并不改变“过错”仍然属于“主观心理状态”的本质。法律条文不用“视为医疗机构有过错”，而用“推定医疗机构有过错”，是民法立法习惯使然。于此有必要特别提及，在法律委员会审议中，主持审议的法律委员会主任委员胡康生即已指出，本条所谓“推定医疗机构有过错”，不同于本法第六条第二款所谓“推定过错”，而是“直接认定”。

补充说明，条文中的“因”字属于误用，本应为“有”字。因本条之立法本意，在列举三种法定情形作为直接认定过错之标准，而不是要求此三种法定情形与患者所受损害之间具有“因果关系”。特别是其中第（二）、（三）项两种法定情形，不可能是致患者受害的原因。解释本条，应将此“因”字解释为“有”字，切不可死抠。

第五十九条【医药产品缺陷致害及输血感染】

因药品、消毒药剂、医疗器械的缺陷，或者输入不合格的血液造成患者损害的，患者可以向生产者或者血液提供机构请求赔偿，也可以向医疗机构请求赔偿。患者向医疗机构请求赔偿的，医疗机构赔偿后，有权向负有责任的生产者或者血液提供机构追偿。

因医院使用的医药产品具有缺陷，造成患者受损害，按照本法及产品质量法关于严格产品责任的规定，应当由生产者承担赔偿责任。考虑到许多情形，因生产者在外地甚至外国，患者很难起诉缺陷医疗产品的生产者，因此，本条规定患者“可以向医疗机构请求赔偿”。按照民法通则，输血感染致患者损害，应当适用过错责任原则。迄今的裁判实践，如果输血感染案件中的患者仅起诉输血医疗机构，法庭将依据医疗机构的请求将血液提供机构列为共同被告。经审查认定属于血液不合格造成患者损害的，法庭判决血液提供机构承担赔偿责任，而输血医院不承担责任。总结裁判实践经验，本条明文规定因血液不合格造成患者损害的，患者“可以向医疗机构请求赔偿”。显而易见，这样规定是出于方便患者的考虑。

无论缺陷医疗产品致害或者不合格血液致害，医疗机构承担赔偿责任后，当然有权向缺陷医疗产品的生产者、不合格血液提供机构追偿。但如果在患者起诉医疗机构的诉讼中，缺陷产品生产者、不合格血液提供者被列为共同被告，将有利于节约诉讼、减轻医疗机构的负担。故在受害患者仅起诉医疗机构的案件，医疗机构当然有权要求法庭将缺陷医疗产品生产者或者不合格血液提供机构列为共同被告，自不待言。

第六十条【法定免责事由】

患者有损害，因下列情形之一的，医疗机构不承担赔偿责任：

（一）患者或者其近亲属不配合医疗机构进行符合诊疗规范的诊疗；

（二）医务人员在抢救生命垂危的患者等紧急情况下已经尽到合理诊疗义务；

（三）限于当时的医疗水平难以诊疗。

前款第一项情形中，医疗机构及其医务人员也有过错的，应当承担相应的赔偿责任。

基于“妥善处理医疗纠纷，界定医疗损害责任，切实保护患者的合法权益，也要保护医务人员的合法权益，促进医学科学的进步和医药卫生事业的发展”的立法政策目的，① 本法特设本条规定医疗机构法定免责事由。

---

① 参见第十一届全国人大常委会第六次会议文件（10）：《全国人民代表大会法律委员会关于〈中华人民共和国侵权责任法草案〉主要问题的汇报》（2008年12月22日），第5页。

第六十三条【禁止不必要的检查】

医疗机构及其医务人员不得违反诊疗规范实施不必要的检查。

此所谓“不必要的检查”，相当于国外所谓“过度医疗”和“保护性医疗”。自20世纪90年代以来，过度诊疗逐渐成为影响和谐社会建设的严重社会问题。故本法专设本条，禁止不必要的检查。医务人员对患者采取不必要的检查，其动因有二：一是意图规避医疗损害责任。此与20世纪90年代以来医患关系紧张有关。二是为了获得经济利益。医院往往有内部规定，医生可以从所诊治患者的各种检查交费中获得一定比例的分成。本章主要制度设计，基本体现了“切实保护患者的合法权益，也要保护医务人员的合法权益，促进医学科学的进步和医药卫生事业的发展”的政策目的，相信其实施可以缓和医患关系的紧张，在一定程度上发挥克服过度检查的效用。但如不能从医院管理体制上彻底禁止、禁绝医院内部关于医生就各种检查费用分成之所谓奖励措施，则仍不可能真正解决“不必要的检查”这一严重社会问题。

第八十五条【建筑物管理瑕疵损害责任】

建筑物、构筑物或者其他设施及其搁置物、悬挂物发生脱落、坠落造成他人损害，所有人、管理人或者使用人不能证明自己没有过错的，应当承担侵权责任。所有人、管理人或者使用人赔偿后，有其他责任人的，有权向其他责任人追偿。

特别值得注意的是，本法将传统侵权法上的“建筑物损害责任”分为“建筑物管理瑕疵损害责任”与“建筑物缺陷损害责任”两种类型，并分设为两个条文。本条规定“建筑物管理瑕疵损害责任”，发生损害的原因是所有人或者管理人对于建筑物、构筑物或者其他设施疏于管理，存在“管理、维护瑕疵”，致建筑物、构筑物或者其他设施及其搁置物、悬挂物发生脱落、坠落，造成他人损害，当然应由所有人或者管理人对受害人承担侵权责任。于所有人自己管理情形，由所有人承担责任；所有人委托他人管理情形，由管理人承担责任。条文“造成他人损害”中的“他人”，是指所有人、管理人之外的人，自不待言。

按照本条第一句规定，因建筑物管理瑕疵损害责任，属于过错推定责任。凡是“建筑物、构筑物或者其他设施及其搁置物、悬挂物发生脱落、坠落造成他人损害”，即依法推定其所有人或者管理人具有“管理瑕疵”（即“有过错”），而由所有人或者管理人负担证明自己没有过错（即“不存在管理瑕疵”）的举证责任和举证不能的风险。换言之，人民法院审议建筑物管理瑕疵损害案件，原告（受害人）只须证明自己遭受损害的事实，及证明被告所有或者管理的建筑物等造成自己受损害即可，原告无须证明被告有过错（“管理瑕疵”）。被告（所有人或者管理人）不能证明自己没有过错（不存在“管理瑕疵”），即应当承担侵权责任。被告（所有人或者管理人）向法庭证明了自己没有过错（不存在“管理瑕疵”），当然可以不承担侵权责任。

按照本条第二句规定，所有人或者管理人承担赔偿责任后，如有其他责任人，有权向其他责任人追偿。所谓“其他责任人”，是指造成建筑物存在“管理、维护瑕疵”的人。例如，委托装修公司对建筑物等进行装修、修缮、维护，存在装修、修缮、维护的质量瑕疵情形，“其他责任人”是指“装修公司”；所有人或者管理人自己进行装修、修缮、维护，所使用的材料存在质量瑕疵情形，“其他责任人”是指瑕疵材料的生产者或者供应商。

第八十六条【建筑物缺陷倒塌损害责任】

建筑物、构筑物或者其他设施倒塌造成他人损害的，由建设单位与施工单位承担连带责任。建设单位、施工单位赔偿后，有其他责任人的，有权向其他责任人追偿。

因其他责任人的原因，建筑物、构筑物或者其他设施倒塌造成他人损害的，由其他责任人承担侵权责任。

本条规定建筑物缺陷损害责任。建筑物缺陷损害责任的根据，是“建筑物缺陷”。所谓“建筑物缺陷”，是指建筑物未达到有关法律、法规、规章规定的安全标准，致建筑物存在对于他人人身、财产的“不合理危险”。这样理解、解释的根据，是产品质量法第四章关于“产品缺陷”的定义。产品质量法第四十六条规定：“本法所称缺陷，是指产品存在危及人身、他人财产安全的不合理的危险；产品有保障人体健康和人身、财产安全的国家标准、行业标准的，是指不符合该标准。”该法第二条第二款规定：

"本法所称产品是指经过加工、制作，用于销售的产品。"考虑到产品质量法制定于1993年，当时国家还未废止"福利房制度"，还未实行住宅商品化政策，因此，产品质量法第二条第二款所谓"产品"定义，难于包括"建筑物、构筑物及其他设施"，产品质量法第四章关于严格产品责任的规定，不能适用于"建筑物缺陷损害"案件。致建筑物缺陷损害，缺乏法律规范，形成法律漏洞。本法特设本条规定建筑物缺陷倒塌损害责任，弥补了法律漏洞，关于"缺陷"概念，当然可以准用产品质量法（第四十六条）规定的"缺陷"定义，而无须重复规定。

按照本条第一款第一句的规定，建筑物缺陷损害责任，属于无过错责任（严格责任），此与产品质量法关于产品缺陷损害责任的规定相同。但值得指出的是，产品质量法关于产品缺陷损害责任，在规定无过错责任（严格责任）的同时，规定了三项法定免责事由，而本法规定建筑物缺陷致损的无过错责任（严格责任），并无任何免责事由。凡建筑物、构筑物或者其他设施倒塌造成他人损害，即应由建设单位与施工单位承担连带责任，不允许建设单位和施工单位免责。"造成他人损害"一语中的"他人"，泛指因建筑物倒塌遭受损害的一切人，包括建筑物所有人、管理人在内，而与第八十五条建筑物管理瑕疵损害责任所谓"他人"（不包括所有人、管理人）不同。

按照本条第一款第二句的规定，建设单位、施工单位对受害人承担赔偿责任后，如有其他责任人，有权向其他责任人追偿。本句所谓"其他责任人"，在建筑物因"设计缺陷"导致倒塌的情形，为"设计人"；在因监理人"未尽监理职责"导致建筑物存在缺陷的情形，为"监理人"；在因"不合格建筑材料"造成建筑物缺陷的情形，为该不合格建筑材料的"生产者"或者"销售者"。

按照本条第二款的规定，因其他责任人的原因，导致建筑物、构筑物或者其他设施倒塌造成他人损害的，应当由其他责任人承担侵权责任。此所谓其他责任人的"原因"，是指建筑物缺陷之外的"原因"，例如，因建筑物所有人、使用人拆除承重墙导致建筑物倒塌，因相邻地挖坑施工、地铁施工动摇地基致建筑物倒塌，或者因犯罪分子进行爆破导致建筑物倒塌。因此，本款所谓"其他责任人"，是指拆除承重墙的建筑物所有人或者使用人，或者是指挖坑施工和地铁施工的相邻地使用人，或者是指设施爆破的犯罪分子。可见，本款所称"其他责任人"是严格限定的，不包括第一款第二句所称"其他责任人"（设计人、监理人、材料生产者或者销售者），应特别注意。此外，在因地震造成建筑物、构筑物或者其他设施倒塌的情形，建设单位、施工单位可以依据本法第二十九条关于不可抗力的规定主张免责，自不待言。

第八十七条【高楼坠物损害的补偿】

从建筑物中抛掷物品或者从建筑物上坠落的物品造成他人损害，难以确定具体侵权人的，除能够证明自己不是侵权人的外，由可能加害的建筑物使用人给予补偿。

本条规定“高楼坠物”致人损害案件，难以确定具体加害人时，由可能加害的建筑物使用人分担损害。第一次审议稿和第二次审议稿均规定，由可能加害的建筑物使用人“承担赔偿责任”，本条改为由可能加害的建筑物使用人“给予补偿”。这样修改的理由是，被判决分担损害的建筑物使用人中，仅可能有“一人”是加害人，而多数人均不是加害人，而对于不是加害人的多数人而言，他们既然没有实施加害行为，其分担损害当然不具有“承担侵权责任”的性质。

本条的法律渊源是罗马法落下物或投掷物致害的“准私犯”规则。按照罗马法，如果从建筑物中落下或投出的任何物品在公共场所造成损害。住户无论是否具有过错，均可受到“落下物或投掷物致害之诉”（actio de effuses et deiectis）的追究，被要求双倍地赔偿损失。同一房间的数名房客将负连带责任。① 现代民法关于建筑物管理瑕疵损害责任的规定，如法国民法（第1386条）、德国民法（第836条）、日本民法（第717条）、民法通则（第一百二十六条），即是源于该项罗马法规则。

值得注意的是，前述罗马法规则及法国民法、德国民法、日本民法及我国民法通则规定的建筑物管理瑕疵损害责任，其所谓“建筑物”与本条所谓“建筑物”不同。本条所谓“建筑物”，是现代“区分所有式建筑物”，其建筑物所有人、建筑物使用人不止一人，而是人数众多。假如建筑物仅有一个所有人或者仅有一个使用人，从该建筑物任一窗口抛下一个烟灰缸造成他人损害，我们无须确定具体抛掷烟灰缸之人，即可按照民法通则第一百二十六条的规定判决由该建筑物的所有人或者使用人承担赔偿责任。为什么现在从“区分所有式建筑物”窗口抛下一个烟灰缸造成他人

---

① ［意］彼得罗·彭梵得：《罗马法教科书》，黄风译，中国政法大学出版社1996年第二版，第405～406页。

损害，就非得确定具体抛掷烟灰缸之人不可，在不能确定具体抛掷烟灰缸之人时，就不可以让该建筑物的全体所有人或者全体使用人承担赔偿责任呢？

鉴于现代区分所有式建筑物的多单元、多层结构特征，要求全体所有人或者全体使用人承担赔偿责任，也有不尽合理之处。因为致人损害的那个烟灰缸仅可能从一个单元的二层以上楼层的窗口坠落，不可能从其他单元的楼层的窗口坠落，本条所谓“可能加害的建筑物使用人”即是坠落烟灰缸的那个单元二层以上的建筑物使用人（或者所有人），而不包括别的单元的建筑物使用人。本条在确定“可能加害的建筑物使用人”范围后，准用关于“共同危险行为”的规则，将能够“证明自己不是加害人”的使用人“除外”，最后判决不能证明自己不是加害人的“可能加害的建筑物使用人”，对该单元二楼以上坠落的烟灰缸所造成他人的损害“给予补偿”。此所谓“给予补偿”，应当是“平均分担”而不是“连带责任”，自不待言。

有的民法学者认为，因不能确定具体抛掷烟灰缸之人，而使其他无辜的建筑物使用人承担赔偿责任有失公平，既然不能确定具体的抛掷烟灰缸之人，就应当驳回受害人的请求。但是，这样的主张不符合多数民法学者和多数民事法官对公平正义的理解。与被判决分担损害的真正加害人以外的建筑物使用人比较，被高楼坠落的烟灰缸砸伤、砸死的受害人更无辜。要求每一个人为自己外出遭受高楼坠落伤害向保险公司投保伤害保险，既不现实也不合理，要求每一个人戴上“头盔”上街，更不像话。因为不能确定具体抛掷烟灰缸之人，就驳回受害人起诉，使无辜受害人或者其家属不能获得救济，也不符合经济分析法学和危险控制理论。

本法针对现代化公寓大厦式区分所有建筑物的实际，总结民法通则以来的裁判实践经验并参考罗马法准私犯的法理，创设本条规定，值得赞同。

附录10 侵权责任法的立法成就与不足[①]

我国民法典正在编纂过程之中，第一步制定民法总则已经完成，由居于民法典总则编地位的民法总则，统率物权法、合同法、婚姻法、收养法、继承法、侵权责任法等民事单行法，构成现行民事立法体系。原民法通则，不是民法典的总则，它不仅规定有民法总则的内容（第一、二、三、四、七章），还规定有民法分则的内容（第五、六章）及国际私法的内容（第八章）。

侵权责任法的制定，是以民法通则第六章民事责任的第一节“一般规定”、第三节“侵权的民事责任”、第四节“承担民事责任的方式”为基础，总结民法通则实施以来的裁判实践经验和民法理论研究成果，并广泛参考借鉴发达国家和地区的经验。

一、解读侵权责任法须从立法背景入手

按照目的法学，认识理解解释一部法律（一项法律制度、一个法律条文），首先应从立法目的入手，提出这样一个问题：立法者为什么要制定这部法律（创设这项法律制度、规定这个法律条文）？究竟基于什么样的立法目的？当弄清楚立法目的之后，还要问这样一个问题：立法者确定这一立法目的，是基于什么样的政策判断？在了解立法者所作出的政策判断之后，还要问这样一个问题：立法者作出这一政策判断，所根据的是什么样的立法背景（社会环境和历史条件）？

立法者的思维路径是：基于立法当时的背景，形成政策判断；根据政策判断，确定立法目的；依据立法目的，制定法律（创设制度、拟定条文）。

法律研究者（适用者和法科学生）的思维路径，刚好相反：从制定法

① 本文是作者2013年9月16日在中南大学法学院的讲座稿。本次新版更新了相关立法内容。

(法律、制度、条文)，探寻其立法目的；从立法目的，探寻其政策判断；从政策判断，分析其历史背景。这样才能克服就法律论法律、就制度论制度、就条文论条文的不得要领的研究方法。

采用这样的方法解读和评论侵权责任法，特别要分析侵权责任法的立法背景（社会环境、历史条件），并且与代表性的大陆法系侵权法相互对照。所谓代表性的侵权法，即 19 世纪的民法典上的侵权行为法（民法典一章或者一节）：1804 年法国民法典、1881 年瑞士债务法、1896 年德国民法典、1898 年日本民法典（补充一点，这里不涉及 20 世纪以来的立法修改及裁判实务中的发展）。为了说明这四部民法典制定当时的历史背景，举以下历史事实（四项发明）：

（1）火车发明：1810 年英国人斯蒂芬森发明火车，1825 年英国修建世界上第一条铁路（利物浦——曼彻斯特）；（2）电的使用：1866 年西门子发明可实用的发电机，1870 年格拉姆发明可实用的电动机；（3）汽车发明：1886 年德国人本茨制造第一辆汽车，1887 年成立世界上第一家汽车公司奔驰汽车公司；（4）飞机发明：1903 年美国人莱特兄弟制造第一架飞机，1919 年第一家航空公司荷兰皇家航空公司成立。

1804 年法国民法典制定时没有火车、电、汽车、飞机；1881 年瑞士债务法制定时已有火车、电的使用，但没有汽车、飞机；1896 年德国民法典、1898 年日本民法典制定时已有火车、电的使用、汽车，但没有飞机。(1887 年，奔驰汽车时速 18 公里，被称为“令人窒息的速度”；而北京“十三妹”13 分钟就绕二环 32.7 公里)。对四部民法典制定的 19 世纪的基本判断是“危险较少，损害发生不频繁，损害后果不严重”，于是可以解释 19 世纪侵权法的特点：

其一，法律条文数少：1804 年法国民法典 5 条，1881 年瑞士债务法 21 条，1896 年德国民法典 32 条、1898 年日本民法典 16 条。其二，采过失责任原则（此项原则取决于侵权法立法目的）。其三，法律结构简单，采用“二元结构”——一般侵权行为与特殊侵权行为。

而我国侵权责任法的立法背景是“21 世纪的时代特点” + “中国国情”。“21 世纪的时代特点”是机械化、电气化、网络化、都市化、高速化；“中国国情”是向市场经济转轨、加速实现现代化（都市化、加速进入汽车社会、高速公路世界第一）而社会文明程度和人民安全意识不适应时代要求（例如，2012 年路口事故 4.6 万起，死亡 1.1 万人、伤 5 万人，高空坠物案件频繁发生，均是文明程度和安全意识不适应时代的体现）。请注意下面的统计数字：

（1）汽车事故：2009 年汽车交通事故 238351 起，死亡 67759 人，伤 275125 人；（2）企业生产事故：2009 年安全生产事故 38 万起，死亡 83196 人；（3）火灾事故：2009 年火灾 127000 起，死亡 1076 人；（4）航空事故：改革开放以来空难 22 次，死亡 1465 人；（5）火车事故：改革开放以来火车事故 33 起，死亡 865 人；（6）食品事故：2008 年三鹿奶粉事件受害幼儿 294000 人，死亡 30 多人；（7）桥梁垮塌事故：1949～2013 年，垮塌桥梁 48 座，死亡 227 人；（8）房屋倒塌：汶川地震死亡 69225 人，失踪 17939 人，伤 374640 人，房屋垮塌是主要原因。

因此，对进入 21 世纪的中国社会的基本判断是“危险无处不在；事故频繁发生；损害后果严重”。

这就决定了：要制定 21 世纪的中国侵权法，不能全盘照搬 19 世纪的侵权法，要与 19 世纪代表性侵权法“有所不同，有所变化，有所新创”。主要体现在：立法目的、功能，归责原则，条文数，法律结构，具体制度。

二、立法创新：侵权责任法的逻辑结构体系

按照一般解释学，要理解事物的局部必须理解事物整体，而要理解事物整体又必须理解事物的局部。这就是所谓“解释学循环”。我们解释法律，同样有所谓“解释学循环”：要正确理解法律的某个用语、条文或制度，必须以对整个法律体系的理解为前提；而离开对法律的用语、条文和制度的理解，则又不可能理解整个法律体系。在法律解释的各种方法中，有所谓体系解释方法。按照体系解释方法，要正确解释某个法律条文，必须正确把握该条文在整个法律体系中所处的位置，及该条文与其他条文之间的逻辑关系。因此，要正确理解、解释、适用侵权责任法某个条文和制度，必须正确理解、掌握侵权责任法的逻辑结构体系。

侵权责任法仅有 92 个条文，其规模当然不能与有 428 条的合同法相比。但我们绝对不能因为侵权责任法条文少，就误认为其逻辑结构体系简单。实际上，侵权责任法的逻辑结构体系，要比合同法复杂得多。合同法条文虽多，基本上就是一个“总分”（总则、分则）结构，总则部分从合同订立（第二章）到违约责任（第七章）属于递进关系，分则部分（第九章至第二十三章）属于并立关系，其逻辑结构体系相对简单。而侵权责任法是一个多层次的、多重的、复杂的逻辑结构体系。不首先正确理解和掌握侵权责任法的逻辑结构体系，就不可能正确理解侵权责任法。如果置侵权责任法的逻辑结构体系于不顾，抓着单个条文进行解释，也就不可能

正确理解、解释、适用该条文。

过去的侵权法教科书，将侵权行为分为一般侵权行为与特殊侵权行为，与大陆法系侵权法的立法体例是一致的。一般侵权行为与特殊侵权行为，构成一个“二分结构”，这就是大陆法系传统的侵权法结构体系，非常简单，非常直观。

特别值得注意的是，侵权责任法抛弃了教科书式、传统的“一般侵权行为与特殊侵权行为”的“二分结构”体系，新创了一个远比传统结构体系复杂得多的多层次的逻辑结构体系。当我们解释适用侵权责任法时，不能说哪个部分是一般侵权行为、哪个部分是特殊侵权行为，不能沿用“一般侵权行为”“特殊侵权行为”这一对概念。下面分析侵权责任法的逻辑结构：

（一）第一个层次：“一般条款+特别规则”

第一个层次的逻辑结构，亦即本法最基本的逻辑结构，是“一般条款+特别规则”。其标志性的条文是第二条——“侵害民事权益，应当依照本法承担侵权责任”。学者称为“一般条款”。所谓“一般条款”，亦称“概括条款”，既不同于具体的法律规则，也不同于一般的法律原则，而是对侵权责任请求权基础的高度概括规定。本法第二条以下的全部内容（第三条至第九十一条），都是对一般条款的具体化和补充，相对于第二条一般条款而言，属于“特别规则”。

（二）第二个层次：“总分（总则、分则）结构”

本法第二个层次的逻辑结构，亦即第一个层次所谓“特别规则”部分（第三条至第九十一条）的逻辑结构，是一个“总分（总则、分则）结构”：第一章至第三章，属于“总则”；第四章至第十一章，属于“分则”。这个“总分（总则、分则）结构”，就是本法第二个层次的逻辑结构。其中，“总则”三章，主要是关于归责原则、责任构成要件、责任方式、赔偿项目、责任减免的“列举性”规定；“分则”八章，是关于各种最常见、最重要的侵权行为类型的“类型化”规定。

回忆当初关于侵权责任法立法结构体例的讨论，张新宝教授建议的结构体例叫“一般条款+特别列举”，杨立新教授建议的结构体例叫“一般条款+类型化”。上述第一个层次与第二个层次的逻辑结构合起来，正好是“一般条款”+“特别列举”+“类型化”。可以认为，立法者实际上是对学者建议的两种结构体例加以“整合”，构成本法最基本的逻辑结构体例。

（三）第三个层次：过错侵权与无过错侵权的“二分结构”

本法第三个层次的逻辑结构，是关于过错侵权责任与无过错侵权责任的“二分结构”。这是上述“一般条款＋特别列举＋类型化”结构之下的，另一个层次的重要的逻辑结构。这是我国侵权责任法与发达国家和地区的侵权法最大的不同之处。

例如，德国、日本及我国台湾地区的侵权法，坚持过失责任主义，只规定过错侵权责任，① 为了减轻受害人的举证负担，在若干情形采用了过错推定。当然，发达国家和地区也并不是没有无过错侵权责任，一是它们的无过错侵权责任规定在特别法；二是无过错侵权责任局限于危险责任，适用范围很窄，属于“例外规则”。其民法理论认为，承担侵权责任，不是因为有损害，而是因为有过错，就像氧气使蜡烛燃烧一样。反映当时的立法政策，特别注重保障个人自由，并未将民事权利之保障作为首要立法目的。

我国侵权责任法就打破了这个传统，在我国侵权法上，过错侵权责任与无过错侵权责任，你不能说哪个是原则、哪个是例外，你也不能说哪个是一般侵权行为、哪个是特殊侵权行为，因为过错侵权责任与无过错侵权责任是并重的、并列的关系，无主、从之分，不能说谁主谁从，不能说哪个是一般规则，哪个是例外规则，哪一个是一般规定，哪一个是特殊规定。我国侵权责任法，关于归责原则，在第六条第一款规定了过错责任原则，同时在第七条规定了无过错责任原则。同时规定过错责任和无过错责任两个归责原则，同时规定过错侵权与无过错侵权两种侵权责任，构成过错侵权与无过错侵权“并立、并行、并重”，这是我国侵权责任法的一大创新。

（四）第四个层次：“一般条款＋特别规则”与“类型化”

本法第四个层次的逻辑结构，即过错侵权责任部分的“一般条款＋特别规则”，和无过错侵权责任部分的“类型化”。

先看过错侵权责任部分的逻辑结构。请特别注意第六条第一款的规定：“行为人因过错侵害他人民事权益，应当承担侵权责任。”此即所谓过

---

① 其唯一例外，是日本民法第717条关于土地工作物所有人责任的规定，此所有人责任属于无过失责任。

错责任原则。按照这一原则，凡属于过错责任原则涵盖范围的侵权案件，有过错才承担侵权责任，无过错不承担侵权责任。

还要特别注意，第六条第一款同时还是本法过错侵权责任的“一般条款”。因为本法关于过错侵权责任，不仅规定第六条第一款过错责任原则，还特设第六条第二款规定过错推定，还特设第七章规定医疗损害过错侵权责任。本法关于过错侵权责任规定的逻辑结构体现在：第六条第一款规定过错侵权责任的一般条款、第六条第二款规定过错推定、第七章医疗损害过错侵权，构成一个“一般条款与特别规则”的逻辑关系。

在法律适用上，就要颠倒过来：如果属于医疗损害案件，应当适用第七章的规定，采取“过错客观化”判断方法；医疗损害之外的、属于本法规定为过错推定的案件，则应根据第六条第二款的规定，采过错推定方法，责令被告承担证明自己无过错的举证责任；既不是医疗损害案件，也不属于本法规定为过错推定的案件，才按照第六条第一款的规定，要求原告（受害人）承担证明加害人有过错的举证责任。

再看无过错侵权责任。首先，本法第七条关于无过错责任原则的规定，与第六条第一款关于过错责任原则的规定，是并立关系，明示本法采取“二元归责”。发达国家和地区的侵权法并没有规定无过错责任原则的条文，因为它们的无过错侵权责任只是“例外规定”，规定在特别法上，过错侵权责任才是“原则规定”，规定在民法典上。其次，本法第七条仅是关于无过错责任原则的“宣示”性条文，不能作为判决依据，要判决无过错责任，必须适用对该侵权类型规定无过错责任的具体条文。

前面已经谈到，本法对无过错侵权责任采用“类型化”方法，第五章规定产品责任、第六章规定机动车交通事故责任、第八章规定环境污染责任、第九章规定高度危险责任、第十章规定动物损害责任、十一章规定建筑物损害责任等六个无过错责任类型，此外第四章还规定了三种无过错责任类型：监护人责任（第三十二条）、使用人责任（第三十四、三十五条）、安全保障义务（第三十七条）。总共是九个无过错侵权责任类型。

这里要补充一下，本法关于无过错侵权责任规定的特点是“类型化”，但不同的侵权类型在“类型化”的程度上也有差别。例如，监护人责任（第三十二条）、安全保障义务（第三十七条）、使用人责任（第三十四、三十五条），仅设概括性的规定，每个类型一、两个条文，谈不到“体系”，而其他无过错侵权责任类型，每个类型由一个原则条文与若干具体规则构成一个“体系”。尤其第九章高度危险责任，在原则规定（第六十九条）之下，进一步分设七个“小类型”，其“类型化”更为彻底。

还须说明，本法关于过错侵权责任的规定，也有采用“类型化”方法的，即第七章医疗损害责任；另外，在关于无过错侵权责任类型的规定中，也有过错责任或推定过错责任的规定“穿插”其中，例如第五章产品责任，其中第四十二条规定销售者的责任、第四十四条规定运输者、仓储者的责任，属于过错责任；再如第十一章建筑物损害责任，其中第八十五条建筑物管理瑕疵责任、第八十八条堆放物倒塌损害责任、第九十条林木折断损害责任，属于过错推定责任。

（五）第五个层次：“原则规定＋特别规则”

本法第五个层次的逻辑结构，是由“原则规定＋特别规则”组成的若干个“小型规则体系”。例如，前面谈到过错侵权责任中的“推定过错”，就是由第六条第二款关于过错推定的“原则规定”，加上关于具体案型的“特别规则”：第八十一条动物园的动物损害推定过错责任、第八十五条建筑物管理瑕疵推定过错责任、第八十八条堆放物倒塌损害推定过错责任、第九十条林木损害推定过错责任、第九十一条第二款地下设施损害推定过错责任，构成一个推定过错责任的规则体系。

再如不可抗力免责，是由第二十九条关于不可抗力免责的“原则规定”，与第九章关于高度危险责任的“特别规则”，构成一个不可抗力免责的规则体系。不可抗力免责，适用于过错侵权责任的法理根据是“无过错”，适用于无过错侵权责任的根据不是加害人无过错，而是“利益衡量”。基于利益衡量的考虑，本法规定不可抗力免责，适用于第五章产品责任、第六章机动车交通事故责任、第八章环境污染责任、第十章动物损害责任、第十一章建筑物损害责任，以及监护人责任（第三十二条）、使用人责任（第三十四、三十五条）和安全保障义务（第三十七条）共八类无过错侵权责任，唯独对高度危险责任（第九章）设立特别规则。

前面提到，本法第九章高度危险责任进一步细分为七个小的类型，其中第七十二条占有使用高度危险物损害和第七十三条高度危险活动损害，明文规定适用不可抗力免责；第七十条核事故损害，明文规定仅限于通常不可抗力事件中的“战争等情形”可以免责，而将“地震、海啸”等一般不可抗力免责事件排除在外。须特别注意，民用航空器损害（第七十一条）、遗失抛弃高度危险物损害（第七十四条）和非法占有高度危险物损害（第七十五条）三种小类型，不适用不可抗力免责。另外，未经许可进入高度危险区域受到损害（第七十六条），因与不可抗力事件无关，故不发生不可抗力免责的问题。由此可知，第二十九条“但书”所谓“另有规定”，即指第九章高度危险责任而言。

此外，本法还有一个关于“第三人造成损害”的规则体系，值得重视。这一规则体系，由第二十八条“一般规定”与一系列“特别规则”构成。按照第二十八条的规定，第三人造成的损害，应当由该第三人承担侵权责任，只要被告向法庭证明“损害是第三人造成的”，法庭即应驳回原告起诉。其法理根据，在程序法上是“主体不适格”，在实体法上是“自己责任原则”。但本法基于民事主体权利保护和预防侵权损害之立法政策目的，针对若干侵权类型，设立“特别规则”，即第三十七条安全保障义务的第二款第三人造成损害、第四十条未成年人遭受到校外人员的伤害、第四十四条运输者等第三人造成产品缺陷、第五十九条因药品器械缺陷或者不合格血液致患者受害、第六十八条第三人过错污染环境致害、第八十三条第三人过错致动物造成损害，被告即使证明了损害是第三人造成的，也不能因此免责。

三、侵权法理论的创新

（一）侵权法的立法目的和功能

本法首先的一个创新就是侵权法的立法目的。要注意，按照传统的教科书以及发达国家和地区的侵权立法，侵权法的立法目的是什么？你找不到明确规定侵权法立法目的的法律条文。因为发达国家和地区的侵权法并没有将民事主体合法权益的保障作为首要的立法目的。

它们的侵权法的首要目的是什么呢？是保障人的行为自由。按照传统侵权法理论，按照发达国家和地区的侵权立法，并不是只要合法权益受到侵害就要追究加害人的侵权责任，追究侵权责任只是例外。民法理论上有一段著名的话：导致行为人承担侵权责任的，并不是因为有损害，而是因为有过错，就好比使蜡烛燃烧的不是因为有光，而是因为有氧气一样。

这是德国著名民法学者耶林的话，民法教科书上广泛引用，这段话正好反映了传统侵权法的理念，即侵权法并没有把保护民事主体合法权益作为立法目的，至少是没有置于立法目的的首位，侵权法特别关注的是人的自由，只在不妨碍人的行为自由的前提下才让加害人承担侵权责任。我们的法律不一样，侵权责任法第一条明文规定把保护民事主体合法权益作为第一位的、首要的立法目的。

在传统的民法理论上，侵权法的立法目的不是保护民事主体的合法权益，只是在不妨碍人的自由的前提下才追究加害人的侵权责任，而且所谓侵权责任也只限于损害赔偿，即在事后用损害赔偿金来弥补已经发生的损害。所以说侵权法是救济法，是在加害行为造成受害人损害之后，例如，造成人身损害致人死亡、残疾，或者造成财产损害之后，才对受害人进行补救，由加害人支付一笔损害赔偿金以填补受害人所受损害。并且是损害多少填补多少，不允许受害人获得超过实际损害的赔偿金。因此，严格言之，传统的侵权法既没有预防侵权行为的功能，也没有惩戒、制裁侵权行为的功能。

我们的侵权责任法不一样，第一条不仅规定了保护民事主体合法权益之立法目的，并紧接着规定了预防和制裁侵权行为的立法目的，因此，我们的侵权责任法不仅有救济损害的功能，同时还有预防和制裁侵权行为的功能。

大家看第二十一条规定了停止侵害请求权、排除妨碍请求权和消除危险请求权，侵权行为刚刚发生还没有造成严重损害，或者危险状态、妨碍行为还没有造成严重损害后果，此时我们就不再按照传统的侵权法理论，非得等到造成严重损害结果后才来事后救济、填补损害，而是在损害后果发生之前受害人即可根据第二十一条的规定向法院起诉，请求法院裁决停止侵害或者排除妨碍、消除危险。

例如，侵犯知识产权，已经知道侵权人盗版的、抄袭的著作在印刷中，受害人就不必等到盗版书印刷出来、在书店销售之后才去起诉，而是可以在出版发行之前就立即向法院起诉，请求法院作出停止侵害裁定，禁止侵权著作的印刷、发行。这就使侵权法具有预防侵权行为的功能。此外，本法第四十七条规定了惩罚性损害赔偿，使侵权法具有了制裁和惩戒功能。

（二）将合法利益纳入侵权法保护范围

本法第二条用“民事权益”概念来概括侵权法的保护客体，不仅民事权利受侵害可以追究侵权责任，不构成民事权利的民事利益受侵害也可以追究侵权责任。将权利之外的合法利益纳入了侵权法保护的范围，这是本法的一大创造。

按照传统侵权法理论和立法，侵权法保护的对象限于权利，侵犯了权利才追究侵权责任，如果受侵害的不是权利，就不成立侵权行为，不能追究加害人的侵权责任。特别是在早期，法院审理侵权案件查明受侵害的不是权利而是权利之外的利益，就会驳回原告的请求。

随着社会的进步，发达国家和地区的法官注意到有一些利益是合法的，虽然法律没有规定为权利，这样的利益受侵害不给予保护既不公正也不合理，等于是鼓励纵容侵权行为。因此发达国家和地区的法院在裁判实践当中，就逐渐扩张了侵权法的保护对象，扩大到包含合法利益。我们阅读我国台湾地区的侵权法著作就会看到，它们将受侵害对象区分为“权利侵害”和“法益侵害”，不仅“权利侵害”可以成立侵权责任，“法益侵害”同样可以追究侵权责任。这当然是一个进步，但这个进步在多数国家和地区，至今仍然停留在裁判实践当中，并没有上升为法律。法律上明文规定的保护客体仍然限于权利。

顺便提到日本的侵权法，日本民法第 709 条规定的是侵犯权利，后来在 2004 年对民法典进行口语化，受委托的民法专家在对条文进行口语化的时候，本来没有修改法律的权限，其职责仅仅是将条文翻译为口语，但是他们在对第 709 条进行口语化的时候，顺便在“因故意或者过失侵害他人的权利”后面添加上“或者法律上保护的利益”一语。口语化法案一经生效，原来的法律也就相应改变了，合法利益被纳入了侵权法保护客体的范围。

我国民法通则第一百零六条第二款规定“侵害国家的、集体的财产，侵害他人财产、人身的”，既不说“财产权”，也不说“人身权”，实际上涵盖了法律没有规定为权利的财产利益和人身利益。这就使法院裁判实践比较灵活，侵害合法利益也可以成立侵权责任。本法在民法通则的立法经验和法院裁判实践经验基础上，进一步发明“民事权益”概念，明文规定合法利益属于侵权法保护范围。

四、侵权法制度的创新

（一）对多数人侵权行为进行体系化改造

本法第三项创新，是对多数人侵权行为制度作了系统化的改造。多数人侵权行为，在传统侵权法上，就只规定一个共同侵权。这里顺便谈到，为什么要规定一个共同侵权呢？因为要使多数加害人承担连带责任。

按照侵权法的一般原理，即自己责任原则，各人对自己的行为造成的损害承担责任，因此多数人的侵权行为也应该是按份责任。但是在多数人侵权中，常有这么一种情况，有的侵权人有钱，他可以承担自己的责任份额，有的侵权人没有钱，承担不了自己的责任份额。如果按照一般原理判决按份责任的话，遇到有的侵权人承担不了责任，受害人就得不到充分救济。可见，对多数人的侵权行为实行按份责任，对受害人不利。因此，民法上发明了连带责任，目的是使受害人能够得到充分的救济。

但在立法政策上考量，凡是多数人侵权都判连带责任也有不妥，可能会在多数侵权人之间造成不公。因此，必须为连带责任划定一个范围，这个连带责任的范围就是共同侵权。构成共同侵权的承担连带责任，不构成共同侵权的承担按份责任。发达国家和地区的立法，对于多数人侵权就只规定一个共同侵权行为，就一个条文规定构成共同侵权的承担连带责任，在同一条文中附带规定教唆帮助和共同危险行为（德国民法第830条、日本民法719条、我国台湾地区民法第185条）。教唆属于共同侵权行为，共同危险行为属于准共同侵权行为。

传统侵权法理论认为，多数侵权行为人相互之间要有串通、有商量、有共谋，亦即有“意思联络”，才构成共同侵权。教科书通常说共同侵权以“意思联络”为要件。在早期法院裁判实践当中，往往死抠意思联络要件，造成不能判定加害人相互之间有意思联络，就不构成共同侵权，不判连带责任。

随着社会的发展，出现许多特别案件，加害人之间没有意思联络，甚至相互不认识，但法庭认为在这种情况下判决按份责任，将使受害人不能获得充分赔偿，对受害人不公正，因此，即使没有意思联络，也判决加害人承担连带责任。这就扩张了共同侵权的范围，实际将共同侵权行为分为两类：一是有意思联络的共同侵权，称为主观共同侵权；二是没有意思联络的共同侵权，称为客观共同侵权。客观共同侵权，也称行为关联的共同侵权。这是发达国家和地区裁判实践的创造，它发展了共同侵权制度。

我国民法通则第一百三十条规定共同侵权承担连带责任。《人身损害赔偿解释》第三条，参考借鉴发达国家和地区的裁判实践经验，将共同侵权区分为两类：一是有共同故意和共同过失的共同侵权，即有意思联络的主观共同侵权；二是没有共同故意和共同过失，分别实施的侵权行为直接结合造成同一损害的共同侵权，即客观共同侵权。

本法在民法通则和《人身损害赔偿解释》的基础上，对多数人侵权行为制度作体系化改造：设第八条规定有意思联络的共同侵权，即主观共同侵权；另设第十一条规定没有意思联络的共同侵权，即客观共同侵权；再将属于主观共同侵权的教唆和帮助拿出来专设为第九条；并将属于准共同侵权的共同危险行为也拿出来单设一个条文，即第十条；不仅如此，本法还创设“原因竞合”制度规定在第十二条。

请大家注意第十二条，它说的是多数人侵权，但不构成共同侵权，因此判按份责任。这个条文在多数发达国家和地区侵权立法上都没有。第十二条参考了日本侵权法所谓原因竞合的侵权行为的判例和学说。但在日本裁判实践中对所谓原因竞合的侵权行为，有的法院判按份责任，有的法院判连带责任。本法第十二条明定为按份责任。其结果，我国侵权责任法用第八、九、十、十一、十二共五个条文规范多数人侵权，构成一个规范多数人侵权的完整的规则体系。

（二）侵害人身权益可按侵权人所获利益赔偿

本法第二十条规定，对侵害人身权益导致财产损害的案件，可以按照侵权人所获利益赔偿。这是一个很大的创造。首先是从立法上承认人身权（人格权）具有财产价值。而按照传统民法理论，人格权，指存在于权利人自己人格上的权利，亦即以权利人自己的人格利益为标的之权利。如生命权、身体权、健康权、自由权、姓名权、名誉权、肖像权、隐私权等。在民事权利的分类上，人格权属于非财产权（不具有财产价值的权利）。因此，除生命、身体、健康遭受侵害可以要求金钱损害赔偿外，其他人格权如姓名权、肖像权受侵害，仅可请求抚慰金，而不得要求金钱损害赔偿。① 理由是人格权属于非财产权，人格权如姓名、肖像受侵权情形，受害人并未遭受财产损失。② 但在现代化市场经济条件下，由于名人代言、广告的盛行，显现姓名、肖像等人格利益，具有一定的财产价值，裁判实务逐渐认可人格权受侵害情形，受害人可以请求损害赔偿。③ 本条规定明确表述人格权具有财产价值，受害人可以请求金钱损害赔偿，突破旧有理论，适应了法律发展的潮流。

其次，按照传统侵权法损害赔偿制度和理论，有损害才赔偿，没有损害不赔偿。损害由谁来证明呢？由受害人自己证明，他必须向法庭证明损害的存在和损害的金额。财产损害容易计算。一个人的人身权益遭受侵害，因此造成受害人的财产损失，往往难以计算、难以证明。按照侵权法原理和裁判实践，法院要求受害人证明遭受到多少财产损害，受害人举不出证据，计算不出财产损失，法庭将驳回原告请求。几年前在日本早稻田大学举行的学术会议上就探讨过这个问题，因为受害人难以计算遭受的财产损失，法律就不予保护，法庭就驳回他的请求，是否合理？本法第二十

---

① 德国民法第12条；瑞士民法第28条、第29条。

② 如我国台湾地区陈美凤料理米酒代言案判决（我国台湾地区高等法院94年度上易字第616号判决）

③ 王泽鉴：《人格权法》，台湾地区三民书局2012年版，第530页。

条就补充了这个法律漏洞，明确规定，侵害人身权益造成他人财产损失的，如果受害人的损失难以计算，就可以按照侵权人获得的利益来赔偿。

这个规则来源于若干年前河北省的法院审理的王军霞案件。王军霞在雅典奥运会上获得金牌后，披着五星红旗绕场一周，新闻媒体拍了很多非常漂亮的照片，被告就用了这样的照片做广告。被告侵害王军霞的肖像权，因此给她造成多大的财产损失呢？王军霞当然难以举证。审理本案的法院就计算被告使用这张照片所获得的利益，用来作为原告王军霞的损失，判决被告予以赔偿。记得当时媒体报道，法院判被告赔偿王军霞 80 万元人民币。这 80 万元是怎么算出来的呢？就是计算被告所获得的利益。本条将法院创立的判例规则上升为法律条文，这是一个创新。

本条也留下一个问题：是否一切人格权都具有财产价值，换言之，是否一切人格权受侵害均给受害人造成财产损失？

（三）使用人责任规定为无过错责任

本法第五项创新是对使用人责任这个传统制度作了大幅度的改造。按照大陆法系传统理论及发达国家和地区的立法，使用人责任采推定过错责任（德国民法第 831 条、日本民法第 715 条、瑞士债务法第 55 条、我国台湾地区民法第 188 条）。被用者于执行职务中造成他人损害的，由使用者承担赔偿责任，但如使用者对于被用者之选任、监督已尽相当注意，则不承担赔偿责任。

在现代市场经济条件下，使用人多数是现代化企业，其对于雇员之招聘、选任、监督、管理，往往有严格制度。于雇员执行职务中造成他人损害情形，使用人易于举证证明自己对于雇员之选任、监督不存在过失而逃脱责任，最终使受损害人不能获得赔偿，致使用人责任制度救济受害人的法律目的落空。即使如日本和我国台湾地区的法院在裁判实务上，对于使用人的举证免责，作严格限制甚至一概不予认可，将法律规定的过错推定责任变成了实质上的无过错责任，但法律既有举证免责之规定，使用人往往不同意和解，难免在诉讼上多方设法证明自己无选任监督过失，造成诉讼资源浪费。①

有鉴于此，侵权责任法，为了贯彻保护民事主体合法权益的立法目的，为了充分救济受害人，明文规定使用人责任为无过错责任（第三十四、三十五条），其进步性和重要意义，是不言而喻的。

---

① 参见王泽鉴：《侵权行为》，北京大学出版社 2009 年版，第 422 页。

（四）安全保障义务的立法化

侵权责任法第六项创新，即第三十七条创立安全保障义务。安全保障义务这个制度是从德国来的。但要注意两点，一是德国的安全保障义务是裁判实践创立的一项判例学说，并没有立法化；二是德国所谓安全保障义务理论的适用范围非常宽泛。这是因为德国的侵权法很简单，仅仅规定过错侵权责任，法官审理的很多新型案件，如适用过错责任原则，没有过错就判决加害人不承担责任，显然有失公正。因此，德国的裁判实践就创设了一个理论，叫做安全保障义务，根据这一理论使加害人承担无过错责任。

清华大学李昊博士在其论文《交易安全义务论》中谈到，德国裁判实务中适用安全保障义务理论的案型有十一类之多，大体相当于我国侵权责任法分则所规定的全部无过错侵权责任类型。《人身损害赔偿解释》第六条引进德国的安全保障义务理论，以解决某些经营服务场所发生的损害赔偿问题。本法总结和肯定这一实践经验，专设第三十七条规定。

特别要注意，本法第三十七条与德国的安全保障义务完全不同。德国的安全保障义务只是一个抽象的理论，其适用范围非常宽泛。本法第三十七条规定的安全保障义务，是一个具体的无过错侵权责任类型，其适用范围是严格限定的，仅限于向公众提供服务的经营性场所和群众性活动中发生的损害。不能任意扩张其适用范围。

这里顺便提到，第三十七条中的“未尽安全保障义务”是什么意思？要不要原告举证证明被告“未尽安全保障义务”？是否允许被告反证自己尽到了安全保障义务？如果这样死抠条文词句，就没有正确理解安全保障义务这个制度。本法规定安全保障义务的立法目的是，向公众提供服务的经营者和群众性活动的组织者，因其经营场所和组织群众性活动，导致了相应的危险，这种危险造成的损害当然应由经营者或者群众性活动组织者承担赔偿责任。

可以认为，本条规定的安全保障义务人承担的责任，比本法规定的其他无过错侵权责任更为严格，是不可反驳的责任，类似于所谓结果责任。条文所谓“未尽到安全保障义务”，既不要求受害人证明，也不许可被告反证。既然在你的经营场所或者你组织的群众性活动中发生了损害，就表明你未尽到安全保障义务；假如你尽到安全保障义务，就绝不会发生本案的损害。这里采用的是英美侵权法所谓“事实自证”规则。

（五）规定惩罚性赔偿

侵权责任法的第七项创新，是在产品责任当中规定了惩罚性赔偿。大家知道惩罚性赔偿是英美法系中的制度，大陆法系的国家不存在惩罚性赔偿。大陆法系民法理论和民事立法，严格区分民事责任、刑事责任和行政责任。侵权责任属于民事责任，没有制裁和惩罚的功能，民事责任的目的是填补受害人遭受的损害，它的功能就是补救。因此，大陆法系的国家不承认惩罚性损害性赔偿。

我国改革开放以来的立法，已经引入惩罚性损害赔偿制度，首先是1993年消费者权益保护法第四十九条规定经营者有欺诈行为的可以判惩罚性损害赔偿；然后是2009年食品安全法第九十六条也规定了惩罚性损害赔偿。按照本法第四十七条的规定，惩罚性损害赔偿制度的适用范围，被限定于“产品责任”，因此，对于产品责任之外的侵权行为，不得适用惩罚性损害赔偿。还应注意，本法第四十七条规定受害人有权请求“相应的”惩罚性赔偿，却未规定惩罚性赔偿金的计算方法，而是将惩罚性赔偿金数额（倍数）之决定，留给特别立法。

2013年修订后的消费者权益保护法，惩罚性赔偿规定在第五十五条。该条第一款规定：“经营者提供商品或者服务有欺诈行为的，应当按照消费者的要求增加赔偿其受到的损失，增加赔偿的金额为消费者购买商品的价款或者接受服务的费用的三倍；增加赔偿的金额不足五百元的，为五百元。法律另有规定的，依照其规定。”该条第二款规定：“经营者明知商品或者服务存在缺陷，仍然向消费者提供，造成消费者或者其他受害人死亡或者健康严重损害的，受害人有权要求经营者依照本法第四十九条、第五十一条等法律规定赔偿损失，并有权要求所受损失二倍以下的惩罚性赔偿。”请特别注意，第一款是以原第四十九条的规定为基础，将“一倍赔偿”改为“三倍赔偿”，而构成要件不变，仍以经营者“有欺诈行为”为构成要件，责任性质亦不变，仍属于合同法违约责任之特别规定；第二款新增关于缺陷产品致人死亡或者健康严重损害情形的惩罚性损害赔偿的规定，其立法依据为侵权责任法第四十七条，属于侵权责任法产品责任之特别规定。

（六）医疗损害责任采取“过错客观化”方法并贯彻“患者自己决定权”

侵权责任法专设第七章规定医疗损害责任，设立本章之立法目的，是要“妥善处理医疗纠纷，界定医疗损害责任，切实保护患者的合法权益，也要保护医务人员的合法权益，促进医学科学的进步和医药卫生事业的发展”。①

为实现此项政策目的，废弃此前行政法规和裁判实践使用的“医疗事故”概念，采用“医疗损害”概念。第五十四条明文规定医疗损害责任为过错责任。并参考借鉴发达国家和地区关于“过错客观化”的判例学说，明文规定判断过错的具体标准，以方便法庭正确判断过错，避免了将举证责任归属于任何一方所可能造成的不公正。

这些判断标准是：第五十五条关于医务人员的说明义务和取得患者书面同意的规定；第五十七条关于一般注意义务判断标准的规定；第五十八条关于“推定过错”的规定；第六十条关于医疗机构法定免责事由的规定。因此，人民法院审理医疗损害责任案件，不应适用侵权责任法第六条第一款过错责任原则关于过错举证的一般规则，被告是否存在过错，应由法庭根据上述客观化标准予以认定。

须特别注意，民法上有两种过错推定：一种是允许行为人以反证予以推翻的过错推定，另一种是不允许行为人以反证予以推翻的过错推定。本法第五十八条所谓“推定医疗机构有过错”，属于第二种过错推定，即不允许被告以相反的证据予以推翻的过错推定。

还要特别说明，本法废止了《医疗事故处理条例》关于医疗事故鉴定和最高人民法院关于医疗损害侵权案件实行过错推定和因果关系推定的解释规则。因此，依据本法审理医疗损害案件，不得再进行“医疗事故鉴定”，也不能进行所谓“医疗过错鉴定”。法庭当然可以根据案件情形，委托医学、临床专家进行“因果关系鉴定”“医疗损害（伤残）鉴定”。某些案件，还可以委托专家鉴定被告的诊疗行为是否“与当时的医疗水平相适应”，这种情形，实质上是为法庭判断被告诊疗行为是否有过错确定“判断标准”（当时的“医疗水平”），而不是由专家代替法庭进行过错判断，不得称为“医疗过错鉴定”。

本法第七章医疗损害侵权责任，除了采取“过错客观化”判断方法外，还充分贯彻了尊重患者自己决定权的思想，患者接不接受治疗、手术，取决于患者自己的意思，如果不愿意治疗、不愿意手术，任何人都不

---

① 参见第十一届全国人大常委会第六次会议文件（10）：《全国人民代表大会法律委员会关于〈中华人民共和国侵权责任法草案〉主要问题的汇报》（2008 年 12 月 22 日），第 5 页。

得强行对其治疗和施行手术。这就是侵权责任法第五十五、五十六条所体现的立法精神，体现法律发展的最新潮流。

按照民法理论，权利人有权放弃自己的权利、处分自己的权利。但自然人的生命权属于例外。生命权当然属于民事权利的一种，但此前的民法理论和立法，不承认对自己生命权的处分。这就是许多国家的立法曾经规定自杀为犯罪，以及迄今绝大多数国家不承认“安乐死”的理论依据。患者借助于他人的行为处分自己的生命，如由医生注射某种致命的药剂结束其生命，叫“积极安乐死”。患者通过拒绝治疗最终结束生命，叫“消极安乐死”。侵权责任法贯彻患者自己决定权，就在立法上为“消极安乐死”留下了可能性，这具有重大意义。

（七）对建筑物责任的改造

本法还有一项新创，是对建筑物责任作了改造。建筑物责任是传统的侵权法制度，属于过错推定责任（德国民法第836条、日本民法第717条、我国台湾地区民法191条）。民法通则第一百二十六条规定的建筑物责任也是推定过错责任。本法根据我国的国情，对建筑物责任作了重大改造：第八十五条规定建筑物管理瑕疵致人损害的推定过错责任；第八十六条规定建筑物倒塌致人损害的无过错责任；第八十七条规定从建筑物向外抛掷物品致人损害的补偿制度。

第八十六条根据造成建筑物倒塌的原因不同分设为两款。第一款规定建筑物因建筑物缺陷造成倒塌。所谓“建筑物缺陷”，是指建筑物未达到有关法律、法规、规章规定的安全标准，也就是平常说的“豆腐渣工程”。本款规定建筑物、构筑物或者其他设施因建筑物缺陷倒塌造成他人损害，由建设单位与施工单位承担连带责任。建设单位、施工单位对受害人承担赔偿责任后，有权向其他责任人追偿。此所谓“其他责任人”，是指对建筑物缺陷负有责任的“设计人”“监理人”、不合格原材料的“生产者”或者“供应商”。

第二款规定建筑物缺陷以外的原因导致建筑物倒塌。例如，因建筑物所有人、使用人拆除承重墙导致建筑物倒塌，因相邻地挖坑施工、地铁施工动摇地基致建筑物倒塌，或者因犯罪分子进行爆破导致建筑物倒塌。不包括不可抗力如地震造成建筑物倒塌，因地震造成建筑物倒塌的情形，建设单位、施工单位可以依据本法第二十九条的规定主张不可抗力免责。

第八十七条规定“高楼坠物”致人损害案件，难以确定具体加害人时，由可能加害的建筑物使用人分担损害。本条的法律渊源，是罗马法落下物或投掷物致害的“准私犯”规则。按照罗马法，如果从建筑物中落下或投出的任何物品造成他人损害，住户无论是否具有过错，均应被判决双倍赔偿损失。同一房间的数名房客将负连带责任。1857 年的智利民法典（第 2328 条）和 1960 年的埃塞俄比亚民法典（第 2142 条），继受了此项罗马法规则。我国自 20 世纪 80 年代以来，各地人民法院裁判高楼坠物伤人案件，不能确定具体加害人的，判决由该单元二层以上业主分担赔偿责任，已经形成判例规则。本条将这一判例规则上升为法律规则。附带说明，虽有个别学者不赞成规定本条，但在法律委员会审议和常委会审议中，本条获得一致同意。

（八）精神损害赔偿制度的创新

本法还有一个重要创新，是关于精神损害赔偿。本法第十六条规定的残疾赔偿金、死亡赔偿金，虽然定性为精神损害赔偿，但跟发达国家和地区的精神损害赔偿不同。发达国家和地区所谓精神损害赔偿，名为抚慰金或慰谢金，法律没有规定计算标准，是由审理案件的法官根据案件情况自由裁量，通常金额较低。为什么法律不规定计算方法，为什么金额较低呢？因为人格无价、精神无价，精神损害赔偿只是用来抚慰死者的亲属，抚慰残疾者本人。

我国立法中的死亡赔偿金和残疾赔偿金，在《民事侵权精神损害赔偿解释》第九条被定性为精神损害赔偿，但《人身损害赔偿解释》规定了死亡赔偿金、残疾赔偿金的计算方法，按照受害人死亡或受伤时的年龄、当时收入标准、剩余生存年限加以计算。这个计算方法，恰好是发达国家和地区法院计算逸失利益赔偿的方法。

因此，我国侵权责任法上的死亡赔偿金、残疾赔偿金，并不等同于发达国家和地区的精神损害赔偿（抚慰金、慰谢金），而具有自己的特色，即可以同时起到两种作用：一是安慰死者的亲属、安慰残疾者本人；二是补偿受害人因受害致残、死亡所减少的收入。质言之，我国侵权责任法上的残疾赔偿金、死亡赔偿金一个赔偿项目，相当于发达国家和地区的抚慰金和逸失利益赔偿两个赔偿项目。残疾赔偿金、死亡赔偿金不是一笔很小的金额，往往是几十万元甚至更多，当然可以用这笔钱来赡养受害人的父母，抚养受害人未成年的子女。这也正是本法第十六条删去“被抚养人生活费”的理由。

四、积极回应社会要求

（一）废止《医疗事故处理条例》关于医疗事故损害赔偿制度

侵权责任法的进步性，还表现在积极主动地回应了社会的要求。社会中重大的法律问题、热点问题，迫切需要从立法上给予解决，本法都主动积极地予以回应，或者创设新的制度，或者变更原有制度，并没有采取回避态度。就本法积极回应社会要求的具体表现而言，可以举好多例子，其中最重要的，是本法废止了《医疗事故处理条例》关于医疗事故损害赔偿的整套制度。

关于医疗损害赔偿，在传统的民法理论上，在发达国家和地区的立法上，都是典型的侵权责任，都是由民法加以规定。我国制定民法通则时，也是将医疗损害赔偿纳入过错侵权责任范围。民法通则生效之后，人民法院审理医疗损害侵权案件，都是根据民法通则第一百零六条第二款进行判决。

但2000年国务院发布《医疗事故处理条例》，把医疗损害侵权责任从民法的调整范围中抽出去，纳入了行政法规的调整范围，用行政法上的医疗事故概念取代侵权责任构成要件。承担赔偿责任须以构成医疗事故为条件，医疗事故鉴定程序成为法院裁判的前置程序，受害患者能否获得损害赔偿，不是取决于审判庭，而是取决于医学会下设的医疗事故鉴定委员会。即使经鉴定构成医疗事故，按照《医疗事故处理条例》规定标准计算的赔偿金额也比一般民事损害赔偿低很多。国务院制定《医疗事故处理条例》的立法目的，可能是想要缓和医患关系，但结果适得其反，反而使医患关系进一步激化，进一步紧张。

因此，立法机关在本法第二次审议稿中增加了第七章规定医疗损害责任，把医疗损害赔偿重新纳入民法侵权责任的范围，同时废止《医疗事故处理条例》关于医疗事故损害赔偿的全部规则。医疗事故概念被废弃了，医疗事故鉴定制度和医疗事故鉴定委员会当然也被废弃了。人民法院审理医疗损害责任案件，应当适用本法第七章的规定，不得再适用《医疗事故处理条例》。侵权责任法的立法目的，不仅是要保护受害患者的合法权益，同时也要保护医疗机构和医护人员的合法权益，还要有利于促进医学和医疗事业的发展。所以医疗损害赔偿责任这一章规定得很细，操作性很强，很先进。

（二）扩张交通事故社会救助基金垫付范围

就本法如何回应社会的要求，再举一个例子，这就是机动车交通事故责任章的第五十三条。按照一些地方法院的调查统计，法院审理的人身损害赔偿案件中，有一半以上是交通事故损害赔偿案件，在法院审理的交通事故损害赔偿案件中，有一半以上案件的责任人赔不起。且不说醉驾、飙车造成多人死伤的恶性案件，就是普通的交通事故案件，多数案件的责任人是从事运输的个体户，买一辆大卡车，雇一个司机，自己也开车，靠跑长途运输维持一家人的生计，发生交通事故，不仅造成他人伤亡，往往自己也车毁人亡。这样的案件，责任人通常没有赔付能力。靠跑运输挣钱修的两层楼房，是被告一家人的住宅，法院不能拍卖。家庭承包的土地，按物权法规定土地承包经营权是用益物权，当然具有财产价值，法院也不能拍卖。这就是许多交通事故损害赔偿案件法院判决后往往无法执行的原因所在。法院的判决得不到执行，当事人就上访，社会也抨击法院判决打白条。

侵权责任法制定之前，道路交通安全法就已经创设了一项社会保障制度，叫道路交通事故社会救助基金。但是，按照道路交通安全法的规定，道路交通事故社会救助基金的垫付范围，被限定于抢救费、丧葬费。按照现行规定，由救助基金垫付抢救费和丧葬费当然是必要的，但对于死者遗属和残疾受害人而言，保障其及时、足额获得法律规定的残疾赔偿金和死亡赔偿金，更为重要。因此，有必要进一步扩大交通事故社会救助基金的垫付范围。法律委员会在审议时，就在第五十三条规定由交通事故救济基金垫付抢救费、丧葬费的后面添加了一个“等”字。法律委员会的主任委员胡康生同志明确指出：添加这个“等”字的目的，是为法院判决由交通事故社会救助基金垫付死亡赔偿金、残疾赔偿金预先留下根据。

为什么不明文规定由救助基金垫付残疾赔偿金、死亡赔偿金呢？是因为考虑到好多地方的交通事故救济基金还没有建立起来。第五十三条在救助基金垫付范围添加这个“等”字，使法律具有灵活性，如果当地已经有交通事故社会救助基金，法院审理交通事故损害赔偿案件遇到责任人赔不起的情形，就可以判决由社会救助基金垫付残疾赔偿金、死亡赔偿金。

（三）创设受害人选择权

本法积极回应社会需求的第三个例子，是侵权责任法创造了一种“受害人选择权”。在现实生活中某些案件的受害人很难向加害人求偿，例如，因药品和医疗器械有缺陷造成患者受害。如果患者告医院，法院查明损害是由于医疗器械或者药品的缺陷造成的，医院对此没有过错，就会判决驳回患者的请求。因为按照产品质量法的规定，缺陷产品造成损害，应当由生产者或者销售者承担损害赔偿责任。销售者、生产者在什么地方？往往在外省甚至是外国。患者为了求偿，需要跑到外省甚至外国去打官司，其难度是可想而知的。在很多情形，受害患者得不到赔偿，法律规定的获得赔偿的权利实现不了。

有鉴于此，侵权责任法在医疗损害责任这一章中特别设立第五十九条，规定因药品、药剂、医疗器械的缺陷，或者输入不合格血液造成患者损害的，患者可以向生产者或者血液提供机构请求赔偿，也可以向医疗机构请求赔偿。患者告医院的，医院承担赔偿责任之后再去向生产者或者血液提供机构追偿。这就赋予受害患者选择向谁求偿的权利，目的是方便受害人行使求偿权。

环境污染责任一章中也规定了选择权，第六十八条规定，因第三人的过错污染环境造成损害的，受害人可以告第三人，也可以告这个污染企业。如果受害人告污染企业，污染企业就应当承担赔偿责任，承担责任之后再去向第三人追偿。此外，还有产品责任一章第四十三条，规定因缺陷产品造成损害的，受害人可以选择向生产者求偿或者向销售者求偿。须说明一点，本法创设受害人选择权，纯粹是方便受害人求偿，并不改变相关侵权责任的性质，也与所谓连带责任无关。

（四）立法委托授权

侵权责任法为了回应社会的要求，同时考虑到立法本身的局限性，采用了委托授权的立法技术。即针对特定案型委托法院行使自由裁量权。这种立法委托授权，体现在侵权责任法的多个制度中。例如，第九条第二款规定的教唆帮助未成年人侵害他人的侵权责任，条文没有明示承担何种侵权责任，是连带责任或者是按份责任，是主要责任或者全部责任，只是笼统规定“应当承担侵权责任”。乍看起来，第二款条文好像不准确、不清楚，实际上这一款包含一种立法委托授权，授权审理案件的审判庭根据个案情形决定侵权责任的形式。审判庭审理查明本案事实属于教唆、帮助未成年人实施侵权行为，如果发现教唆人、帮助人有赔偿能力，就可以判决其承担全部或者主要责任，如果发现教唆人、帮助人没有赔偿能力，则可以判决其承担连带责任。

请大家注意第三十四、三十五条关于使用人责任的规定，用人单位在承担了赔偿责任之后可不可以对具有故意或者重大过失的被使用人行使追偿权？法律条文没有作出明确规定，实际上也包含了一项立法委托授权，委托审理案件的法庭结合个案事实决定是否认可使用人对被使用人行使追偿权。这是在立法过程中再三斟酌之后作出的规定。

考虑到我国绝大部分使用关系中，被使用人属于低工资低报酬，如果认可使用人行使追偿权，必然使被使用人一家生活陷于困难，因此不宜认可使用单位行使追偿权。但对于那些属于高工资高报酬的使用关系，诸如金融、银行、保险、基金这些行业，甚至国企的一些高管，单位承担使用人责任之后向具有故意或者重大过失的被使用人行使追偿权，就应当予以认可。

问题是哪些使用关系不宜认可追偿权，哪些使用关系可以或者应当认可追偿权，在法律上难于明确规定，因此，授权审理案件的法庭结合审理的案件事实决定：如果属于低工资低报酬的使用关系，使用人行使追偿权的，法庭就不予支持；如果属于高工资高报酬的使用关系，使用人行使追偿权的，法庭就可以支持。顺便谈到，在认可使用人行使追偿权的情形中，也当然不能追偿全部，参考发达国家和地区裁判实践的经验，至多可以追偿四分之一。

值得注意的是，本法为了回应社会的要求，在传统侵权责任划分为连带责任与按份责任之外，创设了“相应的责任”“相应的补充责任”。例如，第九条第二款规定教唆帮助未成年人致人损害，其第二句规定监护人未尽到监护职责的，应当承担“相应的责任”。第四十九条关于出租、出借机动车发生交通事故造成的损害，末句规定出租人、出借人对损害的发生有过错的，承担“相应的赔偿责任”。第四十条关于校外人造成校内未成年人损害，末句规定学校、幼儿园未尽到管理职责的，承担“相应的补充责任”。第三十七条第二款规定第三人造成损害的情形，管理人或者组织者未尽到安全保障义务的，承担“相应的补充责任”。这是侵权责任法的一个创造，实际上是将自由裁量权委托给法院行使，目的是尽可能实现公平合理的责任分配，并且更好地发挥侵权法的预防功能。

本法中凡是出现“相应的”三字，就包含了立法委托授权，告诉法官不能追究全额责任，补充责任不能够全额补充，究竟是承担全额的百分之多少，由法庭根据个案具体案情来掌握。这些情形法庭的裁量权是由立法授予的，并不是不受限制的，你不能要求监护人、幼儿园、学校或者安全保障义务人承担全部责任。

五、侵权责任法的不足

侵权责任法难道就没有缺点？任何事物都不是完美无缺的，法律也是如此。侵权责任法，正如我前面所说的那样，内容是进步的，立法技术是先进的，但也不是完美无缺的，也有其不足。首先是有些概念不准确。例如，第三十七条中的“公共场所”概念就不妥。本条适用范围“宾馆、商场、银行、车站、娱乐场所等”，根本不是“公共场所”，而是向公众提供服务的“经营场所”。再如，采用“侵权人”“被侵权人”这对概念，取代侵权法专用的“加害人”“受害人”概念，也不见得科学。还有，第十一章章名“物件损害责任”也欠准确，“建筑物、构筑物”“林木”等均不能称为“物件”。除了这些概念用语不准确的问题以外，是否有错误呢？

我认为侵权责任法有两条规定有错误。第十九条规定“财产损失按照损失发生时的市场价格计算或者其他方式计算”，按照立法者意思，如果财产有市场价格，就应当按照损失发生时的市场价格计算，财产没有市场价格才采用其他方式计算。在市场经济条件下，财产的市场价格总是波动的，有的财产如汽车买到手就贬值，有的财产如不动产则是不断升值。例如，房屋毁损，损失发生时的市场价格是每平方米 2000 元或者 3000 元，但到法庭审理案件的时候同样的房屋价格已经涨到了每平方米 8000 元或者 1 万元。按照损害发生时的市场价格每平方米 2000 块钱来计算行不行？再如，汽车毁损，假设损失发生时的市场价格是 20 万元，到法庭判决时，同型号新车的价格已经降到 15 万元，难道非要判 20 万不可？

侵权责任法本来没有必要明文规定财产损失的计算方法，问题是第十九条已经这样规定了，怎么办？我建议通过解释方法来弥补其失误。可以把按照市场价格计算和采用其他方法计算，解释为供法庭选择的两种计算方法，可以按照损失发生时市场价格计算财产损失，也完全可以采用其他方法计算财产损失。如果按照损失发生时的市场价格计算，不足以赔偿受害人，达不成公正的判决，就应当采用其他计算方法。

另外一个错误规定，是本法第三十五条最后一句。第三十五条规定基于个人之间使用关系的使用人责任，所要规范的是被使用人执行职务中造成他人损害由谁承担侵权责任的问题，而被使用人在执行职务中自身受到损害，根本就不是侵权责任问题，而是合同法、劳动法、社会保险法上的问题。第三十五条末句规定，被使用人在执行职务中自身受到损害的，“根据双方各自的过错承担相应的责任”，是完全错误的。

例如，个体餐馆的师傅切菜的时候不当心切掉半截手指头，当然不是雇主的行为造成损害，雇主完全没有什么过错，难道真的按照本条末句的规定让大师傅自己承担责任。这样做不仅不公正，也违反劳动法，违反社会保险法，甚至违反宪法。劳动法第七十三条规定，劳动者在劳动中“负伤”“因工伤残”，应“依法享受社会保险待遇”。我建议把劳动法和社会保险法关于工伤保险的规定，解释为本法第五条所说的“其他法律另有规定”，按照特别法优先适用原则，直接适用劳动法、社会保障法的有关规定，而不适用本法第三十五条最后一句。

附录11 如何正确理解、判断因果关系①

因果关系之存在，是侵权责任的前提。因果关系的判断，是侵权责任案件审理中最重要、最难的问题。所谓相当因果关系理论，是侵权法理论和实务中最为混乱、最具争议性的问题。② 这里作一个概要的介绍。

相当因果关系概念，在理论和实务中运用混乱，被用于指称和处理两个不同的问题：一是所谓"事实因果关系"，被告的加害行为与原告所受损害之间，是否成立事实上的因果关系，即被告的加害行为是"因"，原告所受损害是"果"。二是所谓"损害赔偿范围的确定"，即在被告的加害行为与原告所受损害之间存在"事实因果关系"的基础上，进一步用相当因果关系，限制被告承担损害赔偿的范围。③ 日本判例，对于事实因果关

---

① 本文是作者2012年8月30日在浙江省高级人民法院所作讲座稿《侵权责任法若干问题》的一部分。

② ［日］加藤雅信：《事务管理、不当得利、不法行为》，日本有斐阁平成14年版，第253～254页。

③ 德国民法未有如"预见可能性""通常的损害""相当的损害"这样的限定损害赔偿范围的规定，因此必须赔偿与原因行为之间有因果关系的全部损失，称为完全赔偿主义。因此学说主张对于损害赔偿的范围做适当的限定。战前德国最高法院和战后的最高法院都接受了学者提倡的相当因果关系说。如德国联邦普通法院1951年10月23日判决认为，应当根据相当因果关系说确定损害赔偿范围。日本民法第416条规定："对债务不履行的损害赔偿请求，应以赔偿通常可能产生的损失为准。"传统学说判例，认为该条系采德国相当因果关系说，鉴于日本民法未规定侵权行为的损害赔偿范围，因此应类推适用民法第416条，以相当因果关系限制侵权行为损害赔偿的范围。日本对于侵权损害赔偿类推适用第416条以相当因果关系确定赔偿范围的判决，是大正15年大审院富喜丸案件判决。自此判例即根据富喜丸案件判决，以第416条是关于相当因果关系的规定为由，维持类推适用该条以确定侵权损害赔偿的立场。如最高裁昭和48年6月7日长崎本铺不当诉讼判决明确此项立场无变更的必要。参见［日］圆谷峻：《判例形成的日本新侵权行为法》，赵莉译，法律出版社2008年版，第176～181页。

系的认定和损害赔偿范围的确定，都使用“相当因果关系”概念。① 关于以相当因果关系确定损害赔偿范围，例如，最判昭和44年2月27日判决：受害人为维护自己的权利而委托律师代理诉讼情形，律师费属于与侵权行为有相当因果关系的损害。② 因此，有的学者将前者称为“责任成立的因果关系”，将后者称为“赔偿范围的因果关系”。③

这种做法受到学者的批评，主张严格区分“事实因果关系”与“损害赔偿范围”。在判断事实因果关系时，应就事论事地判断被告的加害行为是否在事实上造成原告受损害，仅依据“无彼则无此”公式，而不涉及价值判断。④ 在确定“损害赔偿范围”时，应依据政策考量和价值判断，而无须借助于“相当因果关系”概念。⑤

当我们了解发达国家如日本学界和裁判实务关于“相当因果关系”理论的混乱情况后，应当特别考虑：我国的立法、司法解释、学说和裁判实务，是否也如此？我国是否也用所谓“相当因果关系”来处理责任成立的事实因果关系和损害赔偿范围的确定这样两个不同的问题？对我国立法、司法解释、学说和裁判实务作大致考察，就可以作出回答：我国并非如此！我国立法、司法解释、学说和裁判实务所谓“因果关系”，仅指决定侵权责任是否成立的事实因果关系。

我国处理损害赔偿范围的确定问题，并不借助于“相当因果关系”理论，而是直接由立法、司法解释根据政策考量和价值判断，明确规定确定损害赔偿范围和计算赔偿金额的各种标准。如侵权责任法第十六条规定人身损害案件的损害赔偿范围（赔偿项目），第十七条规定同一侵权行为造成多人死亡时死亡赔偿金的确定，第十九条规定财产损失的计算方法，第二十条规定侵害人身权益致财产损失情形如何计算财产损失。如《人身损害赔偿解释》第十七条规定人身损害情形的各种赔偿项目，第十九条规定医疗费数额的计算标准，第二十条规定误工费的计算标准，第二十一条规

---

① 参见圆谷峻：《判例形成的日本新侵权行为法》，赵莉译，法律出版社2008年版，第106页。

② 参见圆谷峻：《判例形成的日本新侵权行为法》，赵莉译，法律出版社2008年版，第195页。

③ 于敏：《日本侵权行为法》，法律出版社1998年版，第174页。

④ ［日］圆谷峻：《判例形成的日本新侵权行为法》，赵莉译，法律出版社2008年版，第107～108页。

⑤ ［日］加藤雅信：《事务管理、不当得利、不法行为》，日本有斐阁平成14年版，第181页。

定护理费的计算标准，第二十二条规定交通费的计算标准，第二十三条规定住院伙食补助费的计算标准，第二十四条规定营养费的计算标准，第二十五条规定残疾赔偿金的计算标准，第二十六条规定残疾辅助器具费的确定，第二十七条规定丧葬费的计算标准，第二十八条规定被扶养人生活费的计算标准，第二十九条规定死亡赔偿金的计算标准。

现在看来，我国侵权责任案件裁判实务和学说所谓“因果关系”，仅指决定侵权责任是否成立的“事实因果关系”，至于损害赔偿范围，则是由立法和司法解释直接规定赔偿项目和计算标准，并无采用“相当因果关系”的余地。下面提出人民法院审理侵权责任案件判断“事实因果关系”的若干要点，供同志们参考：

（一）判断事实因果关系的基本方法：“无彼则无此”公式

作为侵权责任成立要件之一，事实因果关系之是否存在，将决定待决案件被告（加害人）是否承担侵权责任。裁判实务中，无论大陆法系或者英美法系，法庭采用的判断方法相同，大陆法系称为“无彼则无此”公式（condicio sine qua non），① 英美法系称为“若无，则不”规则（but for），② 即以作为原因的加害行为与作为结果的原告损害之间是否构成条件关系，予以判断。③。

如果经判断，假使没有被告的加害行为，绝不会发生原告的损害结果，被告的加害行为是原告受损害的必要条件（不必是充分条件），即应当认定存在事实因果关系。反之，即使没有被告的加害行为，也会发生原告的损害，则被告加害行为与原告损害之间不存在条件关系，应当认定不存在事实因果关系。

对于大多数侵权行为，均可根据“无彼则无此”规则，认定事实因果关系之有无。须特别注意的是，对于多数人的侵权行为案件，符合侵权责任法第十一条“客观共同”侵权时，如果仅就其中一个加害行为与损害结果进行判断，则纵然“无彼”，亦将“有此”，切记不能因此否定事实因果关系之存在。换言之，遇多数人的侵权行为构成“客观共同”侵权情形，应当以全体侵权人的加害行为，判断事实因果关系。

---

① 于敏：《日本侵权行为法》，法律出版社 1998 年版，第 180 页。

② 王泽鉴主编：《英美法导论》，台湾地区元照出版公司 2010 年版，第 219 页。

③ ［日］加藤雅信：《事务管理、不当得利、不法行为》，日本有斐阁平成 14 年版，第 256 页。

（二）事实因果关系的证明，原则上应当由请求权人（原告）负担举证责任

原告必须举证证明被告加害行为与自己受损害之间，存在事实因果关系。不仅加害行为造成损害的侵权责任案件，即使属于危险责任的危险物造成损害案件，如机动车事故、高压设施致损、缺陷产品致损，亦应由原告举证证明危险物与损害结果之间存在事实因果关系。

但须注意，诉讼中事实因果关系的证明与自然科学上的因果关系证明，有本质的区别。事实因果关系的证明，“不是不允许任何疑点的自然科学的证明，而是对照经验法则综合审查全部证据，证明特定的事实导致特定结果发生的关系上存在高度盖然性，该判断达到一般人不会质疑的程度，具有确定的真实性，则足矣”。①

（三）医疗损害责任案件中如何判断因果关系

侵权责任法制定中，立法机关曾打算沿用《最高人民法院关于民事诉讼证据的若干规定》（法释〔2001〕33号）第四条关于医疗侵权采用“因果关系推定”的解释规则。第二次审议稿第五十九条规定：“患者的损害可能是由医务人员的诊疗行为造成的，除医务人员提供相反证据外，推定该诊疗行为与患者损害之间存在因果关系。”法律草案修改审定过程中，法律委员会考虑到，鉴于医疗行为的特殊性，医疗行为与损害结果之间是否存在因果关系，不仅患者方面难于举证，医疗机构和医务人员也往往难于举证，硬性要求患者方面承担举证责任，或者硬性要求医疗机构方面承担举证责任，均有失偏颇和公正，为贯彻保护医患双方合法权益并有利于促进医疗事业和医学发展的政策目的，决定删去此项规定，废止《最高人民法院关于医疗侵权案件实行因果关系推定的解释》。人民法院审理医疗损害责任案件，判断因果关系之是否存在，既不能硬性要求患者方面承担举证责任，也不可再采用所谓因果关系推定的办法，而应当由法官根据审理查明的事实作出“因果关系认定”。须注意的是，此所谓因果关系，属于法律因果关系，与一般意义上的因果关系并不等同，法官认定因果关系，可以参考关于判断因果关系的学说；遇疑难案件难于作出判断时，当然可以委托权威医学医疗专家进行因果关系鉴定，自不待言。

（四）减轻原告举证责任的方法

侵权责任案件中，事实因果关系的证明，应当由原告负担举证责任。

---

① 日本最高裁判所昭和50年10月24日“穿刺案件判决”，参见［日］圆谷峻：《判例形成的日本新侵权行为法》，赵莉译，法律出版社2008年版，第112页。

但在某些特别种类的侵权案件，此项举证责任对于原告而言，往往是过重的负担，有时难免违背侵权法追求公平正义及填补损害的理念。因此，对于某些特别的侵权案型，法院可能采取各种方法，减轻原告的举证负担。① 减轻原告举证责任的方法，主要有：

1. 盖然性说。这是日本德本镇教授针对矿难案件提出的学说。认为对受害人所要求的因果关系证明，只要就因果关系的存在表示出相当程度的盖然性，即为充分。而将实质上的证明责任，转移给了被告方。德本教授进一步主张，将此种方法，应用于大气污染案件、水污染案件。②

2. 大致推定。所谓大致推定，是指在某些案件中，因为难于举出直接证据，即使法律没有规定因果关系推定，也可以根据间接证据，采用推定的方法，认定事实因果关系。基于经验法则可以由原告举证的间接事实推断因果关系时，只要被告没有反证证明存在推翻该推定的情况，即可认定事实因果关系的存在。此称为“大致推定方法”，属于一种间接证明。③ 认定事实因果关系的推定方法，在英美法系国家法院适用于较难证明因果关系的案件，如产品责任案件。④

3. 间接证明。所谓间接证明，是指不直接证明权利发生要件或权利消灭理由的主要事实 A，而证明可以从经验法则推定主要事实 A 的其他事实，即间接事实 a，这样的证明方法。原告可以证明很多间接事实以尽力确定主要事实的存在。⑤ 在东京地判平成 11 年 8 月 31 日三洋电机冰箱事故制造物责任案判决，法院在认定了各种间接事实以后推定认为本案火灾发生源是本案冰箱，进而认定本案冰箱有缺陷。该法院还认为，在制造物责任诉讼中，作为消费者的原告基本上不具有证明产品具体缺陷及其产生

---

① 王泽鉴主编：《英美法导论》，台湾地区元照出版公司 2010 年版，第 219 页；［日］圆谷峻：《判例形成的日本新侵权行为法》，赵莉译，法律出版社 2008 年版，第 125～126 页。

② ［日］圆谷峻：《判例形成的日本新侵权行为法》，赵莉译，法律出版社 2008 年版，第 126 页；于敏：《日本侵权行为法》，法律出版社 1998 年版，第 184 页。

③ ［日］圆谷峻：《判例形成的日本新侵权行为法》，赵莉译，法律出版社 2008 年版，第 112 页。

④ 王泽鉴主编：《英美法导论》，台湾地区元照出版公司 2010 年版，第 219 页。

⑤ ［日］圆谷峻：《判例形成的日本新侵权行为法》，赵莉译，法律出版社 2008 年版，第 127 页。

原因等的举证责任。①

4. 直接反证、间接反证。在采用间接证明方法，主要事实被推定的情况下，被告方面可以采用两种方法，以推翻这种推定：（1）直接反证方法。原告通过证明能够推定主要事实A的间接事实a、b的存在，以推定主要事实A存在，这种情形，被告通过提出能够证明a、b不存在的证据，使法庭无法判断主要事实A是否存在。这叫直接反证。（2）间接反证。间接反证是指，被告为了能够推定主要事实A不存在，需要证明否定A存在的间接事实c、d，从而使法官无法判明主要事实A的存在。被告采用直接反证方法，只要让法官无法判断间接事实a、b是否存在即可，而被告采用间接反证，必须积极地证明间接事实c、d存在。因此，要求被告采用间接反证方法，对原告（受害人）有利。新泻水俣病案件判决中，法院要求被告必须采用间接反证方法。

5. 疫学的因果关系。疫学的因果关系，作为一种证明方法，在公害诉讼如痛痛病、水俣病、哮喘病诉讼等公害诉讼中得到广泛运用，并且成为减轻原告证明责任的方法。所谓疫学因果关系证明方法，即在满足下述四个条件时，法庭即认定因果关系存在：（1）某种因素在疾病发生的一定期间存在；（2）该因素发挥作用的程度越显著，该疾病的罹患率就越高；（3）该因素消灭时该疾病的罹患率就降低，没有该因素的群体中该疾病的罹患率极低；（4）该因素的作用机制能够得到生物学上的说明。但采用此种方法，必须收集适于统计学处理的大量的资料，对于受害人和法庭来说，都存在困难。② 加藤雅信指出，疫学的因果关系，并非侵权行为因果关系的一般的证明方法，而是仅用于发生集团受害情形的统计的因果关系的证明方法。③

① ［日］圆谷峻：《判例形成的日本新侵权行为法》，赵莉译，法律出版社2008年版，第132页。

② 于敏：《日本侵权行为法》，法律出版社1998年版，第191页。

③ ［日］加藤雅信：《事务管理、不当得利、不法行为》，日本有斐阁平成14年版，第266页。

附录12 侵权责任法是否承认不真正连带债务①

一、德国民法上的不真正连带债务

所谓不真正连带债务，是德国民法学上的概念。早在德国民法典颁布之前，已有学者提出区分连带债务与不真正连带债务。其所谓“不真正连带债务”，是否定性概念，指不属于连带债务的多数人债务。

德国民法典颁布之后，学者在解释德国民法典第421条关于连带债务概念的规定时，采用“不真正连带债务”概念，指称虽然符合德国民法典第421条的规定，但区别于本来意义的连带债务（真正连带债务）的连带债务（不真正连带债务）。

德国民法典第421条规定：“数人以各负全部给付的方式负担同一给付，而债权人仅有权要求一次给付的（连带债务人），债权人可以任意对每一个债务人要求全部或部分给付。”

该条是关于连带债务概念的定义性规定。按照该条规定，成立连带债务的要件是：数债务人各自与债权人之间成立相互独立的债权债务关系；数债务人对债权人负担的债务（给付）是同一的；各债务人对债权人承担履行全部给付的义务；债权人仅可以受领一次给付。

学者认为，第421条关于连带债务概念的规定过分抽象和宽泛，符合上述要件的多数人债务情形，并不都属于连带债务。例如，违约人的赔偿义务与侵权人的赔偿义务，或者保险人的赔偿义务与加害人的赔偿义务，就并不属于连带债务。因此，主张对第421条进行限缩，而将虽符合第421条的规定但不属于本来意义的连带债务的情形排除出去。此虽符合该条规定却不属于本来意义连带债务的多数人债务，即是不真正连带债务。

所谓不真正连带债务，与连带债务的相同点在于：多数债务人就同一内容的给付对债权人负履行全部给付之义务，债权人有权要求任一债务人

① 本文是作者2014年3月3日在北京理工大学珠海学院的演讲稿。

履行全部或部分给付义务，债权人仅得受领一次给付，如任一债务人清偿则全体债务人被免除债务。二者的差别在于：债务人中一人所发生的事由是否影响其他债务人；债务人内部是否发生求偿关系（履行全部给付的债务人可否向其他债务人追偿）。

应当肯定，鉴于德国民法第 421 条关于连带债务概念的规定过分抽象和宽泛，涵盖了不属于本来意义的连带债务的多数人债务，因此，是有必要限缩其范围的，而将非本来意义的连带债务的多数人债务案型（不真正连带债务），排除出去。但问题在于：用来对第 421 条进行限缩的标准是什么？不同学者提出不同的标准，诸如：债务原因同一性理论，目的共同理论，给付同一性理论，清偿共同理论，履行共同理论，义务同阶层理论等等。不仅如此，其中几乎每一种区分标准，都又再发展出不同的标准。例如，债务原因同一性理论，分为形式的债务原因同一性理论与实质的债务原因同一性理论；目的共同理论，分为主观的目的共同理论与客观的目的共同理论、法律目的共同理论等。而不论采用何种标准，均难于实现准确区分真正连带债务与不真正连带债务的目的。

二、法学界关于不真正连带债务的理论

日本学者采纳德国民法学关于真正连带债务与不真正连带债务的理论，而关于区分标准，采纳目的共同理论中的主观目的共同理论。我妻荣认为，二者的区分标准在于，真正连带债务，债务人之间存在实现共同目的的主观关联（各债务人有共同的目的）；而不真正连带债务，债务人之间不存在这种共同目的的主观关联（各债务人有其各自的目的）。①

所谓不真正连带债务的案型，诸如：侵权人的赔偿义务与保险公司的赔偿义务；盗窃人的侵权赔偿义务与保管人的违约赔偿义务；使用人责任中被使用人的赔偿义务与使用人的赔偿义务；共同侵权行为人的赔偿义务。

日本民法典第 719 条虽明文规定共同侵权行为人负连带责任，而民法学说之有力说（日本学者我妻荣首倡此说），仍解释为不真正连带债务。之所以坚持认为共同侵权行为人之间为不真正连带债务，是因为要否定共同侵权行为人之间追偿权之行使。

但此一解释意见，并未为裁判实践所采纳。如昭和 41 年 11 月 18 日日本最高裁判所在东京出租车事故追偿案判决中，肯定共同侵权行为人之间

---

① ［日］我妻荣：《新订债权总论》，王燚译，中国法制出版社 2008 年版，第 394 页。

行使追偿权。学者圆谷峻指出：现在，对共同侵权行为人间追偿权的行使，已经确立了判例法。此外，将共同侵权行为人的赔偿责任，解释为不真正连带债务的民法学者，如加藤雅信、近江幸治，也肯定共同侵权行为人相互间追偿权的享有。

民法学者圆谷峻在《判例形成的日本新侵权行为法》一书中谈到日本判例：共同侵权人负连带责任；只要没有特别情形，各自负担的份额均等；共同侵权行为人之一对受害人全部赔偿之后，对其他人按照应负担责任的比例享有追偿权。由此可见，日本裁判实践，关于共同侵权行为人的赔偿责任，坚持日本民法第719条明文规定为连带债务的立场，未采纳所谓不真正连带债务说。民法学者淡路刚久，在专门研究连带债务的著作《连带债务研究》中，主张抛弃不真正连带债务这个概念，① 值得重视。

回过头来介绍使用人责任。日本民法第715条第1款规定：为某事业使用他人的人，对于被使用人在其事业的执行中对第三人造成的损害，负赔偿责任。但使用人对于被使用人的选任及其事业执行的监督已尽到相当注意，或者即便尽到相当注意，损害仍不免发生时，不在此限。

使用人责任的性质，依据第715条之条文规定，应当属于过失推定责任、使用人自己（过失行为）的责任。但裁判实务基于报偿主义理论，将715条使用人责任理解为代位责任，已有很多判例，例如，最判昭和63年7月1日判决。

第715条第3款明确规定使用人承担赔偿责任之后，可以向被使用人追偿。考虑到，如果允许全额追偿，则无异于被使用人承担全部赔偿责任，因此有必要对使用人的追偿权进行限制。作为限制追偿权的根据，解释使用人的赔偿责任与被使用人的赔偿责任之间的关系，形成各种学说，例如，过失相抵说（我妻说），共同侵权行为说（加藤说），不真正连带债务说（椿说、几代德本说）等。其中，将使用人与被使用人之间的关系解释为不真正连带债务的学说，被认为最有说服力。

如前所述，德国学者创设不真正连带债务概念，目的在于限定连带债务的范围，及于不属于连带债务的多数人债务情形处理各债务人之间的关系。应当肯定，这两个问题，是客观存在的，无论是否采用不真正连带债务概念，都是回避不了的。可以认为，采用不真正连带债务概念，是解决这两个客观存在的问题的途径之一，而且是不太成功的途径。

---

① ［日］淡路刚久：《连带债务研究》，日本弘文堂，昭和62年同初版第3次印刷，第234~235页。

三、瑞士债法上的不真正连带债务

下面介绍瑞士立法者采用的途径，规定在瑞士债法典第 50 条、第 51 条。其中，第 51 条是关于不真正连带债务的规定。

瑞士债法典第 50 条（数人的侵权责任）规定："如果数人共同造成损害，则不管是教唆者、主要侵权行为人或者辅助侵权行为人，均应当对受害人承担连带责任和单独责任。

法院有权自由裁决责任人是否以及在多大程度上分担责任。教唆者的责任限于其获得的利益和由于其帮助造成的损失的范围。"

瑞士债法典第 51 条（不同的法定事由）规定："数人基于不同的法律原因（如侵权、合同、法律规定）对同一损害承担责任的，适用有关连带责任人之间责任分担的规定。

原则上，首先由因其非法行为造成损害的一方当事人赔偿，最后由依据法律的规定其本身又无过错的当事人或者承担合同债务的当事人赔偿。"

值得注意的是，瑞士债务法另设第 143 条，明确规定，连带债务必须有当事人的明示或者法律明文规定。该条第 1 款规定："数个债务人声明各债务人都负有对债权人承担全部债务的义务的，即为承担连带债务。"第 2 款规定："除上述情形外，连带债务只能由法律明确规定。"

四、我国台湾地区民法上的不真正连带债务

我国台湾地区民法第 272 条（连带债务）规定："数人负同一债务，明示对于债权人各负全部给付之责任者，为连带债务。

无前项之明示时，连带债务之成立，以法律有规定者为限。"

该条明确规定，连带债务必须出于当事人的明示或者法律特别规定，否则不属于连带债务。值得注意的是，1972 年民法修正委员会于债编通则部分条文修正草案初稿，拟增设关于不真正连带债务的规定。

修正草案初稿第 274 条之一："数人基于各别原因，对于债权人负同一目的给付之债务，准用前条规定。但法律另有规定者，不在此限。"

其立法理由是：增设不真正连带债务之规定，按其性质，为数债务人基于不同的发生原因，对于债权人负以同一之给付为标的之数个债务，因一债务人之完全履行，他债务人之债务因目的达到而消灭。凡清偿、代物清偿、提存、抵销或混同，均应生此效力，因现行立法无此明文规定，特增设之，并明定准用前条之规定。在不真正连带债务由侵权行为与债务不履行行为构成时，因债务人可依民法第 228 条（现第 218 条之一）之规

定，就被害人对侵权行为人之损害赔偿请求权，得请求让与，于其范围内，侵权行为人之债务不消灭。其他如保险法第35条之规定亦同，因而并设本条但书规定。

但这一增设关于不真正连带债务条文的建议案，最终并没有被立法机关采纳。为什么？在立法者看来，第272条规定连带债务只能出于当事人明示或者法律特别规定，已经限定了连带债务的范围，没有必要再增设关于所谓不真正连带债务的规定。

五、中国民法典草案建议稿关于连带债务的规定

我主持的中国民法典草案建议稿第七百三十条（连带债务）规定："负同一债务的多数债务人明示对于债权人各负全部给付的义务，因一个债务人的清偿或者其他行为使其他债务人的债务同时消灭的，为连带债务。

无前款明示的，连带债务的成立，以法律有特别规定的为限。

连带债务未得到全部履行前，全体债务人仍负连带履行义务。"

本条第一款规定连带债务的定义。所谓连带债务，是多个债务人对债权人均承担清偿全部债务之责任的债务。连带债务的债务人为多数，即承担债务清偿责任的当事人为二个或二人以上。连带债务的各债务人对债权人承担清偿全部债务的责任，而不论债务人之间是否就其清偿债务有所约定；债权人可以对连带债务人中的任一债务人请求清偿全部债务，被请求的债务人应当清偿全部债务。连带债务，因一个债务人清偿全部债务而消灭，连带债务的任何一个债务人清偿了债务或者为其他行为（诸如提存、抵销等）消灭债务的，其他连带债务人的债务归于消灭。

要特别注意，依本条第二款，连带债务的成立，以债务人明示或者法律特别规定为限。由该条立法理由及所引立法例可见，是在民法通则关于连带债务规定的基础上，注重参考瑞士债务法第143条和我国台湾地区民法第272条的立法经验。

六、我国现行法关于连带债务的规定

民法总则第一百七十八条规定：二人以上依法承担连带责任的，权利人有权请求部分或者全部连带责任人承担责任。（第一款）连带责任人的责任份额根据各自责任大小确定；难以确定责任大小的，平均承担责任。实际承担责任超过自己责任份额的连带责任人，有权向其他连带责任人追偿。（第二款）连带责任，由法律规定或者当事人约定。（第三款）

依当事人明示发生的连带债务，连带债务与非连带债务之间，界限明

确，不发生所谓不真正连带债务问题。连带债务包括：共同债务人（包括债务加入）承担连带债务；连带保证人与债务人承担连带债务；共同保证人承担连带债务。

法律规定的连带债务主要有：（1）侵权责任法关于连带责任的规定。侵权责任法第八条规定：主观共同侵权，共同侵权人承担连带责任；第九条第一款规定：教唆与帮助他人侵权，教唆人、帮助人与侵权人承担连带责任；第十条规定：共同危险行为致人损害，行为人承担连带责任；第十一条规定：客观共同侵权致人损害，共同侵权人承担连带责任；第三十六条第二、三款规定：网络侵权致人损害，未采取措施的网络服务提供者与侵权人承担连带责任；第五十一条规定：转让拼装车致人损害的，转让人与受让人承担连带责任；第七十四条第二句规定：遗失抛弃危险物损害的有过错所有人与管理人承担连带责任；第七十五条规定：非法占有危险物致人损害，管理人、所有人与非法占有人承担连带责任；第八十六条规定：建筑物倒塌致人损害，建设单位与施工单位承担连带责任。

（2）民法总则关于连带债务和连带责任的规定。第六十七条第二款规定：法人分立的，其权利和义务由分立后的法人享有连带债权，承担连带债务，但是债权人和债务人另有约定的除外。第七十五条第一款规定：设立人为设立法人从事的民事活动，其法律后果由法人承受；法人未成立的，其法律后果由设立人承受，设立人为二人以上的，享有连带债权，承担连带债务。第八十三条第二款规定：营利法人的出资人不得滥用法人独立地位和出资人有限责任损害法人的债权人利益。滥用法人独立地位和出资人有限责任，逃避债务，严重损害法人的债权人利益的，应当对法人债务承担连带责任。第一百六十四条第二款规定：代理人和相对人恶意串通，损害被代理人合法权益的，代理人和相对人应当承担连带责任。第一百六十七条规定：代理人知道或者应当知道代理事项违法仍然实施代理行为，或者被代理人知道或者应当知道代理人的代理行为违法未作反对表示的，被代理人和代理人应当承担连带责任。

（3）公司法关于连带债务的规定。第二十条第三款规定：股东滥用公司法人资格和有限责任损害债权人利益，股东与公司承担连带责任（法人格否认）；第三十条规定：有限责任公司设立后，非货币出资估价不实（显著低于章程价额），予以补足，设立时的其他股东负连带责任；第九十三条第一款规定：股份有限公司设立后，发起人未缴足出资的，其他发起人负连带责任；第九十三条第二款规定：发起人非货币出资估价不实（显著低于章程价额），其他发起人负连带责任；第九十四条第（一）项规定：公司不成立时，对设立行为所产生债务和费用，发起人负连带责任；第九十四条第（二）项规定：公司不成立时，对返还认股人已缴股款，发起人负连带责任。

（4）其他法律关于连带债务的规定。物权法第一百零二条规定：因共有财产产生的债务，在对外关系上，共有人承担连带债务；合伙企业法第三十九条规定：合伙企业财产不足清偿到期债务的，各合伙人应当承担无限连带清偿责任。

下面再看连带债务之外的多数人债务。侵权责任法未采用所谓不真正连带债务概念，而是特别创设几种新型责任形式，以规范不构成连带债务的多数人债务：（1）按份责任。第十二条规定：原因竞合侵权行为，各侵权人（原因）承担按份责任。（2）补充责任。第三十四条第二款规定：有过错的劳务派遣单位承担补充责任；第三十七条第二款规定：第三人加害情形，安全保证义务人承担补充责任；第四十条规定：校外人造成未成年人伤害情形，校方承担补充责任。（3）垫付责任（受害人选择权）。第四十三条规定：销售者与生产者相互之间承担垫付责任；第四十四条规定：第三人原因造成缺陷，生产者、销售者承担垫付责任；第五十九条规定：药品缺陷致损，医院承担垫付责任。（4）相应的责任。第九条第二款规定：未尽监护职责的监护人承担相应的责任；第四十九条规定：租、借车辆致损，有过错所有人承担相应的责任。

此外，保险法第六十条规定："因第三者对保险标的的损害而造成保险事故的，保险人自向被保险人赔偿保险金之日起，在赔偿金额范围内代位行使被保险人对第三者请求赔偿的权利。

前款规定的保险事故发生后，被保险人已经从第三者取得损害赔偿的，保险人赔偿保险金时，可以相应扣减被保险人从第三者已取得的赔偿金额。

保险人依照本条第一款规定行使代位请求赔偿的权利，不影响被保险人就未取得赔偿的部分向第三者请求赔偿的权利。"

须补充说明，鉴于侵权责任法第三十四、三十五条明确规定使用人负无过错责任，采替代责任构成，排除了采用不真正连带债务概念予以解释的必要和可能。

综上所述，我国现行法在民法通则关于连带债务规定的基础上，参考借鉴瑞士和我国台湾地区的相关经验，以当事人明示和法律特别规定限定连带债务的范围，不采用所谓不真正连带债务概念，而通过创设补充责任、相应责任等责任形式以处理连带债务之外的多数人债务。因此，认为我国现行法存在所谓不真正连带债务概念，或者试图运用所谓不真正连带债务概念解释现行法的观点，都是不正确的。